江蘇省地方志編纂委員會辦公室組織
主編 程
執行主編 張

江南通志

第三册

輿地志（三）

鳳凰出版社

第三册目録

江南通志卷二十九

輿地志

古蹟　古都邑

夫前言往行，是爲畜德之資。至如古人託寓陳蹟，或有傳聞荒渺，而摩挲俯仰之餘，曠百代而相感。覽海巫梅里之故墟，如挹芬芳；撫吴宫晋代之繁華，獨尋蔓草；抑亦可興可觀之一助焉。别有城壘舊基，足以參觀地勢，琳珉遺製，足以採補史宬，又非特供文人學士之吟眺者也。名園勝地，志乘不遺，兹亦附載。

古都邑

建業今江寧府。《三國·吴志》：孫權，字仲謀。建安十四年，劉備表權行車騎將軍，領徐州牧。十六年，權徙治秣陵。明年，城石頭，改秣陵爲建業。

建康今江寧府。《晋書・本紀》：元帝諱睿，字景文，宣帝曾孫，瑯邪恭王覲之子。建武元年三月，立宗廟社稷於建康。《宋書・本紀》：武帝諱裕，字德輿，漢高帝弟楚元王交之後。《南齊書・本紀》：高帝諱道成，字紹伯，漢相國蕭何二十四世孫。《梁書・本紀》：武帝諱衍，字叔達，漢相國何之後。《陳書・本紀》：武帝諱霸先，字興國，太(邱)〔丘〕長陳寔之後。俱建都於此。

西都今江寧府。《南唐書》：先主姓李，唐宗室裔也。楊行密以乞徐温，乃姓徐，名知誥。吴天祚三年，改元昇元，以建康爲西都。

應天府今江寧府。明《南畿志》：洪武元年，太祖改元集慶路爲應天府，建都。

湖熟今隸江寧府之上元縣。《漢書・王子侯表》：胡孰頃侯胥行，江都易王子，元朔元年正月丁卯封。

秣陵今隸江寧府之江寧縣。《漢書・王子侯表》：秣陵終侯纏，江都易王子，元朔元年正月丁卯封。

句容今隸江寧府之句容縣。《漢書・王子侯表》：句容哀侯黨，長沙定王子，元光六年七月乙巳封。

棠邑今隸江寧府之六合縣。《漢書・高祖功臣表》：棠邑安侯陳嬰，六月丙午封。

吴今蘇州府。《史記・吴世家》：吴太伯奔荆蠻，自號勾吴。武王求太伯、仲雍之後，得周章，已君吴國，因而封之。《三國·吴志》：漢興平元年，曹公表孫策爲吴侯。

婁今隸蘇州府之昆山縣。《三國志·張昭傳》：魏黄初二年，封昭由拳侯，後孫權改封爲婁侯。《陸遜傳》：建安二十四年，遜進封婁侯。

華亭今隸松江府之華亭縣。《三國志·陸遜傳》：建安二十四年，封華亭侯。

延陵今常州府。《史記·吴世家》：季札封於延陵，故號曰延陵季子。

淹城今隸常州府之武進縣。《越絶書》：吴有淹君城。

毘陵今隸常州府之武進縣。《三國志·朱治傳》：黄武元年，封毘陵侯。

春申今隸常州府之無錫縣。《後漢書·郡國志》註：春申君城，在無錫。

無錫今隸常州府之無錫縣。《漢書·武帝功臣表》：無錫侯多軍，元封元年封。

陽羨今隸常州府之宜興縣。《漢書·高祖功臣表》：陽羨立侯靈常，十二年十月壬寅封。

溧陽今隸鎮江府之溧陽縣。《漢書·王子侯表》：溧陽侯欽梁，敬王子，建昭元年正月封。《文獻通考》：溧陽侯陶謙爲徐州刺史，以擊破黄巾功封。

淮陵今淮安府。《後漢書·王霸傳》：建武三十年，定封淮陵侯。

東海今淮安府。《後漢書·東海恭王彊傳》：建武十九年封。

臨淮今淮安府。《後漢書·臨淮懷公傳》：建武十五年立。

射陽今隸淮安府之山陽縣。《漢書·高祖功臣表》：射陽侯劉纏，六年正月丙午封。

荆今揚州府。《漢書・諸侯王表》：荆王賈，高祖從父弟，六年正月丙午立。

吴今揚州府。《漢書・諸侯王表》：高祖十二年十月辛丑，王濞以故代王子沛侯立爲吴王。《唐書・楊行密傳》：天復二年，封爲吴王。

江都。

江都今揚州府。《漢書・諸侯王表》：江都易王非，景帝子，二年三月甲寅立爲汝南王，徙江都。

廣陵今揚州府。《漢書・諸侯王表》：廣陵厲王胥，武帝子，元狩六年四月乙巳立。《後漢書・廣陵思王荆傳》：建武十七年，進爵爲廣陵王。

東陽今隸揚州府之泰州。《漢書・高祖功臣表》：東陽武侯張相如，十一年十二月癸巳封。《漢書・王子侯表》：東陽節侯弘，清河綱王子，本始四年四月己丑封。

大彭今徐州府。《史記索隱》：彭祖，即陸終氏第三子籛鏗之後，後爲大彭，亦稱彭祖。《通志》：商之伯國，今徐州彭城是也。

彭城今徐州府。《後漢書・彭城靖王恭傳》：建初三年，徙封彭城王，食楚國。《三國・魏志・王公傳》：彭城王據，黄初三年徙封彭城。

楚今徐州府。《史記・項羽本紀》：項王自立爲西楚霸王，王九郡，都彭城。《漢書・諸侯王表》：楚元王交，高祖弟，六年正月丙午立。《後漢書・楚王英傳》：建武十五年，封楚公。十七年，進爵爲王。

彭今徐州府。《漢書·王子侯表》：彭侯彊，城陽頃王子，元鼎元年四月戊寅封。

蕭今隸徐州府之蕭縣。《左傳》杜預注：蕭，宋附庸國。《後漢書·光武帝紀》：更始二年，立光武爲蕭王。

扶陽今隸徐州府之蕭縣。《漢書·外戚恩澤侯表》：扶陽節侯韋賢，本始三(月)〔年〕①六(日)〔月〕②甲辰封。

杼秋今隸徐州府之蕭縣。《後漢書·劉般傳》：建武九年，封爲菑(邱)〔丘〕侯，後徙封杼秋侯。

偪陽今隸徐州府之沛縣。《左傳》杜預注：偪陽，妘姓國，今彭城傅陽縣也。

沛今隸徐州府之沛縣。《史記·高祖本紀》：二世元年，沛父老共立季③爲沛公。《三國·魏志·王公傳》：沛穆王林，太和六年改封沛。

留今隸徐州府之沛縣。《漢書·高祖功臣表》：留文成侯張良，六年正月丙午封。

建成今隸徐州府之沛縣。《漢書·外戚恩澤侯表》：建成康侯吕釋之，六年四月丙戌封。建成定侯黄霸，五鳳三年二月壬申封。

---

① 據《四庫》本改。
② 據《四庫》本改。
③ 「季」，《四庫》本作「帝」。

廣戚今隸徐州府之沛縣。《漢書·王子侯表》：廣戚節侯將，魯恭王子，元朔元年十月丁酉封。廣戚煬侯勳，楚孝王子，河平二年二月封。

扶德今隸徐州府之沛縣。《漢書·外戚恩澤侯表》：扶德侯馬宫，元始元年二月丙辰封。

邳今隸徐州府之邳州。《通志》：商時國。《南畿志》：夏邳國。

薛今隸徐州府之邳州。《通志》：薛，仲虺之都，本在魯地，奚仲遷於邳。注：魯莊公築臺於薛，即薛舊都以遷於邳，又以邳爲薛，今徐州滕縣東南五十里薛城。《南畿志》：春秋爲郯子之國，後屬薛，爲齊所併。田文封於此，號薛公。

楚今隸徐州府之邳州。《漢書·異姓諸侯王表》：五年，徙韓信王楚。

上邳今隸徐州府之邳州。《漢書·王子侯表》：上邳侯郢客，楚元王子，高后二年五月丙申封。

下邳今隸徐州府之邳州。《後漢書·下邳惠王衍傳》：永平十五年封。

鍾吾今隸徐州府之宿遷縣。《廣輿記》：宿遷，古鍾吾子國。

下相今隸徐州府之宿遷縣。《史記·高祖功臣表》：下相嚴侯冷耳，十二年十月己酉封。

淮陵今隸徐州府之睢寧縣。《漢書·王子侯表》：淮陵侯定國，江都易王子，元朔元年正月丁卯封。

紀今隸海州之贛榆縣。《通志》：紀，都紀，遷於劇。注：紀本在東海故贛榆縣紀城。是劇在青（邱）〔丘〕臨朐縣東、壽光縣西。亦名紀。音謁爲「劇」。

皖今安慶府。《史記》：皖，夏姓，皋陶之後。《文獻通考》：舒州，春秋時爲皖國。

桐今隸安慶府之桐城縣。《左傳》杜預注：桐，小國。廬江舒縣西南有桐鄉。

松滋今隸安慶府之宿松縣。《漢書・王子侯表》：松滋戴侯霸，六安共王子，元始五年六月辛丑封。

越國今徽州府。《唐書・高祖本紀》：武德四年九月，汪華降封越國公。

廣德今隸徽州府之黟縣。《後漢書・中山靖王勝傳》：成帝鴻嘉二年，立憲王弟孫利鄉侯子雲客爲廣德王。平帝元始二年，復立廣川惠王曾孫倫爲廣德王，奉靖王後。

石城今隸池州府之貴池縣。《後漢書・王常傳》：建武二年，封山桑侯子廣嗣。三十年，徙爲石城侯。《三國・吳志・韓當傳》：黄武二年，封石城侯。

虎林城今隸池州府之貴池縣。《三國・吳志・三嗣主傳》：孫休，權第六子，太元二年正月封琅邪王，居虎林。

丹陽今隸太平府之蕪湖縣。《漢書・王子侯表》：丹陽哀侯敢，江都易王子，元朔元年十二月甲辰封。

蕪湖今隸太平府之蕪湖縣。《後漢書・齊武王縯傳》：永平十四年，晃嗣。章和元年，貶爲蕪湖侯。《傳俊傳》：建武二年，封昆陽侯。子昌嗣，徙封蕪湖侯。

廬子國今廬州府。《漢書・地理志》：廬江郡。注：應劭曰：故廬子國。

合肥今隸廬州府之合肥縣。《後漢書・堅鐔傳》：建武六年，封爲合肥侯。

舒今隸廬州府之舒城縣。《南畿志》：春秋時舒國。

頡羹城今隸廬州府之舒城縣。《漢書・王子侯表》：頡羹①侯〔信〕②，高祖兄子，七年中封。

龍舒今隸廬州府之廬江縣。《通志》：群舒，都龍舒。注：今廬江縣西有龍舒。

廬江今隸廬州府之廬江縣。《漢書・諸侯王表》：文帝十六年四月丙寅，王賜以淮南厲王子陽周侯立爲廬江王。《三國・魏志・王公傳》：東平靈王徽，黄初三年爲廬江王。

巢今隸廬州府之巢縣。《南畿志》：古巢伯國。

居巢今隸廬州府之巢縣。《後漢書・劉般傳》：永平元年，封居巢侯。

塗山今鳳陽府。《史記・夏本紀》孔安國注：塗山，國名。

鍾離今鳳陽府。《南畿志》：春秋鍾離，子國。

當塗今隸鳳陽府之懷遠縣。《漢書・武帝功臣表》：當塗康侯魏不害，延和二年十一月封。

東城今隸鳳陽府之定遠縣。《漢書・王子侯表》：東城哀侯良，淮南厲王子，孝文八年五月丙午封。東城侯遺，趙敬肅王子，元朔元年六月甲午封。

① 「頡羹」，《漢書・王子侯表》作「羹頡」。

② 據《漢書・王子侯表》補。

夏(邱)〔丘〕今隸鳳陽府之虹縣。《廣輿記》：堯封禹爲夏伯。

紅今隸鳳陽府之虹縣。《漢書·王子侯表》：休侯富，楚元王子，孝景元年四月乙巳封，三年更封紅侯。

僮今隸鳳陽府之虹縣。《文獻通考》：東漢明帝中元二年，封沛獻王輔子寶爲沛侯。永平元年，封寶弟嘉爲僮侯。

樂安今隸鳳陽府之虹縣。《漢書·外戚恩澤侯表》：樂安侯匡衡，建昭三年七月癸亥封。

英今隸六安州之英山縣。六今隸鳳陽府之壽州。《史記·夏本紀》：封皋陶之後於英、六。

當塗今隸鳳陽府之壽州。《左傳注》：塗山在壽春縣東北。《太康城記》：塗山，古當塗國。應劭曰：禹所聚會塗山，侯國是也，舊有當塗縣。

州來今隸鳳陽府之壽州。《左傳》：襄二十九年，吴子使公子札聘於上國。杜注：季子本封延陵，後復封州來。

下蔡今隸鳳陽府之壽州。《史記·蔡世家》：昭侯二十六年，吴人遷蔡於州來。《索隱》曰：在淮南下蔡縣。《通志》：遷州來，則以州來爲下蔡，汝南爲上蔡。

九江今隸鳳陽府之壽州。《史記·黥布傳》：項王封諸將，立布爲九江王，都六。

淮南今隸鳳陽府之壽州。《漢書·諸侯王表》：淮南厲王長，高帝子，十一年十月庚午立。《三國·魏志·王公傳》：邯鄲懷王邕，黄初二年封淮南公，三年進爲王，後改封邯鄲。

六安今隸鳳陽府之壽州。《漢書·諸侯王表》：元狩二年七月壬子，恭王慶以膠東康王少子立爲六安王。《後漢書·章帝紀》：元和二年，改廬江爲六安國，徙江陵王恭爲六安王。

安豐今隸鳳陽府之壽州。《後漢書·竇融傳》：建武八年，封爲安豐侯。

壽春今隸鳳陽府之壽州。《三國·魏志·王公傳》：楚王彪，建安二十一年封壽春侯。

宿今隸鳳陽府之宿州。《南畿志》：古宿國地，風姓，伏羲後。

符離今隸鳳陽府之宿州。《漢書·武帝功臣表》：符離侯路博德，元狩四年六月丁卯封。

胡今潁州府。《左傳》：昭四年，楚子會諸侯于申，在會有胡子。杜註：胡，國，汝陰縣西北有胡城。

汝陰今潁州府。《漢書·高祖功臣表》：汝陰文侯夏侯嬰，六年十二月甲申封。《文獻通考》：劉信，更始封爲汝陰王。光武即位，封爲侯。

潁陽今潁州府。《文獻通考》：潁陽侯祭遵，建武二年封。潁陽侯馬防，建初四年封。

新鄓今潁州府。《後漢書·郭皇后紀》：建武十七年，后從兄竟以騎都尉征伐有功，封爲新鄓侯。《地理志注》：應劭曰：章帝封殷後，更名宋。師古曰：封於新鄓，號爲宋國。

慎今隸潁州府潁上縣。《後漢書·劉賜傳》：建武二年，封慎侯。

霍今隸潁州府霍（邱）〔丘〕縣。《史記·管蔡世家》：武王封弟叔處於霍。

祝兹今隸潁州府霍（邱）〔丘〕縣。《漢書·高后功臣表》：祝兹夷侯徐厲，四年四月丙申封。《王子侯表》：祝茲侯延年，膠東康王子，元封元年五月丙午封。

年正月丙午封。

陽泉今隸潁州府霍(邱)〔丘〕縣。《後漢書·黄瓊傳》：瓊孫琬，光和末更封陽泉鄉侯。

蓼今隸潁州府霍(邱)〔丘〕縣。《南畿志》：春秋爲蓼國。《漢書·高祖功臣表》：蓼夷侯孔藂，六

譙今隸潁州府之亳州。《史記·周本紀》：武王封神農之後於譙。

譙都今隸潁州府之亳州。《魏略》：黄初二年，改長安、譙、許昌、鄴、洛陽爲五都。

建成今隸潁州府之亳州。《史記·曹相國世家》：楚懷王封參爲執帛，號曰建成君。《漢書·王子侯表》：建成侯拾，長沙定王子，元朔四年三月乙丑封。

細陽今隸潁州府太和縣。《後漢書·岑彭傳》：建武三年，封彭舞陰侯，子遵嗣，徙封細陽侯。

山桑今隸潁州府蒙城縣。《後漢書·王常傳》：建武二年，封山桑侯。

全椒今隸滁州之全椒縣。《後漢書·馬成傳》：建武二十七年，定封全椒侯。

阜陵今隸滁州之全椒縣。《後漢書·阜陵質王延傳》：永平中，徙爲阜陵王。

歷陽今隸和州之含山縣。《史記·項羽本紀》：歷陽侯范增。

廣平今廣德州。《漢書·中山靖王勝傳》：哀帝立廣德王雲客弟廣漢爲廣平王。

建平今廣德州。《後漢書·銚期傳》：光武即位，封安成侯子丹嗣，復封丹弟統爲建平侯。

博鄉今六安州。《漢書·王子侯表》：博鄉侯交，六安繆王子，竟寧元年封。

徐今泗州。《春秋》：僖三年，徐人伐舒。杜注：徐國在下邳僮縣東南。《通志注》：今泗州臨淮有徐城，又有偃王廟、徐君墓。

盱眙今隸泗州之盱眙縣。《史記·項羽本紀》：項梁立楚懷王孫心爲義帝，都盱眙。

贅其今隸泗州之盱眙縣。《漢書·外戚恩澤侯表》：贅其侯吕勝，高后四年四月丙申封。

江南通志卷三十

輿地志

古蹟 一

江寧一府

江寧府

江乘城　在上元縣北五十里，秦縣。《史記》：始皇三十七年，自會稽還過吴，從江乘渡。即此。

湖熟城　在上元縣丹陽鄉，去縣五十里，淮水北，漢縣。《元和郡國志》云：在舊江寧縣東南七十里。

石頭城　在上元縣石城門西北。《金陵志》云：周顯王三十八年，楚城石頭，曰金陵邑。漢建安十七年，吴改爲石頭城。《丹陽記》云：吴時土塢，後因山加甓爲城，因江爲池，地形最爲險固。

冶城　在上元縣治西。《金陵圖考》云：春秋時，金陵未有城邑，惟石頭東有冶城，相傳夫差鑄劍於此。《南畿志》云：孫吴冶鑄之所，在宋天慶觀，即今朝天宫。《雅游編》云：晋孝武建冶城寺，安帝以寺爲苑，傍有卞將軍墓，謝安、王羲之同登處。亦曰冶亭。宋義熙十一年，劉鍾領石頭戍事，屯冶亭是也。别有東冶亭。史稱王導遷冶於縣東七里，蓋東冶也。

金城　在上元縣東北三十五里，相傳孫吴所築。《金陵新志》云：上元縣金陵鄉舊名金城戍，晋太原①八年，謝安勞師于金城，即此。或稱琅邪城。咸康初，桓温爲琅邪内史，鎮金城。《齊書》云：南琅邪本治金城，永明中移白下。戚氏以爲，金城即句容之琅邪城，是也。今句容縣有琅邪鄉。

古都城②　在上元縣秦淮北五里，吴大帝所築，周回二十里十九步。其城門悉用洛陽舊名，自東晋始。《建康實録》云：都城三重，外重六門，宣陽、廣陽、津陽、清明、建陽、西明也。後增置十二門。《宫苑記》云：南四門：最西曰陵陽，後改廣陽；正門曰宣陽；稍東曰開陽，後改津陽；最東曰清明。東面二門：東曰東陽；北曰建春，後改建陽。西面二門：南曰閶闔，北曰西明。北四門：西曰大夏；中曰（元）〔玄〕武，齊時改曰宣平；稍東曰廣莫，陳改北捷；最東曰延熹。又自晋以來，秦

① 「太原」，疑當作「太元」。
② 《四庫》本闌入上一條「金城」。

淮南北兩岸設籬門五十六所，謂之郊門。又有國門，梁天監中作，在越城東南，亦曰望國門。

臺城　在上元縣治北(元)〔玄〕武湖側。《輿地紀勝》云：一曰苑城，本吴後苑城也。晋咸和中作新宫，遂爲宫城。下及梁、陳，宫皆在此。晋、宋時謂朝廷禁省爲臺，故謂宫城爲臺城。城周六里百一十步。有門六：南曰大司馬，東曰萬春、曰東華，西曰西華、曰大陽，北曰承明。又自晋以後，宫門初不立闕，至梁天監七年，始立石闕二於端門外，陸倕爲銘。《南都志》①云：今(四)〔西〕②十八衛以南，天津橋大街以北，即臺城故處。

附　梁陸倕《石闕銘》　有序

昔在舜格文祖，禹至神宗；周變商俗，湯黜夏政。雖革命殊乎因襲，揖讓異於干戈，而晷緯冥合，天人啓基，克明峻德，大庇生民，其揆一也。

在齊之季，昏虐君臨，威侮五行，怠棄三正。刑酷然炭，暴踰膏柱。民怨神怒，衆叛親離。蹐地無歸，瞻烏靡托。

---

① 「南都志」，疑當作「南畿志」。
② 據《南畿志》卷三，明南京城内駐軍止三十七衛。此據後文所附陳沂《金陵歷代互見圖考》改。

於是我皇帝拯之，乃操斗極，把鉤陳，翼百神，禔萬福。龍飛黑冰，虎步西河。雷動風驅，天行地止。命旅致屯雲之應，登壇有降火之祥。龜筮協從，人祇響附。莫不援旗請奮，執鋭争先。夏首憑固，庸岷負阻。協彼離心，抗兹同德。帝赫斯怒，秣馬訓兵。嚴鼓未通，凶渠泥首。弘舸連舳，巨艦接艫。鐵馬千群，朱旗萬里。折簡而禽盧九，傳檄以下湘羅。兵不血刃，士無遺鏃。而樊鄧威懷，巴黔底定。

於是流湯之黨，握炭之徒，守似樊籬，戰同枯朽。革車近次，師營商牧。如雲士女，冠蓋相望。扶老携幼，一旦咸集。壺漿塞野，簞食盈塗。似夏民之附成湯，殷士之歸周武。安老懷少，伐罪弔民。農不遷業，市無易賈。八方入計，四隩奉圖。羽檄交馳，軍書狎至。一日二日，非止萬幾。而尊嚴之度，不訾於師旅；淵默之容，無改於行陣。計如投水，思若轉規。策定帷幄，謀成几案。曾未浹辰，獨夫授首。

乃焚其綺席，棄彼寶衣。歸璇臺之珠，反諸侯之璧。指麾而四海隆平，下車而天下大定。拯兹塗炭，救此横流。功均天地，祥分光嶽①。

于是仰協三靈，俯從億兆；受昭華之玉，納龍叙之圖。類帝禋宗，光有神器。升中以祀群望，攝袂而朝諸夏。布教都畿，班政方外。謀協上策，刑從中典。南服緩耳，西羈反舌。劍騎穹

① 《文選》此句作「明並日月」。

廬之國，同川共穴之人，莫不屈膝交臂，厥角稽顙。鑿空萬里，攘地千都。幕南罷障，河西無警。於是治定功成，邇安遠肅。忘茲鹿駭，息此狼顧。乃正六樂，治五禮，改章程，創法律。置博士之職，而著録之生若雲；開集雅之館，而款關之學如市。興建庠序，啓設郊(邱)〔丘〕。一介之才必記，無文之典咸秩。於是天下學士，靡然向風。人識廉隅，家知禮讓。教臻侍子，化洽期門。區宇乂安，方面靜息。役休務簡，歲阜民和。歷代規模，前王典故，莫不芟薙剪截，允執厥中。

以爲象闕之制，其來已遠。《春秋》設舊章之教，經禮垂布憲之文。戴《記》顯游觀之言，周史書樹闕之夢。北荒明月，西極流精。海岳黄金，河庭紫貝。蒼龍(元)〔玄〕武之制，銅爵鐵鳳之工。或以聽窮省冤，或以布治懸法；或以表正王居，或以光崇帝里。晉氏浸弱，宋(歷)〔曆〕逶遲。禮經舊典，寂寥無記。鴻規盛烈，湮没罕稱。乃假天闕於牛頭，託遠圖於博望。有欺耳目，無補憲章。乃命審曲之官，選明中之士，陳圭置臬，瞻星揆地，興復表門，草創華闕。於是歲次天紀，月旅太簇。皇帝御天下之七載也，構茲盛則，興此崇麗。方且趨以表敬，觀而知法。物睹雙碣之容，人識百里之典。作範垂訓，赫矣壯乎！爰命下臣，式銘磐石。

其辭曰：

惟帝建國，正位辨方。周營洛涘，漢啓岐梁。居因業盛，文以化光。爰有象闕，是惟舊章。青蓋南泊，黄旗東指。懸法無聞，藏書弗紀。大人造物，龍德休否。建此百常，興茲雙起。偉哉偃蹇，壯矣崔巍！旁映重疊，上連翠微。布教方顯，浹①日初輝。懸書有附，委篋知歸。鬱崛重軒，穹隆反宇。形聳飛棟，勢超浮柱。色法上圓，制模下矩。周望原隰，俛臨煙雨。前賓四會，却背九房。北通二轍，南湊五方。暑來寒往，地久天長。神哉華觀，永配無疆！

建康城　在上元縣治南。《寰宇記》云：古建康縣，初置在宣陽門内。晉咸和二年燬，移入苑城。六年，又徙出宣陽門外御街西。今建初寺門路東。

西州城　在上元縣治，晉揚州刺史治所，王導所創也。及會稽王道子領揚州，居東府，故以此爲西州。城西則治城，東則運瀆。胡三省《通鑑注》云：揚州治所在臺城西，故謂之西州。

懷德城　在上元縣鍾山鄉，東晉爲琅邪國人隨帝過江者置。《建康志》云：懷德縣，舊置於宫城南七里建初寺前路東，後改爲費縣，移於宫城西北三里。宋大明七年，改置於江浦縣西。

臨沂城　在上元縣東三十八里獨石山，北臨大江，今攝山之西白常山即其地。晉咸康三年，分江乘縣置。自晉至宋，常爲南琅邪郡治。齊移郡治於白下，縣屬焉，陳末廢。按南琅邪又常治金城，見《金城》下。

宣武城　在上元縣西北九里，宋沈慶之築，孝武閲武於其地。亦謂爲武帳岡。

① 「浹」，《四庫》本作「火」。

檀城　在上元縣東四十里。《輿地志》云：在金華橋東。本謝(元)〔玄〕别墅，太傅謝安與弈棋所勝者。宋屬檀道濟，故名。《建康志》云：在墅城東八里。地圖謂之城子墅，今清風鄉有城子村，在黄城橋之西即其地。

白下城　在上元縣西北十八里，本名白石陂。晋咸和三年，陶侃討蘇峻，從部將李根之計，築壘於此。張敦頤《六朝事迹》①云：白下，本江乘之白石壘也。齊武帝以其地依山帶江，因移南琅邪郡治焉。亦名琅邪城。唐武德九年，改金陵爲白下縣，移治白下故城。今靖安鎮北有白下城故基，屬金陵鄉。胡氏《通鑑注》云：蓋即今之龍灣。

捍國城　梁侯景築，在桐樹灣，即古大航地。

同夏城　在上元縣東長樂鄉。《建康實録》云：梁武帝生於同夏里，大同三年置縣，因城焉。胡氏《通鑑注》：梁武以二橋舊宅爲光宅寺，在同夏里。

韓滉五城　唐德宗狩梁州，韓滉觀察江東，乃築石頭五城，自京口至土山。

南唐都城　在上元縣，楊吴順義中築。初，六朝舊城在北，去秦淮五里。及徐温改築近南，西據石頭，南接長干，東至白下橋，北臨珍珠河，設東、西二水門，貫淮水於城中。内有子城，周四里。是爲金陵府。南唐因之建都，宋初置昇州治。陸游《筆記》云：李璟所作都城，高二丈，因江山爲險固，

① 「六朝事迹」，《四庫》本作「本朝事迹」。

濠塹重複可堅守。至紹興間，已二百餘年，所損不及十之一。

舊紫禁城　在上元縣，明都城。東偏當鍾山之陽，去宋、元東城外二里。其西安門以北宫牆，即都城故址，東出青溪橋處也。皇城前與正陽門對，曰洪武門。内承天門、端門，左東長安門，右西長安門。承天門之前，東近北曰東華門，内東上南門、東上北門。西近北曰西華門，内西上南門、西上北門。北曰（元）〔玄〕武門，内北上東門、北上西門。近子城東曰左闕門，西曰右闕門。大内六門：正中曰午門，左曰左掖，右曰右掖，東曰東安，西曰西安，北曰北安。午門内曰奉天門，左小門曰東角，右小門曰西角。東、西隅有東、西角樓。東角南曰左順，西角南曰右順。聖祖御製《金陵舊紫禁城懷古》詩。恭紀首卷。

附　明鄭普恭《跋第一林泉後》

嘉靖乙巳年閏正月二十四日，户部湖廣司郎中臣鄭普，兵部車駕司郎中臣程秀民，户部雲南司郎中臣張邦瑞，以部命赴内科填銷出入之數。其日天和景晴，相與循宫牆，望舊闕苑外花園者，我太祖高皇帝時游息之所也。内宫監太監張宣，適率人掃除其中，因得入觀之。

修竹千竿，老樹百餘本，土山一堆。環湖石數層，上有御亭一，屋僅數楹，旁立第一林泉一石。又一石，刻「龍穴」二小字，中有龍形。無奇花、怪石、崇臺、深沼以爲樂。因慨然有感于吾高皇之垂訓立國，其儉質類如此。乃因張宣摹刷一幅，置之静齋，使窮邑委巷之人，或得與觀之。庶知我國家所以長久者，固有在也。

臣普謹題。

按：苑外花園，郡志失載。今據此文，當在舊紫禁城内，然遺蹟不可考矣。存此文以志明太祖之儉質云。

越城　在江寧縣聚寶門外報恩寺西。《宫苑記》云：周元王四年，越相范蠡所築。《圖經》云：城周圍二里八十步，在秣陵縣長干里。《建康志》云：在江寧縣尉廨後，遺址猶存，人呼爲越臺。

秣陵城　在江寧縣東南五十里，秦縣。《建康實録》云「在故臺城南八里」是也。《宋書》云：本治去京邑六十里。今名故治村，即今秣陵關也。

白馬城　在故江寧縣北三十里。《金陵故事》云：吴時烽火臺二所，一在石頭左，一在白馬城。

丹陽郡城　在江寧縣東南。《寰宇記》云：郡城在今長樂橋東一里，周一頃，有東、南、北三門。《南畿志》云：今在武定橋東南，有長樂巷。蓋自東城角之内外，皆是郡治。

江寧故城　在江寧縣西南六十里。《宋書》云：晋太康初，分秣陵立臨江縣，尋更名江寧。其治臨江濱，南爲江寧浦。隋開皇十年，移於治城，故城始廢。今有江寧鎮，置驛。

東府城　在江寧縣舊皇城西安門外，青溪橋東，南臨淮水。晋會稽王領揚州，宅在州東，故曰東府。《輿地志》云：東府城，安帝時築。宋以後常爲宰相府第，每建康有事，必置兵守此。亦謂之東城。梁末燬。陳天嘉末，徙治府東三里齊安寺，西臨淮水。

王含五城　在江寧縣東南二十五里。晉太寧初，王敦黨王含、鐵鳳自栅塘西置五城。宋大明五年，使劉延孫于五城受封版。《南畿志》云：在丹陽郡城之東。

竹里城　《建康志》云：在句容縣北六十里東陽鎮東，齊永元二年張佛護等拒崔慧景時所築。胡氏《通鑑注》謂即建康竹篠鎮，在行宫東北三十里許。二説不同。

杜城　在溧水縣南十二里，隋大業末杜伏威屯軍於此。

竹城　《建康志》云：在溧水縣東南七十里。《新志》謂在高淳縣東六十里。今固城渡有竹城圩，未詳孰是。宋周邦彦詩：「竹城何檀欒，層翠分雉堞。王封盡四塹，同有歲寒節。」似因竹名城也。

古固城　在高淳縣。《建康志》云：古固城，春秋時吴築，在今溧陽之西溧水縣界。周七里餘，故址尚存。亦名平陵城。《新志》謂在高淳縣南三十里，即固城鎮。《滕公廟記》謂即吴瀨渚縣地，詳見《溧陽》。

皇姥城　在高淳縣東南六十里。

開化城　在高淳縣南五十里。《寰宇記》云：開化城在固城東，去溧水縣九十里。即溧水舊縣。

薛城　在高淳縣西十五里。俗傳元末有邢光輔者，築此以禦寇，明初以城來歸。今遺址尚存，林木繁茂，爲游覽之所。

曹城　在江浦縣西南三十五里，相傳曹操所築。

黄龍城　在江浦縣西南六十里和陽。舊志云：在烏江。山如伏龍，因城此以斷其脉。

棠邑故城　在六合縣北，春秋時楚之棠邑。

吴王城　在六合縣姜家渡西，吴主權分兵屯守處。

瓜步城　在六合縣瓜步山側。齊建元初，徙齊郡治瓜步，仍置臨淄縣爲治。

胡墅城　在六合縣東二十里濱江，南對石頭城。梁敬帝初，陳霸先夜襲齊軍，斷其運道，即其地。

瓦梁城　在六合縣姜家渡西瓦梁堰上，北齊瓦梁郡也，即吴王城故基。南唐時于涂水上立東、西瓦梁城，宋嘗修故城，開四門，今餘址尚存。

晋王城　在六合縣宣化鎮，隋晋王廣伐陳築此。對石頭城。

盤城　在六合縣盤城山側，下有宋步軍司莊及寨。

建康府治　在上元縣，即南唐都城内子城也。《金陵圖考》云：宋開寶八年，復昇州，仍以宫爲州治。天禧二年，陞江寧府建康軍節度（使）①，封壽春郡王爲昇王。建炎三年，改爲建康府。紹興三年，高宗駐蹕。明年，徙府治於東錦繡坊。

① 據《宋史·地理志》，「使」字衍。

御史臺治　在上元縣大中街北。宋初爲轉運司署，紹興三年改爲建康府治。元至元二十三年，爲行御史臺治。明太祖入金陵，建軍府於此，後爲吳王宫。東沿青溪，西接古御街，後阻内橋東虹舊瀆。皇城既建，遂稱此爲舊内。今獨存周垣。

集慶路治　即今江寧縣治。《金陵圖考》云：元至元十二年，即建康府治開省。十四年，更立建康路。十六年，徙治於西錦繡坊大軍庫内。後遷徙不常，而終於銀行街東南佳麗樓地。天(歷)〔曆〕二年，改名集慶。

附　明陳沂《金陵歷代互見圖考》

歷代城邑變置，若不可悉辨。然鍾山自東北而迤邐于西南，大江自西南而環抱于東北，覆舟阻其後，聚寶當其前，青龍、石硊掖其左，石頭、三山踞其右，秦淮横其中。考諸漢以後，郡城皆在淮水之南。六朝宫城皆在淮水之北，而近于覆舟。楚、秦、隋、唐之城，皆在淮水西北，而據於石頭。楊吴以後之城，皆跨淮水之南北，而近於聚寶。國朝因山距淮，盡乎四極，以是據方辨位，庶幾可得矣。

按六朝宫城，正門曰大司馬門，南對都城之宣陽門二里，宣陽門南對朱雀門五里，臺省相望爲御街。朱雀門臨淮水上，朱雀航北，今考鎮淮橋東南桐樹灣處，當是航所。中正街府軍營内小橋，當是宣陽門處。直出北口西華門西大街，當是大司馬門處。國學成賢街南口，當是宫後平昌門處，珍珠河正在宫内也。成賢街外號以東，直抵西十八衛之後，當爲都之北城。宋上元縣西、細柳營直北，當爲東城。武學以北，當爲西城。其規模大略可見。

南唐之宫，前臨内橋，東盡昇平橋，西盡大市橋，北盡小虹橋，爲子城之限，宋行宫即此。内橋南直抵鎮淮橋，此則南唐之御街也。志云「鎮淮橋即朱雀橋者」，蓋蕭梁時移航於此，遂名。舊航之處，唐所謂長樂渡也。

南渡長樂一里，抵東城角，内外皆丹陽郡城之基。又東南近倪塘，乃晉王舍五城。又南，當是古揚州治。清涼寺地以至石頭山脊，爲楚金陵邑城。又北，爲唐韓滉五城。少東南，則隋蔣州城。又東則冶城，今朝天宫處。又西抵下街，有西州橋，即西州城地，唐上元縣城亦是其處。

南循三山水關内下浮橋，北爲賞心亭，少西爲折柳亭。出水關中街，水環繞處當爲白鷺洲。洲之上今普惠寺，當是李白酒樓。繞南城角高處，即昇元閣舊基。少北高阜，皆鳳凰臺山。少西即建初寺，寺西即杏花村。

聚寶門外爲長干，向西爲越城，少南爲秣陵城。東南爲國門，轉東至通濟跨城處，當爲東府城。大中橋東畔爲白下亭。長安街西口，當爲宋永安宫。北抵竹橋之側，當爲金華宫。六朝城後今國學處，爲(元)〔玄〕圃小教場。西門内爲上林苑，將臺處當爲樂游苑。蔣廟之西南，當爲商飆館，西北爲親蠶宫。此皆可因據而互見者也。

臨滁廢郡　在江浦縣，梁末置。《輿地紀勝》云：古臨滁郡，在清流縣東南三十五里之葛城。俗呼爲羅城，明初割屬江浦。《新志》云：有東、西葛城。東葛城在今縣西北三十五里，西葛城在縣西北①四十里。

陽都廢縣　在上元縣。故臨沂境，東晋僑置，宋大明中省入臨沂。又即（邱）〔丘〕廢縣，亦晋僑置，宋元嘉中省入陽都。《南史》云：齊高帝曾祖雋爲即（邱）〔丘〕令。即此。

方山廢縣　在六合縣東方山下。齊、周時所置，開皇四年省方山縣入六合。

晋太社太稷壇　在上元縣古都城宣陽門外，晋元帝立。《金陵志》云：在舊江寧縣東二里。

晋北郊壇　在上元縣城北。《宋・禮志》云：晋成帝立，在覆舟山南。太祖以其地爲樂遊苑，移於西。後以其地爲北湖，又移於湖塘西北。其地卑濕，又移於白石村東。其地又爲湖，乃移於鍾山北東②道西，與南郊相值。後罷白石東湖，北郊復舊處。

宋耕壇　在上元縣東郊十五里。宋元嘉二十年，度宮之辰地八里之外整置千畝，開阡陌，立先農壇、御耕壇。梁普通三年，移耕田於建康北岸，別有祈年殿。

① 《四庫》本無「北」字。

② 「東」，《六朝事跡編類》卷之一作「原」。

明天地壇　在上元縣洪武門外。《明京國圖志》云：太祖以王者父天母地，無異祀理，乃建壇於此，合而祀之。壇制闢四門，繚以朱垣，内復爲垣，圍列壇中。上爲大祀殿，前爲齋宫。今廢。

吴南郊壇　在江寧縣。《宋·禮志》云：孫權太元元年，祭南郊。今秣陵縣南十餘里郊中是也。晋氏南遷，立南郊於已地。宋大明三年，移郊兆於牛頭山西，在宫之午地。後以舊地爲吉祥，移還本處。

梁武帝南郊壇　在今城東南，與婁湖近。

晋雩壇　在江寧縣。晋穆帝永和中，立於南郊傍。梁天監九年，移於城東耕田之域内。

陳方明壇　在江寧縣婁湖側。陳宣帝太建十年立，臨壇分遣大使，頒盟誓以禦周人。

晋太廟　在江寧縣秦淮西，晋中宗立。宋以後仍之。《通典》謂：廟門北有竹葉文石，元嘉中得之。陸澄云：晋武帝郊禖石也。

宋明堂　在江寧縣樂遊苑南，宋大明五年立。其牆宇規制，一如太廟。十有二間，以應期數。梁天監中修築。

吴太初宫　在上元縣，即孫策故府。《江表傳》云：吴赤烏十年，詔以建業宫材柱細小，徙武昌宫材瓦更繕治之，名曰太初宫。晋渡江，即以爲府舍即位，稱建鄴宫。

吴昭明宫　在上元縣。後主甘露二年六月，起新宫於太初宫東。大開苑囿，起土山，作樓觀，飾以珠玉。又鑿城北渠，引後湖水流入宫内，巡繞堂殿，窮極伎巧。

吴南宫　在上元縣舊江寧縣治北二里，吴太子宫。宋置欣樂營，即此地。舊通志云：在臺城南。

晋建康宫　在上元縣臺城。晋咸和七年宫成，名曰建康宫，亦曰新宫。

晋永安宫　在上元縣，吴東宫也。《宫苑記》云：在臺城東華門外，安帝立，何皇后居此，謂之永安宫。桓(元)〔玄〕拆其材木入西宫，以其地爲射圃。

宋親蠶宫　在上元縣臺城西白石壘。宋大明三年，立皇后親蠶宫於西郊。《上元縣志》云：在鍾山鄉闍婆寺前紗市。

宋未央宫　在上元縣。景和元年，以東府城爲未央宫，石頭城爲長樂宫，北邸爲建章宫，南第爲長楊宫。

齊青溪宫　在上元縣東二里。《齊·武帝紀》云：宋元嘉十七年，生於建康青溪宅。永明元年，築青溪舊宫，即故宅也。遺址僅存。

梁金華宫　在上元縣青溪東，去臺城三里，大同中築。《陸襄傳》云：昭明太子蔡妃所居，以襄爲家令，知金華宫事。

陳安德宫　在上元縣城南。《建康志》云：在宣陽門外直西，即都城西南角，宣帝爲文皇后築。隋平陳，移江寧縣治於此。明年，復罷。中有池，人謂安德宫池。

南唐宫　在上元縣内橋北。宋爲建康府治，高宗紹興二年修爲行宫。元至元五年，拆故宫材木，輸之大都。遺址僅存。

明故宫　在上元縣舊紫禁城内，正值古燕雀湖之地。左順門内殿曰文華，右順門内殿曰武英。奉天門内，大殿爲奉天殿，東曰文樓，西曰武樓。大殿左爲中左門，右爲中右門，後爲華蓋殿，後謹身殿。殿後乾清宫，宫後坤寧宫。宫左右二殿，曰柔儀，曰春和。聖祖御製《再過明故宫》詩。恭紀首卷。

吴梧園宫　在句容縣西。《乾道志》云：吴王别館，有梧楸成林。古樂府云：「吴宫秋，吴王愁。」

魏行宫　在六合縣瓜步山上，太平真君十一年建。

隋行宫　在六合縣東四十里方山上。隋置方山府，曾以此爲行宫。

吴赤烏殿　在上元縣吴昭明宫内。吴主親見赤烏，遂改元，因以名殿。

神龍殿　在上元縣吴太初宫内。

晋太極殿　在上元縣建康宫内，正殿也。晋初造，以十二間象十二月。至梁武帝，改置十三間以象閏。山謙之《丹陽記》云：太極殿，周制路寢，秦、漢曰前殿。徐廣《晋記》云：謝安作新宫，造太極殿，缺一梁。忽有梅木①流至石頭城下，因取爲梁。殿成，畫梅花於其上，以表嘉瑞。

---

① 「梅木」，《四庫》本作「樟木」。

夫紫蓋黄旗，揚都之王氣長久； 虎踞龍蟠，金陵之地體貞固。 天居爽塏，太寢尊嚴。 高應端門，仰模營室。 歸于有德，譬彼河圖； 傳我休明，義同商鼎。

附　陳徐陵《太極殿銘》　並序

太極殿者，法互象（元）〔玄〕①，王者之位以尊； 左平右城，天子之堂爲貴。 往朝煨燼，多歷年所。 世道隆平，宜其休復。

監軍鄒子度啓稱，即日忽有一大樟木，從流來泊，在後渚岸。 嵯峨容與，若漢水之仙槎； 摇漾波濤，似新亭之龍刹。 孤拔靈山，允彰天貺。 昔梁氏承聖，將圖繕修②，定之方中，亟興師旅。 揆之以日，輒有災故。 是知秦人所止，實漢祖而爲宫； 吴都佳氣，乃（元）〔玄〕皇而斯宅。 千櫨赫奕，萬栱崚嶒。 植緑芰而動微風，舒丹蓮而制流火。 甘泉遠望，觀正殿之崢嶸； 函谷遥看，美皇居之佳麗。 信可以齊三光而示宇宙，會萬國而朝諸侯。 爰命微臣，乃爲銘曰：

雍畤相望，參差未央。 偃仰回顧，崔嵬德揚。 高抨太乙，正睹瑶光。 峨峨靈柱，赫赫流樟。 美矣宫室，嘉哉今日。 御扆垂旒，當朝靖蹕。 樂備韶夏，禮兼文質。 帝旅無諠，王旗斯謐。 肅肅

---

① 《初學記》卷二十四作「法氏象亢」。
② 《藝文類聚》卷六十二「繕修」句下尚有「東虜窺江，西胡犯畢」二句八字。

卿士，邕邕承弼。漢座雕屏，周人檻檽。城隅有勒，殿省皆銘。況復皇寢，宜昭國經。方流典訓，永樹天廷。

沈炯《太極殿銘》 並序

臣聞在天成象，紫宫所以昭著；在地成形，赤縣居其區宇。太極殿者，資兩儀之意焉：大壯顯其全模，土圭測其正景。周曰路寢，漢稱前殿。雖名號參差，其實一也。主上未明求衣，日旰忘食，隳樂壞禮；造次留神，漢陛秦除，莫不葺復。而此殿興造，累歲未成。外遘戎機，内憂民力。劬勞深慮，荏苒移時。

至陳永定，六合既清，五禮稍備。雕楹玉舄，華榱璧璫。揆之有日，而猶一柱梗楠。豫章地淪外寇，楚材晋用，非復我求。既而新亭前江，有流查甚壯，盤根錯節，枝葉葱蒨。津人以聞，正堪時用。于是將作受詔，各官奉職，百工並作，屢降乘輿，匠石磨礱，必經天旨。儉而不固，泰而不奢，億兆填填而樂成也。

曾未數旬，焕然雲構。昔晋朝繕造，文杏有闕。梅梁瑞至，畫以標花。自是迄今，又獲神物，即樟樹焉。殿之某間，即某柱是也。

銘曰：軒轅狹堂，夏后卑宫。文來質往，蹇産彌崇。體制八都，開兹萬户。灼爍雄梁，徘徊大廡。璧月宵懸，卿雲晝聚。豈伊閶陽，飛來應柱。嘉辰令月，新寢告成。青槐赤棘，郎將司兵。翠被負扆，百辟公卿。鐘鼓八佾，簫韶九成。庸臣再拜，天子萬齡。

清暑殿　在上元縣臺城内，晉孝武帝造。殿前重樓複道，通華林園，爽塏奇麗，雖暑月常有清風，因以爲名。宋大明五年，鴟尾中生嘉禾，一株五莖，遂改爲嘉禾殿。

宋玉燭殿　靈和殿　在上元縣臺城内，皆宋孝武帝造。

又有含章殿，即壽陽公主梅花點額處。

紫極殿　在上元縣，宋明帝造。珠簾綺柱，江左所未有。

齊鳳華殿　壽昌殿　靈曜殿　在上元縣，皆齊内殿。《齊書》云：永明十一年，武帝詔謂：此三殿皆親製，得奢儉之中，謹勿壞去。

神仙殿　永壽殿　玉壽殿　在上元縣。齊永元中，别爲三殿，以居潘妃。即鑿金蓮花貼地處。

梁重雲殿　在上元縣，梁武帝建於華林園。《隋志》云：殿前置銅渾儀，是劉曜光初六年孔挺所造，何承天以爲張衡所造。

五明殿　在上元縣臺城内。梁武帝時，有四人來建康里，鶉衣躡履，貌可七十，已經年無人識者。帝召入儀賢堂，始湯沐，解御服衣之。昭明一見如故舊，目爲四公子。帝更加重焉，移入五明殿。大同末，魏使崔敏來聘。敏博贍儒釋，知天文、醫術。帝選十人，於此殿推論三教百家、六籍五運，九十餘日，敏喪神嘔血歸，未及境而卒。《事類》記云：四人姓名：蜀闖、䰐杰、越鯿、仉胥。難敏者，仉胥也。

披香殿　在上元縣臺城内。庾子山詩：「宜春苑中春已歸，披香殿裏作春衣。」指此。

光華殿　在上元縣臺城。梁武帝大通中，施與草堂寺，取珠貝直百萬，以其地起重閣。又有寶雲、惠輪二殿，武帝皆以施寺。

陳求賢殿　在上元縣臺城内。陳建，後主沈皇后所居。

銅螭署　在上元縣臺城。銅螭本洛陽故物，晋平，姚秦遷此。

龍首倉　在上元縣石頭城，亦謂之石頭津倉。《金陵記》云：吴置倉城，在苑城中，亦曰苑倉，即東晋以後之太倉。

通天觀　在上元縣華林園。《金陵故事》云：晋孝武帝講《孝經》於此。僕射謝安侍座，尚書陸納侍講，黄門侍郎謝石、吏部侍郎袁宏執經，丹陽尹王緄讀句，論者榮之。宋元嘉中重建。

(元)〔玄〕風觀　在上元縣舊都城宣陽門外，東晋建武元年建。

迎風觀　在上元縣建康宫西，宋孝武大明年建。

(元)〔玄〕武觀　在上元縣(元)〔玄〕武湖上，宋時建。陳江總有《(元)〔玄〕武觀侍宴》詩。

齊雲觀　在上元縣臺城内，陳建。後主令採木湘州，擬造正寢。行至牛渚磯，盡没。既而，漁人見桅于海上，復起齊雲觀。

落星樓　在上元縣東北，古臨沂縣前。吴時山上置三層樓，樓高，故爲此名。有落星墩，即建樓處。《吴都賦》注云：樓在建鄴東北十里。

烽火樓　在上元縣石頭城西南最高處。晋温嶠入討蘇峻，直指石頭。峻登烽火樓，望見軍容，有懼色，謂左右曰：「吾本知温嶠能得衆也。」

入漢樓　在上元縣。晋義熙八年，於石頭城南起高樓，加累入於雲霄，連堞帶於積水，名曰入漢樓。

景陽樓　在上元縣宋精鋭中軍寨内。元嘉二十二年，修廣華林園，築景陽山，始造景陽樓。大明元年，樓出紫雲，狀如烟，詔改爲慶雲樓。《宫苑記》云：齊武帝置鐘景陽樓，宫人聞鐘聲，並起粧飾。

青漆樓　在上元縣臺城内。《齊書》云：世祖興光樓上施青漆，時人謂之青漆樓。

朝日、夕月二樓　在上元縣華林園内。梁武帝於景陽山東起通天觀，觀前又起重閣，上曰重雲殿，下曰光嚴殿。殿前當階起二樓，左曰朝日，右曰夕月。階道繞樓數轉。

觀稼樓　在上元縣城東二十五里，梁武帝建。

百尺樓　在上元縣南唐宫中。《類説》云：唐主於宫中作高樓，召群臣觀之。衆皆嘆美，蕭儼曰：「恨樓下無井耳。」唐主問其故，對曰：「以此不及景陽樓。」

閲江樓　在上元縣。明太祖欲建此樓於獅子山，已而不果。自爲之記。

附　明太祖《閲江樓記》

朕聞昔聖君建造，必詢于賢而後興。噫，聖人之心幽哉！朕嘗存之于心，雖萬千之學，猶不能倣。今年欲役囚者，建閲江樓于獅子山。自謀將興，朝無入諫者。抵期而上天垂象，責朕以不急，即日惶懼，乃罷其工。試令諸職事，妄爲《閲江樓記》，以試其人。及至以記來獻，節奏雖有不同，大意比比皆然，終無超者。朕特假爲臣言而自尊，不覺述而滿章，故序云：

洪武七年二月二十一日，皇帝坐東黄閣，詢臣某曰：京城西北龍灣獅子山，扼險而拒勢，朕欲作樓以壯之，雄伏遐邇，名曰閲江樓。雖樓未造，而先爲之記。

臣某謹拜手稽首而言曰：臣聞古人之君天下，作宫室以居之，深高城隍以防之。此王公設險之當爲，非有益而不興。土階三尺，茅茨不剪，誠可信也。皇帝神謀妙算，人固弗及。乃有獅子山，扼險拒勢之地，將欲命工，臣請較之而後舉。且金陵之形勢，豈不爲華夏之魁？何以見之？昔孫吴居此而有南土，雖奸操忠亮，卒不能擅取者，一繇長江之天塹，次繇權德以沾民。當是時，宇内三分，勁敵豈小小哉？猶不能侵江左，豈假閲江樓之拒勢乎？今也皇上聲教遠被遐荒，守在四方，道布天下，民情效順，險已固矣，又何假閲江樓之高，扼險而拒勢者歟？夫宫室之廣，臺榭之興，不急之務，土木之工，聖君之所不爲。皇上撥亂返正，新造之國，爲民父母，協和萬邦。使愚夫愚婦，無有謗者，實臣之願也。臣雖違命，文不記樓，安得不拜手稽首以歌陛下，納忠款而斂興造，息元元於市鄉？乃爲歌曰：

天運循環，百物貞頒。真人立命，四海咸安。臣歌聖德，齒豁鬢斑。億萬斯年，君壽南山。

宋濂《閲江樓記》

金陵爲帝王之州。自六朝迄於南唐，類皆偏據一方，無以應山川之王氣。逮我皇帝定鼎於兹，始足以當之。由是聲教所暨，罔間朔南；存神穆清，與天同體。雖一豫一遊，亦可爲天下後世法。京城之西北有獅子山，自盧龍蜿蜒而來。長江如虹貫，蟠繞其下。上以其地雄勝，詔①建樓於巔，與民同遊觀之樂。遂錫嘉名爲閲江云。

登覽之頃，萬象森列。千載之秘，一旦軒露。豈非天造地設，以俟大一統之君，而開千萬世之偉觀者歟？當風日清美，法駕幸臨，升其崇椒，凭闌遥矚，必悠然而動遐思。見江漢之朝宗，諸侯之述職，城池之高深，關阨之嚴固，必曰：「此朕櫛風沐雨，戰勝攻取之所致也。」中夏之廣，益思有以保之。見波濤之浩蕩，風帆之上下，番舶接跡而來廷，蠻琛聯肩而入貢，必曰：「此朕德綏威服，覃及内外之所及也。」四夷之遠，益思有以柔之。見兩岸之間，四郊之上，耕人有炙膚皸足之煩，農女有捋桑行饁之勤，必曰：「此朕拔諸水火，而登之衽席者也。」萬方之民，益思有

① 「詔」，《四庫》本作「謂」。

以安之。觸類而推，不一而足。

臣知斯樓之建，皇上所以發舒精神，因物興感，無不寓其致治之思，奚止閱夫長江而已哉？彼臨春、結綺，非不華矣。齊雲、落星，非不高矣。不過樂管絃之淫響，藏燕趙之艷姬。一旋踵間，而感慨係之，臣不知其爲何說也。

雖然，長江發源岷山，委蛇七千餘里而始入海，白湧碧翻，六朝之時，往往倚之爲天塹。今則南北一家，視爲安流，無所事乎戰争矣。然則果誰之力歟？逢掖之士，有登斯樓而閲斯江者，當思聖德如天，蕩蕩難名，與神禹疏鑿之功，同一罔極。忠君報上之心，其有不油然而興耶？

臣不敏，奉旨撰記，故上推宵旰圖治之切者，勒諸貞珉。他若流連光景之辭，皆略而不陳，懼褻也。

孫楚酒樓　在江寧縣城西。《焦竑集》云：孫子荆酒樓，遺址在今石頭城莫愁湖側。

芙蓉樓　在江寧縣。舊名北樓，在丹陽城北。

東南佳麗樓　在江寧縣。《建康志》云：在銀行街，今縣治基。舊爲賞心樓，宋景定元年馬光祖重建，改曰東南佳麗樓。

伏龜樓　在江寧縣城上東南隅。宋景定元年，馬光祖增創八十八間。

層樓　在江寧縣。《建康志》云：在府治右南廂花行街。宋咸淳中，黄萬石重建，榜曰江淮奇觀。

南礀樓　在江寧縣城西南，近何尚之宅，即躍馬礀。

十六樓　在江寧縣。《金陵瑣事》云：在城内者曰南市，曰北市；在聚寶門外之西者曰來賓，東曰重譯；在瓦屑壩者曰集賢，曰樂民；在西關中街北者曰鶴鳴，在西關中街南者曰醉仙，在西關南街者曰輕烟、曰淡粉，在西關北街者曰柳翠、曰梅妍；在石城門外者曰石城，曰謳歌；在清涼門外者曰清江，曰鼓腹。俱洪武中建，以爲行人憩息遊觀之所，並以處官妓焉。今盡毁。

延祚閣　在上元縣治城後岡上。宋太始中建延祚寺，因以名閣。

三閣　在上元縣臺城，陳至德二年建，曰臨春，曰結綺，曰望仙。在華林園光昭殿前，高數十丈，並數十間。窗牖户壁欄檻之類，皆以沉檀爲之。又飾以金玉，間以珠翠。外施珍簾，内設寶帳。閣下積石爲山，引水爲池，植以奇樹，雜以花蘂。

涵虚閣　在上元縣。南唐建於後湖，即憑虚閣，「金陵四十景」曰「憑虚聽雨」。

青溪閣　在上元縣東北青溪上。本梁江總故宅，宋爲段約之宅，有亭曰割青。

瓦官閣　在江寧縣城西南隅瓦官寺。《輿地紀勝》謂梁所建，邵思《雁門野説》云晋哀帝時造。一説晋時陸地生蓮，因掘得瓦棺，蓮從僧舌底出，始建寺，遂名閣。高二百四十尺。《運(歷)〔曆〕圖》云：瓦官寺閣西南久傾，因風自正。唐狄仁傑宴此，有「雲散便凝千里望，日斜常占半城陰」之句，坐客盡驚。吴順義中，改爲吴興閣。南唐昇元初，改爲昇元閣。

征虜亭　在上元縣。《丹陽記》云：太元中，謝安爲征虜將軍，立此亭，故名。胡氏《通鑑注》：在方山南。自(元)〔玄〕武湖頭大路，東出征虜亭。《建康志》謂在石頭塢東，誤。

甘露亭　在上元縣城北五里鍾山鄉。陳太建七年閏九月，甘露降於樂遊苑，詔於苑内覆舟山立亭。《輿地志》云：宋元嘉中，移晉北郊壇出外，以其地爲北苑，更造樓觀於覆舟山上。陳天嘉中，更加修葺，立甘露亭。

白下亭　在上元縣，驛亭也。唐李白詩：「五月金陵西，祖余白下亭。」宋王安石詩：「門前秋水可揚舲，有意西尋白下亭。」是亭在府西也。安石詩又有「東門白下亭，摧甓蔓寒葩」之句，似又在府東。意驛亭餞送，東、西各有亭耳。

翠微亭　在上元縣清涼山巔，南唐時建。宋乾道間毁，紹熙中復建。淳祐己酉，陳綺新而大之。遺址如砥。

不受暑亭　在上元縣清涼寺後。南唐避暑，宫内有是亭。宋馬光祖重建。

紅羅亭　在上元縣。《古今詩話》云：南唐後主建。四面栽紅梅，作艷曲歌之。《景定志》作「羅江亭」。

望湖亭　在上元縣雞籠山上，南唐時建，遺址存。

金山亭　在上元縣宋行宫内，蘇頌重建。王安石《懷府園》詩有「常憶小金山下路，緑荷深處見游倏」之句。

忠孝亭　在上元縣治城卞壼墓側，南唐即其墓作忠貞亭。宋慶（歷）〔曆〕三年，葉清臣以其父忠子孝，改爲忠孝亭。

半山亭　在上元縣城北，王安石故園。元豐七年，安石請捨爲寺，賜額報恩禪寺。明焦竑亦有園在山側，仍其名曰半山。

此君亭　在上元縣華藏寺，王安石與弟詠竹於此。

新亭　在江寧縣城南十五里。《丹陽記》云：吴所立。晉隆安中，司馬恢之徙創今地。《王導傳》云：過江諸人，每至暇日，輒相邀出新亭飲宴。宋孝武帝討劭，柳元景將前軍，潛至新亭，依山築壘。帝於新亭即帝位，改曰中興亭。

勞勞亭　在江寧縣西南。按《寰宇記》：勞勞山上有亭七間，名曰新亭，吴所築。中名臨滄觀，亦謂之勞城。《輿地紀勝》云：新亭在江寧十里，俯近江渚，今名勞勞亭。《輿地志》云：新亭壟上有望遠樓，宋時改曰臨滄觀，即勞勞亭故基。是新亭與勞勞亭一處。又按《建康志》：新亭壘在城西南十二里，壘石存其亭。乾道五年，留守史正志即故基重修。又臨滄觀，在今城南顧家寨大路東。據此似又是兩處。

東冶亭　在江寧縣。晉太元中，置亭於汝南灣，東、南、西臨淮水，爲士大夫餞送之所。《南史》云：王裕之辭尚書令東歸，車駕幸東冶餞送，即此。宋乾道中，史正志重建。景定中，馬光祖又新之，益以知稼、瑞麥二亭。

白鷺亭　在江寧縣城西。《輿地紀勝》云：賞心亭西有白鷺亭，下瞰白鷺洲。宋景定元年，馬光祖重建。蘇軾《贈王益柔》詩有「紅鸞驂乘青鸞馭，却訝此洲名白鷺」之句，題名於此亭柱石。

賞心亭　在江寧縣西下水門城上，下臨秦淮，盡觀覽之勝，宋丁謂建。《方輿勝覽》云：謂始典金陵，陛辭，真宗出八幅《袁安卧雪圖》付謂，曰：「卿到金陵，可選一絶景處張此圖。」謂遂張於賞心亭。景定元年，亭毁，馬光祖復建。

又有臨淮亭，亦丁謂建，後名朝宗觀。

覽輝亭　在江寧縣鳳凰臺側保寧寺後。有宋熙寧三年殘碑，蘇轍有《和孔武仲覽輝亭》詩。

三山亭　在江寧縣石城，西對三山。

練光亭　在江寧縣保寧寺。黄庭堅嘗題云：「練光亭極是登臨勝處。」

折柳亭　在江寧縣賞心亭下，張詠建，爲祖餞之所。

風亭　在江寧縣折柳亭東，葉清臣建。咸淳乙丑，馬光祖復創臺，繚以花竹，遊者艤舟，以爲覽勝處。

相近有佳麗亭，馬亮建。

清水亭　在江寧縣城南三十里。

二水亭　在江寧縣下水門城上，與賞心亭相對。乾道五年，留守史正志因修築城壁重建。

木龍亭　在江寧縣西南七十里。舊傳有香木浮水而上，土人迎之以爲亭。又號木牛亭。

木末亭　在江寧縣聚寶門外，雨花臺北，梅岡之東。高出林表。旁有方孝孺祠，祠南爲先生墓，北有景清祠。

二李亭　在溧水縣惠政橋北。宋廬山李常父爲尉時，與兄野夫讀書之所。後名雙玉，今名憶李亭。

又有懷白亭，在縣城隍廟後。

寒光亭　在溧水縣，下瞰梁湖。

項王亭　在江浦縣烏江鎮。

附　唐李德裕《項王亭賦》　並序

丙辰歲孟夏，(子)〔予〕①息駕烏江。晨登荒亭，曠然遠覽。因覩太尉清河公刻石，美項氏之材，歎其屈於天命。且曰：〔漢祖〕②困阸之時，生計非蕭、張所出。予以爲不然矣。自古聰

① 據《四庫》本改。
② 據《四庫》本補。

明神武之主，未嘗不應天順人，以承大業。項氏縱火咸陽，失秦中之固。還主炎裔，傷義士之心。違天違人，霸業隳矣。漢皆反是，故能成功。據秦遺業，東制區夏，數敗於外，常有關中。爲舊主縞素，以義動天下。雖項氏猶存，而王業基矣。若乃蠖屈鴻門，龍潛天漢，始降志於一人，終伸威於四海。則蕭、張之計，亦不遠乎。

予嘗論之，漢祖猶龍，項氏如虎。龍雖困，而能變不測。虎雖雄，而其力易摧。一神一鷙，宜乎憂絶。然艤舟不渡，留騅報德，亦可謂知命矣。自湯、武以干戈創業，後之英雄，莫高項氏。感其伏劍此地，因作賦以弔之。曰：

登彼高原，徘徊始曙。尚識艤舟之岸，焉知繫馬之樹。望牛渚以悵然，臨烏江而不渡。想山川之未改，歎斯人之何遽。思項氏之入關，按秦圖之割據。恃八千之剽疾，棄百二之險固。咸陽不留，王業已去。將衣錦於舊國，遂揚旌於東顧。雖未至於陰陵，誰不知其失路？恥沐猴之醜詆，乃烹韓而泄怒。謂天命之可欺，何伯王之不悟？

嗟乎！楚聲既合，漢圍已布。歌既闋而甚悲，酒盈樽而不御。當其盛也，天下侯伯自我而宰制；及其衰也，帳中美人寄命而無處。季數遁而不亡，羽一敗而終仆。豈非獨任於威力，不由於智慮？追昔四隤之下，風烟將暮。大呼雷奮，重瞳電注。叱漢千騎，如獵狐兔。謝亭長而依然，愧父兄兮不渡。既伏劍而已矣，彼群帥之猶懼。

雖霸業之未成，亦終古而獨步。周視陳跡，緬然如素。聽喬木之悲風，感高秋之零露。因獻弔於兹亭，庶神明之可遇。

六峰亭　在六合縣南，遠對定山六峰。

郭文舉書臺　在上元縣。《宋志》云：天慶太乙殿，即文舉讀書處。《金陵故事》謂：文舉爲王導所重，築臺於治城以處之。

望耕臺　在上元縣白上村。宋文帝嘗登此臺，以觀公卿親推之禮。

日觀臺　在上元縣臺城内。《祥符圖經》云：宋司天臺也。

通天臺　在上元縣臺城内，宋大明七年建。

昭明書臺　在上元縣。有二：一在鍾山定林寺後北高峰上，亦名太子岩；一在湖孰鎮。

獨足臺　在上元縣舊宫城内。陳後主時，有一鳥，獨足，上臺以喙畫地，書云：「獨足上高臺，茂草化爲灰。欲知我家處，朱門傍水開。」後遷洛陽，果賜第水傍。

南唐月臺　在上元縣子城東北。南唐李氏因城作臺望月，人呼爲月臺。

觀象臺　在上元縣雞鳴山之巔。元至正元年建，明改爲欽天臺。山側有北極閣。康熙二十三年，聖祖仁皇帝南巡，御書「曠觀」二字，建亭勒石。康熙三十八年，賜御書「欣然有得」四字額，御書《陰長生詩》，臨宋臣米芾帖刻石：

維余好道，辟世自匿。二十餘年，名山之側。寒不遑衣，饑不暇食。思不敢歸，勞不歇息。奉事聖師，承悦顔色。面垢足胝，乃敢哀識。邂傳要訣，恩深不測。妻子延年，咸享無極。黄白既成，貨財千億。役使鬼神，玉女侍側。余得度世，神丹之力。

周處臺　在江寧縣城東南隅蟒蛇倉後，亦名子隱臺。《晉書》云：處仕晉爲東觀左丞，曾讀書於此。

附　宋梅摯《周孝侯臺記》

《府志》：東南有故臺基，曰周處。《圖志》亡之，都人稱之。登而四望，江山表裏，與陳迹概見豁如也。按西晉史，處字子隱，義興陽羡人。弱冠好馳騁，不修細行，州里患之。自知爲衆所惡，慨然有改勵之志。里人以三害切諷，于是射虎斬蛟，往見陸雲，具以誠告。雲曰：「古人學道，貴朝聞夕死。君前途尚可，第患志之不立，何憂名之不彰？」遂退而向學，有文〔思〕①，言必信，行必謹。如是期年，州府交辟，仕吴爲東觀左丞。吴平入洛，累遷郡太守，率有善狀。會擢

① 據《晉書》卷五十八補。

御史中丞，凡所糾劾，不避權貴，卒樹功名，没世遠耀。

噫！天地至大，根一氣，陶萬化，未始無過。陰陽寒暑，小有繆盭，則從而改之，卒歸大順①，而況於人乎？古聖賢本天地之性，以修其性，亦未嘗諱過。後之人不獨諱之而已，抑又從而文之，自底悔吝②，良可嗟惜！

維子隱少而不逞，長乃自悟。一旦翻然，去惡即善，遂爲名世忠賢，可不重乎！則中人所稟，因物染遷，爲時詿誤。德有小眚，言有小疵，未甚於子隱之害於鄉，而又何憚乎改爲哉？予因表是臺、新是堂，非止卜高明之居，夸游覽之勝，而與民同樂，亦將有激時世云。

鳳凰臺　在江寧縣保寧寺後。南宋元嘉十六年，秣陵王顗見三異鳥，文彩五色，衆鳥附翼群集，時謂之鳳。乃置鳳凰里，起臺於山，因名。按《宫苑記》又有鳳凰樓。《金陵志》云：臺與樓皆彭城王義康所建。（朱）〔宋〕③淳熙中，留守范成大重建，更榜曰「鳳凰臺」。

雨花臺　在江寧縣城南三里聚寶山上。俯矚城闕，萬家烟火與遠近雲峰相亂，遥望大江如帶。

---

① 「順」，《六朝事迹編類》卷之四作「化」。
② 「吝」，《六朝事迹編類》卷之四作「惜」。
③ 據《四庫》本改。

《方輿勝覽》云：梁武帝時，雲光法師講經於此，天雨花，故名。山麓爲梅岡，聖祖御製《雨花臺》詩。恭紀首卷。

義臺　在句容縣西南隅，唐孝子張常洧旌表之所。

董永讀書臺　在溧水縣治西。

蔡邕讀書臺　在溧水縣太虛觀東北。《吴·顧雍傳》云：邕以内寵惡之，乃潛走吴會積十二年。《抱朴子》云：邕到江東，得《論衡》，後與諸儒論頓異，察之，見枕中秘，知其果異書也。

煉丹臺　在高淳縣東二十里談溪渡口，舊傳許旌陽煉丹處。又有茅城，在縣南二十里，相傳三茅煉丹處。

中堂　在上元縣古都城宣陽門外，或謂之南皇堂。六朝時，建康有警，多以親貴出頓中堂。《晋紀》云：孝武以太學在秦淮南，去臺城懸遠，權以中堂爲太學釋奠。《金陵志》云：吴建中堂，每歲暮，習元會儀於此。

儀賢堂　在上元縣宣陽門内，吴建。本名延賢堂，宋元嘉三年，帝臨聽訟，自是每歲三訊，皆於此堂，因名聽訟堂。梁天監七年，改名儀賢，策孝廉、秀士於此。

樂賢堂　在上元縣臺城内，晋肅宗爲太子時建。

宣猷堂　在上元縣，晋置，後在梁東宫。《梁紀》云：修飾國學，增廣生員，立五館，置五經博士，皇太子宣城王亦於是堂講釋老。《蕭子顯傳》云：謝嘏出守建安，於宣猷堂宴餞，賦詩用十五劇部。

《陳・姚察傳》云：察年十三，即引於宣猷堂聽講，論難爲儒者所稱。

武帳堂　在上元縣幕府山武帳岡上，宋文帝建。元嘉二十一年，宴於此堂，將行，敕諸子且勿食，至會所賜饌。日旰，食不至，皆有飢色。上曰：「汝曹少長豐逸，不見百姓艱難，今使汝曹識有飢苦，知以節儉期物。」

澄心堂　在上元縣南唐宮左，後主建，爲藏書撰述之所也。後主有巧思，製澄心堂紙，時甚珍之。

有美堂　在上元縣宋行宮内，舊爲府治。

周顒草堂　在上元縣鍾山北，顒隱居之所。後出爲海鹽令，捨宅爲草堂寺，孔德璋作《北山移文》。

鄭俠讀書堂　在上元縣清涼寺。俠隨父宦江寧，讀書於此，惟冬至、元日歸省。有「漏隨書卷盡，春逐酒瓶開」之句，王安石深賞之。

戲綵堂　在上元縣轉運司堂後。宋嘉定八年，真德秀葺而名之。

清如堂　在上元縣青溪渌波橋北，馬光祖建，取御翰中「一清如水」之語名之。馬光祖、王埜皆公門下士，寶祐中同持節於此，新其堂刻石識之。梁椅爲記。

大本堂　在上元縣。明洪武初爲太子、諸王授經之所，延四方耆儒於其中，公侯子弟皆就學焉。

易並堂　在句容縣治中堂後。宋淳祐間，令張槩改建冰玉軒。趙時侃爲令，嘗請於朝，均民賦税，桀其婿也。因記曰：晋人語云：「婦翁冰清，女婿玉潤。」非敢自謂玉潤，繼冰清也，將以遠挹前言，近瞻往行云爾。

讀書堂　在六合縣横山前，世傳昭明曾讀書於此。

是儀宅　在上元縣臺城西。《吴志》云：儀爲人儉約不治産，宅甚卑陋。鄰家起大屋，大帝望見，問左右，以儀家對。大帝曰：「儀儉，必非。」及問，果他宅，其見信如此。

諸葛恪宅　在上元縣古（元）〔玄〕風觀前。南接青溪，其東即江令宅。

駱統宅　在上元縣東二十五里崇禮鄉土山下，相傳爲駱監軍宅。

陶璜宅　在上元縣石頭塢，其地名陶家渚。

王導宅　在上元縣烏衣巷，南臨驃騎航。晋江左初立，瑯邪諸王皆居烏衣巷。導使郭璞筮之，云：「吉，無不利，子孫繁衍。」

郄鑒宅　在上元縣青溪上。

謝（元）〔玄〕宅　在上元縣土山，地名康樂坊，旁有謝（元）〔玄〕走馬路。

杜姥宅　在上元縣臺城南掖門外。晋成帝杜后母裴氏，立第於此，世謂杜姥宅。

宋明帝舊宅　在上元縣青溪中橋北，後改爲湘宫寺。

建平王劉宏宅　在上元縣雞籠山。宏篤好文籍，文帝寵愛殊常，爲立第，盡山水之美。

檀道濟宅　在上元縣青溪。

謝靈運宅　在上元縣康樂坊故居。靈運有《還故園》詩。

劉勔宅　在上元縣鍾山蔣廟東北，名東山園。《南史》云：勔經始鍾嶺之南，以爲棲息。聚石蓄水，仿佛(邱)〔丘〕中，朝士雅素者多往遊之。

齊竟陵王蕭子良宅　在上元縣鍾山西。子良有《行宅》詩。

劉瓛宅　在上元縣青龍山之前。《南史》云：瓛宅近檀橋，瓦屋數間，上皆穿漏。學徒敬慕，不敢指斥，呼爲青溪。竟陵王子良表武帝爲立館，以檀橋地給之。

明僧紹宅　在上元縣攝山。齊永明七年，僧紹捨宅爲寺，即今棲霞寺。

梁武帝舊宅　在上元縣城東十五里長樂鄉。《南史》云：帝以宋大明元年，生於秣陵同夏里三橋宅，後捨故宅爲光宅寺。

沈約宅　在上元縣鍾山之麓，名東田。《南史》云：約遷尚書令，名譽雖隆重，而居處儉素。立宅東田，嘗爲《郊居賦》。

伏挺宅　在上元縣城東北。《南史》云：居宅在潮溝，於宅講《論語》，聽者傾朝。

韋載宅　在上元縣治北山下。《南史》云：載於江乘縣之北築室，屏絶人事，不出籬門者十載。

江總宅　在上元縣青溪側，相傳鷲峰寺即其故址。《金陵故事》云：南朝鼎族多夾青溪，江令宅尤占勝地。宋時爲段約宅。

孫瑒宅　在上元縣青溪，其西即江總宅。《南史》云：瑒家穿築，極林泉之美，賓客填門，軒蓋不絶，後主頻幸其宅。

王昌齡宅　在上元縣青溪。

冷朝陽宅　在上元縣白下門外。韓翃有《送朝陽還宅》詩。

顧況宅　在上元縣。皇甫湜《顧況集序》云：況以文入仕佐著作，爲衆所排，起屋茅山，飄然若將續古之仙，以壽終。《慶元志》云：顧著作山房，在菖蒲潭。

宋齊(邱)〔丘〕宅　在上元縣古國子監巷。

南唐李建勳宅　在上元縣青溪上。建勳有《草堂閒興》詩。

徐鉉宅　在上元縣。《輿地紀勝》云：在棲霞寺西。園池甚盛，中有來賢亭，今陶莊即其地。宋裴迪有「結亭意在留賢者，誰慕清風爲駐留」之句。

楊德逢宅　在上元縣城東北隅。德逢，號湖隱先生。

蔡寬夫宅　在上元縣青溪，宋貢院基是其地。《南窗記談》云：寬夫治地青溪南，疏地深數尺，見釜鑊交錯仆壓，知爲前代人居也。

范蠡宅　在江寧縣治長干里。《丹陽記》云：蠡居長干，古越城中。

張昭宅　在江寧縣治。《丹陽記》云：大長干道西有張子布宅，對瓦官寺門。今來賓橋西南小橋，即張侯橋也。

張悌宅，在城南板橋。

陸機宅　在江寧縣秦淮之側。《金陵故事》云：二陸讀書堂，帶秦淮，屏鍾山，最爲幽邃。後機入洛，作《懷舊居賦》，即此。

紀瞻宅　在江寧縣烏衣巷。《晋書》云：瞻厚自奉養，館宇崇麗，園池竹石，爲一時之盛，元帝嘗幸其宅。既進驃騎將軍，即其宅爲驃騎府，遂名其府側浮橋曰驃騎航。

謝尚宅　在江寧縣竹格渡北。永和四年，尚捨宅造莊嚴寺，宋改名謝鎮西寺。《金陵志》云：今斗門橋北東岸是其地。

謝安宅　在江寧縣烏衣巷口，秦淮之南。《圖經》云：安居驃騎航之側，桓(元)〔玄〕欲以安宅爲營，謝混曰：「召伯之仁，猶惠及甘棠。文靖之德，更不保五畝宅耶？」(元)〔玄〕慚而止。

謝萬宅　在江寧縣長樂橋丹陽郡城旁，今桐樹灣東。

吴隱之宅　在江寧縣城東南五里，今雙橋門内。隱之爲廣州刺史還，數畝小宅，籬垣仄陋，内外茅堂六間，妻、子不免寒露。

顧愷之宅　在江寧縣瓦官寺東北。愷之建層樓作畫，風雨寒暑不下筆，必天氣明朗，乃登樓染毫，即去梯，妻、子罕見。

何尚之宅　在江寧縣南澗寺側，城南落馬澗是也。

謝幾卿宅　在江寧縣東南十八里，古白楊巷之石井。幾卿免官家居，朝中交遊者載酒從之，客常滿座。

沈慶之宅　在江寧縣城東南十里，今上方橋左右。《南史》云：慶之居清明門外，有宅四所，室宇甚麗。又有園舍在婁湖，慶之一夜携子孫徙居之，以宅還官。悉移親戚中表於婁湖，列門同開焉。

蕭坦之宅　在江寧縣城東，傍秦淮舊東府城之東。

王僧虔宅　在江寧縣禁中里馬糞巷，與烏衣子弟分枝居焉。

謝朏宅　在江寧縣。朏有脚疾，角巾乘小車，就席華林園。明旦，乘輿出幸朏宅，宴語盡歡。請自還迎母，許之。臨發，輿駕臨幸，賦詩餞別。及到都，敕材官起府於舊宅。

范雲宅　在江寧縣城東，南臨秦淮。梁何遜有《經范將軍三橋故宅》詩。

到溉宅　在江寧縣，東臨秦淮。

伏曼容宅　在江寧縣西南，瓦官寺東。設高座於廳事，有賓客輒升座爲講説，生徒常數十百人。

張洎宅　在江寧縣秦淮北岸，爲南唐參政時賜第。

韓熙載宅　在江寧縣城南。《南唐故事》云：居朱雀門外戚家山。

孫晟宅　在江寧縣鳳臺山西岡壠之間。韓熙載見門巷卑陋，曰：「湫隘若此，豈稱爲相第耶？」明年，果拜相。

李琮宅　在江寧縣江寧鎮橋西。琮嘗手植槐數株，至元末猶存。

陳遇宅　在江寧縣。遇字中行，世居江寧。明洪武初，以薦召見，詢以國計，稱旨，命之官，不就。帝稱「中行先生」，嘗以廐馬賜歸第，三幸其宅。

張益宅　在江寧縣聚寶門内，正統初賜第。

倪謙宅　在江寧縣鐵作坊。所居列肆皆鐵工，見公起，輒止之。曰：「吾與汝同爲鄉里，毋因吾妨汝工。」至再四，咸稱公爲長者。

許長史宅　在句容縣雷平山西北，南有井，後爲觀。

周瑜宅　在高淳縣西二十里。周氏世居於此，以磚爲垣，周一里。遺址猶存。

魏良臣宅　在高淳縣東十里南塘鋪。今有南塘井，其旁即宅址。

招隱館　在上元縣草堂寺側，宋爲雷次宗築。

商飈館　在上元縣蔣祠西南，去城十五里。一名九日臺，齊武帝永明五年，九日出商飈館登高，以宴群臣。

士林館　在上元縣臺城西，梁武帝建。《梁書·張綰傳》云：城西開士林館聚學者，綰與右衛朱异、太府卿賀琛，遞述《制旨禮記中庸》義。

別館　在上元縣。陳時六門之外有別館，諸王冠婚之所。

横江館　在江寧縣賞心亭側。馬光祖創以待四方賓客，非李白詩中之横江館也。

青溪小姑沉水處　舊有祠，在金陵閘。相傳漢秣陵尉蔣子文遇難，小姑挾二女投青溪死。明萬(歷)〔曆〕間，改爲節烈祠。小姑，蔣侯第三妹也。

昭文齋　在上元縣鍾山。王安石讀書定林菴，米芾榜其齋曰「昭文」。

高齋　在上元縣宋行宫内，葉清臣建。

紬書齋　在上元縣東北鍾山樓下，馬光祖命周應合修志處。有學齋在其中。

籜龍軒　在上元縣城西北鐵塔寺，王安石讀書處。

南軒　在江寧縣保寧寺。宋張浚開府時，其子讀書於保寧寺方丈小室，號南軒。真德秀建南軒先生祠於天禧寺方丈後。

桂林苑　在上元縣北落星山之陽。《吴都賦》云：「數軍實於桂林之苑。」

別苑　在上元縣治城，一名西園。晋王導移治出石頭，以其地爲西園。成帝幸司徒府西園，即此。太元中立寺，以冶城爲名。元興三年，桓（元）〔玄〕以寺爲别苑。

樂遊苑　在上元縣城東北八里，晋之芍藥園也。義熙中，劉裕築壘，即此處。宋元嘉中，爲樂遊苑。《寰宇記》云：在覆舟山南。

上林苑　在上元縣雞籠山東歸善寺後，宋大明三年築。初名西苑，梁改爲上林。其地有古池，俗呼爲馬塘，亦曰飲馬池。其西有望宫臺。

青林苑　在上元縣籬門，亭路枕後湖。

芳林苑　在上元縣古湘宫寺前。《寰宇記》云：亦名桃花苑。齊高帝改青溪宫爲之，永明五年禊飲於此。王融《曲水詩序》云：「載懷平浦，乃睠芳林。」謂此。

方山苑　在上元縣方山側，湖熟西北。方山頂四方，上有池水，齊武帝於此築苑焉。

芳樂苑　在上元縣建康子城北，南齊築。

博望苑　在上元縣城東，齊文惠太子所立。沈約《郊居賦》云：「昔儲王之舊苑，實博望之餘基。」

北苑　在上元縣城北，南唐築。徐鉉、徐鍇、湯悦皆有《北苑侍宴》詩，序曰：「望蔣嶠之嶔崟，祝爲聖壽；泛湖溝之清淺，流作恩波。」

南苑　在江寧縣瓦官寺東北。宋明帝時，張永請南苑，即此。梁改名建興。

婁湖苑　在江寧縣新亭鄉光宅寺。齊武帝永明元年，望氣者言：婁湖有王氣。帝乃築青溪舊宫，作婁湖苑以厭之。

靈（邱）〔丘〕苑　在江寧縣新林界，齊武帝立。梁天監中，以其地爲法王寺。

江潭苑　在江寧縣城西南新林，梁大同九年立。亦名王游苑。

謝公墅　在上元縣土山，唐温庭筠有《謝公墅歌》。

王騫墅　在上元縣鍾山。《南史》云：騫有墅八十餘頃，與諸宅及故舊共佃之。嘗謂人曰：「我不如鄭公業有田四百頃，而食不周。」以此爲愧。

華林園　在上元縣臺城内。本吴舊宫苑，中有天淵池。《世説》云：晋簡文帝在華林園，謂左右曰：「會心處不必在遠。翛然林水，便有濠濮間趣，覺鳥獸禽魚，自來相親。」

東籬門園　在上元縣東府籬門内，即烏榜村。《南史》云：何點居東籬門園，豫章王嶷命駕造園，點從後門避去。竟陵王子良聞之，曰：「豫章王尚望塵不及，吾當望岫息心。」園有卞忠貞冢，點植花冢側，每飲必舉酒酹之。

沈約郊園　在上元縣鍾山下。約有《憩郊園》，並與謝朓唱和諸詩。

古東園　在上元縣東冶亭側。面東有堂，一曰鍾山，以盡得鍾山之勝。有亭二：南曰見墩，見謝安舊墩也；北曰草移，取孔德璋《北山移文》也。宋乾道五年，與東亭並創。

養種園　在上元縣城東。宋南渡爲行宫，養種花木於内。中有嬰春堂、玉雪堂、清華堂。又有亭二，曰懷洛，曰芳潤。

烏衣園　在江寧縣城南烏衣巷之東，王謝故居也。舊有堂，額曰「來燕」。馬光祖拓而新之，一時稱盛。

繡春園　在江寧縣舊社壇東。宋端平三年，高定子復築，有記。

瞻園　在江寧縣大功坊，明魏國公徐達賜第。内西偏竹石卉木，爲金陵園亭之冠。賜第之南曰南園。又有萬竹園，在城西南隅，與瓦官寺近。東園在武定橋東城下，與回光寺近，明武宗於此設釣移日。西園在城内，西南近驍騎倉。有古松高可三丈，相傳宋仁宗爲昇王時手植，以賜陶道士者。下覆二石，一曰紫烟，一曰鷄冠。宋梅摯有詩，馬光祖有銘，明朱之蕃題曰「六朝松石」，未知何據。

莫愁湖園　在三山門外里許。園中有樓，徐達别業也。

同春園　在江寧縣城西南隅。明王世貞《金陵諸園記》稱，此園與徐達園並勝。

息園　在江寧縣淮青橋東北，明尚書顧璘造。有樓曰見遠。

逸園　在江寧縣馴象門街南，明太保王以旂别圃也。敝廬三楹，乃未遇時所構。及貴，不加修飾，繞以竹樹而已。

市隱園　在江寧縣武定橋東，明姚鴻臚元白所創。

快園　在江寧縣武定橋東，明徐霖所築。中有晚静閣，長洲文徵明書臺曰「振衣」，刻名人題詠於上。又有麗藤堂，喬宇題。

栝園　在江寧縣大功坊東巷内。舊爲徐魏公達别業，後歸周亮工。堂前老栝兩株，趙宧光題額。左峙一巨峰，沈周、吴寬、錢福皆有鎸題。

（元）〔玄〕圃　在上元縣臺城北，齊文惠太子築。《輿地志》云：圃内有明月觀、宛轉廊、徘徊橋。《梁書》云：昭明太子立館於圃，以延朝士。番禺侯軌盛稱宜奏女樂，太子不答，惟詠左思《招隱》詩：「何必絲與竹，山水有清音。」軌大慚。

青溪園亭　在上元縣。舊志：溪西自百花洲入，臨水小亭曰放船。入門有四望亭，榜曰：「天開圖畫。」環以四亭，曰玲瓏池，曰玻瓈頃，曰金碧堆，曰錦繡段。其東有橋曰鏡中。橋東爲青溪莊，南有萬柳堤，榜曰「溪光山色」。北有亭，臨水曰撑緑，其徑前曰添竹，後曰香遠。尚友堂西扁曰「香世界」。先賢祠之東有亭，曰花神仙。清如堂南、緑波橋西，有亭曰衆芳，曰愛青，其東又曰割青。青溪閣之南、清風關之北，有橋曰望花隨柳。其中有亭曰心樂，其前曰一川風月。自清風關東折而北，亭出溪東二，曰看竹，曰蒼雪。其後則爲静菴，菴後有石亭曰最高。山後跨梁陟徑，爲堂二，前曰閒暇，後曰近民。諸亭惟割青爲舊，餘皆馬光祖所建。宋名青溪園爲小西湖，今廢。

古御街　在江寧縣。吴時自宫門南出朱雀門七八里，府寺相屬。晋成帝因吴苑城築新宫，正中曰宣陽門，南對朱雀門，相去五里。夾道開御溝，植槐柳。梁武帝克齊，焚其奢淫異服六十二種於御街，人亦號爲焚衣街。

烏衣巷　在江寧縣秦淮南，近朱雀橋。晋南渡，王導、謝安居此巷，時謂其子弟爲烏衣諸郎。

馬糞巷　在江寧縣禁中里。《南史》云：僧虔以來，門風多寬恕，兄弟子侄，皆篤實謙和，時人號馬糞諸王爲長者。

《丹陽記》云：吴時烏衣營處所。

紙務　在六合縣。南唐主好蜀紙，得蜀工使行境内，惟六合之水與蜀同，遂於揚州置務。今浮橋南一帶，尚呼爲紙房。

朱雀航　在江寧縣，晋置，即吴之南津橋也。橋在宫城朱雀門南，亦謂之南航。又曰大航，以秦淮諸航此爲之最也。《輿地志》云：自石頭東至運瀆，總二十四航，而朱雀與竹格、驃騎、丹陽謂之四航。寧康元年，詔除丹陽、竹格等四航税，是也。今聚寶門内鎮淮橋，即朱雀遺址。

竹格渚航　在江寧縣朱雀航西。

驃騎航　在江寧縣故東府城南秦淮河上，相傳會稽王道子所立。亦曰東府城橋。一云梁臨川王宏爲驃騎大將軍，居東府橋，因以名。或曰以紀瞻居此，爲驃騎將軍而名。又曰小航，對大航而言也。

丹陽後航　在江寧縣丹陽郡城後。

五馬渡　在上元縣幕府山前，晋元帝與諸王渡江處。當時有「五馬浮渡江，一馬化爲龍」之謡，後人因建化龍亭於其地，亦名五馬亭。

麾扇渡　在江寧縣朱雀航之左。晋永興中，陳敏據建業，軍臨大航岸，顧榮以白羽揮之，其軍自潰，因以名渡。

桃葉渡　在江寧縣秦淮、青溪合流處。王獻之愛妾名桃葉，渡名因此。今爲利涉橋。

子游里　《金陵故事》云：在上元縣東二十里。元《金陵新志》云：按《家語》，言偃，吴人。金陵，亦吴也。《九域志》謂：言偃里在上元縣。

長干里　在江寧縣。《輿地紀勝》云：建康南五里有山岡，其間平地，民庶雜居，有大長干、小長干、東長干，並是地名。小長干在瓦官寺南，西出大江。又天禧寺在城南門外，始名長干寺，宋改名，乃大長干也，今報恩寺前大道。《吴都賦》：「長干延屬」，注云：「江東謂山間爲干。建業之南，其地平衍，故號爲長干。」

烏榜村　在上元縣天慶觀西。《慶元志》云：初立西州城，未有籬門，樹烏榜而已，故以名村。

射雉場　在上元縣東二十里。《六朝事迹》云：齊置五百所，皆以七寶裝翳。

燕雀湖　在上元縣。《圖經》云：城東二里，昭明墓側，湖周二里，流入青溪。宋、元時爲白蕩湖，一名前湖，尋堙，相傳明代宫殿正值其處。或云，故(元)〔玄〕武門外有水一泓，其遺迹也。

覆杯池　在上元縣東北古臺城中。晋元帝以酒廢政，王導諫之，帝因覆杯池中以爲戒。

善泉池　在上元縣東北臺城東，一名九曲池，梁昭明太子所鑿。

芙蓉池　在上元縣西。唐李德裕有《遊金陵芙蓉池記》。

長命洲　在上元縣石頭城前。梁武帝日市鵝、鴨、雞、豚之屬，放生於此，置户十家，以穀粟餧養，以洲爲長命洲。

新洲　在江寧縣金陵鄉，去城四十里。《南史》云：宋武帝微時，伐荻新洲。今薛家洲是其地。

舟子洲　在江寧縣，近鎮淮橋。梁天監十一年，以朱雀門東北淮水紆曲，數有水患，又舟行旋衝太廟灣，乃鑿通之。中央爲此洲，諸郡秀士、上計者憩止於此。《金陵記》云：洲在城南隅，周回七里，當朱雀航、長樂渡之間。今廢。

夢筆驛　在上元縣東冶亭，即江淹夢還郭璞筆處。

臨江驛　在江寧縣，北臨大江，舊縣名因以名驛。

鷄鳴埭　在上元縣。《六朝事迹》云：齊武帝早遊鍾山射雉，至此鷄始鳴。是在青溪西南。又按《齊書・裴后傳》載帝幸琅邪城事，其埭又當近北，今清化市是其處。二埭皆當時所歷。

方山埭　在江寧縣東南四十五里。吴赤烏八年，使陳勳于方山立埭，號方山埭。《梁書·沈瑀傳》云：方山埭高峻，冬月，公私行侣以爲艱難，帝使瑀行治之。乃開四洪，斷行客就作，三日立辦。

南埭　在江寧縣東水門。王安石《贈段約》詩：「聞君更欲通南埭，割取鍾山一半青。」正對舊青溪閣。

賀若弼壘　在上元縣北二十里。隋平陳，賀若弼過江，於蔣山龍尾築壘。

韓擒虎壘　在上元縣石頭城西，有《平陳碑》，薛道衡作。

大業壘　在句容縣北，晋郄鑒屯京口所築。與曲阿、庱亭號爲三壘。胡氏曰：大業，里名，在丹陽縣北。

仁威壘　在句容縣白羊門内。《南史》云：梁承聖初，周弘讓爲仁威將軍，城句容以居，曰仁威壘。

謝公墩　在上元縣治城北二里。其形起伏曲折，實城西北勝地，相傳謝安所嘗登也。《吹劍録》云：荆公宅，乃謝安所居，地有謝公墩。公賦詩曰：「我名公字偶相同，我宅公墩在眼中。公去我來墩屬我，不應墩姓尚隨公。」

邀笛步　在上元縣青溪橋右，王徽之邀桓伊吹笛處。

青溪栅　在上元縣城東。

秦淮栅　在江寧縣，即栅塘。吴時夾淮置栅，梁天監中作兩重栅，皆施行馬。至南唐時，置栅如舊。

朱年隴　在江寧縣南六十七里。年生齊末，遭亂母亡，廬墓，終日負薪，有白兔、紫芝生隴上，至今名其居爲孝感里。

藏冰井　在上元縣覆舟山。《宫苑記》云：宋孝武大明中鑿，上有淩室，六朝每歲藏冰於此。

龍天王井　在上元縣臺城前。

景陽井　在上元縣景陽樓下，一名胭脂井。

應潮井　在上元縣。《酉陽雜俎》云：蔣山有應潮井，在半山間。俗傳與江潮相應，嘗有破船朽板自井中出。

元和井　在上元縣郡圃，石闌刻「元和五祼」四字。

保寧古井　在江寧縣東驍騎右衛倉内。深數十丈，中極空闊，以四大鐵人承之。水甘美，大旱不涸。

天禧寺義井　在江寧縣南報恩寺側，天聖中唐文遇令寺僧可政鑿。

響井　在江寧縣西南陶吴鎮。以紗帛蒙其上，擊之作鼓聲。投以瓦礫，則作鐘磬聲。

沸井　在句容縣東三十里。聞人聲則沸，否則已。《異苑》所云句容延陵季子廟前，有井嘗沸是也。

陶弘景井　在句容縣茅山華陽宫前。

上方井　在溧水縣西二十里上方寺中。上刻字云：「唐貞元記。」

玉兔泉　在江寧縣學宫内。宋時有人逐兔至此，掘地得泉，因名。劉基有銘。

卓錫泉　在江浦縣東北二十里定山寺内。梁時僧達摩宴坐石巖，思西域水，以錫卓石，遂得泉。

昇元碣　在上元縣。南唐末，築昇元閣基，得碣云：「抱鷄昇寶位，走馬出金陵。子建居南極，安仁秉夜燈。東陵驕小女，騎虎渡河冰。」後皆驗。

漢溧陽長校官碑　在溧水縣。光和四年立，後沈於固城湖濱。宋紹興十一年，溧水尉喻仲遠始得之，置於官舍。今在孔廟大門右。

同泰寺石　在上元縣臺城。本梁同泰寺，楊吴順義中置千福院，院前有石四，各高丈餘，云此陳三品石也。宋政和中，取入汴京，置延福宫，王安石爲之銘。

到公石　在上元縣。《慶元志》云：梁到溉家有礓石，長丈六尺，武帝命舁入華林園，置宴殿前。迎石之日，傾都縱觀，謂之到公石。

金華石　在上元縣。本金華宫中石，高九寸，引手可舉。至趙宋猶存於府治。

秦淮石　在江寧縣。宋太祖建國四年，改元乾德。先是，浚秦淮得此石，有「大宋乾德四年」六字。考據輔公祏有此僞號。石出適值是時，人以爲符讖云。

古桂　在溧水縣城東察院内。一本九幹，傳是六朝時所植，林古度爲之賦。

江南通志卷三十一

輿地志

古蹟 二

蘇、松二府

蘇州府

吴大城　今府治是。《漢書·志》云：吴，本國，周太伯所邑。《元和志》云：闔閭自梅里始遷都於此。《吴地記》云：壽夢始別築城，爲宫室於平門西北二里。周敬王六年，闔閭使子胥築大城，亦曰闔閭城。城周四十七里，郭周六十八里。隋開皇間，楊素徙於古城西南横山之東，俗所謂新郭也。唐初復故。又曰羅城。作「亞」字形，中有大河，三横四直。

吴小城　在長洲縣，即子城，在大城内。《吴越春秋》云：子胥築小城，周十里。不闢東門，以絶越也。《越絶書》云：小城周十二里，門三，水門二。楚封春申君於吴，因城吴故墟，以爲都邑。元末張士誠入據，建太尉府，後曰王府，今俗稱王府基是也。

麋湖城　在長洲縣北五十里。《越絶書》云：闔閭所置。又巫門外有麋湖西城，越宋王城也。《吴越春秋》云：平門外麋湖西城者，麋王城也。

又有太公城、章祈城，竝在縣東北。《姑蘇志》云：章祈，疑即鶄鶂①，在今二十二都。

居東城　在長洲縣界。《越絶書》云：闔閭所遊也。去縣二十里。劉昭註訛爲居巢城。

鴨城　在長洲縣匠門外東南二十五里沙里中。《寰宇記》云：吴王養鴨所也。

東五里有豨巷，是畜豬之處。

又東二里有豆園，吴王養馬處。

摇城　在長洲縣東南三十八里，吴王子居焉，後越王摇居之。今其地名大姚。

巫欐城　在元和縣東十五里。《越絶書》云：闔閭所置，諸侯遠客離城也。

又有欐溪城，闔閭所置船宫也。

相城　在元和縣東北五十里。相傳子胥初築城時，先於此相地，壘土而城之，下濕乃止，故名。

① 「鶂」，道光《蘇州府志》卷三十一引洪武《蘇州府志》作「鷊」。

鴻城　在元和縣治東婁門外，相傳故越王城也。

陽城　在元和縣東北三十里。環繞有湖，曰陽城湖。

後城　堵城　並在元和縣東南數十里。堵城疑即赭城，今尹山鄉有堵城里。

定錯城　在吴縣吴市。西屬小城，北至平門。漢荆王劉賈築。

魚城　在吴縣西南十五里横山下。《吴地記》云：吴王養魚處。《續圖經》云：蓋吴王控越之地。宜爲吴城。方言「吴」「魚」同音，故訛稱「魚」。周益公《南歸録》云：魚城在田間，基厚而方，高二丈，博倍之。爲田一二十畝，土極細，故久不壞。

苦酒城　在吴縣魚城西南二十里。《吴郡志》謂：長老云：吴王築以釀酒。

又有酒醋城。《吴地記》云：在胥門西南三里。

儲城　在吴縣胥門南三里，吴王儲糧處。

馬城　鹿城　俱在吴縣洞庭西山，闔閭豢養之所。

石城　在吴縣西靈岩山。《吴越春秋》謂：闔閭興樂石城。註云：吴之離宫，越王獻西子於是。

酒城　在吴縣壇塘邊，一名壇城，夫差祭子胥處。臨祭勸酒，故名酒城。《祥符圖經》云：在吴縣東南三十五里大江邊，一名陌城。

衛王城　在吴縣西南界。

相近又有舸城，或曰柯城。

越城 在吴縣胥門外西南十八里石湖旁。越伐吴，築此以逼之。城堞髣髴具在，高者猶丈餘。

干城 在吴縣馬安溪上，越干王之城也。

八門 闔閭使子胥築大城，陸門八，水門八，《吴都賦》所謂「通門二八，水道陸衢」是也。西北曰閶門。《文選註》云：象天閶闔門。《吴越春秋》又曰：昌門亦名破楚門，伐楚出此門。西曰胥門。《吴地記》謂本伍子胥宅，因名。西南曰盤門。《吴地記》云：水陸縈回，故謂之盤。又名蟠門，刻木作蟠龍以鎮越。東南曰蛇門。《吴郡志》云：在巳方，故名。又云：越在巳地，吴作木蛇北向，示越屬吴也。東曰匠門，本名干將門。《吴地記》云：吴王使干將鑄劍於此，後訛爲匠門。又東曰婁門。《吴郡志》云：秦婁縣所值。又謂之「𨻳」，即今昆山也。東北曰齊門。《越絶書》曰：闔閭伐齊，大克，取齊女爲質子，爲造齊門。《吴越春秋》云：闔閭爲太子波聘齊女，女少，思齊而病，乃起北門，名曰望齊。北曰平門。《吴地記》云：子胥平齊，大軍從此出，故名。東北三里有巫咸墳，亦號巫門。《吴郡志》云：「巫」「平」字畫相近。此所謂八門也。

又匠門南三里有葑門。《續圖經》云：當作封門，取封禺之山以爲名。葑門相近有赤門，在城正南，今猶有赤門灣。又東南有鲂鱮門。此三門皆非八門之數。

至宋惟存閶、胥、盤、葑、婁、齊六門，水陸共十二。淳熙後，胥門水、陸俱塞。元初城郭盡毁，至正中復繕完，仍闢水陸門十一，惟胥獨無水門。聖祖御製《吴閶》詩、《至閶門》詩。① 恭載首卷。

養魚城　在吴江縣西二十五里，吴王養魚之所。今爲魚城邨。

陌城　在吴江縣治北。《寰宇記》云：石頭城在吴縣東南三十五里大江邊，一名陌城。夫差既殺子胥，後悔之，臨江築塘，創設祭奠，百姓因爲立廟於此。或云，此即酒城。在壇塘邊，今屬吴江縣。

吴城　在震澤縣界，今名吴溇邨。

扈城　在常熟縣北五里石城東。《南畿志》云：世傳吴王建離宫扈蹕，故名。今有扈城邨。

石城　在常熟縣北五里。《越絶書》云：闔閭所置美人離城也。《吴地志》云：越獻西施於吴王，王擇虞山北麓，以石甃城，爲遊樂之所。今其地有石城里。

九里城　在常熟縣北九里福山塘東岸，直九折塘口。世傳吴王牧馬於此，俗呼攔馬城。有洗馬池，今存。

莫城　在常熟縣東南十二里。相傳莫邪鑄劍處，亦謂之劍城，又謂之莫邪城。今有廟曰莫邪大王，有塘曰莫門。

又縣東四十里有莫城。《寰宇記》云：漢莫寵築，以壯海防者。

① 按：首卷載康熙《吴閶》詩，未載其《至閶門》詩。

海虞舊城　在常熟縣治東。晉太康四年，分吴之虞鄉立縣。

利城　在常熟縣北。《輿地志》云：晉元帝以海虞北境之土山立利城，以處流民。

陶城　在常熟縣東三十里。相近有閭城、郭城，而陶城尤大。與莫城等合縣境共有十二城，蓋唐廣明中詔諸道州縣於邨堡置城，集民兵自衛也。

金鳳城　在常熟縣西北四十八里。唐天祐中吴越所築，在金鳳山下，故名。即今福山城址。

尚墅城　在常熟縣北十八里。張士誠入福山港，修此城以屯兵。

鵃城　在昭文縣東北十五里。隋大業末，詔村塢皆築城自保，此其故址也。又有朗城，亦在縣境。

婁縣故城　在昆山縣治東，吴子壽夢所築。《吴地記》云：長洲東百里有秦時古疁，王莽改爲婁。《吴郡志》云：婁縣，今謂之昆山縣。縣東北三里有村曰婁縣，蓋故縣所。

南武城　在昆山縣西北。《漢書》婁縣《註》云：有南武城，吴王闔閭起以禦越者。《越絶書》云：婁北武城，去縣三十里。今爲鄉。

金城　在昆山縣東三里，相傳吴王所築。基址猶存。

東城　在昆山縣東三百步。《南畿志》云：今橋、巷猶以東城名，耕者於東寺後多得古城磚及銅箭鏃。

西鹿城　在昆山。山下有《卜將軍廟碑》，云：「葬於昆山西鹿城。」

巴城　在昆山縣西十八里。其地有巴王冢、巴城湖。

雉城　在昆山縣西北十八里，今雉城湖即其地。

昆山舊縣　即今治，在郡東七十里，本漢婁縣地。《吴地記》云：地名全吴，水名新陽。梁大同初置昆山縣，因縣界昆山爲名。

信義舊縣　在昆山縣西二十里。《寰宇記》云：梁天監六年，以婁縣地分置。《舊唐書·志》云：梁分信義縣置昆山縣，取縣界山名。今昆山信義村，即其故址。

度城　在新陽縣東南七十里，相傳爲黄巢所築。旁有度城湖。

顔縣城　瓦浦城　竝在新陽縣東南，皆古經所載。

南沙廢縣　在常熟縣西北三十里。《宋書·志》云：本吴縣司鹽都尉署，吴時名沙中。《琴川志》云：東晋分海虞縣置南沙，咸康七年立以爲縣。今縣西北五十里瀕江奚浦一帶，地猶名南沙鄉。

海陽廢縣　在常熟縣北。蕭齊置海陽縣，屬毗陵郡，蓋今縣東北濱海之地。

興國廢縣　在常熟縣東四十五里，梁置。

東宫　路西宫　在長洲縣，闔閭所建。《越絶書》云：東宫周一里二百七十步。路西宫在長秋，周一里二十六步。

南城宫　在長洲縣干將鄉長樂里。

吴宫　在長洲縣長洲苑東南五十里，吴王别宫也。陸龜蒙《問吴宫詞·序》云：甫里之鄉曰吴宫。今有吴宫鄉。

闔閭宫　在吴縣。《越絶書》云：在高平里。

館娃宫　在吴縣西三十里。《吴地記》云：闔閭城西有硯石山，上有館娃宫。今靈巖寺即其地。《吴都賦》云：幸乎吴娃之館。

前宫　後宫　西宫　在吴江縣沈張湖之西，皆吴王夫差離宫也，今村名猶沿其舊。

響屧廊　在吴縣靈巖山。相傳吴王建廊，以楩梓藉地而虚其下，令西施與宫人步屧繞之則響，故名。今靈巖寺圓照塔前小斜廊，即其址。

長洲苑　在長洲縣太湖北岸，闔閭遊獵處。《圖經》云：在縣西南七十里。孟康曰：以江水洲爲苑。韋昭云：在吴縣東。《吴都賦》：佩長洲之茂苑。即此。漢吴王濞嗣葺吴苑，極一時之盛，枚乘所云「上林不如長洲之苑」是也。《元和志》謂長洲縣取此立名。

初陽樓　在長洲縣郡治池上。唐皮日休詩：「危樓新製號初陽。」

齊雲樓　在長洲縣郡治後子城上，即古月華樓。《吴地記》云：唐曹恭王所建。白居易有《齊雲樓晚望》詩。今名飛雲閣。

西樓　在長洲縣子城西門上，更名觀風樓。白居易詩：「風月萬家河兩岸，笙歌一曲郡西樓。」

陳公樓　在元和縣虎(邱)〔丘〕山。宋王曉《記略》：隆興二年四月，敷文陳公鎮吴興，避暑虎(邱)〔丘〕寺，創樓其上。

紅月樓　在新陽縣通闤橋西。元人朱君璧善畫，嘗作紫霧龍宫圖，十年始就，人謂其妙入神品。末年兵亂，君璧抱圖坐樓中。寇遥望虹氣貫月，疑有至寶，踪跡而至，攘取觀之。寇怒，裂之而去。楊鐵崖易其名曰虹月樓，并記。

虎(邱)〔丘〕閣　在元和縣。《輟耕録》云：平江虎(邱)〔丘〕閣版上一竅，當日色清朗時，以掌大白紙承其影，則一寺之形勝悉見，而頂反居下。明文徵明有詩。

救虎閣　在常熟縣興福寺左。舊傳宋僧彦偁爲虎拔箭，故以名閣。其橋名伏虎。

池光亭　在長洲縣郡宅後，即北亭，唐刺史白居易命名。《吴郡志》云：亭後有酴醾洞，宋紹興中郡守沈揆名之。

滄浪亭　在長洲縣郡學東南。《石林詩話》云：錢氏廣陵王元璙别圃也。宋慶(歷)〔曆〕間，蘇舜欽得之，作亭曰滄浪。後爲章惇家所有，紹興後歸韓蘄王世忠，俗名韓王園。

附　宋蘇舜欽《滄浪亭記》

予以罪廢，無所歸。扁舟南遊，旅於吴中，始僦舍以處。時盛夏蒸燠，土居皆褊狹，不能出氣，思得高爽虚辟之地，以舒所懷，不可得也。

一日過郡學，東顧草樹鬱然，崇阜廣水，不類乎城中。並水得微徑，于雜花修竹之間。東趨數百步，有棄地，縱廣亘五六十尋，三向皆水也。矼①之南，其地益闊，旁無民居，左右皆林木相虧蔽。訪諸舊老，云錢氏有國，近戚孫承佑之池館也。坳隆勝概，遺意尚存。予愛而徘徊，遂以錢四萬得之，構亭北碕，號「滄浪」焉。前竹後水，水之陽又竹無窮極。澄川翠幹，光影會合於户庭②之間，尤與風月爲相宜。予時榜小舟，幅巾以往，至則灑然忘其歸。觴而浩歌，踞而仰嘯，野老不至，魚鳥共樂。形骸既適則神不煩，觀聽無邪則道以明；返思向之汩汩榮辱之場，日與錙銖利害相磨戛，隔此真趣，不亦鄙哉！

噫！人固動物，情横於内而性伏於外，寓於物而後遣。寓久則溺，以爲當然；非勝是而易之，則悲而不開。惟仕宦溺人爲至深。古之才哲君子，有一失而至於死者多矣，是未知所以自勝之道。予既廢而獲斯境，安於沖曠，不與衆驅，因之複能見乎内外失得之源，浩然有得，笑傲萬古。尚未能忘其所寓，故用是③以爲勝焉！

① 「矼」，《吴郡記》卷十四作「杠」。
② 「庭」，《吴郡志》卷十四作「軒」。
③ 「是」，鄭虎臣《吴都文粹》作「記」。

明歸有光《滄浪亭記》

浮圖文瑛，居大雲庵，環水，即蘇子美滄浪亭之地也。亟求余作《滄浪亭記》，曰：昔子美之記，記亭之勝也。請子記吾所以爲亭者。

余曰：昔吴越有國時，廣陵王鎮吴中，治南園於子城之西南。其外戚孫承佑，亦治園於其偏。迨淮海納土，此園不廢。蘇子美始建滄浪亭，最後禪者居之。此滄浪亭爲大雲庵也。有庵以來二百年，文瑛尋古遺事，復子美之構於荒殘滅没之餘，此大雲庵爲滄浪亭也。

夫古今之變，朝市改易。嘗登姑蘇之臺，望五湖之渺茫，群山之蒼翠，太伯、虞仲之所建，闔閭、夫差之所争，子胥、種、蠡之所經營，今皆無有矣！庵與亭何爲者哉？雖然，錢鏐因亂攘竊，保有吴越，國富兵强，垂及四世。諸子姻戚，乘時奢僭，宫館苑囿，極一時之盛。而子美之亭，乃爲釋子所欽重如此。可以見士之欲垂名於千載之後，不與其澌然而俱盡者，則有在矣！

文瑛讀書喜詩，與吾徒游，呼之爲滄浪僧云。

國朝潘耒《滄浪亭賦》

伊吴城之雄闊，苞萬井與千街。市廛翼其鱗次，官閣焕乎雲排。惟南城爲空曠，有水木之清佳。山浮青而當户，水瀉白以縈階。廓平疇之百頃，忽心舒而目開。推囂塵而頓遠，延秀爽以乍來。爰有巍亭，冠乎高阜。仰披烟霄，旁帶林藪。繡野襟前，曲池環後。豁達軒堂，疏通户牖。萬象森其畢呈，諸奇萃而咸剖。兹惟滄浪之亭，勝獨超而無耦。

在昔子美，爲宋名賢。負匡時之才略，思補衮而濟川。遭排擠於群枉，鬱忠貞而不宣。厭洛下之喧雜，樂吴風之清妍。遠移家而卜築，聊逍遥以窮年。悦此奥區，有竹有水。草樹豐茸，川原演迤。密邇宫牆，隔絶巷市。不山而静深，非谷而宛委。乃購隙地，乃營亭臺。扁舟草屨，容與徘徊。魚鳥相狎，麋鹿爲儕。忘窮達而遺毁譽，信賢達之高懷。兹其所以誇耀於圖記，稱述於歐梅也。

五百年來，陵遷谷變。兔走荒阡，蛇遊枯澗。燈青報賽之祠，鐘冷伽陀之院。嗟草没而苔封，剩遺蹤其如綫。民無隱而不恤，俗無遠而弗詢。既政通而人和，時求舊以訪古。表前修之墜言，存哲士之遺矩。陟層岡而賞心，想高賢其如睹。思濯纓於清流，眷嘉名之足取。爰作新亭，廓是舊墟。因高疊石，就下浚渠。依洼隆之曲折，映竹樹之扶疏。闢華堂於木末，啓别館於巖隅。雜植桐柳，羅生芙蕖。安翔野鳥，泳躍儵魚。縱物情之暢遂，來天籟之虚徐。想濠濮其不遠，與習池而何殊。公乃於機務餘閒，來遊來眺。集賓朋使授簡，援琴觴而寄傲。理東山之雅詠，發南樓之清嘯。政以暇而彌精，思以幽而逾妙。齊楊、杜之高蹤，同白、蘇之逸調。抑且扃鐍不施，籓籬不設。公諸士民，餐芳沐潔。懷賢者薦夫蘋蘩，訪古者誦夫碑碣。牛鐸得應黄鐘，巴歌許賡白雪。固將使昔賢高致標映江山，而文采風流照耀不絶也。

載稽吴會，夙富園池：若辟疆之蟉松怪石，任晦之曲沼層陂，南園之峰巒巧麗，東墅之卉木珍奇。是皆豪家之所締構，貴帥之所指麾。既已灰飛烟滅，光影無遺。即兹亭之墟，主亦屢易。經始於王孫，落成於貴戚。章相得之而增華，韓王有之而加闢。然無有舉其姓名，尋其踪跡者。惟子美也，官不過長史，身不在巖廊。爲羈窮之遷客，暫僑寓於江鄉。徒以英風豪氣，磊落軒昂，直聲振於朝列，翰藻播於遐荒。遇雖窮而名顯，身雖困而道光。故令人撫遺墟而增感，考陳蹟而表揚。豈非豪華聲利如過隙，而文章氣節爲久長也哉？

江湖散人，蓴鱸逸民。去金門其已遠，與泉石而相親。企先賢之逸軌，歎當年之數屯。忽光顯於此日，類蠖屈而龍伸。曠百世而相契，信知己之有真。感高誼之難覯，聊寫心於斯文。

四照亭　在長洲縣北東圃。《吴郡志》云：宋王涣建，爲屋四合，各植花石，隨時之宜。《負暄野録》云：慶元中，趙不𧃍會客，問名亭所自。銅陵主簿姚行簡對曰：《山海經》云：招摇之上，其花四照。《華嚴經》云：無量寶樹普莊嚴，華焰成輪光四照。又云：光雲四照常圓滿，今四面皆花，故名。趙極稱賞。

秀野亭　在長洲縣城北，宋侍讀葉道卿所居。《吴郡志》云：紹興三十一年，郡守洪遵建。

金閶亭　在吴縣閶門外。唐陸龜蒙謂，梁鴻墓在金閶亭下一里，是也。

醒心亭　在元和縣葑門内。水中有土阜對峙，號曰浮墩，宋熙寧間曹儀建亭其地，有雙松參天。今放生池即其處。

流杯亭　在吴縣女墳湖西二百步。《吴地記》云：闔閭三月三日遊樂之地。

吴會亭　在吴縣織里橋北。

吴江亭　在吴江縣東門外，唐時建。

松江亭　在吴江縣東門外，唐時建。宋縣令趙球即其址建如歸亭，以待使客，葉清臣爲記。朱鶴齡《文類》云：松江亭即古松陵驛。古時亭即驛，後人則别置一亭於江上，爲遊觀之所。

鱸鄉亭　在吴江縣長橋上。宋熙寧中縣令林肇建，蓋取陳瓘「秋風斜日鱸魚鄉」之句。

垂虹亭　在吴江縣長橋，宋慶(歷)〔曆〕中縣令李問建。楊備詩：「松陵雨過船頭望，一道青虹兩岸頭。」

望仙亭　在震澤縣平望鎮，相傳唐張志和於此仙去。

褚家林亭　在震澤之西，見《松陵倡和集》。

雅集亭　在常熟縣治東，縣令計宗道偕名流觴咏處。沈周爲繪《雅集圖》。

極目亭　在昭文縣西最高峰上，宋時建，米芾書額。後改名達觀亭。萬(歷)〔曆〕中，以形家言，更名辛峰亭。

朗吟亭　在昭文縣丹井東北，明永樂中道士林復真建，邑令傅良玉記。季篪有「幾年不到朗吟亭，亭上風光覺倍增」之句。

范公亭　在昆山縣薦嚴寺後圃。宋參政范成大讀書寺中，遊息於此，遂名。

和靖讀書臺　在元和縣虎(邱)〔丘〕山，宋尹焞讀書處。後人繪像祀之，爲和靖書院。

姑蘇臺　在吴縣西三十里姑蘇山，一名胥臺。《越絶書》云：闔閭起姑蘇臺，三年聚材，五年乃成，高見三百里。《續圖經》云：越王得神木一雙，大二十圍，長五十尋，雕畫文章，飾以白璧、黄金，獻於吴王，王乃起此臺。蓋基於闔閭而成於夫差云。

郊臺　在吴縣横山東麓，石湖之濱。《明一統志》云：吴王祀帝於此。今壇壝之形尚存。

琴臺　在吴縣西二十五里靈巖山上，臺東爲走馬街。

射臺　在吴縣西南横山。《吴越春秋》云：立射堂於安平里。任昉《述異記》云：吴王射臺，柱礎皆伏龜。《越絶書》云：射臺二：一在華池平昌里，一在安陽里。

毛公壇　在吴縣洞庭西山，漢劉根得道處。今有石壇、丹井在神景觀旁。根既成仙，身生緑毛，人或見之，故名。

黄堂　在長洲縣雞陂之側。《郡國志》云：楚春申君子假君所建。後太守居之，數失火，塗以雌黄，遂名黄堂。天下郡治名黄堂，昉此。或云，春申君姓黄，因此得名。

木蘭堂　在長洲縣。又名木蘭院。《嵐齋録》云：唐刺史張博於堂前植木蘭，花盛開讌客，陸龜蒙後至，博連浮以大白，索詩。陸云：「洞庭波浪渺無津，日日征帆送遠人。」甫得二句，不覺頹然，他客莫知其旨。陸稍醒，援筆續之云：「幾度木蘭舟上望，不知原是此花身。」一時驚爲絶唱。

雙蓮堂　在長洲縣木蘭堂東，舊芙蓉堂也。至和初，吕處約以雙蓮花開易名。

三賢堂　在長洲縣木蘭堂左。《南畿志》云：思賢亭，祀韋應物、白居易、劉禹錫。紹興中重建，改爲堂。

凝香堂　在長洲縣思賢亭西臨北池。

招隱堂　在長洲縣書錦坊，郡人胡元質所居谿堂也。對峙三石甚奇，傳是鎮蜀時移來之物。

三瑞堂　在長洲縣楓橋，宋孝子姚淳所居。蘇軾詩有「楓橋三瑞皆目見」之句，蓋其先墓有甘露、靈芝、瑞麥之異。

萬卷堂　在長洲縣帶城橋南，侍郎史正志所居。

如意堂　在長洲縣清嘉坊，明杜瓊奉母之堂也。庭生嘉草，以如母意，故以名堂。徐有貞記之。

陽山草堂　在長洲縣，去滸墅可數里。花木翳然，修竹萬挺，明山人岳岱結隱其中。

易老堂　在吴縣西洞庭西。李彌大知平江府，罷政歸居此。

肯堂　在常熟縣，鄭起潛尚書之居，宋理宗書額。

城南佳趣堂　在常熟縣虞山東芝溪上。《南畿志》云：邑人虞子賢嘗得朱子和張忠獻《城南佳趣雜詠》真蹟，遂築堂焉。

淩虚堂　在昭文縣。《琴川志》云：致道觀西北嶺上有淩虚堂，下瞰平湖。先名望湖，未考創自何年，後易今名，蓋取仲殊「淩虚萬象閑」之句也。

四賢堂　在昆山縣治。宋李衡爲御史，與諫官王希吕相繼論張説，不報；給事中莫濟不書敕，直學士周必大不草制。四人同時去國，布衣莊治賦《四賢》詩以紀之。後衡孫潛作堂於家，畫四賢像，竝祀之。

喜廉堂　在昆山縣治。宋陳世昌自郡守召對，理宗有「一廉可喜」之語，因名其堂。

半隱堂　在昆山縣治，宋莫仲宣所築。又有西園，其别墅也。韓侂胄當國，仲宣閒居十年，號西園居士。

玉山草堂　在昆山縣西界谿上，元顧德輝築，顔曰「玉山佳處」。

附　元楊維(貞)〔楨〕《玉山草堂記》

昆隱君顧仲瑛氏，其世家在昆之西界溪上。既①與其弟爲東、西第，又稍爲園池、别墅，治屋廬其中，名其前之軒曰桃源，中之室曰芝雲，東曰可詩齋，西曰讀書舍，後之館曰碧梧翠竹，亭曰種玉。合而稱之，則曰玉山佳處也。予抵昆，仲瑛必居予佳處，且求誌榜屋顔。

① 《四庫》本無「既」字。

按郡志，昆山縣華亭，陸氏祖所窆，生機、雲，時人因以玉出昆而名山。昆邑山本號馬鞍，出奇石，似玉，烟雨晦冥，時有①佳氣，如藍田②焉。故人亦呼曰玉，又曰昆。

而仲瑛氏之居，去玉山甚遠矣，奚以佳名哉？山之佳，在去山之外者得之，山中之人未知也。如唐之終南隱者與司馬道人指山之佳，身固在山數百里之外也。雖然，終南之佳，終南之隱者未知也。借佳爲捷仕之徑，千古慚德，至於今山無能揜焉。若仲瑛氏之有仕才，而素無仕志。幸有先人世禄、生産，又幸遭逢盛時，得與名人韻士，日相優游於山西之墅，以琴樽、文賦，爲吾弗遷之樂。則玉山之佳，非仲瑛氏弗能領而有之，與終南隱者可以辨其佳之誣不誣矣。

范蠡宅　在長洲縣太湖包山。任昉《述異記》云：洞庭湖上有釣洲，蠡嘗乘舟至此，遇風止釣，於上刻字記焉。《洞庭記》云：在杜圻洲馬跡山南，方十里，多桑、苧、菜、果。

皋伯通宅　在長洲縣閶門内皋橋，梁鴻於廡下賃舂之所。

丁令威宅　在長洲縣陽山，有丹井存焉。

顧訓宅　在長洲縣百口橋東。漢時人，五世同居，聚族百口，因所居名橋。

---

① 「有」，《四庫》本作「得」。

② 「田」，《四庫》本作「山」。

陸績宅　在長洲縣臨頓里，門有巨石。績罷鬱林太守，歸無所裝，取石以鎮舟。人慕其廉，號鬱林石。數傳至龜蒙，世保其居。龜蒙《幽居賦》云：陸子居全吴東，距長洲故苑一里。又云：地接虎(邱)〔丘〕，門臨鶴市。

琴高宅　在長洲縣交讓瀆法海寺西。

戴顒宅　在長洲縣，即今北禪寺。《廣異記》云：蘇州山人陸去奢亭子，即戴顒宅也。《姑蘇志》云：唐司勳郎中陸洿嘗居之。有花橋、水閣，見白樂天《寄馮御史》詩。後爲北禪寺。又皮、陸《北禪寺聯句》云「歒蒸何處避，來入戴顒宅」是也。

王珣宅　在長洲縣日華里，即今景德寺。

陳之奇宅　在長洲縣閶門，人呼爲陳君子宅。

魏了翁宅　在長洲縣南宫坊。宋端平間都督江淮，理宗賜第吴中，復親書「鶴山書院」四大字賜之。即今巡撫治所。

元絳宅　在長洲縣帶城橋東。絳嘗參大政，歸老於是邦，知州章岵表爲衮繡坊。

鄭虎臣宅　在長洲縣舞鶴橋東。居第甚盛，號鄭半州。宋末殺賈似道於木棉菴者。

鄭所南宅　在長洲縣樂橋東條坊巷。

楊循吉宅　在長洲縣南濠。致政後，居支硎山南峰，曰南峰隱居。

文徵明宅　在長洲縣德愛橋，其父林所構，即停雲館也。

徵明孫震孟宅　又在寶林寺東。

韓雍宅　在元和縣葑門内。雍既貴，歸吴治宅，谿流環繞，曰葑谿草堂。時與徐有貞、祝顥、馮定、劉珏爲葑谿聯句。

周順昌宅　在長洲縣閶門外林家巷。

姚希孟宅　在長洲縣中街路。

蔡經宅　在吴縣朱明寺西。《神仙傳》云：後漢王方平得道過吴，住蔡經宅。今蔡仙鄉是其隱處。《明一統志》云：在胥門。

葛洪宅　在吴縣東洞庭緑石山下，洪於此立壇煉丹。

朱買臣宅　在吴縣穹窿山，相傳寺基其故址也。

吴夫人宅　在吴縣。孫權之母所居，即府城開元寺基。

周瑜宅　在吴縣雍熙寺西。建安三年，孫策爲瑜治第於吴，今所稱周將軍巷是也。

陸玩宅　在吴縣靈巖山。今寺，其故居也。

何準宅　在吴縣西朱明寺橋。宅捨爲寺，般若臺即其故址。

李嘉祐宅　在吴縣姑蘇臺側。嘉祐罷袁州刺史居此，見僧皎然《酬李員外》詩。

閭（邱）〔丘〕孝終宅　在吴縣馬步橋北。蘇軾謫黄州，孝終爲太守，往來甚密。軾嘗云：蘇有二（邱）〔丘〕，不到虎（邱）〔丘〕，即到閭（邱）〔丘〕。今猶名閭（邱）〔丘〕巷。

范仲淹義宅　在吴縣。元樓鑰《記》云：范氏自唐時居於靈芝坊，在今雍熙寺之後。皇祐中，文正公訪求宗族，買田千畝，作義莊以贍之。宅有二松，堂曰歲寒，閣曰松風，因廣其居爲義宅。中更兵燬，五世至良器，始悉復故地。周一千四百八十丈，結尾十楹，寖復舊觀。

附　宋錢公輔《義田記》

范文正公，蘇人也。平生好施與，擇其親而貧、疏而賢者，咸施之。方貴顯時，於其里中置負郭常稔之田千畝，號曰義田，以養濟群族之人。日有食，歲有衣，嫁娶凶喪有贍。擇族之長而賢者一人主其計，而時其出納焉。日食人一升，歲衣人一縑，嫁女者五十千，娶婦者三十千，再嫁者三十千，再娶者十五千，葬者如再嫁之數，葬幼者十千。族之聚者九十口，歲入粳稻八百斛。以其所入，給其所聚，沛然有餘而無窮。仕而家居俟代者與焉，仕而居官者罷弗給。此其大較也。

初，公之未貴顯也，嘗有志於是矣，而力未之逮者二十年。既而爲西帥，及參大政，於是始有禄賜之入，而終其志。公既殁，後世子孫修其業，承其志，如公之存也。公雖位高禄厚，而貧終其身。殁之日，身無以爲殮，子無以爲喪，惟以施貧活族之仁遺其子而已。

昔晏平仲敝車羸馬以朝，陳桓子觴之，曰：「是隱君之賜也。」晏子曰：「自臣之貴，父之族無不乘車者，母之族無不足於衣食者，妻之族無凍餒者，齊國之士待臣以舉火者三百餘人。如此而爲，隱君之賜乎？彰君之賜乎？」於是齊侯以晏子之觴觴桓子。余嘗愛晏子之好仁，齊侯知賢，而桓子服義也。又愛晏子之仁有等級，而言有次第也。先父族，次母族，次妻族，而後及其疏遠之賢。孟子曰：「親親而仁民，仁民而愛物。」晏子爲近之。今觀文正公之義田，賢如平仲，其規模遠舉，又疑過之。

嗚呼！世之都三公位，享萬鍾禄，其邸第之雄，車輿之飾，聲色之多，妻孥之富，止乎一己而已，而族之人不得其門而入，豈少也哉？況於施賢乎？其下爲卿，爲大夫，爲士，廩稍之充，奉養之厚，止乎一己而已，而族之人操壺瓢爲溝中瘠者，又豈少哉？況於他人乎？是皆公之罪人也！

公之忠義滿朝廷，事業滿邊陲，功名滿天下，後必有史官書之者，予可略也。獨高其義，因以遺其世云。

賀鑄宅　在吴縣。鑄字方回，越人，卜居於府東昇平橋，嘗作《吴趨曲》。黄庭堅詩云：「解道江南斷腸句，只今惟有賀方回。」

范成大宅　在吴縣西范村北。中有重奎堂，奉宋孝宗御書。又有石湖别墅，因越來溪故城爲亭榭，内有天鏡閣，孝宗賜御書「石湖」二大字。周必大題壁云：「紫微舍人别墅，登臨之勝①，甲於東南。」

高啓宅　在吴縣吴城東北。

徐有貞宅　在吴縣治北。蓋自謫所歸此，號天全翁，建堂曰天全。後爲祝允明所居。

陳鎰宅　在吴縣北鐵皮巷。鎰以師保致政歸，作小園，闢地得蔡襄所書晝錦堂石碑，復有芝產於堂柱間，人以是爲完名全節之徵。

二盧宅　在吴縣石湖中，盧雍、盧襄兄弟所居。有芝秀堂，見李東陽《銘》。

王敬臣宅　在吴縣兵馬司橋東，今稱大儒巷。

徐汧宅　在吴縣吴趨坊。宅後有二株園，汧讀書處也。

顧野王宅　在吴江縣三里橋西，野王著書處也。後人立廟祀之，今名顧墟。

顧榮宅　在吴江縣南荒浦村。陸龜蒙詩註云：陸雲《爲榮贈婦》詩「我在三川陽，子居五湖陰」是也。今爲永定寺。

巫咸宅　在常熟縣虞山。《越絶書》云：虞山，巫咸所居。

言公宅　在常熟縣治北子游巷。《吴地記》云：宅有聖井一，旁有浣紗石，梁時爲太子蕭正德持

① 「之勝」，《説郛》卷六十四上周必大《吴郡諸山録》作「得要」。

去。巷東有言子橋。

夏統宅　在常熟縣崇德山，相傳晉處士夏統所居。

衛涇宅　在昆山縣石浦。其第有友順堂，宋寧宗書額。

葉盛宅　在昆山縣東城橋西，内有菉竹堂。

顧鼎臣宅　在昆山縣鰲峰橋。

歸有光宅　在昆山縣酒坊橋南。

蝸廬　在長洲縣城北，宋中書舍人程俱所居。俱政和間自監舒州茶場，上書論時政不合，來吴葺小屋，號蝸廬。

周隱遥廬　在吴縣西洞庭。《仙傳拾遺》云：周隱遥，洞庭道士，自云甪里先生之孫。學太陰煉形術，死六年更生，十六年又死如前，更七年復生，如是三度。

附　唐令狐楚《周先生住山記》

先生姓周氏，名隱遥，字息(元)〔玄〕，宗其道者號爲太(元)〔玄〕先生，汝南人也。抱天和沖淡之氣，含至精潔朗之質，玉冷泉潤，松高鶴閒，韜精守道，冥得真契。谷神既存而長守，(元)〔玄〕關無鍵而不開。

貞元初，游蘇州吴縣之包山林屋洞。秋八月，始於洞西得神景觀，訊其居者，曰：「距此數里，世傳毛公塢。毛公道成羅浮，居山三百餘歲，有弟子七十二人。聚石爲壇，遺跡猶存。爾能勤求，吾請導之。」既行而蘿篠迷路，不知所往。先生瞑目久之，逢一物焉，雙眸盡碧，毛色紫而本白，高數尺餘，隨而行之，視乃鹿也。須臾乃跪止，若有所告，先生默記之而還。

至十九年冬，制木鬅茅，奠厥攸居。得異石一方，上有蟲篆，驗之，即毛公鎮地符也。既而鑿戶牖以爲竇，有鶴銜弄冠裳，戲舞於庭砌。後得一井，香白滑甘，溢爲白泉。其旁得石池焉，深廣袤丈，陽驗陰伏，湛如也。初，先生嘗息於洞之南門中，神化恍惚，往往失其所在。遇好風日，亦來人間，將至，必先之以雲鶴，其弟子灑掃香室，俄而至矣。

嗟乎！先生之體，同乎無①體矣，不以晝夜更動息，不以寒暑易纖厚。不食而甚力，走及奔馬，全乎氣者也；雖飲而無漏，止如靈龜，外乎形者也。鹿以導步，神柔異物也；符以存視，道契先蜀也。井泉去厲，昭乎仁也；池水不枯，齊其慮也。仙雲靈鶴之驗，去來仿佛之狀，其必神行而智知乎？

予叔服膺先生之門，二紀於兹，録先生本起，命爲記。凝神遐想，直而不遺。

元和十三年八月，華州刺史兼御史中丞令狐楚記。

① 《全唐文》卷五四三無「無」字。

有竹居　在元和縣相城，明高士沈周宅。

梅福隱居　在吴縣。《姑蘇志》云：在西市坊鐵瓶巷口。

張籍故居　在吴縣胥門。籍贈陸暢詩有「胥門舊宅今誰住」之句。

陸孝子故居　在震澤縣，宋陸十七所居。寶祐中，郡守趙汝歷旌其門。

盧熊隱居　在昆山縣治西南鹿城。

西室　在長洲縣，宋王伯起所居。獨處一壥，扁曰「西室」，日焚香燕坐其中。

太公石室　在常熟縣虞山東二里。室凡十所，《中吴紀聞》謂太公隱東海居此。

老相公衙　在長洲縣干將坊。元參政周伯琦使吴被留，張氏構此館之，衙極壯麗。今猶仍其舊名。

吴國故館　在長洲縣。舊傳吴國古館凡三：昇月館在帶城橋東，烏鵲館在烏鵲橋，江楓館在渴烏巷。又有全吴、通波、臨頓、龍門、昇羽等館。昇月館至宋猶存。

姑蘇館　在元和縣盤門内西城下，元大德間改爲驛。

問潮館　在昆山縣西駟馬橋下。《吴郡志》云：昆山雖近江湖，自古無潮汐。宋紹興間，有道人云：「潮過夷亭出狀元。」是時潮忽大至，知縣葉子强乃築問潮館於水濱。明年，邑人衛涇魁天下。

寒山別業　在吴縣支硎山側，明高士趙宧光所居。

震澤別業　在震澤縣，唐陸龜蒙所構。朱鶴齡《文類》云：先生所居，一在臨頓橋，一在甫里，一在震澤鎮。集中自遣詩多震澤别業所作，有云：「更感卞峰顔色好，曉雲才散便當門。」

復軒　在吴縣黄村，處士章憲貯書之所。其後圃又有清曠堂，詠歸、清秘、遐觀三亭，各題以詩。

萬玉清秋軒　在吴江縣同里鎮，元甯昌别墅，張可觀爲之繪圖。

定軒　在震澤縣，宋楊紹雲所居。有桃源洞，廣數畝，異石林立。劉爚、真德秀曾遊此。

五湖田舍　在長洲縣大姚村，白陽山人陳淳所居。

華林園　在長洲縣。《吴地記》云：在華林橋。

又平昌里有華池，龍潭里有石龍，皆闔閭故蹟。

南園　在長洲縣府學傍，吴越廣陵王元璙帥吴時所置園。

相近有元璙别宅。又有東莊，亦名東墅，元璙子文奉所創。

西園　在長洲縣。《吴郡志》云：在郡圃之西，直子城，甚袤。唐時所建，今爲教場。

孫園　《姑蘇志》云：今不知所在。唐元微之《寄白居易詩》云：「孫園虎寺隨宜看，不必遥遥羨鏡湖。」

梅都官園　在長洲縣西。祝穛《野録》云：梅摯晚年卜築滄浪之旁，與蘇舜欽爲鄰。今猶稱其地爲梅家園。

郭氏園　在長洲縣飲馬橋西南。本郭雲大夫所居，有池，號小滄浪。今爲巡撫院後圃。

拙政園　在長洲縣婁門内大弘寺西，明侍御王憲臣所築，廣袤二百餘畝。見文徵明《記》。

何仔園　在元和縣尹山。種植甚繁，牡丹尤盛，宋周必大嘗遊之，見《南歸録》。

梧桐園　在吴縣館娃宫側，夫差園也。一名鳴琴川，樂府云：「梧宫秋，吴王愁。」

辟疆園　在吴縣，晋時顧辟疆之園也。唐顧況嘗假以居，郡守贈詩曰：「辟疆東晋日，竹樹有名園。年代多更主，池塘復裔孫。」又陸龜蒙詩云：「吴之辟疆園，在昔勝概敵。前聞富修竹，後説紛怪石。不知清景在，盡付任君宅。」蓋又爲任晦宅也。

范家園　在吴縣雍熙寺後，范周所居。有石刻三大字。

緑水園　在吴縣織里橋西。明高啓序云：吴城南陬有曰朱家園者，父老言宋朱勔故墅也。廬山陳惟寅氏得之，更名曰「緑水」，以園中有池，且用杜子美詩語也。

西園　在吴縣西城橋西夏駕河上，明王鏊别墅。又有真適園，在東洞庭。文徵明有《西園遊集》詩。

歸田園　在吴縣東北，明司寇王心一家園。中有蘭雪堂、泛紅軒、竹香廊諸勝。

鹿園　在常熟縣北七十里，世傳吴王豢鹿所。

北園　在昆山縣漳潭，陳氏園也。石湖范成大書額，東浦黄簡爲《記》。

鄭氏園　在新陽縣馬鞍山前，宋鄭竦所築，葉夢鼎題曰「玉山佳處」。

郡圃　在長洲縣郡治後。舊多樓亭，宋建炎燬。端平初，張嗣古補葺，易名同樂園。嘉定中，綦奎復立四小亭，其芍藥壇每歲花開，太守宴客，號爲芍藥會。

藥圃　在吴縣重元寺。唐末，僧元達年踰八十，好種名藥，多自遠方致之。皮日休過訪，題詩以贈。

樂圃　在吴縣清嘉坊北，朱長文所居，故錢氏金谷園也。長文自爲之《記》。

附　宋朱伯原《樂圃記》

大丈夫用於世，則堯吾君，虞吾民。其膏澤流乎天下，及乎後裔，與夔、契竝其名，與周、召偶其功。苟不用於世，則或漁，或築，或農，或圃，勞乃形，逸乃心，友沮、溺，肩綺、季，追嚴、鄭，躡陶、白。窮通雖殊，其樂一也。故不以軒冕肆其欲，不以山林喪其節。孔子曰：「樂天知命，故不憂。」又稱：「顔子在陋巷，不改其樂。」可謂至德也已。予嘗以樂名圃，其謂是乎？

始錢氏時，廣陵王元璙者，實守姑蘇。好治林圃，因隙地而營之，爲臺爲沼。今城中遺址，頗有存者，吾圃亦其一也。錢氏去國，圃爲民居，更數姓矣。慶（歷）〔曆〕中，予家祖母吴夫人始構得之，先大父與叔父或游焉，或學焉。每良辰美景，則奉板輿以觀於此。厥後稍廣西壖，以益其地，凡廣逾三十畝。予嘗請營之，以爲先大父歸老之地。熙寧之末，新築外垣，盡覆之瓦。方將結宇，而親年不待。既孤而歸，於是遂卜居焉。月葺歲增，今更數載，雖敝屋無華，荒庭不甃，而景趣質野，若在巖谷，此可尚也。

圃中有堂三楹。堂旁有廡，所以宅親黨也。堂之南又爲堂三楹，名之曰邃經，所以講論六藝也。邃經之東，又有米廩，所以容歲儲也。有鶴室，所以畜鶴也。有蒙齋，所以教童蒙也。邃經之西北隅有岡，命之曰見山岡。上有琴臺，西隅有永齋，此予嘗拊琴賦詩於此，所以名云。見山岡下有池，水入於坤維，跨流爲門，水由門縈紆曲引至於岡側東爲谿，薄於巽隅。池中有亭曰墨池，予嘗集百氏妙蹟於此而展玩也。池岸有亭曰筆溪，其清可以濯筆。溪旁有釣渚，其静可以垂綸也。釣渚與邃經堂相直焉。有三橋：度溪而南出者，謂之昭①隱；寺②池至於墨池亭者，謂之幽興；循岡北走，度水至於西圃者，謂之西磵。

西圃有草堂，草堂之後有華嚴菴。草堂西南有土而高者，謂之西(邱)〔丘〕。其木則松檜、梧柏、黄檗、冬青、椅桐、檉柳之類。柯葉相蟠，與風飄颺。高或參雲，大或合抱。或直如繩，或曲如鈎，或蔓如附，或偃如傲，或參如鼎足，或竝如釵股，或圓如蓋，或深如幄，或如蜕虬卧，或如驚蛇走。名不可以盡記，形不可以殫書也。雖霜雪之所摧壓，飈霆之所擊撼，槎牙摧折，而氣象未衰。其花卉則春繁秋孤，冬苞夏蒨，珍藤幽蔓，高下相映。蘭菊猗猗，蒹葭蒼蒼，碧蘚覆岸，慈筠列砌。《藥録》所收，雅記所載，得之不爲不多。桑柘可蠶，麻苧可緝。時果分蹊，嘉蔬滿畦，標梅沉李，剥棗斷瓠。以娱賓友，以約親屬，此其所有也。

① 「昭」，《吴郡志》卷十四作「招」。

② 「寺」，《吴郡志》卷十四作「絶」。

予於此圃，朝而誦羲文之《易》，孔氏之《春秋》，索《詩》、《書》之精微，明《禮》、《樂》之度數。夕則泛覽群史，歷觀百氏。考古人是非，正前史得失。當其暇也，曳杖逍遥，陟高臨深。飛翰不驚，皓鶴前引。揭厲於淺流①，躊躇於平皋。種木舊②園，寒耕暑耘。雖三事之位，萬鍾之禄，不足以易吾樂也。

然予觀群動，無一物非空者，焉用拘於此以自贅耶？異日，子春之疾瘳，尚平之累遣，將扁舟浮海，遨遊山嶽，莫知其所終極。雖然，此圃者吾先光禄之所遺，吾致力於此者久矣，豈能忘情哉？凡吾衆弟，若子若孫，尚克守之，毋頹爾居，毋伐爾林，學於斯，是亦足以爲樂矣，予豈能獨樂哉！

昔戴顒寓居，魯望歸隱，遺迹迄今猶存。千載後，吴人猶當指此相告曰：此朱氏之故圃也。元豐三年十二月記。

隱圃　在吴縣靈芝坊，宋樞密蔣堂所築。堂兩守蘇，因家焉。自賦《隱圃十二詠》，繪爲圖。皇祐間，圃中溪館産靈芝，知州李仲偃集賓僚賦詩爲壽，因立靈芝坊。

① 「流」，《四庫》本作「深」。
② 「舊」，《吴郡志》卷十四作「灌」。

適適圃　在吳縣樂圃坊内，即古樂圃地，明申時行所築。中有賜閒堂。

淩處士莊　在長洲縣由姑山北，唐韋莊有詩。

東莊　在元和縣葑門内，明吳寬父孟融所治。中有十景，爲一時名勝。

漫莊　在吳江縣，宋處士顧禧所居。禧棄官高隱，鄉人重之。

拂水山莊　在常熟縣寶巖灣東，錢謙益所構。中有耦耕堂、明發堂，及花信樓、秋水閣、朝陽榭、紅豆莊諸名勝①。

羅隱菴　在元和縣葑門外甫里北隅。隱以龜蒙願與之遊，因結菴於此。後爲魏了翁别業。

臞菴　在吳江縣淞江之濱。《南畿志》云：王份故居。圜江湖以入圃，有與閒堂、烟雨閣、聚遠樓。

樂菴　在昆山縣圓明村，宋李衡歸老之地。

就隱　在長洲縣華山，宋紹興間張廷傑所葺。周必大《遊山記》云：漢卿既得華山就隱，刓剔巖竇，疏導泉源，佳花美木，四時皆有奇觀。

石磵書隱　在長洲縣，俞琰所居，因自號石磵。中有詠春齋、端居室、盟鷗軒，皆琰孫貞木作。

---

① 此條録修本無，但前條「漫莊」与後條「羅隱菴」之间二行作空。而「錢謙益所構」五字，《四庫》本作「虞山之麓」。

梅花墅　在元和縣甫里，明秘書許元祐所構。選地百畝，瀦水壘石，擅一時之勝。今爲海藏菴。

筠谷　在吴縣西館橋西，宋待制榮薿所居。自號筠谷，知臨安，引年匄辭。上以琉璃壺貯丹桂花，且繪之，便面題詩二十八字，併金帶爲賜，復書「筠谷」二大字寵其歸。

桃花塢　在吴縣城西北隅。《南畿志》云：在閶門内北城下。宋時爲樞密章楶别業，後爲蔬圃。明唐寅於其地築桃花菴，菴中有夢墨亭。

盤野　在吴江縣，宋狀元黄由之别墅，寧宗賜名。内有墨莊、胡夫人真蹟、三清閣、共樂堂等匾，由自作詩。

東皋　在常熟縣東，明少參瞿汝悦之别業。子式耜增浣溪草堂、貫清堂諸勝。

小洞庭　在長洲縣齊門外。劉珏累石爲山，號小洞庭，徐有貞爲之《記》。

小瀟湘　在吴江縣長橋南，元甯伯讓所居。林亭臺沼，烟雨時可入畫圖，故有是名。

小輞川　在常熟縣虞山之麓山塘涇南，明御史錢岱創。取王摩詰輞川諸勝，繪景十二於聚遠樓東壁，人呼小輞川。

影娥川　在昭文縣治東。晋有見仙娥泛舟者，故名。琴川發源於此。

鶴市　在長洲縣閶門内。《吴越春秋》云：夫差葬女勝玉，舞白鶴於市，聚觀者以殉葬。《越絶書》云：殺生以送死。今故市巷東有舞鶴橋。

吴市　在吴縣。春申君闢兩城以爲市。

專諸巷　在長洲縣閶門内，舊傳吴專諸所居。今爲石塔廟。

臨頓　在長洲縣東。吴王嘗逐東夷，頓軍於此，故名。今呼爲臨頓里，其地有臨頓橋。《明一統志》云：或云陸龜蒙亦嘗居此。

雞陂墟　在長洲縣婁門外二十里。《越絶書》云：吴王畜雞所也。

蠡口　在長洲縣齊門北，相傳范蠡泛五湖出此。《明一統志》云：在長洲縣界。一名蠡塘。

白公隄　在元和縣閶門外虎（邱）〔丘〕山塘，白居易築。

南村　在吴縣越來溪西吴山下，寺薄盧瑢所居，匾曰「吴中第一林泉」。

東村　在吴縣鳳凰山南一里。《縣志》云：東園公所居園。明葛一龍詩：「曾聞東園公，住此不復出。年年開白花，猶是漢時橘。」

南村　在吴江縣綺川，元末隱士張璹所居。

烏夜村　在昆山縣城南，晋穆帝何皇后父淮寓此。産后之夕，有群烏夜驚於村落，自後有烏夜鳴，必邀恩赦。

干隧　在吴縣西北。《戰國策》云：越王以散卒三千，禽夫差於干隧。《史記正義》云：干隧，在萬安山西南一里。

角頭　即角里，在吴縣洞庭西山，漢角里先生所居。《史記正義》云：太湖中洞庭山西南有禄里村。

夏駕湖　在吴縣西城下。吴王壽夢避暑，駕遊於此，故名。今城下猶存外濠，即運河也。有灣，亦名夏駕。

女墳湖　在吴縣西北六里，相傳闔閭葬女處。以水繞墳，因名。白居易詩「女墳湖北(武邱)〔虎丘〕西」是也。

百花洲　在吴縣西城下，胥、盤二門之間。《明一統志》云：在姑蘇山上。

採香逕　在吴縣香山傍。《吴郡志》云：吴王種香於香山，使美人泛舟，於此採之。又名箭逕，一水直如矢也。

吟浦　在吴縣吴淞江南韋應物山莊。韋嘗放舟吟咏於此，故名。

錦帆涇　在吴縣盤門内。《南畿志》云：即舊子城濠也。世傳吴王嘗作錦帆以遊。宋嘉定間，郡守趙彦櫹疏此以通運河。

採蓮涇　在吴縣東南，運河之陽。《南畿志》云：上有採蓮涇橋，下可通舟，傳是種蓮故處。

花谿　在長洲縣定跨橋北。青霞居士顧凝遠築别館閒亭，頗極幽勝。

香水溪　在吴縣西南吴故宫中，俗傳西施浴處。一云吴王宫人洗妝於此，故又呼爲脂粉塘。古詩云：「安得香水泉，濯郎衣上塵。」即此。

交讓瀆　在長洲縣子城北。《續圖經》云：瀆因陸慧曉與張融竝宅，其間有池，池上有楊柳二株，何點歎曰：「此池便是醴泉，此木便是交讓。」瀆因以名。今湮爲民居，僅污池丈許，立交讓祠於此。又有交讓巷，俗訛爲甘將巷。

練瀆　在吴縣太湖鴻雁山之西，舊傳吴王所開以練兵。王充《論衡》云：闔閭嘗試士於五湖之側。

石射堋　在吴縣靈巖山百步街之前。有石鼓，大者三十圍，小者半之，又有石馬如人騎。

可盤灣　在吴縣西洞庭山下。《洞庭記》云：吴王遊太湖，頓軍於此，曰：「此亦可盤桓也。」遂名。

睡龍灣　在吴江縣黄家溪。相傳宋高宗南渡時，駐蹕於此，有泉湧出，因名。

走狗塘　在吴縣西南跨塘橋。《越絶書》云：闔閭走犬長洲。即此。

雉塘　在吴縣練瀆西一里。《吴郡志》云：晋琅邪王彪女於此爲雉所驚，因禁之，雉遂絶，故名。

禁蛙池　在長洲縣北禪寺東。天泉禪師説法，取池中一蛙點其頷，群蛙遂無聲。其地至今不産蛙。

興賢池　在昭文縣乾元宫。宋嘉定中，浚池得石，刻「興賢池」三大字。

投龍潭　在吴縣龜山下。《林屋紀遺》云：嘉定初，民採藻於此，獲吴越王所投金龍玉簡。簡以銀製，長九寸，篆文隱然，填以朱漆，題云：「太歲壬戌。」時宋建隆三年也。

空心潭　在常熟縣興福寺。潭上有通幽軒，皆以常建詩得名。

白馬磵　在吴縣南二十五里。《明一統志》云：晋僧支遁養馬處。

石梅磵　在常熟縣東嶺下，相傳梅爲仙侶遺核所生。磵東有初平石，亦仙跡云。

顧家青山　在吳縣大石左麓，顧元慶貯書所也。山中名勝有八。

松陵　即今吳江縣治。《吳越春秋》云：越追吳入於江陽松陵。是也。

鬬鴨欄　在吳江縣長橋北，相傳陸龜蒙養鴨於此。一名鴨漪亭。

仙人洞　在吳江縣東門外仙里橋下。深黑莫測，舊傳通太湖，約七十里，可出林屋洞。宋陳昉於此仙去。

昭明洞天　在昭文縣乾元宮後。相傳徐神翁棲息於此，俗呼仙人洞。其上有篆刻四字。

越公井　在吳縣上方山治平寺中，唐廣明元年修。《井記》云：隋開皇十年，越國公楊素築城穿此井。其逕一丈有奇，石欄如屏繞之，上有刻字。

柳毅井　在吳縣洞庭東山道旁。相傳其地即橘社，毅與龍女寄書處。

雪井　在昭文縣虞山乾元宮旁。宋元祐中，申元道南遊，其師徐神翁誡之曰：「逢虞則止，無雪則開。」遂構井於虞山無雪之處，故名。

丹井　在昭文縣治虞山南嶺下。明宋濂《銘·序》云：梁天監初，漢天師十二代孫張道裕來隱其下，建招真之地，鑿丹井焉。宋淳熙中，道士李正則浚井，得藏丹石緘，啓之，化爲雙紅鴿，飛入尚湖。邇年井且廢，莫知其所。周尊師元真窮日力尋，獲之，重加以甓，構亭覆上，時洪武元年也。

石幢　在長洲縣城北數里，唐徐浩書。郡守陳師錫徙置府第，鄉人夜過河上者，多見鬼物。乃相與請於州，復置舊處，怪遂絶。

點頭石　在元和縣虎(邱)〔丘〕山。晋竺道生説法，石爲點頭。今有悟石軒。

沁雪石　在常熟縣歐波亭前，海虞縣舊署也。有二石：一鐫「沁雪」二字，趙孟頫八分書，錢允言得之，沈周繪圖，系以詩；一曰「垂雲」，失不可考。

寒翠石　在昆山縣顧德輝玉山草堂前，德輝自撰《拜石壇記》。

宋仁宗御書碑　在昆山縣清真觀内，即放生池碑也，縣令項公澤跋。

白公檜　在長洲縣郡治後，池光亭前水中，唐白居易手植。宋政和初，朱勔取獻京師。

古杉　在元和縣虎(邱)〔丘〕山殿前。相傳爲晋王岷所植，唐末猶存。

羅漢松　在吴縣洞庭山福源泉寺，舊傳蕭梁時植。

古松　在吴縣天平山獅子巖下。自地崛起甚怪，正中一幹聳拔如幢，延袤二畝，號眠松，張即之書「卧雲」二字匾之。謂即范文正讀書處。

七星檜　在昭文縣致道觀，相傳梁天監中物。奇古特甚，今尚存其三，餘則慶(歷)〔曆〕中補植者。沈周繪《三株圖》。

陰陽柏　在昆山縣永懷寺内。高麗國所進，宋高宗以賜王綯，綯種於寺大殿左右。高與殿齊，左花則右實，右花則左實。

遇仙樹　在昆山縣信義村。宋龔猗遇異人，爲植銀杏，後繁衍至七十餘顆，鄉人稱曰遇仙樹。

松江府

闔閭城　在華亭縣南六十五里。夾江又有城二。相傳闔閭所築以備越。《漢書·志》注云：婁縣有南武城，闔閭所起以候越。當即此城。

袁松城　在華亭縣東三十五里。舊圖經云：晋左將軍袁崧築此以備孫恩。又名築耶城，疑即此。

前京城　在華亭縣東八十五里。蕭梁析婁縣地置，近浙江海鹽縣東北境。

白苧城　在華亭縣南十里，俗名白苧匯。《明一統志》云：地生野苧，周回如城。

胥浦城　在婁縣西四十里。相傳梁大通間築，以地接胥浦，故名。

金山城　在金山縣。舊圖經云：周康王南遊，築此城鎮大海。南接金山，故名。又相傳吴越錢氏築此爲戍守處。

秦始皇馳道　在婁縣西北、昆山南四里。相傳有大堈路，西通吴城，即馳道也。《輿地志》云：始皇東遊，至會稽句章經此。賈山《至言》云：秦皇馳道遍天下，南極吴、楚。此其一也。按昆山南四里，即古浦塘。然則馳道，即塘之岸也。山之北又有秦皇走馬塘。

魯般殿　在金山縣泖涇法忍寺，相傳爲般所造。齊柱累枅爲脊，鳥雀不棲。殿庭雙柏亦甚古，云般所植，病心者掇其皮煮服之。今萎。

烽樓　在華亭縣東南。《寰宇記》云：吳時望海處。

不礙雲山樓　在金山縣張溪，元楊謙隱居處。

附　元楊維〔貞〕〔楨〕記

余嘗北渡揚子，訪金山之勝。而不知松之南，又有所謂大金、小金，出没於雲海之中，如壺嶠之在弱流外也。

至正九年春，余抵松之張溪。溪之東有大族，爲楊竹西氏。居之南，扁其樓曰「不礙雲山」。竹西宴於樓之上，窗户四闢，萬頃之雲，兩鰲之島，皆白獻於眉睫之下。竹西風日佳時，岸巾樓上，手揮五絃之餘，與一二解人談至理。既以八窗無礙者闢於目，復以八荒無礙者洞於心。雲山之觀，盡矣備矣。

竹西憮然若有得，起，舉酒而自歌曰：海之雲兮油油，雨我田兮有秋。海之山兮離離，障我流兮東之。又歌曰：雲之動兮躚躚，吾與雲動兮動而不遷；山之静兮層層，吾與山静兮静而不停。併録其歌以爲記。

丹鳳樓　舊在上海縣天妃宫内，後樓燬。明秦嘉楫修拓城樓，因以舊額移置其上，即以爲丹鳳樓云。

來青樓　攬輝樓　在福泉縣青龍江上，俱元都水監任仁發延賞之所。楊維貞詩云：「大江如龍入海口，青山似鳳來雲間。」

翡翠碧雲樓　在福泉縣杜村。元杜元芳構，以其高出林表，故名。中貯書萬卷。下有蒼碧灣，及竹深、荷净、晴好、雨奇諸齋軒，凡七十二所。其别業在東南，雲林池島尤勝。

折桂閣　在華亭縣尉廳。宋李夔以右文殿修撰謫華亭，生子綱於此。又呼相公閣。

歸雁亭　在上海縣城東。元費用和畜雙白雁，及二雛於園池，以環着其足。後去而復還，毛羽光潔，足環儼然。時構園適成，因名。

知樂亭　在青浦縣大、小蒸之間。宋邵桂子鑿池養魚，築亭其上，以知者樂水、知魚之樂二義名之。

醉眠亭　在福泉縣青龍江上，宋僧行中、無悔所築。蘇軾名之，有詩。

小蓬臺　在華亭縣，元末楊維（貞）〔楨〕寓樓也。踞百花潭上，明貝瓊爲《誌》。别有拄①頫樓、草元閣，閣近迎仙橋西北，明成化間猶存。

① 「拄」，《四庫》本作「柱」。

附　貝瓊《志略》

按東方朔《三島記》，蓬萊在東海北，周五千里。秦皇遣徐福往求不死藥，至輒有風，引帆而返，俗疑其妄。會稽爲東南大郡，舊稱小蓬萊，則以其地儗之也。

鐵崖楊先生，族出會稽，而老於松上。即七者寮之東偏，葺樓一所，顔曰「小蓬臺」，示不忘越也。臺俯大川，别二支，其一南流，其一北折，而東中匯爲百花潭。有三石梁跨川上，南曰金鰲，北曰鐵龍，東曰玉虹。是松之勝，畢效於兹，而爲小蓬臺所有。江雲海雨，山紅野緑，舉在几席之下。則視會稽之蓬萊，大小不同，其超乎埃壒，不啻真在雲氣中矣。

先生晨興，披鶴氅，冠鐵冠，燕坐其上，客至不下臺。好事者就見之，相與高談大噱。或出桃核杯酌酒，酒半，取鐵笛作長短弄，旁若無人，觀者以爲謫仙人也。

瓊惟先生早擢高第，宰天台，後去而客錢塘、姑蘇者久之。州郡兵起，往依元帥劉九九於建德。九敗，挈家東下。松之通守顧遜，具舟楫迎之。蓋去會稽三十年，而息於是，非蓬萊而蓬萊矣。

講經臺　在上海縣静安寺。宋嘉定間，寺僧仲依築土臺，聚其徒講習於此。遺址猶存。元錢岳詩云：「江月夜①搖金篆冷，天風時送寶花來。」

昇仙臺　在福泉寺青龍江隆福寺前。相傳有石刻云「王可交仙壇」，遺跡具存。

樂全堂　在華亭縣泖涇，元黄宗武宅。

附　元虞集記

華亭黄君宗武，隱居長泖之灣。植耕桑乎衍沃，藝卉木乎幽勝。上以奉乎百歲之父母，下以長其奕葉之子孫。優游焉誦詩讀書於太平之日，蓋厚德之致也，而時未有聞焉。其季子璋舉進士，貢於京師，而大夫士始知其家有所謂樂全之堂者，皆欣然稱道之。璋來求文以爲記。

夫黄氏之樂，如前所云者，信乎其可謂全也已！親之壽也，身之康也，子之文也，甘旨之充也，藏修游息之有其所也，遭夫時之無虞而不見外事也，將天錫之以全也與！噫！求全焉則志荒，有其全則意肆善，保其全者知止而不自足者也。長泖之樂，蓋如是乎！

若夫聖賢之所至，與天地同流而無所虧欠間斷，而後樂生焉，是又全而樂者也。璋歸，試誦予言於家庭之間乎。

① 「夜」，《四庫》本作「衣」。

雙壽堂　在華亭縣蒨涇，明光禄少卿周庠奉親之所。嘗迎養京邸，亦揭是名，縉紳題詠甚富。

三貞堂　在華亭縣東。明成化間，旌中書舍人張駿家爲三貞之門，因以名堂。三貞者，駿母胡氏，世母瞿氏、楊氏也。

玉恩堂　在華亭縣西普照寺右，明太僕林景暘宅。後有翼文閣，高敞可眺九峰，其上藏書數萬卷。

占星堂　在華亭縣北艾家橋東，明宗伯唐文獻宅，今爲學士沈荃宅。二公倶謚文恪，郡人以爲美談。

曲水草堂　在奉賢縣百曲港上，明宣德末姚蒙與弟臨隱居之所。

光節堂　在婁縣西吉麗橋南。明福建參政任勉之致仕歸，楊士奇贈以「登科致仕，恩榮始終」八大字，周忱爲刻石，樹之堂下。

終慕堂　在華亭縣南龜蛇廟左。明張璛自名其居，寓思親也，錢溥作《記》。

七松草堂　在婁縣西，張氏别墅。水木清美，老松七株尤奇古，故名。

二陸草堂　在婁縣干山，即今之圓智寺。陸機與弟雲讀書處。

南村草堂　在婁縣泗涇北，元陶宗儀耕讀之所。

來德堂　在金山縣。元末吕良佐居，楊維貞作《記》。

瑞芝堂　在金山縣，明衛指揮西寧宅。有芝生楣間，因名。張弼作《記》。

三壽堂　在上海縣城南。明潘恩年八十時，華亭徐階、嘉興吴鵬咸以同榜，來稱壽讌於堂，故名。

勤織堂　在上海縣城東。明蔣性中作堂以奉母，母以生平勤織教之，性中拜受，遂以名堂。

心遠堂　在青浦縣鍾賈山壽安寺。山人鍾子鳴，先世與賈姓同隱壽安山中，人以鍾賈名其山，此堂疑鍾氏遺蹟。棲雲樓、半雲亭，皆名勝。

樂静堂　在青浦縣蒸溪，元教授曹澤之休坐處。又有園亭曰息影。

厚堂　在青浦縣蒸溪，元曹知白居。

附　元虞集記

九州之槪，獨謂揚爲輕揚，其所居者然也。矯其輕而抑其揚，則必有道矣。雲間有君子曰曹君貞素，名其堂曰厚。美哉，厚之爲言也！風不厚不足以舉羽，水不厚不足以勝舟，雲不厚不足以致雨，土不厚不足以生物。是故坤道以至順配天無疆者，亦以其厚而已。君子知厚之可以成德也，故積學以致其厚焉。然則極其至也，豈止於矯其輕揚而已哉？貞素事琴書，尚氣義，友名勝，樂閒退，絶跡權要之門。又能闢池館，蓺松菊，弄翰戲墨，吟咏乎猿鶴之群。其居三泖九峰間，其人有司馬子長之風，其子弟無鄙夫豪侈之習。則居是堂也，真知所以自厚者矣。雖然，益培之勿以輕揚也，庶可遠大乎！

居竹書堂　在福泉縣。元曹和甫宅，方回作《記》，趙孟頫書。今碑石在府學内。

陸機宅　在華亭縣谷陽門内，今普照寺。相傳寺爲陸氏園亭，後捨爲寺。

柳約宅　在華亭縣北，今柳家巷。

顧野王宅　在華亭縣亭林鎮。北有湖曰顧亭湖，南有林曰顧亭林。今寶雲寺，其址也。

錢溥宅　在華亭縣東三里汀西。

顧清宅　在華亭縣東。

陸樹聲宅　在華亭縣西南沙家橋。

徐階宅　在華亭縣南門内，今督帥府。

馮恩宅　在華亭縣薰澧廳旁。

衛涇宅　在奉賢縣蕭塘，今爲崇福寺。按涇生於蕭塘，後乃遷石浦。居民嘗於古井得巨磚無數，皆有「衛仲英」三字。仲英，膚敏之子，與涇爲從兄弟也。

孔宅　在青浦縣治北九里。宋淳熙間，居民浚河，得碑云：天寶六年，黄池縣令朱氏葬於昆山縣全吴鄉孔子宅之西南。其地有夫子廟，在慧日院側。院僧疏廟陝渠，得寶玉六事，璧三、環二、簪一，今藏縣庫。舊圖經云：夫子未嘗適吴。以闕里譜系考之，孔氏二十二代孫潛，後漢太子少傅避地會稽，遂爲郡人。二十九代滔，梁海鹽令。三十二代嗣哲，隋吴郡主簿。三十四代貞，隋蘇州長史。意孔氏子孫，有僑寓宦遊於吴，而遂居此者，即所居立先聖廟耳。今廟側又有梁紇廟，其爲子孫奉祀之地明矣。所瘞璧、簪、環珮之屬，真孔堂之遺寶，得非葬先聖衣冠寶璧於是地乎？其旁有宰我墩、顔淵井，則因孔宅之名而遷合傅會者也。宅後侵於慧日院，今在孔宅涇北。夫子廟在涇南，相去頗遠。梁紇廟西去益遠，疑後人改作也。康熙乙酉春，聖祖南巡，賜御書「聖蹟遺徽」四字匾額，又「澤衍魯邦四海人均化育，裔分吴會千秋世永烝嘗」對聯。

袁崧宅　在福泉縣泗涇塘崧宅鎮。晋隆安中，崧爲吴郡太守，子孫遂居於此。今其地曰崧子里，水曰崧塘。

谷陽園　在華亭縣西湖上，宋朱之純退休地。有自題《湖齋》詩。

北花園　在華亭縣通波門外。其西即採花涇，其北爲夜遊涇，皆以園得名。今廢爲叢冢。

適園　在華亭縣北，明尚書陸樹聲别墅。

芝園　在華亭縣東北，馬嶠寺西，明何三畏所構。中有觀濠堂、歌風館諸勝。

孫家園　在華亭縣披雲門外，明孫克弘墅。今遺有坊柱，而讀書樓危峙將圮，奇石卧荆棘中。

傲園　在華亭縣南，明翰林孔目何良俊别業。園有四友齋，謂維摩詰、莊周、白居易，與良俊而四。

熙園　在華亭縣積善橋左，明光禄丞顧正心别墅。

附　明張寶臣記

昔勝國時，玉峰顧仲瑛氏園池甲天下，至今人能追其桃溪金粟菊田之室之美，宛在眉睫，則鐵史如椽之記存焉爾。吾松顧氏熙園，膾炙海内，凡結綬宦遊、携筇雲集者，靡不載酒相過，恣情蒐討，以爲江左之麗矚，遐壤之誇談。今秋觀潮浦口，適集兹園，得詳覽焉，遂爲之記。

園距東郭三里許，面水而門。門以内爲四美亭，啓左扉而北，落落長杉，瀟瀟疏竹，夾植徑中。行數十武，而危樓翼然，榜曰熙園，是園之啓途也。東入山徑，蒼苔碧蘚，似武陵道中。折而北，俯仰盤旋，陡入深壑。嵌空中時聞淙淙聲，疑山背有龍湫焉。復折而南，踰峻嶺，下層巒，劃然天門開，則流觴曲水在其下，爲聽鶯橋。花時趺坐，睍睆盈耳，可當數部鼓吹。倚橋面南而臨者，芝雲堂也。其陽則奇峰萬疊，古樹千章，蒼茫雲際。而下則華沼一曲，荷香十里，恍憶太液池頭。好事者每欲窮其幽致，則入西麓，出東隅，如登九折坂，入五溪洞。怪石巃嵸，林薄陰翳，幽崖晦谷，隔離天日。自午達晡，始得穿竇出。客外坐方飢疲欲卧，而出者爭目眩汗浹，魂摇摇不能吐一語也。噫，奇觀哉！

其陰則困閣葯房，霓連雲蔓，複道相屬，行者每失故道。商、周之鼎彝，唐、宋之圖畫，紛披闐駢其中，不可更僕數。則主人安神思道之所，非酌霞枕香之友，弗能到也。憑樓西眺，旋臺飛觀，隱隱樹杪間，冠以玉樹瓊花，罨映下方，令人可望不可即。堂之左爲長廊響屧。隔岸土阜蜿蜒，雜植梅、杏、桃、李，春華爛發，白雪紅霞，彌望極目，又疑身在衆香國矣。繞廊而北，度飛虹橋，橋平廣滑澤，可坐而邀月。大士閣兀立橋畔，題曰「水月如來」。稍東爲池上亭。又東度板橋，爲與清軒。前臨廣池，灝溔潢漾，繡尾銀鱗，出没無算，巨者賁浪飛涎。客至，舉網擊鮮稱快事。遥睇南岸，皓壁綺疏，隱現緑楊碧藻中，其壺瀛宫闕，幻落塵界乎？

繇是陟彼北山，平岡逶迤，高梧修竹，蔭蔽左右。西達齊青閣，北望平疇緑浄，款乃四起，又疑下有朱陳村，第少鳴雞吠犬耳。閣前迴繞廣除，可馳駿足。對面翠屏壁立，峭崿鬱盤，羽裳之客，斑衣之友，時遊娱其上。累數級下，依水而屋，雕欄繡楹，虹飛霞屬，歌聲時出簾箔中，則小秦淮也。南遵回廊數十盤，鼻間微聞旃檀氣，則羅漢堂峙焉。堂供簿伽像三，旁列五百應真，金碧莊嚴，鐘梵具設。堂後小閣三楹，藏貝葉書甚富。時倩高緇翻閲，鐸聲琅琅出牖外，儼然古招提也。堂前一巨石，高十丈許，四面玲瓏，真襄陽譜中物。初得是石，未有盤，載至泖涇，舟覆石沉。牽挽而出，先得盤，次乃得石，合之，其舊偶也。珠還劍合，豈獨神千古哉？構堂時掘地得古鐵缸，大可容十斛，今以作焚爐，亦異物也。堂左經關壯繆祠，度濯錦梁，竝步虚廊，尋石竇而出，則爲芝雲堂之右，曠然廣庭，而園之觀止矣。

是園也，石第一，水第二，亭臺、花木、橋梁之屬第三。梓澤平泉，遐哉邈矣。以予耳目所睹記，如婁水之王，錫山之鄒，江都之俞，燕臺之米，皆近代名區。顧有其鉅麗者，不必有其閒曠，有其清秘者，不必有其廣平。蓋清宇先生擲數十萬金錢，收兩邑瘠瘠，其胸次真可吞雲夢八九，故規模位置，軼前哲無兩。而嗣君原之文孫元慶，大雅亢宗，又皆以繪事擅長，臆間具有(邱)

〔丘〕壑。其增修點綴，俱從虎頭筆端、摩詰句中出之，宜其勝絶一代也。

余不揣蕪陋，聊述梗概如此，豈能若鐵史之鋪颺乎？

秀甲園　在婁縣秀野橋北，國朝少傅王文恭頊齡别墅。康熙乙酉，聖祖南巡，臨幸其地。時藤花盛開，御賜「蒸霞」二大字。越歲，復幸園中秋水軒，頊齡繪圖紀恩。

賜金園　在婁縣谷陽門外，尚書王鴻緒别墅。康熙乙酉，聖祖南巡幸之，賜御書「松竹」二大字匾額。丁亥，復駐蹕焉。鴻緒有詩恭紀。

後樂園　在上海縣黄浦東澳，明陸深宅。

豫園　在上海縣城内，明潘方伯允端别墅。中有玉華堂，允端藏父恭定公恩所寶奇石曰玉玲瓏者，故以名堂。

西園　在青浦縣富林，明曹泰别業。

尚夷齋　在南匯縣鶴沙里。元末朱聽作詩《好奇》，楊維貞名其齋曰「尚夷」以規之，有銘。

古齋　在青浦縣蒸溪，元曹知白居。

附　元黄溍記

古齋者，雲間曹君貞素之所游息也。曹君之先爲永嘉大族，其别於雲間有爲宋季名進士者，君之伯父也。家益充，所居益以侈大，尺椽寸瓦，皆非先廬之舊。獨此齋之屋，猶爲六世故物。自君之曾大父宫使府君，徙置今所，號爲西齋，於是又八十有六年矣。君復繕治藻飾，環以佳花美木，池臺水月之勝，蕭然如在窮林邃谷間，更號之曰古齋。而以書來徵文爲記，蓋將示後之人，使無忘也。

夫所貴乎古者，豈不以先世氣澤之所存乎？彼沾沾焉慕爲榮古而陋今者，曾不足以知此方且巧取豪奪乎？人之缺壺破斧、枯竹敗素，棄遺無所可用之物，摩挲把玩，而以博古自命。至於其先人之廬，一椽之折，一瓦之隳，易而去之，唯恐不亟，視君之爲，亦可少愧矣。

商人之詩曰：「自古在昔，先民有作。」夫謂之先民，而又謂之「昔」，謂之「古」，其辭之繁而不殺者，非以致意於居處、物器之細而已。引而勿替，必有事焉。庸書而歸之，俾刻石陷諸壁間，庶幾後之覽者，復以今爲古，而彌謹其存也。

筆議軒　在上海縣何溪，元末彭汝器評《宋史》之所。

閲耕軒　在奉賢縣南橋鎮。明參政陳貞父士傑田居，方孝孺有《閲耕軒詩序》。

安雅齋　在福泉縣，元教諭曹慶孫藏修地。

萬卷軒　在福泉縣青龍江，元莊肅聚書其中。

三味軒　在福泉縣。元張麒以菰米、蓴菜、鱸魚三味奉親，故名。

附　元楊維〔貞〕〔楨〕記

松江之集賢鄉，有隱者張氏曰麒，字國祥。自幼清修謙謹，長稱鞠躬君子。時丁兵變，晦跡祥澤，日與古漁、老樵爲山水伴。人勸之仕，則曰：

余世力農，素非食肉人也。且藩服尚武，又非吾仕之時。子獨不聞吾步兵之仕乎？出赴齊王問辟，秋風改衣，徑決去。捷如脱兔，不頃刻留，卒不與沓禄者同鈇鑕。而甘豢者，乃故鄉菰飯、蓴羹、鱸鱠三味而已耳。余幸不違親於異鄉千里外，田有菰米無歉年，水有蓴菜、鱸魚無饉歲。日以三味爲吾菽水之奉，而餘以覃吾賓友。其樂充然也，奚以仕爲？

故顔其軒曰「三味」。雖大貴人，方丈食前、五鼎九牢不以易也。

東維叟舟過通波塘，麒不遠水陸程，延致於三味所，治酒食，張桐弄竹爲叟驩。叟輿酣，爲絙《秋聲》琴，撫鶴南操以高之。辭曰：

驥北逝兮鶴南旋，松之廬兮八世其延。鱸有段兮菰有田，羹我蓴豉兮釀我澤泉。誦有書兮歌有絃，歸與歸與，烏知金罍之瘁口兮玉羜梗咽。

東莊　在華亭縣東墩東，明孫承恩別業。有讀書堂，叢桂、吸月、悠然三亭，聯璧池、玉虹軒、翠雲屏、香雪林諸勝。

司馬莊　在奉賢縣白沙里，明張輔別業，張弼有《記》。

秦望山莊　在金山縣張堰西，國朝尚書王日藻別墅。亭臺樹石，爲郡南勝區。

清河義莊　在青浦縣橫雲山，國朝張淇建。中有希范堂、師竹軒，淇與子彙置田贍族，立宗祠於此。

一峰小隱　在華亭縣北柳家巷，元黄可望隱居處。今福泉菴是其遺址。

鳳山書屋　在華亭縣東，明朱應祥讀書處。旁有點易臺、洗心亭諸勝。

樂琴書處　在華亭縣東北，明學士沈度所居。

小山招隱　在婁縣小横山下，元孫稷別業。有仙聖館、凝翠軒諸勝。

雲間洞天　在婁縣東南里仁坊，宋參政錢良臣園。《南畿志》云：今錢家巷，其遺址也。有御書雲漢昭回之閣，及東巖堂。巫山下十二峰，觀音巖、桃花洞、雪窗雲榭、來禽渚、流杯亭、桃蹊、杏村、龜巢、橘塢、明月灣、薝蔔林諸勝，後漸廢。明成化間，郡守輦數峰置署圃，至今存焉。

古村居　在上海縣城南，明曹迪隱居之所。中有清概軒、瓢樂山房、寶古齋。

就麓山居　在青浦縣西佘山，明施紹莘別業。

白石山寮　在青浦縣東佘山，明徵君陳繼儒棲隱處。

梧溪精舍　在福泉縣青龍江上，元江陰王逢避地之所。中有蘿月山房、冥鴻亭、小草軒。

古窩　在華亭縣，元末陳珍所居。創於宋咸淳初，歷百餘年尚存，故名。楊維貞爲之《記》。

雲窩　在華亭縣東，明太學生張正宗講學授徒之所。著有《大學説》，門人矦蓋爲之立傳。

蘆子渡　在上海縣静安寺西舊滬瀆旁。俗呼爲蘆子城，亦晉虞潭防海寇處。

平原村　在婁縣機山下。陸機曾爲平原内史，故名。

小湖　在華亭縣西城，已湮涸。今谷陽門内德風橋有陂澤匯城下，疑其遺蹟。

柘湖　在金山縣新運鹽河北，東鄰徐浦塘張堰。《明一統志》云：湖中有小山，生柘樹，因名。秦時有女子，入湖爲神。

木陸池　在華亭縣興聖寺。昔有龜數枚，聞講經聲則緣砌而上，講罷則去。後以其地爲棠谿書院，池在院中。

養魚池　在婁縣西，晉陸瑁所居，池爲瑁養魚處。《明一統志》云：一名瑁湖。

鸚鵡洲　在金山縣界，海中金山下。山北古海鹽洲，後淪爲海。元末潮齧北岸，下瞰橋井猶見，一碑曰「鸚鵡洲界」。

文鬐洲　在上海縣界黄浦中。元末始廣尋丈，後延袤至數十畝。王逢携里叟、門生共登，適鳴雉群集，作詩紀之，因名。

唳鶴灘　在婁縣西三里。《明一統志》云：在養魚池旁。舊有亭，今廢爲接官廳。

釣灘　在金山縣朱涇。《明一統志》云：在府城南三十里，唐船子和尚垂綸之地。今爲法忍寺。又有松澤四亭，是其維舟咏歌處。

石筍灘　在南匯縣界，下沙捍海塘外。到海三十餘里，每二三丈，輒有石如筍，植立沙中。潮汐至此分流，又名分水港。

吴王獵場　在華亭縣東南。舊圖經云：吴王獵所有五茸，茸各有名，在華亭谷東。又云：陸遜生此，子孫常所遊獵，後人呼陸機茸。今其地爲桑陸。

滬瀆壘　在上海縣。舊有東、西二城，盡齧於江。《吴都記》云：松江東瀉海爲滬海，亦曰滬瀆，瀆旁有壘，晋虞潭所築。《通鑑》云：隆安四年，吴國内史袁崧築，以備孫恩。

讀書堆　在華亭縣亭林寶雲寺後，陳顧野王讀書於此。堆高數丈，横亘數十畝，林樾蒼然，野王墨池在其側。

古岡身　在奉賢縣西南，曰沙岡、竹岡、紫岡。南屬於海，北抵松江，長百里。入土數尺，皆螺蚌殼，世傳海中湧三浪而成，其地高阜宜菽麥。《吴郡圖經》云：濱海之地，岡阜相屬，謂之岡身。此天所以限滄溟而全吴人也。

三女岡　在奉賢縣南橋。舊圖經云：吴王葬三女於此。《樞要》云：葬妃於此。相近有明行寺，今寺北二里有高岡，是其處。

鶴坡　在南匯縣下沙鎮。其地産鶴，俗又呼鶴窠。

周公墩　在金山縣埕海塘外。墩距金山城不十里，當潮勢奔猛處，疑古人所築，以戍兵防海者。或因周康王金山城得名。

又有白茅墩、逢陳墩，皆舊烽堠。

駱駝墩　在福泉縣簳山北，又呼落彈墩。相傳宋理宗妃林氏葬此。

綾錦墩　在福泉縣盤龍江上，元錢全衮種桑之所。全衮嘗於此修郡志并韻書。

羅漢井　在華亭縣南禪寺。《明一統志》云：宋崇寧中，僧普願鑿井，得羅漢像，故名。井泉甘洌。

八角井　在婁縣西南，與張涇橋近。其水通海，相傳歲旱投鐵簡於中能致雨。俗謂陸氏外厨井。《明一統志》云：在陸氏宅旁。

瑞光井　在婁縣西南超果寺西廡下。《明一統志》云：宋太平興國中，僧慶依奉吴越錢王宫中觀音像至松，像舒祥光如虹，貫於此井，因名。後復睹金饅之異，邦人病者多汲飲焉。東一井尤甘洌。

十井　在青浦縣鍾賈山壽安寺。環有十井，水極清洌，蓋十道菴遺蹟也。

五色泉　在華亭縣西湖道院内。《明一統志》云：相傳葛稚川錬丹湖上，丹成投水中，後常湧五色泉，士人見者，必擢高第。

湧泉　在上海縣静安寺前。晝夜騰沸，甃井作亭其上。後亭廢，井湮於港中。

又有緑雲洞，僧壽寧棲息之所，檜竹桐柏，層陰疊翠，落人衣帽，遊者疑爲華陽小有之境。趙孟頫顔之，楊維貞爲《記》。

黄耳冢　在華亭縣南二里。旁有普寧寺，俗訛黄泥寺。《述異記》云：陸機有快犬曰黄耳，慧黠解人語。機仕①洛，爲書置竹筒，繫犬頸，犬能往還馳報。犬死，葬其村南二百步，呼黄耳冢云。《劉貢父詩話》又以黄耳爲僕。

赤烏碑　在上海縣舊静安寺。吴赤烏中，天竺僧創重元寺，勒碑紀事。宋祥符間，敕名静安。嘉定中遷寺，而碑没於江。元錢岳詩云：「悲涼斷刻三江裏，想像雄文六代前。」又有陳朝檜。唐陸龜蒙、皮日休有《重元寺雙檜詩》，即此。宋政和中，朱勔繪圖以進。中使取之，雷碎其一，而殿右者尚存。後寺遷，亦没。

沈光碑　在福泉縣青龍鎮勝果寺。有鬼自稱有漢烈士沈光，書迹刻石，宋許尚謂之鬼書。

石幢　在華亭縣署。地有湧泉，云是海眼，大中十三年，立此鎮之。

石魚　在婁縣干山之巔。相傳風雨時，每化去。其脇有泉，遊人掬以頮面，云能明目。

試劍石　在福泉縣北簳山東壁。相傳干將試劍於此，一石中剖，宛如劍截。

① 「仕」，《四庫》本作「在」。

銅鐘　在華亭縣興聖寺。相傳鑄鐘時，有老嫗以雙股銀釵投液中。今見於鐘腹，捫之隱①手。或云有金指環在蒲牢側，高不可見。

呂公樟　在華亭縣北道堂內。相傳宋時有回先生過此，手植樟一株於雲堂。後數年復來，問章公何在？時樟已枯瘁，乃取瓢中藥一丸瘞根下，樟復榮。每葉俱有瓢痕，人始悟呂仙也。

① 「隱」，《四庫》本作「摽」。

江南通志卷三十二

輿地志

古蹟 三

常、鎮、淮三府

常州府

武進舊城　在武進縣西北七十里千秋鄉。吴大帝改丹徒爲武進。

南蘭陵故城　在武進縣西北。晋太興元年，蕭整自蘭陵過江，居武進之東城里。時寓居江左者，皆僑置本土，加以南名，始置南蘭陵郡及蘭陵縣。《南畿志》云：府北八十里萬歲鎮西南。

姑幕城　在武進縣西南六十里，東晋僑置於晋陵南境。今有大姑、小姑二城。

鼓城　在武進縣東北二里德澤鄉。有方、圓二城，東西相對。或作虎城。《南畿志》云作古城。又縣北有韓城。《南畿志》云：五季時有韓王築此。縣北三十里有疇城，又北十五里有禄城，皆五代時戍守處。

傅洛城　在武進縣西北九十里，今通江鄉傅莊即其地。《祥符圖經》作博洛城。

胥城　在陽湖縣永勝西鄉上店西。東晉時僑置莒縣於此。《南畿志》云：舊傳子胥所築。

淹城　在陽湖縣延政鄉。《越絶書》云：毘陵縣南城，故淹君城也。其城三重，周廣十五里。今外城多圮，内濠亦堙，而内城、中城屹然。中濠、外濠廣可十五丈。又留城在淹城東五里，相傳吴王囚越質子，淹留於此，故名。

青城　在陽湖縣阜通鎮。南有圓壇，西有方壇，蓋蕭齊以蘭陵爲湯沐邑，置此爲郊祀所。稍西即蘭陵城也。

闔閭城　在無錫縣西南四十五里富安鄉，近太湖。《越絶書》云：伍員取利浦及黄瀆土築闔閭城。

范蠡城　在無錫縣西十里。《輿地志》云：越伐吴時，范蠡所築。《吴地志》云：在古歷山西。今謂斗城，猶存故址。

黄城　在無錫縣西十二里，俗謂之黄斗城。《史記》云：楚徙封黄歇於江東，因城故吴墟，以自爲都郡。即此。

新安城　在無錫縣東南三十里。元初置新安巡司於此，至正中張士誠築城爲屯兵之所。

泰伯城　在金匱縣東南三十里梅李鄉。《吴越春秋》云：城周三里二百步。

鴨城　在金匱縣東南四十五里。《輿地志》云：吴王牧鳧鴨之地。今有鴨城橋。

又麋城在縣東十七里，吴王豢麋鹿處。

江陰舊城　在今縣治東北。梁太平三年分蘭陵置，又置江陰郡治。今縣治東北有古城巷。

夏浦城　在江陰縣西十八里。《寰宇記》云：名艦浦城。陳至德初，徙江陰郡、縣治夏浦，因築此城。

陶城　在江陰縣東三十里，亦名盜城。

相近又有閆城、郭城，皆南唐屯戍處。

東舜城　西舜城　在江陰縣東七十里。今曰東順鄉、西順鄉，「順」訛「舜」也。今二鄉有舜井。

陽羨城　在宜興縣南五里，屬荆溪。漢縣。《明一統志》云：一名蝦虎城。

吴城　在宜興縣西南二十里，一名太伯城。

臨津城　在宜興縣西北五十里五賢鄉。晋永興初，分陽羨縣地置，屬義興郡。今荆溪北故址猶存。

國山城　在荆溪縣西南五十里永豐鄉，西臨章溪。《寰宇記》云：晋元帝始置國山縣於白石山，成帝移於平地，去舊城七里。

綏安城　在荆溪縣西南八十里。劉宋永初三年，分廣德、長城、故鄣、義鄉、陽羡五縣地置縣，屬義興郡。

義鄉城　在荆溪縣東南八十里義山下。晋永興初，分長城縣地置，屬義興郡。

南東莞故郡　在府南境，東晋僑置於晋陵南。

南彭城故郡　在府境，晋元帝時分武進置。

晋陵故縣　即今武進縣治。吴延陵邑，季札所封。漢爲毘陵縣，晋懷帝時改爲晋陵。《明一統志》云：即今公館。

暨陽故縣　在江陰縣東四十里。《寰宇記》云：漢莫寵所築，以捍海寇，因名莫城。晋太康初，析毘陵縣地置暨陽縣於此。今有莫城鄉。

利城故縣　在江陰縣西五十里。晋元帝即海虞縣北境立利城縣，宋元嘉中遷於武進之利浦。今良信鄉有利城鎮。按《隋志》：江陰舊有利城、梁豐二縣。《寰宇記》云：利城，戰國時所築，一名若溪。

毘陵宫　在府東南十五里夏城鎮。隋大業間，勑十郡兵匠於郡東南創宫苑，周十二里。内爲離宫十六，環以清流，蔭以嘉木，擬於洛陽西苑，而奇巧過之。今自城而東南，岡阜環列，地形高卬，即其遺址。

避暑宫　在陽湖縣馬跡山之内閶灣，世傳吴王闔閭避暑處。《明一統志》云：有井，名闔閭井。

紫薇宫　在靖江縣，吴赤烏元年建。

九斗壇　在荆溪縣善權洞山下，高三尺，周廣十三步。山有九峰，狀如覆斗。梁天監中，武帝禱雨，夢神告曰：「陽羨九斗山有神張水曹。」帝遣使築壇致祭，果得雨。

陳氏書樓　在武進縣奔牛鎮。梁武帝素與陳文表善，帝即位，授以官，不就，願歸教子，敕建是樓居之。

溪山勝槩樓　在無錫縣。元華鍈建，鄭元祐書額。

熙春樓　在江陰縣古城巷東，四山拱揖，占登臨之勝。宋知軍顔耆仲建。

警樓　在宜興縣太湖濱，明弘治中設以禦寇。

萬卷書樓　在靖江縣。元陳傑建，趙孟頫、虞集讀書處。

八角樓　在靖江縣孤山之顛。

紅梅閣　在武進縣古薦福寺，相傳薛道光與張叔修煉於此。

望湖閣　在無錫縣西北。唐李紳建以望芙蓉湖，後改爲半山亭。

清閟閣　在金匱縣東南梅里鄉，元高士倪瓚故居。又有雲林草堂，外國使臣皆知其名。

東山亭　在武進縣荆溪館前。唐大(歷)〔曆〕中郡守獨孤及建，韋夏卿記。

多稼亭　在郡治内子城西北隅。宋乾道間，郡守晁子健建，張栻爲之《記》。《明一統志》：宣德中重修。

榮賜亭　在武進縣狀元橋西南。宋大觀三年，合試天下貢士，獨毘陵五十有三人，詔褒之，賜州守徐申爵一級，申遂立坊於橋南曰進賢，建亭曰榮賜。

繡嶺亭　在無錫縣惠山西，宋光禄滕中允建。以花木繁盛若錦繡，故名。今聽松菴即其遺址。

萬竹亭　在無錫縣湖埭中。宋蔣重珍築堂於此，有亭曰萬竹，自爲《記》。

又有東朱亭，爲朱子也。二友齋，爲楊萬里、陳亮也。

雲海亭　在無錫縣華藏寺前。

赤石亭　在江陰縣三十里。郭璞云：赤石山下有朱砂。上有周穆王廟，或云穆王曾游此。

翠光亭　在江陰縣城北一里君山。

章浦亭　在宜興縣西二十五里章浦側。《晉書》云，周處封章浦亭侯，即此。

又東浦亭，在縣東三十五里。

泳飛亭　在宜興縣迎華驛前。《南畿志》云：舊名弄舟，宋爲放生之所，故名。

浮翠亭　在宜興縣南法藏寺前，宋治平間建。亭面東山，蛟川在其北。

慶源亭　在宜興縣北門外。宋元豐七年，蘇軾艤舟於此。今迎恩亭，其故址。

㐀鄉亭　在荆溪縣西六十五里㐀姥山。後漢封蔣澄爲㐀鄉亭侯，即此。宋蔣堂有詩。

射虎亭　在荆溪縣南五里。晉周處射南山白額虎於此，後人爲之立亭。南唐徐鉉詩云：「斬蛟橋下溪烟碧，射虎亭邊路草青。」

西石亭　在荆溪縣東南十五里。地産蘚梅，枝榦奇古。蘇軾詩云：「幽香收艾栗。」陳克詩云：「石亭梅花落如雪。」皆指此。

琴臺　在武進縣伯牙瀆。一室空洞，虚應有聲若琴。相傳伯牙於此鼓琴，棄琴瀆中。瀆産琴魚，絃徽悉備。

金牛臺　在武進縣奔牛鎮西五里。《輿地志》云：漢時有金牛出山東石池，到曲阿，人栅斷其道，牛驟奔，故名。齊高帝嘗與蕭順之登此。

讀書臺　在無錫縣惠山寺左，唐李紳讀書於此。

任公釣臺　在宜興縣北一里，臨荆溪。梁任昉爲守時，垂釣於此。

讀書臺　在荆溪縣善權山，巖前有巨石，文曰「祝英臺讀書處」，俗呼爲祝陵。

仙人臺　在靖江縣孤山上，舊傳仙人講道於此。

宣嘉堂　在武進縣舊晋陵縣治東。宋大觀間，縣令李景得古甓，有篆文曰：「位至公卿，功冠天下，令名宣揚，萬姓嘉昌。」字畫奇古，遂以名堂。

凝露堂　在府治後。唐獨孤及守郡時，有甘露降，宋紹興間郡守鄭作肅因建堂名之。

歷山草堂　在無錫縣西七里。歷山，即惠山也。宋長史湛茂之讀書處，其故址今爲惠山寺。

錫麓書堂　在無錫縣秦皇塢下。宋尤袤讀書處，結廬數椽，不事雕飾，歷四傳無所更易。又有遂初堂，孝宗手書「遂初」二字賜焉。後袤十四世孫質重構，明歸有光爲《記》。

畫溪西堂　在宜興縣西，貯謝康樂累世詩并畫像。

保義堂　在宜興縣城東一里。明大學士徐溥置義莊，并建堂曰保義。

庾冰宅　今江陰縣祥符寺。冰字子爲徐、兖二州刺史，桓温風有司劾之，以罪免，家於暨陽。

郭璞宅　在江陰縣黄山北長岸村。璞爲司農太守，移家於此。

許青暘宅　在江陰縣青暘市。舊有許真君廟，相傳即青暘宅。又有道成墩，其修道處也。

杜康宅　在江陰縣東四里，即舊承天寺址。寺西有杜橋。

使星館　在江陰縣驛橋側。宋知軍邢壽重修，易名皇華館。

陽羨館　在宜興縣遵義坊。舊名迎華驛，北臨荆溪。

小心齋　在金匱縣涇里，顧憲成讀書處。

雙楠軒　在荆溪縣城南。宋慕容暉所居，有雙楠如蓋，蘇軾取以命名。

寄暢園　在無錫縣惠山寺左。舊名鳳谷行窩，屢加增葺，易今名。聖祖南巡，臨幸是園，賜額二，一曰「松風水月」，一曰「山色谿光」。諭德秦松齡恭摹勒石，詳見《山川》。

碧山吟社　在無錫縣惠山南。明秦旭建，結十老賦詩，沈周繪圖，徐有貞作《記》。

水居　在無錫縣五里湖之濱。明高攀龍歸里，讀書静坐之地。右曰可樓，前曰月坡。又城南有止水，即攀龍自沉處。

附　明高攀龍記

漆湖之干有洲焉，可二十步，三分羸一以爲廣。其外池周之，其外堤周之，又其外山周之，所謂軍將、漆塘諸山也。主人即洲作居，以水爲垣，豁然四達。主人偃息其中，以水爲娱，泊然自得。或凭軒而眺，或隱几而瞑，或曳杖而遊。目之所赴，意之所遇，魂魄之所安，無非水也。居久之，於是主人閲日月升沉，雲霞起滅，草木榮瘁，禽魚去來，與四時百物相代謝於一水之間，而忘乎其爲我也。

居又久之，於是主人且宅天宇之寥廓，餐元和之膏潤，乘浩氣而翩𫛳。上下於無窮之門，而忘乎其爲水也。

或曰：子之樂，微矣，獨矣。主人謝不敏，曰：夫造化者固逸余。於是夫吾請問之，及命之泰筮，得節之兑，其卦曰水澤，其辭曰安節，亨。主人莞爾而笑，乃歌曰：可以樂饑，泌之洋洋兮。所謂伊人，在水中央兮。

寶界山房　在無錫縣五里湖之濱。明王問所居，歸有光爲《記》。

澹寧居　在無錫縣西溪，馬世奇故宅。

杜牧之水榭　在宜興縣荆溪北。牧之有「陽羨谿頭買釣舟」之句，自註云：「義興近有水榭。」《南畿志》云：邑人王公輔治地，得巨木亘其中，云是故址。

東坡別業　在宜興縣北四十里隔湖塘頭。嘉祐初，坡與蔣之奇有卜鄰之約。元豐中，自黄移汝，《乞居常州表》云：「臣有薄田在陽羨，可供饘粥。」

陸相山房　在荆溪縣頤山。唐陸希聲解相印，號君陽遯叟，著《頤山録》。

茶舍　在荆溪縣罨畫溪。唐李栖筠守常州時，有僧獻陽羨茗，陸羽以爲芬香，可供尚方，（道）〔遂〕①置舍歲貢。盧仝詩云：「天子未嘗陽羨茶，百草不敢先開花。」

萬歲街　在武進縣阜通鎮，梁武帝故里。

天子路　在武進縣萬歲鎮西，舊傳秦始皇遊此。或云齊高帝出鎮東城，及爲天子後，人呼爲天子路。

龍尾道　在無錫縣西龍山北。《越絶書》云：春申君徙封故吴墟開此。

專諸塔　在金匱縣婁巷。狀如浮圖，高丈餘，龕其中置主，以祀專諸。不詳所始。

孝義里　在武進縣通吴門外孝仁鄉。梁孝子宗齊民所居，宋避熙陵諱，改曰孝義，即以名鄉。

鍾村　在武進縣西北三十五里，相傳鍾子期所居。

芳硯村　在宜興縣西溪之陽，義興太守謝泉始遷之地。村外隆中窪，村南一水如硯。

王右軍莊　在無錫縣西北洛社市，即今開利寺。

① 據《四庫》本改。

菰川莊　在無錫縣菰瀆之上。户部華雲建，沈周有圖。今爲福城菴。

蕭莊　在金匱縣東四十里。梁蕭侍郎别墅，今之膠山寺。

嘯莊　在宜興縣西十五里，義興太守謝泉居此。

南莊　在宜興縣北五十二里，宋蔣之奇嘗置義田於此。

邊莊　在荆溪縣南四十五里。南唐疆域止此，營屯戍守，與吴越爲交境之備。舊名石門。

愚公谷　在無錫縣惠山寺右，中有龍縫泉、鄒迪光園。

華坡　在無錫縣惠山寺之東，晋孝子華寶所居。今有孝子祠。

附　元高明華《孝子故址記》

惠山寺之東偏，當泉水之上，有三賢祠。按志書，今祠址華孝子所居宅也。初，祠久廢，吴人王彬始復倡建。既成，則以三賢事刻諸石，且曰：初址實孝子故居。孝子之事不可以没而不著，復礱其碑，因以記其事，章善也。

孝子名寶，晋義熙末始八歲，父豪戍長安且行，謂曰：「我還，爲汝冠。」後長安陷，父殁，寶奉命，至七十不婚冠。或問之，不忍答，輒號慟彌日。建元三年，詔表其門閭。凡史載孝子事若此。蓋自西晋以來，尚淵虛，賤名檢，教弛法斁，波流風靡。而孝子獨能篤至行，終始不渝，其誠意惻怛，可以貫金石于雲霓，若與宇宙日月同其久。于此見天之降衷，人之秉彝，不以衰世末俗而有異也。

孝子晉人，而謂齊孝子者，蓋孝子生於晉，長於宋，没於齊。當其一身，而天下三易姓。當時居朝廷有爵位者，朝事司馬氏夕事劉，朝事劉夕事蕭，恬不以爲怪。而孝子奉父一言七十年餘，未嘗斯須忘，以至歿身不替。使當時朝廷有爵位者，其奉君命、恪官守，亦咸若華氏子，則晉不當爲宋，宋不當爲齊，而孝子宜不曰齊孝子也。

凡遊於兹者，憩幽林，酌清泉，臨風覽古，懷三賢之高風，慕孝子之至行，有志者宜加奮勵。其未能者，則澄思革心，勉追遐躅，是則某所以樹碑之意云耳。夫人性一耳，有爲者亦若是，吾徒宜無自怠！

郭坡　在江陰縣北三十里。晉郭璞葬母於暨陽，去水百步，群訝之，璞曰：「即爲陸矣。」其後沙壅環墓，數十里成桑田。

謝公墩　在宜興縣。齊謝朓爲宣城太守，嘗棲止義興、溧陽間。墩近晝溪西堂。

蘭臺聚　在荆溪縣東南二十里。梁到溉兄弟居此，時太守任昉與遊，號曰蘭臺聚。

孝感瀆　在武進縣滆湖西。舊傳晉王祥孫俊封永世侯，嘗居毘陵，追慕祖德，故以名瀆。

金蓮池　在無錫縣惠山寺。其水自第二泉流瀦，其中金蓮蔓生，葉如荇花，色黄似蓮而香。

放生池　在江陰縣東二十里，即織湖。紹興中，詔爲放生池。中有土阜，名織墩。

梁武堰　在江陰縣七里村，相傳爲梁武帝所築。

馬馱沙　今靖江縣境，故大江中一洲也。《廣陵志》云：吳赤烏間，有白馬負土入江而成此洲。明嘉靖三年，知縣易幹循行，至西沙焦山港，得斷碣云：吳大帝牧馬大沙。隔江一洲，爲牧馬小沙。蓋俗訛合「牧馬」爲一聲，又訛「大」爲「馱」也。

古毘陵驛　在武進縣天禧橋。東枕漕渠，以通荆溪。一名荆溪館。宋高宗車駕幸金陵，常經此。

六射垛寨　在江陰縣北四里，相傳爲秦皇演射處。宋置寨於此，以控扼江濱。又有小石山寨，在小石山下，亦宋置。

石橋寨　在江陰縣東四十里，今有石橋鎮。又石橋東有故寧遠寨。

安邊寨　在江陰縣東南四十里。南唐置，今廢。明教寺即其故址。

劍井　在陽湖縣永豐東鄉。《風土記》云：葛仙翁駐鶴地，有劍躍入水，白虹亘天。

梁鴻井　在金匱縣鴻山東嶺。相傳鴻適吳嘗居此，井猶存。

義井　在江陰縣古城巷内，一名廣濟泉。宋嘉祐五年，乾明院僧宗壽所鑿，甓甃甚堅，其狀如甕。下復有小井約丈餘，歲旱不竭。

聖井　在靖江縣長安寺舊址之北，一名長安井，其泉清洌與他井異。

國山碑　在荊溪縣西南五十里。吴五鳳二年，山石自立。天璽初，有石裂十餘丈成室。孫皓遣司徒董朝等行封禪禮，樹碑形如鼓，其文多漫漶不可辨，俗名囤碑。

附　吴孫氏封禪碑文①

□□民用不犯，于是臣丞相沅日□□□□□□□□□□□□□□□□□□□
□□□□□□□□□□□□□□徘徊于此，遂基大宫□□□□□□□□庶民子來不日
□□□□□□□□頑嚚乃止，率土來獻，柔服百神，經緯庶務，日昃不食□□六經，蔵旨百家，思
□道數頻十陵道大啓朱光闓立東觀□□紀實言建設墳典□□□聞實感神化，出幽祇闡舉，乃遣
使者大宥刑惡，道尚□□善格幽玄，既與五福，惟神明上天，罔應□□□箕宿，降祉利丰。

特發神夢，靈璽鎮國玉璽，啓自神匱，神人指授，金冊有玉簡者四。日月明朗，老人星見者弌十有弌。五天瑞氣，黄旗紫蓋，覆攡宫闕，顯著牛斗者弌十有九，麟鳳龜龍，銜圖負書，卅有九。青蜺白兕，丹角黑□□廿有二，白兔白鸞白麀白鹿卅有二，白雉白烏白鵲白鳩弌十有九，赤

---

① 此碑立於東吴天册元年，距今已一千七百餘年，碑文剥蝕嚴重，雖有《雲麓漫鈔》《荊溪外紀》《全三國文》等多家著録，但文字識讀懸殊極大，加之脱文較多，難以校勘與標點，姑作標點如右。

烏赤雀廿有四，白雀白燕廿有七，神虎吐書、白鯉騰船者二，靈絮神絮、彌被原野者三，嘉禾秀穎、甘露凝液六十有五，殊幹連理六百八十有三，明月火珠、璧流離卅有六，大貝餘□幹泉黍十有五，大寶神璧、水青榖璧卅有八，玉兕、玉羊、玉蠵口三，寶鼎、神鐘、神璧、䕫祝神䴇卅有六，石室、山石、闓石印封啓九洲，吉發顯天讖詔石鏡光者弌十有弌，神口頌歌廟靈□示者三，讖民推紀、湖澤闓通、應讖合謡者五，神翁、神僮、靈母、靈女告徵表祥卅有柰，靈夢啓讖、神人授書著驗□□者十，秘略□文玉、板紀德者三，玉人、玉印、文彩明發者八，玉□、玉琯、玉瓚、玉玦、玉鉤、玉稱、殊輝異色者卅有三，玉尊、玉盌、玉盤、玉罌、清潔光眼者九，則子、河伯、子胥、王靈圖言天平，墜成天子、出東門鄂者四，大賢司馬徽、虞翻推步圖緯，甄匱啓緘，發若與運會者二，其餘飛行之類，植生之倫，希古所覿，命世殊奇，不在瑞命之篇者，不可稱而數也。

于是旃蒙協洽之歲，月次陬訾之□，日惟重光大淵獻，行年所值，實惟兹歲，帝出虖著周易實著，遂受上天玉璽，文曰「吴真皇帝」，玉質青黃，艑理洞徹，䄪受祇悚，夙夜惟寅，而大德宜報，大命宜欽，乃𠂤柔兆涒灘之歲，欽若上天，月正革元，郊天祭地，紀號天璽，用彰明命。于是丞相沇、太尉璆、大司徒燮、大司空翰、執金吾修城門校尉歆、屯騎校尉悌、尚書令忠、尚書昏直晃昌、國史瑩、覈等，亦以爲天道玄曠，𠂤瑞表真。

今衆瑞畢至，三表納貢，幽荒百蠻，浮海□川，九垓八埏，罔不被澤，率按典繇宜，先行禪禮，紀勒天命，遂于吴興國山之陰，告祭刊石，𠂤對揚乾命，廣報坤德，副慰天下喁喁之望。

中書東觀令史立信、中郎將臣蘇建所書，刻工殷正、何赦。

漢司農劉夫人墓碑　在荆溪縣，漢許劭撰。

靈石　在陽湖縣惠化鄉占石村古祠前。石形如柱，舊傳有取之者，風霆大震，遂止。

石牀　在無錫縣惠山寺内。長數尺，厚半之，旁刻「聽松」二字，李陽冰篆。皮日休詩云：「殿前日暮高風起，松子聲聲打石牀。」

金鵝石　在江陰縣沙山頂。列阜三十有二，中有一巨石，相傳嘗有金鵝立其上。

孤山碇　在靖江縣孤山，俗名石碇。其石頗潤澤，周刻《法華經》三卷。今存其半於土中。

天慶觀畫龍　在陽湖縣東門直街寥陽殿壁，題姑蘇道士李懷仁筆。世傳懷仁酒豪，嘗呼龍松江上，狎而觀之，以此畫入神品。一日大醉，睨殿壁，索墨汁數斗，立就雙龍，觀者辟易。

太平寺畫水　在陽湖縣東門直街彌陀殿壁，郡人徐友畫。清濟貫河，一筆起西北隅，縈繞數十丈，疑若飛濤騰湧。

鎮江府

京城　即今府治。《文獻通考》云：吴主孫權初鎮丹徒，謂之京城。《通典》云：南面、西面各開一門，因京峴號爲京鎮，因門爲京口。又曰徐陵鎮。《南徐州記》云：京口先爲徐陵城。《邑考》云：

郡有子城，周六百三十步，即吴所築。内外皆甃以甓，號鐵甕城。晋郄鑒、王恭鎮此，皆更爲營繕。南唐林仁肇復修之。

東西夾城　在丹徒縣。唐太和中觀察使王播所築，長十二里，鑿隍繞其外。乾符中，周寶爲潤帥，更築土城，周二十六里，爲門十。明初耿再成復修築焉。

曲阿城　即今丹陽縣治。古曰雲陽。秦始皇以其地有王氣，鑿北岡以泄之，截直道使曲，改曰曲阿縣。

荆城　在丹陽縣南五十五里白鶴溪口，舊傳漢荆王賈所築。

劉繇城　在丹陽縣西南。漢興平元年，劉繇爲揚州刺史，至曲阿築城，以禦袁術。

雲陽城　在丹陽縣延陵鎮南。有東、西二城，相距七里，與句容縣接境。始皇易雲陽爲曲阿，至吴嘉禾三年復名雲陽。赤烏八年，使校尉陳勳鑿句容中道直至雲陽西城，號破岡瀆，即此地也。

吕城　在丹陽縣東五十四里。吴將吕蒙所築，遺址猶存。今爲鎮。

湖口城　在金壇縣南湖谿村。宋庾業與劉延熙夾岸築城，今淪於湖。

永世城　在溧陽縣南十五里。吴分溧陽置永平縣，晋更名永世。

舊縣城　在溧陽縣西北四十五里。宋紹興中，得後漢《溧陽校尉碑》於固城湖之側，故知爲漢縣治。今謂之舊縣邨。

趙城　在溧陽縣東五里。

又黨城，在縣東十五里。梁城，在縣西五十里。

丹徒舊縣　在丹徒縣東南十八里。春秋之朱方邑，楚改名谷陽，秦曰丹徒。始皇因望氣者言，使赭衣徒三千鑿京峴，故名。

延陵故縣　在丹陽縣南三十里。晋太康二年，析曲阿縣延陵鄉置。《元和志》云：延陵縣東至潤州一百里，因季子以立名。按《漢·地（里）〔理〕志》云，季札所居在今毘陵，然今縣北有季子祠，或當時采地所及。

金山故縣　即今金壇縣治。本曲阿縣之金山鄉，隋末鄉人多保聚於此，因置金山縣。

平陵故縣　在溧陽縣。沈約《宋志》云：晋分永世縣置。《滕公廟記》云：其地是吴瀨渚縣地，楚靈王與吴戰，遂陷此城，吴移瀨渚於溧陽南十里，改爲陵平縣。及平王又收吴，陵平縣改爲平陵。《建康志》云：古固城在溧陽之西溧水縣界，亦名平陵城。又李賀《記》云：爲兒時在溧陽，聞白頭書佐言：孟東野貞元中爲溧陽尉。溧陽昔爲平陵縣，縣南五里有投金瀨，瀨南八里有故平陵城。《新志》又謂，在縣西北四十里平陵山西。

秦始皇馳道　在丹徒縣。《金陵志》云：始皇三十六年，東遊至金陵，斷山疏淮，由江東丹徒往會稽。

丹徒宫　在丹徒縣南，宋武帝微時故宅。後築爲宫，藏躬耕農器於此以示後。鮑照有《從過舊宫》詩。

萬歲樓　在丹徒縣西南城上，晉王恭爲刺史創此。宋時呼爲月臺，又謂之月觀。其西北有芙蓉樓相對。

附　宋汪藻《月觀記》

京口以江山名天下，其來尚矣。而國家屏蔽，尤重於晉、宋、齊、梁之間。觀其千嶂所環，中横巨浸，風濤日夜駕百川而東之，其形勝之雄，實足以控制南北。豈直爲騷人羇客區區登覽之勝哉？

州治之西有樓焉，並城而出，名曰千秋者。考諸圖志，始於晉王恭之時。由樓西南，循城百餘步，忽飛檐曲檻，峷然孤起於城隅之上，望數百里見之者，月觀也。紹興八年，吴興劉岑季高來刺是州，州承廢亂之後，公私掃地，無復故時。季高鳩集經營，悉復其初。乃即月觀之址，辑而新之。

方時艱難，此州實爲襟要，其經理規模，蓋有足大者。嘗四顧而望之，其東曰海門，鴟夷子皮之所從遊也。其西曰瓜步，魏佛狸之所嘗至也。若其北廣陵，則謝太傅之所築埭而居。江之中流，則祖豫州之所擊楫而誓也。計其一時英雄慷慨，憤中原之未復，反寇之未禽，欲吞之以忠義之氣，雖狹宇宙而隘九州，自其胸中之所積，亦江山有以發之。今攬而納諸數楹之地，使千載之事，了然在吾目中，則季高之志可知矣。

望海樓　在丹徒縣府署後。爲城中最高處，遠眺金山、甘露諸勝如畫，宋蔡襄題額。後改爲連滄觀。

千巖樓　在丹徒縣。宋敏求詩「千巖相望蔽松筠」即此。刺史王璠創。

北固樓　在丹徒縣城北一里北固山上。下臨長江，三面皆水，晋蔡謨建此以貯軍實。梁武帝幸之，登降甚狹，蕭正義乃廣其路，傍設欄楯。後再幸，遂通小輿，帝悦，賜以束帛。唐李白詩：「丹陽北固是吴關，畫出樓臺雲水間。」

千叢樓　在丹徒縣。唐天下名樓五，此其一。

多景樓　在丹徒縣北固山上，宋太守陳天麟建，唐時臨江亭故址。米芾有《多景樓呈某使君》詩。

得江樓　在丹徒縣城内，宋洪适有記。

回賓亭　在丹徒縣。梁武帝大同末幸京口，宴帝鄉故老於回賓亭。

浮玉亭　在丹徒縣玉山之趾，下臨江，即釣鰲亭。宋紹興間，郡守程邁立，每肄習水軍，臨閲於此。今玉山寺，其故址也。

向吴亭　一名通吴樓，在丹徒縣治南。唐陸龜蒙詩「秋來懶上向吴亭」，即此。

寶墨亭　在丹徒縣焦山，以貯王奐之所集右軍書《陀羅尼經幢》及華陽真逸《瘞鶴銘》。

雄跨亭　在丹徒縣北金山寺内，取宋高宗「雄跨江南二百州」之句。陸游《入蜀記》以爲雄跨閣。

光風霽月亭　在府學。

神亭　在丹陽縣延陵鎮西三十里。漢建安中，孫策進擊劉繇於曲阿，與太史慈遇於神亭，即此處。

繡衣亭　在金壇縣大茅峰西南崖下，漢元壽中立。

薔薇亭　在溧陽縣東唐興寺，有唐孟郊詩石。

讀書臺　在府南招隱山上，梁昭明太子讀書處。《明一統志》云：下有福鄉井、撫掌泉。

妙高臺　在丹徒縣北金山上，宋僧了元建。聖祖御製《妙高臺詩》。恭紀首卷。

武功臺　在金壇縣治西池中，唐縣令姚合築。合，武功人，故名。

八卦臺　在金壇縣茅洞東。宋紹興中，待詔陳公甫修道於此，建臺演畫八卦。

鶴臺　在金壇縣金菌山後。常有群鶴往來，張伯雨乃築臺居焉。

仗堂　在丹徒縣城東南，晉謝安立。

積弩堂　在丹徒縣唐頽山西二百步。宋武帝攻盧循，軍中用萬鈞神弩，所至摧陷，後積於此。

衛公堂　在丹徒縣府署後。唐李德裕爲觀察使時建，後人因其封爵名之。

玉鑑堂　在丹徒縣北金山。宋蘇紳詩云：「僧於玉鑑光中坐，客踏金鰲背上行。」蓋取此以爲名。

蔡邕讀書堂　在溧陽縣西南四十里泰虚觀。《邕本傳》云：避跡吴會，往來依太山羊氏，積十二年在吴。

射鴨堂　在溧陽縣舊平陵城，唐孟郊爲尉時建。

刁勰宅　在丹徒縣城西南長廣航側。

郄鑒宅　在丹徒縣唐頽山。《南京口記》云：鑒宅五十餘畝。

謝〔元〕〔玄〕宅　在丹徒縣長村東大瀆北。

劉穆之宅　在丹徒縣。穆之世居京口，隆安中鳳凰集其處。

戴顒宅　在丹徒縣城西南七里，招隱寺即其址。

許渾宅　在丹徒縣城南三里丁卯澗①，渾詩名《丁卯集》以此。

陳升之宅　在丹徒縣范公橋南，與蘇頌宅相近。

沈括宅　在丹徒縣朱方門外，即夢溪也。

附　**宋沈括自記**

翁年三十許時，嘗夢至一處，登小山，花木如覆錦。山之下有水，澄澈極目，而喬木翳其上。夢中樂之，將謀居焉。自爾歲一再夢或三四夢至其處，習之如平生之遊。

① 光緒《丹徒縣志》卷七作「丁卯橋」。

後十餘年，翁謫居宣城。有道人無外，謂京口山川之勝，邑之人有圃求售者。及翁以錢三十緡得之，然未知圃何在。又後六年，翁坐邊議謫廢，乃廬於潯陽之熨斗洞，爲廬山之遊以終身焉。元祐元年，道京口，登道人所置之圃，恍然乃夢中所遊之地。翁歎曰：「吾緣在是矣。」於是棄潯陽之居，築室於京口之陲。巨木蓊然，水出峽中，渟潆杳冥，繚繞地之一偏者，目之曰夢溪。

溪之土聳然爲(邱)〔丘〕，千本之花緣焉者，百花堆也。覆堆而廬其間者，翁之棲也。其西蔭於花木之間，翁之所憩殼軒也。軒之瞰，有閣俯於阡陌，巨木百尋閧其上者，花堆之閣也。據堆之巔，集茅以舍者，岸花之堂也。背堂而俯於夢溪之顔者，蒼峽之亭也。而花堆有竹萬箇，環以激波者，竹塢也。度竹而南，介途濱河，鋭而垣者，杏嘴也。竹間之可燕者，蕭蕭堂也。蔭竹之南，軒於水澨者，深齋也。封高而締，可以眺者，遠亭也。

居在城邑而荒蕪，古木與豖鹿雜處。客有至者，皆頓遏而去，而翁獨樂焉。魚於泉，舫於淵，俯仰於茂木美蔭之間。所慕於古人者，陶潛、白居易、李約，謂之「三悦」，與之酬酢於心。目之所寓者，琴、棋、禪、墨、丹、茶、吟、談、酒，謂之「九客」。

四年而翁病，涉歲而益羸，濱柩木矣。豈翁將蜕於此乎？

蘇頌宅　在丹徒縣化隆坊。頌《新居》詩：「版築多遺址，經營信夙緣。」自注云：「舊址乃唐林仁肇故宅。林亦温陵人，而家此。今余居之，信非偶然。」

曾布宅　在丹徒縣南千石墟之東，布詩云「家住城南千石泉」是也。後爲道林寺。

楊一清宅　在丹徒縣黄祐街。正德中，武宗南巡幸其第，賜十二詩焉。

靳貴宅　在丹徒縣虎踞門内。武宗幸其第，親製文以祭之。

王珣宅　在丹陽縣市後，即今普寧寺。

梁武帝舊宅　在丹陽縣塘頭村東。帝嘗幸舊宅，井上有棗樹，帝兒時所植。今井尚存。

蕭思話宅　在丹陽縣。齊永明中，蕭惠基父思話於曲阿起宅，有閒曠之致，常謂所親曰：「須婚嫁畢，當歸老舊廬。」

張祐宅　在丹陽縣雲陽橋東。

桓彦範宅　在丹陽縣北八十里北岡，今於廢址立廟祀焉。

權德輿宅　在丹陽縣練湖上。德輿《憶江南》詩有「結廬常占練湖春」之句。又《送叔赴晉陵詩序》云：「德輿舊居丹陽，去晉陵百里。」

劉宰宅　在丹陽縣高牧鄉。

陳東宅　在丹陽縣石城鄉越塘。

許長史宅　在金壇縣，即今玉宸觀，晉時仙蹟也。

附　梁陶弘景《許長史舊館壇碑銘》

悠哉曠矣，宇宙之靈也。固非言象所傳，文迹可記，然則後之人奚問乎？含吐萬有，化育群生，本其所由，義歸冥昧。至於形域區分，性用殊品，事限觀聽，理窮數識者，倘或可論。山之高，海之廣，夫何故？以其有容焉。大天之内，復有小天三十六所，並拓宇地空，亘涂水脈，闢闈風岫，通氣雲巘。此山本號句曲，其下是第八洞宫，名曰金壇華陽之天。周回一百五十里，分置三府。前漢元帝世，有咸陽三茅君得道，來掌此任，故稱茅山，具詳傳記。

至晋太和元年，句容許長史在斯營宅，厥迹猶存。宋初，長沙景王就其地之東，起道士精舍。梁天監十三年，敕此精舍立爲朱陽館，將遠符先徵，定祥大①(歷)〔曆〕。於館西更築隱居住止②。十四年，别創鬱岡齋室，廹(元)〔玄〕洲之蹤。十七年，乃繕立碑壇，仰述真軌。

真人姓許，諱穆，世名謐，字思(元)〔玄〕，本汝南平輿人。後漢靈帝中平二年，六世祖光字少張，避許相諛佞，乃來過江，居丹陽句容都鄉之吉陽里。後仕吴爲光禄勳，識宇亮拔，奕葉才明。祖尚，字元甫，有文章機見，吴中書郎。父副，字仲先，器度淹通，風格清簡，晋剡令、寧朔將

① 「大」，《華陽陶隱居集》作「火」。
② 「止」，《四庫》本作「址」。

軍、下邳太守、西城侯。

長史，副第五子也，正生少知名。簡文在藩，爲世表之交。起家太學博士，朝綱禮肄，儒論所宗。出爲餘姚令，懃恤民隱，惠被鄰邑。徵入凱闈，納言帝側。昇平末，除護軍長史、本郡中正，外督戎章，内詮茂序，選邦肅律，鄉來砥行。太和中，遷給事中、散騎常侍，蟬冕輝華，事歸尚德。簡文踐極，方優國老，倏值晏駕，於焉告退，專静山廬，以修上道。

君雖縉紱朝班，諷議庠塾，而心標象外，志結霞門，弟兄遠遊。永和四年，嘉遁不返。君尚想幽奇，歲月彌軫，恒與楊君深①神明之契。興寧中，衆真降陽，備令宣諭，龍書雲篆，僉然遍該，靈模奥旨，於兹必究，年涉懸車，遵行愈篤。太元元年，解駕違世，春秋七十有二。子侄禮窆虚柩於縣西大墓。金陵之蹤未遠，飛劍之椰在焉。

謹按《真誥》，君挺命所基，緣業已久，周武王世九官上相長里薛公之弟也。兼許肇遺功，復應垂祉後嗣，故乘運托生，因資成道。玉札所授，爲上清真人。爵登侯伯，位編卿司。理仙撫治，佐聖牧民矣。真傳未顯於世，莫能具述。

長史第三子諱玉斧，世名翽，字道翔。正生(毋)〔母〕陶威女先亡，已得在洞府，易遷官②

① 《華陽陶隱居集》卷下「深」下尚有「結」字。
② 「官」，《華陽陶隱居集》卷下作「宫」。

中。君清潁瑩潔，特絶世倫。郡舉考計掾，不赴。粃糠塵務，研精上業，即弘景(元)〔玄〕中之真師也。恒居此宅，繕修經法。楊君數相從就，函通真感。太和五年，於兹告逝，時年三十。《真誥》云：後十六年，當度東華爲上相清童君之侍。帝晨受書爲上清仙官，與谷希子並職。

君長兄揆，世名晭；次兄虎牙，世名聯，並亦得道。揆今有(元)〔玄〕孫靈真在山，敕立嗣真館，以褒遠祖之德。

皇上乘弘誓本力，來君此土。𦔳育蒼祇，範鑄群品，導法開俗，隨緣啓教。以隱居積蘊三真經誥，入栖華陽，宜還舊宅，供養修理。乃敕工匠，建兹堂構。即仰祇帝則，兼闡大猷。東位青壇，西表素塔。壇塔之間，通是基趾。埋瓴掩瓦，投錨便值。紫烟白霧，纏爲蔭蓋。宅南一井，即長史所穿。井南大塘，乃郭朝遺製。原出田公之泉，路接姜巴之軌。榜枕雷平，前瞰下泊。東際連岡，北横長嶺。柳汧陽谷，俱會西垂。四域之内，皆謂之金陵地肺者也。

長史所居，尤爲標勝。方將馹雲虬而高騁，驅奔鶴以追風。望洪濤之浩汗，睠故都以浸遠。古人有言：匪作奚傳。敢刊石頌，永屬來賢。頌曰：

渾樞驚氣，方祇吐靈。依性分境，傳識賦形。化通八宇，功浹四溟。巡跡雹滅，測體淵停。旋區岳立，亘海雲蒸。摶風泳水，蹠實憑虚。亦有幽匠，開石架廬。情高身遠，天府地居。縈巒巴曲，晝壤胇浮。五闈面啓，九涂環周。長隰旁嶺，交汧比流。乃稱龍伏，實爲金(邱)〔丘〕。昔在西漢，三茅來賓。爰暨東晉，二許懷真。裁基浚井，棲道接神。允膺輔聖，錫兹侍宸。參差年代，絪緼名氏。書誥具宣，精華未弭。甄甃將淪，沉階暫圮。拱樹霜摧，修庭草萎。肇館華陽，歲躔二紀。永觀前猷，聿遵洪軌。帝曰懋哉，爾焉斯止。經之營之，輪乎奐矣。勝殿密響，瀉瓶揚芬。瑶宫碧簡，絢採垂文。璚函玉檢，綺幕綉巾。蘭缸迥耀，金爐揚熏。桐柏雙教，方諸兼學。並證心清，俱漏身濁。離有離無，且華且樸。結號虚皇，筌法正覺。藥徵質瑩，禪感慧通。飛行欻怳，捫景帶虹。振苦排障，還明返聰。物言是力，我見無功。紛紜今古，汗漫兩儀。三相幻惑，丹壑自移。緣來則應，不慮不爲。式此龜録，人天鑒知。

戴叔倫宅　在金壇縣，即今太虚觀。叔倫有《越溪村居》詩。

張綱宅　在金壇縣希墟村。綱以參知政事致仕，後於宅内築喜歸亭。

董平宅　在溧陽縣北三十里。

趙葵宅　在溧陽縣治南。葵①有《避暑水亭》詩云：「水亭四座朱欄繞，簇簇遊魚戲荇藻。六龍畏熱不敢行，海水煎徹蓬萊島。身眠七尺白蝦鬚，頭枕一枚紅瑪瑙。」六句就，暫卧移時，有侍婢續云：「公子猶嫌扇力微，行人尚在紅塵道。」又有別墅名晚香堂，理宗御書賜之。

① 《四庫》本「治」下無「南」字，「葵」上有「趙」字。

顧況山房　秦系山房　在金壇縣菖蒲潭石墨池上。

華陽館　在金壇縣南三十里，唐貞觀中建。

延陵館　在金壇縣西五十里，唐大(歷)〔曆〕中建。

明秀軒　在金壇縣靈濟廟前。宋米友仁避地居此，有詩題石軒前。

又有湖山偉觀軒。

西園　在丹徒縣放鶴門内，宋韓世忠故園。中有飛蓋堂、傳觴亭、凌雲臺、留仙洞。

研山園　在丹徒縣千秋橋西靈建寺東，米芾故居。中有致爽軒、寶晋齋。宋紹定初，岳珂闢爲燕遊之所。

佚老園　在金壇縣永仁巷，即王岑宅。其子樵與孫肯堂即其地建宗祠，有敕旌義門。

退圃　在丹徒縣，宋睦州倅俞康直所居。

新豐鎮　在丹徒縣東南四十五里。晋陵地界有新豐陵，蓋南朝山陵也。

常寨巷　在溧陽縣西門外。明常遇春守溧陽，立寨於此。今俗譌爲柴場巷。

陶村　在金壇縣二十七都，即弘景煉丹處。有丹井，手植銀杏尚存。

唐陵村　在金壇縣唐安馬廠旁。有二處巨石，縱横攢累如山，制度精密。舊傳爲唐時陵村，以是得名。

藏春塢　在丹徒縣清風橋東。《明一統志》云：本南唐潤州節度使林仁肇故宅。宋郡人刁約因築此，中有逸老堂、萬松岡。

夾岡　在丹陽縣北二十里石潭村。陸游《入蜀記》云：夾岡如連山。蓋當時所積之土掘渠以通漕者。有二石人植立岡上，俗謂之「石翁」「石媪」，實亦古陵墓前物。

陵口　在丹陽縣東三十一里。齊、梁諸陵多在金牛山旁，陸游曰：「自常州西北至吕城，又西北過陵口，見大石獸偃僕道旁，蓋南朝陵墓也。」

秦潭　在丹徒縣月華山下，秦始皇開。宋紹興癸亥，令天下各置放生池，郡守鄭滋即以此潭爲之。

投金瀨　在溧陽縣西北四十里。伍員欲報擊綿女子，不知其家，投金瀨水而去。李白有碑。

白蓮池　在丹徒縣古竹院東谷中。池上有鬬雞菴，宋蘇軾詩：「白蓮池上鬬雞菴。」

金鸎池　在丹陽縣治後圃。宋夏竦初爲丹陽邑（椽）〔掾〕①，一日侍母燕坐，見黄鸝雙舞於池，發之得金鸎二，其母取瘞之，因築亭其上。後人發地求之，不得，遂爲池。

飲馬池　在金壇縣皇業寺東。梁武帝謁建陵，飲馬於此。

石墨池　在金壇縣。費長房學道於此，書符滌硯，澗石悉黑，至今用池水合藥有奇驗。

長岡埭　在丹陽縣西南破岡瀆，七埭中之一也。

---

① 據《四庫》本改。

大業曲阿庱亭三壘　在丹陽縣境。晉咸和三年郄鑒所築，以拒蘇峻。

長岡壘　在丹陽縣西南。齊建武中，左興盛等築此拒王敬則。

沸井　在丹陽縣季子廟南。二清、二濁，觱沸之聲，晝夜不絶。齊豫章王嶷拜陵還過延陵季子廟，觀沸井即此。

丹井　在丹陽縣。有四：湛母丹井，在仙臺觀；葛洪丹井，在縣東灣頭邵巷；焦光丹井，在歸真觀；丁令威丹井，在大霄觀。

葛洪井　在金壇縣抱朴峰之左。

陶真人丹井　在金壇縣華陽上館前石橋之東。宋政和初，修井掘土得一已泐井欄，環刻大字云：「丹陽人，姓陶，仕齊奉朝請。壬申歲來山棲身，自號隱居。梁天監三年八月十五日，錢塘陳懋宣書。」復穿地，又獲一圓硯，朱色。一雀尾爐，中有丹一粒，亟欲取之，墮井中。今爐、硯亦不存矣。

寄奴泉　在丹徒縣黄鵠山下鶴林寺中殿前，宋武帝微時所鑿。寄奴，其小字也。

宣聖小影碑　在丹徒縣城内縣學中，吴道子筆。

義女碑　在丹徒縣五州山。久廢，明萬（歷）〔曆〕中縣令唐時雍重立石撰文。

瘞鶴銘　在丹徒縣焦山江水中。有銘并序，華陽真逸撰，上皇山樵人逸少書。此碑斷殘剥落，久在江中，摹搨殊難。國朝郡倅鄭康莊倣而刻之，勒石於山。後蘇州糧儲副使王煐，令善没者縋險而下，探取得之，繪《焦麓剟銘圖》，一時傳爲盛事。湘潭陳鵬年爲置焦山寺中。

附　梁陶弘景《瘞鶴銘》

鶴壽不知其紀，壬辰歲得於華亭，甲午歲化於朱方。天其未遂，吾翔寥廓也耶，奚奪余仙鶴之遽也？乃裹以(元)〔玄〕黄之幣，藏之兹山之下，故立石旌事，篆銘不朽。詞曰：

相此胎禽，仙家之真。山陰降迹，華表留名。真惟彷彿，事亦微冥。西竹法里，宰耳歲辰。鳴語解化，浮(邱)〔丘〕去辛。左取曹國，右割荆門。後蕩洪流，前固重扃。我欲無言，爾也何明。爰集真侣，瘞爾作銘。宜直示之，惟將進寧。

丹陽仙尉江陰真宰立石。

國朝朱彝尊《書張處士〈瘞鶴銘辨〉後》

石墨之傳於今，有難以驟讀者。《天發神讖》石斷而爲三，《瘞鶴銘》裂而爲四，又失其腹，由是釋文不符。覽古者闕其疑可也，移易增益其辭不可也。曩在白下，得祥符周雪客《神讖碑考》，既序而傳之矣。

淮陰張力臣乘江水歸壑，入焦山之麓，藉落葉而仰讀《瘞鶴銘》辭，聚四石繪作圖，聯以宋人補刻字，倫序不紊，且證爲顧逋翁書。蓋逋翁故宅，雖在海鹽之横山，而學道句曲，遂移居於此，集中有《謝王郎中見贈琴鶴》詩。鶴殆出於性所好，斯瘞之作銘，理有然者。自處士之圖出，足以息衆説之紛紜矣。

力臣名弨，精書法。嘗爲顧處士炎武寫《廣韻》及《音學五書》，手摹家藏鼎彝款識遺予。惜不營生産，没後盡散失。并傳刻棗木，悉歸之閩人，可歎也。

吴季子碑　在丹陽縣延陵鎮西北九里延陵季子廟中。有孔子書「嗚呼有吴延陵季子之墓」十字，人謂十字碑。開元中，敕殷仲容摹刻。大(歷)〔曆〕十四年，蕭定重刻石。

天下第一江山額　在丹徒縣甘露寺，宋吴琚書。久廢，今復摹勒石，砌於寺之長廊下。

心經石　在丹徒縣焦山，宋吴琚書。爲江濤及風日剥損，寺僧移置松寥閣。

四靈圖石　在府學内淵源堂。宋乾道中，熊克因閲漢碑，取麟、鳳二瑞圖於學壁。慶元四年，陳德一易之以石。嘉熙中，劉卿月又摹刻四靈圖於殿西，各有贊。今堂中惟存麟、鳳二石刻。

張僧繇四菩薩畫　在丹徒縣甘露寺。米芾《畫史》云：長四尺一，版廣八尺許。

陸探微畫獅子　在丹徒縣，宋蘇軾有贊。

周鼎　在丹徒縣焦山。大逾斗，古色陸離，傳是魏氏所藏。明嚴嵩當國，索之不得，將罪之，嵩敗得免，魏氏遂以鼎送焦山。鼎内有銘篆，古莫能識。國朝王士(貞)〔禛〕遊此，屬新安程邃譯出，勒諸石：

其銘曰：惟九月既望甲戌，王還於周□，□於圖室。司徒南仲右□惠□立中庭。王呼史受册命□惠，曰：官司□王，□側□作，錫汝(元)〔玄〕衣東①帶，戈琱戟，縞韠彤矢，鋚□鑾旂。無惠敢對揚天子，丕顯敷休，用作尊鼎，用享於□烈考，用周簋壽萬年，子孫永寶用。

凡蝕二字，疑不能知者八字。

何絜周鼎記

是鼎也，已歷二千餘年矣。高一尺三寸二分，耳高三寸，足六寸有一分，一尺五寸八分爲腹之徑，口之徑一尺四寸五分，其深也八寸有二分。篆銘凡十行。其六行行九字，有四行者行十字，字共九十有四焉。

司勳王西樵、邑宰鄒西齋相繼譯之，知爲周宣王以錫南仲者。何其歷年之久也！

凡物以退藏爲可久，而以適用爲可貴。鼎用以薦宗廟，享鬼神，誠可貴也。是鼎獨退藏於深山之佛寺，不以適用於世爲可貴，故能常保其可貴者，而歷年之久，遂至二千餘年。計此二千餘年中，鼎之所歷，運會升沉，陵谷變遷，及凡物之成敗得失，不知有幾。而是鼎以深自退藏，故

① 「東」，《四庫》本作「束」。

無恙。使嘗用於世，爲世之所可貴，則其毁於盜賊、水火也久矣。余記之，所以爲不能退藏者戒也。

延陵古鐘　宋孝建三年四月甲辰，得古鐘六，南徐州刺史竟陵王誕以獻。

東坡佛印二銅像　在丹徒縣金山。明萬(歷)〔曆〕間，金山僧重築妙高臺，得銅比(邱)〔丘〕像於土中。入城見市中有高冠長髯銅像，與比(邱)〔丘〕等尺寸，合併知爲東坡、佛印也。又於揚州得銅像二，一童子、一小沙彌。又覺與東坡、佛印贈答事有合，建留玉閣奉之。

狠石　在丹徒縣甘露寺。石似羊，諸葛亮曾坐其上，與吴大帝謀拒魏。或云漢昭烈嘗坐此石。石亡已久，寺僧輒取一石充數。

附　明龐時雍記

漢諸葛孔明與孫仲謀共議破曹瞞計，曾據此石，後人因名狠石。唐羅隱、宋蘇文忠俱有詩。迄今時異世殊，物改而石隨湮没。尋幽弔古者，止按空籍而興遐想。余令此，覓古蹟，得石於北固西隅蔬圃積土中，其狀如羊者，固宛然在也。睹其石，猶足動忠臣義士、誅奸屏邪之思焉。於是因白之郡守龍溪王公，併滕公碑記移之演武場側，建亭，置扁曰「武侯遺石」，用以鼓三軍之氣云。

梁郄尊師石臼　在金壇縣茅山八卦臺南。累甓爲垣，鑿石爲臼，方丈餘，遺竇尚在，久爲荆榛所蔽，宋紹興間築庵方見之。

淮安府

射陽故城　在山陽縣東南。漢高六年，封劉纏爲射陽侯，後爲縣。

柘塘城　在山陽縣西南四十里。《南畿志》云：其城三座，約圍一里許。隋煬帝遊江都，聚糧於此。

劉王城　在山陽縣東南十里運河西，世傳漢吴王濞所築。

西遼城　在山陽縣東二里。唐太宗征遼時駐兵於此，故名。

新城　在山陽縣西三十五里，宋咸淳間置。

山陽故城　在今山陽縣南。晋義熙間置山陽縣，兼置山陽郡治焉。

巢城　在鹽城縣治北百二十里，黄巢屯兵於此。

淮陰故城　在清河縣東南五里，秦置。漢封韓信爲淮陰侯，後仍爲縣。晋永和間，荀羡鎮淮陰，以地形都要，屯兵無地，乃營立城池。歷代爲重鎮。《水經注》云「淮水東北經淮陰故城」，即此。

甘羅城　在清河縣舊淮陰縣治北，相傳秦甘羅所築。《南畿志》云：雨後常於土中得小錢，篆文不可識。或云即甘羅葬處。

韓信城　在清河縣故淮陰城東，接山陽縣。《寰宇記》云：信本淮陰人，宅、冢處所並存，後受封爲侯，因築此城。

吴城　在清河縣西二十里小清河南岸，東西有二城，相隔五里。宋南渡後嘗置縣，紹興二年罷縣爲鎮。

清河故城　在清河縣東北五里，宋置。

襄賁故城　在安東縣北，劉宋泰始中僑置。應劭曰：「賁」音「肥」。

淮浦故城　在安東縣西，漢置。或曰即今縣治。

漣水三城　在安東縣。《南畿志》云：有大城、東城，二所相連，止隔一濠，謂之市河。又有西城，少遠百餘步。各有城濠，俱宋嘉熙四年知州蕭均所築。

沙將軍城　在安東縣東北五十里一帆河東。

又有營城，在縣北十五里，元末董摶霄所築。

抱月城　在安東縣西二十里支家河西，城抱淮、泗之水，形勢似月。

學城　在桃源縣北二十里。俗傳孔子適楚，駐轍於此，邦人從學焉。

靈城　在桃源縣西北十七里，相傳楚靈王所築。

桃園故城　今桃源縣治。《金史》云：泗州有淮濱縣，興定二年以桃園鎮置。元光二年廢，元至元十四年復置，曰桃園縣，其後乃訛曰桃源。魏文帝臨廣陵所經，因以改名也。

泗陽故城　在桃源縣東。漢置。《水經注》云：泗水經魏陽城北，城枕泗川。疑即泗陽故城。

陸城　在桃源縣西五里，相傳吴陸遜所築。

古城　在桃源縣西北六十里，晋石崇出鎮下邳時所築。

金城故縣　在安東縣北，唐置。《九域志》云：漣水縣有金城鎮，即故縣也。或曰即襄賁故城。

淮陽故縣　在桃源縣西北。《隋志》云：梁置淮陽郡，東魏置綏化縣，後周改縣爲淮陽。《水經注》云「泗水東南經淮陽城，城北臨泗水」，即此。按：晋末有淮陽郡。魏高閭曰：去角城十八里。當在今清河縣界。而《水經注》泗水所經之淮陽，乃在泗陽之上，蓋非晋、魏之淮陽也。

杏壇　在府學大成殿後。宋嘉定間，郡守應純之植杏爲壇。

轉搬倉　在山陽縣運河之西岸。唐江淮漕運於此轉送關陜，北有運河堰，周世宗始置滿浦關以通水路。

文峰塔　在阜寧縣城南。

宴花樓　在山陽縣南，即舊城南門樓。其西門樓曰望雲。南唐建。

月波樓　在府治，舊通判廳。

鎮淮樓　在山陽縣舊城橋西北，宋鎮口都統司酒樓。

劉伶臺　在山陽縣東北七里，臨淮水。唐許渾詩云：「劉伶臺下稻花晚，韓信廟前楓葉秋。」

水教亭　在山陽縣望雲門外。宋太守應純之開管家湖，以教舟師，因建此亭。

望淮亭　在山陽縣西門外舊仁濟橋側。

南昌亭　在山陽縣西三十五里。《地道記》注云：韓信從亭長寄食處。

千金亭　在清河縣淮陰舊縣西。漂母飯韓信，信貴，賜千金，後人因築亭其上。

又有漂母岸，在淮陰故縣南。

三亭　俱在清河縣。韓亭在淮陰故縣南，枚亭在淮陰故縣北，步亭在淮陰故縣西橋南。以韓信、枚皋、步隲得名。宋晁端彦詩云：「韓枚步隲建三亭，故顯當時將相名。」

鹽城監　在鹽城縣南。《新唐志》云：鹽城縣有鹽亭一百二十三所。《寰宇記》云：鹽城監，古之鹽亭也，歷代海岸煎鹽之所。南唐以爲鹽城監，其後因而不改。管鹽場九所，在縣南北，俱臨海岸，曰五祐，曰紫莊，曰南八遊，曰北八遊，曰丁溪，曰竹子，曰新興，曰七惠，曰四安。

豹隱堂　在安東縣文廟前，宋時建。趙槩初館於漣水守幕，尋以學士知漣水，人名其堂曰豹隱。

韓王莊　在清河縣舊淮陰縣西北，與廟、驛鋪相連。舊傳韓信生於此。

枚皋宅　在府淮陰舊縣南。趙嘏詩云：「家住枚皋舊宅邊。」

趙嘏宅

鐵柱岡　在鹽城縣東城門外。《明一統志》云：相傳秦王繫馬柱。或云瀕海多蛟龍，以此鎮之。

石人頭　出土高四尺五寸，在鹽城縣治北六十里，近海岸一里。

佛陀磯　在安東縣北五十里。世傳婁道者未出家時，取魚置船，隨魚去住，人以爲異，因名佛陀磯。

九陽洞　在安東縣治東一里上真觀。世傳徐稀築室，修煉於此。

赤岸　在安東縣治東十里。西三十里亦有赤岸。

金剛嘴　在安東縣治西南三里。當淮水之衝，築以殺水勢，爲西城之護。《南畿志》云：或曰殘磚上有「尉遲恭」字。

老鸛河　在山陽縣西七十里。周世宗顯德五年，伐唐至北辰堰，齊雲艦大不能過，遂開此河。

洗墨池　在安東縣治右，宋郡守米芾去官時滌硯處。

瓜井　在鹽城縣内，孫鍾種瓜處。《南畿志》云：去治東北半里，旱不竭。

紫極宫畫　在山陽縣城西南隅。宋楊傑《記》云：嘗有仙來遊，題詩於壁，刮之不滅。

又有李公麟畫猿戲馬，馬驚，而圉人鞭之，時稱奇筆。

娑羅樹碑　在山陽縣。初在舊淮陰縣南，今移府治賓館内。唐刺史李邕撰文并書。

江南通志卷三十三

輿地志

古蹟 四

揚、徐二府　太、海、通三州

揚州府

廣陵城　在府東北，去江四十里。戰國楚邑。《史記》云：楚懷王十年，城廣陵。秦置廣陵縣，漢吴王濞都此，爲江都國。後漢爲廣陵郡，隋曰揚州。故城西據蜀岡，北包雷陂，外有大城，中爲子城，亦曰牙城。周顯德四年，韓令坤以城大難守，築故城東南隅爲小城以治之。既而，李重進始改築於故城南二十里。宋建炎三年，郭棣知揚州，以故城憑高臨下、四面險固，即遺址建築，謂之大城。

明初，於大城西南隅改築，而故城廢。《府志》云：北濠即今柴河，其上城基培塿可尋。南濠即運河。今云蔡家山者，即其南角樓也。東門在東水關内。

江都故城　在江都縣西南四十六里。漢置。《寰宇記》云：城臨江水，爲水所侵齧，無復餘址。

邗溝城　在甘泉縣蜀岡上。《左傳》杜預注云：吴將伐齊，自廣陵城東築邗城，城下掘深溝，謂之邗溝城。

輿縣城　在甘泉縣。漢置，屬臨淮郡。

張公城　在甘泉縣，漢桓帝時廣陵張嬰所築。張綱爲郡守，單騎造其壘，示以恩信，嬰悦服歸降，因號張公城。

新城　在甘泉縣，非今之新城也。晉寧康十年，謝安出鎮廣陵之步（邱）〔丘〕，築城邵伯埭。明歐大任詩云：「謝公鎮廣陵，甘棠人勿剪。君見東山雲，何似邵伯堰。」今堰存城廢。

蕪城　在甘泉縣。宋《寶祐志》云：即邗溝城。歲久荒蕪，宋鮑照作《蕪城賦》，遂稱蕪城。趙鶴《郡乘》又謂蕪城爲劉宋時城。

附　南北朝宋鮑照《蕪城賦》

㳽池平原，南馳蒼梧漲海，北走紫塞雁門。〔拖〕〔柂〕①以漕渠，軸以昆岡。重江複關之隩，四會五達之莊。當昔全盛之時，車挂轊，人駕肩；廛閈撲地，歌吹沸天。孳貨鹽田，鏟利銅山；才力雄富，士馬精研。故能侈秦法，佚周令，劃崇墉，刳濬洫，圖修世以休命。是以板築雉堞之殷，井幹烽櫓之勤。格高五嶽，袤廣三墳。崪若斷岸，矗似長雲。製磁石以禦衝，糊赬壤以飛文。觀基扃之固護，將萬祀而一君。出入三代，五百餘載，竟瓜剖而豆分。

澤葵依井，荒葛罥途。壇羅虺蜮，階鬭麏鼯。木魅山鬼，野鼠城狐。風嗥雨嘯，昏見晨趨。饑鷹厲吻，寒鴟嚇雛。伏虣藏虎，乳血餐膚。崩榛塞路，峥嶸古馗。白楊早落，塞草前衰。稜稜霜氣，蔌蔌風威。孤篷自振，驚沙坐飛。灌莽杳而無際，叢薄紛其相依。通池既已夷，峻隅又以頹。直視千里外，惟見起黄埃。凝思寂聽，心傷已摧。若夫藻扃黼帳，歌堂舞閣之基；璇淵碧樹，弋林釣渚之館。吴蔡齊秦之聲，魚龍爵馬之玩；皆薰歇燼滅，光沉響絶。東都妙姬，南國麗人。蕙心紈質，玉貌絳脣。莫不埋魂幽石，委骨窮塵。豈憶同輦之愉樂，離宫之苦辛哉？天道如何，吞恨者多。抽琴命操，爲蕪城之歌。歌曰：

① 據《鮑參軍集》改。

邊風起兮城上寒，井徑滅兮（邱）〔丘〕隴殘。千齡兮萬代，共盡兮何言。

寶祐城　在甘泉縣。舊名堡城，即隋迷樓故址。宋寶祐四年，敕大使賈似道築，詔謂「包平山而瞰雷塘」者，此也。

又有夾城，在西北四里，亦是時築。

左安城　在儀徵縣西二十里，宋治平中建。地多山谿，旁有崇（邱）〔丘〕，道出六合，蓋舊時戍守處也。

新城　在高郵州東北。宋咸淳初，揚州制置使畢再遇築土城於東、北二門外，與舊城相埒。今僅存遺址。

子城　在泰州城内東北隅，周二里有奇，表裏皆甓，周刺史荆罕儒築。今圮。

新城　在泰州北。宋端平中州守許堪修州城，别築堡城於湖蕩中，去城五里，謂之新城。

海安故城　在泰州東一百二十里，劉宋置。明初常遇春至泰州舊城，遂東築海安城屯兵，絶張士誠通州餉道。

安宜城　在寶應縣西南。本漢平安縣治，蕭齊改置安宜縣。

石鼈城　在寶應縣西八十里，魏鄧艾築此以營田。晉永和中，荀羨鎮淮陰，屯田於東陽之石鼈，即此。《通典》云：山陽重鎮，守險有平陽石鼈。

金牛城　在寶應縣東南十五里孝義鄉，宋熙寧間築。土色皆黃，形狀如牛。

韓王城　在寶應縣東南四十里，宋紹興間韓世忠鎮淮陰時築。

又高黎王城，在縣西南八十里侯村鄉，宋治平中高黎王築。

廣業廢郡　在高郵州。梁析竹塘、三歸二縣置。

齊陵廢縣　在江都縣東南六十里。齊永平初置，建武五年遏艾陵湖水，立裘塘屯，移縣於萬歲村。

江陽廢縣　在江都縣。《隋志》云：舊曰廣陵。開皇十八年，置縣曰邗江，大業初更名江陽。

揚子廢縣　在儀徵縣東南十五里，漢江都縣地。隋末杜伏威置戍守於此，名揚子鎮。唐永淳初，置揚子縣。

高郵廢縣　即今高郵州治，秦高郵亭也。漢置縣，屬廣陵國。宋秦觀詩云：「吾鄉如覆盂，高據揚楚脊。環以萬頃湖，粘天如四壁。」故亦名盂城。

臨澤廢縣　在高郵州東北九十里，劉宋置。今臨澤鎮即故縣也。

海陵廢縣　即今泰州治，漢置。《九域志》云：東至海一百七里。

建陵廢縣　在泰州東北七十里，晋義熙中置。

寧海廢縣　在泰州東南一百里，晋義熙中置。今爲寧海鄉。

又有蒲濤廢縣，在州東南。今蒲津鄉疑即其地。

宋郊壇　在江都縣南門外法雲寺。建炎二年，高宗祀天南郊，築壇在此。

柴墟　在泰州南七里。宋岳飛以泰州無險可恃，退保柴墟，即此。

隋臨江宫　在江都縣南二十里。大業七年，帝升釣臺，臨揚子津，大宴百僚，遂建此。亦曰揚子宫。宫内有凝輝殿，宫西有懸鏡亭、澄月亭、春江亭。

又有顯福宫，在城外東北。詳見宋《寶祐志》、趙鶴《郡乘》。

宋行宫　在江都縣治。宋建炎元年，高宗奉太后至揚州駐此。

楊吴故宫　在江都縣舊子城内，久廢。

隋江都宫　在甘泉縣大儀鄉。大業元年，敕王弘大修江都宫，中有成象殿、流珠堂、水精殿諸處，令宫人盛飾，謂之飛仙。今爲上方禪智寺。

又有十宫，在城北五里長阜苑内，曰歸雁，曰回流，曰松林，曰楓林，曰大雷，曰小雷，曰春草，曰九華，曰光汾，曰九里。

南唐永寧宫　在泰州城内。李昪遷楊行密子孫於海陵，號其居曰永寧宫。相傳州治譙樓，即其宫闕故址。

太子院　在儀徵縣横山西，即禪證寺。梁昭明太子讀書建堂於此，後僧神堅改爲太子院。

淮東道院　在泰州舊治内大廳之東。宋左丞陸佃爲守時，以海陵地僻事簡，謂之道院。後嘉定間，郡守李珙始加「淮東」二字。

宋章武殿　在江都縣建隆寺，宋祀太祖御容於此。

崇政殿　在江都縣。宋建炎二年，高宗策諸郡奏名進士於崇政殿。

海陵監　在泰州東北百二十里，五代煮鹽之務也。南唐昇元初，於海陵置州以轄其監，管鹽場八，南四，北四。開寶七年，置監於如臯縣。

海陵倉　在泰州東，漢吴王濞所置太倉也。《枚乘傳》所謂海陵之倉，即此。

甲仗樓　在江都縣新城，晉謝安建。

文選樓　在江都縣太平橋北旌忠寺。《大業拾遺記》云：有梁昭明太子文選樓。王觀《揚州賦》云：「帝子久去兮，空文選之樓。」

鳳凰樓　在江都縣廣北鄉鳳凰池側。《十道志》云：隋煬帝建。

迎仙樓　在江都縣，唐淮南節度使高駢建於廨邸。羅隱詩云：「仙境是誰知處所，人間空自造樓臺。」

籌邊樓　在江都縣。宋郭棣知揚州建，曰籌邊。

又即府南門城建樓，曰鎮淮。

明月樓　在江都縣大街東。元富民趙氏嘗宴客樓上，趙孟頫過之，乞作楣帖，題云：「春風閬苑三千客，明月揚州第一樓。」主人大悦，徹酒器爲壽。

江淮勝槩樓　在江都縣瓜洲鎮。明正統十三年周忱建，王英《記》。

騎鶴樓　在江都縣大街内，以《太平廣記》「騎鶴上揚州」句名。

摘星樓　在甘泉縣西北城角，即迷樓故址。宋紹聖三年晁補之修，後爲寶祐城樓。《府志》云，後有摘星亭、摘星臺，皆其地。

卷書樓　在甘泉縣西北隅。宋高宗駐蹕揚州，以提點廨爲尚書省禮部。程俱《寓直》詩有「夜寒持被卷書樓」之句。

揚子江樓　在儀徵縣，南唐時建。《府志》云：宋慶元中，郡守吴洪再建於鑑遠亭北，更名瀕江樓。

烟雨奇觀樓　在儀徵縣西南大江濱。宋吴機詩序謂：江山一景，實儀徵勝槩，因建此樓，蓋取葉石林「半空烟雨」之句。

又建中和樓，在朝宗門上。

淮春樓　在高郵州西北，宋郡守趙不慚建。

多寶樓　在高郵州北門外太平街西。賈商雲集，競售珍奇。今僅存橋名寶樓橋。

望京樓　在泰州，宋咸平中曾致堯建。

景范樓　在泰州迎恩門内，宋范仲淹舊行衙也。

清風樓　在泰州舊治内。又名清風閣。

彭城閣　在江都縣。《大業雜記》注云：舊爲彭城村，隋煬帝因地名閣。

延和閣　在江都縣治内，唐高駢建。高八丈，飾以珠玉，綺窗繡户。每旦焚名香，列異寶，以祈王母之降。羅隱詩云：「延和高閣上干雲，小語猶疑天上聞。燒盡降真無一事，開門迎得畢將軍。」

觀音閣　在甘泉縣，即迷樓故址。舊傳爲吴絳仙梳粧臺。

雲山閣　在甘泉縣西北隅，即環碧亭舊址。《寶祐志》云：陳升之建。《名勝志》云：吕公著守揚時建，落成值中秋，燕客其上，秦觀即席賦詩，一坐歡服。

玉鈎亭　在江都縣。唐李夷簡鎮淮南，於城西南見新月如鈎，遂建此亭。

賞心亭　在江都縣。唐李蔚鎮淮海，於戲馬臺西建此亭。適薛陽陶至，奏蘆管一曲，其聲自然，如來天上。蔚大佳賞，贈以詩云：「虚心纖質雁銜餘，鳳吹龍吟定不如。」亭未有名，因名賞心。《春明退朝録》云：唐成都有散花樓，河中有薫風樓、緑莎廳，揚州有賞心亭，潤州有千嵓亭，皆勝蹟。

竹西亭　在江都縣大儀鄉。《寶祐志》云：官河北岸禪智寺前。唐杜牧詩：「誰知竹西路，歌吹古揚州。」因名。

風亭　在江都縣治内。宋徐湛之爲南兖州刺史，以廣陵城北多陂澤，水物豐盛，乃建風亭、月觀、吹臺、琴室，並在宫城東北角池側，招集文士，極一時遊玩之盛。

無雙亭　在江都縣后土殿西。宋王禹偁《移瓊花詩序》云：后土殿瓊花，天下獨一株耳。永叔爲揚州，作無雙亭以賞之，彼土人别號八仙花。或曰李衛公所賦玉蘂，即此。非也，詳見《辯訛》。

又有瓊花臺，則元人以八仙花補植者。

美泉亭　在江都縣治内。宋歐陽修建，鄭興裔重修。

斗野亭　在江都縣邵伯埭，宋熙寧二年建。《輿地志》云：揚州於天文屬斗野，故名。紹興元年，鄭興裔更造於州城迎恩橋南。嘉定間，崔與之改題曰「江淮要津」。

四柏亭　在江都縣。宋元豐中，教授崔浩著《四柏賦》以見志。淳熙中，重建學宫，教授彭方復植四柏於廳事之南，因以名亭。

借山亭　在江都縣九曲池北。宋馬仲甫買池築亭，名曰借山。

勸耕亭　舊在江都縣淮海堂後。每歲仲春，郡守出郊勸農，寓於上方寺。宋慶元五年，郭杲改建亭於寺前，遂移舊亭題額於此。

江山風月亭　在江都縣瓜洲鎮東南。元熊漢卿别墅，鎮南王嘗避暑於此。

春貢亭　在甘泉縣蜀岡。宋時揚州貢茶，皆出蜀岡，因名。

水亭　在甘泉縣北隅，唐獨孤及建，南唐徐知誥引宋齊(邱)〔丘〕畫灰秘謀於此。

延賓亭　在甘泉縣，南唐李昪建。

白沙亭　舊在儀徵縣白沙洲。唐韋應物有《白沙亭逢吴叟歌》。宋嘉定間，方信儒移於注目亭故址。

青鸞亭　白鶴亭　在儀徵縣西小山。宋祥符間，詔即其地鑄聖像，有青鸞、白鶴飛繞爐冶之上，因立二亭。

谿陰亭　在儀徵縣東范氏園。宋蘇軾詩云：「白水滿時雙鷺下，緑槐高處一蟬吟。酒醒門外三竿日，卧看谿南十畝陰。」

壯觀亭　在儀徵縣北三里北山之巔。宋政和中，郡守詹度建，米芾題額，芾詩「邀賓壯觀不辭寒，玉立風神氣上干」。又東有扃岫亭，宋發運（便）〔使〕張嗣昌創①。

附　宋楊萬里《重建壯觀亭記》

儀徵遊觀登臨之勝處有二，發運司之東園、北山之壯觀亭是也。亭立北山之椒，居高俯下，江淮表裏，皆在目中。自城中以望亭中，如高人勝士，登山臨水而送歸人也；如仰中天之臺，縹緲於烟雲之外也。自亭中以望江南之群山，如驪黄騄耳，競奔争馳而不可縶也；如安期羨門御風騎氣，隔水相招而不得親也。米元章嘗官發運司，暇則徘徊其上，爲之賦②，且大書其扁。至建炎庚戌，火於兵。再至紹興辛巳，又火於兵。淮人過者，罔不慨歎。

① 隆慶《儀真縣志》相關文字作「發運使張汝賢立園北山，其侄嗣昌創亭山腰」。
② 「賦」，《四庫》本作「城」。

今太守左昌時屬工徒爲屋三楹，爲牆百堵，前敞以軒，後邃以檻。種萬松以繚其西北，又藝桃、李、梅、杏、楊柳千本，以牣其南谷。

儀徵之士民，登而樂之，相與謁予記，且曰：「吾侯秩滿，將歸於朝，留之不可。惟侯奉法循理，節用愛人。至於葺府庾，繕溝壘，訓兵戎，虞疆埸，夙夜殫力，以整以備。江海盜寇，悉縛至麾下；姦愚跡熄，不敢竊發。年穀洊登，倍蓰他境。因治之餘，復此壯觀。州人耄倪，再見承平氣像。俾過之者，得以挹江南之形勝，而起騷人之思；北望神州，而動擊楫枕戈之想。則斯亭，豈特遊觀登臨之勝而已哉？願爲特書，惠爾淮士，以詔於無止。」余曰：「諾哉。」

紹熙二年四月記。

鑑遠亭　舊在儀徵縣潮閘西，宋米芾書額。後建於城西南，曰注目亭。慶元中，又建於瞋江樓前，仍名鑑遠。

天開圖畫亭　舊在儀徵縣西城上，取山谷「天開圖畫即江山」之句以名。宋淳熙中，郡守姚恪建。後因甃城而廢，以其名揭於瞋江樓。嘉定間，吴機別建於朝宗門外江濱，又於其後創水竹、喜涼、漣漪、聞凱、傳幽五亭。

玩珠亭　在高郵州北一十里樊良鎮。宋嘉祐間，天長澤陂有一大珠，天晦多見，後轉入甓社湖，或在新開湖。鎮當珠往還之處，因建此亭。

濯纓亭　滄浪亭　在興化縣舊税務前，宋天聖間范仲淹建。范詩：「笑解塵纓處，滄浪無限情。」

浮香亭　在泰州舊治藕花洲之後，有古梅，秦太虛諸人唱和黄法曹梅花是也。宋紹興初，陳垓守泰州，鐫茂陵御書額及秦觀、蘇軾、蘇轍詩於上。垓又建須友亭，與浮香亭對。種竹爲屋，曰：須友，以竹必友梅也。又建歸鶴亭，在州東七里譽林昇真觀内。每歲二月勸耕，坐亭中，勞父老以酒果，或與客觴詠竟日。

海嶼亭　在泰州西南。宋建炎前將迎所也，米芾書額。

溪光亭　在泰州西溪鎮。迎賓亭、避湖亭、奉先亭距此不遠，俱宋范仲淹建。

迎止亭　在泰州西溪鎮北中洲山，有宋范仲淹遺跡。

南風亭　在泰州西溪鎮西南，宋晏殊建。

思賢亭　在泰州西溪鎮東寺塔院。宋吕夷簡手植牡丹於此，後人思之，因建亭曰思賢。

孔融臺　在江都縣寶鏡巷内。李文饒賦云：廣陵東南有顔太師猶子宅，即孔北海故臺。

鬭雞臺　今失所在。按《拾遺記》：煬帝於吴公宅鬭雞臺下恍惚與陳後主相遇。杜牧《揚州》詩云：「秋風放螢苑，春草鬭雞臺。」

昆（邱）〔丘〕臺　在江都縣禪智寺側，宋歐陽修築。《府志》云：臺名取鮑照「軸以昆岡」之句。明歐大任詩云：「地軸横昆岡，上有百尺臺。」

戲馬臺　在江都縣。《桂苑叢談》作戲馬亭。《後山詩話》云：其下路即玉鈎斜。

吴王濞釣臺　《大觀圖經》云：在揚州城北十二里，高二丈。

吴公臺　在甘泉縣。劉宋大明三年，沈慶之攻竟陵王誕時所築。

弩臺　高十丈，周二百步。陳大建中，吴明徹圍東廣州，增築之以射城内，故名。《府志》云：一名雞臺。唐武德中，葬煬帝於吴公臺下，即此。其下有路，號玉鈎斜，爲隋宫女葬處。

樂遊臺　在儀徵縣北六里城子山，一名東巡臺。

文游臺　在高郵州東。宋蘇軾、孫覺、秦觀、王鞏同游，載酒、論文於此，因名。李公麟爲圖刻於石。

國朝王貽上①《重修文游臺記》

古來風流文采、魁梧奇傑之士，其在當時或不遇；或遇矣而以名高而取忌，守道而叢謗，至不得一日安其身於廟堂之上，甚者播遷江湖嶺嶠之間，而坎壈以老死。然數千百年後，學士大夫讀其書，思慕其爲人，至於其所嘗游眺憩息之地，必且披榛棘，訪碑誌，往往爲之流連，感激太

①「貽上」，《四庫》本用名作「士禎」。

息，憑弔於荒烟斷靄之中。豈其遇有幸不幸歟？抑豐於此則歉於彼，天道之乘除固①然歟？

昔蘇長公生宋盛時，以文章名動天下，試館閣爲侍從之臣，洊歷大藩，天子至以宰相器之，不可謂不遇矣，然終以直道見尤。謝景温、李定、舒亶之屬，繼②肆其彈射，卒至流離惠州、儋耳，窮海絶嶠之濱，不究其用，爲天下惜。至并所爲文章，亦禁錮之，何其不幸也！

考公平生蹤跡，多在江淮。又嘗與孫莘老、秦少游、王定國輩游處最善，而孫、秦二君子者，皆高郵人，故郵樂得公而顯。而文游臺在城東北里許，即公與三君子所嘗游眺者也。宋淳熙中，王詷葺之。嘉泰中，吴鑄重新之。其興廢之蹟，大略見於應公武、王元凱二《記》。

自明正德迄今康熙，又二百餘年矣。余以順治十七年四月，來李廣陵。文書之暇，多泛小舠，往來三十六湖之上。因登是臺而弔之，嗟其頹廢荒落，謀諸州守吴君及州之士大夫，思所以修葺而振起之者。會吴君秩滿，擢蜀之龍安守以去。繼之者閩海曾君，余復告之，而曾君又以憂歸。繼之者鐵嶺李君，余告之如初。蓋始辛丑，迄甲辰，閱四歲三守，而臺之工以成。

余因是慨然有感也。方公洎三君子，以直道不見容於世，放跡湖海，登是臺以嘯詠，發舒其無聊不平之氣，亦偶然耳。豈嘗計及數百年之後斯臺存殁，與後之人爲之太息憑弔感激而流連

① 「固」，《四庫》本作「同」。
② 嘉慶《高郵州志》卷十一上「繼」上有「相」字。

者耶？余生後公且五六百載，猶得登斯臺，拜公祠宇，恨不及四公當日，同其游眺登臨之樂，而親聆其音旨。《詩》曰：「高山仰止，景行行止。」斯臺也，亦後之高山景行也。自宋迄今，閱五六百載。所謂僉壬者，其人與骨皆已朽。而斯臺巋然，公之風流，照映於無窮，然則公不可謂不幸也。公嘗作《太息》一篇，送少游之弟少章，有感於孔北海之論盛孝章也。其言曰：英偉奇逸之士，不容於世俗久矣。雖然，自今觀之，孔北海、盛孝章猶在世。而向之譏評者，與草木同腐。嗟乎！昔之視古，不猶今之視昔乎？

臺在泰山廟後。有樓，有亭，皆可以望遠。登其上，則長湖淼漫，風帆杳靄，稻塍柳陌，繡錯而棋布。於秋高密雪之時尤宜。樓與亭皆不自名而從臺者，存古也。

拱極臺　在興化縣北城，即(元)〔玄〕武臺故址。元縣令詹士龍讀書處。《府志》云：昭陽十二景之一。

讀書臺　在寶應縣西八十里齊興寺内，舊傳梁武帝讀書處。

四并堂　宋韓琦於郡圃建堂，取四難并之義。《府志》云：後慶元中趙鞏復建於杏花村。

康山草堂　在江都縣新城東南隅。築土爲山，構堂其上。明正德中，康海去官，客揚州，與名流常讌此。董其昌題額曰「康山草堂」。

時會堂　在甘泉縣蜀岡，宋造貢茶之所。梅堯臣詩云：「雨發雷塘不起塵，蜀昆岡上暖先春。烟牙才吐朱輪出，向此親封御餅新。」

平山堂　在甘泉縣蜀岡上，宋郡守歐陽修建。江南諸山拱列檐下，因名。咸淳五年，李庭芝鎮揚州，築城包之。城廢，堂亦爲栖靈寺僧所據。康熙二十年，郡守金鎮建堂寺右，堂後增樓五楹，額曰「真賞」，祀歷代賢郡守於其上。二十三年，聖祖南巡臨幸，御書「怡情」二字。四十四年，又御書「平山堂」及「賢守清風」四字，懸額堂内。聖祖御製《平山堂》詩。恭紀首卷。

附　宋沈括《平山堂記》

揚州常節制淮南十一郡之地。自淮南之西，大江之東，南至五嶺蜀、漢，十一路百州之遷徙貿易之人，往還皆出其下。舟車南北，日夜灌輸京師者，居天下之七。雖選帥常用重人，而四方賓客之至者，語言面目，不相誰何，終日環坐滿堂。而太守應決一府之事，往往亦不暇盡舉其職。故凡州之宴賞享勞，太守之所游處起居，率皆有常處，不能以意有所揀擇，以爲賓客之歡。前守今參政歐陽公爲揚州，始爲平山堂於北岡之上，時引客過之。由是平山之名，盛聞天下。嘉祐八年，直史館丹陽刁公，自工部郎中領府事。去歐陽公之時纔七十年，而平山僅若有存者，皆朽爛剥漫，不可支撑。公至踰年之後，悉撤而新之。又封其庭中，以爲行春之臺。昔之樂聞平山之名而來者，今又將登此，以博望遐觀。其清凉高爽，有不可以語傳者也。

揚爲天下四方之衝，朝至乎此者，夕不知其往。民視其上若通道大途，相值偶語，一不快其意，則遠近搔摇，謗喧紛不可解。公於此時，能使威令德澤洽於人心，政事大小無一物之失，而寄樂於山川草木虚閒曠快之間。人知①得此足以爲樂，而不知其致此之爲難也。後之人登是堂，思公之所以樂，將有指碑以告者也。

國朝金鎮《平山堂記》

余涖揚值軍興伊始，征調旁午，數月始得整理廢墜。稍稍就緒，偕郡之賢士大夫觴咏蜀岡之上。感平山堂之毁爲僧寺，與(任)〔汪〕②舍人蛟門暨同游諸君將謀復之也。既爲文，述宋歐陽公治郡政績，以其餘力創爲是堂，及今之既廢，而宜復之意，以語共涖兹土者。

視舊址迤西，又闢前後隙地二畝許益之，度材量費。上自巡鹺侍御既僚屬大夫，其心同，其言樂。以九月經始，歲終迄成事。木石堅緻，黝堊鮮彩。軒檐既啓，江山欲來。五百年之壯觀，一朝頓復。

① 「知」，《四庫》本作「之」。

② 按汪蛟門即汪，字季角，號蛟門，清揚州府江都縣人。據《四庫》本及嘉慶《重修揚州府志》卷三十一改。

適余奉命視鄆政於江寧，喜其將去而落成也，復偕諸君子登山，置酒而樂之。郡之父老，既歡既愉，士女奔湊，攀崖捫級，來觀者不絶。是時適檇李曹司農至，首爲五十韻長句紀其事。凡郡之縉紳、學士，及四方名流，無不揳宫徵，敲金石，效奇呈美於兹堂之上。論者謂與蘇、王、秦、劉諸賢之唱和，不相上下，而惜乎余非歐陽公其人也。

夫一堂之興復，微耳。然人情欣欣，若以爲事之必不可少，何也？方今東南多事，揚以四達之衢，吾得與二三子保境休息於此，里門宴開，守望不事，四方之結轂而至者，指爲樂土，此非大幸耶！

當此之時，而使前賢之名跡缺焉湮没，至廢爲梵鐘燈火之場而不恤，既非所以稱爲民父母之意，揆之人情，亦必有鬱然不樂者也。以余之德薄，所以能使一時之爭勸其事，而歡樂其成功者，凡以順人情之所欲爲而已。然爲此於萬難倥偬之際，比之前人創建之日，其勢尤有不易者。非諸君子之協力交贊，即予何能藉手以告成哉？是皆不可以無記也。

朱彝尊《真賞樓記》

平山之堂既成，越明年，中書舍人汪君季甪拓堂後地，爲樓五楹，設栗主以祀歐陽永叔、劉仲原父、蘇子瞻諸君子，名曰真賞之樓，蓋取諸永叔寄仲原父詩中語也。君既爲文勒堂隅，識落成之歲月，請予作斯樓記，於是樓成又逾年矣。方山陰金公將知揚州府事，實期予適館，既而予不果往。及聞堂成之日，四方知名士會者百人，多予舊好，咸賦詩紀其事。顧予獨客二千里外，不獲與，私心竊悔且憾。

回憶曩時客揚州，登堂之故址，草深數尺，欲求頽垣斷砌所在，不能辨識。愾然長謡，謂兹堂之勝，殆不可復睹。曾幾何時，而晴闌畫檻，忽涌三城之表，且有飛樓峙其後。既感廢興之相尋，復歎賢者之必有其助也。

當永叔築堂時，特出一時興會所寄。然春風楊柳，蓋别久而不忘。子瞻三過其下，悵仙翁之不見，至題詞快哉亭，尚吟思此堂未已。即永叔亦感仲原父能留其游賞之地，賦詩遠寄，是當時諸君子未嘗一日忘兹堂可知。已肇祀焉，庶其馮依而不去者與！堂之廢，自世人視爲游觀之所，可以有無。守是邦者，或不爲葺治，至於日圮，理固然也。

試登是(摟)〔樓〕①，見永叔以下，凡官此土有澤於民者，皆得置主以祀。後之君子，必能師金公之遺意，克修前賢之蹟。則是斯樓成，而平山之堂始可歷久不廢，足以見汪君之用意深且遠也。

予雖不獲觀堂落成，與諸名士賦詩之末，猶幸勒名樓下，附汪君之文並傳於後，亦可以勿憾矣夫！

① 據《四庫》本改。

谷林堂　在甘泉縣，宋元祐中建。蘇轍詩：「深谷下窈窕，高林合扶疏。」

景范堂　在興化縣廳後。范仲淹嘗宰是邑，後人思之，作是堂。

三至堂　在泰州治内，宋曾肇建。肇祖致堯咸平中知泰州，父易占知如皋，肇復典是郡，因立三至堂。堂後有六詠亭、積翠亭。

文會堂　在泰州舊治内。宋天聖間，滕宗諒爲郡從事建，與范仲淹、富弼、胡瑗唱和其中。

讀書堂　在泰州東北八十里、景德寺東廊。宋天聖中，富弼隨父任，與胡瑗、周孟陽同讀書於此。時范仲淹、滕宗諒俱官海陵，謂三人皆公輔器，厚遇之，後果然。

瞻衮堂　在泰州北城上。宋紹興間，韓世忠移軍楚州，命提舉董畋築城於高沙。都督張浚嘗次於此，因築臺曰瞻衮。

芍藥廳　在江都縣治内。《輿地紀勝》云：州宅舊有此廳，在都廳之後，聚一州芍藥絶品於其中。今鎮淮堂是也。

董仲舒宅　在江都縣大東門之外。今兩淮運司署即其地，内有董井。《府志》云：井上有亭、有碑。

謝安宅　在江都縣運司前法雲寺内。晋寧康間，安鎮廣陵居此，手植雙檜，至唐猶存。

楊行密宅　即江都縣之光孝院。行密於光化間以宅施爲僧院。

李昇宅　在江都縣春亭寺。

朱壽昌宅　在高郵州城西小街内。壽昌事母至孝，建有彰孝坊。

高麗館　在江都縣南門外。宋元豐七年，詔京東淮南築高麗館，以待朝貢之使。紹興三十一年，向子固重建，榜其門曰「南浦」，亭曰「瞻雲」。

四達齋　在高郵州舊治内。宋郡守趙晦之建，蘇軾爲之《銘》。

螢苑　在甘泉縣。隋大業末，帝幸江都，大索螢火數斛，夜出遊山放之，光遍岩谷，故名。唐杜牧之詩有「秋風放螢苑」之句。

隋苑　在甘泉縣大儀鄉，一名上林苑。唐杜牧詩「紅霞一抹廣陵春」指此。

皂角林　在江都縣瓜洲鎮北。原有皂角樹三株，相距數里。《南畿志》云：今爲遞鋪。宋楊萬里詩有「河邊落葉知何樹，今古相傳皂角林」之句。

萬花園　在江都縣堡城内。宋端平十三年，制使趙葵即統制署爲之。

壺春園　在江都縣大市東。宋《寶祐志》云：東酒庫，内有佳麗樓，稱郡勝①處，即此。

影園　在江都縣。明鄭元勳別業。崇（正）〔禎〕庚辰夏，園中黄牡丹盛開，廣集名流讌賦，南海黎遂球作稱第一，元勳貽以二觥，一時稱盛。

東園　在儀徵縣東翼城内。宋皇祐間侍御許元建，中有澄虚閣、清讌堂、共樂堂、拂雲亭諸

① 「勝」，《四庫》本作「康」。

舊蹟。

附　宋歐陽修《真州東園記》

真爲州，當東南之水會，故爲江淮兩浙荆湖發運使之治所。龍圖閣直學士施君正臣、侍御史許君子春之爲使也，得監察御史裏行馬君仲塗爲其判官。三人者樂其相得之歡，而因其暇日，得州之監軍廢營以作東園，而日往遊焉。

歲秋八月，子春以其職事走京師，圖其所謂東園者，來以示予。曰：園之廣百畝，而流水橫其前，清池浸其右，高臺起其北。臺，吾望以拂雲之亭。池，吾俯以澄虚之閣。水，吾泛以畫舫之舟。敞其中以爲清讌之堂，闢其後以爲射賓之圃。芙蕖芰荷之的歷，幽蘭白芷之芬芳，與夫佳花美木，列植而交蔭，此前日之蒼烟白露而荆棘也。高甍巨桷，水光日景，動摇而下上，其寬閑深靚，可以答遠響而生清風，此前日之頹垣斷塹而荒墟也。嘉時令節，州人士女，嘯歌而管絃，此前日之晦宴風雨，鼪鼯鳥獸之嗥音也。吾於是信有力焉。凡圖之所載，蓋其一二之略也。若乃升於高以望江山之遠近，嬉於水而逐魚鳥之浮沉，其物象意趣，登臨之樂，覽者各自得焉。凡工之所不能畫者，吾亦不能言也，其爲我書其大槩焉。

又曰：真，天下之衝也。四方之賓客往來者，吾與之共樂於此，豈獨私吾三人者哉？然而池臺日益以新，草樹日益以茂，四方之士無日而不來。而吾三人者，有時而皆去也，豈不眷眷於是哉？不爲之記，則後孰知其自吾三人者始也？

予以爲三君子之材賢足以相濟，而又協於其職，知所後先。使上下給足，而東南六路之人，無辛苦愁怨之聲。然後休其餘閑，又與四方之賢士大夫共樂於此，是皆可嘉也。乃爲之書。

梅園　在儀徵縣西十五里，中有古意亭，宋嘉定間郡守吴機建。

衆樂園　在高郵州郡圃。宋郡守楊蟠所作，堂曰時燕豐瑞，閣曰揺輝玉水，臺曰華胥，亭曰明珠、四香、序賢，庵曰塵外迷春。

唐郡圃　在江都縣，唐開元間。在杏數十株，花時如錦。太守張晏立館其下，曰争春，後人號圃曰杏村。

芍藥圃　在江都縣禪智寺前。宋韓琦守郡，圃中發金帶圍四朵，非常種也。讌時，王珪爲監郡，王安石爲幕官，陳升之初授衙尉丞，過此亦與焉，各簪其一。後四公相繼登宰輔。

白沙鎮　今儀徵縣治。南唐徐温自金陵來朝，因改白沙爲迎鑾鎮。

二十四橋　在甘泉縣。隋置，皆以城門、坊市爲名。後周顯德四年，韓令坤築州城，分布阡陌，別立橋梁。所謂二十四橋者，或存或廢，不可得而考矣。唐杜牧之《寄韓判官》詩：「二十四橋明月夜，玉人何處教吹簫。」宋歐陽修詩：「都將二十四橋月，換却西湖十頃秋。」

桑里　在江都縣西南二十里。宋大明三年，沈慶之攻竟陵王誕於廣陵，宋主命於桑里置烽火，即此。

嵇家莊　在高郵州東南十五里。宋末嵇聳迎文天祥於家，事之甚謹，復使其子與客伴送至泰州，天祥得由通州航海達閩。天祥《再至嵇家莊》詩云：「小泊嵇莊月正絃，莊官驚問又何船？今朝哨馬灣頭出，又在青山大路邊。」

三阿　在高郵州西八十里，即北河鎮。在晋爲三阿，謝安破苻堅將彭超之地；唐爲下阿，徐敬業屯兵於此。

公路浦　在甘泉縣。伏滔《北征記》云：袁術自九江來奔袁譚於下邳經此，因名。

胥浦　在儀徵縣西十里。源自小銅山，東南流至城西入於江。舊有伍子胥廟，浦因名。俗傳子胥解劍渡江處，見《吴越春秋》。

鬬鴨池　在江都縣，漢江都易王故姬李陽華常畜鬬鴨於池上。

磨劍池　宋《寶祐志》云：隋鑄錢監，在磨劍池之西。

九曲池　在甘泉縣。隋煬帝欲幸江都，命樂人撰《水調九曲》，建木蘭亭於池上，按節歌之，因名九曲池。

雷塘　在甘泉縣，亦曰雷陂。漢江都王建遊雷陂，即此。唐武德中，改葬隋煬帝於雷陂南平岡上。元蘇大年詩云：「雷塘春雨緑波濃，古冢寒烟蔓草空。斜日欲沉山色近，行人無處問隋宫。」

郭欒潭　在泰州東北十八里港口市。相傳唐時有郭、欒二氏居此，相爲婚姻。欒於積薪下得卵殼大如斗，以貯米錢皆不竭。郭假之，不還。一日，欒氏釜中躍生魚，卜之，家當陷，晨具舟逃去，而風雷大作。惟遺一織女，與郭氏俱陷，其地遂成潭，每聞潭下有織機聲。後爲立龍魚廟。

隋堤　在江都縣。隋大業初，開邗溝入江，渠廣四十步，旁築御道，樹以楊柳，時謂之隋堤。唐劉禹錫詩：「揚子江樓烟景迷，隋家宫樹拂金堤。」

龍舟堰　在江都縣南二十里揚子橋西。魏主丕臨江試龍舟於此，因名。

蓮花垛　在興化縣安仁鄉。舊傳有嫂姑刈稻，姑墮水，嫂援之，俱溺，瘞道傍，冢忽生蓮數朵。里人驚異，啓視之，乃從口出，遂稱蓮花垛。

歐陽戍　在儀徵縣東北十里。《水經注》云：邗溝水上承歐陽，引江入埭，六十里至廣陵城。即此。梁、陳間陳霸先與侯景戰屯之地。

瓜步井　在江都縣瓜步山，相傳魏主燾所鑿。

又煉丹井，在古儀徵觀後。

玉勾井　在江都縣蕃釐觀後。《名勝志》云：昔有黄冠持畫軸見守帥，畫中字皆雲章鳥篆不可識。既去，使人尾其後，至后土祠井而没。乃使獄囚縋下視之，見一洞，署曰「玉勾洞天」。

蜀井　在甘泉縣蜀岡上禪智寺側，其泉脉通蜀江。相傳有僧洗鉢蜀江，失之，從此井浮出，僧遊揚識之。水味甘冽。蘇軾曾取大明泉較之，以爲不如也，題爲第一泉。

玉女井　在高郵州西南。樂徐道人郟道光與一女居井旁煉丹，同日上升。

繅絲井　在泰州東臺場西谿鎮。相傳漢董永偕天女往傭時，汲此井以繅絲，水源廣不竭。每蠶熟時，井有白草，根長丈餘如絲然。

徐州府

彭城　在府東南。堯封彭祖於彭城，號大彭氏，國於此。《水經注》云：大城内有金城，東北又有小城，小城西又有一城，大司馬琅琊王所修。《元和志》云：州内城，貞觀五年築；其外城，即古大彭氏國也。

舞陽城　在府西北五十里，漢封樊噲爲舞陽侯城此。或曰，即濮陽之訛。

垞城　在府北三十里，北面臨泗水。《元和志》云：故垞城在彭城北二十六里，或曰古崇侯國。《州志》云：今謂之榮城。明嘉靖末，黄河北徙，城遂爲漕、黄交會之衝。後河口東移，榮城乃爲内險。

呂梁故城　在府東。《元和志》云：呂梁故城在彭城縣東五十七里，即故呂縣也。城臨泗水。其東二里有三城，一在水南，一在水中東上，一在水北。並高齊所築，立鎮以防陳寇。

又呂城東十里呂梁洪上有二城，一曰雲夢，一曰梁王。土人謂，雲夢爲韓信，梁王即彭越。

又洪西岸有尉遲城。唐尉遲敬德督徐州，嘗鑿呂梁洪，因築此城。

曹公故城　在府東南六十五里呂梁東岸，或言曹公築，以此圖呂布。

西岸又有城臨水，是布之所固也，號曰吕布固。《魏書·地形志》云：吕布自下邳與曹公相持，築城於此。城上有戰臺，亦布所築。

彌黎城　《水經注》云：彭城西南有彌黎城。《新志》云：縣南太山傍有迷劉城，蓋彌黎之訛也。

曹馬城　在蕭縣舊城西北。中有古塔，相傳曹操曾駐馬於此。

郭城　在蕭縣西南二十五里，相傳後周太祖所築。《南畿志》云：方二千三百步。

扶陽城　在蕭縣西南五十里，漢丞相韋賢封邑於此。又見《亳州》。

蕭子國城　在蕭縣治西北，城臨古汴城。《邑考》云：古蕭國城，一名黄楊城，亦謂北城，在舊城北二十里，古縣皆治此。宋時河決，徙治南城。明萬(歷)〔曆〕五年没於水，乃遷今治，去舊城十里。

杼秋城　在蕭縣西七十里，漢置。《後漢書》云：杼秋，縣名，屬梁國，光武封劉般爲侯於此。

狐父城　在碭山縣西南三十里。《史記》云：曹參擊秦將司馬尼於碭東，破之，取碭狐父，即此。亦名狐父聚。

梁城　在碭山縣城内。漢以秦碭郡爲梁國，梁孝王增築之。今縣治居其東北隅。

碭縣故城　在今碭山縣南，秦置。即今永城界之保安鎮。

下邑故城　在今碭山縣東三里，秦置。

安陽故城　在碭山縣東北二十五里。春秋時麻城也，後魏置安陽縣。魏收《志》云「安陽縣，治麻城」是也。今爲麻城集。

香城　在碭山縣南。《水經注》云：碭陂中有香城。

司馬城　在豐縣西北三十五里。漢浮陽侯司馬耀所封邑，有鐵碑。

邀帝城　在豐縣西南二十里。漢高帝征黥布過沛，沛父老送至豐西，力請復豐，帝從之。因名其城曰邀帝，亦曰邀駕城。

偃王城　在豐縣北五十里，相傳徐偃王所築。

仲虺城　在沛縣南四十里，半屬府境。相傳仲虺居此。《晋地道記》云：仲虺城在薛城西三十里，俗名斗城。

廣戚故城　在沛縣東五里泗河之東。漢爲廣戚侯國。莽居攝元年，奉孺子嬰爲漢嗣，改縣曰力聚。明嘉靖中，又於此築城，曰沽頭城。舊有沽頭閘三，今皆圮。

泗水舊城　在沛縣治東，秦以沛爲泗水郡治。

湖陵城　在沛縣西北五十里，與山東魚臺縣接界。故宋邑，秦置縣。今爲湖陵閘，去廟道口十八里，運河所經也。

又有灌城，在縣西北二十里，相傳漢將灌嬰所築。

又泗河東岸有舊城，相傳張士誠所築。

留縣故城　在沛縣東南五十里。《春秋》曰：襄公元年，楚子辛侵宋吕、留。杜預注云：彭城郡之吕城、留城也。秦置縣，漢封張良爲留侯國於此。

下邳城　在邳州東三里，春秋時邳國。應劭曰：邳在薛，後徙於此，故曰下邳。秦置下邳縣，漢封韓信爲楚王，都此。《寰宇記》云：下邳有三城，大城、中城，吕布築；小城，石崇築。

良成故城　在邳州北六十里。《春秋》云：昭公十三年，晋侯將會吴子於良。是也。漢封魯安王子文德爲良成侯，國於此。後爲縣，北齊省。《隋志》云：有良城縣，乃故武原縣，非良成也。

武原故城　在邳州西北百里勝陽山西洳口社。漢置縣。

柤口城　在邳州東北。《春秋》云「諸侯會吴於柤」是也。《水經注》云：沭水東南，經柤口城東合柤水。

余行城　在邳州北八十里受賢鄉。元季平章王信築，俗稱爲余行省城。

下相城　在宿遷縣西界。《輿地廣記》云：宿遷，秦下相地。應劭曰：相水出沛國相縣，於水下流置縣，故曰下也。今縣西七里有下相社。

又有項王故城，在運河西三里。

凌縣故城　在宿遷縣東南五十里。秦置凌縣，漢爲泗水國。《水經注》云：泗水東經凌栅南，即舊凌縣治也。

宿預故城　在宿遷縣東南。漢置厹猶縣，晋改置宿預。

司吾故城　在宿遷縣北。春秋時鍾吾國，漢置司吾縣。應劭曰：鍾吾國，即司吾也。魏時訛曰峒峿。《水經注》云：司吾城在司吾山東。《寰宇記》云：峒峿鎮，在今縣西北七十里司吾故鄉。

樊階城　在宿遷縣西北，亦作樊諧。《通鑑》云：宋泰始元年，沈攸之退保樊階城。是也。

古城　在睢寧縣西北七十里，俗名瞻王城。《南畿志》云：在宿遷治西五里，相傳項羽所築。

又有新城，在縣東北五十里。《南畿志》云：韓平章守禦邳州所築。

九城　在睢寧縣東北二十五里，有東、西二城。

取慮城　在睢寧縣西南，秦置縣。《漢志》云「汝南步游張爲取慮令」，即此。

小市門　即府城通汴門。《北史》云：世祖至彭城，登亞父冢，以望城内。遣宋隊主蒯應至小市門宣詔，勞問江夏王義恭。即此。

白門　即邳州大城之門。《元和志》云：下邳縣，即古邳國城。城有三重，大城周回十二里半，魏武擒呂布於白門，即大城之門也。中城周四里，呂布所守。小城累磚堅峻，周二里許，晋北中郎將荀羨、郄曇所治。西南又有一城，石崇所築也。《輿地志》謂：白門在徐州南門，詳見《辨訛》。

沛縣舊治　在今沛縣北。秦置縣，爲泗水郡治。漢爲高祖湯沐邑。後以屬沛郡，謂之小沛。《水經注》云：泗水經沛東合黄水，又南經小沛縣東。《寰宇記》謂微山下有故沛城，即小沛也。

陽平故郡　在府北。魏收《志》云：南陽平郡治沛南界，後寄治沛城。《隋志》云：周併南陽平郡入彭城。

晋寧故郡　在宿遷縣東南，晋置。

永固舊縣　在蕭縣東南四十里永固山下。元至大間置縣於此，今爲永固鎮。

睢陵故縣　即今睢寧治。漢爲侯國，後爲縣。

西楚故宫　在府治内。宋時猶存，俗呼爲霸王殿。

沛宫　在沛縣東南二十里。漢高帝宴父老於沛宫，即此。《史記》云：孝惠五年，以爲高祖原廟。

附　唐柳宗元《沛上原廟碑銘》

昔在帝堯，光有四海，元首萬邦。時則舜、禹、稷、卨，佐命垂統，股肱天下。聖德未衰而内禪，元臣繼天而受命。四姓承休，迭有中邦。五神還運，炎德復起。周道削滅，秦德暴戾，皇天疇庸，審厥保承，乃命唐帝之後，振而興之。又俾元臣之後，翊而登之。所以紹復丕績，不墜厥祀。

故曲逆起爲策士，輔成帝圖，吐謀洞靈，奮奇如神，舜之胄也。汝陰脱帝網，推陷暴氣，扶乘天休，運行嘉謀，禹之苗也。酇侯保綏三秦，控引漢中，宏器廓度，以大帝業，卨之裔也。淮陰整齊天兵，導揚靈威，覆趙、平魏、拔齊，殄楚平陽，破三秦，收魏王；絳侯定楚地，固劉氏：皆稷之裔也。克復堯緒，昭哉甚明。

天意若曰：建大德者，必唐帝之胄，故漢氏興焉；翼炎運者，必唐臣之孫，故群雄登焉。是以高帝誕膺聖祚，以垂德厚。探昊穹之奥旨，載幽明之休祐。殺白帝於大澤，以承其靈；建赤斿於沛邑，以昭其神。假手於嬴，以混諸侯；馮力於項，以離關東。奉纘堯之元命，而四代之後，咸獻其用，德①乘木之大統，而秦楚之盛，不保其位。既建皇極，設都咸陽，撫正四方，訓齊天下。乃樂沛宫，以追造邦之本。乃歌《大風》，以昭《武成》之德。乃奠舊都，以壯王業之基。生爲湯沐邑，没爲思樂之地。且曰：萬歲之下，魂游於此。

惟兹原廟，沛宫之舊也。祭蚩尤於是庭而赤精降，導靈命於是邦而群雄至。登布衣於萬乘，而子孫得以纘其緒；化環堵爲四海，而黎元得以安其業。基岱岳之高，源洪河之長，蓄靈擁休，此焉發跡。蓋以道備於是，而後行之天下；制成於是，而後廣之宇内。天下備其道，而神復乎本；宇内成其制，而心懷其舊。宜其正名以表功，用成其始，俾生靈盡其敬焉；陳本以宅神，用成其終，俾生靈盡其慕焉。故高帝定位，建兹閟宫。惠皇嗣服，爰立清廟。綿越千祀，至今血食，此所以成終而成始也。

且夫以斷蛇之威，安知不運其密，用佐歲功以流澤歟？以約法之仁，安知不流其神，睠相舊邦之遺黎歟？以紹唐之餘慶，統天之遺烈，安知不奮其神化，大祐於下土歟？然則展敬乞靈，烏可已也。銘於舊邑，以迪天命。其辭曰：

蕩蕩明德，時維放勛。登翼炎運，唐臣之孫。秦綱既離，鹿駭東夏。長蛇封豕，蹈躍中野。

① 「德」，四庫別集本《柳宗元集》卷二十作「得」。

天復堯緒，鍾祐於劉。赫矣漢祖，播兹皇猷。揚旍沛庭，約從諸侯。豪暴震疊，威聲布流。總制虎臣，委成良疇。剿殄霸楚，遂荒神州。區宇懷濡，黔黎輯柔。表正萬國，炎靈用休。定宅咸陽，以都上游。留觀本邦，在鎬如周。穆穆惠皇，宗禋克承。崇崇沛宫，清廟是憑。原念大業，肇經兹地。方專元命，亦舉嚴祀。建旍釁鼓，遂據天位。魂遊故都，永介丕祚。焕列唐典，嚴恭罔墜。勒此休銘，以昭本始。

利國監　在府東北盤馬山下，接沛縣界。漢元封初，從桑弘羊請，於沛縣立鐵官。唐置秋（邱）〔丘〕冶，宋初升爲監，以董其事。舊志謂蘇軾所建，誤。

寶豐監　在府治東。宋元豐六年，置鑄錢局於此，八年廢。

燕子樓　《明一統志》云：在城西北隅。《南畿志》云：在州廨中。唐貞元中徐州節度使張愔妾關盼盼所居。

黄樓　在府城東門上，宋熙寧中蘇軾建。

附　宋蘇轍《黄樓賦》

熙寧十年七月乙丑，河決於澶淵。東流鉅野，北溢於濟，南溢於泗。八月戊戌，水及彭城，余兄子瞻適爲彭城守。水未至，使民具畚鍤，畜土石，積芻茭，完窒隙穴，以爲水備，故水至而民不恐。

自戊戌至九月戊辰，水及城下者三丈八尺，塞東、西、北門。水皆自城際出，雨晝夜不止。子瞻衣褻履屨，廬於城上，調急走，發禁卒以從事。令民無得竊出避水，以身率之，與城存亡。故水大至，而民不潰。

方水之淫也，汗漫千餘里，漂廬舍，敗冢墓。老弱蔽川而下，壯者狂走，無所得食，槁死於(邱)〔丘〕陵林木之上。子瞻使習水者浮舟楫，載糗餌以濟之，得脱者無數。水既涸消，朝廷塞澶淵，未暇及徐，子瞻曰：「澶淵誠塞，徐則無害。塞不塞，天也，不可使徐人重被其患。」乃請增築徐城，相水之衝，以堤防之。水雖復至，不能以病徐也。故水既去，而民益親。

於是即城之東門爲大樓焉，堊以黄土，曰：「土能勝水。」徐人相勸成之。轍方從事於宋，登黄樓，覽觀山川，弔水之遺迹，乃作黄樓之賦。其辭曰：

子瞻與客遊黄樓之上。客仰而望，俯而歎曰：噫嘻殆哉！在漢元光，河决瓠子，騰蹙鉅野，衍溢淮、泗、梁、楚，受害二十餘歲。下者爲污澤，上者爲沮洳，民爲魚鼈，郡縣無所。天子封祀泰山，徜徉東方，哀民之無辜，流死不藏，使公卿負薪，以塞宣房。《瓠子之歌》，至今傷之。

嗟維此邦，俯仰千載。河東傾而南泄，蹈漢世之遺害。包原隰而爲一，窺吾牖之摧敗。吕梁齟齬，横絶乎其前；四山連屬，合圍乎其外。水回洑而不進，環孤城而爲海。舞魚龍於隍壑，閲帆檣於睥睨。方飄風之迅發，震鞞鼓之驚駭。誠蟻穴之不救，分閭閻之横潰。幸冬日之既迫，水泉縮以自退。棲流枿於喬木，遺枯蚌於水裔。聽澶淵之奏功，非天意吾誰賴？今我與公，冠冕裳衣，設几布筵，斗酒相屬，飲酣樂作，開口而笑，夫豈偶然也哉？

子瞻曰：今夫安於樂者，不知樂之爲樂也，必涉於害者而後知之。吾嘗與子憑兹樓而四顧，覽天宇之弘大，繚青山以爲城，引長河而爲帶。平臯衍其如席，桑麻蔚乎旆旆。畫阡陌之縱横，分園廬之向背。放田漁於江浦，散牛羊於烟際。清風時起，微雲霮䨴。山川開闔，蒼莽千里。

東望則連山參差，與水背①馳。群石傾奔，絶流而西。百步涌波，舟楫分披。魚鼈顛沛，没人所嬉。聲崩震雷，城堞爲危。南望則戲馬之臺，巨佛之峰，巋乎特起，下窺城中。樓觀翱翔，巍峨相重。激水既平，渺莽浮空。駢洲接浦，下與淮通。西望則山斷爲玦，傷心極目，麥熟禾秀，離離滿隰。飛鴻群往，白鳥孤没。横烟澹澹，俯見落日。北望則泗水㳽漫，古汴入焉，匯爲濤淵，蛟龍所蟠。古木蔽空，烏鳥號呼。賈客連檣，聯絡城隅。送夕陽之西盡，導明月之東出。金鉦湧於青嶂，陰風②爲之辟易。窺人寰而直上，委餘彩於沙磧。激飛楹而入户，使人體寒而戰慄。息洶洶於群動，聽川流之蕩潏。可以起舞相命，歡飲千石。遺棄憂患，超然自得。

且子獨不見夫昔之居此者乎？前則項籍、劉備，後則光弼、建封。戰馬成群，猛士如林。

① 「背」，《四庫》本作「皆」。
② 「風」，《四庫》本作「氛」。

振臂長嘯，風動雲興。朱閣青樓，舞女歌童。勢窮力竭，化爲虚空。山高水深，草生故墟。蓋將問其遺老，既已灰滅而無餘矣。故吾將與子弔古人之既逝，憫河決於疇昔。以變化之無在，付杯酒於終日。

於是衆客釋然而笑，頹然而醉。酒傾月墜，扶攜而出。

陳師道《黄樓銘》

熙寧十年，京東路安撫使臣某、轉運使臣某、判官臣某稽首言：河決澶州，南傾淮、泗，彭城當其衝。夾以連山，扼以吕梁，流淵①不時，盈溢千里，平地水深丈餘。下顧城中，井出脉發，東薄兩隅，西入通洫，南壞水垣，土恶②不支，百有餘日而後已。守臣蘇軾念惟流亡，爲天子憂，夙夜不怠，以勞其人。興發戍兵，固敝應卒，外爲長橋，乘高如虹，以殺其怒。内爲大堤，附城如環，以持其潰。築二坊於南門之外，以適南山，以安危疑。發倉庾，明勸禁，以惠困窮，以督盗賊。宣布恩澤，巡行内外，吏民嚮化，興於事功。法施四邑，

① 「淵」，《四庫》本作「泄」。

② 「恶」，《四庫》本作「惡」。

誠格百神，可謂有功矣。宜有褒嘉，以揚郡縣。十月二日甲子，奏京師。明年元豐正月甲子，制誥諭意。臣軾惟念，祈①承謨訓，人神力同，敢曰爲功，以逮大戾，而明揚褒獎，無以報稱，乃作黄樓於東門，具刻明詔，以承天休而明德意，使其客陳師道爲之銘。

臣師道伏惟：吕尚、南仲，内撫百姓，外平諸侯，詩美文、武。伊甫召虎，南征北伐，功歌宣王。君能使人，以盡其才，君之明也。臣能有功，以報其上，臣之義也。君臣各盡其道，以惠斯民，國之福也，世之幸也。

臣師道又惟：感而通之者，道也。行而化之者，德也。制法明教之者，政也。治人成功者，事也。昔之詩人歌其政事，則并其道德而傳之，聲名而播之。後王有則，可舉而行之。顧臣之愚，何與於此？誠樂其君臣之盡道云爾。臣不佞，昧死上《黄樓銘》。其詞曰：

皇治惟戒，修明法度，協和陰陽。十有一年，天災時行，河失其防。齊、魯、梁、楚，千里四達，潰亂散亡。皇仁隱憂，臨遣信臣，以惠東方。羸老不窮，安慰撫養，發散積倉。流人如歸，居人忘危，完聚靡傷。天叙地平，明聖成能，人神效祥。靈平告戒，百穀豐盈，萬邦樂康。郡縣祇畏，允迪聖謨，終事無荒。皇功不居，歸休臣民，邇昭遠揚。守臣拜手，夸大休嘉，使民不忘。改作黄樓，以臨泗上，述修故常。庶民無佞，原始要終，銘之石章。以告成功，以揚德聲，永永無疆。

① 「祈」，《四庫》本作「祇」。

快哉亭　在府城東南，即唐薛能陽春亭故址。宋熙寧中，李邦直持節徐州建此，郡守蘇軾易名曰快哉。

放鶴亭　在雲龍山西麓，宋張天驥築。右有古井，名飲鶴泉。蘇軾有《放鶴亭記》。

蘇墨亭　在府東南百步洪洲上。明成化中，主政尹珍於洪東崖亂石間得石刻一，上書「郡守蘇軾、山人張天驥、詩僧道潛月中遊」十六字，蓋軾守徐時筆也。因建亭百洪之洲，名曰蘇墨。嘉靖間，李汝蘭葺之。

黍(邱)〔丘〕亭　在碭山縣南。《左傳》云：宋圍曹，曹伯陽築五邑於其郊，有黍(邱)〔丘〕。杜預注曰：下邑縣西南有黍(邱)〔丘〕亭。

齧桑亭　在沛縣西南。《戰國策》云，張儀及齊、楚之相會於齧桑，即此。徐廣曰：齧桑在梁與彭城間。

泗水亭　在沛縣東南里許。漢高祖爲亭長，即其地。

附　漢班固《沛水亭碑銘》

皇皇聖漢，兆自沛豐。乾降著符，精感赤龍。承魁流裔，襲唐末①風。寸天尺土，無竢斯亭。建號宣基，維以沛公。揚威斬蛇，金精摧傷。涉關陵郊，係獲秦王。應門造勢，斗壁納忠。天期乘祚，受爵漢中。勒陳東征，剟擒三秦。靈威神祐，鴻溝是乘。漢軍改歌，楚衆易心。誅項討羽，諸夏以康。陳、張畫策，蕭、勃翼終。出爵褒賢，裂土封功。炎火之德，彌光以明。源清流潔，本盛木榮。叙將十八，贊述股肱。休顯運祚，永永無疆。國寧家安，我君是升。根生葉茂，舊邑是仍。於皇舊亭，苗嗣是承。天之福祜②，萬年是興。

高遷亭　在邳州界。後漢封尚書令周承爲高遷亭侯。《十三州志》云：下邳縣有高遷鄉。

昇仙亭　在邳州治南。相傳州人劉綱於此仙去，後人築亭立祠。

戲馬臺　在府城南一里。項羽因山築臺，以觀戲馬。晋義熙中，劉裕在彭城，九日大會賓僚，賦詩於此。今爲臺頭寺，有故塔在焉。

① 「末」，《四庫》本作「木」。
② 「祜」，《藝文類聚》十二作「祐」。

平臺　在碭山舊縣東。漢梁孝王大治宫室，爲複道自宫連屬於平臺三十里。唐爲燕喜臺。《南畿志》云：城東五十步臺上有石刻三大字，相傳唐李白筆。按：李白有《秋夜與劉碭山泛燕喜亭池》詩。

厭氣臺　在豐縣城内縣治東。始皇東遊，築以厭王氣者。

附　宋王禹偁《厭氣臺銘》

古之王者築靈臺，視雲物，察氣候之吉凶，知政教之善惡。苟理合天道，垂休降貞，則必日新其德以奉之；化失民心，爲妖作沴，則必夕惕其躬以懼之。如是則變禍福而反災祥，不爲難矣。烏有築高臺厭王氣，行巫覡之事，禦天地之災者乎？

嬴政之有天下也，始以利嘴長距、雞鬬六國而擅場，復以鉤爪鋸牙、虎噬萬方而食肉，終以多藏厚斂、蠶食兆民而富國。然後成五嶺，築阿房。驅周、孔之書，盡付回禄；惑神仙之術，但崇方士。收大半之賦，則黔首崩分；用慘刻之刑，則赭衣櫛比。鯨鯢國政，螻蟻人命，原膏野血，風腥雨羶。六國嗷嗷，上訴求主，天將使民息肩於炎漢。故望氣者云：東南有天子氣。於是祖龍巡狩，築臺以厭之。

殊不知民厭秦也，訴之於天；天厭秦也，授之於漢。秦獨厭天、厭民，而自王乎？向使築是臺，告天引咎，遷善樹德，封六國之嗣，復萬民之業，薄賦斂，省徭役，銷戈鎔兵，最稼穡，除高、斯之暴政，修唐、虞之墜典，下從人望，上答天意，則王氣不厭而自銷矣。劉、項之族，何由而興哉？

某遊豐、沛之間，睹臺之舊址，思古覽兮，悵然有懷。灑翰濡毫，遂爲之銘曰：

臺之築兮，救秦之衰。厭之不得，爲漢之基。氣之厭兮，慮漢之昌。厭之不得，速秦之亡。秦之厭漢，其惟一身。漢之厭秦，乃有萬民。高臺巍峨，王氣氤氳。秦政已矣，漢德爲新。泱泱前古，茫茫後塵。故國蕪没，荒臺草蓁。行人環竦，惻愴斯文。

歌風臺　在沛縣治東南。舊有亭，在泗水西岸，碑刻漢高祖《大風歌》。亭久傾圮，明成化間移於縣東南。

射戟臺　在沛縣南門西。後漢袁術攻劉備於沛，吕布馳往救之，曰：「諸君觀布射戟，中小枝，便當解去。」一發果中，臺以此名。臺上有蜀先主廟。

逍遥堂　在府治後。蘇軾爲守，時與弟轍會宿於此，各有詩。

楚山堂　在府城北，元錢光弼爲平江路總管時建。

拱翠堂　在蕭縣聖泉山中，宋竇敦禮建。

彭祖宅　在府治西北隅。宅舊有井，唐皇甫冉詩「舊井莓苔近寢堂」是也。又城東爲彭祖樓。《方輿勝覽》云：汴、泗二水經彭城縣彭祖樓之側。

漢高祖舊宅　在豐縣中陽坊。《漢高紀》云：沛豐邑中陽里人。《述征記》謂在豐水東九十里，當作九里。

蕭何宅　在豐縣東門城下。

盧綰宅　在豐縣城西北隅。綰與高祖同里，封燕王。宋建炎中改爲永寧寺。

大彭館　在府西南。唐時驛傳所經，亦爲迎餞之地，以古大彭國爲名。咸通間，龐勛陷彭城，執觀察使崔彦曾於大彭館，即此。

梁園　相傳在碭山縣平臺下，梁王育養禽獸之所。李白詩作「梁苑」，枚乘賦作「菟園」，謝惠連賦、高適詩作「兔園」。

樊巷　在沛縣歌風臺北，即樊噲所居，斷碑猶存。

又有樊井，在南門外，相傳屠狗處。

紅亭鄉　在蕭縣西北。《左傳》云：「昭八年，大蒐於紅。」杜預注曰：「蕭縣西有紅亭。」《水經注》謂之鴻溝亭，因鴻溝水爲名。《寰宇記》謂之洪亭，皆聲相通也。

廉里　在府西北。有龔勝宅，《漢書》云：龔勝居彭城之廉里。彭城三里、彭城劉氏，同出楚元王後。宋武帝時，劉氏分爲三里，以別帝族。左將軍劉懷肅居安上里，豫州刺史劉懷武居叢亭里，宋氏帝族居綏輿里。蕭縣有綏(與)〔輿〕①山，即其地。

孟徒里　在彭城，一名瀆上，漢韋孟所居。

午溝里　在碭山縣東北，接豐縣界。後梁太祖始生之地，嘗改爲衣錦鄉。

伍員里　在宿遷縣北七十里桃溝崖。

項羽里　在宿遷縣舊治北一里梧桐巷。

懸水村　在府吕梁洪。莊子云「吕梁懸水三十仞」，故名。

雍門村　在府東南五十里。戰國時，雍門周彈琴見孟嘗君，此其故居。

閔子村　在蕭縣城南。

朱陳村　在豐縣東南百里。宋蘇軾有《題朱陳村嫁娶圖》詩。

枌榆社　在豐縣東北十五里。漢高祖初起，禱枌榆社。後四年，天下悉定，詔令豐治枌榆社，以時祀之。顔師古注云：以樹爲社神也。

伏道　在豐縣東北城下。秦始皇東遊，以厭王氣，至豐。漢高祖即自疑，乘夜潛出，遁芒碭山。至今道中荆棘皆順生。

圯橋　在邳州治東南隅，年久水没。《元和郡志》云：下邳有沂水，號長利池，池上有橋，即黄石

① 據《四庫》本改。

公授書之地。東楚謂橋爲圯。《漢書》云，張良步下邳圯上，俗呼圯橋，疊文之誤也。

焦墟　在邳州東。宋泰始三年，沈攸之援下邳，屯軍焦墟，即此。

寒山堰　在府東南十八里。梁蕭淵明伐魏，嘗於此壅泗水以灌彭城。

蘇堤　在府城東南。宋蘇軾守郡時，河決匯城下，築長堤障之。

石崇閘　在宿遷縣東南三十里，故址尚存。

楚王井　在府西楚王山之南。漢楚元王時鑿，其井九十有九。

柳公井　在豐縣西門外。公名毅，舊立廟有碑。

琉璃井　在沛縣里許，深不可測，其味甘洌。世傳漢高帝所鑿。

葛洪井　在邳州葛嶧山頂，世傳葛洪煉丹於此。

又舊州治西南有項羽井。州北有漆井，相傳石崇所鑿。

孝感泉　在蕭縣舊城中。唐主簿宋思禮事繼母孝，大旱，母羸疾，禱此得泉，飲之即愈。尉柳晃爲刻石，頌其孝感。

古墓銘　在府治。高流之爲刺史，河決城壞，得一墓，銘曰：「死後三百年，背後生流泉。賴有高流之，遷吾上高原。」流之爲造棺槨改葬焉。

古鼎　明萬（歷）〔曆〕二十八年秋，沛縣北朱氏掘地得鼎，中注五銖錢甚多，因舁置學宮。

石刻竹　宋蘇軾筆，刻竹一枝於二小石上。今嵌沛縣學宮大門東、西壁上。

太尉陳球碑　在邳州，有二。

附　宋洪适跋

漢故太尉陳公之碑，篆額。陳公名球，下邳淮浦人，三剖郡符，五入卿寺，再爲三公，靈帝光和二年卒。

本傳載：球令繁陽，郡守求賄不獲，趣督郵令逐之。督郵不可，曰：「魏郡十五城，獨繁陽有異政。」乃止。桂陽賊李研，陸梁荆部，州郡懦弱不能禁。太尉楊秉表爲零陵守，期而賊散。州兵朱蓋反，與桂陽胡蘭轉攻零陵。編木爲城，不可守備。掾史白遣家避難，球怒曰：「復言者斬！」乃悉内吏人老弱，與共城守，私①揉木爲弓。相距十餘日，會救至，賊破。詔拜一子爲郎。熹平元年，爲廷尉。曹節欲别葬竇太后，詔公卿大會朝堂。球忠憤奮發，抗議不撓，奸佞爲之退聽，史載其事六百餘言。光和二年，爲永樂少府。與司徒劉郃謀誅宦官，事泄下獄死，史載其事又三百餘言。

大凡碑碣，率與史傳牴牾。球之二碑，獨繁陽事迹不同。所書零陵平賊事，雖破石文缺，其

① 「私」，《後漢書》卷五十六作「弦」。

存者皆與傳合。至廷尉、永樂時，則一辭不措，故熹平之議、光和之謀咸無焉，殆有所畏而然也。

嗚呼！東漢閹寺之盛，人主拱手，君子喪氣。然剛毅之士，寧接踵以赴死，不詘身以媚寵。故漢道雖曰陵遲，無法度紀綱可以憑藉，而能立國又百餘年者，皆忠臣義士之力也。

《漢志》雒陽城有中東門、上東門，後碑亦作中東城門，此碑云「换東城門後」，殆省文也。《左傳》虞閼父爲周陶正，而此作「遏父」。陳敬仲至齊爲工正，掌百工之官也，而此作「公正」。太尉橋公，而此作「喬」。皆借用也。

又　後碑跋

漢故太尉陳公之碑，篆額。公既不得其死，門人或畏憚凶焰，必不敢立石雙表也。兩碑之前，幾二百字可讀。其末則文字凋落，如晨星相望。豈其間蓋有憤懟哀切之語，後來亦有所懼而剔之乎？

漢人隸法，有所謂省文者。如「爵」之爲「尉」，「鶴」之爲「寉」是也。經傳多書「蟻」作「蛾」，似亦是省文。《左傳》「蛾析」，《戴記》「蛾子時術」，《列子》「未聚禽獸蟲蛾」，《黄帝紀》「淳化鳥獸蟲蛾」，《元帝紀》「白蛾群飛蔽日」，《長楊賦》「扶服蛾伏」，皆讀「蛾」爲「蟻」。《隸釋・中秋下旬碑》有「蛾附」之句。此云「蜂聚蛾動」，亦「蟻」省也。

試劍石　在豐縣漢高祖廟内。有石高三尺餘，中裂如破竹，不盡者寸許。

太倉州

塗松城　在州東北三十五里七浦南。舊爲塗松鎮，宋元豐間去鎮爲市。張士誠築城設營於此，今廢。

崇明舊城　在崇明縣治東北。本通州海濱地。唐武德間，海中湧出二洲，謂之東、西二沙。所積高廣，魚樵者依之，遂成田廬。楊吴因置崇明鎮於西沙。宋天聖三年，續漲一沙，與東沙接。建炎間，姚、劉二姓避居之，因名姚劉沙。建中靖國初，又湧一洲於西北，即今之三沙也。嘉定中，於姚劉沙置天賜鹽場。元至元十二年，升姚劉沙爲崇明縣，改崇明鎮爲西沙以屬之。後縣治凡五遷，其前三治城郭，里居半歸烟海，惟平洋沙城遺址猶彷彿云。

塢城　在嘉定縣南。《越絶書》云：婁門外有鴻城者，故越王城也，去吴縣一百五十里。《姑蘇志》謂在嘉定縣南五十里吴淞江南，相傳吴王所築。「鴻」、「塢」字相類，道里亦相近，蓋即一城也。

瞜城　在嘉定縣南門外，即唐之瞜城鄉也，元設教場於此。一名瞜塘。又避吴越王諱，遂易名曰婁塘。

滬瀆城　在嘉定縣西南四十里。晋隆安二年，袁山松爲吴郡太守時，築以備孫恩。今半毁江中。

太倉　即今州治。相傳孫吴置倉於此，舊名東倉。元至元十九年，建海運倉於此。是時海外諸番交通市易，謂之六國馬頭。舊無城，張士誠始築城守禦。明洪武中，置太倉衛。弘治十年，始割昆山、常熟、嘉定三縣地置州，即故酒庫司爲州治。按：太倉緣始舊説各異，詳見《城池》。

後軍廠　在嘉定縣東南三十五里，宋韓世忠曾駐軍於此。

滄江風月樓　在州城北巷口。

墨妙亭　在州淮雲寺。元顧信得趙孟頫書，即摹石構亭覆之，名曰墨妙。趙書又有《歸去來辭》《送李願歸盤谷序》石刻在儒學内。

畏壘亭　在嘉定縣安亭鎮。歸有光讀書其中，名曰畏壘，自爲《記》。

婁曲草堂　在鎮洋縣武陵橋下，殷奎所居。又有春水船最勝，爲奎讀書處。

農隱堂　在嘉定縣黄姑塘，龔昱與陸游、劉過吟咏唱和處。

嘉樹堂　在嘉定縣北三十里練祈塘，宋强氏所居。强先世賁自汴居吴，手植嘉木，如皂莢，三百餘年物也。

致美堂　在嘉定縣，歸有光所居也。堂前有二石，歸有《二石歌》。

芝秀軒　在州，元馬廷玉所居。虞集書額，李光孝撰《記》，楊維（貞）〔楨〕撰歌辭，時稱「三絶」。

江雨軒　在鎮洋縣東北五十里茜涇，元偶桓所居。

瑞竹軒　在嘉定縣集仙宫。元大德中，道士孫應元以枯竹架薔薇，竹忽叢茂成林，因名其軒曰瑞竹。

團溪魚樂　亦名樂隱園，在州沙頭鎮。元瞿逢祥隱居處，楊維（貞）〔楨〕《記》。

李重發隱居　在崇明縣姚劉沙。

周氏園　在州普福寺後。周棠創，又築七岡在雙鳳。

菽園　在州城西南隅明德坊，明參政陸容所構。

相近又有錦溪別墅，明參政陸昶築。

東園　在州東門外，王錫爵家園。水石亭榭，皆一時名流所布置，其孫時敏加葺焉。

弇山園　在鎮洋縣隆福寺西，明王世貞家園。廣七十餘畝，中疊三峰，曰上弇、中弇、下弇，極亭榭卉木之勝。

又有澹圃，世貞弟世懋所築。

譚氏園　在嘉定縣月浦上，亭、館、卉、木俱勝。

秬園　在嘉定縣晏海門內，侯峒曾之東園也。

梅村　在州太倉衛西。王士騏舊業，本名賁園。國朝吴偉業拓而新之，易今名。

歸村　在州西十二里，王時敏別業。

附　吳偉業《歸村躬耕記》

吾友王烟客奉常治西田於歸涇之上。歸涇者，去城西十有二里，或曰以其沿吳塘而北可歸也，故名之。

烟客自號歸村老農，築農慶堂以居，而以告其友人曰：吾年六十，蓋已老矣，將躬耕乎此。聞者疑之，曰：古之爲耕者，以其有耕者之樂也。土膏陸海，畝乃一鍾。芍陂、白渠，灌及萬頃。故有築堤作塘，開田引瀆，役使數千家，此美田上腴者之樂也。若夫陸渾山中、褒斜谷口，平疇廣野，出於孤峰疊嶂之巔，屏棄世事，隔絶人代，架幽壑以立屋，焚深林而糞田，此高山窮谷者之樂也。烟客自奉常謝政，幅巾里門，有城中賜第，以安起居；有近郊别墅，以娱杖履。圖書足以供朝夕之玩，賓客足以接談笑之樂，又何必去城市，謝朋舊，以樂此躬耕爲也？

烟客曰：不然。此田是先朝禄賜之所遺也，是先相國文肅所以貽子孫也。往者神廟之世，海内乂安，生民不見兵火。江以南大臣之致政家居者，美田宅，盛邸①舍，厚自奉養。而吾祖惟得海濱寢(邱)〔丘〕之地，以供饘粥。蕭閑杜門，不知家人生計。性愛田野，嗜花藥，開種竹之圃於東郊，築藝菊之亭於北郭，而猶患過客之跡我也。晚歲璽書存問，郡邑大夫執板而賀，謁者車

①「邸」，《四庫》本作「其」。

填馬咽。而吾祖命小舟，携短策，逍遥於南陌北阡，遇者不知爲三公也。即今三十餘年，而韋相之莊，籬落猶存；陸生之田，桑麻如故。舊老遺民，尚有過而歎息者。吾爲人子孫，忍使茀而不治乎？且吾受前人餘澤，奉車省闥，陪祀陵園，以及親郊視學、大閲耤田，無不具簪笏以從。已而持節銜命，渡錢塘，入豫章，涉沅湘，踰閩嶠，足跡幾半天下。世故流離，衰遲頹暮，猶得守先疇之畎畝，以送餘齒；退而與田夫野叟，談昇平之遺事，叙生平之舊游，不亦幸歟？若夫歌舞陸博，通飲食，侈遊觀，下至逐什一之利，競錐刀之末者，非吾之所樂也。

吴偉業聞之，曰：不忘先朝，忠也①；追述祖德，禮也；保素節而出流俗，義也。其爲躬耕也，大且備矣，是不可以不記。

黄姑村　在州張涇關渡東南三里。相傳牽牛、織女二星降其地，織女以金篦畫河，水湧，牽牛不得渡。土人因立祠，俗呼織女廟。廟西有水，名百沸河。

周公村　在嘉定縣西南鄉。巡撫周忱常步村舍，有老嫗預知將至，治饌餉之，今遂名其村。

新豐鄉　在嘉定縣南三十六里。宋咸淳中，里民築土得石刻，曰「唐新豐鄉」，今之黄渡即其地。

練祁市　今嘉定縣治。本昆山縣之春申鄉地，宋嘉定間割昆山西鄉之安亭，并東鄉之春申、臨

① 《四庫》本無「不忘」句，凡六字。

江、平樂、醋塘凡五鄉，就練祁要會之地置縣，以年號爲名。

水格分濤　在崇明縣大洋中。水分鹽淡，淡水色白，鹽水色黑，淡水自西來，鹽水自東至。每潮轉濤分，兩水相激，聲若雷霆。

蝦港　在崇明縣東三沙。俗傳宋高宗南渡至此，有大蝦二，湧水挾船出海，因名。

仙人踪　在嘉定縣南馬陸村。有池如人跡，水旱無盈縮。

楊涇　在寶山縣西四十里。土人楊九娘性至孝，父命夜守桔槔，爲蚊噆，不易其處，竟以羸死，里人傷而祀之。其地廣九里，今絶無蚊。

鶴跡石　在嘉定縣南翔講寺。相傳里人掘地得石徑丈，常有二鶴飛集其上，寺以是興。人謂爲來鶴之祥。

佛耳泉　在寶山縣月浦鎮浄信講寺内。宋寶慶間建寺，有僧道嵩，鑿井得鬃木佛耳，甚異之，因名佛耳泉。今存。

菊花泉，在寶山縣楊涇，涇下有泉湧出，飲之令人壽。

婁塘古松　在嘉定縣婁塘鎮北野田中。大可十圍，横亘數畝，相傳是宋時物。

西隱雙松　在嘉定縣西隱寺大殿前。有羅漢松二株，大可合抱。今殿燬，松榮茂如舊。

古梧桐　在嘉定縣七都浦陳氏墓。大可兩合抱，高十丈，數百年物也。海舶在洋中百里外，即見此樹。

古桂　在寶山縣侯氏宅。高數丈，大數圍，可蔭四五畝，花時香聞十里外。

枷栲雙鍾　元至正中，二鍾隨潮至崇明東沙岸旁，相擊作聲。土人取之，一置壽安寺，一置慈濟寺，晨昏扣之，皆作枷栲音。

海州

朐縣故城　在州東孔望山之西，秦置。《漢書·志》注云：秦始皇立石海上，以爲東門闕。《寰宇記》云：古盧王城，在縣西九里，即漢舊朐縣。梁天監中，魏將盧昶屯據此城，故以爲名。

艾不城　在州東北。田横避難，漢使艾不追横所築。後晋移贛榆縣於此，北齊天保初省。

鍾離昧城　在州南。《史記》云：項王亡將鍾離昧家在伊盧。《後漢·志》云：朐縣有伊盧鄉。《元和志》云：在朐縣一百里，其城即昧所築。《寰宇記》云：伊盧鄉亦名中盧。盧石在東，句盧在西，故曰中盧。

古州城　在州城東。前接高山，後枕積水，其山半壘石爲城，東、南面海。《地理新書》以爲即古海州。其山之巔爲孔望山，明御史黄國用建亭於上，曰孔望亭。《南畿志》云：下有龍洞，東有浴龍池，古今題咏石刻甚多。

紀鄣城　在贛榆縣東北七十五里。《左傳》云：「齊伐莒，莒子奔紀鄣。」杜預注曰：「贛榆縣東北有紀城，即紀鄣也。」南北朝爲戍守處。《水經注》云：游水自贛榆又東北，經紀鄣故城南，又東北入海。

祝其城　在贛榆縣西南四十二里。《水經注》云：游水自羽山又北，經祝其縣故城西，縣東有夾谷浦。

莒城　在贛榆縣西十五里。《水經注》云：游水自祝其又左，經即(邱)〔丘〕故城，莒子始起此，後徙莒，世謂此爲南莒。

贛榆故城　有二，一在贛榆縣東北三十里者，漢縣也。《元和志》云：亦名鹽倉城。一在故東海縣北四十九里青山之陰者，唐縣也。《元和志》云：隋末土人臧君相築。

利成故城　在贛榆縣西六十里，漢置。《水經注》云：游水自朐縣又北，經利成故城東，故利鄉也。又曰：武陽溝水東出倉山，山上有鹽官城，即古利成也。

虎坑城　在贛榆縣西南，北朝置戍處。

抗金城　在贛榆縣西南五十里，宋時築。

界牆城　在贛榆縣北六十里，東際海，西連山。

中城　在沭陽縣西。《左傳》云：「成九年，城中城。」杜注曰：厚(邱)〔丘〕縣西南有中城，或曰即建陵縣。

厚(邱)〔丘〕故城　在沭陽縣北六十里，漢置。

建陵故城　在沭陽縣建陵山下。漢爲侯國，後魏置建陵縣。

陰平故城　在沭陽縣西北六十里，漢置。

懷文故城　即今沭陽縣治。本漢厚(邱)〔丘〕縣地，東魏爲沭陽郡，兼置下城、臨渣、懷文、服武等縣，後周改懷文爲沭陽。

舊縣城　在沭陽縣南二里。宋元嘉四年，築土爲城，即下城廢縣。

浮營城　在沭陽縣西二十五里。

又南營城，在縣東南十五里。黄軍營城，在縣西南五里。黑軍營城，在縣西十五里。東營城，在縣南十里。西、北營二城，在縣西北十里。新興營城，在縣西北三十里。皆元至正間築。

武陵故郡　在贛榆縣南五十九里，魏置。縣南有洛安鎮，即故洛安縣也。

義塘故郡　在贛榆縣西北，近莒州界。東魏武定七年，置義塘郡，治黄郭城，領義塘、歸義、懷仁三縣。《寰宇記》云：歸義在縣北二十五里；懷仁在縣西二十三里，古辟陽城。

海西故縣　在州南，漢置。

曲陽故縣　在州南，漢置，今爲曲陽村。

東安故縣　在州治西八十三里，漢置。

東海故縣　在州治東北，古鬱洲也。《水經注》云：朐縣東北海中有大洲，謂之郁洲。《後漢書·志》注云：《山海經》曰鬱洲，在海中。一曰郁洲。郭璞云：在縣界。世傳此山自蒼梧徙來，上皆有南方樹木。《博物記》云：縣東北海邊植石，秦所①立之東門。宋泰始六年置西海郡，魏武定七年改曰東海。

舊有大、小二城，宋賈似道築，今爲東海營。

望梅樓　在州治北。宋王珪詩云：「城外滄溟日夜流，城南山色近城樓。」

景疏樓　在州治東北。石延年通判海州，以州西北二古墓爲二疏墓，刻碑其旁。後遂收入圖經，建有景疏樓，皆仍延年之誤也。詳見《辨訛》。

聖化亭　在州治西五十里夾谷山。

曬書臺　在贛榆縣西三十里子貢山，俗傳端木子讀書於此。

龍且故壘　在州治東北。有大、小二壘，韓信下齊，項羽遣龍且築壘於此。

海口故壘　在州之黑土灣海口，有古營壘。

大營　在州治西五里，元阿魯尚書攻圍海州時築。

昇仙墩　在沭陽縣治東南二里，紫陽真人昇仙處。

秦始皇碑　在贛榆縣東。《地道記》云：海中去岸百九十步有始皇碑，長一丈八尺，廣五尺，厚八尺三寸，一行十三字。潮水至，加其上三丈，去則三尺見也。

---

① 「所」，《四庫》本作「時」。

落星石　在贛榆縣北四十里。隕星化石，高一丈，白如玉。

東海大松　在州東大海中。相傳三代時物，秀異奇古。宋徐積有詩。

通　州

泰興舊城　在泰興縣西北。南唐昇元初析海陵置縣，距今縣治四十里。

静海故縣　今州治。本漢海陵縣地，後周顯德中置通州，以静海縣屬焉。

海門故縣　在州東。《續文獻通考》云：海陵縣東境，其地爲東洲，楊吴爲東布鎮，南唐置縣。元明間歷經江海侵逼，三徙治所。國朝康熙十一年，縣城圮於海，遂廢入通州。

臨江故縣　在如皋縣南。本海陵縣地，晋安帝置，後周并入寧海縣。

古鄖邑　在如皋縣北。《春秋》云：哀十二年，衛侯會吴於鄖，公及衛侯、宋皇瑗盟。杜預註曰：鄖，發陽也。海陵東南有發繇口，今縣北立發口，蓋其地。又縣東十里有會盟原，相傳吴、楚會盟處。考春秋之世，吴、楚始終不聞會盟，惟有衛侯會吴一事，會盟原當指此。

海山樓　在州治南城上，宋大觀中州守朱彦建。前有緑漪亭，陳博古詩云：「門外海濤奔鐵騎，檻前山背擁金鰲。」

望江樓　明正德中，州守夏邦謨建。後郡人尚書馬坤，重建於州南二里許，名曰望江，以備倭也。

萃景樓　在州南狼山，明嘉靖中同知舒纓建。

敕書樓　在泰興縣治廳前。宋元豐中建，宣和中重修。

棲雲閣　在州狼山西，宋咸寧中建。《輿地志》云：閣後即望仙橋。宋王覿《記》謂仙人吕洞賓卧於雲中，騰空去，州人翹望之，閣名以此。

三會堂　在州狼山東。北顧巨海，南瞰長江，吴、楚勝槩，一覽可盡。宋提刑薛球、太守臧師顔、通判吴天常三人皆舊好，會此因名。

胡瑗宅　在如皋縣南十里，俗名胡家莊。

芙蓉園　在如皋縣南一里，宋史聲奉其父逸叟居此。

萬花園　在如皋縣治東三里。元鎮南王世子建堂，植萬花於此。

水繪園　在如皋縣。冒氏别業，饒水竹之勝。

利豐監　在州南三里，古煎鹽之所。宋太平興國中，升爲監，管西亭、豐利、永興、吕四、石港、利和、金沙、餘慶八場。

雉皋　如皋縣馬塘河岸也。岸在水中，名雉皋。《南畿志》云：即春秋賈大夫射雉之所。

集賢里　在如皋縣儒學東。宋王惟熙、王觀、王覿、王俊乂相繼登第，鄉人榮之，因名其里。

狀元坡　在如皋縣西北十里，宋狀元王俊乂讀書院前地也。

放鶴田　在州吕四場境。相傳吕洞賓四遊於此，故以名場，放鶴田即其遊處。

海門島　在州東南海中。

布洲峽　在州南三十里。《輿地記》云：通州有東、南二布洲，相傳舊爲海沙所漲而成，嘗有布機流出，因名。

賣魚灣　在通州石港場。宋文丞相過此有詩。

連珠池　在如皋縣西北二十里，數池相接如連珠。

度軍井　在如皋縣西十里許。宋岳飛鎮通泰，引軍數千人過此，飲之不竭，因名。

江南通志卷三十四

輿地志

古蹟 五

安、徽、寧、池四府

安慶府

宜城　即今懷寧縣治。宋景定元年，始築宜城。《建康志》云：宜城者，雁汊對岸一要害處。吳、魏相拒時，嘗築城於此。其後方言訛「疑」爲「宜」。一云晉郭璞謂此處宜城，故呼爲宜城。今有宜城渡，在府西康濟門外，爲南北渡江要津。又東門外有宜城鎮。

呂蒙城　在府東二里，臨江，相傳呂蒙所築。今爲故倉地。

樅陽城　在桐城縣東南一百二十里。《左傳》：文公十二年，楚子孔執舒子及宗子，遂圍巢。杜註：宗國名，群舒之屬，即樅陽也。漢置縣。《晋・陶侃傳》云：初領樅陽令。而志無此縣，蓋嘗復此而尋廢也。梁復置樅陽郡。今有樅陽上、下鎮。

魯鎮城　在桐城縣南七十里，吴魯肅屯兵於此。

吕蒙城　在桐城縣東南，相傳吕蒙所築。按此非府城東之吕蒙城也。

同安城　在桐城縣東門外，隋大業九年築。

山城　一名山焦城，在桐城縣東南，即唐移置同安縣處。地多猛虎毒蛇，元和中，縣令韓震焚薙草木，其害遂除。

連城　在桐城縣東南一百二十里。《唐書・張儉傳》：儉祖威封皖郡，父植封連城。即此。

六兒城　在桐城縣南十五里，明初黄榮六所築。

孔城　在桐城縣東三十里。《宋史・李顯忠傳》：顯忠破敵於孔城。即此。

懷寧故城　今潛山縣治。古皖國，晋置懷寧縣。

安樂故城　在潛山縣南二十里，唐置於古武功城内。武功城，梁天監時大將武會所築也。

梅城故城　在潛山縣北，唐置於龍鳴城内。龍鳴城，齊天統三年行臺右丞盧潛屯兵所築。時龍鳴，城中移軍在外，因號龍鳴城。

皖陽故城　在潛山縣北二十二里。其城居皖水之北，故名。

連塘城　在望江縣茗山下。委土爲塹，周一里，四門。相傳劉裕與盧循戰處，遺壘尚存。

古桐國　在桐城縣北。《左傳》云：定公二年，桐叛楚。杜註曰：桐，小國，世屬於楚。舒縣西南有桐鄉是。

陰安廢縣　在桐城縣東南八十里。本漢魏郡屬縣，劉宋時僑置於此。

呂亭廢縣　在桐城縣東北，劉宋時以豫部蠻民與太湖縣同置。今置驛。

皖城故縣　在潛山縣北。唐武德五年，析懷寧縣置皖城、安樂、梅城、皖陽四縣。按縣，皖陽故縣。《府志》云：今之皖口鎮，即舊皖陽也。

太湖廢縣　在太湖縣東北二里，即今東嶽廟。劉宋初置，在龍山太湖水之側。元嘉末，移就平原，去舊縣二十八里。

東陳廢縣　在太湖縣東四十里，北齊置。

青城廢縣　在太湖縣東四十里，魏曹仁所築。唐武德四年，置縣於此。今名上格城。

荆陽廢縣　在太湖縣東四十五里，唐武德間置。

松滋廢縣　在宿松縣北五十里。漢始元五年，封六安共王子霸爲松滋侯國於此。

雨社　在宿松縣西十里，漢縣令張何丹禱雨處。

同安監　在潛山縣東八十里，熙寧八年置鑄錢。

正氣樓　在府正觀門外余忠宣闕廟左山阜。

四望樓　在府治東。登眺四望，江山風景，舉在目中。

中江樓　在府鎮海門外江滸。

天柱閣　在舊郡圃，久廢。明郡守胡纘宗創建於正觀門外江滸，登閣西望，天柱巋然。

太子閣　在潛山縣天柱寺，相傳昭明讀書處。

潛峰閣　在潛山縣境内，王安石通判時讀書處。

擢秀閣　在潛山縣北五里。宋陳瑩中嘗於此讀書，後擢第，黄庭堅因以「擢秀」名閣。

天開圖畫亭　在府學後。枕山面江，爲郡佳勝。元余闕有詩。

紫玻瓈亭　在府城雙蓮寺後，明劉若宰讀書處。夢神以紫玻瓈授之，因以名亭。

惜陰亭　在桐城縣樅陽鎮。陶侃爲樅陽令，曰：「大禹惜寸陰，我輩當惜分陰。」故名。

達觀亭　在桐城縣樅陽鎮，宋黄庭堅讀書於此。

石亭　在潛山縣東北。《三國志》云「魏揚州牧曹休侵皖，吴將陸遜等敗休於石亭」是也。

涪翁亭　在潛山縣山谷寺中，以黄庭堅得名。又有涪翁書臺。

止泓亭　在太湖縣白雲山海會寺。宋嘉定趙容之創，明嘉靖二年寺僧得石刻曰「止泓」，復建此亭。

對酌亭　在宿松縣南臺山，李白與閭（邱）〔丘〕舉杯邀月處。

又清風亭，在縣東郭外三里。李白《贈閭（邱）〔丘〕》詩有「一朝風化清」之句，因以名之。

廉泉亭　在望江縣西四十里廉泉之上。

超然臺　在府治東北雙蓮寺右，元虞集有詩。

射蛟臺　在桐城縣樅陽鎮。《漢書·紀》云：武帝南巡，登天柱山，自潯陽浮江，射蛟江中，獲之。薄樅陽而出，作《盛唐樅陽之歌》。

祭臺　在潛山縣皖山麓，漢武帝祭嶽處。

仙人臺　在潛山縣白麓巖東北。廣五丈，上有仙人足跡。又有一臺，在金鍾潭上。

舒王臺　在潛山縣治南，宋王安石讀書處。安石後封舒王，因以名臺。

天樂臺　在潛山縣。明劉若實渡石梁，踞天池鼓琴，聞空中奏天樂，有異禽千數，從天柱飛來，音同笙磬。

煉丹臺　在太湖縣香茗山，晉梅福煉丹於此。

焚身臺　在太湖縣登明山。僧法寶禱雨不應，遂焚身，即得雨。嘗有燈光見其處。

分經臺　在宿松縣北五十里。有石高百餘丈，梁昭明太子分《金剛經》於此。宋嘉泰間，建法華亭。

讀書臺　在宿松縣南三里。唐李白至宿松依邑宰閭(邱)〔丘〕，築臺讀書於此。

釣魚臺　在宿松縣陳漢山溪傍，相傳張果老垂釣於此。

三至堂　在府治東，宋元豐間楊希元建。其祖淳化中守皖，父天聖中爲通判，至希元，凡三至郡，故名。

大節堂　即今府堂，元郡守韓建拒盜保城。余闕作《大節堂記》。

九帶堂　在桐城縣浮山會勝巖上，宋僧法遠垂帶示衆處。

静山堂　在灊山治内，舊郡堂也。宋王安石詩「皖城終歲静於山」，因名。

雲會堂　在灊山縣真源宫，宋寧宗慶元五年建。

左真人仙堂　在灊山縣真源宫，唐寶（歷）〔曆〕二年建。開成五年，張虚白撰《記》。

二祖禪堂　在太湖縣，與司空山近。

太白讀書堂　在望江縣西十八里值雪山。李白避地于匡廬、司空間，往來雷池，值雪，因築室讀書。今遺址尚存。

三孝堂　在望江縣治北，元至正中建，爲孟宗、王祥、徐仲源也。後改爲祠。

二良書院　在府治東，爲文翁、朱邑建。

禹江書院　在宿松縣治西，明郡守李遜講學處。

慈湖書院　在望江縣慈湖坂。元王幼學讀書講道於此，著有《綱目集覽》，别號慈湖。

蓮花書院　在望江縣小茗山。漢梅福曾避地於此，至唐羅隱復來居之，洞竈遺址尚存。

喬家故井　在灊山縣彰法山麓。漢末喬公居此，二女皆國色，孫策克皖娶大喬，周瑜娶小喬。二女以殘脂粉投井中，至今井水有脂粉色。

孟宗宅　在望江縣西北，即泣竹生笋處。
又有泣竹臺，在城内三孝祠後。
西溪館　在潛山縣城西。唐刺史吕渭喜舒州山水，於城西設館，覽一州之勝。
英輔齋　在潛山縣太平寺東，宋王珪讀書處。
萬松山房　在府西門外，宋馮京讀書處。
青山石屋　在桐城縣城中，晉裴仙人修煉處。
龍眠山莊　在桐城縣龍眠山。宋李公麟居此，嘗自繪山莊圖，蘇轍有《龍眠山二十詠》。山側爲
國朝大學士張英賜金園。
松壑别墅　在潛山縣撥蒿坂，宋處士金良貴棲隱之所。
白雲舊里　在府城正觀門外，宋白雲守端禪師於此悟道。
昭賢里　在望江縣北八里。唐徐仲源事母以孝聞，母卒，遇雷雨輒伏墓側呼號。德宗敕號所居里曰昭賢，鄉曰孝感，於墓傍築孝義墩、白華軒。今墩尚存。
順孫里　在望江縣涼泉。明嘉靖間，龍涌事祖母以孝聞，詔樹慈順坊於其里，故名。
子貢嶺　在府西五十里。子貢遊楚，停驂於此。
逢龍山　在府西北。余闕《謙董僉憲》詩所云「雁没逢龍山」是也。《三國志·臧霸傳》云：吴將韓當逆霸，霸與戰於逢龍山，還屯舒。即此。

晋陵坂　在府大豐鄉。獨山之下有大阜，隱隆若釜，即陵也。不知何代，嘗有人開田，見石門，遂止。旁壘壘者，皆疑冢。

長風沙　在府東六十里，即李白《長干行》内所指也。亦名長風城，齊吴子陽與豫州刺史戰於此。宋周湛充江淮制置使，謂長風沙最險者石牌灣，鑿河十里避之。

皖口　在府西，唐李涉遇盜投詩處。

將軍沖　在府北門外。元余闕引江水通五濠三塹，屯兵於此，以拒僞漢。

藤墩　在府東城内。舊有大樹覆墩，垂藤如織。

石牛洞　在潛山縣山谷寺西。大石如牛眠，旁有蹄迹。黄庭堅嘗讀書石上，李公麟爲之繪圖。又有石牛精舍，在山谷寺中。

酒島　在潜山縣山谷寺前。有石島，色殷紅如赤玉，清流映徹，光彩絢爛如霞，潛山十景之最也。

鱸溪　在潛山縣吴塘。魏武帝行軍至潛，忽思鱸膾，左慈取銅盤釣之，得數十尾，武帝釋其半於溪，時正暮春。今惟柳絮飛時有之，謂之楊花鱖。

大雷戍　即今望江縣治，晋時置。陳爲大雷郡，隋改今名。

盡忠池　在府西門外，即清水塘，元余闕死此。

雲池　在潛山縣真源宫東，池中嘗起五色雲。

臥冰池　在望江縣埠南岸。相傳晉王祥避地時，臥冰於此，後雖寒沍不冰。

木鵝洲　去桐城縣百二十里。南唐與周世宗割江爲界，以木鵝浮江中，隨所之以定南北，鵝乃循洲入小峽而下。

六百丈　在桐城縣東二百里。樊若水乘小舟，載絲繩以度江之廣狹，此處闊六百丈云。

令公潭　在潛山縣東門，漢末郈令公與妻陸氏同死難於此。

桃花潭　在宿松縣城西上河口。

龍潭　在望江縣南二里，即唐鞠信陵沉石禱雨處。

釣魚磯　在太湖縣龍山崖下。水中有石刻，磨滅不可盡辨，中有云：「波光照影肝膽寒，嵐氣逼人毛髮立。」《府志》云：邑人以沙水洗苔蘚，知爲倪德元作。

仙田　在宿松縣北，即西漢松滋縣治，匡阜真人修煉於此。後張何丹爲令，時有嘉禾，無種自生，故名。

風節井　在府城按察使署後，余闕妻盡節於此。

天泉井　在桐城縣南城内。明末流寇圍城，城中渴甚，有小兒戲掘一井，泉忽大湧。因連掘十餘穴，穴皆湧泉，全城賴以存活。

夢井　在潛山縣真源宮前。唐明皇嘗夢遊此，因賜名。中使王越賓題詩有「馮誰借問嵩前叟，曾托吾皇一夢來」之句。

西源九井　在宿松縣西源山。自麓至巔，九井如貫。惟第七井在山半峭壁，旱時捫蘿而上，得水急返，雨輒至。

讓泉　在府西門外。泉極清洌，汲者争則竭，讓則涌。

錫泉　在灊山縣，梁寶誌公卓錫得泉處。

鶴泉　在灊山縣。白鶴道人止處，鶴起泉流。

山谷流泉　在灊山縣山谷寺佛殿後，有黄庭堅題額。始爲流泉，後以石甃周圍，澄泓不流，名曰摩圍泉。庭堅最愛飲之，遂自號摩圍老人。

雙蜍泉　在灊山縣西北皖山頂明慈禪師所住庵。掘地見雙蜍躍出，泉輒湧。

望湖石　在桐城縣西門外，黄庭堅讀書處。

詩崖石　在灊山縣吴塘水南。水激石如漱玉，十景之一也。

棋盤石　在太湖縣良埠灣，梅福與仙奕此石上。

傳衣石　在太湖縣司空山，二祖慧可傳衣與三祖處。

又有葫蘆石，相傳二祖秘記存焉。

憇錫石　在宿松縣西南五里佛坐嶺。五祖偶坐此，欲卓錫於此，聞龍湖水腥，吟曰：「生平不愛魚池水，風動波聲也帶腥。」遂飛錫去。

又且記石，在嚴恭山。五祖愛其幽勝，欲建道場於此，良久曰：「此處有千年山，而無千年水。」

乃抱一巨石置之，曰：「且記此。」

石鏡　在府城西北。懸石丈餘，光明如鑑。

鐵牛　在府城。江濱多水怪，初建城時，治鐵鎮五處：集賢門内一，盛唐門内一，山川壇東一，天柱閣右一，萬億倉一。時有聞喘聲者，驚其異，稱爲「鐵牛大將軍」。

飛來鐘　在府雙蓮寺。有大鐘浮江而下，寺僧迎之，遂止六鐘。宋文帝元嘉七年，帝將征關洛，潛山有鐘十二聲發地中。山崩，六鐘自出，制合古式，聲中律吕，上有古文一百六十字。

鶴駕　在潛山縣城外。宋元豐間，每歲仲春，有鶴數千群蔽天而來，回翔飛舞於空。張春遊潛見之，作《鶴駕詞》。

徽州府

毛甘故城　在歙縣烏聊山。後漢末，毛甘萬户屯於此，吴將賀齊平之。

徽州新城　在今府城溪北三里。宋宣和三年，築新城於此，因民不便，仍還舊城，即今府治。《南畿志》云：今故址盡爲民居。

故城門　在休寧縣，有六。《府志》云：東迎春，在淳化巷首。西忠孝，在惠政橋。南班政，在古樓巷。北松蘿，在鶴山巷北。東南敉寧，西南美俗。遺址尚存。

婺源故城　在婺源縣北二十五里。唐開元中，分休寧縣置。中和二年，楊行密將陶雅守歙暴横，縣人汪武據弦高鎮以拒之。後縣治因而不改，即今治也，其故城改爲清化鎮。

梅鋗城　在祁門縣西十五里。鋗，吴芮將，項羽封鋗十萬户侯邑於此。

廣德故城　在黟縣東，漢置。《寰宇記》云：有舊城，在今縣東五里。

越國公城　在績溪縣登源，唐初汪華起義時築此。

歸德廢縣　在歙縣西南五十里，唐永泰五年析置。按《唐志》在休寧，而《寰宇記》在歙，境相接也。

海陽廢縣　舊治休寧縣西二里靈鳥山，尋移治縣東十三里萬安山上。本歙縣地，孫吴析置休陽縣，後改海陽。《府志》云：萬安山下有兩村，曰上舊市、下舊市。國朝改市爲墅，知府陳玉題上舊墅曰海陽故址。

黎陽廢縣　在休寧縣西北，晋置。今爲黎陽鄉。

祁門故址　在今祁門縣西。《元和志》云：縣東至歙州一百七十九里。本古昌門地，漢黟縣之南境。唐永泰元年，方清於此僞置昌門縣，刺史長孫全緒討平之，恥其舊號，以縣東北二里有祁山，因改祁門。

梁安縣　即今績溪縣，梁大同初析歙縣置。今縣南有良安鄉，蓋「梁安」之訛也。

貢院　在府城。《府志》云：宋乾道四年，於大成殿東因餘地而益拓之，設貢院選士。明年，登第者十人，内有爲禮部第一、廷試第三者。

越國公府　在休寧縣萬安山。舊稱汪王故宫，汪華所居。宋爲廣惠王廟。

紫翠樓　在府治，宋宣和間建。

御書樓　在府槐塘，宋丞相程元鳳建。

梅花初月樓　在府石門，明學士朱升建，太祖御書「梅花初月」四字顔之。

羅穎樓　在府西。《新安山水志》云：樓跨黄羅、天馬間。樓前小山外，見黄羅如錐穎露，秀刺天際，天馬蜿蟺右翼，仿佛百雉翠光，冉冉撲樓中，兩山如在几席間①也。

溪山第一樓　在婺源縣城中。群山環其前，大溪走其下，元馬肅建，程文《記》。

望烏樓　在祁門縣二都。唐郎中廖嵩，自閩避亂來祁，携二烏卜居，至此烏棲不去，遂家焉。其裔孫德湊爲建望烏樓。

擁青樓　在祁門縣治，宋景定中建，以杜甫「高山擁縣青」句爲名。

虚直樓　在祁門縣桃峰下，宋謝昇建。其子璡講學其中，種竹十竿，故名。

雪峰樓　在績溪縣西石壁山上，宋崔鷗建。

景蘇樓　在績溪縣署。舊爲秋風堂。宋紹興間，邑宰曹訓摹前令蘇轍遺像，及所爲詩鎸於石，建樓貯之，曰「景蘇」。

① 「間」，《四庫》本作「前」。

宸奎閣　在府城紫陽書院内，因宋理宗御書建閣。

春草閣　在府松明山，明汪道昆讀書處。

侯賢亭　在府問政山，唐刺史于德晦爲兄方外建。

披雲亭　在府南山，唐宣歙副使魏弘簡建。見《柳子文集》及《文苑英華》。

歲寒亭　在歙縣治。舊名松風亭，宋令王薦建。《府志》云：元紫陽書院山長張炳，購於趙評事家，得其地以歸學。明正統間立亭。

浮〔邱〕〔丘〕亭　在郡治西北雉堞上。有兩古木，宋郡守洪适倚木建亭，范成大有詩。

又浮〔邱〕〔丘〕園，在浮〔邱〕〔丘〕山下古梅十里許。

秋水亭　在休寧縣治。宋令葛勝仲濬深池，築亭其中。《府志》云：國朝縣令廖騰煃重建加廣焉。

又縣治西有真意亭，亦葛所建。

還金亭　在休寧縣霞阜河畔。爲商山吴清還金建，有《碑記》。

環緑亭　在婺源縣儒學山右，宋汪子英建，元胡炳文《記》。

流芳亭　在婺源縣西二十里，宋江大正建。

時雨亭　在婺源縣石龜潭上。元達魯花赤納懷①禱雨輒應，因建此亭，自爲《記》。

翠眉亭　在績溪縣西。亭前小山，相對如眉。宋蘇轍嘗遊焉，謂似其鄉之眉山，故名。後即亭爲蘇轍祠。

豁然亭　在績溪縣治，宋汪琛建，蘇轍有詩。

世德亭　在績溪縣南，邑人爲明尚書胡松建。

孝感亭　在績溪縣治北，明縣令高梁爲孝子許欽建。

鼓吹臺　在府篁墩湖側。程篁墩記云：忠壯公靈洗習戰時所築。數傳後，風雨之夕，猶聞鼓吹聲。

百花臺　在府西三里，宋司農汪叔詹築。

富登釣臺　在府富登渡。一石出江上，勢欲飛入江中。元鄭玉嘗釣於此，平章佘闕篆書「鄭公釣臺」四字於石，玉自爲《記》。

李白釣臺　在黟縣東南十六里，西連墨嶺。一名尋陽臺。

黄山堂　在府治後，唐大中初建。舊有黄山樓，北望天都、蓮花諸峰，森秀天表，後爲堂。于德晦有詩。

① 「達魯花赤」，《四庫》本作「達魯噶齊」。本書下同。「納懷」，《四庫》本作「諾海」。

舍蓋堂　在府治後。宋洪适建，以延四方往來之士，范成大《記》。

相儒堂　在府城南門内，宋程元鳳讀書處。寶祐中，州守趙汝嶧建。《府志》云：後廢，碑刻移砌大成殿牆左。

中山書堂　在祁門縣南，元汪克寬與弟時中肄業之所。

程忠壯宅　在府西三十里仁愛鄉。宅有大樹，號千年木，立祠其下。篁墩湖濱磉石尚存，爲一方勝蹟。

黄孝子宅　在府西九里黄屯園，唐孝子黄芮故居。貞元中詔旌其門，今稱孝仁里。

汪莘故宅　在休寧縣西門内柳塘坊。

淩唐佐宅　在休寧縣敉寧門南淩家巷。

共學齋　在休寧縣東山，元儒趙汸講學所。

尊德性齋　在婺源縣環溪，宋程洵建。初名道問學，朱子易之，復爲銘。

屏山書屋　在婺源縣翠屏山，朱子歸省祖墓時所建。十世孫穩，復結屋讀書於此。

環佩重來軒　在府之槐里。宋丞相程元鳳有琴曰環佩，亡去已久，其六世孫文貫復購得之，爲軒以藏焉。

風泉雲壑軒　在府南門紫陽書院，宋郡守韓補建，元方回《記》。

新安道院　在休寧縣治東，宋令祝禹圭建。

附　朱熹記

休寧大夫信安祝侯汝玉以書來曰：「休寧之爲邑，雖有難治之名，而吾之爲之已再歲矣。始也不能不以人言爲慮，中乃意其不然，而今則遂有以信其果不然也。蓋其封域，實鄣山之左麓，而浙江出焉。山峭厲而水清激，故禀其氣、食其土以有生者，其情性①習尚，不能不過剛而喜鬥。然而君子則務以其剛爲高行奇節，而尤以不義爲羞。故其俗難以力服，而易以理勝。苟吾之所爲者出於公論之所是，則雖或拂於其私，而卒不敢以爲非也。以是吾之始至，蓋不能無不説者，而今則驩然無與爲異。吾常②困於事之不勝其繁，而今則廓然無事之可爲也。吾將更葺廳事之東，參采賓佐屬詠之什，而榜之以「新安道院」。子能爲我記之，則後之君子，益知所以爲治，而無吾始者之慮矣。」

予惟汝玉之爲此，可以見其政之成，民之服，而官曹之無事矣。然道之得名，正以人所共由之路，而非無事之謂也。

夫以汝玉之始至，坐於堂皇之上，則左簿書，右法律，日夜苦心勞力而不得休。其或少暇，

① 「情性」，《四庫》本作「性情」。
② 「常」，《晦庵集》卷八十作「嘗」。

則又不免衝寒風，冒烈日，以出入乎阡陌之中而不敢怠。凡所以勸民之善而懲其惡，興民之利而除其害者，非有道以行之，則何以致今日之無事哉？顧其名此，乃若專取乎今日之無事，而返病前日之勤事爲非道耶①？抑常計之，天下之事，雖有動静勞逸之殊，而所謂道者，則無彼此精粗之間。汝玉之學，固有以知此矣。彼其所以喜於政成之無事，而不避異學之淫名，豈非朝夕之間，猶欲從容於此，以深思前日之已行，而益求其所未至，卒以究夫無彼此精粗之間者，而大發於功名事業之間乎？

予故邦人，且汝玉予舊也，樂其意，爲書本末，以示來者，使於此邦之俗、賢宰之志，尚有考云。

新城園　唐咸通六年，於歙州城西北爲堤以禦水，光化中增築爲新城。其後堤漸圮，每爲溪水泛溢，因棄爲桑野，名曰新城園。

朱家巷　在府西南黄墩。朱子自叙《茶院譜後》云：先世居歙之黄墩。

① 《晦庵集》卷八十「耶」上尚有「無乃出於老子浮屠之謂，而汝玉未之思」一句。

附　朱熹《婺源茶院朱氏世譜序》

熹聞之先君子太史、吏部府君曰：吾家先世居歙州歙縣之黄墩，相傳望出吴郡，秋祭率用魚鼈。唐天祐中，陶雅爲歙州刺史，初克婺源，乃命吾祖領兵三千戍之，是爲制置茶院府君。卒葬連同，子孫因家焉。生三子，事南唐，補常侍丞。其後亦有散居他郡者。

熹按，今連同别有朱氏，舊不通譜，近年乃有自言爲茶院昆弟之後者。猶有南唐補牒，亦當時鎮戍將校也。蓋其是非不可考矣。先吏部於茶院爲八世孫，宣和中始官建之政和，而葬承事府君於其邑，遂爲建人。於今七十年①，而熹抱孫焉，則居閩四世矣。

淳熙丙申，熹還故里，將展連同之墓，則與方夫人、十五公馮夫人之墓皆已失之。因亟詢訪，得連同兆域所在。乃率族人，言於有司，而後得之。其文據藏於家，副在族弟。然而三墓者，則遂不可復見。

癸卯五月辛卯，因閲舊譜，感世次之易遠，骨肉之易疏，而墳墓之不易保也，乃更爲序次，定爲《婺源茶院朱氏世譜》，而並書其後如此，仍録一通，以示族人。十一世以下來者未艾；徽、建二族，自今每歲當以新收名數更相告語，而附益之。庶千里之外，兩書如一，傳之永遠，有以不

① 「七十年」，《四庫》本及道光《徽州府志》卷二作「六十年」。

忘宗族之誼。

至於蘆村府君，其墓益遠，居故里者尤當以時相率展省。更力求訪三墓所在，而表識之，以塞子孫之責。而熹之曾大父王橋府君無他子，其墓在故里者，恃有薄田於其下，得以奉守不廢。當質諸有司，以爲祭田，使後之子孫，雖貧無得鬻云。

五城務　在休寧縣南五城水上。舊爲大鎮，有五城斜隅相對。旁有大墳，有人發之，其墳上鐵厚二尺，鐵才破，雷雨晦冥，人懼而止。元置五城務，明初廢。

吴山里　在婺源縣東七十五里。勾踐滅吴，流夫差二子，其長子鴻死此，因葬焉，遂名吴山里。又名婺女里。

朱文公闕里　在婺源縣南，朱子先世故居。元時知州干文傳建。朱子家廟中有韋齋井，相傳文公生時，井中紫氣現，亦曰虹井。明宣德中，建亭其上。

附　明汪敬《虹井亭記》

虹井亭者，記闕里虹井亭也，記井甃自開邑，而有虹則自朱晦菴父子始。自井有虹，而婺之文明闢。豈惟婺之文明，闢宇宙之文明，實闢今之宇宙，揭聖經於中天，而雲漢爲昭者，誰之功與？語有之：天降時雨，山川出雲。夫雨也而雲先，則文明也而虹兆，理又奚疑？載考之古，尼父制《孝經》既成，而告備於北斗，有赤虹自天而下，化爲黄玉，尼父拜而受之。夫《孝經》何與於北斗，而天之降精若是？其與《春秋》成而麟出，同一徵應。乃或者謂麟出爲非時，故仲尼《春秋》因之以作。又謂尼父以爲吾道不行之兆，因之絶二百四十二年之筆。獨胡氏以河出《圖》、洛出《書》，及《簫韶》作而鳳凰儀當之，謂其先後天弗違。其説始章明而有據，正大而非誇。彼欲逃之乎徵應之説者，蓋皆求其故而不得者也。若然則一聖一賢，其生關乎天地，其立言也關乎機祥，毋惑乎集大成者先後若同堂也。

井在故宅之右，氣潛與龍井相通，可供千家之汲。寒冽冰齒，人多啜不噎，又能已疾。龍井之間，龍嘗噓氣，盤結如雲，其深不可測。此則垂綆不踰二仞，往來井井，其坎常盈。自虹出而泉日減，蓋精騰於天，而氣竭於地，理無足怪。然人不敢以爲舊爲泥棄之，必曰：「此瑞井也。」

宣德九年，錢塘陳侯以太學高等，選爲婺源縣令。晋謁闕里，拜瞻遺像，以爲仲尼之後一人。因用其學爲政，政成而百廢具舉。修學宫，葺書閣，文公之祠，因以次及。圮者修之，攲者揩之，朽者新之。徘徊於虹井之上，懼其久而污也，爲亭以覆，護以甃垣，平以文石。垣爲四户，限其流之旁入者，俾污渫屏而寒泉注。顔其眉曰「虹井亭」。人之過而瞻者，於以知晦翁之上應天精，下稟地靈。

而侯且命敬曰：「子盍爲記之，使後人葺俾勿壞。」敬因復曰：「睢渙之水，錯繡若麗。壺頭之泉，淑蘭成氣。潄英噴華，呈祥表異。聖道汪洋，如水行地。前有河洛，後有洙泗。淵淵虹泉，同源共瀆。我侯濬之，澤存萬世。侯曰其然，庶無甃敝。」乃礱貞石而刻之。

僕城里　在黟縣西十八里林歷山下。漢末陳僕等屯此，故名。

孔靈村　在府南三十里。晉永嘉之世，孔愉避地居此，信著鄉里，後忽捨去，人皆以爲神人。

任公村　在府北四十里。梁太守任昉行春，至富資溪上，樂之，徘徊累日，人號其溪曰昉溪，溪傍村曰昉村。唐大中初，刺史盧潘易曰任公村。

舒村　在府西四十里中鵠鄉。村旁有讀書墩，南唐進士舒雅所居。《府志》云：隔溪山石，望之峨然若纓其冠者，曰幞頭石。

斷石村　在休寧縣西南三里。懸厓絶壁，巨石墜下如臺狀。宋治平中，知縣事呂大防書「斷石」二字於上。今稱落星臺。《祥符經》云：昔有兩舟泊喦下，一祭一否，石隕不祭者舟。

張村　在祁門縣西十里。唐左金吾大將軍金華張志和隱此，自號烟波釣徒，因名。

大徽村　在績溪縣。改州爲徽，取此。

漢洞　在府仁愛鄉。外狹中寬，有爨臼遺跡，相傳漢末郡人避兵於此。

仙巖　在婺源縣壁月門外。相傳宋時有人掛竹連環於杖頭，至巖倏不見，始悟竹環爲「呂」字，且其貌與洞賓類，遂塑像建觀祀之。

譙貴谷　在黟縣。《輿地紀勝》云：在縣南。《方輿勝覽》謂在縣北。昔土人入山，行七日，至一穴豁然，周三十里，中有十餘家。又云，按縣圖有灊村，至今數十家同一村。或謂之小桃源。三説不同。

放生池　在府城西。宋紹興十三年，詔天下郡各爲池放生，於是鑿城西壖地以應詔。後郡守童僅增廣之，作恩波堂及好生魚樂之亭。

萬貫洲　在婺源縣鵲溪。宋岳飛征楊么，屯兵於此。

朱塘　在婺源縣東。朱子還婺源，與門人滕璘遊，見其山水幽静，俱如疇昔夢中所見，問其地，對曰朱緋塘，璘世業也。朱子曰：「故與子有神交者在。」因命作亭，爲書「草堂」二字貽之。

五奮驛　在休寧縣南二十五里。

又縣南二十九里有皇華驛，原名甜賢驛，俱元置，明初廢。

魚亭驛　在黟縣東三十五里，宋置。吕本中詩云：「竹密如雲不見天，好山無數簇溪田。只應黟縣溪山勝，盡在魚亭驛舍前。」

衝山營　在婺源縣治西北，五代時吴將劉津所置。今有壁壘餘址。

胡僕射營　在祁門縣義城都福洲，及歸仁都等處，皆唐末胡曈屯軍之所。

管界寨　在府西百八十里。又深渡寨，在府南四十五里，俱宋置，明初嘗置巡司。

程澐寨　在休寧縣南東密嶺。唐乾符五年，黄巢寇郡，郡人程澐率義兵立寨於此以拒之。今塹壘猶在，相傳上有元帥府基，下有落箭(邱)〔丘〕，皆以澐得名。

舉嶺寨　在休寧縣東北十五里天寶岩。又縣東南方山有白際嶺寨，縣西婺源界有塔嶺寨，又縣西吴田嶺上有馬金寨，縣西南溪口有松陽寨，皆宋置，元廢。

中平寨　在婺源縣東九十里，宋置，明初廢。今爲往來孔道。

西坑寨　在績溪縣東六十里，元置。又置鎮守軍營於此。明初改置巡司戍守，正統初廢。

蝦蟆坑　在府鎮安門外，俗訛爲「麻坑」。

階坑　在府東北二十里。《方輿志》云：吴廢太子和所居，階迹猶存。

浣沙埠　在府龍井山北。相傳李白訪許宣平至埠上，一翁對曰：「門前一竿竹，便是許公家。」白悵望，翁已失所在，蓋翁即宣平也。

石羊阡　在休寧縣東鄉，吴王楊行密疑冢也。《南畿志》云：世傳吴太子葬東山。今不知所在，惟兩石羊夾道，有翁仲石趺存。

獨母柴　在黟縣南十五里。俗傳昔有寡婦，死無以葬，行人覆之以薪。至今人經行其處，皆以一枝草投之。

殷公井　在府南羅城内。井底有斜穴，一通銅井潭，一通釜井潭。每井有遺物，多於二潭得之。

少保井　在府城内，唐少保薛稷所鑿。《明一統志》云：一名九井。

唐均勝井　在黟縣東二十五里天井山麓。歲旱禱雨，俄而滿井，霖雨隨注。

聖泉　在休寧縣蓀田葉巖下。相傳明高帝訪汪巽元，馬蹄所觸，遂成泉。

兑卦石　在休寧縣古城山麓。宋淳熙間，縣令鄒補之摩崖隸書兑卦於其上。

産龍石　在黟縣東山石燕洞之下。其石劃然兩開，各有首尾鱗爪，相傳龍孕石中，石破而龍出。

白玉大士　在黟縣石門山。洞石如玉，肖觀音大士像。

慈孝松　在府龍山。元至元丙子，鮑宗巖遇盜，縛大松下，其子壽孫願身代，不聽。倏烈風震變，盜恐軼去，得免。明永樂中，旌其村爲慈孝里，松曰慈孝松。

楠樹　在休寧縣西白嶽山。大數十圍，諸石如伏犀馴象。《山志》云：江左楠木，惟此一株。今枯，雕爲神像。

寧國府

楚王城　《府志》云：在城北百里黄池鎮南，相傳吴、楚相距時築。

又有故楚城，在南湖北岸。

逡遒城　《府志》云：在城北四十里。《南畿志》云：在府東北六十里。本漢縣，屬九江郡，晋末僑立於蕪湖縣界，屬淮南郡。

温城　在府東二十里，唐刺史温章築。

宣城故城　在南陵縣東四十里青弋江上。漢縣，屬丹陽郡。建安二十年，孫權使蔣欽屯宣城，即故城也。

甘公城　在南陵縣北七里。或曰吴將甘寧嘗屯此，或曰晋内史甘卓治郡時築。俗訛爲甘羅城。

南陵故城　在南陵縣西北。梁置南陵縣，治赭圻城。赭圻城，互見《太平府》。

吴故城　在涇縣西南五十里落星潭東，俗稱沙城。《宋志》云：三國吴置。《水經注》云：晋太康元年，分宛陵置。今有安吴市及安吴渡。

桓公城　舊《通志》云：在涇縣東四十里烏溪嶺。《南畿志》云：在桓公嶺下，晋桓彝討蘇峻築此。

走馬城　在涇縣南四十里，晋桓彝將俞縱屯兵處。

又有蘭石，在縣東六十里桓公嶺西。桓彝使俞縱守蘭石，即此。

白黿城　在涇縣東北柏山下。隋末左難當欲築城拒輔公祏，會溽暑大雪，有白黿印雪周行，隨跡築城，故名。

又有幙山軍壘，在縣東北三里，亦難當拒公祏所築。

猷州城　在涇縣西三十里大寧山前，唐武德間置。《明一統志》載入石埭，以晋時兩縣俱隸宣城郡也。

寧國故城　在今寧國縣南十三里，三國吴置。

懷安城　在寧國縣東南百里。《明一統志》謂縣南四十里，誤。吴大帝分宛陵置。

烏石城　在寧國縣南九十里盤山北。相傳南唐時置，以備吴越。

丹陽郡治　漢宛陵縣，即今宣城縣，其城晋内史桓彝所築。今府治東北有鐵牛門，即彝所築子城故址也。

南陽廢縣　在旌德縣西北。梁置，屬宣城郡。

仙壇　在宣城縣麻姑山最高峰。舊有丹竈、劍池、石棋枰、釣魚磯、天游亭諸勝跡，世傳麻姑煉丹處。

雙鯉塔　在太平縣西九十里弦歌鄉。高可丈許，摇之輒動，終不仆。下臨大溪，溪有二石狀如鯉，與水浮沉，雖漲不没，故名。

北樓　在府治北，南齊宣城守謝朓建。唐李白詩：「誰念北樓上，臨風懷謝公。」亦名謝公樓。明郡守方逢時《記》云：自唐獨孤霖改建疊嶂樓，而北樓之名廢矣。

附　宋田錫《疊嶂樓賦》

宛陵之(邱)〔丘〕，(元)〔玄〕暉舊遊。城連延兮百雉，世綿歷兮千秋。流水白雲，慨依然而在覽；遺風往事，信赫若兮長留。

余以丹陛策名，皇華奉使，適莅於此，乘春以至。驛梅江柳，動遊宦之芳懷；風觀露臺，起高明之逸意。疊嶂居先，登之悦焉。憑落架之危檻，向飛花之晚天。複嶺連岡，峙昭亭兮作鎮；平蕪遠樹，引句水兮爲川。

因而攬①古興懷，臨高凝睇。自春秋、戰國之後，至吳、魏鼎分之際，干戈僭王，乘輿擬帝。斯爲形勝之地，恃以控臨之勢。襟帶三江，咽喉五湖。歸勾踐兮稱越，隸夫差兮曰吳。比奕棋之靡定，惟霸略兮能圖。方今禹迹重新，堯封復古。銜玉命於北闕，詠皇風於南浦。升高而賦，憐宋玉之才多；覽景自怡，非仲宣之思苦。

江渺渺兮涵春，草萋萋兮感人。指吳、越之遠道，介池、歙兮爲鄰。兩槳何歸，引回眸於天際；微雲似畫，帶斜陽於水濱。

既而閲謝守之詩，蒼苔滿石；覽獨孤之文，芳塵在壁。杏花含露，念昔我之來時；菊蕋迎霜，乃今余之暇日。歲云豐稔，民之悦逸。思命儔兮嘯侣，聊登樓兮自適。

忠勤樓　在府南門宕吳氏村口。宋景定間，吳淵置樓於丞相第中，御書「忠勤樓」三字額賜之。今祀吳柔勝、吳淵、吳潛三公於其上。《府志》云：明萬〔歷〕〔曆〕初改建。

雲齊閣　在府敬亭山翠雲庵前，取唐李白詩「合沓與雲齊」爲名。《府志》云：國朝郡守龔鯤重建。

① 「攬」，《四庫》本作「覽」。

雙溪閣　在府治後。與疊嶂樓並宋治平中刁約建，即唐初北望迎春閣故址。文天祥有《登雙溪閣》詩。

識松閣　在府城東舊府學中。初，相地者云：百年後，松梢過閣，當有魁天下者。至嘉定間，吴潛果大魁，因以名閣。

風光閣　在涇縣西賞溪上。舊有亭，宋紹興中縣令魏杞改建閣，取「風光水西」之句名之。後爲水嚙，移縣治左。

敬亭　在府北十里敬亭山。

謝公亭　在府北郭外，即謝朓送范雲之零陵處。唐李白《謝公亭》詩：「謝公離別處，風景每生愁。」

擁翠亭　在府城北敬亭山，即李白獨坐題詩處，遺碣尚存。

西候亭　《府志》云：未詳何地。《南畿志》謂在府西郭外。《宣城事函》云：唐天寶中，宣州刺史趙悦建。

附　唐李白《西候亭序》

惟十有四載，皇帝以歲之驕陽，秋五不稔，乃慎擇明牧，恤南方凋枯。伊四月孟夏，自淮陰遷我天水趙公，作藩於宛陵，祇明命也。惟公代秉天憲，作程南臺，洪柯大本，聿生懿碩。宜乎哉！横風霜之秀氣，鬱王霸之奇略。初以鐵冠白筆，佐我燕京，威雄振肅，敵不敢視。而後鳴琴二邦，天下取則；起草三省，朝端有聲。天子識面，宰衡動聽。殷南山之雷，剖赤縣之劇，强項不屈，三州所居大化，咸列碑頌。至於是邦也，酌古以訓俗，宣風以布和，平心理人，兵鎮惟静，畫一千里，時無萎言。

退公之暇，清眺原隰。以此郡東塹巨海，西襟長江，咽三吴，扼五嶺，輶軒錯出，無旬時而息焉。出自西郭，蒼然古道，道寬列樹，行無清陰。至有疾雷破山，狂飆震壑，炎則爍野，秋霖灌途。馬虺隤於谷口，人周章於山頂。亭候靡設，逢迎闕如。

自唐有天下，作牧百數，因循齷齪，罔恢永圖。及公來思，大革前弊。實相此土，陟降觀之。壯其回岡龍盤，沓嶺波起。聲勢交至，可以有作。方農之隙，廓如是營。遂鏟崖堙卑，驅石剪棘，削污壤，階高隅，以門以墉，乃棟乃宇。儉則不陋，麗而不奢。森沉閈閎，燥濕有庇。若鰲之湧，如鵬斯騫。縈流鏡轉，涵映池底。納遠海之餘清，瀉蓮峰之積翠。信一方雄勝之郊，五馬踟蹰之地也。

長史齊公光乂，人倫之師表。司馬武公幼成，衣冠之髦彦。録事參軍吴鎮，宣城令崔欽，令德之後，良材間生。縱風教之樂地，出人倫之高格。卓絶映古，清明在躬。僉謀僝功，不日而就。

然是役也，伊二公之力歟！過客沈吟以稱嘆，邦人聚舞以相賀，僉曰：「我趙公之亭也！」

群寮獻議，請因謡頌以名之，則必與謝公北亭同不朽矣。白以爲謝公德不及後世，亭不留要衝，無勿拜之言，鮮登高之賦。方之今日，我則過矣。敢詢耆老，而作頌曰：

耽耽高亭，趙公所營。如鰲背突兀於太清，如鵬翼開張而欲行。趙公來翔，有禮有章①。煌煌鏘鏘，如文翁之堂。清風洋洋，永世不忘。

響山亭　在府城東南一里。唐刺史路應跨潭爲梁，建兩亭於東、西崖。權德輿爲《記》，鐫崖石。

附　權德輿記

元和二年冬十月，宣城長帥中執法襄陽郡王潞公作新亭、新營，几周月而厥功成。先是，郡城之南，扼陋磽确，山木不剪，樵門不開。公因暇日，觀視原野，直南一里所，得響山焉，兩崖聳峙，蒼翠對起。其南得響潭焉，清泚可鑒，瀠回澄淡。又其南則博敞平夷，澶漫逶迤，從古之隙地，是邦之休利。目與心會，闇然自得，述以條陳，實蒙報可。

① 此句之上，《李太白全集》卷二十九尚有「趙公之字，千載有睹。必恭必敬，爰游爰處。瞻而思之，罔敢大語」數句。

乃量日力，計徒庸，闢於弇中，成是夷道。揭東、西二亭於雙峰之上，相距百步。華軒峻宇，皆據勝勢，廣廈疏寮，可棲灝氣。碧山亘目，清流在下，跨以虹梁，抵兹近郊。因其爽塏，乃列磬署。度野以步，度堂以筵。上棟下宇，各有區處。規地之廣袤，分左右磬部焉。牙門新軍而下，左至八，右至七。既而左次莽平，采石之師與宴設堂。又在廣場閒①館，窗篠縈帶，可以閲軍實，可以容宴豆。度羡材則不費，因悦使則不勞。巽之申命，師之畜衆。楚莊之匏居，衛文之楚（邱）〔丘〕，得其時制而不煩也，官業盡在於是。

爰初師所處，在郡之北偏，地洳墊下，水泉沮洳，積弊不遷，介大病焉。至是則修武備，建長利。興寢得安其室處，坐起以觀其習變。而公又饗士於斯，娛賓於斯。公之心大則神王，神王則中和旁達。士體寧則氣全，氣全則餘勇可賈。夫然則不出楹階俎豆之間，而威儀交修，上下浹洽，在此物也。以公之平粹淑均，天資吏師，昔嘗四部符，一司武，皆有利澤施於州壤。及是則貴爲元侯，疏以大封，推心術而行於里②所，繇屬城而流於支郡，程功底績，觀發知智，亭與磬之制宜乎哉！前賢之以循政聞者有矣，而遺於是，豈徯公之爲而裕斯人也？

凡由此塗出者，東南抵於歙，西北抵於涇，肩摩轂擊，往復自便。絶東谿有浮橋，過西亭得

① 「閒」，《四庫》本作「開」。
② 「里」，《全唐文》四九四作「理」。

蓮池。觸類滋長，皆爲絶境。

公以鄖夫《春秋》之徒也，繪而傳焉，使實録於石。

沃洲亭　在府城東十里玉山寺後，宋時建，取唐李白「五松何清幽，勝景美沃洲」之句。

環波亭　在府城北濠上，宋郡守邵飭命名，梅堯臣有詩。

景梅亭　在府城南，宋梅堯臣祠墓之左。《府志》云：知府范吉建。

東峰亭　在涇縣西，劉遺民釣臺之側。唐永泰中，季廣琛討洞寇方清，宴客於亭上，適告捷，御史中丞袁修賦詩刻石紀其事。後裴丹於荆棘中得斷碑，有「袁修」二字，因名其石爲「袁石」。

烟雨亭　在涇縣西寶勝寺前。枕山面溪，烟雲如畫。

六勸亭　在太平縣南五里，宋令周景賢以六事勸民。

嚴公臺　在府西南四里，相傳漢嚴光嘗垂釣於此。宋梅堯臣詩有「卜經嚴子臺」句。

劉遺民釣臺　在涇縣水西寺左白雲潭上。遺民嘗爲柴桑令，後棄官釣魚於此。有石巋然，下臨潭水。

琴高臺　在涇縣北二十里琴溪高山之巔。按《列仙傳》，琴高在涿水。此蘇耽也，以其好鼓琴，故以琴高名之。

望霞臺　在寧國縣西溪，唐貞觀初建。

歃血臺　在旌德縣石柱山。梁時程靈洗起兵討侯景，築壇誓師於其上。

海榴堂　在府治，唐時建。許渾有《陪崔尚書宴海榴堂》詩。

萬卷堂　在寧國縣南屏山、琴山間，宋乾道中楊秉讀書處。秉故人湯鵬舉入參大政，爲印國子監書籍藏其中。《府志》云：又有玉書案、石硯閣，今廢。

洪永章宅　在涇縣舉山下。相傳父老嘗得誥敕碑石，上有「銀青大夫兵部尚書兼上柱國賜紫金魚袋洪永章勒」。

虞璠宅　在寧國縣南五里。璠，宋侍郎虞儔父也，隱居於此。

滕慶和宅　即旌德縣會勝寺，梁丞相滕慶和居此，後捨宅爲寺。

黄顔石室　在寧國縣黄顔山頂，可容數百人。相傳晉永嘉中，黄顔修煉於此。

瞿硎石室　在寧國縣文脊山中，晉瞿硎先生隱居於此。《府志》云：山有門，一名山門洞。

宛溪館　在府城東宛溪上，後爲宛陵公署。唐李白詩：「吾憐宛溪好，百尺照心明。」

高齋　在府治内，齊謝朓守宣城時建。因麗陵陽山麓，故名。明郡守方逢時有《重葺高齋記》。《萬(歷)〔曆〕志》謂以廉惠亭改建，誤。

韓昌黎别業　舊址不可考，朱子《韓文考異》云：愈有别業在宣城，集内《示侄爽自京師之宣城》詩，有「宣城去京國，閭里故依然」之句。

南湖書墅　在府城西四十里南碕湖上，貢士《萃美集》云：元廣陵侯濬置，張養浩諸人題詠。

羅隱墅　在涇縣小溪，唐羅隱居此，旁有羅公祠。

勇里　在涇縣西北。後漢建安中，太史慈據涇縣，孫策擊擒之勇里，即此。

薔薇塢　在旌德縣東，宋狀元劉暉讀書於此。

曲池　在府城北三里。唐裴休爲宣州刺史時，種蓮於此。

甄塘　在涇縣南二里，世傳魏甄后所生處。

裴公井　在府敬亭山。南唐裴休鑿，色白味甘，獨異他井。

金鷄井　在府城北廣教寺右。唐黄蘗禪師建寺時，有一金鷄相鬥，入井輒泉湧，莫測其源，其材皆從井湧出。

孔子井　在寧國縣南一百一十里，即今孔夫關之地，相傳孔子入吴時鑿。

又有孔子堂，堂下有馬跑泉，宋吴晦之詩：「試向荒祠尋舊蹟，一泓堂下馬跑泉。」

磨崖碑　在涇縣石巃洪頭山。有石碑，字多磨滅，其可見者曰：「巍巍法宇，聖德靈奇。天仙作樂，神人護持。猗與居士，博大能洽。跡晦岩泉，情存佛法。挾黄鶴仙，帶白龍水。清净妙義，靈寶至理。唐天寶十四載癸巳四月壬申朔二十八日己亥刻石。」

巨人跡　在旌德縣東梟山。又有馬蹄石、搗藥臼、龍潭石，相傳竇子明女化青梟飛去在此。

靈根石　在府一峰山之巔。唐李白題「雲根」二字，至今搨①摹者多。

紫陽題石　在太平縣長壽鄉獅山。有平石丈餘，朱子過訪，孫覿題「秀陰」二字勒其上。

奇石仙桃　在旌德縣境，去資福寺二十步許。石澗有桃樹，不花而實。兵備使郝壁設亭於此。

池州府

石城　在府西七十里。地名鐵店，亦曰倉埠潭。以東、西兩石山夾河如城，故名。漢置縣。

虎林城　在府西六十五里。孫吳時爲戍守處，大帝封其子休爲琅琊王，鎮虎林，即此。

胡城　在銅陵縣東四十里。凡八所，相去二里許，不相連屬。相傳古胡王神所築，其地澗港皆以胡王爲名。一曰宋泰始中，晋安王子勛舉兵江州，其將劉胡引軍東下，築此屯兵，因名。

石埭故城　在石埭縣西一百四十里。吳置石埭場，梁大同中置縣，以貴池源有兩小石埭堰溪水爲名。今名七里街。

堯城　舜城　堯城在建德縣南四里，舜城在建德縣北二十里。舊傳兩帝南巡至此，故名。

臨城廢縣　在青陽縣南五里。吳赤烏中，析陵陽、石城二縣地置，今爲臨城鎮。

定陵廢縣　在青陽縣東北，即今定陵鄉，晋南渡後僑置。

① 「搨」，《四庫》本作「塌」。

義安廢縣　在銅陵縣東三十里，唐高祖時分南陵縣置。今爲順安鎮。

陵陽廢縣　在石埭縣東北二里，即猷州城，漢置。今爲陵陽鎮。

晋陽廢縣　在東流縣東北，即今晋陽鄉，隋置。

桑柘門　在府城秀山門外，虎山之東北，通鱝口，唐時城門名也。

又有雙江門，未詳何所。

仙壇　在石埭縣陵陽山中峰之半，竇子明仙所。唐天寶末，建仙壇宫，至今祀之。

醮壇　在石埭縣碧玉泉上。其石方平，陛級如壇，竇子明嘗醮其上，俗呼爲仙人石。

梅根監　在府東五十里，亦曰梅根冶，六朝皆鼓鑄於此。劉宋泰始中，陳慶攻張興世於錢溪，不敢越，乃於梅根立砦。《唐志》云南陵縣有梅根鎮，蓋其地舊屬南陵也。宋至道二年，以池州錢監爲永豐監，或曰即故梅根監。

利國監　在銅陵縣銅官山。唐置銅官場，宋置利國監，後以銅乏廢。

九華樓　在府治九華門上，唐刺史李元方建。《明一統志》云：即九峰樓也。

蕭相樓　在府城東南隅，唐大(歷)〔曆〕中刺史蕭復建。後杜牧重建，名之曰「蕭相樓」，宋蘇轍有詩。

秋浦樓　在府城東。宋紹定戊子，郡守趙葵因舊址增築，有石刻蘇軾詞、黄魯直字於壁。《南畿志》云：明正德戊寅，知府何紹正重建。

景蕭樓　在府城内。萬（歷）〔曆〕中，柳林巷居人李春達掘得斷碑，有《景蕭樓上梁文》，宋狀元陳舜俞撰。

順安樓　在銅陵縣東三十里臨津舊驛中。

賣花樓　在建德縣南里許。自唐至五代時，有花樓二十四間。土人善剪繡，作花以市，四方置酒會多至此市花。今悉荒廢。

文選閣　在府西，貯梁昭明《文選》處。諺云：「江南茶飯，建德先知。」近樓名胭脂港，亦舊管絃地。今僅存其址。

芙蓉閣　在李白書堂前。

翠微亭　在齊山之巔。九華、清溪、秋浦，皆隱隱屬望中，唐時建。宋岳飛詩：「經年塵土滿征衣，得得尋芳上翠微。好水好山觀未足，馬蹄催送月明歸。」

又有三奇亭，亭以石鼓洞、仙人橋、妙空嵓爲三奇，故名。

又有青霄亭，舊爲觀郡樓，宋王哲易今名。

神交亭　在府城小（邱）〔丘〕山，明李呈祥講學地，以遇湛若水，構亭曰神交。

附　**明湛若水《神交亭記》**

池陽有高士古源李子者，謝太學，隱居小（邱）〔丘〕山，十餘年不出，志聖賢之道。聞甘泉子而慕焉，然而未嘗識面。甘泉亦未嘗識其面，而知之賢而敬之，曰神交矣。或曰：「面不相識，何謂神交？」甘泉子曰：「夫人皆識面，淺者也。而謂上下萬年，識堯、舜、禹、湯、文、武、周、孔，是何面目，而若相知之深焉，神交也。故孔子夢周公，高宗夢傅説，舜夢拜平丞，黄帝夢遊華胥，見堯羹牆，皆心也，神也。神也者，心之所爲也，故心之神也。交，通也，通天而天，通地而地，通萬物而萬物，通堯、舜、禹、湯、文、武、周、孔，而堯、舜、禹、湯、文、武、周、孔。感而通之，一氣也。氣也者，通宇宙而一者也，是故一體也。一體，故氤氲相通，痛癢相關，不交而交矣。

嘉靖丙午八月，甘泉子過池陽，登九華之山，古源子出迓焉。或曰：「子十年不爲彼鄉士夫出矣，不爲郡大夫出矣，而爲甘泉子出，何耶？」曰：「吾爲道出也，非爲甘泉公也。」相見而歡，若平生交焉，若魚水不足也。執弟子禮而學焉，虔心以相孚，神以相授，不待口之相語也。深矣！何則？神交至焉，傾蓋次焉。故知神之所爲者，可以盡心矣。知心之所爲者，可以知性矣。知心神之所爲者，可以語道矣。盡心知性而存養之，可與語學矣，盡之矣。

古源子退而作神交亭，甘泉子爲次第其語，作亭記。甘泉子喟然嘆曰：「於平時知子，而知神交之道，則斯亭斯記。可兩忘矣。」

弄水亭　在府治通遠門外舊橋之西。杜牧建，取李白「欲弄水中月」句爲名。

貴池亭　在府城北五里磯上，俗呼爲望江亭。唐杜牧詩：「勢比淩歊宋武臺。」

翠光亭　在池口，瀕江。宋岳飛詩：「愛此倚欄干，誰同寓目閑？輕陰弄晴日，秀色隱空山。

島嶼蕭騷外，征帆杳靄間。予雖江上老，心羨白雲關。」

清溪亭　在府清溪鎮。

又有清溪館。

望華亭　在九華山西圯橋之右。舊名玩華亭，馮叔吉重建，易今名。領九華衆峰之妙。

梅公亭　在建德縣治後。宋梅堯臣爲令，有惠政，民思之作此亭。

附　元吴師道記

士君子宦遊之方，去之數百年，人猶想其風烈而不忘，至於崇表而章顯之。是雖好德之心，然其所以使人至此，而爲末俗之勸者，豈小哉？

池之建德，故宋尚書都官員外郎、國子監直講梅公聖俞，景祐間爲知縣事。集中詩，幾百篇皆在是邑作，而當時風物宦況之大略可考見也。後人嘗於郎官舍西偏，爲梅公堂以祀之。既廢，而令柴夢規重建於縣圃之北。世易事更，復改縣後之半山亭爲梅公亭，以識其舊。未幾，亦化爲荒墟。

師道之來也，按行遺址，見大礎在茅草中，蕘兒牧豎，躑躅其上，老木三數株，錯立蒼然。爲之躊躕太息，自是營構之念，往來於懷。

越明年，始克就緒。爲屋三間，限以周垣，鍵以外扃。飛檐虛檻，高亢疏明。既與邑人慰其景仰之思，而溪山屋室，環繞映帶，又得登臨之美，以相樂也。

當宋之初，文體卑陋，公倡古淡之作，一變其習。歐陽子以一世巨人，而盛推尊之，若已弗及。又以仁厚、樂易、温恭、謹質稱其人。一時諸公交口論薦，雖仕不大顯，而文學行義足以儀當時而表後世。矧建德肇邑自唐，令長凡幾何人，而公之名獨稱之至今，是豈可以勢力致哉？使凡吏於此者，登公之亭，誦公之詩，思公之所樹立以自勵，則斯邑之民，將被其賜於無窮也！

師道於公無能爲役，然不可謂無志於自勵者。斯亭之作，既自爲之經營，而衆來致助，乃命邑人陶起東董其事，不以煩民，庶幾可久，尚告來者，嗣有葺焉。其或迂吾之爲，漫不顧省，任其圮壞泯滅，亦獨何心哉？

亭成，當至元三年丁丑之歲，十二月乙亥。明年，某月日記。

菊江亭　在東流縣西菊江門外。舊有菊臺瀕大江，後建樓其上，名望江樓，再易今名。向於此祀陶潛，故江曰菊江，亭之名亦因此。

繡春臺　在齊山東岩之巔。危檐傑棟，巋然屹立，宋魏了翁書「繡春堂」三字。

又有紫薇臺，在寶雲岩後，因杜牧得名。今存石刻數字。

昭明釣臺　有二：一在鎮山下；一在和龍山下，有玉龍潭。

白鶴臺　在青陽縣東南保寧觀，相傳白鶴真人煉丹處。

釣魚臺　在青陽縣九華山嘉魚池上，相傳竇子明、李昭象垂釣處。

李白書堂　有五：一在府南四十里桃陂，一在府南苦行嶺，一在銅陵縣五松山，一在石埭縣杉山，又一在青陽縣九華山中。宋吴夢祈《記》云：翰林訪道江漢，會故友韋仲堪宰是邑，乃卜居焉。其居介乎龍女泉之側。嘉熙初，蔡元龍訪其遺蹟，於化城寺東偏復構斯堂。

李昭象書堂　在九華山翠羽池。

杜荀鶴書堂　在九華山東，去小龍山三里許，舊爲臨城地。

范仲淹書堂　在青陽縣東二十里讀山之陽。

華岳宅　在府南山川壇後。岳爲殿前司，謀誅史彌遠遇害。有手植松十餘株，宅前石狻猊尚存。

費冠卿宅　在九華山少微峰。

吴用之宅　在九華山西坂。吴氏自唐以前居之，號松陽宅。

新城宅　在蓮花峰西，亦吴氏宅也，唐刺史吴器高築新城精舍。

楊梅館　在府西九十里石嶺，多楊梅。唐白居易有《楊梅館》詩。宋改爲驛，今呼爲楊梅坦。

龍堂精舍　在銅陵縣五松山。李白《與南陵常贊府遊五松山》詩有「龍堂若可憩，吾欲歸精修」之句。注云：「銅井西五里，有古精舍。」

陳公園　在銅陵縣東鰲首山。園内有二池，宋蘇軾、黄庭堅曾遊此。

葉公園　在銅陵縣東五十里葉山下。宋王安石遊其園，戲葉云：「週回莫有千秋葉。」葉隨答云：「裨補能堪百篚①蠶」。

鐵船　在銅陵縣五松山前湖田之下。首尾船形如積鐵，舊傳晋潯陽太守張寬歿爲神，於此一夕乘船，至爲人所見，其船遂溺，而露首尾焉。

杏花村　在府秀山門外里許，因唐杜牧詩有「牧童遥指杏花村」得名。《南畿志》云：有古石井圈，刻「黄公廣潤玉泉」六字。國朝郎遂有《杏花村志》。

杜塢　在府城西四里，因杜牧得名。其下有杜湖。

閔源　在九華山東巖。由神光嶺南繞東巖外，上、中、下凡三處。皆産茗，此閔茶所由名。

桃源　在建德縣南四十里步頭村。水源深邃，人跡罕至。唐乾符中，黄巢之亂，邑人多避於此。

石印池　在建德縣石印山下。宋周必大《録》云：縣北六里斷崖，石壁之上有印文，圓如馬蹄，兩兩相對。舊傳許旌陽逐蛟至此所留也。

流觴瀨　在九華山百丈潭。上有石渠，唐李昭象與客泛觴於此。

黄花驛　在東流縣北。以陶潛種菊之地，故名。又有菊所。

鵲頭戍　在銅陵縣鵲頭山，六朝皆置戍。

---

①「篚」，《四庫》本作「節」。

黄屯　在府東南六十里。唐乾符中，黄巢常屯此，因名。有黄屯堰。《南畿志》云：東二百里有石岡，名鐵券，相傳唐賜巢鐵券處。

三墩九曲　在石埭縣後。《南畿志》云：墩有三，以應三台；水九曲，以應九曜。郭璞以厭火災。

峽山寨　在府西。宋開寶七年，曹彬伐江南，拔峽山寨，進克泗州是也①。

劉公寨　在青陽縣南。宋建炎中，劉光世因險立寨，禦張遇於此。

丹井　在青陽縣九華山北，葛洪煉丹井也。

金釵井　在石埭縣西峨山之麓，唐桂盛女盡節處。

白龜泉　在青陽縣化城寺西龜山下，蔣之奇題名石上。

龍女泉　在青陽縣東巖。相傳金地藏卜居，方苦遠汲，俄有少女云：「石下有泉。」因以手撥石，泉果湧出。

又有甘泉，在東巖中峰下。明嘉靖初，湛若水講學於此，後建書院。旁有一泉，公自署曰「甘泉」。

---

① 此處疑有誤。池州位於江南，泗州位於淮北，宋初曹彬伐江南，不必先拔池州峽山寨再「进克泗州」。「泗」，疑是「池」之訛。

舒姑泉　在石埭縣南三十里蓋山下百步。梁劉峻書：蓋山之泉，聞弦歌而赴節。相傳昔有舒氏女，與其父析薪至此，牽挽不動，俄化爲泉。其母曰：「吾女性好音樂。」乃作弦歌，泉湧回流，有朱鯉一雙云。

金鷄石　在府城西五十里。《埤雅》云：江南富姓者，莊前一石，月下忽作鷄聲。遂名金雞石。

天柱石　在石埭縣陵陽山，唐李白所築。

定城石　在石埭縣前街中。長一丈二尺，廣五之一，相傳郭璞遷縣立此石。

石鏡　在石埭縣櫟山。其石縱横二丈，光明可鑑人物。

鹿跡石　在東流縣東六十里，相傳葛洪跨白鹿仙去處。

江南通志卷三十五

輿地志

古蹟　六

太、廬、鳳三府

太平府

丹陽故城　在府城東五十里，接江寧縣界。秦置縣。始皇東巡，由丹陽至錢塘，即此。漢仍之，屬丹陽郡，謂小丹陽，吴範從孫策下小丹陽是也。今有丹陽鎮。「陽」亦作「楊」。應劭曰：丹陽，以木名邦。《晋志》云：丹陽山多赤柳，故名。

姑孰城　即今府治，漢丹陽、春穀二縣地。東晋時置城戍守，并積鹽米於此。城南臨姑孰溪，因名。

謝公城　在府采石鎮，晉謝尚鎮牛渚時所築。

却月城　在府西南三十里天門山上。南宋車騎將軍王(元)〔玄〕謨所築，廣十餘里，久廢。

蕪湖故城　在蕪湖縣東三十里，古鳩兹地。《左傳》：襄三年，楚子重伐吴，克鳩兹。是也。漢置蕪湖縣。今縣東四十里有鳩兹港。

王敦城　在蕪湖縣東北一里羅氏園，王敦鎮于湖時所築。

南豫州城　在縣東北一里。《金陵志》云：姑孰之南，淮曲之陽，晉成帝咸和四年僑立豫州，治蕪湖。即此。

宣春城　《輿地紀略》云：在蕪湖。今邑東尚名宣春門，殆晉時僑立。

上黨郡城　在蕪湖縣西南五里。晉太元間，因上黨民南渡，僑立上黨郡及襄垣縣。

繁昌故城　在繁昌縣西北四十里。東晉僑置襄城郡，割于湖爲境，並置繁昌縣屬焉。《寰宇記》云：繁昌本南陵縣地，其地出石緑，唐時爲石緑場，今爲舊縣鎮。

又有襄城郡址，在縣東北延載鄉。

赭圻城　在繁昌縣西南十里。孫吴置赭圻屯。晉哀帝召桓温入朝，至赭圻有詔止温，温遂築城居此。今稱故縣城。

南丹陽廢郡　在當塗縣西北，梁置。

于湖廢縣　在當塗縣南三十八里，漢丹陽縣地。三國吴爲督農校尉治，晋太康初始立于湖縣，屬丹陽郡。

春穀廢縣　在繁昌縣西北，漢置。《新志》謂在蕪湖縣陶辛圩者誤。按：《元和志》、《寰宇記》皆云在南陵縣境，應入繁昌無疑。

天門雙闕　在府大信鎮。宋大明七年，帝西巡，有雙爵盤旋下集繖蓋，群臣呼萬歲，詔建雙闕。

望江樓　在當塗縣慈姥磯，相傳梁昭明太子讀書處。又縣東南净居院，亦有昭明讀書臺。

太白樓　在采石磯，即太白祠，唐元和中建。陸龜蒙詩「謝脁青山李白樓」是也。

清風樓　在蕪湖縣驛山之陽，因蘇軾清風閣舊額以命名。

燃犀亭　在當塗縣采石牛渚磯上。晋温嶠平蘇峻還鎮，至此聞其下多怪，燃犀燭之，見水族奇形異狀。夜夢人謂曰：「與君幽明道别，何意相照。」後人因建亭於此。

賞詠亭　在采石驛前。晋謝尚鎮采石，月夜泛舟，聞别艇詠詩，邀與談論及旦，知爲袁宏，薦於朝。後人遂即事名亭焉。

白紵亭　在當塗縣東七十五里。昔宋帝與群臣會此，唱《白紵歌》，故名。

姑孰亭　在當塗姑孰溪上。

附　唐李白《宴姑孰亭序》

通驛公館南有水亭焉，四甍翬飛，巉絶浦嶼。蓋有前攝令河東薛公棟而宇之，今宰隴西李公明化開物成務，又横其梁而閣之。晝鳴閒琴，夕玩清月，蓋爲接輶軒、祖遠客之佳境也。製置既久，莫知何名。司馬武公長材博古，獨映方外，因據胡牀，岸幘嘯咏，而謂前長史李公及諸公曰：「此亭跨姑孰之水，可稱爲姑孰亭焉。」嘉名勝概，自我作也。且夫曹官紱冕者，大賢處之。若游青山，卧白雲，逍遥偃傲，何適不可？小才居之，窘而自拘。悄若桎梏，則清風朗月，河英嶽秀，皆爲棄物，安得稱焉？所以司馬南鄰，當文章之旗鼓；翰林客卿，揮辭鋒以戰勝。名教樂地，無非得俊之場也。千載一時，言詩紀志。

捉月亭　在采石鎮神霄宫内。李白泛舟狂醉，欲從水中捉月，故名。亦名暮雲亭，相傳藏李白宫錦處。宋梅堯臣有詩。

十詠亭　在府城東。唐李白有《姑孰十詠》，因名。蘇軾過此讀之，笑爲贋物，見陸游《入蜀記》。

百花頭上亭　在府城外尼山巔，宋景定五年太守鄭羽建。

蛾眉亭　在當塗縣北二十里，據牛渚絶壁。前直二梁山，夾江對峙如蛾眉然，故名。宋熙寧二年，太守張瓌建。

孟公亭　在當塗縣官圩東岸。宋咸淳八年，大水，知州孟知縉以身捍水，水爲之卻，立亭表焉。

刻石尚存。

思瑾亭　即采石驛皇華亭。以思周公瑾，故名。宋真德秀題額。

江山好處亭　在當塗縣北二十里蛾眉峰左，亦名觀瀾亭。

附　明倪謙《江山好處亭記》

太平爲郡，在南京之南百里而遠。右枕江有山焉，曰采石，下有磯曰牛渚。江自西南來，合沅、湘、漢、沔之水，直走磯下。姑孰之溪，則自東折西而横入於江，驚湍駭浪，晝夜衝齧有聲。磯之南，直走天門，東、西二梁，中束一水，蒼翠修曲，宛若蛾眉。舊嘗爲亭磯上，以占其勝矣。去蛾眉之左，下坡數級，地勢頗卑，而坦迤幽曠。山益近而奇，江益近而駛，其地尤勝，有非蛾眉所得而擅者。舊亦爲亭於此，名「江山好處」，元監府弘吉剌①氏易名「觀瀾」。歲久傾毁。

景泰三年，豐城李侯若虚來守是郡，政平訟理，民安物阜。嘗考尋遺迹，以爲是亭乃郡之絶景，自昔騷人韻士，若晋温嶠、袁宏、謝尚，唐李白、崔宗之諸賢，皆嘗於此登眺而吟嘯者也。豈惟吾輩政餘可以藉是消煩而適意，邦人歲時亦得以遂遊觀之樂也。容可坐視其廢乎？乃與同

① 「弘吉剌」，《四庫》本作「弘吉嘿」。

知任能讓、通判陳清、推官何袞，捐俸貲爲倡，命廣濟寺僧修惠募材重建。

亭成，諸公①與客携酒餚登而落之。憑高②遠望，則烟嵐之杳靄，雲濤之洶湧，風帆沙鳥之往來，長鯨巨黿之出没，仙梵之廬，漁樵之居，舉接於欄檻之外。千態萬貌，景象無窮，有以使人心開目明，而神爽飛越。於是揚袂引觴曰：「樂哉，斯亭！」因復其名曰「江山好處」，徵記於予。

予以花鳥本平時可娱之物也，然感時恨别者，見之適足以驚心而飛淚。郡之江山，信可樂矣。使爲守者政③未能敷於下，爲民者政未能安於上，外有責於人，内有媿於己，則登亭也，觸物興懷，無非悲傷感慨之境，孰見其爲可樂哉？今諸公涵煦休養，措斯民於衽席，而民親愛之不翅父母。上下之間，心孚惠洽，蓋無適而非可樂者。况目當江山之好處哉？是宜樂其樂，而使民同其樂也。亭之復古，詎不宜乎！

湖山烟雨亭　在當塗縣東三里月盤山，據郡城游觀之勝。

---

①「諸公」，《倪文僖集》作「太守」。
②「高」，《倪文僖集》作「亭」。
③「政」，《倪文僖集》作「化」。與下文對讀，作「化」者勝。

夢日亭　在蕪湖縣東一里故王敦城上。晉太寧①二年，王敦將舉兵内向，帝密知之，微行至于湖，察敦營壘而出。敦正晝寢，夢日環其城。宋時於此建亭，故名。

玩鞭亭　在蕪湖縣北二十里。晉明帝微行察王敦營壘，敦覺，使五騎追之。帝馳去，見逆旅賣食嫗，以七寶鞭與之，曰：「後有騎來，可以相示。」追者至，問嫗，嫗因以鞭示之。五騎傳玩，稽留遂久，帝獲免。因名亭，碑石存。

吴波亭　在蕪湖縣西門外，瀕大江。宋隆興二年建，張孝祥書額。

志喜亭　在蕪湖縣神山巔。宋乾道七年秋，禱雨於李衛公祠輒應，因名。

雄觀亭　在蕪湖縣吉祥寺右山巔，名觀瀾。亭西向，吴仁傑易使面南。

識舟亭　在蕪湖縣鶴兒山，俯瞰大江。舊名八角亭，王思任榷關時易今名。

淩歊臺　在當塗縣西北黄山，宋孝武帝築以避暑，即宋行宫也。面勢虚敞，高出塵壒之表。唐李白有詩。

聯璧臺　在采石山江干。二石突兀，中分一綫，石刻「聯璧」二大字。

縹緲臺　在繁昌縣後山巔。下瞰大江，前對濡須，宋熙寧間易名「表裏江山臺」。

誓清堂　在當塗縣黄山。祖逖渡江，誓師於此。宋嘉熙中吴淵建堂，後陳塏以米芾所書「極目

① 「太寧」，《四庫》本作「大寧」。

亭」三字易之。

揮麈堂　在府治，臨大池。舊名近民，吴淵重建易名。

盤龍齋　在當塗縣南州津。晋桓(元)〔玄〕建齋，畫龍於上。後劉毅鎮此居之，毅小字盤龍，遂爲符驗云。

横江館　在采石對岸，即和州横江，李白所咏也。

滴翠軒　在蕪湖縣赭山廣濟院。舊名檜軒，有宋黄庭堅自書「山谷讀書處」五字。

北園　在繁昌縣寶山，宋蔡確建。

潘閬宅　在府西，今儒學是。

郭祥正宅　在府東街。中有醉吟菴，蘇軾過之，題詩畫竹石於壁。

陳規宅　在府東街成賢坊。

羅彦輔宅　在府西街。

張鐩宅　在府城東南隅，其居曰孝感坊。

陶安宅　在府城東街，明太祖賜額及堂聯。

謝朓宅　在當塗縣青山。一名青山館，旁有謝公池。陸游《入蜀記》云：青山市南有(元)〔玄〕暉故宅基，環宅皆青林文篠，清泉奇石，真佳處也。今爲保和菴。

陶弘景宅　在當塗縣横望山，今爲澄心寺。《因話録》云：盧巖説隨鄭常侍遊宣州當塗，隱居山巖，即陶貞白煉丹處也。爐跡猶存。

李白宅　在當塗縣青山之麓。白至姑孰，依當塗令李陽冰，愛謝家青山，有終焉之志。

周維長宅　在當塗縣横望山，李白有《贈横山周處士》詩。

李陽冰宅　在當塗縣青山。陽冰解組後，築室青山最深處，重巒疊嶂，佳趣萬種。今名萬佳山。

張孝祥宅　在蕪湖縣西南昇仙橋，有歸去來堂。

張崇義居　在繁昌縣城。崇義自祖父以來，千口同居，閨閫肅然。嘉祐中，楊傑過其門，書「義居」二字遺之。

陵口戍　在府北三十里，或謂之東陵口。晉咸和中，蘇峻自歷陽濟横江，登牛渚，軍於陵口。胡氏曰：在牛渚之東北。亦江濱戍守處。

南陵戍　在繁昌縣西北，下臨江渚。六朝時，江州東界盡於南陵，蓋瀕江津要處也。晉陶侃領荆州、江州刺史，自南陵迄於白帝數千里，路不拾遺，謂此。梁置南陵縣，治赭圻城，時此地亦置戍。承聖初，王僧辨討侯景，軍於大雷，遣前軍侯瑱襲南陵、鵲頭二戍，克之，是也。

九龍池　在横山頂。有石坎，容水僅斗許，能不竭。内石龍子九枚，長數寸，黝形高足，癡不畏弄。昔傳人取其一，坎中仍九；盡取之，坎中亦九也。

禁蛙池　在蕪湖縣昇仙橋西。張孝祥築堂成，鄰人以池内蛙鳴爲讓，孝祥取硯投之，隨手聲絶。

洗硯池　在繁昌縣馬仁山，唐王沖霄洗硯於此，至今池水猶黑。

九井　在府城南十里，晋桓温所鑿。殷仲文九日從桓温游九井賦詩，即此。井通江，已竭其五。昔有墜鞭於井者，從牛渚流出，見杜滔《北征記》。

龍泉寺井　在府東龍泉山，晋螺浮尊者卓錫開此。以竹汲之，則清泠可飲。以繩汲之，則泥滓渾濁。

洞井　宋孝武游姑孰，敕謝莊携其子朏從，乃使爲《洞井贊》。朏即於坐奏之，帝曰：「奇童也。」

謝公井　在青山路。南有磚甃，謝朓鑿。

陶弘景丹井　在横望山。

唐井　在府城東十五里禪岳寺山下，闌石鎸「元和十二年」字。

掛袍石　在當塗縣白紵山西，晋桓温率賓僚燕飲，醉時掛袍於此。

丹竈　在横山，陶弘景煉丹設也。此地環天碧嶂，景物奇特，所謂「丹竈寒烟及五井」指此。

石鼓　在蕪湖縣石臼湖側。唐貞觀二年，尉遲恭來治郡，舁二石鼓以壯其門，相傳是石季倫家物。

廬州府

合肥故城　在今縣北，漢置。三國時，魏揚州都督滿寵以城臨江湖，賊得據水爲勢，請立城西北三十里，依險可固守，謂之新城。宋曹朋之《記》曰：合肥入斗度獨多，故號金斗城，亦曰金斗門。今雞鳴山下，有新城故址。

逡遒城　在府東舊梁縣南三十里清水橋。《後漢志》云：九江郡有逡遒縣，曹操伐吴屯兵於此重築之，亦曰曹城。晉成帝時，僑立於蕪湖縣界。

滁陽城　在府東北。《寰宇記》云：在慎縣東北六十四里。

小峴城　在府東七十里，南齊所築，詳《山川》。

楮城　在縣西北。唐光啓二年，壽州刺史張翱遣兵寇廬州，楊行密將田頵等敗之於楮城是也。

梁縣城　在府東北七十里。漢汝南郡有慎縣，劉宋僑置於此，屬南汝陰郡。宋紹興三十二年，避諱改曰梁縣，從舊郡名也。今爲梁縣鄉。

舒縣故城　在廬江縣西，春秋時舒國，秦爲舒邑。漢文帝封淮南厲王子賜爲廬江王，都此。今縣西南三十里有大城，縣西北金牛山下有金牛城，蓋即古舒縣遺跡也。

慕家城　在廬江縣東二十里，世傳慕容垂屯兵所築。

龍舒城　即舒城縣治。春秋爲群舒，漢置龍舒。應劭曰：龍舒，即群舒之邑。杜預曰：群舒，偃姓，舒庸、舒鳩之屬。今廬江南有舒城，舒城西南有龍舒城是也。舊説以龍舒爲廬江地，誤也，詳見《辨訛》。

高陽城　在舒城縣西南二十里。高陽氏封其子庭堅於舒蓼之間，故名。

黔布城　在舒城縣東。晉孝武時，於黔布城置南新蔡郡，屬南豫州，尋廢。

羹頡城　在舒城縣西北三十里。漢高帝七年，封兄子信爲羹頡侯，食邑於舒。

亞夫城　在舒城縣東南十五里，相傳周亞夫嘗領兵至此。有東、西二城，其址尚存。

周瑜城　在舒城縣西十八里，今爲浄梵寺。

舒鮑城　在舒城縣西一百里龍舒水南，或以爲即古舒庸也。

霍湖城　在舒城縣南五里。

又花家城，一名竹里。又團箕城，俱在縣西十里。羊舌城，一名陽石。又繆家城，俱在縣西十五里。諸城皆南北朝及南宋初戍守之所。

茆城　在舒城縣東南十五里，亦曹操屯兵所築。

新附城　在無爲州南十五里，吴諸葛恪築以居新附之人。今其地爲新附橋。

桀王城　在巢縣卧牛山之陰，《書》所謂南巢也。今爲紫微觀。

橐臯故城　在巢縣西北六十里。《春秋》云：哀十二年，公會吴於橐臯。漢置橐臯縣。橐臯亦曰柘臯，舊説以爲「橐」訛爲「拓」，又譌爲「柘」也。按杜預注：橐，音章夜反。是「橐」字本有柘音，非譌也。橐臯今爲柘臯鎮。

其東又有會吴城故址。

居巢故城　在今巢縣東北五里，夏、商時南巢地。周爲巢，伯國。秦爲居巢縣。亦曰居鄛。今古居巢城陷爲巢湖。

南譙郡城　在巢縣東南二十里。晋太元中，僑置南譙郡，治山桑縣。
九江郡治　在無爲州襄安鎮。秦漢以前，江逼城下，爲舟車要衝。
潁川故郡　在巢縣東南。劉宋僑置，屬南豫州。《水經注》云：竇湖水東出爲後塘，塘上有潁川僑郡故城。
襄安舊縣　在無爲州南四十里襄安鄉。西對臨湖，東下繁昌，漢置。
臨湖舊縣　在無爲州西南臨壁山下，漢置。今爲臨湖圩。
扶陽舊縣　在無爲州西北，接巢縣界，晋太元中僑置。
開城舊縣　在無爲州西四十里，唐武德三年置。今爲開城鎮。
無爲舊縣　在無爲州花家疃。本巢縣之城口鎮，魏武征孫權，築城於此。攻吴無功，因號無爲城。
蒙古學　在無爲州，今儒學西北大街。
吴王宫　在廬江縣紫芝坊，世傳五代楊行密故宅。今爲金剛寺。
鎮淮樓　在府治。明郡守龍誥重建，有銅壺以核晝夜時刻。
五鳳樓　在府東城上，唐天祐中張崇創築。落成之日，有五色鳥集其上，因名。
九華樓　在無爲州移風門上，宋米芾建。江之南九華諸峰，屹然相向，因以名樓。
稻孫樓　在無爲州大安門上。宋米芾秋日登樓燕集，見田禾已穫復青，問諸老農，曰：「稻孫也。」芾喜而名其樓。

又明遠樓，在州楚澤門上，與群山相接，下臨諸湖，米芾題額。

講書樓　在無爲州城隍廟前。謝枋得寓於州，州人建此樓居之。

聖文秘奉閣　在府城。宋劉筠知廬州，構閣藏真宗飛白書及所賜書，顔曰「聖文秘奉之閣。」

五雲閣　在無爲州城内，五雲叟陳明所建。

聚山閣　在無爲州治，宋米芾建。

景賢亭　在府治，有晏殊、包拯諸公詩刻石甃壁間。

威遠亭　在府西城上，明熊文舉禦寇駐此。又作税于亭於東郊外。

仙隱亭　在廬江縣水簾洞上。宋隆興初，建亭以表左慈之迹。

鵲亭　在舒城縣西。《春秋》云：昭五年，楚伐吴，吴人敗諸鵲岸。杜預曰：即舒縣之鵲尾渚，亦曰鵲亭。

飛霞亭　在舒城縣署，宋李公寅讀書處。其兄伯時爲畫《舊宅圖》，蘇軾有詩。

教弩臺　在府城東門内九獅橋北。曹操所築，教强弩以禦吴之舟師。

明遠臺　在府東北七十里梁縣鄉。回環皆水，中有一洲。《方輿覽勝》云：宋鮑照嘗讀書於此。

義門臺　在府西十八里。唐萬敬儒三世同居，親亡廬墓。宣宗大中間，特表其門。

節婦臺　在府城内惠政橋東南，宋包拯舊第。節婦，拯冢嗣繶妻崔氏。

釣魚臺　在廬江縣南八里。石磯枕河，爲左慈垂釣處。

避暑臺　在廬江縣東北隅。舊傳曹操攻吴，避暑休兵於此。今爲城隍廟。

釣魚臺　在無爲州東北，一名濡須口，舊傳浮(邱)〔丘〕伯釣魚之所。

漕臺　在無爲州城内舊軍學西。宋時設漕運司，以轉江襄漕事。

四望臺　在無爲州治内，宋英宗時知無爲軍滿維端建。

孔臺　在巢縣西橐臯鎮。狀如圓壇，可容千人。世傳孔子去楚，將適吴，駐車於此。

懸魚堂　在府治西。晋羊續爲廬江太守，有饋生魚者，意難却之，乃曝爲乾魚，懸於壁上。他日，復饋續，乃出所懸魚示之，其人慚懼而退。後人爲建懸魚堂。

三至堂　在府治西。宋陳堯佐三守是邦，故以名堂。

西巖書堂　在府東，巢湖西岸，宋安淮有《記》。

萬卷堂　在無爲州天慶觀西。宋祥符中，李景仙藏書於此，多秘閣所無者，以其半進於朝。

仰高堂　在無爲州治東，米芾建。

三桂堂　在無爲州。宋王之道與兄之義、之深同科，故名其堂曰「三桂」。

馬亮宅　在府城和平橋東，明改爲下察院。

包拯宅　在府鳳凰橋巷。

余闕宅　即今合肥縣治。明洪武中建，恩柱坊尚存。

歸來宅　在舒城縣治東，宋李公麟歸隱處。

亞父故居　在巢縣東北二十里亞父山。《皇覽》云：吏民祭亞父於居巢庭上。長吏初視事，必祭而後從政。庭中又有亞父井。

同食館　在府南城上，唐元和中刺史路應求建。《左傳》云：楚人出師，自廬以往，賑廩同食，因以爲名。後又改名建德館。

崇明館　在廬江舊縣治南數十步。宋謝惟士知縣事，省以拓縣治，見《碑記》。後爲儒學。

璇源館　在舒城縣。宋元符中李公麟建，自爲記。

寶晋齋　在無爲州治東北。宋州守米芾建，以晋人法書碑刻嵌壁間，因名。

回瀾軒　在府南門外香花墩。有包孝肅拯祠軒，蓋爲公設也。

青陽山房　在府城東六十里巢湖北，元余闕讀書處。

環翠山房　在府城南湖右永樂港之原，元葛閶孫隱居講學之所。

歐冶子鑄劍處　在廬江縣東北二十里冶父山，今爲寺。

毛義隱處　在廬江縣東北七十里毛公山，有讀書洞。

梅福真隱處　在舒城縣西七十里梅山，漢梅福棄官隱此地。

八公飛昇處　在巢縣西槖皋鄉八公山。《列仙傳》云：八公白日上昇，遺藥在器，雞犬皆得仙。

花園　在府城南二十里，元至正間宣讓王遊賞之所。其址尚存。

回車衖　在巢縣西北十五里。兩山夾峙，中通一綫，俗傳孔子於此回車。

陰陵道　在無爲州黄洛河東北，即田父紿項羽處。

鑊里　在巢縣西北，濱焦湖。吴太平二年，孫綝拒諸葛誕於壽春，大發兵，出屯鑊里，帝亮責綝留湖中，不上屯一步者是也。

姚莨村　在巢縣東新安鄉，相傳東晋時姚莨駐師屯田於此。

春秋山莊　在舒城縣春秋山，宋李公麟讀書處。公麟有《春秋山莊四時樂》詞。又有洗硯池，亦公麟遺蹟。

文翁莊　在舒城縣南九十里，漢文翁嘗讀書於此。

濡須塢　在無爲州東北五十里，一名偃月城。吴用吕蒙策，夾水立城，狀如偃月，有東、西二關。其地峻險，東即濡須塢，西爲巢縣七寶山相對，爲吴、魏相持之所。

藏舟浦　在府城内，古金斗門外。昔魏將張遼襲吴，藏戰艦於此。

箏笛浦　在府城后土廟側。相傳曹操溺妓舟於此，漁人夜聞箏笛聲，今猶然也。

煉丹池　在府城東四頂山上，漢人魏伯陽煉丹之所。故址尚存。

墨池　在無爲州治，宋米芾所鑿。蛙聲聒人，取片瓦濡墨書之，投諸池，蛙鳴遂絶。又大書「墨池」二字，石刻今尚存。

偃月池　在無爲州治南。每中秋夜，月偃半輪，故名。

洗耳池　在巢縣教場西，相傳是許由舊蹟。

東興隄　在無爲州黄洛河。吴諸葛恪作大隄，築兩城，使全端、留略守之。梁鄱陽王範亦嘗屯兵於此。

三堰　在舒城縣南，漢羹頡所築，詳見《碑記》。此一邑之水利也。

嗟虞墩　在府東北八十里，世傳項羽於此别虞姬。

香花墩　在府城南濠水中。蒲葦數里，魚鳧上下，長橋徑度，竹樹陰翳，舊爲包拯讀書處。

舒王墩　在舒城縣北四十里，舊傳漢羹頡侯築此。侯封於舒，故謂舒王墩。

麾旗墩　在舒城縣南十五里，世傳漢壽亭侯駐兵於此。

金雞墩　在舒城縣西一里，下有金雞潭。明秦民悦建書院於此。

劉郎寨　在廬江縣半欄山。自麓至走馬嶺上凡十數里，寨址寬平，可容萬衆，險要可守。

金華寨　在廬江縣黄屯山上，勢最險要。

安樂栅　在無爲州東北。梁太清末，合州刺史鄱陽王範屯於濡須，遣世子嗣將兵守安樂栅。明年，嗣破侯景將任約於三章，遂徙鎮焉，亦謂之安樂栅。胡氏曰：三章，在濡須之東。

狀元井　在府學。宋馬亮擢進士第一，故名。

瑠璃井　在巢縣城北。中有四柱，色如瑠璃。

笑泉　在巢縣南七十里。聞人笑聲，則泉湧沸，故名。

浮(邱)〔丘〕釣石　在巢縣濡須口。水濱一大石，上鐫四字，舊傳浮(邱)〔丘〕釣石。

隋碑　在巢縣紫微觀，開皇十四年造。今可見者只十數字。

鳳陽府

西古城　在府東十八里，舊時軍壘也。

魯城　在府西魯山之東。今有東、西魯城村，皆以此爲名。一説晋太康五年，鍾離移治於此，改名魯城縣。

紫金城　在府城外萬壽山前。

鍾離城　在臨淮縣東四里。古鍾離子國，春秋時互爲吴、楚邊邑。漢置鍾離縣，屬九江郡。治有東、西二城，濠水流於其中，名三牛城，以郡治有三石牛也。郡介濠、涇間，多水災。牛，土畜，故以鎮之。

漢下相故城　在臨淮縣西北。

公路城　在臨淮縣舊城東，相傳袁術據淮南時所築。

小東城　在臨淮縣東。《寰宇記》云：城在東北三里，宋泰始二年，築以鎮濠口，陳太建五年廢。《通釋》云秦始皇築，當是「泰始」之訛。

樂平舊城　在臨淮縣東南。本漢縣，屬東郡，江左僑置於鍾離郡界。《新志》云：有香城，在州東六十里宇家莊。亦名東鄉城，疑是其遺址。

趙草城　在臨淮縣東，距邵陽洲數里。梁天監五年，曹景宗於此築壘，俾牧人得過淮北縱芻牧，使別將趙草守之，因以名城。

向城　在懷遠縣西北四十里渦水之陽。《春秋》云：莒人入向。杜注曰：譙國龍亢縣東南有向城，漢置向縣。《水經注》云：北淝水經向縣故城南，俗謂之圓城。或謂團城。

當塗城　在懷遠縣西南二十里。古塗山氏國，漢置當塗縣，屬九江郡，今爲馬頭集。《水經注》云：淮水經馬頭城，北魏馬頭郡治，即當塗故城也。

平阿故城　在懷遠縣西南六十里。戰國時齊邑，漢爲縣。《水經注》云：淮水北合沙水，淮西岸有平阿縣故城。今有平阿集，在縣西南平阿山下，俗謡爲「平莪」。按魏收《志》云：譙州高塘郡有平阿縣，在今天長縣及高郵州界。蓋梁時僑置於此，非故縣也。

義成故城　在懷遠縣東北十五里，漢爲侯國。《水經注》云：北淝水經義成南，世謂之楮城。非也。其地當渦水入淮處，亦名渦口。舊《縣志》云：有拖城，在縣東北十五里，即古渦口城地。《明一統志》謂義成在縣西北四十里，誤。

龍亢城　在懷遠縣西北七十里。漢置縣，屬沛郡。今爲龍亢集。

考城　在懷遠縣南五十里。沈約《宋志》云：盱眙郡有考城縣，蕭齊因之，魏廢。蓋即此。

荆山城　在懷遠縣北三里，亦謂之舊城。梁天監中，魏人以梁堰淮水，命楊大眼鎮荆山，因築城置戍焉。

邊軍城　在懷遠縣西八里，宋末江淮安撫使夏貴所築。

新城　在懷遠縣南四十里。

宿州北境，亦有新城。

曲陽城　在定遠縣西北九十五里，秦置縣。應劭曰：曲陽者，以在淮曲之陽也。後漢以下邳有曲陽，改曰西曲陽。《水經注》云：洛水經淮南曲陽故城又北，歷秦墟。秦墟①，蓋亦當時戍守處也，與曲陽相近。

陰陵城　在定遠縣西北六十里莫邪山南，即漢兵追項羽失道之所。秦置縣，後漢爲九江郡治。

東城　在定遠縣東南五十里。《元和志》云：項羽敗走東城。即此。秦置。《寰宇記》云：梁天監間，改爲定遠。

馬（邱）〔丘〕城　在定遠縣西南二十五里，即《漢志》當塗縣之馬（邱）〔丘〕聚也。一名藍栅城。

芰蒲城　在定遠縣西南八十五里芰蒲塘下。《寰宇記》云：梁、魏交併之日，魏築爲壘。亦名定遠城。

閭城　在定遠縣西北一百十五里，相傳魏主燾南侵時所築。魏收《志》云：楚州有沛郡，領蕭、

① 「秦墟」，《四庫》本無此二字。

相、已吾三縣。蓋即此。

柴王城　在定遠縣東北七十里大横山上。

羊城　在虹縣西北四十里，今爲湖。或曰，即相城之訛也。相城，見《宿州》。

霸王城　在虹縣南三十里，相傳項羽屯兵處。

夏(邱)〔丘〕城　在虹縣東一里。《寰宇記》云：堯封禹爲夏伯，國於此，故名。漢置縣。

僮縣故城　在虹縣東北七十里。秦縣，漢屬臨淮郡。《明一統志》云：又有僮都城，在縣北一百二十里，即漢取慮縣。

下蔡城　在壽州西北三十里，春秋州來邑也。吴季札始邑於延陵，後邑於此。哀二年，蔡昭侯自新蔡遷於州來，謂之下蔡。漢置縣。

又棟城，在下蔡西北。花苑城，在下蔡城東南五里。

安豐城　在壽州南八十里。按今霍(邱)〔丘〕縣西南界有魏屬安豐郡故址，即漢安風縣也。此則晋時僑置者。沈約《宋志》云：南豫州安豐郡，江左僑立。今爲安豐鄉。

劉、關二城　在壽州正陽鎮，與潁州接界。先主與關羽分城屯軍在此。

硤石城　在壽州西北二十五里硤石山上。兩岸相對，淮水經其中，相傳大禹所鑿。因於山上結二城，以防津要。《三國·魏志》云：甘露元年，諸葛誕據壽春，司馬昭遣王果軍硤石以逼之。梁天監十四年，亦築城於此，爲魏所克。

梁城　在壽州東北。胡三省《通鑑注》云：晉僑立梁郡於壽春界。故有梁城，其城在壽陽東北、鍾離西南。

青岡城　在壽州西二十五里，晉謝(元)〔玄〕等禦秦師時築。

義昌城　在壽州西南。《永初郡國志》云：安豐有義昌縣，晉末嘗立郡。

狄城　在壽州南。梁普通五年，裴邃自合肥拔魏狄城。《本傳》作狄(邱)〔丘〕城。《水經注》云：肥水經狄(邱)〔丘〕東，右會拖水枝津，又北至成德。是也。

黄城　在壽州西。梁置黄城戍，尋置潁川郡於此。《寰宇記》云：晉義熙十二年，置小黄縣，在安豐西北三十里。或即黄城也。又西有郭默城，相傳晉咸和中郭默常屯此。陳大建五年，吴明徹攻壽陽，别將克黄城，郭默城降。是二城相近也。

蒼陵城　在壽州西北。魏收《志》云：壽春縣有蒼陵城。《水經注》云：淮水自潁口左，又東經蒼陵北。是也。

安城故城　在壽州南。《魏志》「梁置新興郡，治安城縣」即此。

馬頭戍城　在壽州西北二十里，淮濱戍守處也。梁天監五年，取魏合肥，魏人守壽陽，於馬頭置戍。普通五年，梁取壽陽，亦置於此。或以爲即馬頭郡，誤。

又馬頭東南有白捺城，又南有歐陽城，皆梁、魏邊戍之地。

魚林城　在壽州南安豐塘側鴛鴦門。

又門鷄城，在州西南三十里。

符離城　即宿州治，故楚邑，秦置縣。

陽城　在宿州南。秦置縣，陳勝生此。

相縣故城　在宿州西北相山下。春秋時宋邑，秦置縣，漢爲沛郡治。今爲相城鄉。《水經注》云：睢水東逕相縣故城南，宋恭公之所都也。或謁爲襄城。

蘄縣故城　在宿州南。楚邑也，秦置縣。《元和志》云：宋於此置譙郡，齊以爲北譙郡。隋廢郡，復爲蘄縣。

又有庸城，在蘄西。

臨涣城　在宿州西南九十里。戰國宋銍邑也，秦置銍縣。梁普通中，克魏銍城，因置臨涣郡，以臨涣水爲名。今爲涣陽鄉。

靈壁故城　在宿州西北。項羽追擊漢軍，至靈壁睢水上，即此。孟康曰：靈壁故小縣，在彭城南。《括地志》云：靈壁故城，在符離縣西北九十里。

臨潼故城　在靈壁縣東北七十里。魏置臨潼郡，今爲潼郡集。或入虹縣，或混爲取慮城，皆誤。

霸王城　凡三，俱在靈壁縣。一縣西南七十里；一縣西北七十五里；一縣北七十二里。皆項羽屯軍之壘。

轂陽故城　在靈壁縣西南七十五里，漢置縣。

洨陽故城　在靈璧縣南五十里。漢侯國，東漢爲洨縣。亦名濠城。魏收《志》云：穀陽郡連城縣有濠城，即漢洨縣地。今爲濠城集。

仁州故城　在靈璧縣東南。魏收《志》云：仁州，梁武置，治赤坎城，領臨潼郡及己吾、義城二縣。

固賢城　在靈璧縣北七十里。舊傳爲晋錮欒盈地，後去「金」爲「固」。

又有古城，在縣西北百里近河岸，相傳關羽、張飛會於此。

竹邑縣治　在宿州北二十五里。漢初置竹縣，晋曰竺邑，今爲符離集。

廢汴郡　在懷遠縣西南。魏收《志》云：譙州有汴郡，梁武置，治蕭縣，有平阿山。其地當在今縣西南，與壽州之廢下蔡縣相近。

臨濠郡　在定遠縣，梁置。

陳留故郡　在壽州南。《寰宇記》云：陳留廢郡在故安豐東北五里。

又浚儀廢縣，在縣東北二百五十步。雍(邱)〔丘〕廢縣，在縣南六十里。小黄廢縣，在縣西北三十里。

又南有都陸城，漢博鄉縣也，三國吴朱異留輜重於都陸，即此。

朝歌舊縣　在臨淮縣東，劉宋置。魏收《志》云：縣有九山城、黄溪水，齊、周時廢。今黄溪在縣東界。

灌(邱)〔丘〕舊縣　魏收《志》云：鍾離郡領灌(邱)〔丘〕縣，有劭陽城。蓋在今臨淮東北，與劭陽洲相近。

壽春舊縣　即今壽州也。戰國末，楚考烈王徙都，命之曰郢。秦置縣，漢爲九江郡治。《輿地記》云：壽陽城中有二城，一曰相國城，宋武帝伐長安時築；一曰金城，壽陽中城也。

又州西四十里有壽春故城，北臨淮水，相傳考烈王蓋治此。

又州東有諸葛城，相傳諸葛誕所築。

成德舊縣　在壽州東南，漢置。《水經注》云：肥水經成德縣故城西，又北至芍陂也。

崇義舊縣　在壽州東南。《宋志》云：南梁郡有崇義縣，羌人所立。

肥陵舊縣　在壽州東南。《新唐書·志》云：安豐縣，武德七年省肥陵縣入。蓋唐初所置也。

甾(邱)〔丘〕舊縣　在宿州東北六十里，漢置。

廣平舊縣　在宿州西南，魏武定六年置。

斛城舊縣　在宿州東北。亦曰朝斛縣，魏武定中置。《水經注》云：渒湖水東至朝解亭。即「朝斛」之訛也。

白樿舊縣　在宿州西南七十里。《隋志》云：臨渙郡有東魏白樿縣。《新志》云：有百善集。蓋即白樿之譌也。

丹城舊縣　在宿州西南仁義鄉。《隋志》云：臨渙郡有魏丹城縣。

定陶舊縣　在宿州定陶山下，後魏僑置。

新豐舊縣　在宿州北七十里，魏武定六年置。今爲新豐集。

龍山舊縣　在宿州西南龍山集。《寰宇記》云：在臨涣縣西四十五里，北齊置。

諸陽舊縣　在宿州西北，唐武德四年分符離縣置。今州西有諸陽山，蓋故縣在此。

陽平舊縣　在靈璧縣南，晉元帝僑置陽平郡於徐州。

連城舊縣　在靈璧縣南。魏收《志》云：穀陽郡首領連城縣，齊、周時廢。有連城鋪，在縣南百里，蓋因故縣爲名。

亳社　在宿州相山。宋共公都相，因置亳社。

潛龍殿　在臨淮縣開元寺内。南唐李昪微時嘗寓寺中，故名。

南華樓　在臨淮縣逍遥臺前。萬〔歷〕〔曆〕中重建，有莊周像。

望仙樓　在臨淮縣城内。相傳藍采和仙去，人於此望之，因名。

清淮樓　在臨淮縣舊郡治子城上。唐張頔詩云：「觀魚惠子臺蕪没，夢蝶莊生冢木秋。惟有清淮供四望，年年依舊背城流。」

元勳閣　在府治西南，明爲功臣建。

含桃閣　在臨淮縣。舊爲郡廨西齋，宋梅詢爲守，吕夷簡爲倅，晏憇於此。

第一山亭　在府龍興寺内，明洪武十六年建。有御書「第一山」三大字碑。

倏然亭　在臨淮倅廳子城上。舊名觀瀾，元祐中王雍爲郡丞，因晉簡文帝「倏然臨水，便有濠濮間想」語，乃易今名。

四望亭　在舊府城，唐刺史劉嗣之建。李紳《記》云：「雲山左右，長淮縈帶。下繞清淮，旁闞城邑。」紳矮小，時號「短李」，俗呼爲短李亭。

枕淮亭　在舊濠州治子城上，宋時建。一名望淮。

聖水亭　在懷遠縣大禹廟前。歲旱禱雨輒應，元人構亭其上。

死虎亭　在定遠縣西南。《水經注》云：閣澗水西北，經死虎亭，夾橫塘西注。宋泰始間，殷琰於此築壘，拒劉勔之兵。齊永元二年，蕭懿討裴叔業，亦屯兵於此。《通典》云在壽州東四十里，誤也，詳見《辨訛》。

對池亭　在定遠縣西北七十里，相傳宋趙倚所作。池即槎枒寺白蓮池。

鵲甫亭　在定遠縣。鵲甫谿水西北流，經此亭下。

婁亭　在虹縣東北。《左傳》云：楚人敗徐於婁林。杜預注曰：僮縣東南有婁亭。

鷄備亭　在安豐故城西南。《春秋》云：昭公二十三年，吴敗頓、胡、沈、蔡、陳、許之師於鷄父。杜預注曰「安豐南有鷄備亭」是也。

黎漿亭　在壽州東南。魏甘露中，吴將朱異救諸葛誕於壽春，進屯黎漿是也。《水經注》云：芍陂瀆北分爲二水，一水東注，爲黎漿水。又東經黎漿亭南，謂黎漿水口。

尉武亭　在壽州北。宋元嘉中，劉康祖還守壽陽，至尉武去壽陽數十里，爲魏將追及，即此。

晝涼亭　在壽州北五里，下有石屋。

亳亭　在宿州西。《春秋》云：桓公十五年，公會宋公、魏侯、陳侯於亳，伐鄭。杜預注曰：相縣西南有亳亭。

芳亭　在宿州北，即唐咸通中官軍敗賊處。

又州城内有柳溪亭。

扶疏亭　在宿州北城上。宋蘇軾守徐時，嘗遺墨竹一本於宿，宿人鎸石構亭貯焉，故名扶疏。明弘治初，州守曾顯庸修復之。

張氏園亭　在靈璧西鳳山下。或曰在鹿鳴門外。

附　宋蘇軾張氏園亭記

道京師而東，水浮濁流，陸走黄塵，陂田蒼莽，〔行〕①者倦厭。凡八百里，始得靈璧張氏之

① 據《四庫》本補。

園於汴之陽。其外修竹森然以高，喬木蓊然以深。其中因漫漫①之餘浸，以爲陂池；取山之怪石，以爲巖阜。蒲葦蓮芡，有江湖之思。椅桐檜柏，有山林之氣。奇花美草，有京洛之態。華堂廈屋，有吴、蜀之巧。其深可以隱，其富可以養，其菜蔬可以餉鄰里，魚鼈蒲筍可以餽四方之賓客。余自彭城移守吴興，由宋登舟，三宿而至其下。肩輿叩門，見張氏之子碩，碩求余文以記之。

惟張氏世有顯人。自其伯父殿中君，與其先人通判府君，始家靈壁，而爲此園，作蘭皋之亭以養親。其後出仕於朝，名聞一時。推其餘力，日增治之，於今五十餘年矣。其木皆十圍，崖谷隱然。凡園之百物，無一不可人意者，信其用力之多且久也。

古之君子不必仕，不必不仕。必仕則忘其身，必不仕則忘其君。譬之飲食，適於饑飽而已。然士罕有蹈義赴節，其處者安於故而難出，出者狃於利而忘返，於是有違親絶俗之譏，懷禄苟安之弊。今張氏之先君，所以爲其子孫之計慮遠且周，是故築室藝園於汴、泗之間，舟車冠蓋之衝。凡朝夕之奉，燕遊之樂，不求而足。使其子孫開門而出仕，則跬步清②朝之上；閉門而歸隱，則俯仰山林之下，於以養生治性，行義求志，無適而不可。故其子孫，仕者皆有循吏良能之

① 「漫漫」，《四庫》本作「汴」。
② 「清」，《四庫》本作「市」。

稱，處者皆有節士廉退之行，蓋其先君子之澤也。

余爲彭城三年，樂其士風，將去不忍。而彭城之父老，亦莫余厭也，將買田於泗水之上而老焉。南望靈璧，鷄犬之聲相聞，幅巾杖屨，歲時往來於張氏之園，以與其子孫遊，將有日矣。

觀魚臺　在府西七里。莊子與惠子觀魚處，亦名莊周臺。

觀星堂　在府獨山頂上，明洪武初建。

將臺　在府西古城之東。

逍遥臺　在臨淮縣開元寺後。唐刺史梁延嗣累土爲臺，刻莊子像，覆以亭。

義臺　在定遠縣東二十里。五代時有梅氏居此，宗族聚居，鳴鼓會食，南唐後主築臺表之。

判虎臺　在定遠縣治。宋包拯爲令時，有虎傷人，拯移牒於神，虎自赴縣，繫於臺前石。今臺、石俱存。

春申君臺　在壽州城東北隅，相傳楚春申君黄歇築。

鳳凰臺　在壽州南門外。

鬥鷄臺　在壽州西南三十里。《明一統志》云：俗傳二金鷄鬥於此。

張飛臺　在壽州西陽鎮東南四里。

米家臺　在壽州正陽鎮西，相傳宋米芾所築。

曬書臺　在宿州閔孝鄉閔子墓側。

莊子臺　在靈璧縣潼山。

望荆臺　在靈璧縣。荆人宦此思親，築臺望焉。今斷碑存。

吹簫臺　在靈璧縣西北七十里。

三賢堂　在臨淮縣城東北隅，宋時建，祀彭祖、莊子、惠子。明正統二年，没入於淮。

威信堂　在臨淮縣内。宋淳熙時，濠帥王回陛辭，上諭以守邊之道，無出「威信」二字，因以名堂。

静正堂　在臨淮縣舊郡治堂後。又有清風堂，皆宋時建。

薛長卿宅　在宿州相城内中元寺。長卿初以「魯詩」傳龔勝、龔舍，後爲御史大夫東歸，沛守遠迎，尊禮殊至，郡人以爲榮。

桓譚藏書處　在宿州。漢成帝以譚藏書多，令待詔門下，時謂「挾桓君山之書，富於①猗頓之財」，今薖花墅是也。

劉巘故里　在宿州相城澤門内。

奕壇　在臨淮縣西南二里會仙觀前。刻石爲棋枰，傍有二窊可置子。

① 王充《論衡·佚文》篇「於」下尚有「積」字。

水館　在臨淮縣舊濠州治，唐張祜有詩。

又高唐館，在舊濠州治西。

漆園　在定遠縣東六十里，即莊周爲吏處。唐天寶中，尚有漆樹一二十株。野火燔燒，今爲壟畝。

國府園　在宿州相城北。相傳内有宋伯姬黄堂基，即伯姬焚死處。

飲馬池　在壽州東南百里，相傳漢英布飲馬於此。

留犢池　在壽州城西南隅。漢時苗來令壽春，駕一特牛至，後生犢一。及去任，曰：「此淮南所産也。」留之，州人遂以名池。

惠子窑　在臨淮縣治西南三里，相傳惠子遊濠上時居此。

夢蝶坊　在臨淮縣開元寺西，莊周嘗寓此。

撒金街　在臨淮縣内，藍采和曳錢仙跡在此。

樂安鄉　在虹縣廢僮縣界。漢匡衡封樂安侯，即此。

大澤鄉　在宿州西南，故蘄縣西。《水經注》云：蘄縣有大澤鄉，陳涉起兵於此。

睡仙崖　在臨淮縣曲陽門外。有石崖長二丈餘，中有一段，平坦約六尺，世傳有仙嘗卧此。

垂花塢　在臨淮縣，唐刺史獨孤及有詩並序。

乘龍洲　在臨淮縣東北淮水中流。周世宗征濠，夜遣兵持炬，乘槖駝絶淮，濠兵驚以爲鬼乘龍也。

莊眉戍　在懷遠縣西北，魏置。齊建元二年，魏人攻鍾離，徐州刺史崔文仲遣兵渡淮，攻破其莊眉戍是也。

禹墟　在懷遠縣東南。《水經注》云「禹墟在塗山西南，其地有禹會村」，即此。蘇軾詩曰「樵蘇已入黄熊廟，烏鵲猶朝①禹會村」是也。

蒲姑陂　在虹縣北。《左傳》云：「昭公十六年，齊伐徐，至於蒲隧。」杜預謂「取慮縣東有蒲姑陂」是也。

竹堌　在虹縣東北七十里淒河岸。

石寨　在府萬歲山頂，築有石垣。

連珠寨　在壽州北五里紫金山腰。有石甃大路，遺址尚存。周世宗屯兵處。

花靨鎮　在壽州西北二十五里，相傳以宋武帝女壽陽公主名。宋紹興二年，廬壽鎮撫使王亨收復安豐軍之花靨鎮，蓋州境戍守要地也。

趙步　在壽州東北淮河北岸，水濱泊舟之地，以趙氏居此名。胡氏曰：趙步南直紫金山。

曹營　在靈璧縣西南一百三十里，相傳曹操立營於此。

---

① 「朝」，《四庫》本作「明」。

垓下聚　即漢兵圍項羽處。《漢志》云：洨縣有垓下聚。《元和志》云：垓下聚，在虹縣西南五十四里。蓋在今靈壁縣東南。

樓子莊　在今靈壁縣西三十里。

戚家灣　在靈壁縣北七十里小河南，相傳爲漢高祖戚夫人之故里。

九井　在壽州南。汲一井，則諸井皆動。

淬劍泉　在府遺碑村。相傳莫邪劍成，以此水淬之。

楚泉　在定遠縣西六十里。漢泉，在定遠縣西五十里，源出楚泉。二泉並行，自南而西，合流入洛，達於淮。

珍珠泉　鳳臺縣城北五里，聞人聲則泉迸如珠。一名咄泉，非有二泉也。

鼇厔槃　在府治南山中，古槃也。

行色詩石刻　在壽州舊安豐縣。宋待制司馬池嘗監酒税，作《行色詩》，後孫宏爲之刻石。

漢碑　在宿州相祠內。八分體，所謂三百有五碑也。

又有宋宣和封崇惠侯敕碑，亦在祠內。

解帶石　在臨淮縣清流門外。俗傳項羽解帶飲石上，即此。

啓母石　在懷遠縣禹廟西，石形如老嫗。

秦橋山石　在虹縣城東陡門。山産美石，宋都汴時，采石於此。

宣和石　在靈璧縣西二十里外，沿途多奇石。

魏昌城　在壽州八公山東南。魏延昌初，梁作淮堰，揚州水漲，刺史李崇更起此城以備水，州人號曰魏昌城。《寰宇記》云「有石城，在縣北四里」即此。

江南通志卷三十六

輿地志

古蹟　七

潁州一府　滁、和、廣、六、泗五州

潁州府

任城　在府治北三里。陳將任忠伐齊，於潁水北岸築城，以圍汝陰，故名。俗呼鑾樓寨。

平輿故城　在府治南一百里，北枕谷河。土城尚完，俗呼爲遠城。按平輿在今河南汝陽縣界，此蓋梁、魏時僑置諸郡縣遺址。

清（邱）〔丘〕城　在府治東五十六里潁河北岸，隋置縣。

永安故城　在府治西南一百四十里汝水北岸，唐武德四年置。

東城　西城　俱在府治西北七十里五樟林。兩城相去三十里，相傳唐置府兵，築城屯守於此。

唐屯城　在府治西南一百七十里龍項灣東，相傳唐仁贍築。

慎縣城　在潁上縣西北四十里江口鎮。《左傳》云，吴人伐慎，白公敗之，即此。漢置慎縣，劉宋改置於淮南合肥，此城遂廢。

潁上故城　在今潁上縣南，即古鄭城也。《水經註》云：潁水東南流，經蜩蟟郭東，俗謂之鄭城。《舊唐·志》云：潁上縣，隋置，治古鄭城。

武陰城　在潁上縣東南正陽鎮。俗謂之張飛城，與劉、關二城相對。

荆亭城　《寰宇記》云：荆亭城在潁上縣西南六十里。劉宋汝陰太守楊文萇破魏兵於荆亭，即此。《水經註》云：潤水經荆亭北而東入淮。

甘城　在潁上縣西北。《通典》云：故甘城，梁置下蔡郡，有關，吴、魏以來關防津濟之所。

段家城　在潁上縣西北六十里，段靈君築。

又有洪城，在縣東三十里。

蓼城　在霍(邱)〔丘〕縣東三十里。虞夏之際，以封皋陶，春秋時蓼國地。唐武德四年，於霍(邱)〔丘〕置蓼州。

紂王城　在霍(邱)〔丘〕縣南二十里。

箕子城　在霍(邱)〔丘〕縣開順鎮。

陽泉故城　在霍(邱)〔丘〕縣西五十五里，漢置縣。《寰宇記》云：梁普通七年，於古城内立縣。大通三年，改爲臨水縣，即古陽泉地。

梅城故城　在亳州西南四十里，古梅伯國。隋開皇間分小黄置梅城，今爲梅城集。

武平城　在亳州西南，漢縣。

下邑故城　在亳州東北五十里，後魏僑置。

藥城故城　在亳州東南。唐武德三年，於魯(邱)〔丘〕堡置文州，並藥城縣。

新陽故城　在太和縣西北六十里，秦置縣。《陳勝傳》曰，吕臣起新陽，是也。應劭曰：在新水之陽也。舊志有信陽城，即故新陽之訛。

樂昌城　在太和縣東，近細陽。漢高后八年，封張敖前姬子壽爲樂昌侯。《後漢·張酺傳》云，食細陽之池陽鄉，即此。

細陽故城　在太和縣東茨河西岸，漢置縣，光武封岑彭子遵爲侯邑。

新郪故城　在太和縣北七十里，古郪(邱)〔丘〕地，漢置新郪縣。章帝建初四年，徙封殷後於此，曰宋公國。俗訛爲宋王城。

扶陽故城　《元和志》云：在故城父縣東北三十二里，漢衛賢封邑。按《漢表》，扶陽國在蕭縣，此城名偶同耳，非故國也。

高鄉郭　在太和縣南七里。《寰宇記》云：魏高貴鄉公所築。

潁陽故城　在太和縣東北三里。《隋志》云：汝陰郡有潁陽縣。

萬壽故城　在太和縣東北四十里。本漢細陽縣，隋、唐汝陰縣之地也。宋開寶六年，分汝陰北五鄉，以百尺鎮置萬壽縣。今爲元墙集。

瑕城　在蒙城縣東北。《水經註》云：渦水經瑕城南，即楚瑕邑。

漆園城　在蒙城縣東北三里，相傳莊周爲吏於此。按莊子漆園爲歸德之蒙，然宋王安石《題蒙清燕堂》云：「民有莊周後世風。」姑存以備考。

山桑城　在蒙城縣北，漢置縣，後漢封王常爲侯國。《水經註》云：北淝水東南流，經山桑邑南，俗謂之北平城。昔文欽封山桑侯，疑食邑於此。

又東經山桑縣故城南，俗謂之都亭城，蓋山桑有二城也。

舊蒙城　在今蒙城縣北，東晉僑置。《寰宇記》云：有南、北二蒙城，並在縣北八十里，相去四十步，皆後魏太和十年築。

檀公城　在蒙城縣〔西北〕①三十七里，即山桑縣城。宋檀道濟爲征北將軍居此，因名。《路史》謂爲北蒙是也。

① 據乾隆《潁州府志》卷二補。

財(邱)〔丘〕廢郡　在府治西南一百十里，梁武置。今府治西南有小土城二，東、西相去二三里，俗謂之東才城、西才城。

銅陽縣治　在府治西二百一十里。《輿地志》云：沈子國西有銅陽郡，漢光武封陰慶爲銅陽侯在此。

雩婁縣治　在霍(邱)〔丘〕縣西南八十里。《春秋》云，楚人侵吴及雩婁，即此。漢爲縣，屬廬江郡。

胡城廢縣　在府治西北二里，即春秋胡子國，梁置縣。

原鹿廢縣　在府治南富陂之西。《春秋》云，宋、楚盟於鹿上，即此。杜預註云：鹿上，今原鹿縣是也。《水經註》云：谷水①經原鹿縣故城北。

富波廢縣　在府治南谷水北。漢置，以多陂塘溉稻，故曰富波。亦曰富陂，蓋「波」「陂」古字通用也。《水經註》云：谷水經富陂縣故城北，俗謂之成閭亭。

松兹廢縣　在霍(邱)〔丘〕縣東十五里。漢初置松兹侯國，在今宿松縣界，晋初改置於此。《寰宇記》云一名祝兹，即古鳩兹，誤。鳩兹在蕪湖也。

義城廢縣　在霍(邱)〔丘〕縣北四十里，宋高祖立。亦名三固縣，後廢縣立戍。

①「谷水」，《四庫》本作「谷上」。

譙縣舊治　今亳州治，春秋時陳之焦邑，秦置譙縣。魏黄初二年改建五都，譙其一也。

城父縣舊治　在亳州東南七十里，春秋時陳邑。《左傳》云：僖二十一年，楚伐陳，遂取焦、夷。昭九年，楚遷許於夷，實城父。蓋城父即夷地也。漢置城父縣，劉宋改置浚儀。魏收《志》云，浚儀縣有城父城是也。今名城父邨。

苦縣舊治　在亳州城東。《後漢·地理志》云：苦，春秋時曰相。《索隱》曰：《地理志》誤也。苦縣本屬陳，春秋時楚滅陳，故苦亦屬楚。《括地志》云：在亳州谷陽縣界。

思善廢縣　在亳州南八十里城父城南，漢章和二年分城父縣置。

長垣廢縣　在亳州東，東晋初析譙縣地僑置。

沈(邱)〔丘〕故地　在府治西北一百二十里，古寢(邱)〔丘〕地也。孫叔敖子辭肥饒而請寢(邱)〔丘〕，即此。

文地　在潁上縣北二十五里，俗傳孔子適楚，接輿歌鳳處。

潁尾　在潁上縣東。《左傳》云，楚子狩於州來，次於潁尾，是也。

管谷　在潁上縣北二十五里，管仲冢此。

摘星樓　在霍(邱)〔丘〕縣東三十里紂王城南。

魏武帝宅　在亳州東。建安十五年，令曰：欲於譙東五十里築精舍，秋、夏讀書，冬、春射獵以自娱。《元和志》云：魏文帝祠在譙縣東五里，即太祖故宅。

元張柔宅　在亳州城内西街之北。

流星園　在亳州東天静宫南。相傳有星突流於園，老子因而誕生。《史記》云：老子，楚苦厲鄉曲仁里人也。《括地志》云：苦縣在亳州谷陽縣界，有老子宅及廟。廟有九井尚存，在今亳州真源縣地。

陳摶店　在蒙城縣南五十里，有陳仙公館。

繁陽亭　在府治境内。《左傳》云：襄公四年，楚師繁陽。杜預註云：鮦陽南有繁陽亭。

沈亭　在府治西一百二十里，秦高士沈郢建。

葵亭　在府城。宋吕公著爲潁倅，作亭後圃，題曰「葵亭」。及爲守，時休倅圃。有《葵亭集》。

清潁亭　在府治西。晏殊守潁時，建亭城陰，俯瞰潁水。

雙柳亭　在府治北渚。初，晏殊守潁，建閣曰清漣，嘗手植雙柳于閣前。後去潁，民不能忘，更曰去思。至歐陽修爲守時，雙柳成陰，遂重建亭，更名雙柳。

竹間亭　在府治，宋蘇軾守潁時作。

相讓臺　在府治東二里，楚莊王所築避暑之所。

釣魚臺　在府治東七十里潁水北岸，漢末袁宏遊釣處。

賀勝臺　在府治西北十里潁水南岸。宋州守陳規迎劉錡，犒軍於此，故名。

張龍公釣臺　在霍(邱)〔丘〕縣西北三十里。

章華臺　在亳州東南乾谿側，即楚王所起也。《元和志》云：臺在城父縣南九里。按章華臺在荆州，詳見《辨訛》。

東、西二臺　在亳州東一里許，曹操觀稼臺也。

八角臺　在亳州東南三里，舊傳曹操所築，大饗軍士於此。

又蒙城縣城東有操演武臺。

子牙釣臺　在蒙城縣西南三十里呂望集。

莊子臺舊址　在蒙城縣城北隅。因没於水，改築於東門外。

會老堂　在府城西湖書院之傍。宋歐陽修與趙概同在政府，熙寧中相繼告歸。一日，概來汝陰，年幾八十矣，遊宴踰月而返，因名其堂曰會老。

六一堂　在府城内，歐陽修致政歸潁時所構。

聚星堂　在府城舊州治内。歐陽修守潁州，一時從遊者皆名流，故以聚星名堂。

大饗堂　在亳州城内。魏文帝南征，軍次譙，大饗六軍及譙父老百姓，立《大饗碑》，曹植文，梁鵠、鍾繇書篆，時稱「三絶」。

清燕堂　即蒙城縣治後堂，宋王安石有《清燕堂》詩。

青楊館　在府治西一百四十五里，相傳漢光武嘗討王尋，駐兵於此。

焦館　在府治西南隅水池上，宋呂公著守郡時建，以館焦千之，因名。

畢卓池　在府治西銅陽城内。

龍池　在潁上縣西南四十里淮潤鄉。舊傳張公九子蜕骨化龍處，與霍(邱)〔丘〕接壤。

東陳郵　在府治東四十里。宋嘉定十五年，霍(邱)〔丘〕人王鑑敗敵於此。

關州村　在潁上縣，張龍公夫人石氏家此。

包家寨　在府治西六十五里。

又姜寨，在府治西一百八十里，俗呼爲强寨。

牛口埠　在霍(邱)〔丘〕縣城東，唐太宗追竇建德處。

蘭亭序黄庭經石刻　在潁上縣。向於舊學基内掘井，得二石刻，久藏縣庫。明末碎毁，今潁州人劉氏重鎸。

九仙臼　在霍(邱)〔丘〕縣九仙山上，俗傳淮南王與八公搗藥於此。

谷陽　在亳州西四十里。

譙令谷　在亳州北三十里。魏武帝至譙，令軍士築之，有《譙令碑》。

下城父聚　在蒙城縣西北渦水之陽。《後漢・志》云：山桑縣有下城父聚，以近故城父縣，故名。

垂惠聚　在蒙城縣西北。《後漢・志》云：山桑縣有垂惠聚，世謂之禮城。

桑林　在亳州湯陵西二里，成湯禱雨之所。

昇天檜　在亳州西，相傳老子乘白鹿，緣此樹昇天。

滁　州

荻港故城　在州西北。魏收《志》云：新昌郡領赤湖、荻港、薄陽三縣。《輿地紀勝》云：荻港在清流縣西北二十里，即魏故縣。《州志》謂赤湖在州西十里，薄陽壖在州南二十里，即故赤湖、薄陽二縣故址。

建陽故城　在州東四十里，漢置縣。

蔣家城　在州東南五十三里。又龔家城在州南四十里，又塘惟城在州南三十里。三城皆傍湖澤，相傳南唐築瓦梁堰以禦北師，水勢横溢，居民築此城以捍水云。

南譙故城　在全椒縣北。晋太元中，僑置南譙郡。《寰宇記》云：梁大同二年，割北徐州之新昌，南豫州之南譙，豫州之北譙，凡三郡立爲南譙州，居桑根之西。今滁州西八十里全椒縣界，南譙故城是也。《輿地紀勝》云：南譙城在縣北二里尹郈，北譙城在縣西北二十里新高郈，皆齊、梁時故址也。

又縣有臨滁里，或曰故郡治。

豐樂城　在全椒縣西七十里艾塘東村，傍豐樂院①。

阜陵城　在全椒縣東十五里。漢置縣，屬九江郡。

襄城　在全椒縣，東臨襄水，入袁村。或以爲姚襄所築。

高塘故城　在來安縣東北白塔鎮西。魏收《志》云：譙州領高塘郡。《隋志》云：清流縣，開皇初廢樂鉅、高塘二縣入。蓋高塘即故郡也。

又有古城集，在縣北八十里，疑即樂鉅。

趙王城　在來安縣東二十五里。城北有澗，澗北有趙侯古冢。

又有丁城，在縣東北白塔鎮東南，四面平遠，城地高數丈，廢置不可考。

清流舊縣　即今州治。江左流寓，立頓（邱）〔丘〕縣於此。隋改置清流縣，以縣東清流水爲名。

酇城廢縣　在全椒縣西南酇湖濱，本漢沛郡屬縣。

嘉平廢縣　在全椒縣西南十五里。蕭齊置，屬南譙郡。

寶林門　在全椒縣寶林橋，吴赤烏二年立。

懷嵩樓　在州治後統軍池上。即贊皇樓，唐李德裕刺滁州時建。

御書閣　在州琅邪山前，宋乾德二年建。太平興國中賜額，藏四朝御書。

---

① 「院」，《四庫》本無。

醉翁亭　在州南七里，歐陽修建，有《記》刻石，蘇軾書。《州志》云：明太僕卿趙釴創爲樓，萬(歷)〔曆〕中，太僕卿沈思孝改爲解醒閣。

附　宋歐陽修《醉翁亭記》

環滁皆山也。其西南諸峰，林壑尤美，望之蔚然而深秀者，琅邪也。山行六七里，漸聞水聲潺潺而瀉出於兩峰之間者，釀泉也。峰回路轉，有亭翼然，臨於泉上者，醉翁亭也。作亭者誰？山之僧曰智仙也。名之者誰？太守自謂也。太守與客來飲於此，飲少輒醉，而年又最高，故自號曰醉翁也。醉翁之意不在酒，在乎山水之間也。山水之樂，得之心而寓之酒也。

若夫日出而林霏開，雲歸而巖穴暝，晦明變化者，山間之朝暮也。野芳發而幽香，佳木秀而繁陰，風霜高潔，水落而石出者，山間之四時也。朝而往，暮而歸，四時之景不同，而樂亦無窮也。

至於負者歌於塗，行者休於樹，前者呼，後者應，傴僂提攜，往來而不絶者，滁人遊也。臨溪而漁，溪深而魚肥。釀泉爲酒，泉香而酒洌。山肴野蔌，雜然而前陳者，太守宴也。宴酣之樂，非絲非竹，射者中，弈者勝，觥籌交錯，起坐而諠譁者，衆賓歡也。蒼顔白髮頹乎其中者，太守醉也。

已而夕陽在山，人影散亂，太守歸而賓客從也。樹林陰翳，鳴聲上下，遊人去而禽鳥樂也。

然而禽鳥知山林之樂，而不知人之樂。人知從太守遊而樂，而不知太守之樂其樂也。醉能同其樂，醒能述以文者，太守也。太守謂誰？廬陵歐陽修也。

漸入佳境亭　在州醉翁亭北。舊名同醉，宋宣和中郡守唐恪建，嘉泰中郡守林嵥易今名。

豐樂亭　在州城西南琅邪山，宋歐陽修建，自爲《記》，蘇軾書刻石。又有醒心亭，在豐樂亭東，亦修建，曾鞏爲《記》。又有班春亭。

附　歐陽修《豐樂亭記》

修既治滁之明年夏，始飲滁水而甘。問諸滁人，得於州南百步之近①。其上豐山，聳然而特立。下則幽谷，窈然而深藏。中有清泉，滃然而仰出。俯仰左右，顧而樂之。於是疏泉鑿石，闢地以爲亭，而與滁人往遊其間。

滁於五代干戈之際，用武之地也。昔太祖皇帝，嘗以周師破李景兵十五萬於清流山下，生擒其將皇甫暉、姚鳳於滁東門之外，遂以平滁。修嘗考其山川，按其圖記，升高以望清流之關，

① 「近」，《歐陽文忠公集》作「遠」。

欲求暉、鳳就擒之所。而故老皆無在者，蓋天下之平久矣。自唐失其政，海内分裂，豪傑並起而争，所在爲敵國者，何可勝數？及宋受天命，聖人出而四海一。嚮之憑恃險阻，剗削消磨，百年之間，漠然徒見山高而水清。欲問其事，而遺老盡矣。

今滁介於江淮之間，舟車商賈、四方賓客之所不至，民生不見外事，而安於畎畝衣食，以樂生送死。而孰知上之功德，休養生息，涵煦百年之深也。

修之來此，樂其地僻而事簡，又愛其俗之安閒。既得斯泉於山谷之間，乃日與滁人仰而望山，俯而聽泉，掇幽芳而蔭喬木，風霜冰雪，刻露清秀，四時之景，無不可愛。又幸其民樂其歲物之豐成，而喜與予遊也。因爲本其山川，道其風俗之美，使民知所以安此豐年之樂者，幸生無事之時也。

夫宣上恩德，以與民共樂，刺史之事也。遂書以名其亭焉。

茶仙亭　在州琅邪山。宋紹聖中，琅邪寺僧爲州守曾鞏建，取唐杜牧「誰知病太守，猶得作茶仙」之句。

又有無心、清風、翠微三亭，俱在琅邪山上。

日觀亭　望月亭　俱在琅邪山上。明宋濂遊琅邪山，記山中之亭幾二十所，而二亭尤盛。

落雁亭　在全椒縣西，舊名落雁塔。

悟經臺　在州琅邪山，即張方平寫《二生經》處。

琴臺　在州琅邪溪旁，唐刺史李幼卿建。

希真堂　《州志》謂不知其處。宋曾肇《十詠詩序》云：滁城多草木，希真堂列植尤甚。

三隱室　在全椒縣桑根山下。曰南隱，曰中隱，曰北隱。

東園　在州城東隅。宋梅執禮《序》云：滁陽舊無郡圃，醉翁、豐樂諸亭，皆在關外。獨李紳所創東園，南直琅邪，北通西澗，適介守、貳宅，固一佳處。

又有北園，宋淳化中孟元喆建。王禹偁《北樓感事詩序》云：郡有北樓，通判史公署。

張家園　在州西三十里。一名天子園，俗傳周世宗嘗至此，因名。

清流關　在州西二十五里。山勢峭峻，宋歐陽修《豐樂亭記》：太祖以周師破李景兵十五萬，生擒其將皇甫暉、姚鳳於此。

陰陵　在全椒縣南二十里。即楚迷溝，項羽失道處。

仙槎里　在來安縣城東二十里。此地最高，人望之若仙槎然，南唐築瓦梁堰時名此。

安期洞　在全椒縣椒陵山中，相傳有安期生遺跡。

飲馬池　在州豐山絶頂漢高祖廟側，舊傳高祖曾飲馬於此。

金甲池　在州皇甫山下，俗傳皇甫暉嘗屯兵洗甲於此。

統軍池　亦曰孟家池，在州治後。宋淳化中，孟元喆以龍武統軍知軍事，鑿池北園。

放生池　在全椒縣南三百步，漢將灌嬰追項羽處。

王母池　在來安縣東門外。深闊丈餘，中甃以磚，傍有石刻。

謊粮墩　在全椒縣西南五十里。舊傳伍員伐楚粮匱，以米覆土爲墩，若山積然。

琅邪山寨　在州西南十里琅邪山中。宋建炎三年，郡守向子伋因山築壘，聚鄉民拒巨寇李成。

焦山寨　在全椒縣城外，宋焦光贊結寨於此。

八角井　在全椒縣門南數十步。有石刻：「宋元祐四年十月初吉，全椒令元時忱命開義井於縣門外，以資民用。」今亦號元公井。

神山石井　在全椒縣城内，元至正時鑿，深七丈。又傳爲柴王井。

琉璃井　在來安縣治後。泉極甘，雖旱不涸。以瓦礫投之，聲若笙簧，久之乃止。

朱子題石碑　在州梅瑞堂後壁。

菱溪石　在州城東五里。本名荇溪，避楊行密諱，改作「菱」。宋歐陽修《菱溪石記》：菱溪之石六，移去者五，其一最大難徙，乃以三牛曳置幽谷。

附　唐李濆《苻溪新亭記》

上臨御明年，濆自洛陽令之太守，詔牧滁民之三月，得古溪郡之東北十里。按《地圖志》，在皇①道山之右。昔始皇途徑是山，因以名焉。其下西永陽嶺，迸溪於苻溪，此溪是也。不濬川，導廣泉，演漾潭島，影溢江漢。埇中流，衺平壇，四浪滉朗，雙派委輸。襟帶一川，斜界千畝。無菱苗蘋萍之雜，其淼練如也；有廢亭占勝之地，其狀依然也。照晴而空水相鮮，澄遠而霽山瀉色。趨向奇狀，不可窮竟。訪郡之長老，考亭之廢興，皆曰三十甲子二周星，而不知其所由來矣。驗圖籍，亦昧其始興之歲也。

秋七月，前河中監察汝南公況、前武寧軍殿中隴西公、拱州遷客司馬弘農公紹復，咸以勝概爲宴之須。乃卜於亭，是咨是謀，遂古創今，僉曰惟日②。不越月，他工具；洎六旬有六日，新亭就。楹不苐苐，昭其儉也。甍不仡仡，示無僭也。内不重門，曠其景也。外不崇墉，達其望也。繇是四時之氣，成象不絶。春木秀客，夏雲奇峰，秋天爽空，冬日暖濃。觸類有景，與奚無窮。雖羊公峴溪，曷足以加其勝矣？

① 「皇」，《四庫》本作「黄」。
② 「日」，《全唐文》七六一作「允」。

於戲！物之廢興，時也。苟非其時，聖人微言，矧其蒙者乎？

時會昌二年正月八日建。

秦皇試劍石　在全椒縣西北百里舊高城村。相傳始皇東巡經此山，因以名石。

和　州

遏虎城　在州西，晉王導築以遏石虎。

又有却月城，在州南天門山頂，劉宋時王(元)〔玄〕謨所築。

亞父城　在州境。唐劉禹錫《記》云：城高而堅，亞父所營。

雍(邱)〔丘〕故城　在州南。本漢陳留郡屬縣也，以流寓立。今裕溪河泊所有雍家城，或以爲即雍(邱)〔丘〕之訛。

石跋城　在州東北三十里，即石跋河。《南畿志》云：宋周虎所築。舊傳張果老騎驢過此，石跡宛然，因名。

又有落驢橋，在州小西門外，亦云果老所經。

龍亢故城　在含山縣南四十里。漢龍亢縣在今鳳陽府宿州界，江左流寓立此，屬歷陽郡。

晉王城　在含山縣北。晉使姚萇築城於此，以禦苻堅。今清溪東有土城數十丈，當即晉王城。

其外十餘里有姚莨邨，亦曰姚莨城。

烏江故縣　在州東北四十里，秦烏江亭也，漢東城縣地。晉置烏江縣，今爲烏江鎮。

歷陽故縣　在州治，秦九江郡地。項羽封范增爲侯邑，漢置歷陽縣。

穀孰廢縣　在州西北，漢梁國屬縣。

鎮淮樓　在州治前東阜。高臺層構，於製最古。明太祖駐蹕和陽，曾與諸將飲酒賦詩其上。

清風樓　在州治西南城隈峨嵋墩下。《明一統志》云：宋元祐間名連雲觀。

水心亭　在三老堂前。唐張籍《寄和州劉使君》云：「送客時過沙口堰，看花多上水心亭。」

犀照亭　在州東南十里，當利河口北岸。晉温嶠聞水底有音樂之聲，然犀照之，因以名亭。

項亭　在州城東四十里烏江鎮東南，即亭長艤船處。

丹臺　在州大西門外，世傳老子煉丹之所。

惠政堂　在州治。宋孝宗居青宫時，大書「惠政堂」三字賜守臣胡昉。

許由宅　在州西二十里，相傳許由所居。

袁天綱宅　在州南二十里，地名南義。

張籍宅　在州通淮門内舊光孝寺。

又縣西五里曰桃花塢，又故烏江縣東一里有書堂，相傳皆籍讀書處。

勤將軍宅　在州西北雞籠山。李白《勤將軍歌序》云：歷陽壯士勤將軍名思齊，神力出於百夫。

則天太后召見，奇之，授遊擊將軍，賜錦袍、玉帶，朝野榮之。拜横南將軍。大臣慕義，結十友，即燕公張説、館陶公郭元振爲首。

彭祖石室　在含山縣南八十里長真觀。相傳彭祖於此白日飛昇，履跡猶存。下有洞，深莫測。

陋室　在州治後。唐和州刺史劉禹錫遺址，劉自爲《銘》。

東關　在含山縣南七十里，濡須塢之北岸。

昭關　在含山縣北十里小峴山之西，伍員自楚奔吴過此。

漁（邱）〔丘〕渡　在州治。《吴越春秋》云：伍員過昭關，至江，漁父乘舟渡之，遂至吴。今百福寺之東南，舊名漁（邱）〔丘〕渡。

運米徑　在含山縣南八十里。舊名斗米徑，杜伏威將李子建穿渠入歷陽湖通運，令部下人帶斗米就役，功即成。

洗耳池　在州城三十五里祁門坫。旁有池，傳是巢父洗耳處。

八卦池　在州界河鋪西北壽寧宫内，葛仙翁遺跡也。

沸井　在州小西門外土街頭關公廟内。晋元帝渡江，命郭璞筮之，曰：「西南郡縣以陽名者，井當沸，其中興之應。」未幾，歷陽井沸者三，故曰沸井。

西街井　在州城科甲真才坊下。相傳一童子嘗從井中出，咸異之，扣其從來，曰：「我本華陽洞中人，此井乃其後徑也。」自是遂不復見。

飛錫泉　在含山縣南六十里太湖寺。昔無用禪師當山腋鑿孔導泉，日取不竭，不取不溢。師有真身塔在焉。

馬跑泉　在含山縣十五里昭關外，伍員奔吴過此。有馬跑遺跡。

卓刀①泉　在含山縣西七十五里東關嶺，舊傳漢壽亭侯卓刀飲馬於此。

廣德州

郎縣舊城　在州治東北，漢高帝時建。

諸葛城　在建平縣西十里，其中僅容千人。

旁有驢城、馬城，相去一里，其間有井數十，蓋昔人屯駐之地。

浮城　在建平縣西十里。廣數畝，其上有木，莫能名，斧之則血出。地本洼下，每夏潦水漲，諸圩盡没，此獨巋然若浮，因名。

廣德舊縣　在州治西南，漢故郎地，孫吴析置。

三峰樓　在州治前。宋李光登三峰樓，有詩。

鼓角樓　在州治前，宋錢公輔建，曾鞏《記》。

---

①「刀」，《四庫》本作「刃」。

攀蘿亭　在横山，宋學士梅詢建。

范公亭　在州舊司理廳東南，宋范仲淹爲司理時建。

北有雙井，亦范所鑿，名范公井，亦名義井。後人思之，又有亭曰景范，在州治西。

春省亭　在州治西五里小芝山上，明州守朱麟建以勸農。

釣魚臺　在州治北二十五里，唐張志和垂釣處。臺下水深莫測，藤蔓繞磯，松篁夾岸。臺基尚存。

鳳凰臺　在州治北門外。州守鍾振築鳳皇墩，結臺其上，因名。

集仙臺　在横山頂，宋梅詢建，俗名禮斗臺。

清容堂　在州治西。宋錢公輔築堂，以居查深，訓州人子弟。

劉文靖宅　在州北三十里，今爲唐興寺。

衆春園　在州治西北玉溪之上，宋紹興間參軍趙子濇建。溪後有池，清可鑒物，築臺池上，曰濯纓。

又有玉溪堂、聚景樓、圓嶠、方壺、翠溪三亭，前人皆刻石記之。明正德中，州守喬岱復於溪上建濯纓橋。

暗橋　在建平縣東北六十里護形山之麓。舊傳伍員奔吴，避於山中，追者至此，雲氣護之，員及橋而天暗，遂名。

鍾村　在州境。宋建炎三年，岳飛自宜興駐師鍾村，軍中乏糧，將士不敢擾民，人至今稱之。

紮塞圩　在州治西北五里，宋岳飛屯兵於此。

神仙塘　在建平縣南六十里净覺寺前，相傳許真君曾浴此。岸有楓樹，遇年歉則枝枯，年豐則茂，豐歉半則六七月始葉。

桐川舊驛　在州西二十里。

白馬墩　在州北三十里，舊傳劉文靖於此浴馬。

寨墩　在建平縣北十里。春秋時伍員伐楚還吴，立寨於此，舊有寨門遺跡。

鳴鼓墩　在建平縣西南二十五里。舊傳鄉民築亭墩上，每東作時，登亭鳴鼓，踊躍田功。

石鼓墩　在建平縣東北六十里。石崚嶒狀如魚鱗，人行有聲如鼓，因名。

金井　在州治兆符門外里許。明太祖汲此水以給軍士，因名。

丹井　在州治南十里丹山之上，相傳徐真人煉丹於此。

八角井　在高封周舊宅。舊傳井有藏金，鄉民常欲取之，水輒沸湧，隱隱聞笙歌之聲。

又有九曲池，亦在宅内，皆封周所鑿。

郭母古井　在建平縣西南三十里。俗傳仙人以藥投井，水變爲醴者，即此。

金牛跡　在建平縣東北十五里。相傳昔有神人，驅金牛至此，爲人所見，人牛俱没。石上牛跡尚存。

祠山三寶　在州西五里。一白玉磬，篆書宣和舊物也；一火珠，名軒轅鏡；一趙孟頫手疏。

六安州

六縣故城　在今州北，皋陶之後封此。秦爲六縣，屬九江郡。漢元年，項羽立英布爲九江王，都六。《括地志》云：六縣故城，在安豐縣南一百三十二里。而《寰宇記》又謂六城在舒城縣東南六十里，蓋譌。或僑置，非故縣也。

馬頭城　在盛唐縣北。今州有馬頭集，即其處。

白沙城　在州北十三里。《寰宇記》云：六安二古城，一曰六合，一曰白沙，莫知所始。上有皋陶廟。所謂六合城者，六安之譌也。

又有東古城，在州東南三十里。西古城，在州西十五里裴家灘。又有新城，在州東北十五里，今爲新城寺。

廣王城　在州南百里。高岑突起，尚存石跡，今爲寺。

霍州治　在州南五十里霍山縣界，梁置。

邊城故郡　在州西。沈約《宋志》有邊城左郡，領史水、邊城等縣，大明八年省爲縣。魏收《志》云：霍州有邊城郡，治麻步山。今州西南九十里有麻埠鎮，即麻步山也。

岳安故郡　即故霍山縣也，在今霍山縣北五十里，梁置。

古英國　在英山縣東北界，蓋近英山而名。《史記》云：封皋陶之後於蓼六。或作「英六」。《索隱》曰：英，後改號曰「蓼」也。

博鄉舊縣　在州南。漢竟寧元年，封六安繆王子交爲博鄉侯國於此。

開化舊縣　在州西四十里霍山縣北，宋元嘉時立。

六安故縣　即州治。本唐盛唐地，開元間改霍山縣曰盛唐，移治騶虞城，即其地也。宋開寶初，改爲六安。

渒水廢縣　即故新蔡縣也，在霍山縣東北。梁僑置新蔡縣，隋改爲渒水縣，以渒水而名。

弩臺　在州西南四十里，相傳漢武帝試弩於臺下。

仙人臺　在英山縣吴山之坎，世傳有仙飛昇於此。

灊臺　在霍山縣威遠門外五里古城西。突兀中流，石狀如臺。有觀瀾亭，下臨大河。石壁上鐫「小赤壁」三字。

釣魚臺　在霍山縣西三十里。石生水濱若臺然，傳爲左慈釣魚處。

梳粧臺　在霍山縣南五十里東流河，即仙女臺。世傳宋南遷，有尼飛昇在此。

螺螄店塔　在霍山縣西北五十里，高九丈，宋元祐年建。

魯班門樓　在霍山縣南四十里。

焦家莊　在州西二十里，宋狀元焦煥故居。

又有萬卷堂，在霍山上，舊傳煥讀書處。

江立信讀書處　在州龍穴山廣福寺。

英布故宅　在英山尖。

道士沖　在霍山縣西九十里，道士徐隱元修真於此。

石門關　在英山縣東九十里。

柳林關　在英山縣北四十里。

英山寨　即今英山縣治。宋羅田縣地，淳祐間立鷹山寨，咸淳初更名英山，因立爲縣。尋廢，德祐二年復置。

第十泉　在州龍穴山頂。水味香甘，張又新品爲天下第十泉。

玉虹泉　在英山縣西北三十里太平橋，石壁鎸此三字，並有石刻題咏。

落淚洪　在霍山縣西四十里。有孝子舁櫬至此，泣盡繼之以血。

龍爪石　在州城西。巨石臨水上，鎸「龍爪」二字，點畫遒勁大如斗，諺云：「龍爪見，狀元出。」

老子鶴跡　在英山縣羊角山頂。石上指爪宛然，唐高祖時老子降此。

淩霄樹　在霍山上，相傳爲漢武帝手植。

復覽山臼　在霍山縣東二十里復覽山頂，宋末戍邊設。

泗州

徐城　有二：一在州東北八十里，周時徐子國。《尚書·費誓》云：淮夷、徐戎並興。《史記》云，穆王時，徐有偃王，即此。漢置徐縣。《寰宇記》云：大徐城一名薄薄城，又名故故城，即古徐國也。一在州西五十里。隋開皇初，置徐城縣，屬下邳郡，治大徐城。今有徐城廟。

高平郡城　在州北一百十里，漢爲高平侯國。陳太建六年，吴明徹建高平郡於此，亦名吴城。今爲吴城鎮，亦名城兒頭集。

高冢城　在州西北。《寰宇記》云：魏義興郡城也。在徐城縣西北七十里，梁以爲興安郡，領高冢城。

淮陽城　在舊徐城東北一百五十里，晋義熙中置郡。

角城　在州東南。晋義熙中置城，臨泗水。

朱沛故城　在州西，去故徐城六十里，其地有朱沛水，故名，梁武帝置。

巉石城　在州西北一百三十里，梁天監時築。

瀝橋城　在州西北。《寰宇記》云：在徐城縣西南二十五里。梁天監二年築置戍，南臨瀝水橋，故名。

古屯城　在州西。《寰宇記》云：在徐城縣西南八十五里。陳太建五年，吴明徹於此置堰，斷淮水以灌濠州，緣此築城。

拖城　在州北三十里。

又半城，在州北九十里，北朝時置。

李千城　在州西北。《寰宇記》云：在徐城縣西北三十里。後魏李千于此築城置戍，因名。

南重岡城　在州西北。《寰宇記》云：在舊徐城縣西北九十里，通濟渠南一里。隋大業八年，移置重岡縣于此，緣重岡山爲名。

臨淮故城　今州治。本徐城縣地。唐武氏長安四年，割徐城南界兩鄉，于沙塾邨置臨淮縣，南臨淮水，西枕汴河。

淮平故城　在州西二十里。宋紹興二十一年，析臨淮縣地置淮平縣。

盱眙故城　在今盱眙縣東北，盱山之麓，淮水之濱。阮勝之《南兗州記》云：盱眙本春秋吴善道地也，秦置盱眙縣。許慎曰：張目爲盱，舉目爲眙。城居山上，可以眺遠，故名。

霸王城　在盱眙縣東北三十里。

又有漢王城、小兒城，相傳皆項王立義帝時屯兵處。

富陵故城　在盱眙縣東北六十里，漢置。

睢陵城　在盱眙縣西五十里。漢置睢陵縣，在今睢寧縣界，劉宋泰始中没于魏，因僑置於此。

淮陵城　在盱眙縣西八十五里，漢縣，今爲淮陵鄉。

又縣西北六十五里有三城，今爲湖。

又淮陵之西有焦城，梁天監時王爕保焦城，即此。

公路城　在盱眙縣西北。《寰宇記》云：在故招信縣西北六十里，北帶淮水，漢建安中袁術所築。

考城故城　在盱眙縣南。晉義熙中，改盱眙縣置考城、直瀆、陽城三縣，屬盱眙郡。

魯縣故城　魏收《志》云：淮陰郡有魯縣，北齊廢。《寰宇記》云：廢魯城在盱眙縣南三十里。

九山城　在盱眙縣西北。胡三省《通鑑注》云：九山店之東則陷罔湖，南則馬城，淮流至此，謂之九山灣，土人呼爲獅子渡，北兵渡淮之津要。其東鳳凰洲在淮水中，約長十里。

奔精城　在盱眙縣西南。《寰宇記》云：在故招信縣南六十里，相傳是蠻精王所築。

龜山城　在盱眙縣東北三十里，宋文帝築以拒魏。隋置濟陰縣即此。

銅城　在天長縣西北四十五里，相傳吴王濞築城於此鑄錢。

東陽城　在天長縣西北七十五里，北至東陽山。秦縣，陳嬰爲東陽令史，即此。尋置東陽郡，俗謂之屈城。

石梁故城　在天長縣西三十里，東晉所置，爲戍守處。俗名古城，遺址猶存。

又有土城，在縣東北三十里。一名新城，蓋齊時涇州治此。

横山故城　在天長縣東南三十里，梁置縣。

又有義城，在縣南二十五里，或曰梁時即於此置縣。

五河故城　在今五河縣澮河南岸，金岡山北。宋端平二年，於五河口築城屯田。咸淳七年，始置安淮軍及五河縣，以有澮、潼、沱、崇、淮五河合流而名。

又宋安淮軍城，在縣北二里沱河北岸，俗謂之故軍城，遺址猶存。

虹縣故城　在五河縣西，漢置。舊説入今虹縣，誤，詳見《辨訛》。

大屯城　在五河縣南七里，俗名大城坪。

又小屯城，在縣西南六里，俗名小城坪。皆宋末屯軍地。

邊軍城　在五河縣東，宋末夏貴所築，今爲儒學。

曹公城　在五河縣南二十里，明曹國公李貞遊兵淮西時所築。

韓信壇　在州東七里，信屯兵處也。

隋離宮　在州北青陽鎮西十里，煬帝所建，俗名花園。

都梁宮　在盱眙縣南十六里都梁山上。隋大業元年建，置離宮四十餘所，此其一也。宮之西有流杯殿、釣魚臺、四望殿，其側有曲河，以安龍舟大舸。

翠屏堂　在盱眙縣玻璃門外起秀亭前。宋陸游《記》云：方國家承平時，邊郡游觀有雅歌之堂、萬柳之亭，而翠屏之盛，又非雅歌、萬柳之所可及也。

先春亭　在州城上東北隅，宋時建。

玻璃泉亭　在盱眙縣治東第一山下。有亭覆焉，爲十景之一。

牛摶虎碑亭　在天長縣西郊外嶽廟。今亭圮，碑移於廟。

掛劍臺　在州北。《寰宇記》云：在大徐城，北臨朱沛水，相傳爲延陵季子掛劍處。或入于邳州，或入于徐州，皆誤也，詳見《辨訛》。

八仙臺　在盱眙縣東三里。上有八仙坐石，坐處有石棋枰，爲十景之一。

望夫臺　在天長縣西南三里。相傳有女子望夫不歸，立化爲石。

分金店　在州西三十里，相傳管、鮑分金處。

下阿邨　在天長縣東北下阿溪上，接高郵州界，即晉時三阿唐光宅。初，徐敬業拒李孝逸于下阿，即此。《寰宇記》云：唐開元二十九年①，於下阿邨置千秋縣。蓋本屬高郵，時乃割屬也。

朱壽昌故里　在天長縣東南四十里秦蘭鎮。

麋畯　在天長縣界。《博物記》云：東陽縣多麋，食草根，其處成泥，名曰麋畯。居人隨此畯種稻，不耕而獲。

樂樂堆　在天長縣北十里。舊傳煬帝南幸，宴樂於此。俗呼雁落墩，音之訛也。

水晶營　在盱眙縣東南十里外。連亘數十里，相傳隋煬帝設此。

① 《四庫》本作「三十九年」，誤。

鮑家寨　在天長縣南五十里。

又顔家寨，在縣西四十里。二寨傳是宋高宗南渡所築。

李制使棚　在五河縣東二里，横跨河口。宋咸淳五年兩淮制置使李庭芝所立，石基尚存。

浮山堰　在盱眙縣城外。梁天監中，築堰遏淮水以灌壽陽，南起浮山，北抵巉石，極丁夫之力，百計而成。宋秦觀有《梁堰賦》。

紅羅幛　在盱眙縣西七十里。明太祖生時，取水浴之，忽有紅羅一幅浮來，即取以爲繈褓，後人因名其水。

聖水　在盱眙縣六十里。相傳漢高祖禱山得水，飲軍士於此，因名。

聖母井　在盱眙縣東北三十里龜山寺。

了溝　在天長縣城東，舊傳韓世忠於此破敵。

第一山碑　在盱眙堂東壁，宋米芾書。

古銕橋　在五河縣東南二里淮河中流。水涸時，見兩傍有銕柱。

江南通志卷三十七

輿地志

壇廟　祠墓附

江寧一府

江寧府

社稷壇　在府治北金川門外。

風雲雷雨山川壇　在府治東南雙橋門内。

敕建先農壇　在府治聚寶門東。旁置有藉田，四畝九分，歲以仲春亥日行耕耤禮。

郡厲壇　在神策門外。縣曰邑厲。

里社、鄉厲二壇　在各鄉。

關帝廟　在府治西。雍正五年，奉旨追封三代公爵，仝日祭於後殿。

城隍廟　一在石城門内，一在府治前。

敕建八蜡神廟　劉猛將軍廟　並在府城聚寶門外梅岡。

以上壇廟，所屬縣皆如制。

旗纛廟。各營俱如制。

福吴富農龍神廟　在府城錢廠橋，雍正五年遵建。

帝王廟　在府治北欽天山。明洪武中敕建，祀歷代帝王，今圮。

三聖廟　在府治西北，祀史皇倉頡。

又倉聖廟，在雨花臺。

化龍王廟　在府治南雨花山後。

禹王廟　在府城保寧坊。

武成王廟　在御街西，祀太公望。

吴大帝廟　在清涼寺西，即當時舊宫。

晋元帝廟　在治城西，唐天祐間建。

忠烈廟　在雞鳴山，祀漢秣陵尉蔣子文。明洪武間建。

軍師廟　在鎮淮橋，祀諸葛亮。

周江乘廟　在攝山，相傳吳時賢令。

卞忠烈廟　在冶城西，祀晉卞壼及二子眕、盱。

梅將軍廟　在雨花臺。晉梅賾嘗屯兵於此，因立廟。

謝將軍廟　在鳳凰臺，祀晉謝（元）〔玄〕。宋乾道間建。

侯將軍廟　祀陳侯瑱。瑱與王琳戰烈山下，大捷，土人盛稱瑱功烈，遂名山曰烈，因立廟。

武烈帝廟　在冶城西，祀隋陳仁杲。南唐時，越人寇常州，柴克宏帥師往救，夢仁杲遣兵助戰，果大勝，奏請封祀。

劉忠肅廟　在雞鳴山，祀南唐清淮軍節度使劉仁贍。周師壓境，仁贍鎮壽州，力戰固守。援絶，其子欲降，仁贍立斬之，以疾卒。周世宗嘉之，追賜爵彭城郡王，唐亦贈太師，謚「忠肅」。明洪武間建。

雙忠廟　在府治江東門外，祀唐張巡、許遠。

李王廟　在府城東南，祀南唐李知誥。

曹武惠廟　在雞鳴山，祀宋曹彬，明洪武間建。

旌忠廟　在鐵索寺之東南，祀宋死節統制姚興。

東平忠靖王廟　在江寧鎮，祀張有嚴，元至正中建。

徐將軍廟　在獅子山，明洪武初建。將軍烏程人，晋時行賈江淮間，道廬之巢湖，溺死爲神，巢民奉之甚謹。明太祖渡江，諸將多祀神舟中，所向克捷。或以事聞，命南安侯俞某立廟祀焉。

忠烈廟　在府城竹街，祀宋節度使牛富。富爲統制，守樊城，六年不拔。元兵陷城，赴火死，賜謚「忠烈」，立廟建康。

衛國忠肅公廟　在雞鳴山，祀元福壽。至正丙申，明兵下集慶路，福壽死之，詔立廟城南土岡，明洪武中建於此。

曹南王廟　在柴市街，祀元阿剌罕①，至元元年建。

明功臣廟　在雞鳴山，祀徐達、常遇春、李文忠、鄧愈、湯和、沐英，配享馮國用、耿再成、丁德興、張德勝、吴貞、康茂才、茅成、胡大海、趙德勝、俞通海、華高、吴良、曹良臣、吴復、孫興祖等。

國朝錢謙益②《廟考》

《太祖實録》：洪武二年正月乙巳，立功臣廟於雞籠山。六月丙寅，功臣廟成，論次諸臣之

① 「阿剌罕」，《四庫》本作「阿喇哈」。
② 「錢謙益」三字，刪節本一作之空圍，一連同全文俱刪。《四庫》本改作「袁于令」。

功，以徐達爲首，次常遇春，又次李文忠、鄧愈、湯和、沐英、馮國用、胡大海、趙德勝、耿再成、華高、丁德興、俞通海、張德勝、吴良、吴貞、曹良臣、康茂才、吴復、茅成、孫興祖，凡二十有一人。命死者塑像祀之，仍虚生者之位。

初，胡大海等没，上命塑其像於卞壼、蔣子文之廟。至是，復塑像於新廟。是祀也，掌在太常，記在《會典》，二百餘年已來，未之有改也。

太倉王世貞獨考其誤。以爲國初之封六王，韓、魏、鄭、曹、宋、衛也，立廟之時，韓、宋猶未受封，何以前知其不全①終而絀之？黔寧是時官不過指揮，何以知其必樹大勳而驟登之？此記事者之誤也。然則云何？曰：塑像虚位誠有之，其後如韓、宋者，則弗克與享也。今之位次，據永樂初年見在者而書之也。

王氏之考覈矣，而未及詳也，夫豈惟黔寧哉？初封二十八侯，何以獨舉五人？繼封十二侯，何以獨舉一人？自蘄國以外，皆以有功待封者也。若黔國，則與黔寧比肩者也。如國史之云，其所謂論次者，以何爲援據乎？國史於二年既云論次諸臣之功，定祀二十一人矣；七年六月，書祔祭新戰没定遼衛指揮高茂等三十八人；八年正月，又書增祀華雲龍、李思齊等一百八人；九年，又書祔祭何文輝及有功者一百八人；十三年，又書祔祭顧時以下二百八十人。以二

① 「全」，《初學記》卷二十二作「令」。

年之定祀者爲是，則七年以後不宜增。以七年以後之增祀者爲是，則二年之祀未嘗定。同是祀典，同是國史，而前後舛錯如此。此所謂以子之矛，陷子之盾者也。

虚位塑像，王氏以爲誠有之，吾以爲非也。

二年正月，上敕中書省臣曰：「諸將相從，捐軀戮力，開拓疆宇，有共事而不睹其成，建功而未食其報，追思功勞，痛切朕懷。其命有司，立功臣廟於雞籠山，序其封爵，爲像以祀之。」九年七月，又諭禮官曰：「諸將始從征伐，宣力效勞。朕於爵賞，不敢吝惜：大者公，小者侯，死則俾之廟食，以報其功。」由二年之敕觀之，則云塑死者之像。由九年之諭觀之，則云報死者之功。其詞意甚明也。令果有生者虚位之事，則立廟之日，寧不以此明諭省臣，而獨諄復於死者耶？

羅鶴記云，雞鳴山廟祀，定於洪武十一年。斯又與二年何異？《一統志》：南京功臣廟，建於洪武二十年。嘉靖中，科臣、禮官駁郭威襄配享之議，皆援以爲証。且謂黔寧、東甌此時尚在，以實生者虚位之説。雖然，宋、潁、涼三公，與長興、武定二侯，皆無恙也。如宋、潁、涼三公者，將先虚位而後絀之耶？長興、武定，或先虚位而後不及補耶？王景撰《黔寧神道碑》云：「王薨之明年，塑像功臣廟，敕太常祀以太牢。」今二十年，位次已定。則黔寧之塑像，何以待其薨之明年耶？

傳曰：「豫凶事，非禮也。」記曰：「之生①而致死之，不仁而不可爲也。」以皇祖之神聖，觀會通以行典禮，而繆戾若此耶？ 故生者虚位之説，吾斷以爲無之。

忠節廟　在府城東三里，祀宋王珙。 珙從張浚軍，殁於陣。

褒忠廟　在南門外報恩寺，祀宋死節通判楊邦乂，宋建。

伍相廟　在上元縣長寧鄉，即子胥解劍渡江處。

董將軍廟　在上元縣治，祀宋董成。 成隨曹彬下江南，民德之。

禹王廟　在句容縣秋千村。 又一在赤山湖。

劉明府廟　在句容縣東門内，祀晋邑令劉超。

梁文孝廟　在句容東門内。 蕭統嘗讀書茅山，邑人祀之。

李衛公廟　在句容縣治東南，祀唐李靖。 武德四年，靖討平輔公祏於丹陽。

陳武烈廟　在句容縣東門，祀南唐陳仁杲。

顔魯公廟　在句容縣顔家村，祀唐顔真卿。

盧大王廟　在句容縣西，祀南唐盧絳。

① 「之生」，《禮記・檀弓》下原文作「之死」。

沈使君廟　在句容縣仁信鄉，祀宋沈慶之。

廣濟廟　在句容縣茅山。相傳陶弘景豢龍於此，禱雨輒應。

左伯桃羊角哀廟　在溧水縣南七十五里。

至聖孔子廟　在高淳縣東三十里漆橋，祀孔子五代王、孔子、伯魚、子思。《續文獻通考》：孔子五十四世孫文昇修，其自序世家略曰：文昇之十二世祖檜，唐同光中避亂，自闕里來居浙江温之平陽。又傳至十一世潼孫，宋德祐末職教建康，既又娶於溧陽，携諸孤就外氏以居。《闕里志》：潼孫生四子：文昇、文昦、文得、文昱。文昱又自溧陽徙居高淳。康熙六年，山東衍聖公委員來高淳之漆橋，建造廟宇，設立奉祀，春、秋祭享。

項王廟　在烏江，去江浦縣治西六十里。

龍王廟　在六合縣山上。廟有井，相傳雲氣出則立雨。

名宦祠　在學宫内。

鄉賢祠　在學宫内。

忠義祠　在縣學宫内。

節孝祠　在府治三山門。

以上四祠，所屬縣俱如制。

先賢祠　舊在青溪東，宋制使馬光祖建，祀吴泰伯、范蠡、嚴光、諸葛亮、張昭、周瑜、是儀、王祥、周處、王導、陶侃、卞壼、謝安、謝(元)〔玄〕、王羲之、吴隱之、雷次宗、劉瓛、陶弘景、蕭統、顔真卿、李白、孟郊、李建勳、潘祐、曹彬、張詠、李及、包拯、范純仁、程顥、鄭俠、楊時、李光、張浚、楊邦乂、虞允文、朱熹、張拭、吴柔勝、真德秀，凡四十一人，皆生長金陵與宦遊於此者。後祠毁，明焦竑言於大學士葉向高、李廷機，乃屬祠祭郎葛寅亮，於普德寺後山建祠，增蘇軾一人，春、秋祀之。

廣惠祠　在雞鳴山。宋訥《記》略云：按記，龍陽人張渤發迹於吴興，宅靈於廣德，西漢以來蓋已有之。或謂即張湯之子安世。而顔真卿所記，則在於新室、建武之間，以時考之，不無牴牾。至於錫封加號，則始於唐之天寶，繼於宋之咸淳。旱澇疵癘，禱之必應。

汪越國公祠　在府治，祀隋汪華。唐封越國公，立廟賜額。

范忠宣祠　在舊轉運司西廳，祀宋范純仁。嘉定八年真德秀建。

一拂清忠祠　在清涼山麓，祀宋鄭俠。

附　明葉向高《重修鄭一拂祠記》

一拂先生者，宋熙寧中上《流民圖》鄭公俠也。罷官歸，只餘一拂，故稱一拂先生。先生吾邑人，其祠於此者，以嘗從其父監税江寧，讀書清涼寺，後人即其地祠焉。嘉定中，易先生名爲介，今祠名仍稱一拂者，以此邦人習焉不欲改也。祠久圮廢，金陵太史焦公重新之。

余謂先生聲名在天壤，忠義在簡編，魂魄在名山，俎豆在郡國。既已千秋無斁矣，然讀先生傳及謚議，而不能不歎世之人淺窺乎先生也。彼以《流民》一圖爲先生重耳，而不知先生力拒權相之招，至（啗）〔啗〕①以美官而不顧；屢觸群姦之怒，至申以②危禍而不辭。汲汲皇皇，爲萬姓請命。此其人，豈僅以敢言慷慨自表見者？銀臺之疏，一上能令人主感嘆咨嗟，徬徨不寐。舉平日君臣間，講求振古之事業，一旦而幾於盡格，雖當時元老大臣如富、韓諸公，力争而不得。而先生以監門小吏，乃能得之，其精誠力量，爲何如乎？先生一争於安石而勝，再争於惠卿輩而不勝。新法之行而罷，罷而復行。先生之竄而歸，歸而復竄，以卒成元豐、紹聖之禍焉。此天也，非先生之所能爲也。

吾讀先生前後疏，皆忠憤激烈。至於用兵之利害，群小之姦邪，反覆開陳，無所顧忌。千載而下，猶是寒心，宜其感人主之心而動其聽。使世之臣人者，皆如先生，天下豈有不可爲之事哉？

先生之志雖不售，而精忠勁節，已足暴於天下萬世，無所復憾。獨惜元祐彙征之時，僅以廣文一秩，置先生於遠郡，而無能推轂同升，以究先生之用。則司馬諸賢，亦有不能辭其責者。後之議先生謚者曰：介然特立於衆小人之中，猶可及也；介然特立於衆君子之中，不可及

① 據《四庫》本改。
② 「申以」，《四庫》本作「中於」。

也。斯其爲知先生矣。

夫金陵自六代來，寄跡者不知其幾，皆湮没無聞。而先生讀書一片地，經今五六百年，草木猶香，廟祀勿絶。回視半山之亭，不啻霄壤。然則監門小吏，其所得固已多矣。

張南軒祠　在天禧寺，祀宋張栻，淳熙間杜杲建。

附　杜杲《重修張南軒祠記》

人之生，有此心，則有此知，堯舜之聖，此心此知也。夫婦之愚，無以異於堯舜，以天而不以人則明，以人而不以天則昏。夫尊賢而賤不肖，好善而惡惡，此人之本心，與生俱生，天地之自然也。比小人，媢君子，趨惡而違善，此習之而不知，人欲之使然也。何以言之？匹夫信義，行於里閈。蓋有盜賊斂干戈而過其間者，烈婦毅然而不可奪，世俗固有立祠宇以奉之者。是孰使之？天實爲之，人心之良知也。降周訖孔至孟氏，而道統不傳，天理幾泯，人心日晦。由漢而下，上下之間，莫有任此責者。

至於我宋，尊道重德，已見於削平肇造之初，其後濂溪、二程先生出，而發聖賢之秘，孟氏始得其傳，道統於是乎有宗。

高宗以來，文公朱先生以身任道，開明人心。南軒先生張氏，文公所敬。二先生相與發明，以續周程之學。於是道學之盛，如日之升，如江漢之沛。婦人孺子聞先生之名，皆知其賢。譬之景星麟鳳，不以爲瑞者，妄人也。凡講習之地，皆有祠宇，崇尚嚴潔，足以啓人之敬仰。百年之間，儒風彬彬，豈無自而然？

獨金陵天禧寺之側，有屋六七楹，曰南軒，實先生講習之地。想其朝思夕維，參前倚衡，天地之運化，聖賢之傳授，講求乎尊君救世之策，發揮乎垂世立教之序，闢百聖而不違，通萬世而無媿。是軒也，豈容使之荒蕪而不治？

惜乎歲久，希重道之士日就傾圮，甚而春時爲遊宴之所。杲作贅江淮幕，猶扃閉空閴，未至若今之狼籍。心竊念之，告之邑長，而莫我聽。

近冒闔事，欲因舊而增新之。比至，殆不可舉目。於是命工治葺，内外整齊。繪先生之像於中，使承學之士，載瞻祠宇，人亡道在，如將見之，興起良知，有躍然不自已者。嗚呼！間有當式者，墓有當拜者。此軒之當新，庸非守邦者之責？尚冀來者之不忘也，繫之辭曰：

孟氏日遠，吾道日昏。道之明昏，儒之疵醇。學焉而疵，韓、董、楊、荀。自時厥後，疵亦靡聞。我宋立極，曰義與仁。教風德雨，太和蒸薰。篤生鉅儒，濂溪二程。文公、宣公，道鳴中興。伊昔宣公，講學斯軒。南軒之名，與道俱尊。奚未百年，棟宇摧傾。今我來斯，載瞻載嚬。亟命匠氏，斬然一新。有隆斯堂，鏘鏘其門。像圖惟肖，奠位妥①神。遂使先師，不窘寒温。牢醴時薦，觴豆序陳。豈軒之新，軒存敬存。礱石琢詞，以告後人。

二賢祠　在鳳凰臺旁。國朝雍正初，知縣黄光夏始建，專祀唐李白。後於臺址掘得斷碑，有「晋賢阮步兵墓」六字，因合祀阮籍於此。

程明道先生祠　在上元縣治東，明景泰初重建。

附　宋朱熹記

資政殿大學士建安劉公珙，居守建康之明年夏四月，始立明道先生之祠於學。而以書走新安之婺源，抵熹曰：

吾少讀程氏書，則已知先王之道學德行，實繼孔孟不傳之統，願學之，雖不能至，而心鄉往之。及來此邦，屬邑有上元者，先生少日宦遊處也。考之書記，均田塞隄及民之政爲多，腩龍折竿，教民之意亦備。然問之故老，以稽其實，則兵革變故之餘，風聲氣俗蓋已無復有傳者矣。始

① 「妥」，《四庫》本作「安」。

至，慨然即欲奉祠，以致吾敬，使此邦之爲士者有以興於其學，爲吏者有以法於其治，爲民者有以不忘於其德。不幸歲適大祲，救饑之事方急。於今廼克遂其志，以吾子之嘗誦其詩而讀其書也，故願請文以記之。

既而，府學教授孫君熹、沈君宗説，亦以書來，申致公意。且具道公始之所以焦勞而未及，與今之所以暇豫而得爲者，其語詳焉。熹發書，喟然仰而歎曰：尊賢尚德，公之志則美矣。既富而教，公之政則得矣。屬筆於我，公之意則勤矣。

雖然，先生之學，自其大者而言之，則其所謂考諸前聖而不謬，百世以俟後聖而不惑者，蓋不待言而喻。自其小者而言之，則上元之政，於先生之遠者大者，又懼其未足以稱揚也，吾何言哉？於是伏而思之，先生之學，固高且遠矣。然其教人之法，循循有序。而嘗病世之學者，舍近求遠，處下窺高，所以輕自大而卒無得焉。則世之徒悦其大者，有所不察也。上元之政，誠若狹而近矣。然其言有曰：一命之士，苟存心於愛物，於人必有所濟。則其中之所存者，又烏得以大小而議之哉？區區不敏，竊願以是承公之命，庶幾於公之志、先生之學，兩有補焉。

又惟公之忠言大慮，既已效於朝廷，今雖在外，而其所以救菑而弭患者，又如此其汲汲也。則於先生之所存，必有深感而默契於中者矣。其祠之也，豈獨以致其尊賢尚德之意，使民不忘而已哉？若夫推公之志，而以先生之所以教者教其人，使之從事於爲己愛人之實，而無空言躐等之弊，是則孫、沈二君之任也。與二君勉旃，熹於是其有望焉爾矣。

淳熙三年夏四月丙申，新安朱熹記。

真德秀記

先生之生，鍾乎元氣之會。學之所至，純乎天理。故其生色也，盎然若春陽之温。其吐詞也，泛然若醴酒之醇。同設教於家，而士之願從者衆。同爭新法於朝，而天子亮其忠，用事者感其忱，一時忤意者皆貶，而先生獨畀憲節，力辭不就，去之而猶見思。及其殁也，士大夫知與不知，皆爲流涕，以爲時使見用，必將有綏來動和之效。非先生之心學純乎天理，其孰能與於斯乎？

先生之仕也，嘗主江寧之上元簿。考其設施，若均田賦，興本計，息邪説，正人心等事，皆天理之流行著見者也。

乾道中，資政殿大學士劉公珙知府事，始祠先生於學宫，而侍講文公先生實爲之記。嘉定甲戌，危君和嗣居其職，乃請增而大之。德秀時將漕焉，捐金三十萬、粟二千斛以助之。未幾，豫章李公珏繼至，咸相其役。爲堂三間，中嚴像設，而扁之曰「春風」。其上爲樓，高明潔清。内爲齋二，東曰主敬，西曰行恕。後爲小室焉，曰讀易。外爲齋一，曰近思。齋之側爲亭，曰静觀。又爲兩廡翼之，而刻河南雅言於其壁。

危君之於斯役，可謂勤矣。而又請爲之記，再三返而不置。德秀以固陋，力辭而不可得也。

顧自惟念少知誦習先生之書，而粗若有見者。竊謂自有載籍，而「天理」之云，僅見於《樂記》。先生首發揮之，其説益明，學者得以用其力焉。所以開千古之秘，覺萬世之迷，其有功於斯道盛矣！

而其所以進於此，則又有二言焉：「毋不敬」，以操存於未發之先；「思無邪」，以戒謹於將發之際。涵養省察，動静交飭，知天事人，二者兼盡。及其至也，中一外融，顯微無間。則雖人也，而實浩浩其天矣。若是者，其於先生之道有合乎否也？過不自料，次第其説，以授之危君。幸以爲然，則刻之堂上，以示來遊於斯者，使知先生之道雖高，而用力有要，萬一有可①爲興起之助爾。

明吴節記

宋明道程先生，嘉祐中爲江寧上元簿，郡志載其惠政著聞者數事。宋初，上元田税不均，近府膏腴地，多爲豪家厚僧薄其税買之，小民苟一時之利，久則不勝其弊。先生爲令畫法，民不擾而一邑大均。會令罷去，先生攝典劇邑，訟牒日不下二百，處之有方。不閲月，民訟遂簡。

① 「可」，《四庫》本作「司」。

江圩稻田，賴陂塘以溉。盛夏塘堤大決，非千夫計不可塞，法當言之府，府言於漕司，然後計功調役，非月餘不能集。先生曰：「比如此，則苗槁久矣，民將何食？」遂發民塞之，歲則大熟。

江寧當水運之衝，舟卒病者，則留之爲營以處，歲不下數百人，至者輒死。先生察其由，蓋計留然後請於府，給券乃得食，比有司文具，餓已數日矣。先生乃白漕司，給米貯營中，至者即與之食，自是生全者大半。

仁宗登遐，遺制官吏成服三日而除。及釋服之朝，先生進於府尹曰：「三日除服，遵遺詔也。若朝而除之，止二日爾。」尹怒，先生曰：「公自除之。顥非至夜，不敢釋也！」一府相視，無敢除者。

茅山有龍池，産龍如蜥蜴。祥符中，中使取二龍，至途中奏云：「一龍飛空而去。」鄉人嚴奉以爲神物。先生令捕而脯之，使人不驚。

至邑之初，見人持竿竹以粘飛鳥者，因取其竿折之，教之使勿爲。及罷官，艤舟郊外，有數人共語曰：「自主簿折竿，鄉民之子弟不敢畜禽鳥。」

此蓋善政存心之概，傳頌於人而不忘者。及考《宋史》，止載茅山脯龍事。乃知當時國史採録，或有未備，不若邑民思念深切，故録之爲加詳也。

然先生之賢，豈待史傳而後傳哉？剛健中正存乎中，純白光輝著於外。事君以至誠，仁愛爲本；持已以主敬，行恕爲要。其教人，則由灑掃應對，以致於窮理盡性。其著述，則表章《學庸》，傳註《周易》，以開性理之原。其道學之傳，孟子之後，一人而已，豈待史傳而後傳哉？

上元舊有先生書院，廢弛已久。景泰初，三衢姜君德政爲令於兹，其治民制事，一以先生爲法。久而民大和會，遂經治廨宇，莫不煥然。念先生遺愛不可泯也，乃即故址爲祠，以祀先生。請於府尹馬公諒、府丞陳公宜，與邑之僚，咸以爲然。遂畚土於癸酉冬，迨甲戌秋季，而是祠以成。謂節忝與斯文，宜有紀述。於是爲書先生之政績，與是祠創構之由於石，俾邑民歲時瞻視焉。工畢落成，敬奠以詩。曰：

相古聖賢，爲政以仁。仁行職修，無論卑尊。惟程先生，以大賢之學，不恤簿佐，來莅上元。仁漸義洽，惠及飛鳥，詎曰黎民。由宋元迨今，三百餘載，而譽望恒新。有茂宰忱慕啓迪，作祠繪像，用彰示乎人人。俾進禮棖臬，宛瞻玉石像，如彼祥雲。思先生之道德，邈不可及，謹書賢跡，勒之琬琰，與宇宙而俱存。

真文忠祠　在壽思堂西，祀宋真德秀，寶祐間馬光祖建。

馬莊敏祠　在城隍廟東，祀宋制使馬光祖。

三忠祠　在聚寶門外，祀宋楊邦乂、文天祥、明李邦華，皆吉水人。

表忠祠　在全節坊。明萬(歷)〔曆〕三年，奉詔祀建文死難諸臣方孝孺、陳迪、齊泰、鐵鉉、暴昭、侯泰、景清、毛泰、卓敬、郭仕、盧迴、黄觀、黄魁、陳植、胡子昭、練子寧、陳性善、茅大方、黄子澄、周濬、司中、胡潤、盧原質、廖昇、彭與民、劉瑞、王高、鄒瑾、王叔瑛、王良、婁漣、周是修、龔太、陳繼之、韓永、黄鉞、戴德彝、高翔、鄭智、曾鳳詔、王彬、王度、甘霖、謝昇、葉希賢、董庸、王玭、魏冕、巨敬、樊士信、李文敏、王良、鄭居貞、陳本立、林嘉猷、湯宗、姚喜、葉惠仲、陳彦回、黄希范、宋徵、黄彦清、劉璟、程通、葛誠、陳忠賢、徐輝祖、梅殷、耿濬、胡觀、廖鏞、陳質、耿瓛、俞通淵、張倫、王資、崇剛、倪諒、瞿能、宋忠、莊德、孫泰、楚智、朱鑑、馬宣、彭聚、彭二、謝貴、余琪、劉政、宋瑄、余本、周拱元、蔡運、鄭恕、顔伯瑋、唐子清、黄謙、王省、何申、余逢辰、高巍、鄭華、梁良用、盧振、曹濬、曾廷瑞、伍性原、陳應宗、吕賢、林玨、鄒君默、牛景先、儲福；一臨海樵夫，一松江府同知皆失名。按《正氣紀·文忠傳》：周繼瑜，江西撫州人，建文中爲松江同知。北兵南侵，勤王詔下，繼瑜募兵入援。後京師破，械至燕都，不屈，磔於市。則所謂失名同知，爲周繼瑜無疑也。

方正學祠　在聚寶山，祀明方孝孺，萬(歷)〔曆〕間建。

附　明薛應旂記

余嘗讀《易》，至《革》之《彖》曰：「湯武革命，順乎天而應乎人。」未嘗不歎聖人之克相上帝，勤恤民隱，至以身冒死而不顧也。及觀《魯論》之稱夷齊也，曰：「求仁得仁，又何怨？」則又歎曰：嗚呼！仲尼之意深矣。稱湯、武以立生民之命，仁夷齊以正君臣之義。化裁達變，貞固立本，夫固各有攸當，而不可以執一論也。噫！夷齊遠矣，詎謂千百世之下，如先生之所值者乎？

先生姓方氏，諱孝孺，字希直，遜志其別號也。居緱城，里人又稱爲緱城先生。父諱克勤，從事聖賢之學。先生實其仲子，淵源所漸，日擴而大。其出處本末，則耆儒父老，往往能言其事。然亦有傳其遺事，有尊鄉録，有補國史之議，有春秋俎豆之請。夫既或述之矣，吾獨悲夫先生之所值者夷齊之時，所執者夷齊之見，而獨無太公爲之一引援，其死獨慘於夷齊也。

昔武王觀兵孟津，諸侯不期而會者八百。君子篚厥(元)〔玄〕黄，小人壺漿簞食。凡紹王而見休者，蓋已盡乎天下之人矣。孤竹二子，獨爲叩馬之諫，至謂之「不仁不孝」。維師尚父時爲鷹揚，血流漂杵，前徒倒戈，何有於二子哉？而顧扶而去之，俾弗罹於左右之兵也。蓋武王義兵也，二子義士也，太公之扶，亦各從其義也。周家卜世三十，歷年八百。雖至叔季之微，猶爲天下共主。而方伯之强，諸侯之僭，環視而不敢誰何者，夫亦以名義所在，等於天地，明於日月，威於雷霆，凛於鬼神。洋洋乎鼓舞群動，整齊六合，制御八荒，懾伏庶慝。俾夫涣者萃，離者合，强梁者沮，狂詐者息。而如綫之緒，猶得維持於數十年而不壞者，謂非夷齊之諫，太公之扶，有以爲之耶？然首陽之卧，《采薇》之歌，慷慨之士，至今扼腕。史遷亦謂其積仁潔行，深悲不得其所，而有感於天地之報施，其歎息痛憾之意，蓋直浮於言外矣。使其視先生之死，吾又不知其當何如以立言也。

然夷齊得夫子而名益彰，先生附夷齊而義益烈。千百世而下，猶凛凛有生氣，則先生之於夷齊，均爲不死者矣。

寧海舊建祠於緱城里，祀先生父子。嘉靖丙申，懷遠楊君時季令兹邑，謂緱城舊祠規制未愜，無以昭示前修，興起後學。遂進諸生楊天倫輩，議毁卧龍山三官祠改建。請諸巡按御史張君景，允其議。凡爲堂若干楹，最外爲牌門一。其碑亭二，則又在牌門之外。幾越月而工告成。楊君與余同舉進士，至是又同官留都，且以余嘗知慈溪，而與聞斯舉也，因屬爲文勒諸石。余敬次數語，而繫以迎神送神之歌。歌曰：

坎其擊鼓，卧龍之陽。牲牷蕩滌，蕭合馨香。神之來思，英風載揚。恍惚及交，陟降在堂。光騰烈日，凛肅嚴霜。歌以迎神，於豆於觴。

又歌曰：

紛再拜兮，廢徹趨蹌；禮成焚瘞，感激衷腸。靈之往矣，旋駕洪茫。於彼於此，無體無方。河嶽流峙，列宿寒芒。歌以送神，地久天長。

景御史大夫祠　在聚寶山，祀明景清，萬（歷）〔曆〕間建。

周忠節祠　在學宫内，祀明周是修，名德，以字行，江西太和人。由明經官衡府紀善，衡王，建文母弟也，留翰林纂修國史。燕兵入金川門，具衣冠自經於尊經閣下。

黄忠節祠　在桃葉渡，祀明侍中黄觀妻翁氏及其二女。又一在賽工橋東。

附　明焦竑記

侍中黄公死靖難間，其夫人翁與二女及家屬十人，併日死金陵。今去之二百年所矣，乃有公鄉人施益臣者，索而封且樹之，醵金爲祠若干楹，並貌公其中。會宛陵徐公大任，以大光禄來攝京兆，徐公廉直好義，所在著聲。與余善，聞之，而忻然往拜焉。薦蘋藻，祠春秋，勒爲常儀，其於表章忠賢之典始備。

按公諱觀，字瀾伯，一字尚賓，池州貴池人也。幼受學元翰林黄哻，哻死節於元，公感奮，以忠義自許。洪武二十四年，廷對擢進士第一，授修撰，歷尚寶卿。建文初，遷禮部右侍郎。屬定官制，增左、右侍中，員次尚書，改公爲侍中，與方齊日見親用。文皇索齊、黄，時公草制，極陳大義，辭多指斥。未幾，公奉詔徵兵入援，至安慶，聞金川門變，痛哭謂人曰：「吾妻翁素有志節，必不辱。」招魂，葬之江上。是時有司果收翁及二女，給配象奴。翁佯以釵釧付奴市酒殽，以其間攜二女自沈於水，而家屬十人者隨之。公旋至李陽河，亦朝服東向，再拜，投羅刹磯以死。

公初以侍中掌尚寶司事，而尹公直去公未遠，乃已漫漶莫決。又《實録》載，翁死於通濟門河。翁既給象奴，今翁房政在通濟門外，當可信不疑。傳聞夫人及二女屍，順流而下，至今賽工橋，相持而立，顔面如生，烏鳶類皆不敢近。或爲具棺收之，待朝命久而不報。天順中，池人至京師柳林破棺，猶有存者，土人指示曰：「此黄狀元妻女也。」乃相與藁梩而掩之。余嘗與益臣輩柮而問焉，三四至其處，髣髴低徊，爲之淒然者久之。野史「翁」訛爲「雍」，又爲「龔」，且言淮青橋爲其死所。後人弗加檢鏡，輒即青溪姑廟以爲祠，其失遠矣。賽工橋乃夫人、二女埋玉處，因祠焉，而並以祀公，固當。

嗟乎！人生何常，唯義之歸。以彼炎隆重轇，在勢處顯，而一旦身死名滅，冰消火盡，既已（坵）〔丘〕墟灰燼荆榛矣。即今白楊悲風，纍纍道傍者，皆是也。如夫人者，迄於今爲樵夫牧豎之所稱識，仁人義士之所欷歔，歷久而不能忘。豈非忠孝之性，得於天者無以異，而興於感者不可遏歟？

余生其地，而又幸及知之，不爲之發潛揚爞，何以示後？公闔門之節：臣死其君，婦死其夫，女死其父母，而臧獲輩死其主。光日月而振宇宙者，不待余言。乃徵之《實録》，考之父老之口，其實蹟歷歷可證。而至爲妄庸者所瞀亂，此余生其地者之責也，殆不可以不辨。且喜益臣矢力於下，徐公振廢於上，見好仁扶義者之猶有人，而於以甄陶世風，羽翼聖化也匪細。於是爲之記。

王陽明祠　在西華門大街，祀明王守仁。

附　明焦竑記

孔孟之學，至近世而大明，如日之中天，非無目者未嘗不知而仰之，則陽明先生力也。先生自謂其學凡數變，蓋從萬死一生中得之，是可以易易言哉！

今先生之說，盛行於世。而尸祝之者，幾遍宇內。獨金陵，京師首善之地，先生爲太僕鴻臚卿，於此者且六年，都人士沐浴膏澤者不少矣。而顧無專祠以祀之，非缺事歟？

頃歲紹興周海門公以符卿攝京兆，士大夫摳衣問學者無虛日。其所推明闡繹，率先生意也。爰念居遊無所，而瞻嚮靡從，乃擇高敞燕閒之處，而大葺之。經體面勢，不大變徙，而祠適成。當是時，京兆黃公繼至，尤嘉公意，而相其所營，於是斵削丹雘之飾，煥然以富。而士以得學其中爲樂，相約而詣余請記。

《易》曰：「形而上者謂之道，形而下者謂之器。」余觀先生之始也，其爲慮深。嘗示人以器，而略於道，俾守其矩矱，而不爲深微之所眩。然使終於此，而已學者將苦其無所從入而道隱矣，乃遴一二俊乂，時以上焉者開之，如所謂無善無惡者是已。至今昧者未隱於心，而大以爲先生病。孔子不云乎：「我則異於是，無可無不可。」可不可者，即善與惡之云也。究且舉「意必固我」而絕之，則空洞之中，纖微不立，而何善惡之可言乎？無美者，天下之真美也。無善者，天下之至善也。是非都捐，泯絕無寄，而變化兆焉，此道之竅係而名曰大本者也。不此之求，而呶呶然枝葉之辨，譬如執糟粕而棄醇醪，惡足以與於道哉？夫爲學而致道，猶掘井而及泉。泉之弗及，即九仞何爲也？

先生起於學絕道廢之餘，處困居常，矢志必得。以彼磨礱鍛鍊，如木生嵌巖奇蹇之隈，欲透復縮，而非干霄摩雲則弗止。宜乎明既晦而續不傳，其所成之偉如此也。學者有志於先生之爲人，不可不求諸學；有志於先生之學，不可不求諸道。苟其以語上爲諱，而安於日用不知之民，甚非先生之意，而亦非符卿所望於諸君子者矣。

何廉直祠　在富民坊，祀明何遵。正德時，遵爲工部主事，諫南巡杖死。

耿天臺祠　在清涼山，祀明督學耿定向。

倪公祠　祀明兵部郎中倪涷。上虞人，轄船政。涷奏定船政，載在《船政新書》，衛所感恩，立祠於朝天宫卞將軍廟左。國朝順治乙未，衛弁欲變法，總督馬國柱奏遵舊制。民德之，並祀於祠。

丁清惠祠　在淮青橋東，祀明尚書丁賓。

群公惠澤祠　在善世橋，祀明巡撫方廉等十人，隆慶初建。

黄侯祠　舊在秦淮上，祀明府尹黄承元。今移三山門外。

青溪小姑祠　在金陵閘，祀漢蔣子文妹。

張莊節祠　在雨花臺，祀明季死難左都督張可大。

汪文毅祠　在治城西，祀明死節檢討汪偉。偉與妻耿氏同日殉甲申之難。國朝順治八年，賜謚建祠。

李文定祠　在句容縣崇福寺内，祀明大學士李春芳。句容舊無城郭，嘉靖間數被倭寇，春芳倡舉築城，邑人永賴。

劉公祠　在溧水縣北三十五里，祀唐劉太真。

表忠祠　在溧水縣治，祀明尚書齊泰，嘉靖中建。

慕賢祠　在江浦縣東北白馬寺左，祀宋陸九淵，明陳獻章、王守仁。

定山祠　在江浦縣南，祀明莊杲，嘉靖間建。

忠賢祠　在六合縣治北，祀唐康大尹，宋名將韓世忠、岳飛，明邑令歐陽得基、都督楊能、參議黄宏，後增元處士郭淵明、按察使王弘、知縣唐詔、邑人張約。

于清端祠　在南門外長干里，祀國朝總督于成龍。

三國

吳大帝蔣陵　在上元縣鍾山之陽孫陵岡上。步皇后合葬於此，宣太子登亦祔葬。

晋

元帝建平陵　明帝武平陵　成帝興平陵　皆在上元縣雞籠山。

康帝崇平陵　在上元縣鍾山。

穆帝永平陵　在上元縣幕府山。

哀帝安平陵　在上元縣雞籠山。

簡文帝高平陵　孝武帝隆平陵　安帝休平陵　恭帝沖平陵　並在上元縣鍾山西南。

南北朝

宋武帝初寧陵　在上元縣鍾山東南。

文帝長寧陵　在上元縣鍾山東南，相近初寧陵，袁皇后祔。

明帝高寧陵　在上元縣幕府山陽。

少帝陵　在江寧縣南郊壇。

孝武帝景寧陵　在江寧縣巖山，文穆皇后祔。

孝武路太后修寧陵　在江寧縣巖山孝武陵東南。

前廢帝陵　在江寧縣南郊壇西。

齊

明宣沈太后陵　在上元縣幕府山，俗稱國婆嶺。

文惠太子陵　在上元縣查硎山夾石。

明欽劉皇后陵　在上元縣淳化鎮北。

梁

昭明太子安寧陵　在上元縣夾石，與齊文惠太子陵相並。

文宣阮太后陵　在江寧縣通望山。

孝元帝陵　在江寧。按陳天嘉元年詔：梁孝元遭罹多難，靈櫬播越，朕曾①經北面，有異常倫。遣使迎接，已次近路。江寧既是舊塋，宜即安卜，車旗禮章，悉用梁典，依魏葬漢獻帝故事。

陳

高祖萬安陵　在上元縣城東三十五里崇里鄉。石獸一尚存，俗名石馬沖。

文帝永慶陵　在上元縣雁門山北。

明

太祖孝陵　在上元縣鍾山之陽，與高皇后合葬，懿文太子祔焉。國朝定鼎後，置守陵太監一名，

① 「曾」，《陳書》卷三作「昔」。

兵四十名。聖祖仁皇帝南巡，詣陵親祭，並書「治隆唐宋」四字勒碑。聖祖御製《過明太祖陵有感》詩。恭紀首卷。

周

越王冢　在句容縣大横山下。王名翳，周安王時薨。

左伯桃羊角哀墓　在溧水縣南四十五里儀鳳鄉孔鎮南大驛路西。二人俱戰國時燕人，同入楚，糧少，伯桃並糧與哀，入空樹中餓死。哀至楚爲上大夫，言於王，備禮葬之。後伯桃見夢於哀，哀開冢從伯桃死，遂並葬焉。按：戰國時楚自郢遷陳，又自陳遷壽春。二人自燕往楚，不應渡江而南。此處有墓，誤也，因舊志相仍，姑存而辨之。

附　明徐良彦《古義士左伯桃羊角哀墓贊》

羊角哀、左伯桃爲死友，聞楚王賢，往見之。道遇雨雪，計不俱全，乃併衣糧與角哀，入樹中死。贊曰：

生則兩死，死則一生。含笑入樹，何友非身？樹既摧殘，墓亦滅没。先生之神，獨耀今昔。仰止高風，媿此隙末。予立貞珉，匪捍樵牧。

楚

項羽墓　在江浦縣烏江。按：漢高祖以魯公禮葬羽於穀城，事見《史記》。此不當有墓，因舊志相傳，姑存之。

漢

司徒甄邯墓　在玄武湖側。劉宋張永開湖，遇古冢，得一銅斗，有柄。文帝以訪何承天，曰：「此亡新威斗。三公亡者皆賜之，一在冢内，一在冢外。」後啓冢更得一斗，有石銘云：「大司徒甄邯之墓。」

三國

吴折衝將軍甘寧墓　在上元縣直瀆山下。

丞相張悌墓　在江寧縣板橋西。

仙翁葛(元)〔玄〕墓　在句容縣西南一里。

晋

荆州都督山簡墓　在上元縣覆舟山之陰樂遊苑内。

驃騎將軍温嶠墓　初葬豫章，朝廷追思之，爲造大墓，還葬上元縣幕府山陽。

尚書令卞壼墓　在上元縣朝天宫西，二子眕、盱祔葬。義熙間，盗伐其墓，壼鬢鬚蒼白，面如生，手拳爪達於手背，安帝賜錢修之。

丞相王導墓　在上元縣幕府山，西對石灰山。

祭酒顔含墓　在上元縣靖安里。曾孫延之銘，十四代孫真卿重書立石。

寧朔將軍竺瑤墓　在張陣湖，有二碑。

司空陸玩墓　在上元縣雞籠山。給兵千人，置守冢七十家。子尚書令納亦葬此山。一云葬吴縣雞籠山。

丹陽尹劉惔墓　在江寧縣。七世孫顯，仕梁爲平西府諮議參軍，亦祔焉。

丞相謝安墓　在江寧縣南梅岡。

長史王濛墓　在江寧縣高亭湖側。

洗馬衛玠墓　在江寧縣新亭東。

句漏令葛洪墓　在句容縣。

驃騎將軍紀瞻墓　在句容縣東南二十五里。

南北朝　宋

臨川郡守謝靈運墓　在上元縣本業寺。南唐保大中孫憙嘗建碑。

冥漠君墓　彭城王義康修東府城，得古冢，改葬東岡，命謝惠連爲文祭之。不知其名，遂立此號。

法曹參軍謝惠連墓　在上元縣宣義鄉，與本業寺相近。

雍州刺史宗慤墓　在石泉里。

尚書僕射劉穆之墓　在江寧縣。元嘉二十五年，車駕經穆之墓，詔致祭。

徐州刺史吉翰墓　在江寧縣吉山。

齊

海陵王昭文墓　沈括《筆談》云：慶(歷)〔曆〕中，金陵人得方石，濯之，乃知齊海陵王墓，謝朓撰誌銘並書。

居士明僧紹墓　在府東北攝山。

尚書令柳世隆墓　在上元縣倪塘。世隆曉術數，於倪塘創墓，每往常坐一處。及卒，墓工圖墓，正取其坐處焉。

彭城郡丞劉瓛墓　在上元縣青龍山。

豫章王嶷墓　竟陵王子良墓　並在江寧縣金牛山。

梁

吴平侯景墓　在上元縣花林寺。

始興王憺墓　在縣黄城村。

臨川王宏墓　在縣北城鄉。

安成王秀墓　在上元縣甘家巷。

建安侯正立墓　在上元縣淳化鎮西。

司徒王僧辯墓　在上元縣方山東南。僧辯爲陳高祖所害，父子七人，同瘞一穴。宣帝天嘉中，故吏衛卿許亨請以家財造墓葬之。

豫州刺史裴邃墓　在上元縣光宅寺西。梁大同初，旱蝗，松柏盡彫，邃墓如舊，當時異之。

南康王績墓　在句容縣西北二十五里。

諸王侍讀陶弘景墓　在句容縣東南雷平山。

陳

貴妃張麗華墓　在府城西南賞心亭側。

尚書僕射周弘正墓　在句容縣東三十五里。

唐

顔尚書墓　在句容縣後顔村。舊謂真卿墓，非也。考魯公上世多葬金陵，延之子竣等皆歷尚書。

侍郎劉太真墓　在溧水縣北三十五里。

雙女墳　在溧水縣南舊招賢館側。唐溧水尉崔致遠憩招賢館中，爲詩弔此墳，因感夢，知二女乃宣城張氏，天寶六年同葬此。

貞晦先生陳融墓　在六合縣堂邑鄉。

南唐

平章事張居詠墓　在江寧縣金陵鄉。

中書侍郎韓熙載墓　在江寧縣梅岡。

散騎常侍徐鉉墓　在句容縣政仁鄉。

慶王弘茂墓　在高淳縣南十里。弘茂，元宗第二子也。

宋

員外郎王益墓　在上元縣鍾山。益，安石之父。曾鞏有《墓銘》。

司空王安石墓　在上元縣鍾山半山寺後。弟秘閣校理安國、右丞安禮墓，並在江寧。

太子賓客謝濤墓　在上元縣土山。

侍郎葉祖洽墓　在上元縣雁門山。

都統制王德墓　在觀音門外，傅雱撰碑。

待制張孝祥墓　在上元縣城東北清果寺側。孝祥僑寓建康，卒葬於此。

節度使王瑋墓　在上元縣棠梨山。

團練使盛新墓　在上元縣武岡山。

節度使王鑑墓　在上元縣竺山。

贈節度使李邈墓　在上元縣青龍山。邈臨江人，知真定府，金兵破城，不屈而死。

通判楊邦乂墓　在江寧縣聚寶門外，紹興中游九言撰碑。

防禦使張保墓　在江寧縣松林莊。

待制李琮墓　在江寧縣板橋西龍口山。

通判秦鉅墓　在江寧縣移忠寺側，子浚、瀈並祔。
先儒尹起莘墓　在江寧縣印塘村。
參政魏良臣墓　在溧水縣西南九十里。
尚書俞栗墓　在溧水縣西琛山十五里。

明

中山王徐達墓　在上元縣鍾山之陰。
開平王常遇春墓　岐陽王李文忠墓　東甌王湯和墓　並在上元縣鍾山。
蘄國公康茂才墓　在上元縣幕府山。
東(邱)〔丘〕郡侯花雲墓　在上元縣南五十里水橋。洪武七年，以衣冠與夫人郜氏合葬，宋濂爲墓碑。
江國公吴良墓　海國公吴貞墓　並在上元縣鍾山。
滕國公顧時墓　安陸侯吴復墓　並在上元縣鍾山。
許國公王志墓　芮國公楊璟墓　並在上元縣鍾山。
汝南侯梅思祖墓　並在上元縣鍾山。
静誠先生陳遇墓　在上元縣鍾山。
太常寺卿吕本墓　在上元縣鍾山。

都御史丁瑄墓　在上元縣崇禮鄉。

尚書王敞墓　在上元縣土山。

都御史金澤墓　在上元縣鍾山岡。

尚書梁材墓　在上元縣白山。

尚書顧璘墓　在上元縣彭城山。

侍郎李喬墓　在上元縣黄練岡。

都督張可大墓　在上元縣侯家塘。

太僕卿方大美墓　在上元縣邵村。

監丞黄居中墓　在上元縣官山。

張賢妃墓　在江寧縣牛首山東。高帝妃，荆憲王之母，謚恭靖順妃。

李順妃墓　在江寧縣吉山東北，亦高帝妃。

韓憲王松墓　在江寧縣安德鄉。高帝第二十子，俗呼韓府山。

駙馬梅殷墓　在江寧縣牛首山。殷，汝南侯思祖從子，尚寧國公主。恭謹有謀，能騎射，爲總兵官，鎮守淮南。靖難兵起，殷悉心防禦。使人招之，割其耳、鼻，令之報命。及成祖即位，召至京。永樂三年，爲都督譚深、指揮趙曦所誣害，殷自投水死。有麾下口外人瓦剌輝發其事，成祖特命斬二人，輝即自經死，葬殷墓側。

駙馬李祺墓　在江寧縣祝釐寺西南，尚臨安公主。永樂初不朝，賜死江浦，後合葬於此。

駙馬胡觀墓　在江寧縣牛首山下，尚南康公主。靖難兵起，距戰死。

駙馬張麟墓　在江寧縣七里鋪東，尚福清公主。

駙馬尹清墓　在江寧縣雨花臺南，尚含山公主。

駙馬謝達墓　在江寧縣安德鄉，尚汝陽公主。

駙馬沐昕墓　在江寧縣泰北鄉，尚常寧公主。

寧河王鄧愈墓　在江寧縣西山之原。

黔寧王沐英墓　在江寧縣長泰北鄉。

虢國公俞通海墓　在江寧縣聚寶山。

越國公胡大海墓　在江寧縣城南十五里。

梁國公趙德勝墓　在江寧縣烏石岡。

郢國公馮國用墓　在江寧縣鳳西鄉。

陝國公郭子興墓　在江寧縣聚寶山。

營國公郭英墓　在江寧縣聚寶山。

沂國公金朝興墓　在江寧縣太平門外。

當塗縣男王愷墓　在江寧縣雨花臺側。

夏國公顧成墓　在江寧縣安德門外普化寺北。

蔡國公徐忠墓　在江寧縣城南十五里。

鄆國公宋晟墓　在江寧縣聚寶門外。

平江侯陳瑄墓　在江寧縣大山之原。

安遠侯柳升墓　在江寧縣安德鄉。

隆平侯張信墓　在江寧縣朱門山。

忻城伯趙彝墓　在江寧縣鳳臺門東。

瑞安侯王源墓　在江寧縣聚寶門外鳳臺街。

豐城侯李彬墓　在江寧縣吉山東南。

尚書唐鐸墓　在江寧縣南十五里。鐸，鳳陽人，賜葬于此。

總制孫炎墓　在江寧縣聚寶山。

太常卿杜安道墓　在江寧縣安德街東。

贈高陽郡侯韓成墓　在江寧縣吉山。

文學博士方孝孺墓　在江寧縣聚寶山側。孝孺磔死，都督廖鏞拾遺骸葬之。見鄭曉《吾學編》。或云其門人王稌輩收葬，或云土人竊葬。萬（歷）〔曆〕十九年，禮部主事汪應蛟、湯顯祖爲文立石表其墓，尚書王弘誨、趙用賢暨坊祠祀之。三十三年，處士徐鯨復捐資修墓。

浡泥國王墓　在江寧縣石子岡。永樂中來朝卒，賜葬於此。

太常卿康爵墓　在江寧縣新亭南。

學士張益墓　在江寧縣鳳西鄉西庫村。

尚書周瑄墓　在江寧縣安德鄉。

太醫院使蔣用文墓　在江寧縣鳳西鄉塘下山。

尚書童軒墓　在江寧縣鳳臺岡。

尚書倪謙墓　在江寧縣新亭鄉。

尚書倪岳墓　在江寧縣新亭鄉堽墓村。

尚書唐瑄墓　在江寧縣唐家山。

都御史張琮墓　在江寧縣鳳西鄉。

尚書王以旂墓　在江寧縣白山。

侍郎俞綱墓　在江寧縣聚寶門外禾山南。

尚書翟瑄墓　在江寧縣新亭鄉。

尚書吴文度墓　在江寧縣石子岡。

都御史陳鎬墓　在江寧縣鳳西鄉。

太僕卿陳沂墓　在江寧縣安德門外岔山口。

副使顧瑮墓　郎中王鑾墓　並在江寧縣石子岡。
太僕少卿王韋墓　在江寧縣吉山。
給事中魯昂墓　在江寧縣耿澗村。
僉事徐完墓　在江寧縣小留山。
布政吴彦華墓　在江寧縣新亭鄉。
孝子龍景華墓　在江寧縣鳳西鄉。
御史沈越墓　在江寧縣石子岡。
侍郎吴自新墓　在江寧縣銅山鄉。
副使顧國輔墓　在江寧縣女山。
太常卿許穀墓　在江寧縣安德門外。
修撰焦竑墓　在江寧縣皮家庫。
侍郎顧起元墓　在江寧縣雲臺山。
侍郎朱之蕃墓　在江寧縣牛首山前。
大學士程國祥墓　在江寧縣安德門外北山。
檢討汪偉墓　在江寧縣射烏山，妻耿氏祔。
督學僉事王芝瑞墓　在江寧縣仙鶴觀側。

侍郎殷邁墓　在江寧縣湖堰村。
諸生楊希淳墓　在江寧縣牛首山。
尚書曹莪墓　在句容縣箭塘山。
知府李茂功墓　在句容縣西門外大墅村。
尚書李思誠墓　在句容縣張王廟東。
太僕寺卿張諫墓　在句容縣福胙鄉。
尚書齊泰墓　在溧水縣青絲洞。
郎中莊景墓　在江浦縣定山。
昌平伯楊洪墓　在六合縣竹鎮。
太常少卿黄宏墓　在六合縣靈巖山。

國　朝

大學士熊賜履墓　在江寧縣聚寶門外。賜履，孝感人。
尚書王弘祚墓　在句容縣茅山。弘祚，雲南人。
侍郎李敬墓　在六合縣龍山。
副使徐必遠墓　在江寧縣建業鄉。

江南通志卷三十八

輿地志

壇廟　二　祠墓附

蘇州一府

蘇州府

社稷壇　在府城盤門外。

風雲雷雨山川壇　在盤門外，敕建。

先農壇　在郡學之東。壇旁有耤田，歲以仲春亥日行耕耤禮。

郡厲壇　在虎（邱）〔丘〕山前。縣曰邑厲。

里社、鄉厲二壇　在各鄉保。

關聖廟　在府治卧龍街武狀元坊。雍正五年，奉旨追封三代公爵，〔春、秋〕①仝日祭于後殿。

城隍廟　在府治武狀元坊，敕建。

八蜡神廟　在府城。

劉猛將軍廟　在府城中街仁風坊。

以上壇廟，所屬縣皆如制。

旗纛廟　在府城齊門教場内，舊在蘇州衛治。

福吴富農龍神廟　在府城元和縣署西，雍正五年遵建。

至德廟　在閶門内，祀吴泰伯。漢永興二年，建於閶門外雁宕村南。吴越錢氏移建於此。明宣德中，郡守況鐘修。國朝康熙二十四年②，巡撫湯斌修。

附　明周忱《重修至德廟記》

宣德五年秋七月，禮部郎中況鐘伯律，奉璽書擢守於蘇州。視事之日，吏以囚牘進。見民

① 據其他各卷記述體例擬補。
② 道光《蘇州府志》卷三十二作「二十三年」。

之繫於獄者凡千餘人，尚爭務勝，交相訐訟，有經十餘載而未決者。伯律姑置弗問。

越明日，率郡之父老，進謁於吴泰伯廟。見其堂宇傾仆，垣墉頽圮，吏民奉事弗虔，乃喟然歎曰：「民不見德，宜乎刑之不清也，是非郡守之先務乎？」即日命工度材，撤其舊而新之。曰堂曰室，曰門曰廡，爲屋凡四十楹，繚以周垣，堅以甓甃，不十日而告成。復率父老，潔牲醪，祇祀於廟。居人過客，瞻望咨嗟。於是獄之繫囚，交相愧悔曰：「泰伯以天下讓民，無得而稱焉。吾輩所爭，僅錐刀之末耳，何重貽郡侯之羞乎！」皆相與俯伏庭下，自服其辜。不數日，而獄以空虚告。

予時奉命巡撫於江南列郡，至蘇州，祇謁祠下。父老以其事告，且曰：昔者狄梁公以冬官侍郎爲江南巡撫使，毁吴楚淫祠千七百所，而此廟則在所留而不毁者。去今千年，得吾郡侯葺而新之。巡撫之來，又適當其時。吴民觀感興起，自今其無復爭競之風乎！予乃登其父老，而告之曰：方泰伯之奔吴也，斷髮文身，示不可立。然荆蠻義之，從而歸之千餘家，遂端委以臨其民。是欲辭富貴，而富貴隨之。

及其後世，夫差狃於必勝，窮兵黷武，破楚困齊，欲霸天下。卒之國亡身戮，妻子爲虜。是欲求富彊，而失其富彊矣。然則吴地數千年之富庶，由泰伯之三讓有以致之也。其斗爭之成風者，亦由夫差之好勝有以啓之也。爾民欲爲泰伯之讓乎？欲效夫差之爭乎？一則廟食萬世，一則貽笑千載，其得與失，必有能辨之者。孔子曰：「能以禮讓爲國乎，何有？」則予與太守期望於吾民之意。

父老曰：「善，請以是爲記。」遂書於麗牲之石，使四方之來謁者，咸有所觀感而興起焉，豈獨蘇州之民而已哉！

周康王廟　在府治市曹橋。相傳晉、隋間嘗戮人於此，因立廟，取成康刑措意。

夫差廟　在姑蘇山東北。又常熟、昆山皆有廟祀。

水平王廟　在西洞庭消夏灣，祀太湖水神。

水仙廟　在子城東南，祀古蒼龍神，相傳即柳毅也。又一在城西雁宕村。

春申君廟　在府城内西北，祀楚黄歇。

蕭王廟　在府治樂橋，祀漢蕭何。

會稽太守廟　在府治穹窿山南，祀漢朱買臣。

韓將軍廟　在府治官瀆橋南，祀漢韓説。

顧元公廟　在府治黄天蕩東，祀晉驃騎將軍顧榮。

東山廟　在府治虎(邱)〔丘〕山，祀晉司徒王珣。

西山廟　祀王珉。

又昆山景德寺亦有王①司徒祠。

聖姑廟　在包山。晋王彪二女有靈異，相繼卒，後人祀之。

靈濟廟　在府治陽山澄照寺，祀白龍神，宋熙寧間建。

韓蘄王廟　在府治南禪寺左妙隱菴，祀宋韓世忠，明嘉靖中建。舊在靈巖山西麓者，今圮。

忠烈廟　在府治天平山白雲寺，宋范仲淹先祠。

周孝子廟　在府治大街，祀宋周容。

楊和王廟　在府治習義鄉，祀宋將楊沂中。

晏公廟　在葑門西營内。神在元時嘗陰翊海運，封平浪侯。

羊太守廟　在府治烏鵲橋南，祀宋羊元保。

太湖廟　在吴江縣南醋坊橋側，祀太湖神。

順濟龍王廟　在吴江縣長橋。

盛將軍廟　在吴江縣三都西，祀三國吴司馬盛斌。赤烏初，斌有功於吴江，卒後邑人即墓立廟。

昭靈侯廟　在吴江縣治東，祀唐刺史曹王明。明，唐太宗第十四子，爲吴郡，有惠政。

周將軍廟　在震澤縣七都，祀三國吴周瑜。

① 《四庫》本無「王」字。

巫咸廟　在常熟縣致道觀，祀商相巫咸。

劉太尉廟　在常熟縣虞山西，祀宋將劉錡。

靈惠廟　在常熟縣治東南，祀周孝子容。

惠應廟　在昆山縣馬鞍山之陽，祀昆山神。唐中和二年建，宋崇寧間賜額。

婁侯廟　在昆山縣婁縣村，祀吴陸遜、張昭。遜、昭，先後封婁侯。

張公廟　在昆山縣東南三十里，祀宋張方平。

雙忠廟　在昆山縣内，祀明季殉難山西巡撫蔡懋德、隨州知州王燾。

忠義祠　節孝祠　俱在府城内。各縣俱如制。

古聖祠　在府治葑門，祀逸民朱張。

季子祠　在府治西南錦塢峰下，祀吴季札，元至正間建。

闕里分祠　在長洲縣，孔氏六十六世孫興豫建，祀孔子。

復聖祠　在府治楓橋西十里，祀顔子，宋元豐中建。今圮。

言公祠　在學道坊，祀子游。

亞聖祠　在東禪寺西，祀孟子，明萬(歷)〔曆〕中建。

伍相國祠　在胥門，祀伍員。舊在盤門内，明萬(歷)〔曆〕中裔孫伍袁萃移置今所。又有祠在東洞庭山。

附　明陳瑚《伍公廟記》

吾郡東洞庭山楊灣里，有伍公子胥祠焉。公之廟食兹土也久矣。當夫差之賜死，浮之於江，吴人憐之，立祠江上，名之曰胥山。今去郡西三十里，地入太湖，名胥口者即其處。祠尚存，而祠前古墓，松檜參差，相傳以爲公葬其下。楊灣之祠，則里人奉爲土神，有事禱焉，而又稱之曰胥王廟。王爵之封，始於宋高宗南渡時，後人由此，遂仍其號云。壬子夏，山中士周宗魯述其建祠本末，屬予記之，伐石以俟。

今天下佛老子宫，所在都有，國家禁令，扞格不得行。而吾吴習俗楞伽之山，無少長男女，舟車鼓吹，奉牲醴以徼福者，春秋無間日。至於聰明正直而爲神者，則或黍稷不馨，廟貌不治，淪落於荒烟蔓草之中。嗚呼！不有君子，何以反其俗也？唐狄梁公廢江南淫祠，而公之廟獨與大禹、泰伯、季札並垂天壤者，何哉？

予嘗考公之爲人：其始也，出萬死一生，忍怨數十年，而卒行其志。其既也，竭心於所事，犯顔强諫，被讒殺其身而不悔。由前言之，則爲孝子；由後言之，則爲忠臣。豈非砥柱人倫，而争光日月者哉？往者巡撫大臣治舟師，習水戰，大閲於胥口，祠中必祭告然後入。萬（歷）〔曆〕間，某巡撫不禮公，坐少頃，若有撻其背者，嘔血，歸竟死。一武弁守洞庭，矢溲公墓旁，入舟狂叫，不踰時亦死。乙酉秋，黄蜚兵泊太湖，將不利於洞庭。夜見神火滿山，疑有備也，不敢動。蓋其靈異如此。

嗚呼！公之精誠氣焰足以感人者，赫赫在天地之間。豈其與山魈澤怪較長短，争有無，而喑啞叱咤，以禍福驚動恐懼人以食其土？然匹夫匹婦，多好以此稱公，予故不得而略也。於是書其事而系之銘曰：

烈哉伍公，萬夫之雄！以子則孝，以臣則忠。没爲明神，簡在蒼穹。楊灣之里，洞庭之東。波濤喧豗，草木蒙戎。其來如雲，其去如風。神所憑依，環堵幽宫。子子周生，即鹿林中。震不於鄰，而於其躬。卜告於廟，後吉先凶。信而有徵，神誘其衷。乃樹斯碑，酬德報功。於千萬年，廟食攸崇。

二戴祠　在虎(邱)〔丘〕山，祀漢戴德、戴聖，康熙間建。

徐南州祠　在府城天妃宫前，祀漢徐穉。

任使君祠　在天慶觀，祀漢會稽都尉任延。

陸内史祠　在府治益地鄉，祀晉陸雲。

慧感夫人祠　在承天寺。夫人陸氏，梁衛尉卿僧瓚女。僧瓚捨宅爲寺，寺祀夫人爲伽藍神，號聖姑。

潘博士祠　在府治齊門東匯，祀隋潘徽。

五賢祠　在虎(邱)〔丘〕山平遠堂，祀唐韋應物、白居易、劉禹錫，宋王禹偁、蘇軾。明萬(歷)

〔曆〕中建。

陸宣公祠　在府治五龍堂巷，祀唐陸贄。

韋蘇州祠　在府學内左偏，祀唐刺史韋應物，宋景祐間建。

甫里先生祠　在府治東五十里甪直鎮，祀唐處士陸龜蒙。宋嘉定間建，元至正間重建。

蘇公祠　在府治滄浪亭，祀宋蘇舜欽，國朝巡撫宋犖增建。

韓魏公祠　在至德橋南書巷内，祀宋韓琦。

吕東萊祠　在府治（元）〔玄〕妙觀前，祀宋吕祖謙。

范文正公祠　在府治義宅東，祀范仲淹。宋淳熙中建，明宣德中郡守況鍾重建。

濂溪祠①　在府治萬壽寺西，祀宋周敦顧，明萬（歷）〔曆〕中建。

胡安定祠　在府治潘時榮巷，祀宋胡瑗。

二程祠　在虎（邱）〔丘〕東，祀宋程顥、程頤，國朝康熙九年建。

魏文靖祠　在府治南宫坊，即鶴山書院，祀宋魏了翁。初，賜第蘇州，即書院爲祠。明宣德間，改爲巡撫公署。弘治中，復建於左偏。

朱文公祠　在府治祥符寺巷，祀宋朱子。

① 此條《四庫》本無。

張公祠　在府治北寺東，祀宋張載。

宋公祠　在府治閶門外，祀宋宋恭。

朱公祠　在府治葑門，祀宋朱壽昌。

劉公祠　在府治大街，祀宋劉子翬、劉子羽、劉韐、劉珙。

滕忠節祠　在府治草橋，祀宋滕茂實，明洪武間建。

張都南祠　在府治狀元坊，祀宋張日中。

周武公祠　在府治濂溪坊，祀宋死節周興裔，濂溪四世孫。

潛公祠　在范文正公祠内，祀宋端明殿學士平江知府潛説友，咸淳間建。

魏給諫祠　在虎(邱)〔丘〕，祀宋郡守魏庠。

蔣密直祠　在虎(邱)〔丘〕，祀宋郡守蔣堂。

三公祠　在府治承天寺，祀宋郡守吴淵、吴潛、趙與籌。

范文穆公祠　在石湖上，祀宋參知政事范成大。

附　明王鏊記

昔在有宋，吾蘇入參大政者有兩：范公文正當仁宗時，開天章閣求治，更張庶政，將大有爲，未一年，以小人不悦罷。文穆當孝宗朝，在政府兩月，未及有爲，以言者罷。前宋之治，莫盛仁宗，南渡後莫盛孝宗，皆鋭意太平。二公皆以身許國，可謂千載之遇，而皆不能少試其志。嗚呼！忠良不容於時，自昔已然，獨二公乎哉？

文正子孫，在吴中最盛，所謂歲寒堂者，有司春、秋享祀不絶。而文穆之後，無聞焉。觀其使金，争受書之儀，舉朝皆悚，有蘇子卿嚼雪之操。繳還閤門張説詞頭，有陽城裂麻之忠。奏罷明州海物之獻，蓋與孔戡之政同。其在成都閲兵築戍，獎勵名節，間與陸務觀諸人賡倡，風流餘藴，漸被岷峨。而吴中民風土俗，人情物態，纖悉備見其詩。用世之具，素講於胸中，而時莫之用。非其君不用，而小人尼之。嗚呼，其可惜矣！

吴城西南十里，有浸曰石湖，山曰吴山。湖山之間，廢壘隱然，即所謂越城也，文穆之别墅在焉。其境最勝，周益公謂天闕絶景，以與其人。而數世之後，求其仿佛不復得，所謂壽櫟、天鏡閣、玉雪坡，皆已湮於荒烟野蔓之中，過者傷之。而孝宗宸翰碑石，巍然獨存。

御史盧君雍，家越來溪上，少時數過其地，與其弟約曰：他日且將俎豆文穆於斯。及爲御史，始克如志。正德庚辰六月，廟成，肖公像於中，移阜陵手書陷置壁間，以辟風日，歲時享祀如儀。乃屬予記其事。

鄭所南祠　在府治能仁寺内，祀宋鄭思肖。國朝順治間，移置廣生庵。

金仁山祠　在府治天妃宫前，祀元金履祥。

顧原魯祠　在府治卧佛寺東，祀元顧愚。

附　明瞿景淳記

顧原魯先生者，蘇之昆山人也。先生元末天下兵起，學士大夫争竄山澤亡，棄故時業，先生獨抱墳籍，隱居海上，誦讀不輟，學者稱爲原魯先生。弘治中，先生所居鄉分隸太倉，祀太倉州學。迨先生四世孫封給諫海隱公徙長洲，復立專祠於郡城，故復迎先生主妥新祠，扁曰「濂洛遺儒」云。

太史氏曰：余嘗觀古今人物，雖公卿、侍從，以功業著者，亦相望於世。而儒之醇者，則曠世不數見。豈非儒之難其人哉？孔孟之後，數千年而得周子，河洛二程復羽翼之，斯道始明，説者謂有以接孟氏之傳。迄今復數百年，接濂洛之傳者，考亭朱子之外不多見。道在人心，不容終亡，元末乃得原魯先生。余竊有感焉。方高皇帝之初，一新文命，招選儒碩，共定朝章。先生嘗一至京師，訪所延儒生，復遯跡海濱，不應有司貢舉。嘗聞之故老，先生讀書，必正冠服，終日端坐，更寒暑無惰容，所憑几兩肱迹入木寸許。其觀經史，多所箋釋，不泥成説。今所著述，不可復見，蓋散逸多矣。

嘉靖初年，詔録所在野史，有司從故老言，乃舉祀州學。後郡守金公城復斥吴縣卧佛寺東隙地建專祀①，蓋以風勵來學，且使先生子孫家吴城者，得便瞻謁云。給諫君考論世德，每恨於文籍之無徵。然先生去今餘二百年，故老稱篤學好禮者，猶必曰原魯先生，則先生之所養可想也。余嘗病漢初去古未遠，先王之教猶未息，漢之儒者乃僅得張良、叔孫通其人。豈秦人坑焚之後，世果無真儒，亦有之而深藏不出焉？言論風旨，不概聞於後也。乃今以原魯先生推之，世固有默會道真，不求人知者矣，先生殆其一也。謂朱子之後，濂洛之學不傳，是斯道有滅息之時，而重誣吾人也，可乎哉？今給諫君復講學不怠，顧多君子，斯道重有賴矣。

先生諱愚，封給諫海隱公諱啓明。海隱公淳厚博雅，亦祀郡學，今祔先生祠。給諫君名存仁。堂成於某年月日。行吴縣給帖蠲差者、督糧參政餘姚翁公大立云。

表忠祠　在府治雍熙寺西，祀明遜國忠臣姚善、黄子澄。

二尚書祠　在府胥門外胥橋，祀明夏元吉、周忱。明弘治中建，今圮。

又有周文襄祠，在寶林寺内。

況公祠　在府學，祀明郡守況鍾，正統間建。

陳僖敏祠　在府城鐵瓶巷，祀明左都御史陳鎰，成化中建。國朝康熙間，改建巷北。

① 「祀」，《四庫》本作「祠」。

韓襄毅祠　在府學東，祀明韓雍，嘉靖間建。

王文恪祠　在府治舊景德寺，祀明大學士王鏊。

周忠介祠　在府治衛西，祀明周順昌，崇（正）〔禎〕時建。

徐公祠　在府治，祀明徐汧。

國朝潘耒《重建徐宫詹公祠碑》

人之自致不朽者，惟此忠孝大節孤行於天地間。而善俗維風，亦常以勸忠教孝爲先務。故勝國之忠節，往往表彰於興朝。若周世宗之旌劉仁贍，宋藝祖之褒韓通，明太祖之表余闕，並爲贈官立祠。而齊高祖敕史臣，爲袁粲立傳。元修《宋史》，亦具載文、陸諸人。蓋忠於所事，而殉之以死者，人臣之極則。褒忠録節，以扶植綱常者，古今之通義。身没而名存，事久而論定，正氣憑焉不可得而磨滅也。

前明末造，朝臣死忠者，班班可考。而吾吴則宫詹勿齋爲最著。公自爲經生時，即以希聖希賢自淬厲。入詞苑爲講官，正色立朝，風節與文文肅、姚文毅相上下。北都之變，公方家居，不即死。比聞金陵不守，指池水謂人曰：「江萬里，吾師也！」卒自沉以死，天下稱純臣焉。

公殁四十餘年，而潛庵湯公來撫吾吴，爲公建專祠於虎（邱）〔丘〕，載在祀典。有司春、秋致祭，崇德報功，甚盛典也。已而，徐氏有敗類之孽，竄入其中，姦民從而誘之，遂至毁像撤屋，盡售諸人。於是徐之宗老暨君人士，控於中丞于公。下長邑覆勘，乃正厥罰。主持其事者，郡紳咸集，而侍講訪濂彭公之力爲多。

第毀祠之罪雖懲，而復祠之資未辦。會彭公有編纂之事於維揚，言於銀臺曹公，首捐厚資，兼諭所屬佽助，得祠費大半。於是郡士大夫協力裨補，不日落成。以虎（邱）〔丘〕故址頽陷，改築於長洲學宮之東偏。祠屋三楹，中奉宫詹公，旁以許、顧兩文學配。許先生玉重，聞燕京之變，行哭三日，自縊福清觀，不死；投胥江，不死；絶粒七日死。顧先生東湖，當金陵變後日縊學宫，不死；復赴水死。兩先生以布衣諸生，而慷慨殉國，人尤賢之，用配宫詹公。忠臣烈士，參列一堂。宫詹公有子昭法先生，亦以清操介節見重於世，稱真孝廉。中丞于公别致褒獎，祀諸鄉賢，殷禮並稱，聞者興起。

夫庠序之設，所以明人倫也。至性，人人本具；聖賢，人人可爲。處變處常，各有當盡之道。毋曰俎豆學宫，非吾儕事其可也。耒少受業於孝廉先生，備聞世德，幸祀典之再光，公論之不泯也，謹叙述其始末云。

三高祠　在府治華山下，祀明趙宧光、王在公、朱鷺。

景賢祠　在府治堯峰資慶寺，祀明吴寬。

附　明申時行記

吴郡城西二十里許，峰巒林壑，幽奇環麗之觀，不可勝數，吴山最勝。從吴山折而南，衡岡疊巘，蜿蜒崒嵂者，不可勝數，堯峰最勝。堯峰有寺曰資慶，蓋宋建云。或曰在晋爲免水院，故堯時民避水處云。寺據山巔，俯瞰笠澤，縹緲、莫釐諸峰在襟帶間。懸崖仄徑，清泉秀石，蓋堯峰之勝，盡在於是。然歲久荒落，去城闉絶遠，冠蓋屐履之遊不至，即至不數數也。

余友周公瑕氏遊憇山中，酌寶雲泉而甘之，將作亭其上，未果。久之，睹一像廡間，黯黯不辨，類非神佛者。怪之，以問寺僧。僧曰：「嘻！此故宗伯吴文定公像也。往公讀書結社於此，登朝乃去。寺且圮矣，賴公垣之而新，故肖貌爲祠以報。而祠竟燬，獨遺像存焉，然莫能復也。」公瑕則慨然曰：「吁！有是哉？曩吾師衡山先生嘗及公門，其言論風旨相似。推本言之，公吾師之師也。且夫復廢宇，還舊觀，以景先哲，報德舉意，庶其在此。吾力能成之。」乃出資貿材，涓辰庀役。既成，則奉文定公像居其中，以衡山先生配。而買田若干畝，畀寺僧掌之，曰：「令世世香火之奉，與兹山俱，永毋絶也！」

公瑕遊京師，語余，請顔其祠。余命之曰「景賢」，且記其事。語曰：「『高山仰止，景行行止』。雖不能至，然心嚮往之。」曩文定公匏庵先生，以耆宿任公卿至貴重，然恭謹無與比，與人言未嘗不推轂當世之賢士。衡山先生聲滿天下，兒童、婦女莫不知名，而退焉若無能者。其獎後進，游揚薦達，惟恐不及。蓋先輩之典型如是。

當是時，吴俗斌斌乎可觀矣。自二先生往，而吴俗凡幾變。垂紳側弁之士，斷斷如也。繇斯以觀二先生之系世道，豈淺鮮哉？然二先生者，不獨薦紳家稱之，而遺民故老能傳其事。不獨俎豆學宮之上，而深山窮谷能妥其靈。不獨邦居大夫，尚知禮於其廬，而及門私淑之士，至於尸而祝之，低回瞻戀而不能去，則以見二先生之賢，而景仰之在人心無窮已也。有能惕然追慕二先生之風，而曠然一變乎頽俗，豈不爲世道之幸與！此殆公瑕建祠之意，不獨報其私已也。書以俟之。

翰林王公祠　在長洲縣，祀宋長洲令王禹偁，天禧間建。

和靖先生祠　在元和縣虎(邱)〔丘〕西庵，祀宋尹焞。焞嘗讀書於此，有三畏齋。明嘉靖間重建。

忠烈祠　在元和縣乘鯉坊，祀宋文天祥，明嘉靖中建。

附　明王鏊序

忠義之在天下未嘗亡，而宋世以身殉國，能信大義於天下者，視前代爲獨盛。而文丞相之死，尤偉且顯。其許國之忠，屢躓而奮，百挫不回，至於今愚夫稚子，皆知其爲烈也。夫死一也，有重於太山，有輕於鴻毛，則所處者異耳。是故非死之難，處死爲難。若公可謂善處死也。

自古以死殉國者，皆居其官、死其職事也。方元兵渡江，詔徵天下勤王，無一人至者。公於時出知遠州，非有天下之責。乃獨慨然獎率三軍，毁其家以殉國，其氣固已凛然蓋天下矣。及挺身出使，被執而逸，流離江關，山棲海竄，卒達行在。當是時，宋蓋亡矣，猶號召義旅，克復州縣。軍敗身執，志在必死，祈死不死，卒致之燕。雖元之君臣，亦皆嗟歎其賢，必欲生之不得，卒得死柴市。從容南向，有若平時。蓋成仁取義，公志素定於中，非若倉卒履變，慷慨殺身之爲。此公之死，所以獨異，而其節尤偉且顯者。讀其傳，誦其詩，悲其志，想見其人，嗚呼，雖與日月争光可也！

公之起，則知平江。常州受圍，公遣兵援之。會詔趣入衛，公去，而平江旋送款矣。使公不去，平江必能與常犄角。常猶戰不屈，公其有不能平？二州戮力，勢或可支。即不能支，亦當背城死戰，元兵不敢長驅，臨安得徐爲之備，不至倉卒旁皇，一旦猝而爲辱也。其後公過吴門，感念悽悽。遺民聞公至，無不垂涕者，於此見公之惓惓於吴，吴人之不能忘公也。

公既死，燕京、廬陵皆祠，而吴獨缺。太僕少卿文君森，其先自廬陵徙衡山，自衡來吴，蓋公之裔胄也。子斗願以其地作廟，世守其祀。巡按御史謝君琛以聞，詔可，賜其廟曰「忠烈」，有司春、秋享祀如禮。正德十年夏，廟成，請予紀其事於石，以詔來裔焉。銘曰：

嘻吴故墟，有巍新宫。宫祀爲誰？丞相信公。崎嶇嶺海，百死無二。卒死於燕，卓哉正氣。公身可殺，公志莫折。於萬斯年，其志烈烈。撑拄乾坤，昭揭日月。惟忠惟義，率土嚮之。

況兹吴門，公所素治。公治於吴，不能百日。公惠在吴，終古不没。公嗣公遺，後復吴居。作廟揭虔，帝命曰俞。綱常民彝，弗渝弗墜。享祀千秋，爲世臣礪。

國朝鄭敷教有《記》：

大宋養士三百年，國亡，死事之臣甚烈，文丞相信國公實首稱焉。百世而下，祀公於所生之鄉，所死之地，所經歷之境，幾遍方域矣。其敕建於吴中也，自正德六年辛未始也。公昔勤王之師常開閫平江，既係燕獄，有集杜詩二百首，如自作年譜，其叙蘇州云：「予領兵赴闕，時陳宜中歸永嘉，留丞相夢炎當國。夢炎意不相樂，出予以制閫守平江。尋以獨松事急，趣①還宿衛。予行未幾，姑蘇陷。」哀哉！公蓋一日不能忘姑蘇，而蘇州之人心，百世不能忘公，有以也。

其奉敕改建於學宫，自嘉靖二十年辛丑，長洲縣學既遷之後也。公②後人待詔公徵明，書《正氣歌》於堂之壁，生氣凛然。惟公之學，一歸於孔孟，殺身成仁，舍生取義，以公衣帶中所藏，

① 「趣」，《四庫》本作「趨」。
② 《四庫》本「公」下有「之」字。

立公位於孔氏之庭。豈曰時會使然，蓋亦至聖大賢精英有以相蕩也。

自辛丑至萬（歷）〔曆〕乙卯，歷七十餘年，而祠宇日圮。邑宰胡公士容，謀於公後人孝廉震孟，重修之後，孝廉亦以狀元位至相國，風節義概，能繩其武云。

自乙卯至今庚戌，又五十餘年，而傾圮者鞠爲草莽矣。其裔孫世光，謀助於一時好義之人心，則顧考功予咸實首倡之，瀕死以屬其後人，而堂宇重新焉。蓋予讀《宋史》，至信國公事，及《井中心史》所載文丞相序，未嘗不骨顫魂搖，有甚於謝翱之慟哭也。

公嘗謂大宋三百年宗廟社稷，爲賈似道一人所破壞。於乎！何后世似道接迹，而如信國公者虚無人？信國公之靈，其必有恫乎？不寧倍於昔日者乎？祠之始建、再建，聞於朝重修也，輸於官，今煢煢興起，於不振之子孫，與夫好義之人心，是可悲也已。雖然，今日而猶可興起也，即人心爲足恃。而我公日星河嶽之精英，爲不磨也夫！

陳五經祠　在元和縣圓橋巷，祀明檢討陳繼。國朝潘耒有《記》：

前明仁宗時，吾郡陳先生繼，宋文忠公堯叟之裔，明州判篆之九世孫。父經歷公汝言，卒於濟南官舍，先生生甫十月，母吴夫人抱之還吴。家徒壁立，躬自紡績，撫且教之。既長，乃從名師碩儒游。沖然即有所得，凡於義理之歸，皆體察而究明之。家日益貧，學日益富。與其德配金孺人，墾鋤廢地，以致其孝養。躬耕樂道，若將終身。

維時仁宗欲求鴻儒，講論治道。少傅楊公士奇，舉先生於朝，授翰林院五經博士。宣宗嗣位，命修兩朝《實録》，考覈爲當。立朝多所講明，輔臣喜得資助，晋官檢討。將大用之，以年老疾作，上疏乞歸。前後從先生游者，凡數百人。皆經明行修，闡揚師説，可以信今而傳後，先生之德爲不孤。而學之所被者廣，豈非中流之一柱，而爲吾儒所宗主者乎？

先是，先生神位於前明時奉於郡庠鄉賢祠中，未有專祠，以馨俎豆。康熙二十九年，先生之世孫瓛及圭等，請於中丞洪公，建祠於長邑之懸橋里，載之祀典，俾瓛輩奉其禋祀，以垂不朽。於是文孫書梓其家乘，索詞於耒，以鑱諸石。此不獨陳氏子孫，登斯堂而思祖德，以持其身；鄉之人士，其有不觀感而興起者哉？

是爲記。

申文定祠　在元和縣流化坊，祀明大學士申時行。

韓宗伯祠　在元和縣，祀明韓世能。

三賢祠　在元和縣虎（邱）〔丘〕山，祀明文震孟、姚希孟、陳仁錫。

又有陳文莊祠，在虎（邱）〔丘〕山寺西，專祀陳仁錫。國朝汪琬《陳文莊公祠堂記》：

前明南京國子祭酒、贈詹事陳文莊公之没也，是爲崇(正)〔禎〕七年。閲十年，其長君濟生獻公所著書於朝，始予贈謚，追録其子一人，建專祠以祀。於是偕其弟濟楨，卜地建祠於府治卧龍街。

歲月且久，有司時節往祀，輒歎其密邇市寰，湫隘不足以稱也。乃謀遷，於虎(邱)〔丘〕得民居若干楹間，而更新之。門廡壯麗，堂寢崇宏。其旁則餕食有所，庖湢有廬，又其旁則有廩、有倉。凡文莊公所置贍族義田若干頃，及祭田若干畝，其所得歲租，悉出納於此。蓋其地山川之雄秀，林陸之亢爽，烟雲竹木之靚深，實稱神明所棲，非故祠比。

工已告成，次君濟楨復聚族謀曰：維兹麗牲之碑闕焉，無辭以刻，非所以妥先靈而示子姓也。乃來謁某爲文。某自惟鄉曲晚進，未及登公之堂而受其學。顧少而嘗從兩公子游，倘獲掛名碑尾，附公以不朽，固素願也，遂不敢禮辭。

謹按劉念臺、黄石齋兩先生所撰《文莊公家傳》，每言公之在熹宗末也，以講官負重望。會逆奄魏忠賢父子冒功，求給鐵券，公當草誥詞，忠賢屢遣使趨公，公奮曰：「首可斷，誥不可草！」由是觸忠賢怒，興妖人孫文豸獄，牽連及公，竟削籍以歸。數陽言殺公，慬而得免。嗟乎！

間觀史所載宦官之禍，無世蔑有，殆未有如漢、唐及前明之甚者也。然而漢之亡也以十常侍，唐之亡也以北司，是直宦官與士大夫爲難耳。

前明則不然。君子、小人，雜然並立於朝，日夜分門户，求傾軋。而小人遂借刃於宦官，以戕君子。此其過在士大夫，非專屬諸宦官也。當是之時，吾郡被禍最酷，不幸而死，則有周忠介、忠毅兩公。幸而生，則有公與文文肅、姚文毅三公。夫兩周公之死，非輕生也。公與文、姚之生，非避死也。皆天也。天之死兩周公，所以伸忠臣之節也。其生公與文、姚諸賢者，所以養直臣之氣也。假令諸賢悉畢命於銀鐺桁楊之下，則國無人焉。吾見夫醜顔蒙面，絶無顧恤，嘑九千歲之不已，必至於九錫策；九錫之不已，必至於勸進。亦何所畏忌，而弗敢爲耶！此公與諸賢之幸存，係於前明宗社非小也，某故曰天也。由今思之，向之號爲義子義孫者，其威福勢焰非不盛且熾也。曾幾何時，而俱歸於澌盡泯滅。雖下訖於婦人豎子，亦往往戟手恣口，指斥其姓氏以爲詬厲。而公與諸賢獨名在天壤，能使言之者太息，聞之者興起。然則君子小人其獲報於天者，又孰爲愈哉？

今且距公之没，踰五十年矣。四方士庶往來虎(邱)〔丘〕者，登其祠而拜瞻其祏主，有不欷歔俯仰，想見公之風聲氣烈，徘徊不去者乎？吾知其必無是也。

祠成於康熙十九年。又三年，某始爲之文。至若公之述作，已行於時。其家世、生卒之詳，已見於劉、黄兩先生所撰者，概不復詮次云。

公諱仁錫，字明卿，天啓壬戌科進士第三人，由編修歷官南祭酒。别自號芝臺，學者稱芝臺先生。

忠孝龔先生祠　在元和縣中臺基，祀明龔元祥。

張公祠　在元和縣虎（邱）〔丘〕白公隄，祀明張國維。

二姜先生祠　祠臨虎（邱）〔丘〕山古鶴澗，祀明姜埰、姜垓。

女金剛祠　在支硎山，祀明烈婦張士伯妻陳氏，崇（正）〔禎〕時建。

宋文恪祠　在元和縣虎（邱）〔丘〕山，祀國朝大學士宋德宜。

顧孝子祠　在元和縣虎（邱）〔丘〕山塘，祀國朝顧天朗，聖祖御書賜「孝靖」二字額。

甘泉祠　在吴江縣治南六里，祀龍神。

三高祠　在吴江縣釣雪灘，祀越范蠡、晋張翰、唐陸龜蒙。

附　宋范成大記

乾道三年二月，吴江縣新作三高祠成。三高者，越上將軍姓范氏，是爲鴟夷子皮；晋大司馬東曹掾姓張氏，是爲江東步兵；唐贈右補闕姓陸氏，是爲甫里先生。三君生不並世，而鴟夷子皮，又嘗一用人之國，功大名顯而去之。季鷹、魯望，翛然臞儒。使有爲於當時①，其所成就，

① 「時」，《吴郡志》作「年」。

不可逾度。要皆以得道見微，脱屣天行，清風埈節，相望於松江太湖之上，故天下同高之。而邑人①獨私得奉烝嘗，以誇於四方。邑大夫趙伯虛，以故祠爲陋，將改作。鄉老王份獻地雪灘，乃築堂其上，告遷而奠焉。且屬石湖范成大爲之辭。噫！不有君子，其能國乎？今乃自放寂寞之濱，掉頭而不顧。人又從而以爲高，此豈盛際之所願哉？後之人高三君之風，而跡其所以去，爲世道計者，可以懼矣。至於豪傑之士，或肆志乎軒冕，宴安留連，卒悔於後者，亦將有感於斯堂。而成大何是以述之？然屈平既從彭咸，而叢桂之賦，猶招隱士。凝若幽處林薄，不死而仙。況如三君，蟬脱溷濁，得全於天者。

嘗試倚楹而望，水光浮空，雲日下上，風帆烟篷，飄忽晦明，意必往來其間。成大亦何足以見之？姑效小山，作歌三章以招之焉。遂從而歌之。歌曰：

若有人兮扁舟，撫湖海兮遠遊。衆芳媢兮高（邱）〔丘〕，忽獨君兮不可留。長風積兮波浪白蕩，摇空明兮南北一色。鏡萬里兮鞭魚龍，列星炯兮其下孤篷。

顧懷兮斯路，與涼月兮入滄浦。戰争蝸角兮昨夢一笑，水雲得意兮垂虹可以艤棹。仙之人兮壽無涯，樂哉垂虹兮去復來。

載歌曰：若有人兮横大江，秋風起兮歸故鄉。鴻冥飛兮白鷗舞，吴波鱗鱗兮而在下。嗟人

①「邑人」，《吴郡志》作「吴江」。

奚爲兮天地四方，美無度兮吾之上。膾修鱸兮雪霏，登菰蒓兮芼之。水山續兮胥命①，君可望兮不可追。頩倒景兮揮碧寥，娱宴息兮江之皋。蒸蘋堂兮廡杜若，一杯之酒兮我爲君酌。

又歌曰：若有人兮北江之渚，披雲而晞兮頩烟雨。菊莎兮杞棘，歲晼晚兮何以續。君食佰五鼎兮腥腐，羞三泉兮終古。千秋風露兮歸來故墟，月明無人兮蒼石與語。牛宫洳兮生蒲荷，潮東西兮下田一波。訪南涇兮鄰曲，山川良是兮(邱)〔丘〕隴多。稼九畹兮今其刈，聊春容兮兹里。

諸葛武侯祠　在吴江縣薛步村。

顧公祠　在吴江縣北門外三里橋側，祀晋顧野王。

三忠祠　在吴江縣長橋，祀吴伍員、唐張巡、宋岳飛。

吴孝子祠　在吴江縣，祀明孝子吴璋。

沈太常祠　在吴江縣後，祀明沈漢。

周相國祠　在吴江縣治東，祀明周道登。

周忠毅祠　在吴江縣永定橋，祀明御史周宗建。

① 「胥命」，《文粹》作「命胥」。

周恭肅祠　在震澤縣上塘，祀明周用。

清權祠　在常熟縣虞山北麓，祀虞仲。

吴公祠　在常熟縣學大殿後，祀子游。

又文學書院，在縣東。康熙四十四年，御賜「文開吴會」四字扁額。

附　宋朱熹記

平江府常熟縣學丹陽公祠者，孔門高第弟子言偃子游之祠也。按太史公記孔門諸子，多東州之士，獨公爲吴人。而此縣有巷名子游，橋①名文學，相傳至今。《圖經》又言：公之故宅在縣西北，而舊井存焉。今則雖不復可見，而公爲此縣之人，蓋不誣矣。然自孔子之没以至於今，千有六百餘年。郡縣之學，通祀先聖，公雖以列得從餟食，而其鄉邑乃未有能表其事而出之者。

慶元三年七月，知縣事通直郎會稽孫應時，乃始即其學宫講堂之東偏，作爲此堂，以奉祠事。是歲中②冬長至之日，躬率邑人、學士、大夫及其子弟，奠爵釋菜，以妥其靈。而以書來

① 《吴郡志》「橋」上有「有」字。

② 「中」，《四庫》本作「仲」。

曰：「願有記也。」

熹惟歷代之前，帝王之興，率在中土。以故德行道藝之教，其行於近者著，而人之觀感服習，以入德者深。若入勾吴之墟，則在虞夏五服，是爲要荒之外。爰自泰伯采藥荆蠻，始得其民，端委以臨之，然亦淑慎其身。而虞虢之後，相傳累世，乃能有以自通於上國，其俗蓋亦樸鄙而不文矣。

公生其間，乃能獨悦周公、仲尼之道，而北學於中國，身通受業，遂因文學以得聖人之一體，豈不可爲豪傑之士哉？今以《論語》考其話言，類皆簡易疏通，高暢宏達。其曰「本之則無」者，雖若見詘於子夏，與①要爲知有本也。則其所謂文學，固宜有以異乎今世之文學。

既又考其行事，則武城之政，不小其邑，而必以《詩》、《書》、《禮》、《樂》爲先務。其視有勇足民之效，蓋有不足爲者。至使聖師爲之莞爾而笑，則其與之之意，豈淺淺哉？及其取人，則又以二事之細，而得滅明之賢，亦其義氣之感，默有以相契者。以故近世論者，意其爲人必當敏於聞道，而不滯於形器。豈爲南方之學得其精華者，乃自古而已然也耶？

矧今全吴通爲畿輔，文物之盛，絶異曩時。孫君於此，又能舉千載之闕遺，稽古崇德，以勵其學者。則武城絃歌之意，於是乎在。故熹喜聞其事，而樂爲之書。

① 「與」，《吴郡志》作「然」。

至於孔門設科之法，與公之言所謂本、所謂道及其所以取人者，願諸生相與勉焉，以進其實。使此邑之人，百世之下，復有如公者出。而又有以一灑夫媮懦憚事，無廉恥而嗜飲食之譏焉。是則孫君之志，而亦熹之願也。

公之追爵，自唐開元始封吴侯。我朝政和《禮書》已號丹陽公。而紹興御贊，猶有唐封，至淳熙間所頒位次，又改稱吴公云①。

張長史祠　在常熟縣學門内，祀唐張旭。旭，嘗爲縣尉。

海神李王祠　在常熟縣致道觀。

黄公祠　在常熟縣西，祀明遜國忠臣黄鉞。

程公祠　在常熟縣慧日寺，祀明死土木之難刑部員外郎程式。

蔣忠烈祠　在常熟縣致道觀，祀明御史蔣欽。

楊忠愍祠　在常熟縣塘滸，祀明縣令楊漣。

瞿文懿祠　在常熟縣虞山拂水巖西，祀明尚書瞿景淳。

---

① 「我朝」之下，《吴郡志》作「大中祥符改封丹陽公云。五年六月甲申，朝奉大夫致仕婺源縣開國男食邑三百户賜紫金魚袋朱熹記」。

唐公祠　在常熟縣慧日寺西，祀明殉流賊難葉縣令唐天恩。

于公祠　在常熟縣慧日寺西，祀國朝知縣于宗堯。

吴文恪祠　在昭文縣治東，祀明吴訥。

陸氏三賢祠　在昆山縣東陳墓鎮，祀漢陸伯元，唐陸贄、陸龜蒙。

劉龍洲祠　在昆山縣馬鞍山東，祀宋詩人廬陵劉過。

葉文莊祠　在昆山縣學後，祀明葉盛。

魏恭簡祠　在昆山縣學東，祀明太常卿魏校。

忠烈祠　在昆山縣，祀明禦倭戰死生員陳淮。

張烈愍祠　在昆山縣麗澤門外，祀明死川賊難興文令張振德。

衛文節祠　在新陽縣馬鞍山華藏寺左，祀宋太師衛涇。

朱恭靖祠　在新陽縣馬鞍山，祀明尚書朱希周。

顧文康祠　在新陽縣馬鞍山之陽，祀明大學士顧鼎臣。

文星閣　在長洲學東南，明萬(歷)〔曆〕中建，國朝殿元彭定求修。

事賢堂　在昆山縣報國寺東，祀唐王綱，宋潘友文、張方平、程沂、韓正彦、巫自修，元知州王安真、潘昂霄。

四賢堂　在昆山縣東，祀宋給事中莫濟、學士周必大、侍御史王希吕、李衡。

湯公祠　在府學内西偏，祀巡撫湯斌。

于公祠與湯公祠　並祀總督謚清端于成龍。御書賜「高行清粹」四字，又對一聯曰「歷任甘棠隨地蔭，兩江清節至今傳」。

附　彭定求《重建于清端公祠碑》

康熙四十有五年，吴中士民合請於蘇州府，申藩、臬二司，以達督、撫、學三院，曰：

維前兩江總制于清端公之秉憲也，以廉爲我朝督撫大臣之冠，勵一介不取之節，守四知自省之義，飭吏治，恤民情，苞苴既除，疾苦畢達，軍戢於伍，士養於庠，農活於野。一時遐邇嚮風，頌聲大作，咸曰包孝肅、趙清獻再出也。我蘇雖去金陵遠，而翹首跂足，如日在森然轅戟之下。嘗遇公巡歷海疆，襆被輕攜，蓬舟徑渡，郵傳間絶，不覺有按部之役。士民伏謁道旁，條列地方事宜，輒爲温言。采訪得其實者，即與施行。公謂吴俗澆而鮮樸，親製《忍字歌》，頒行勸諭。大旨以息争止訟，爲全生保家之道。言言剴摯而周詳，可以家諭户曉，不啻若遒鐸之徇於路焉。故公薨之後，民間悲慕謳吟，境内相望。

吾蘇既立祠於城中通闤坊久矣，第以逼近梵宇，規模隘狹，其於報德告虔之制弗稱，應易地而更新之。謹按前巡撫睢州湯公，得民心爲最甚，而祠在蘇州府學，春、秋有享，典禮綦隆。若公之清德，實先湯公，而著聞於時。莫若兩祠並建，則儀型昭揭，相得益彰，可以範世濯俗，俾我民愛其休庇者，實深且遠。

牒既上，三院下其議於所司，得允士民之請。衆遂踴躍趨事，度地於湯公祠之右，棟梁磚甓，資助駢集。前後堂廡凡若干楹，周以繚垣。兩祠合爲一門以入，高明爽塏，儼乎神明所棲。越十二月既望，厥工告成，涓吉升主以祭。士民胥大和會，笙歌奏，牲醴陳。咸曰：是舉也，以崇邦憲，至順也；以樹官箴，至明也；以愜民望，至公也。乃屬定求叙建祠之始末，而爲文以識。

定求曾紀公祠之在金陵者有二，若我郡尸祝之忱如是，何能不又爲之述？乃對衆而申質之曰：

學宫從祀之典，由來重矣。凡吏有賢績於地方，則稱名宦，而合爲之祠。其尤梓者，間有專祠，以别於龐雜他附之所。郡學中惟唐之韋刺史，宋之范文正、胡安定三祠鼎峙已爾。歷數百年，始得一湯公爲之繼。兹復媲之以公，而衆議無不翕從者，蓋深信公之廉，出之以至誠，而不等於立名之矯；行之以至正，而不流於制行之偏。自其起家儒素，歷民社，綰封疆，從未嘗一日携家人入署。公爾忘私，皎然獨拔於流俗。令行於光天化日之中，而恩及於窮檐蔀屋之際；清著於茹蘗飲冰之節，而愛篤於輟舂弛瑟之餘。謂非素所謹身慎獨，存理遏欲者，孰能與於此？古之大臣，必有千駟弗受、萬鍾不易之操，而後能以匹夫匹婦，莫不得所爲己任，此聖門之學莫先於義利之辨也。

伏睹今上獎廉異數，至於公而褒揚軫恤，宸章光耀，蔑以加矣。曩者御試詞臣於西苑之豐澤園，作《理學真僞論》。諸臣呈卷時，上特諭曰：「理學無取空言，若于某不言理學，而服官至廉，斯即理學之真者也。」煌煌聖訓，聞者莫不動容悚息。則今日祀公於學宫，正所以對揚天子之明命，而匡維世道於不墜，固非泛泛紀循良、托遺愛者，所可援比以論也。

惟湯公以理學而顯於廉，惟公以廉而合於理學，名實同揆，幽明允協，可與先聖先賢臨之在上，質之在旁者，有弗信矣乎？

僉謂是言也，可以使後人知所考焉。因勒諸石，而凡士民之捐助者，皆以姓名列於碑陰云。

商

相巫咸墓　在常熟縣虞山。子賢，亦葬此。宋王爚爲縣令，嘗修其墓。

仲雍墓　在常熟縣虞山。

周

吴王夫差墓　在長洲縣陽山。

先賢澹臺滅明墓　在長洲縣澹臺湖旁。

慶忌墓　在長洲縣齊門外，今云慶墳。

吴王闔廬墓　在元和縣虎(邱)〔丘〕山劍池。

申公巫臣墓　在元和縣匠門外。一云在巫門外。

吴將孫武墓　在巫門外。

干將墓　在匠門外。匠門本名干將門，因干將葬此，故名，後訛爲「匠」。干將與其妻莫耶，俱善鑄劍。

吴王僚墓　在吴縣岝崿山。

吴女墓　在吴縣閶門外，吴王闔廬女也。

專諸墓　相傳在吴縣盤門内，伍員廟側。

要離墓　在吴縣閶門南，傍城。

吴子周章墓　在常熟縣虞山。

齊女墓　在虞山，吴太子所娶齊女也。

先賢言偃墓　在虞山。

漢

三老顧綜墓　在元和縣婁門外。

尚書朱穆墓　在元和縣婁門東南二里，與顧綜墓相直。

蜀郡太守張康墓　俗名鳳凰墩，在吴縣界。按張康不見載籍，《唐·宰相表》載蜀郡太守張睦，「康」或即「睦」也。

高士梁鴻墓　在吴縣要離墓西。

議郎皋伯通墓　在吴縣胥門外，號伯通塾。

都尉陸烈墓　烈初爲吴令，後爲豫章都尉，吴人思之，迎葬於胥亭。或云，墓在長洲縣秦餘杭山。

孝子黄香墓　在昭文縣梅里鎮。宋乾道初，人於此得古碑，舁歸，家有光怪，棄之昆承湖中。

會稽太守嚴助墓　在震澤縣東南百里，今名嚴墓村。

三國　吴

孫王墓　在元和縣盤門外。孫王謂吴大帝父堅、母吴夫人及兄策也。晉元康中，吴令謝詢表求置守冢者五人，修護掃除，詔從之。

附　謝詢表

臣聞成湯革夏而封杞，武王入殷而建宋，春秋征伐則晉修虞祀，燕祭齊廟。夫一國爲一人興，先賢爲後愚廢，誠仁聖所哀悼而不忍也。故三代敦繼絶之德，《春秋》貴柔服之義。

昔漢高受命，追存六國，凡諸絶邦，一時並祀。親與項羽對争存亡，逮羽之死，乃以公葬。若使羽位承前緒，世有哲王，一朝力屈，全身從命，則楚廟不墮，有後可冀。

伏惟大晋，應天順民，武成止戈。西戎有即序之人，京邑開吴蜀之館。興滅加乎萬國，繼絶接於百世。雖三五弘道，商周稱仁，洋洋之美，未足以喻。是以孫氏雖家失吴祚，而族蒙晋榮，子孫量才，比肩取進。懷金侯服，佩青千里。當時受恩，多有過望。

臣聞春雨潤木，自葉流根。鴟鴞卹功，愛子及室。故天稱罔極之恩，聖有綢繆之惠。追惟吴僞武烈皇帝，遭漢室之弱，值亂臣之强，首倡義兵，先衆犯難。破董卓於陽人，濟神器於甄井，威振群牧，名顯往朝。桓王才武，弱冠承①業。招百越之士，奮鷹揚之勢。西赴許州，將迎幼主。雖元勳未終，然至忠已著。夫家積義勇之基，世傳扶危之業。進爲徇漢之臣，退爲開吴之主。而蒸嘗絶於三葉，園陵殘於薪采，臣竊痛之。

伏見平吴之初，明詔追録先賢，欲封其墓。愚謂二君並宜應書。故舉勞則力輸先代，論德則惠存江南。正刑則罪非晋寇，從坐則異代已輕。若列先賢之數，蒙詔書之恩，裁加表異，以寵亡靈，則人望克厭，誰曰不宜？二君私人，多在墓側，今爲平民。乞差五人，蠲徭役，使四時修護頽毁，掃除塋壟，永以爲常。

① 「承」，《四庫》本作「受」。

明盧熊《孫王墓辯》

古漢豫州刺史孫堅、妻吴夫人，及其子會稽太守策，三墓竝在盤門外三里，即今齊昇院。東南面勢據古蛇門，正與府治相向。《祥符圖經》云：孫堅墩，方俗稱爲孫王墓。按《吴書》，堅死於初平二年，年三十七。策死於建安五年，年二十六。吴氏死於建安七年，合葬堅墓。黄龍元年，權追尊堅爲武烈皇帝，廟曰始祖，墓曰高陵，吴氏爲武烈皇后，策爲長沙桓王。太元元年八月朔，風拔高陵松柏，石碑動。《晋陽秋》云：惠帝元康中，吴令河東謝詢表爲孫氏二君置守冢五人，修護掃除，有詔從之。其文張悛所作，今載《文選》。陸廣微亦云：盤門東北二里，有吴武烈皇帝並長沙桓王等三墓。

前志云：宋政和六年，村民發墓，其磚側皆有「萬歲永藏」四篆字。得金玉奇器甚多。有東西銀杯，初若粲花，良久化爲腐土。並金搔頭十數枚，金握背二，悉皆如新。一瓦薰鑪如近世陸墓所制略似，而箱底灰炭猶存。碑石斷缺，僅餘「中平年」三字。州將遽命掩之，所得古物盡歸朱勔家。洪伯芻《香譜》亦略載此事，即楊友夔所賦孫豫州墓者是也。

洪氏《三庚志》云：盤門外大冢，紹興二年秋雨隤圮，牧童入其間，得銅器數種，持賣於市。鄉人往視，圮處蓋其隧道，有石刻，隸書云：「大吴長沙桓王之墓，赤烏三年。」凡十二字。知府沈揆亟命掩塞，仍立石表其所。滕宬爲《記》，袁席之云：策死距赤烏三年已四十載，豈非權稱制之久，復改葬乎？所得之器，滕藏一小鏡，其背有銘十四字。一銅小麟鎮紙，無款識，以遺席之。嘉熙中，墓傍土中又得唐孫德琳《墓志》云：開元十年，窆於十四代祖吴武烈皇帝陵東南平地。

又按《丹陽圖經》載，商陵在縣西練塘鄉吴陵港。熊以傳記證之，當是堅葬曲阿，後遷於吴，史不及詳載爾。滕宬所記，謂紹康中提舉常平詹體仁，嘗命其屬表之，題曰「先賢墓」，徐誼屬宬考訂，止從俗稱孫王墓。宬蓋據陳壽説，破敵葬曲阿。及言策之薨，其將周瑜、魯肅皆赴喪，獨指此爲伯符之墓，亦未嘗及謝詢所表。不審三墳同域，故論説紛紜，自相牴牾。在政和，知爲豫州之墓。在紹興，知爲長沙之墓。皆不能質諸傳記，以求其説。地亦嘗爲宫窑，故舊志不復詳究矣。因備載始末，傳諸好事，仍録古今文詞如左云。

鬱林太守陸績墓　在吴縣陽抱山。

將軍朱桓墓　在吴縣横山。

丞相步騭墓　吴縣東北三里。

晋

廬江太守闞臻墓　在長洲縣齊門東北一里，今名闞村墓。

驃騎將軍顧榮墓　在元和縣黄天蕩南。

司空何充墓　在吴縣岝崿山東一里。

東曹(椽)〔掾〕①張翰墓　在吴縣横山東五里。

南北朝　宋

青州刺史郁泰(元)〔玄〕墓　或謂今(元)〔玄〕墓山即其地。泰(元)〔玄〕性仁恕，葬日燕數千銜土。今冢猶高大異他墳，村鄉歲時祭祀。見《蘇州冢墓記》。

齊

太常陸倕墓　在吴縣綏山鄉。墓石從子襄爲《序》，湘東王繹爲《銘》，普通六年立。

雅兒墓　在吴縣至德鄉，湘東太守張濟女也。今訛雅宜山。

梁

公主墓　在長洲縣乘鯉坊，即法尼寺後大土(邱)〔丘〕。相傳梁武帝女，出降郡人孫瑒，寺即瑒故宅。

---

① 據《四庫》本及道光《蘇州府志》卷五十一改。

黄門郎陸雲公墓　在吴縣横山，俗稱陸墓山。舊圖經訛爲陸雲墓，非。

陳

黄門侍郎顧野王墓　在吴縣楞枷山下。
干將軍墓　在吴縣東洞庭山俞塢。
莫釐將軍墓　在吴縣東洞庭山靈祐廟前。

唐

平章事陸贄墓　在長洲縣齊門外六里官河之西。地名陸墓，相傳陸宣公葬此，故名。宋淳熙間，有於墓傍得遺刻，與所傳合。或謂贄生於嘉興，寶華寺乃其故宅。自貶忠州别駕，卒即藁葬其地。今忠州至虚觀三十步，是其葬處。又謂贄已歸葬，而忠州特虚設耳。
法曹參軍張從師墓　在元和縣虎（邱）〔丘〕山西原。
天隨子陸龜蒙墓　在元和縣甫里，旁有白蓮寺。
真娘墓　在元和縣虎（邱）〔丘〕山西，臨水。唐李紳詩序云：真娘，吴之妓人，歌舞有名，死葬虎（邱）〔丘〕寺前，墓多花草。
幽獨君墓　在虎（邱）〔丘〕山北。大（歷）〔曆〕十二年，虎（邱）〔丘〕寺有鬼題詩，隱於壁間，云：

「幽明雖異路，平昔忝工文。欲知潛寂處，山北有孤墳。」莫詳姓氏，故稱爲幽獨君。

鸞臺侍郎顔崇墓　在吴縣泰伯廟西。

宰相陸象先墓　在吴縣光福山西。

節度使歸融墓　在吴縣城西二十餘里。

尚書姚紹之墓　在吴縣西五里。

宰相范履冰墓　在吴縣天平山左麓，仲淹遠祖。

卜將軍墓　在昆山縣西鹿城鄉。嘗有人得斷碑，其略云：將軍姓卜，名珍，字文超，西河人，偉異有大志。敬宗時，紀綱頓委，藩鎮騷然，將軍奮孤忠，勳業爲世所重。寶（歷）〔曆〕中卒，葬此。

五代　吴越

廣陵王錢元璙墓　在吴縣横山。其子中吴軍節度使文奉墓亦在此。

秘書郎姜希業墓　在昆山縣姜里村鳳凰墩下。明嘉靖中，村人取土得石誌云：希業字可大，吴中人也，仕吴越爲觀察巡官，以秘書省校書郎，宋乾道中卒，葬此。

宋

龍圖學士滕元發墓　在長洲縣陽山栗塢，蘇軾有《誌銘》。元發，東陽人，帥真定、河東，治邊凛然，威行西北。

簽書樞密王倫墓　在長洲縣陽山大石塢。倫字正道，莘縣人，宰相旦族孫。使金留六載不遣還，欲以爲轉運使，不受，使人縊殺之。子述，與從兄遵間入金境，得倫骨以歸，官給葬事。

尚書鄭起潛墓　縣尉鄭虎臣墓　俱在陽山西。

安撫使魏克愚墓　在陽山栗塢。

駙馬石端禮并陳國長公主墓　在吴縣横山法雲寺。公主，哲宗女。

范氏祖墓　在吴縣天平山三讓原，仲淹曾祖夢齡、祖贊時、父墉並葬於此，俱贈官太師，今稱三太師墓。

又范直方，純仁之孫；正己，純禮之子。二墓俱相近。

參政范仲淹墓　在吴縣天平山麓。按仲淹葬於河南尹樊里之萬安山下，見歐陽修所撰《神道碑》。此處俗稱爲衣冠墓。

尚書李堪墓　在吴縣至德鄉洞涇西。

節度使鄭戩墓　在吴縣横山感慈塢。

學士葉清臣墓　在横山寶華寺旁。

待制沈起墓　在吴縣長山鄉三顧原。

侍郎蔣堂墓　在横山魯塢。

侍郎陳質墓　在吴縣華山。
同知樞密滕康墓　在華山。
廉靖處士滕宬墓　在華山。
正字朱長文墓　在吴縣支硎山。
給事中程師孟墓　在横山下，蘇舜卿《銘》。
集賢校理林概墓　在横山。
贈特進盧文秀墓　太子賓客盧革墓　直學士盧秉墓　學士盧法原墓　俱在吴縣穹窿山。
學士錢藻墓　在天平山。
三司副使范師道墓　在吴縣天平寺西，趙抃《志》。
學士范良器墓　在吴縣楞枷山下。
尚書范之柔墓　在吴縣燕巢山。
太子中舍邊珣墓　在吴縣蒸山。
學士徐林墓　在吴縣靈巘山。
制置使胡元質墓　在吴縣横山。
蘄王韓世忠墓　在吴縣靈巘山西麓。高宗御書墓碑，碑大而方，厚如其濶。
節度使趙希懌墓　在穹窿山。

參政范成大墓　在天平山上沙村。

參政高定子墓　在吴縣包山。

簽書樞密魏了翁墓　在吴縣高原山金盆塢。

處士王楙墓　在横山。

郎中陸綰墓　在常熟縣破山。

防禦使周虎墓　在常熟縣邵家灣。

觀察使周興裔墓　在常熟縣虞山積善鄉。興裔字克振，道州人，敦頤四世孫。以和州觀察使扈蹕南渡，建炎三年授武功大夫，鎮守沿海。死節常熟之福山，賜葬於此，子孫悉祔焉。

司户參軍姚嘉言墓　在常熟縣河陽山。

龍圖虞衡墓　在常熟縣頂山白龍祠左。

孝子周容墓　在虞山北麓報慈里。

丞相曾懷墓　在虞山興福寺北。

參政王綯墓　在昆山縣童橋南。

侍御史王葆墓　在昆山縣東南新漕里。

孝子周津墓　在昆山縣小虞浦楊巷村。

侍御史李衡墓　在昆山縣東南圓明村。

陳墓　在昆山縣五保湖水中。當錦溪之口有墩，相傳宋高宗之妃陳氏葬此。

處士劉過墓　在昆山縣馬鞍山東。

太師衛涇墓　在昆山縣東南石浦鎮。

元

七姬墓　在府城東北隅潘氏後園。七姬者，淮張左丞①潘元紹之妾，段、程、翟、徐、卞、羅、彭，其氏也。明兵圍蘇州，姬等慮有不虞，義不受辱，皆自經死。宋克誌其墓。

提舉葛應雷墓　在長洲縣望墅墩。

參謀楊椿墓　在虎(邱)〔丘〕山西華里。

參政王都中墓　在吴縣金井塢，歐陽(元)〔玄〕撰《神道碑》。按都中，福寧州人。父積翁，宣諭日本遇害，世祖憫焉，賜平江田八千畝、宅一區。都中年十七，授平江路治中，多異政。歷仕四十餘年，政事之名聞天下。

魏國公甯玉墓　在吴縣横山丹霞塢。

先儒俞琰墓　在吴縣盤門外尹山鄉。

① 道光《蘇州府志》卷五十一作「浙江行首左丞」。

處士王鑑墓　在吴縣靈巖鄉横山。至正二十六年，有司買山營葬，陳基《誌》。

儒士邵光祖墓　耿燡墓　姚辨墓　俱在吴縣鄧尉山。光祖字弘道，饒州人。燡字叔昭，辨字叔雅，郡人。皆篤學無嗣，先後死無所歸，郡士徐達佐收葬。

先儒陳深墓　在吴縣靈巖鄉朱墩。

照磨陳訓、徵士陳謙墓　在吴縣天平山，陳基《誌》。

待制干文傳墓　在閶門西雁蕩村。

編修朱德潤墓　在陽抱山。

萬户徐珵墓　在常熟縣邵舍。

郎中陳基墓　在常熟縣鳳凰山。

高士顧阿瑛墓　在昆山縣。

高士顧權墓　在馬鞍山北麓。

訓導郭翼墓　在馬鞍山之陰。

明

起居注陳桱墓　在長洲縣陽山東。

尚書郁新墓　在陽山西麓。

贊善王璲、侍講王璡墓　在長洲縣陽山鳳凰峰下。
尚書俞士悦墓　在長洲縣白蓮橋内陳菴西。
都御史朱紈墓　在長洲縣射瀆橋北。
高士沈周墓　在長洲縣相城西隍字圩，王鏊撰《誌》。
尚書袁洪愈墓　在葑門外。
大學士王錫爵墓　在來鳳橋西。
員外周順昌墓　在長洲縣白蓮涇馬家墩。
侍郎周詔墓　在長洲縣小茅山。
詹事陳仁錫墓　在長洲縣射瀆。
少詹徐汧墓　在長洲縣陽山。
侍郎李賨墓　在元和縣陳公鄉。
侍郎劉鉉墓　在元和縣袁公巷。
待詔文徵明墓　在元和縣(武邱)〔虎丘〕鄉花涇橋。
詹事姚希孟墓　在婁門外下雉瀆西金涇堰北。
處士顧麒墓　在元和縣匠門塘，楊果《誌》。
五人墓　在虎(邱)〔丘〕山塘。五人者，顔佩韋、楊念如、馬傑、沈揚、周文元也。

葛賢墓　在虎(邱)〔丘〕山塘。賢原名成。萬(歷)〔曆〕中，内監孫隆私設税務，市人咸怨，成倡衆擊闔黨，焚其家，税由是止。繫獄十餘年，遇赦得釋，人呼爲葛將軍。

武毅將軍蔡良瑞墓　在吴縣西洞庭山，即祇園寺舊址①。

檢討陳繼墓　在吴縣横山茶塢。

尚書楊翥墓　在吴縣吴山長旗嶺下。

尚書滕德懋墓　在吴縣黄山。

尚書金問墓　在吴縣横山。

少保陳鎰墓　在吴山西麓。

武功伯徐有貞墓　在吴縣貞山。

都御史韓雍墓　在吴縣雅宜山奇禾嶺。

修撰施槃墓　在東洞庭山。

侍郎孔鏞墓　在吴縣九龍山。

少卿馬紹榮墓　在吴縣楞枷山。

---

① 此條與下一條《四庫》本誤爲一條，「武毅將軍」條脱「在吴縣西洞庭山，即祇園寺舊址」凡十三字，下一條脱「檢討陳繼墓」凡五字。

尚書吴寛墓　在吴縣薦福山。
大學士王鏊墓　在東洞庭梁家山。
大學士顧鼎臣墓　在吴縣潭山。
都御史毛珵墓　在吴縣華山。
都御史陳璚墓　在華山。
解元唐寅墓　在吴縣横塘王家村。
侍郎徐縉墓　在吴縣靈巖山。
尚書徐學謨墓　在吴縣彈山。
尚書楊成墓　在吴縣吴山。
都御史盛應期墓　在吴縣九龍山感慈塢。
尚書劉纓墓　在吴縣羊腸嶺。
尚書董份墓　在吴縣青芝山。份，烏程人，其墓有遊觀之勝。
侍郎韓世能墓　在吴縣岐龍山。
大學士申時行墓　在吴縣吴山。
侍郎毛堪墓　在天池山。
高士趙宧光墓　在吴縣寒山。

徵士王穉登墓　在白馬澗。

通政徐如珂墓　在吴縣跨塘。

参議范允臨墓　在吴縣清流山。

尚書申用懋墓　在吴縣華巖山西。

都御史蔡懋德墓　在吴縣妙明山西。

知州孫士美墓　在吴縣。士美，青浦人，官深州，殉難。

尚書吴洪墓　在梅里。

御史周宗建墓　在吴江縣二十七都。

尚書吴山墓　孝子吴璋墓　俱在震澤縣梅里。

尚書周用墓　在震澤縣舊十八都西。

給事中黄鉞墓　在常熟縣報慈里。

都御史吴訥墓　在報慈里。

知府魚侃墓　在報慈里。

學士李希潤墓　在常熟縣宋家灣。

賢良方正鄧彦章墓　在北門外。

尚書程宗墓　在常熟縣邵家灣。

員外程式墓　在報慈里。式死土木之難，衣冠葬此。

尚書李傑墓　在常熟縣興福寺北。

都御史章律墓　在虞山朱家灣。

御史蔣欽墓　在常熟縣西山，墓上松皆北向。

知縣唐天恩墓　在虞山東麓。

侍郎陳瓚墓　在常熟縣桃源澗。

尚書瞿景淳墓　在常熟縣寶巖。

侍郎徐恪墓　在常熟縣北門外。

大學士嚴訥墓　在常熟縣拂水巖下。

知縣王鈇墓　在拂水巖之麓。鈇，順天人，築城禦倭死難。

侍郎趙用賢墓　在常熟縣羅墩。

太常黄子澄墓　在昆山縣馬鞍山陽。子澄死後，子彦修潛充縣里正，收骸骨藏焦山。至洪熙元年，乃葬於此，邑人侍郎劉璉爲《誌》，萬（歷）〔曆〕初，裂出於土，載遇難事甚詳。

孝子陸安墓　在昆山縣薦巖寺南，烈婦鍾氏祔。

處士張伯英墓　在昆山縣沺川鄉蕭野之西原。

尚書顧禮墓　在昆山縣馬鞍山北麓。

侍郎劉璉墓　在馬鞍山麓①。

布政盛頤墓　在昆山縣北。

太常夏杲墓　在昆山縣東南迎鐘浦。

處士龔詡墓　在昆山縣儒學後。

府尹高敞墓　在昆山縣東南門外。

侍郎葉盛墓　在昆山縣南溢瀆里。

孝子支琮墓　在昆山縣虞家巷。

侍郎周廣墓　在昆山縣東北蔚州村。

府尹柴奇墓　在昆山縣廟墩。

副都李憲卿墓　在昆山縣一保。

侍郎顧章志墓　在六保。

知縣張振德墓　在昆山縣西朱塘鄉。

義士陳淮墓　在昆山縣東南蔡巷村。

侍郎虞祥墓　在新陽縣南金潼里。

①《四庫》本「麓」字無。

尚書周倫墓　在新陽縣新洋江東車塘里。

寺丞歸有光墓　在新陽縣治金潼里。

國朝

處士金俊明墓　在長洲縣瓜山。

大學士宋德宜墓　在元和縣唯亭後。

檢討張大受墓　在元和縣婁門外。

侍講尤侗墓　在吴縣官山塢。

都御史慕天顔墓　在吴縣穹窿山。天顔，静寧人，卒葬此。

吏部尚書吴一蜚墓　在吴縣鳳凰山。

刑部尚書徐乾學墓　在吴縣光福鎮西。

禮部尚書韓菼墓　在吴縣。

侍郎顧藻墓　在官山塢。

僉事申穟墓　在吴縣長山鄉。

侍講學士何焯墓　在堯峰北麓。

大學士金之俊墓　在震澤縣。

學士□□□（錢謙益）墓　在常熟縣虞山拂水巖下。①

修撰孫承恩墓　在常熟縣河陽山。

尚書翁叔元墓　在常熟縣仁塘里。

知縣于宗堯墓　在虞山西麓。宗堯，常熟令，有善政，民至今思之。

少詹歸允肅墓　在昭文縣雙涇。

---

① 《四庫》本無此條。

江南通志卷三十九

輿地志

壇廟　三　祠墓附

松、常、鎮三府

松江府

社稷壇　在府城北門外。

風雲雷雨山川壇　在集仙門外官紹塘。

敕建先農壇　在府治東郊。壇旁置有耤田，歲以仲春亥日行耕耤禮。

郡厲壇　在通波門外。縣曰邑厲。

里社、鄉厲二壇　在各鄉保。

關帝廟　在府城。國朝雍正五年，奉旨追封三代公爵，仝日祭于後殿。

城隍廟　在府城興聖塔院後。

敕建八蜡神廟　劉猛將軍廟　並在府治西南。

以上壇廟，所屬縣皆如制。

旗纛廟　在守禦千户所廳後。

輔國將軍廟　在府治西南，祀吴陸遜、陸凱、陸抗。

忠義祠　節孝祠　俱在府城。二祠所屬縣皆如制。

唐宋忠良祠　在府城南，祀唐平章侍郎陸贄、宋丞相李綱。

衛文節祠　在府治蕭塘鎮，祀宋參知政事衛涇，明懷宗①時移建城内月河塘。

胡公祠　在府學西，祀元教授胡存道。

方正學祠　在府治普照寺西偏，祀明方孝孺，萬(歷)〔曆〕中建。國朝康熙中，知府魯超重修，聖祖御書賜額曰「忠烈名臣」。

① 黄之雋《㾈堂集》卷二十一《詹言下篇》「江南通志」條：「崇禎，本朝謚莊烈，而仍福王所謚爲懷宗」。

附　魯超《重修祠記》

方正學先生生於台之臨海，殉節於金陵，而松故有祠，則以先生之子孫在松故也。先生當成祖靖難時，衰麻慟哭，誓死不屈。以是觸成祖怒，刑及九族。先生幼子德宗在台，年甫九歲。刑部尚書魏澤時謫寧海尉，受詔搜捕，憐而匿之。有天台秀才余學夔者，佯乞食於市，口嗚嗚唱，歌以諷澤，澤心動。越二日，塗遇，復唱歌如前。澤心知爲義士，乃密以德宗託之。學夔挾德宗遁，至松江，歷青村諸鎮，以織網貿米得活。學夔又潛入郡，屬祠部郎俞允共爲管護。而先生門人任勉者，爲參政家居，聞之，就見德宗，因妻以養女，德宗由此冒姓俞氏。後恐以同姓賈禍，改姓余，轉遷白沙鄉。德宗生三子：友直、友諒、友竹。子孫繁衍，世家於松。至萬(歷)〔曆〕間，督學侍御楊公廷筠，詢訪得實，檄郡建祠，命其子孫復故姓。

夫成祖之時，忠義之士，殲滅無遺，瓜蔓之抄，禍延海内。而罹禍之慘，無如先生者，至於種族門誅，而怒猶未息。後漢寇榮所謂「張羅四海，設罝萬里」、「雖楚購伍員，漢求季布，無以復過」者也。以事勢言之，雖有朱家之柳車，孫嵩之複壁，豈能容舍保藏，存先生一綫之祀哉？然而成祖之威至亢暴也，能殺先生之身，而終不能奪先生九死不移之節。能赤先生之族，而終不能斬先生萬世血食之嗣。此不可謂非天也。余、魏諸公，不憚滅族之誅，奮身協力，隱匿遺孤，卒全先生之祀，此皆有天焉相之。而其至性高義，同符古人，雖程嬰之全趙孤，王成之保李燮，其蔑以過之矣！

予觀有明一代，忠義之士，一殲於靖難，再殲於魏閹。而至於甲申之難，忠臣義士，不屈於闖賊，蹈白刃、赴鼎鑊而死者，猶不可勝數。此固先生及黄練諸人，忠義之節，有以倡之也。然則如先生者，上爲日星，下爲河嶽，足以立天柱而奠地維，其繫於世道人心，豈細故哉？

祠久毀不治，予特爲飾而新之。祠既成，予爲設羊豕之奠，中奉先生，而旁以余、魏、俞、任四公附焉。俾方氏之子孫，賢而有學行者，世守其祀。凡夫松郡之士，及四方來遊者，入先生之廟，正容肅拜，有典刑如在之思，可以教忠焉。觀余、魏諸公，棄家忘身，保全忠裔，有古人之節，可以教義焉。方氏之子孫，世世相承，蒸嘗勿替，當思所以不愧祖德，而勉爲君子，可以教孝焉。所謂舉一事而三善備焉者，其在此也。因書之以爲記，俾鑱諸麗牲之石。

夏周二公祠　在府西南，祀明周忱、夏元吉，成化十五年建。國朝魯超有《重修祠記》：

國家大政，莫重乎財賦。而財賦出於農田，農田由於水利。賦額不定，則取民無制，而吏得因緣爲奸矣。水利不修，則旱澇無所資，蓄泄無所備，而田悉化爲污萊矣。故古之名臣，皆於斯盡心焉，如明之夏、周二公是也。

明永樂二年，蘇、松諸郡大水。夏公以户部尚書，奉命發浙西兵民數十萬，疏決壅滯。公上言：「嘉定之劉家港，徑通大海。常熟之白茅港，徑入大江。宜浚吴淞江南北兩岸安亭等浦港，以引太湖諸水，入劉家、白茅二港，使之直注江、海。又松江大黄浦，乃通吴淞要道，今下流壅塞，難即疏濬。傍有范家浜至南蹌浦口可徑達海，宜濬令深闊，上接大黄浦，以達泖河之水。相度地勢，各置石閘，以時啓閉。每歲水涸之時，修築圩岸，以禦暴流。如此則功可成。」奏上，得旨允行，水患乃息。公布衣徒步，晝夜經畫，盛暑却蓋弗御。又念歲荒民飢，奏發廩三十餘萬石賑之，所全活無算，民至今思之。

周公在宣德間以工部侍郎巡撫江南。時蘇、松、常三郡積欠糧以千萬計，公廉知豪强有力者不出加耗，貽累小民；又糧長徵收，斗斛無制，取羨自由。遂奏設管糧官，定斗斛式，立水次倉，以秋糧正米爲則，定爲加耗。而以各户應納之數置註由帖分授之，俾户自持帖輸納官倉，里胥不得上下其手。又令諸縣，各立倉貯米，以便賑貸，名曰濟農。復立交兑法，使民免長運，軍獲羨餘，人皆稱便。又松江賦額素重，公奏請於朝，得減税糧三十餘萬。又請極重官田、極貧下户，並從輕折銀，一兩折米四石，布一疋折米一石。計松江一郡，得輕折米四十八萬二千六百餘石，民獲蘇息。公莅事勤敏，時乘小艇，駕輕輿，出舍郊外，與農夫野老，款曲談語，因得以周知利病。在任凡十有八年，至今言巡撫之有惠政者，必首稱文襄公焉。

夫二公之功業在天下，利澤在東南，豈獨松之民被其德哉？然松故有祠，則以二公之功德，所在尸祝，而愛尤在於松也。二公之去今二百餘年矣，東南之水利日以淤塞，田畝日以荒蕪，而税糧之額日以加重。誠得如二公者出，不辭勞，不畏罪，有饑溺由己之思，有憂樂同民之意，則陂塘港浦之淤者可通，田之蕪者可治，民之困於賦役者可以少紓。而東南饑饉流亡之患，庶幾有瘳矣。此民所以思二公之德，至於今日愈久而愈不忘也。祠久蕪没，僅存遺址。予爲鳩工庀材，復其舊觀。既落成，爲文以紀之。夏公名元吉，字維喆，謚忠靖，湖廣湘陰人。周公名忱，字恂如，謚文襄，江西吉水人。其他行治事實，具載國史不書，書其有德於吴人者。

予既爲之作記，又緣邦人思二公之意，作詩二章以頌之曰：

曁曁夏公，功在河渠。布衣徒步，周爰咨茹。暑不張蓋，勞不乘輿。三江震澤，實爲洪瀦。劉港、白茅，泄彼尾閭。溉我田疇，長我新畬。公之不來，室無峙糈。公之既來，飯稻羹魚。川伯順流，老幼安居。千載思公，拜公堂除。福我吴民，黍稷與與。

於赫周公，來旬來宣。公不涖止，民呻以瘨。賦斂無藝，雀鼠蠹穿。公援成畫，則壤永編。排闔上疏，請折請蠲。澤被八州，惟松德偏。息黥補劓，拯溺解懸。十有八載，鴻恩覃延。畢公君陳，庶其比肩。公殁歲久，厥德不鐫。雲車風馬，精爽在天。惠我人斯，於萬斯年。

忠烈祠　在府治鍾賈山，祀明深州知州孫士美與其父訥。

董文敏祠　在府治興聖寺後，祀明禮部尚書董其昌。康熙四十四年，聖祖御賜「芝英雲氣」四字扁額。

崇正祠　在周家藻里，祀周思兼，萬（歷）〔曆〕年建。

張宫諭祠　在鳳凰山，祀張以誠，崇（正）〔禎〕時建。

陸文定祠　在府西門外興福寺南，祀明尚書陸樹聲。

高義祠　在府治南，祀顧正心。

徐文貞祠　在府學東南，祀明大學士徐階。

錢太史祠　在府治西門外平政橋西，祀明錢福，崇（正）〔禎〕時建。

三烈祠　在府城右文街，祀明張烈婦陳氏、嚴烈婦許氏、烈女楊氏。

報功祠　在府治漴闕，祀明知府方岳貢，邑人曹家駒、吴嘉（印）〔胤〕、何剛，國朝邑人吴含文、宋際、莊徵麟。

李令祠　在府治白龍潭之陽，祀國朝婁縣令李復興。

沈文恪祠　在府城興聖寺後，祀國朝禮部侍郎沈荃。康熙年間，聖祖賜扁額曰「清慎勤」、曰「格物」、曰「落紙烟雲」、曰「飛霞舊德」。又賜對聯一副曰：「兩幅彩箋揮逸翰，一聲寒玉振清詞。」

王忠毅祠　在府城普照寺西，祀國朝江南提督王之鼎。康熙四十六年，聖祖御賜「純忠遺愛」四字扁額。

周太守祠　在府城北門内清風橋，祀國朝知府周錞元。

四賢祠　在華亭縣細林山，祀晋張翰、陸機、陸雲，梁顧野王。

五先生祠　在華亭縣干山，祀陸機、陸雲、楊維楨、錢惟善、陸居仁。

顧侍郎祠　在華亭縣寶雲寺，祀梁顧野王。

父子忠孝祠　在華亭縣學東，祀明大理寺丞馮恩、子應天府通判行可，楊允繩父子。

三賢祠　在婁縣七星橋側。舊爲范文正祠，明崇（正）〔禎〕時以范履冰、范純仁合祀。國朝順治間，以明兵部尚書范䆫、大學士范景文附爲五太師祠。

孟侍御祠　在上海縣二十五保，祀明孟暘。

群忠祠　在上海縣，祀上海縣丞劉東陽，建平縣丞宋鰲，鎮海衛指揮使武尚文，浙江鎮撫吴賢，鳳陽散官丁爵，邑人楊鈿，皆嘉靖間死倭難。

黄道婆祠　舊在上海縣烏泥涇，屢廢屢遷。今在張家浜寧國寺西，明天啓間張所望移建。

附　明張之象記

上海西南廿餘里爲烏泥涇，故有道婆祠云。道婆者，姓黄氏，本鎮人也。初淪落崖州，元元貞間附海舶歸。閩廣多種木棉，織紡爲布，名曰吉貝。而道婆最善是業，州里宗之。先此烏泥涇土壤磽瘠，民多困貧，因謀樹藝以給。遂覓種於閩廣間，然尚無踏車椎弓之制，率用手擘去子，綫絃竹弧置案間，振掉成劑，厥功甚艱。道婆乃教以制造捍、彈、紡、織之具，既以便民矣。至於錯紗、配色、綜綫、挈花，又各有法。故被、褥、帨、帶之類，織以折枝、團鳳、棋局、文字，粲然若寫。士人競相倣習，稍稍轉售他方以牟利，業頗僥裕。

未幾，道婆卒，莫不感恩灑泣而共葬之。已立祠，歲時享之。頃歲行遊其所，已鞠爲灌莽，撫蹟低回者久之。予遂於居舍之東北隅聽鶯橋，捨地二畝，集里中尚義者，經始方旬，煥然改飭，像設具備，神有棲憑焉。

先王之制禮也，法施於民則祀之。吾松之民，仰機利以食，實此道婆發之。苟被其澤者，無忘追本之思，則祠祀可不廢矣。

三公祠　在上海縣三十保，祀明都御史海瑞、僉事鄭元韶、上海知縣敖選。

周方二賢祠　在上海縣，祀明巡按周如斗、知府方廉。

沈布政祠　在上海縣，祀明沈恩。

陸文裕祠　在上海縣學宮後，祀明詹事陸深。

潘方伯祠　在舊演武場上，祀潘允端。允端董漕儲，惠及桑梓，士民德之。

忠勇祠　在南匯縣，祀明死倭難邑人李府及二子香、黍，嘉靖中建。

仰德祠　在南匯縣川河保，祀明喬鏜、喬木，萬(歴)〔曆〕中建。

海忠介祠　在青浦縣南城濠上，祀明都御史海瑞。

丁清惠祠　在青浦縣南，祀明都御史丁賓。

漢

濮陽王墓　在小蒸西四里。

廬江太守陸康墓　在府西北二十里。

潁川太守陸閎墓　在華亭縣西北四十里。

三國　吴

丞相陸遜墓　在府西二十三里。

大司馬陸抗墓　尚書陸瑁墓　左丞相陸凱墓　俱在府城外。

海鹽侯陸祎墓　在昆山。

宛陵侯諸葛瑾墓　在奉賢縣坍石橋西。雍正九年，知縣舒慕芬於其地得殘碑，因重爲立石。

晋

左光禄大夫陸曄墓　在府城西四十里。

平原内史陸機墓　在華亭縣西北二十五里。

又青浦縣治北三十里有高（邱）〔丘〕，舊呼陸丞相墓。嘉靖間，土人見墓上有一金蛇，盜伐其冢，得古器甚多。後聞於官，悉捕治，命封其塋地。

西陽亭侯陸監墓　在婁縣。

左將軍袁崧墓　在上海縣長人鄉。崧爲賊害，其下李祥收骨歸葬。

唐

朝散郎顧謙墓　在北亭鄉崧子里。

五　代

前蜀丞相潘葛妻李氏墓　在潘店北杏涇之左，碑上有「天漢四年葬」五字。

宋

贈太子少保朱承進墓　在佘山。

將仕郎衛公佐墓　在佘山。

詩人儲泳墓　在南匯縣周浦。

樂静先生曹澤之墓　在青浦縣小蒸。

元

義士夏椿墓　在華亭縣細林山。

三高士墓　在華亭縣干山東麓。三高士者，楊維貞、陸居仁、錢維善也。

朱柯墓　在華亭縣横涇。

貞素先生曹知白墓　在華亭縣干山，子永祔。

蘭溪知州章夢賢墓　在崧宅里。

夏世澤墓　在集賢鄉。

秦裕伯墓　在上海縣淡井廟北。

孝子徐誠墓　在上海縣長人鄉。

衛謙墓　在佘山。

松江訓導王文澤墓　在横雲山。

轉運使瞿霆發墓　在南匯縣下砂。

江夏公費寀墓　在青浦縣陸寶原。

宣慰副使任仁發墓　在青浦縣駱駝墩。

明

御史袁凱墓　在東門外賢游涇。

侍郎王鍾墓　在佘山。

訓導邵亨貞墓　在佘山。

宣城伯衛炳墓　在府城内北禪寺右。

贈尚書張璹墓　在城南龜蛇廟側。

尚書錢溥墓　在佘山。

府丞朱孔暘墓　在佘山。

府尹吴玘墓　在府東六磊塘。

布政夏寅墓　在府西白龍潭。

知府張弼墓　在鳳凰山。

都御史唐珣墓　在府城北荷祥涇。

尚書張鎣墓　尚書張悦墓　尚書孫承恩墓　俱在盤龍塘。

修撰錢福墓　在府東華陽橋。

給事中張承憲墓　在天馬山東南。

太常卿夏衡墓　在府城南彭家莊。
贈大學士徐黼墓　在景家堰西。
尚書顧清墓　在唐橋。
太僕卿沈愷墓　在北城濠上。
侍郎徐陟墓　在府城西南。
尚書陸樹聲墓　在北城濠北，子刑部侍郎彦章祔。
寺丞馮恩墓　在古浦塘，子通判旌表孝子行可祔。
給事中楊允繩墓　在葉謝河西。
副使周思兼墓　在蔡成涇。
布政莫如忠墓　在御史涇。
尚書唐文獻墓　在府城北。
贈僉都御史楊樞墓　在任淇浜，徐階《銘》。
副使楊道亨墓　在修竹鄉，太倉王世貞《銘》。
副使龔愷墓　在禦溪東，陸樹聲《志銘》。
給事中夏時正墓　在古浦塘，陸樹聲《志銘》。
太常寺卿張明正墓　在泖港吴涇，太倉王錫爵《銘》。

知府彭應麟墓　在浦南龍溪，徐階《銘》。
諭德張以誠墓　在朱橋鎮。
大理卿朱奎墓　在佘山。
太僕卿林景暘墓　在府城外。
贈侍郎董體仁墓　在望海塘。
大學士錢龍錫墓　在府城外。
按察使杜喬林墓　在壓薦浜。
侍郎錢士貴墓　在府城南。
侍郎董傳策墓　在新河。
張節婦姚氏墓　在鳳凰山。
張烈婦陳氏墓　在天馬山之陽，董其昌書碣。
楊烈女墓　在瀫山寺側，華亭知縣鄭友元立傳。
四隱墓　在奉賢縣陶宅。楊仁壽、李暐、華瑾，一人逸姓名。
詹事陸深墓　在黄浦東。
徵士陳繼儒墓　在佘山。
祭酒陳詢墓　在奉賢縣瑤涇。

侍郎蔡汝賢墓　在奉賢縣望河涇。
御史徐宗魯墓　在婁縣秀野橋。
處士殷澄墓　在金山縣胥浦鄉。
懷遠將軍侯端墓　在金山縣秦山麓。
主事徐三重墓　在金山縣三保。
僉都御史陸樹德墓　在金山縣秀州塘。
通政使許樂善墓　在金山縣呂岡涇。
大學士方岳貢墓　在金山縣掘撻涇。
副都御史唐瑜墓　在上海縣周涇北。
大理寺卿王霽墓　在上海縣陸家浜。
右通政趙灼墓　在上海縣五里橋。
侍郎顧彧墓　在上海縣二十二保。
孝子顧文敏墓　在上海縣西門。
侍郎張電墓　在上海縣淡井里。
都御史潘恩墓　在上海縣陳涇。
大學士徐光啓墓　在上海縣徐家灣。

光禄少卿顧從禮墓　在上海縣日赤橋北。

侍郎董羽宸墓　在上海縣。

都察院僉事俞汝爲墓　在上海縣龍華寺西，長洲文震孟《銘》。

學士沈度墓　在福泉縣薛山西麓。

國　朝

總兵張仕傑墓　在華亭縣三十九保。西安人，入籍華亭。

處士王光承墓　在奉賢縣蔡家橋。

婁縣令李復興墓　濱州人，留葬鍾賈山。

尚書王日藻墓　在金山縣寒字圩。

大學士王頊齡墓　在金山縣宙字圩。

太常少卿高層雲墓　在金山縣張堰。

總督施維翰墓　在南匯縣閘港。

贈工部侍郎葉映榴墓　在南匯縣。

侍郎沈荃墓　在福泉縣朱家莊。

侯氏節孝阡　在上海縣圓沙。

常州府

社稷壇　在府城北門外德澤鄉。

風雲雷雨山川壇　在北門外德澤鄉。

敕建先農壇　在府東郊。壇旁置有耤田，歲以仲春亥日行耕耤禮。

郡厲壇　府城北門外。縣曰邑厲。

里社、鄉厲二壇　在各鄉保。

關聖廟　在府城。國朝雍正五年，奉旨追封三代公爵，仝日祭于後殿。

城隍廟　在府城金斗門内。

敕建八蜡神廟　劉猛將軍廟　俱在府治西。以上壇廟，所屬縣皆如制。

忠佑廟　在府城，祀隋郡人陳杲仁。西廡祀南唐右武衛將軍柴克宏。

劉將軍廟　在府治清和坊。明洪武初建，祀宋都統制劉師勇。師勇山東人，元兵陷城，師勇從八騎手殺哨騎數人，易衣甲以混北軍，斬裨將張超，所向披靡，從間道赴行在。

王太保廟　在武進縣東南文成壩南，祀晋王祥。

化被王廟　在縣東小井旁，祀晋顧凱之。或云即凱之宅。

水平王廟　在陽湖縣分水嶺。舊傳爲后稷庶子，佐禹治水，故祀之。

延陵季子廟　在陽湖縣雙桂坊，明洪武中建。康熙四十四年，聖祖南巡，題「讓德光前」四字扁額。

附　蔣超《重建廟碑記》

介丹陽、金壇之交各五十里，曰延陵，有吴君季子廟云。自漢及今，廟貌最古，民間祈農望歲，疾病禱祀，遠近至者無虚日。君亦惠風甘雨，默祐一方，野蠶嘉穀，穹龜大魚，充溢於溪田巷陌之間。其民樸而多壽，豐財力穡而恥末富。酉戌以來，老幼熙恬，寂然不見兵革之事，君之佑民可謂至矣。

廟素弘麗，亟修亟壞。年來梁桷班剥，藩削級移，不能避燥濕，修士吴嘉侯患之。安陽吴侯之鏌適宰於陽，捐俸倡首，屬嘉侯董其事。以君之靈，克用有成。嘉侯屬予記之，欲以修建本末載廟石，不可不一至其地。

孟夏之日，乃肅衣冠，過舊里。西山送青，溪溜縈注，高岡聳抱，若阿若盤。沸井流珠於右，長橋虹貫於前。廟門軒敞，巍殿三重，崇宫傑出雲表。仰瞻儀像，披衮衣，列班劍，肅然如生。露臺有奉夫子十字碑亭，贔屭糾結，丹紺耀日，修廊蜿蜒，環兩旁者九十餘楹。厥後又有讓王樓，翼以邑大夫齋宫，無不畢具。

噫！君之靈應，與吴侯之勤民、嘉侯之好義，盡於此矣。予獨思當春秋時，志興王室者，唯吾夫子耳。君爲文武子孫，備知三代禮樂，又序次當立，以大聖人輔一賢侯，足使東周復興，生民被澤。瞀然高蹈，又處人倫骨肉之變，此君之大痛，亦吾夫子之憂天下之不幸也。雖然，自君以讓德顯，天下被其教者，無智愚、貴賤，皆知重倫義，輕禄位，以推梨讓棗爲足欽，奪芻攘骨爲可恥。由其道可以無争，無争無刑，無刑無兵。君所造於後世者，豈止療疾苦，而禦饑凶也哉？以此思愛，廟食千萬世可也。詩曰：

粤有太伯，國以讓延。壽夢象賢，曰有季存。熠熠吴君，惟義之耽。腐鼠嚇鵷，憫彼鴟頑。當周之衰，君爲同姓。誅亂定王，姬可不亡。敝簦濁膠，不救俗荒。句茅之西，延陵之里。佳城鬱葱，穹窿厥祀。冥靈蕃育，豐年大有。溪深魚肥，士敦轂阜。峨峨素王，縞紵遺之。赫赫穹碑，蛟龍護之。公孫嘉侯，世奉君廟。吴侯善刀，登良戢暴。既惠吾民，亦謹於神。運會適符，各匯其源。靈堂歲久，欒櫨漸傾。乃命鼎新，嘉侯董成。風斤雨斵，神輸鬼營。鐵石犀壽，髹彩晶瑩。乃構元孱，用表休尚。夷清惠和，君聖之讓。粒我蒸民，既富且臧。孝友睦姻，以配神貺。

顯忠廟　在無錫縣秀滕街，祀唐張巡。

金龍大王廟　在無錫縣石頭鋪，祀黄河神宋謝緒。

至德廟　在金匱縣梅里鄉，祀吴泰伯。明洪武中移置縣治東，弘治中重建於梅里。

孔氏家廟　在江陰縣梧塍里。明嘉靖間，孔氏六十四世孫抃建，祀孔子。國朝張能鱗《重修梧塍孔氏家廟碑記》：

山祖昆崙。其分也，名山三百，支山三千，大小牙錯，分鎮九有。水祖宿海。其出也，巨爲四瀆，細爲萬川，淺深交淪，滋浥萬物。人祖聖人。其發也，瓜瓞雲仍，本支綿亘，上衍先澤，下裕後昆。蓋積厚者緒長，榦豐者枝繁也。

開闢以來，聖莫盛於孔子。孔子，殷人也。虞廷五相，契作司徒，敷五教。其後大於商湯，以帝制六百祀，而周代之。周衰，代周者其在湯孫乎？吾夫子繼周而起，稱素王，天之命也。天若曰：作君而王者，吾王之，勞以九州，其建號也有涯；作師而王者，吾弗王之，勞以萬世，其稱名也無涯。斯孔子之道，所以集群聖之成。而孔子之子若孫，所以邁群聖而最熾也。

表章聖裔，昉於元朔。易代加崇，至於今，隆比三恪。於赫哉，無疆惟休歟。支流别子，散在寰區，莫不克振祖烈，稱彬彬焉。

江陰梧塍，孔氏其一也。梧塍之有孔氏，始武功大夫㞭，紹興間以統制守江陰軍，因家焉。十四傳爲處士抃，始建聖廟。又三傳，爲諸生輿綗毓珺，移建於西莊，大擴舊制。其堂以奉先聖，祖也；配以述聖，宗也；次配以武功，梧塍所自始也。其廳事，以集族人。東廡以祀有德，西廡以祀有功，示勸也。其田以供祭，矢弗鬻，器以備物，矢弗假，義也。訪遺支之在太倉者，共祀春秋，聯族屬也。其族姓願樸而力田，諸生好德而文，以世其家。語有之：「七世之廟，可以觀德。」繇孔氏以觀聖德，不猶望京山之峨峨，而懷昆侖；睹清流之洋洋，而溯宿海耶？

戊戌秋，予命祀生重修，逾月告成。諸生請記於予，以垂久遠。予於是嘆吾道之大，而聖人之尊，不可褻也。二氏之教，浸淫於人心，其宫廟祠宇，充塞天下。優俳奴隸，得而創之，薦以褻味，祝以淫詞。其徒方自以爲恭，而不知褻乃滋甚也。

敬在外，非由内也。吾夫子之祀，京師、郡邑而外，罔敢褻舉。舉之者，非奉詔旨，則聖人之後也。而吾夫子在天之靈，赫赫洋洋，陟降左右。士自八歲入小學，十五入大學，即凛凛祇畏，不敢斁思，不必入廟始敬也。敬在内，非由外也。予故爲文以示孔氏子孫，而不僅以示孔氏子孫也。

司馬子長道魯，過闕里，見車器竹策皆有先民遺風，流連不忍去。蓋聖德入人深也。時方出秦焰，子長所謂道六藝耳。今天下聖道昌明，士習畫一，躋斯廟者睹俎豆禮器，睪然其有思乎？豈獨聖人之子若孫？勉焉，願學聖人也！

袁府君廟　在宜興縣治西南，祀漢陽羨令袁玘。

許真君廟　在宜興縣青陽市，祀晋許謐。相傳即真君宅。

忠烈行廟　在宜興縣姚村，祀漢秣陵尉蔣子文。

尚書廟　在宜興縣青陽市，祀明周忱。

烈女廟　在宜興縣順一坊，祀五代時何氏。氏駡賊死。

亙亭侯廟　在荆溪縣五賢區，祀漢蔣澄。

周孝侯廟　在荆溪縣治東南隅，祀晋平西將軍周處。

義興太守廟　在荆溪縣臨津城，祀齊任昉。

夏王廟　在江陰縣夏港口。

張睢陽廟　在江陰縣虹橋西，祀唐張巡。靖江縣亦有祠。

陳烈士廟　在江陰縣新村，祀宋陳忠。

忠義祠　在府西門。

節孝祠　在直街圖。二祠所屬縣俱如制。

卞忠貞祠　在府城勝西里。

范文正祠　在府署西南隅。

蘇東坡祠　在府治顧塘橋北。國朝康熙四十四年，御題「坡仙遺範」四字扁額。又有祠在荆溪之蜀山，即東坡書院，明弘治中侍郎沈暉重建。

附　明李東陽《蜀山蘇公祠記》

常州宜興之荆溪有蜀山，本獨山也。志稱蘇文忠公與蔣學士之奇同舉進士，買田卜築於兹山之麓，於是易「獨」爲「蜀」。按《爾雅》，山獨者皆爲蜀。志又稱愛其名而居之者，理則然也。公嘗欲作亭種橘，預名曰「楚頌」。後上表乞居常，及歸自嶺南，卒於州邸。其弟文定公以其喪去，葬於潁上，其家亦不復至常矣。當是時，蓋有所謂東坡書院者，尋輒廢。

越七十年，郡守晁子健擇州學旁地，建祠祀公。元僧敏機因山爲祠，爲之居守。晁公武、徐一夔皆有《記》。今常州祠尚存，而蜀山祠廢已久。

弘治庚申，縣人沈公暉自南京工部侍郎致仕歸，以告巡撫都御史彭公禮、巡按御史王君憲、知府連君盛、知縣王君鏉，僉議既協。鏉躬訪遺址，悉爲居民所據，贖而歸之，得地三十餘畝。一時好義者，争割田山，捐金市以益之。士人吴綸輩鳩材督工，國子生王永實相其役。經始於辛酉之四月，至十二月而成。爲堂六楹，肖公像於其中堂。左、右二亭，一刻公《楚頌帖》及諸詩詞，一刻興造之碑。東西廡及門各四楹，廳、館、庖、湢諸室，爲楹者以十數。其外則甃石爲周垣百二十丈，視州祠深廣略稱，而偉麗過之矣。既乃用表忠觀故事，命道士謝允昂居之，歲奉祀焉。

夫天下之論名臣碩輔者，或原於嶽降，或歸之地靈，文章氣節，亦以爲得江山之助，固也。及乎遐陬僻壤，一(邱)〔丘〕一壑，或有所憑藉，亦足以不朽於世。是所謂人與地者，恒相須以顯，而亦不能不相爲重輕。若君子去父母之邦，則遲遲其行。越在他國，則觸物感事，懷思顧戀而不能已。是蓋存乎人，而物不與焉。會稽東山，以謝傳名。其在金陵，亦築土以象之。爲東山者何限，而非其人莫之名也。公之自蜀入洛，隱然重京師，父子兄弟之名，遂擅天下，則公乃天下之人。俗傳三蘇生，而眉山之草木皆枯者，妄也。及其流離貶竄，不能歸其鄉，卜居茲山，托名以寄，意潁之山名曰峨眉者，亦此義耳。後雖其體魄在潁，而魂氣之無不之者，安知不徘徊眷戀於茲山也耶？且公所謂不待生而存，不隨死而亡者，將流行充塞於天地間，而況其經過化存神之地哉？公之文章氣節，天下莫不尊之。是雖不得與天下之祭，揆之鄉先生社祭之義，有過而無不及。獨山之爲蜀也，其社之類乎？

然則是祠之設，固耆民俊士衣冠俎豆所宜周旋而傾注焉者也。夫使文章不如公，氣節不如公，則蜀之王萬亦嘗榜鄭邸爲蜀舍，而朱俊民、劉跂爲之記銘，然亦不顯。

東陽楚人而燕產，嘗因贈太師徐文靖公之約，買田茲鄉。而遽罹家難，竟莫之遂。今工部以其迹頗相類，而不知其文之弗稱也，請爲記祠事之成。予於是亦誠有感焉。因用楚語，作迎送神辭，其亦《橘頌》之遺意也夫！

其辭曰：

橘之樹兮如蓬，鬱青葱兮間玲瓏。彼亭兮在中，信吴邦兮楚風。橘之樹兮如蓋，採芳鮮兮薦甘脆。我公兮來歸，神陟降兮如在。公之樹兮荒萊，公之亭兮空苔，望遊魄兮歸來。公歸來兮怳不可以見，渺惆悵兮悠哉。荆之土兮如酥，荆之米兮如珠。山有茶兮溪有魚，生不足兮殁有餘。公去此兮何居？楚之調兮欷歔。蜀之山兮盤紆，神往復兮無定所，聊爲此兮踟躕。生不爲世所容兮，没將恣其所如。鑿余井而得泉兮，又安窮其所之？彼亭常存兮樹常實，持以薦公兮願少駐乎須臾！

國朝儲欣《蜀山東坡書院記》

先生蜀人也。弱冠筮仕，嗣後出入中外，不常厥居。有以除授至者，徙者，請外者，群小搆禍安置者，量移者，地或善，或惡，或極遼以惡。寵辱自上，趨避無由，若乃擇地而處，不以宦與罪，至而意氣慨然，將徜徉終老於其山水之間，獨吾陽羨而已。

蜀山處邑東南，蓋陽羨諸山之卑且獨者。相傳舊號獨山，先生以山形似蜀，爲去偏名「蜀」而居之。吾意先生舟入荆溪，浮於東氿三十里，得是山，登巔極目，太湖如鏡，東南萬峰如笏如屏。是山實山水門户，先生善選勝，即其址税駕焉，而非係乎蜀之似與不似也。從此泛罨畫，品玉潭，芒鞋筇杖無不到，田夫方外無不交。於是天遠夕陽之詞，亂山白雲之句，紅友黄封之歎，與金沙寺僧剖竹調水之符，佳言韻事，日日以新。而惜乎居之不久也。

間考先生之來，大約在允常州居住前後，爲元豐七年、八年。此兩年中，離黄赴登，又嘗待命於泗，留題於揚，時月可考。是則先生居此，雖閲兩年，其實不過數月耳。

嗟乎！先生一謫齊安，居之者四年。一竄南海，居之者六年。及心所喜樂，買田築室，曾不數月以去，亦足見行止非人。而先生生平，動與願違，若此類甚衆也。然先生在天之靈，亘百世不磨滅者，其所依回眷戀，將在鬱鬱不樂處者歟？抑在所樂歟？則夫陽羡人士，相與作爲宫室，以俎豆先生者，先生之靈實式憑之，可壞陋弗飭耶？

蜀山故有東坡書院，廢不知何時。明弘治朝，邑沈侍郎暉贖舊址而鼎建焉，以偉麗稱。國初漸圮。有道士曰蔣普，引以爲任，積三十年力，腐折頹敗，葺治焕然。又於似蜀堂後造樓，而書院益偉麗，狹前制矣。考於康熙之戊寅，磨石而屬予以記。予喜先生書院整新，又嘉道士良且才，卒就厥志也，因記其光舊創始之大略如是。

先賢祠　在府城内，祀延陵季子等七十五人。
邵康節祠　在府治漳湟里，祀宋邵雍。
劉龍圖祠　在府治馬跡山，祀宋劉晏。
楊龜山祠　在府治朝京門内。
張南軒祠　在府城，祀宋張栻。
胡文恭祠　在府城德安門外，祀宋胡宿。
忠義祠　在府城正覺寺址，祀宋文天祥、姚訔等十五人。

附　明胡崋《毘陵忠義祠録序》

毘陵，古常郡也。而祠以忠義名，天下所無也，而吾常有焉。常之忠義，前此猶未顯也，至宋之末始大顯焉。忠義在人心，固未嘗泯，宜無間於天下、古今，而獨歸於宋末者，有説也。蓋常有泰伯、季子之遺風，自古「高節所興，由克遜以立風俗」，「君子尚義，庸庶厚龐」。漢魏而降，衣冠南度，禮義之俗寖盛。迨至趙宋，人以忠厚立國，當時臣民，咸有忠君愛國之心。而常之人才風俗愈甚，獨異他郡。處常守易，寂無所見也；時危事變，節斯著焉。

方德祐初，元師入境，大江東西郡縣，皆望風奔潰。獨吾常知州姚公訔、通判陳公炤與統制王安節等，鼓舞忠義，爲守禦計，且誓與城同存亡。卒之糧盡援絶，義勇百萬，同日被戮，無一人降。滿城忠義，信古今天下所無，而僅一見於吾常者也。

夫以常之忠義如此，至今廟宇不崇，祭享不及，精忠大節，幾於晦塞。不有君子表而出之，愈久而忘，終歸泯没，何以勸激天下後世，又何以顯常之忠義，超絶古今也耶？此吾葉君司詔有所感發，督合庠友，而私祭所由興，私祭興而新録所由著也。

觀其於文丞相、劉都統、阮應得、萬安僧，則議其應祀，劉溶則議其不當黜定位次，有議。人各有贊序、列傳、鑑志，以著其出處詳略。祭有期、有品、有文，立祠有碑。與侵毁祠基宇，有帖、有狀。君嘗乞祭於有司，有呈。古人感慨於忠義，有詩。一一收録，分爲上下卷，後自爲序，而列其目於卷首，用心密矣。

旻兒輩俱出門下，見而義之，將爲鋟梓，以廣其傳。君因先期呈書臬司，俾余序焉。余惟忠義之事，惟忠義者知所崇重，爲能表而出之，以勵風化。昔孔北海表鄭公鄉，而過者起敬。文潞公題明道墓，而學者知歸。吾見斯録一出，而毘陵忠義之名益著，忠義著而諸公之英聲偉烈震耀兩間，人人知所景仰。吾輩又當以君之録達於朝，行將立廟奉祀，勒石頌功，隆一代崇褒之典，而大顯揚於時。於以勵高風，激頽俗，匪直有勸於常，抑有勸於天下後世。是録有關於忠義大矣。

鄒公祠　在府治咸寧街，祀明蘇松兵備道鄒堢。

唐荆川祠　在府城外運河岸西南，祀明唐順之。

忠節祠　在府城正覺寺西，祀明兵部尚書陳治。

王忠愍祠　在府治奔牛鎮，祀明季殉難御史王章。國朝順治十年，奉旨褒卹，賜地十區奉祀。

海烈婦祠　在府治運河岸。

靈濟龍祠　在武進縣奔牛閘。

周殿撰祠　在武進縣忠佑廟西廡，祀宋周杞。

崇賢祠　在武進縣史家巷，祀明胡濙。

劉仁賢祠　在武進縣南，祀明大理寺丞劉光斗。

三王祠　在陽湖縣東北，祀東嶽忠佑廣惠之神。

湯襄武祠　在陽湖縣，祀明東甌王湯和。

顧左丞祠　在無錫縣南林，祀晉顧悦之。《晉書》：愷之父悦之，歷尚書左丞。

伍相公祠　在無錫縣西五十里，胥山下關江上。

春申君祠　舊在黄公澗上，今徙錫山西麓。

華孝子祠　在無錫縣惠山左，祀晉孝子華寶。

附　元高明《華孝子祠記》

惠山寺之東偏，當泉水之上，有三賢祠。按志書：今祠址，華孝子所居宅也。初，祠久廢，吴人王彬始復倡建。既成，則以三賢事刻諸石。且曰：初址實孝子故居，孝子之事，不可以没而不著。復礱其碑，因以記其事，章善也。

孝子名寶，晉義熙末始八歲，父豪戍長安，且行，謂曰：「我還，爲汝冠。」後長安陷，父殁，寶奉命，至七十不婚冠。或問之，不忍答，輒號慟彌日。建元三年，詔表其門閭。凡史載孝子事若此。

蓋自西晉以來，尚淵虚，賤名檢，教弛法斁，波流風靡。而孝子獨能篤至行，終始不渝。其誠意惻怛，可以貫金石，干雲霓，若與宇宙日月同其久。於此見天之降衷，人之秉彝，不以衰世末俗而有異也。

孝子晉人，而志謂齊孝子者，蓋孝子生於晉，長於宋，殁於齊。當其一身而天下三易姓。當時居朝廷有爵位者，朝事司馬氏，夕事劉，朝事劉，夕事蕭，恬不以爲怪。而孝子奉父一言，七十年餘未嘗斯須忘，以至殁身不替。使當時朝廷有爵位者，其奉君命、恪官守，亦咸若華氏子，則晉不當爲宋，宋不當爲齊，而孝子宜不曰齊孝子也。

凡遊於兹者，憩幽林，酌清泉，臨風覽古，懷三賢之高風，慕孝子之至行，有志者宜加奮勵，其未能者則澄思革心，勉追遐躅。是則某所以樹碑之意云耳。夫人性一耳，有爲者亦若是，吾徒宜無自怠！

尊賢祠　在無錫縣惠山泉左，祀唐陸羽、湛茂之、李紳。明正德中，增祀宋焦千之、秦觀、尤袤、錢顗，元倪瓚、張翼、王紱，共十人。嘉靖間，又增祀明秦旭、邵寶、華察、龔廷祥、薛天生、劉懷潁六人。國朝康熙六年，增祀鄒迪光、沈應時二人。五十八年，又增祀本朝秦松齡、周弘、嚴繩孫三人，共二十一人。

胡安定祠　在惠山右，祀宋胡瑗。

李忠定祠　在惠山西，祀宋李綱。

七賢祠　在無錫縣儒學内，祀宋楊時暨其從遊四人，名五賢祠。明嘉靖初，增入宋李綱、明邵寶，更號七賢祠。

朱文公祠　在無錫縣梅里鄉白擔山下。

麻尹二將軍祠　在無錫縣五牧橋，祀宋文天祥部將麻士龍、尹玉。舊在彭郎村，明嘉靖間薛應旂移建今所。

儲貞義祠　在無錫縣浄慧寺側，祀明義士儲福及其妻范氏。

鄒文忠祠　在無錫縣惠山河塘上，祀明提學副使鄒迪光。

松滋王公祠　在惠山秀膦街，祀明無錫知縣王其勤。

周海二公祠　在無錫縣惠山左，祀明周忱、海瑞。

高忠憲祠　在無錫縣水缺巷，祀明高攀龍。

周文恪祠　在無錫縣惠山，祀明周子義。

顧洞陽祠　在錫山之麓，祀明副憲顧可久。

顧端文祠　在惠山寺左，祀明顧憲成，以弟允成配。

邵文莊祠　在無錫縣惠山二泉書院，祀明邵寶。

于忠肅祠　在無錫縣錫山，祀明于謙。

馬文肅祠　在惠山秀膦街，祀明季殉節馬世奇，以同殉朱氏、李氏二妾祔。國朝順治十年，賜謚并祠田七十畝。

單貞姬祠　在無錫縣惠山寺左。

忠節祠　在無錫縣惠山，祀卹贈國子監助教嵇永仁。雍正八年建，御賜「忠節流芳」四字匾額。

張正①齋祠　在金匱縣洞虚宫之右，祀明義士張翼。

秦淮海祠　在金匱縣第六箭河上，祀宋秦觀。舊在惠山，明正德間改建今所。嘉靖中，以裔孫朴、旭、霖、夔四人配祀。崇（正）〔禎〕時又增配永孚、仲孚、鎧、金四人，改稱九先生祠。國朝順治初，又以秦鋭祔。

道南祠　在金匱縣東林書院左，祀宋楊時。

伍相祠　在宜興縣西九里，祀伍員。又一在江陰縣胥湖西。

廣惠行祠　在宜興縣西門外，祀漢張渤。

謝氏七賢祠　在宜興縣，祀晋義興太守謝淵，洎其後裔宗三、惠、顥、表三、錫、遴。

二忠祠　在宜興縣東，祀唐衛將軍逖、尚書吴公雲。

① 「正」，《四庫》本作「止」。

附　唐許渾《衛將軍廟詩并序》

將軍名遜，陽羨人。少習《詩》、《書》，學弓劍，有武略。二十七遊並、汾間，遇神堯皇帝始建義旗，遜以勇藝進備行列。洎擒竇建德，遜時挾鎗劍，前突後翼，太宗顧而奇之。天下既定，録其功，拜將軍宿衛。以母老且病，乞歸侍殘年，詞旨哀激，詔許之。既而以孝敬睦閨門，以然諾居鄉里。及卒，邑人懷其賢，廟于荆溪之湄，以平生弓甲懸東西廡下，歲時祠祭，頗福其土焉。文士王敖撰碑，詞實詳備。惜乎國史闕書其人，因題詩於廟壁：

武牢關下護龍旗，挾槊彎弓馬上飛。漢業未興王霸在，秦兵已散魯連歸。墳穿大澤埋金甲，廟枕長溪掛鐵衣。欲奠忠魂何處問，葦花楓葉雨霏霏。

二侯祠　在江陰縣虹橋東，祀明初江陰侯吴良、靖海侯吴貞。

愍忠祠　在江陰縣城隍廟西，祀明光禄寺少卿錢錞。

義勇祠　在江陰縣青陽鄉南街，祀明嘉靖時死難團長吴兑。

義士祠　在江陰縣順化坊，祀明嘉靖時義士黄鑾。

耿公祠　在靖江縣東南。相傳耿爲宋哲宗時人，殁而爲神，能除水患。

岳忠武祠　在靖江縣治西。又宜興亦有祠。

四賢祠　在靖江縣孤山頂，祀元趙孟頫、虞集、孔元虔、孫一元。

四惠祠　在靖江縣馬洲書院，祀邑令金洪、易幹、張師載、鄭錡。

烈女祠　在靖江縣治東北五里，祀元至正中烈女陳元孥①，明孫、馮二氏。

商

泰伯墓　在金匱縣鴻山。高一丈四尺，周三十五步。鴻山蓋即《南徐記》所謂皇山也，晋晋陵太守殷師嘗表其墓，復一户護守。

周

吴季子墓　在府治北七十里申港。有石碑，古篆曰：「嗚呼有吴延陵君子之墓。」相傳孔子所書。

附　明都穆《墓碑考》

吴延陵季子墓，在常州江陰縣西申浦。墓故有碑，曰：「嗚呼有吴延陵君子之墓。」自昔傳

---

① 「孥」，《四庫》本作「拏」。

以爲孔子之筆。其大徑尺，體勢奇偉。考之唐開元中，（元）〔玄〕宗嘗命榻①其書。大（歷）〔曆〕十四年，潤州刺史蕭定重刻石延陵廟中。今碑之存者，乃宋崇寧二年，知常州事朱彦立。蓋刻之者屢矣。

歐陽永叔好集古文，其論此碑，本之《太史公書》，謂孔子平生未嘗至吴，不得親銘季子之墓。又謂其字特大，非簡牘所容。後永叔有趙明誠者，録古金石多至二千，而此碑不與，遂使好古之士，不能不置疑其間。

穆嘗讀《越紀》，見其中載越王勾踐，躬求賢聖，孔子從弟子七十人，奉先王雅琴，治理②往奏，則孔子固已歷吴至越。其書近古，言似非僞。豈太史公未之見耶？况春秋之時，賢如季子，固聖人之所與。今觀十字之間，辭約意博，宛然魯史之法，有非聖人不能及者。蓋不必親登其墓而後表之，亦未可知也。

但觀之筆以竹，而紙以代簡，則自漢始。及觀古法帖，亦有是文。大不逾寸，而多二言，庶幾竹簡之書。宋黄伯思號稱博物，定其非僞。今碑字若此，豈真是耶？抑後人轉相傳摹，擴而大之，又未可知也。雖然，（元）〔玄〕宗嘗命榻本，則唐以前已有刻字，而其來遠矣，又豈後人所敢

① 「榻」，《四庫》本作「搨」。
② 「理」，《越絶書》卷八作「禮」。

議耶？

監察御史謝公球，巡歷吴中，謂穆吴人，頗知稽古，命知縣事王君鉼考其説，遂著之云爾。

春申君黄歇墓　在江陰縣君山，相傳在東嶽廟陛之下。

漢

刺史劉繇墓　在府北濱江。史稱繇卒於豫章，孫策載其喪還葬。

僕射劉昌墓　在無錫縣西南白石山，即今胥山。

御史虞仲卿墓　在無錫縣朱山。王莽逼爲司徒，不從，死之，葬此。光武即位，以朱旛表其墓，因名朱山。

荆州刺史顧容墓　在無錫縣東南一十八里，俗呼爲顧墓。

雲陽鄉侯蔣默墓　在宜興縣竹山。

亭鄉侯蔣澄墓　在宜興縣都山。

諫議大夫蔡邕墓　在武進縣。

陽羨令袁玘墓　在荆溪縣君山。

太尉許馘墓　在荆溪縣南門外周瀆。

晋

琅琊王墓　在府城西五里運河南，即今所祀之琅琊王神也。

將軍曹横墓　在陽湖縣横山沖虚觀。宋縣令潘洞得巨磚，有「咸康八年右將軍散騎常侍」字。

孝子華寶墓　在無錫縣惠山華坡，有祠。

陽羨侯史詔墓　在宜興縣𠕇山寨西。

將軍周處墓　在荆溪縣治英烈廟後。

義興太守劉超墓　在荆溪縣永豐鳳飛嶺。今福泉菴，其墓刹也。

郭璞母墓　在江陰縣申港八里許。

南北朝　齊

光禄大夫王琨墓　在無錫縣東北二十五里。

陳

江陰王墓　在江陰縣良信鄉。陳受禪，奉敬帝爲江陰王，殂葬於此。

湘陰侯蔣有政墓　在宜興縣白塔村，𠕇亭侯裔孫也。

隋

司徒陳杲仁墓　在府陳灣山，相傳山以墓得名。

唐

刺史滕邁墓　在無錫縣新橋門外。

平章事李紳墓　在金匱縣東五里。紳父悟，官晋陵令，因家於錫之梅里鄉。父子並葬於此。

將軍衛逖墓　在荆溪縣許墅，臨大溪。

丞相李蠙墓　在荆溪縣。

丞相高智周墓　在荆溪縣葛墟村。

南唐

將軍柴克宏墓　在陽湖縣柴墅。

宋

忠定張燾墓　在府境，元時被發。

知州許琮墓　在馬跡山大墅灣。琮子①季玉，年十八，登乾道二年進士，擢知制誥，以忤權貴，謫知汾州，盡心民事，人頌之。

又有探花許必勝墓，亦在馬蹟山，琮之後也。

直龍圖閣鄒浩墓　在青山門外。地名林莊，墓道在直街西。浩，崇寧中歸自嶺表，政和初卒葬此。嘉定間，郡守胡衛命教授趙綝，即墓建庵，給田贍祀事。

附　元脱脱木兒②《復修鄒忠公墓詩序》

至正庚寅冬，常之監郡、太守率僚屬，祭道鄉先生鄒忠公之墓，士君子莫不賦詩，以頌休德，俾予題其端。予惟道鄉先生，實故宋之忠臣。當元符間，正言極諫，務去奸邪，以清弊政而整綱常。言弗見施，譴黜不悔，載諸史傳，赫赫猶在人耳目，萬世祀之不可泯也。自元兵平宋，迄今百餘年。松楸净盡，地亦在村町漁牧、寒烟野草間，獨遺冢存焉，何可憫也！問之監守是郡者，未嘗一至而訪其事。日往月來，其不没於耕犁者，幾希矣。

① 「子」，疑爲「字」之誤。

② 「脱脱木兒」，《四庫》本作「托克托穆爾」。

今二公以内朝之碩臣，出涖兹邦，未逾年，政平人和，兇遁姦革。既底於理，而又崇學校之教，訪前賢之迹，百廢具興，行前人之所未行。於是郡人謝子蘭，乃上鄒事以請。二公樂從之，即歸墓田籍於學。至是具牲帛，親抵於郊以祭。爲之伐穢榛，剪奥草①，立華表以聳瞻視，求斷碑而獲遺文。則久荒之墓，復蔚然於林莊矣。及歸，仍命構祭亭，樹松柏，立石以記。若二公者，非有忠君之盛心，惡能舉忠臣之墜典哉？遂不辭而書其實，用達於廊廟得人者。

都統王安節墓　在府城西關内，四世孫伯璵祔。伯璵，江西進士，以其祖殉節於此，乞改教於常，因家焉。

兵部錢治墓　在武進縣旌孝鄉北原，歐陽修表墓。

參政張守墓　在武進縣朱夏墅。

知縣邵文炳墓　在武進縣魏村鎮北。文炳知於濳，有循政，敕建墓塋。

太守李餘慶墓　在陽湖縣横山。

侍郎張鑄墓　在陽湖縣許村。

侍郎孫覿墓　在陽湖縣毛家橋之西。

---

① 「剪奥草」，《四庫》本作「除茂草」。

樞密胡宿墓　在陽湖縣萬安鄉，歐陽修《誌銘》。

教授周孚先墓　在陽湖縣安上鄉殷坂。弟恭先亦葬此，明郡守李嵩立碣，墓側有祠。

侍郎霍端友墓　在陽湖縣千墩，孫覿《志》。

尚書卞長卿墓　在陽湖縣永勝西鄉。

學士蔡戡墓　在陽湖縣壺公山

贈直龍圖閣秦觀墓　在無錫縣粲山。政和中葬高郵，子湛倅常州，遷葬於此，子孫因家焉。

弟覯字少章，墓在大坯山。

附　宋失名《重修墓記》

淮海先生秦少游，建中靖國初，卒藤，歸葬高郵。致和中，遷葬於常州無錫縣惠山之原，子孫因家焉。墓故有亭，刻建炎四年追贈龍圖閣誥，並山谷《送秦少章》詩，置之亭中。秦氏仕不顯，諸孫貧窶，墓四旁地皆爲豪右所得，亭亦毁壞不存，山谷詩石歸邑好事者，獨贈碑荒蕪榛杞中。樵蘇不禁，墓祭幾絶。

開禧丙寅，永康應純之以州判官攝邑事，訪問遺蹟，慨然興念，封殖其墓。取旁近地還之，率邑士大夫合錢建亭。乃立贈碑，且贖還詩石。擇秦氏諸孫知學者，使肄學職，得月給，使具祭祀。倉臺黄公、常守湯公，皆助其凡費。應君故從余學，余自澄江召歸，道出無錫，應君首及兹事，且請余記之。余嘉其志，不待再請，然行役未及作也。

至吴門，會淮東漕孟良夫，因論少游「醉卧古藤陰下」，人謂卒於藤之讖也，獨未知一事。少游墓後古松一株，直幹高聳，有巨藤自墓穴中出，周匝數四，已乃施於松上，蓋覆其墓，此真「古藤陰下」也。松爲人斫去，藤芽暨今僅存耳。良夫，信安孫，慧山寺，功德院也，故知其事。應君來索記，因並及之。

尚書章誼墓　在無錫縣開原鄉横山。

待制李夔墓　在無錫縣湛峴山。夔，丞相綱父也。先是，綱葬母楚國吴夫人，手植松柏數萬株，規畫甚整。及父卒，合葬焉。先後各廬墓三年。

信安郡王孟忠厚墓　在無錫縣孟灣。忠厚字仁仲，洺州人，隆祐太后兄子。高宗時，封信安郡王，贈太保。

魏國夫人墓　在無錫縣白茅山。夫人姓沈氏，太師洪皓妻，丞相适母，适爲文表墓曰「慈塋」。

循王張俊墓　在無錫縣青山灣。俊字子英，成紀人，官節度使，封清河郡王，追封循王，謚忠烈。高宗御書碑額曰「安民保泰翊戴元勳之碑」，建寺墓旁，以奉歲祀。元時被發。

提舉喻樗墓　在無錫縣回溪里五里涇。

尚書尤袤墓　在無錫縣西孔山。

祭酒李祥墓　在無錫縣湛峴山。

學士尤熵墓　在無錫縣東孔山。

侍郎蔣重珍墓　在無錫縣西四十五里謝堰。

提幹孟文龍墓　在無錫縣許峴山。

監州麻士龍墓　在無錫縣惠山。德祐元年，元兵下常州，文天祥遣部將麻士龍、尹玉援之，戰於橫林，死之，因葬於此。

提舉强以德墓　在無錫縣粲山。以德嘗買山四百畝爲義冢，其地亦在粲山。

處士王仁輔墓　在無錫縣惠山，倪瓚爲之營葬。

直學士陳襄墓　在宜興縣筈山。

學士汪藻墓　在宜興縣梅林。

樞密王淵墓　在宜興縣羅漢山。

丞相蔣芾墓　在宜興縣孫墓。

待制岳霖墓　在宜興縣唐門顯祖庵側，忠武王飛子。

尚書吴忠旦墓　尚書吴邦翰墓　並在宜興縣萊村。

通判賀鑄墓　在荆溪縣篠嶺。

樞密蔣之奇墓　在荆溪縣滄浦。

樞密胡松年墓　在荆溪縣梅林。

樞密郭三益墓　在荆溪縣横澗。

尚書沈積中墓　在荆溪縣西坑。

參政周葵墓　在荆溪縣梅林，周必大撰碑。

太尉王琪墓　在荆溪縣篠嶺。

宣撫使胡世將墓　在荆溪縣横山。

太師姚端珪墓　在荆溪縣大蘆山。

制置使（邱）〔丘〕崈墓　在江陰縣由里山東南。

太常葛勝仲墓　在江陰縣由里山南。

丞相葛邲墓　在江陰縣青暘鄉。

侍郎（邱）〔丘〕壽雋墓　在江陰縣敔山。

元

參政陳祖仁墓　在武進縣蠡河東，學士李時勉《志》。

廉訪副使陸垕墓　在江陰縣沙山北。

孝子趙鉉墓　在江陰縣沙山。

明

陶將軍墓　在府(元)〔玄〕妙觀前，明初戰没葬此。

贊善陳濟墓　在府茶山路西。

御史錢一本墓　在武進縣。

都御史唐順之墓　在武進縣陳渡村。

御史王章墓　在武進縣安善鄉。

尚書王㒓墓　都御史王沂墓　俱在陽湖縣三保橋。

尚書白昂墓　在陽湖縣定安里，大學士李東陽《誌銘》。

尚書周金墓　在陽湖縣者塘。

謝應芳墓　在陽湖縣横山南。

尚書孫慎行墓　在陽湖縣東門外金檻里。

巡撫許鼎臣墓　在陽湖縣青龍橋。

巡按劉熙祚墓　在陽湖縣南湫①。

① 「湫」，《四庫》本作「秋」。

尚書陳洽墓　在陽湖縣三橋東南，大學士曾棨《誌》。

義士張翼墓　在無錫縣章山。

處士華興叔墓　在無錫縣鵝湖。興叔字仲諄，感異夢，即湖中填土築墓，形家至今傳爲奇穴。

尚書張籌墓　在無錫縣章山。

尚書俞溥墓　在無錫縣章山。

都御史楊璿墓　在無錫縣長腰山。

都御史盛顒墓　在無錫縣惠山。

贈中憲大夫秦旭墓　在無錫縣龍山。

布政秦夔墓　在無錫縣惠山。

孝子秦旦、秦奭、旦子鎧三墓　在無錫縣龍山。

尚書邵寶墓　在無錫縣惠山。

尚書秦金墓　在無錫縣歸山薛墩。

都御史談愷墓　在無錫縣開原鄉太平墩。

尚書周子義墓　在無錫縣惠山，子侍郎炳謨祔。

侍郎孫繼皋墓　在無錫縣白茅山。

都御史萬象春墓　在無錫縣大池。

尚書嚴一鵬墓　在無錫縣陽溪之南。
都御史秦燿墓　在無錫縣大浮山。
左都御史高攀龍墓　在無錫縣絫山。
侍郎張有譽墓　在無錫縣馬鞍塢。
諭德馬世奇墓　在無錫縣龍山馬鞍塢，二妾朱氏、李氏祔。
中書龔廷祥墓　在無錫縣。
員外華允誠墓　在無錫縣惠山石門。
高士倪瓚墓　在金匱縣芙蓉山。
布政華昶墓　在金匱縣延祥鄉。
光禄卿顧憲成墓　主事顧允成墓　並在金匱縣梅李鄉。
都御史楊得安墓　在宜興縣小謝。
副都御史杭淮墓　在宜興縣百瀆。
尚書萬士和墓　在宜興縣明珠山。
尚書曹三暘墓　在宜興縣瑯玕山。
左都御史陳于廷墓　在宜興縣亳村。
大學士徐溥墓　在荆溪縣南陽山。

尚書吴儼墓　在荆溪縣梅林。
都御史胡忠墓　在荆溪縣鳳凰山。
尚書盧象昇墓　在荆溪縣西洋汧。
尚書周鼎墓　在荆溪縣篠嶺。
江陰侯吴高墓　在江陰縣觀山。高，江國公良之子。
沙將軍墓　在江陰縣馬鞍山下。
尚書徐晞墓　在江陰縣綺山。
大理卿湯沐墓　在江陰縣由里山北麓。
諭德繆昌期墓　在江陰縣長涇。
御史李應昇墓　在江陰縣。
處士李如一墓　在江陰縣。
侍郎葉茂才墓　在江陰縣馬鎮，無錫人。
孝子吴鳳墓　在江陰縣夏港東南。

國　朝

大學士吕宫墓　在武進縣繆賢壩。

户部尚書趙申喬墓　在武進縣棲鸞鄉。
工部侍郎周清原墓　在陽湖縣江村。
副都御史徐元洪墓　在陽湖縣滆湖濱。
參議秦鉽墓　在無錫縣歸山。
中允嚴繩孫墓　在無錫縣蕭家灣。
諭德秦松齡墓　在無錫縣開元鄉南塘。

鎮江府

社稷壇　在府治虎踞門南。
風雲雷雨山川壇　在府治虎踞門南。
敕建先農壇　在府東郊。壇旁有耤田，歲以仲春亥日行耕耤禮。
郡厲壇　在定波門外。縣曰邑厲。
里社、鄉厲一壇　在各鄉保。
關聖廟　在府治江坊口。國朝雍正五年，奉旨追封三代公爵，仝日祭于後殿。
城隍廟　在府西南。

附　宋陸游記

漢將軍紀侯，以死脱高皇帝於滎陽之圍，而史失其行事，司馬遷、班固作傳弗載也。維宋十一葉，天子駐驛吴會，改元乾道。正月甲子，右中奉大夫直敷文閣鎮江府方滋言：府當江淮之衝，屏衛王室，號稱大邦。自故時祠紀侯爲城隍神，莫知其所以始。然實有靈德，以庇其邦之人，禱祈禜禬，昭答如響。紹興、隆興之間，北兵入塞，金鼓之聲，震於江壖。吏民不知所爲，則維神之歸。雖北兵，畏天子威德，折北不支，退舍請盟，府以無事。至於流徙蔽野，兵民參錯，而居處弗驚，疾癘以息，則神實陰相之。吏其敢貪神之功，以爲己力乎？謹上尚書，願有以褒顯之，以慰父子兄弟之心。

越三月癸丑，有詔賜廟額曰「忠祐」。詔下，而方公爲兩浙轉運副使。右朝散大夫直徽猷閣吕公擢來知府事，侈上之賜。五月癸亥，大合樂，盛服齊莊，恭致上命。神人協心，靄雨澄霽，雲風肅然，來饗來臨。於是吕公以屬某曰，願有記焉。

某惟紀侯忠奮於一時，而暴名於萬世。功施於漢室，而見褒於聖宋。身隕於滎陽，而血食於是邦。士惟在力爲善而已，豈有有其善而不享其報者乎？吏之仕乎是邦者，必將有事於廟。有事於廟者，必將有考於碑，其尚知所勉焉，毋爲神羞！

敕建八蜡神廟　在府治東。

劉猛將軍廟　在府治東。

以上壇廟，所屬縣皆如制。

東嶽別廟　一在陽彭山，一在戴港鎮。

西嶽別廟　舊在府治雲勝山下。①

夏禹王廟　在府治禹跡山上。又一在金壇縣沙湖。

三真君廟　在府治塔山，祀周、唐、葛三真君。

漢荆王廟　在府治前，祀漢荆王賈。

武烈別廟　在府治朝陽門外，祀隋陳杲仁。又有忠祐廟，在金壇縣治東北。

旌忠廟　在府治通吴門外，祀宋韓世忠。

真武廟　在府治北固山南

下元水府廟　在府治金山。

金龍四大王廟　在京口。王姓謝，名緒，宋國戚也。憫宋將亡，隱杭之金龍山，築望雲亭居焉。聞謝太后北行，赴苕溺水死。明洪武初，封王爵。萬(歷)〔曆〕末，運糧軍及商賈建廟於此。

龍王廟　在北固山。

---

① 此條爲《四庫》本所無。

白龍廟　在府治常山麓。

瓜步江神廟　在府治金山。

漢留侯廟　在丹徒鎮，祀張良。

康王廟　在丹徒縣城隍廟西廡，祀宋康保裔。洛陽人，與契丹戰，死之。

水府三官廟　在丹徒縣南閘下。

壽〔邱〕〔丘〕司徒廟　在丹徒縣上河街，祀壽〔邱〕〔丘〕山神，南唐封爲司徒。

漢王廟　在丹陽縣間塘，祀高祖。又一在越塘，祀光武。

延陵季子廟　在丹陽縣延陵鎮西北。又一在金壇縣顧龍山。

白鶴三仙廟　一名三仙院，在丹陽縣西十五里鍾離村，宋紹興間建。

孱陵侯廟　在丹陽縣吕城鎮，祀吴將吕蒙。

靈濟廟　在金壇縣治南，祀龍神。

袁太守廟　在金壇縣三洞鄉，祀晋袁宏。

伍相廟　在溧陽縣西南護牙山。伍員破楚，取道經此。

貞義女廟　在溧陽縣北鳳皇橋黄山里，祀史氏女。見《吴越春秋》。

顯惠廟　在溧陽縣埭頭村，祀漢史崇。

忠義祠　節孝祠　俱在府治。二祠所屬縣皆如制。

焦千之祠　在府治焦山。

陸丞相祠　在府城外鶴林寺，祀唐陸贄。

李衛公祠　在府治甘露寺，祀唐李靖。

褒忠祠　在府治銀山，祀宋刺史魏勝。

附　明章綸《重修褒忠廟記》

宋忠州刺史兼山東路忠義軍都統制、知楚州魏公勝，及金徒單克寧戰於淮陽，無援死之，詔贈保寧軍節度使，謚忠壯，立廟於鎮江府京口鎮，錫號「褒忠」，官其二子，重死節也。年代既久，廟乃隳。本朝正統中，郡守郭濟乃重創，而歲祭之。天順壬午，郡守四明姚堂見是廟復壞，乃捐俸倡募。經始於是年秋八月甲子，落成於冬十一月癸巳。於是規模氣象，焕然可觀。將立石爲碑，走書徵予記而銘之，以垂永久。

余按《宋史·列傳》，魏公勝字彦威，淮南宿遷人也。當二帝北狩，高宗嗣位，張、韓、劉、岳諸將竭忠報國。公生於此時，多智勇，善騎射，居山陽。紹興三十一年，金兵南下，將籍諸路民爲兵。公躍曰：「此其時也！」乃經畫市易，課酒榷鹽勸糶，聚義士三百，北渡淮，取漣水軍，諭以忠義。遂復海州，擒其郡守高文富，權知州事，自兼都統制，而(煦)〔朐〕①山、懷仁、沭陽、東海諸縣皆定。乃蠲租税，釋罪囚，發倉廩，犒戰士，紀律明肅如宿將。益募忠義，圖收復，遠近響應，得兵數千。取沂州，殺其守，降其衆三千，得器甲數萬。金遣蒙恬鎮國以兵萬餘攻海州，公出兵迎戰於新橋，大敗之，殺鎮國軍，聲益振。傳檄山東，招諭結集，以待王師之至。沂州民壁蒼山者數十萬，被金兵圍砦月餘，衆告急。公提兵往救，陣於山下。遇金兵伏發，以五百騎圍數重，公單騎，以大刀馳突肆擊，陣開復合。移時，被創，冒刃出圍。馬踣，步而入砦，無敢當者。砦中絶水，公默禱而雨作。又度金兵必復攻海州，乃間出砦，趨城中。金兵果來，兵出戰皆捷。爲矢所中，自鼻貫齒，不能食，督戰益力。金主亮舉兵渡淮，分軍攻海州。公與沿海制置使李寶，帥舟師邀擊於膠西之唐島，又獲金兵之在舟中者，殺其將鄭家僕等。既還，爲捍禦固守計。金兵又來攻，公拒卻之。

始奏公授閤門祗候，知海州，兼山東路都統制，招集山東忠義，激勵士卒，竭力捍禦。金兵至，望見「魏」字旗即走。又厚遇金諜者，及恩惠來歸人目，山東、河北歸附日衆。金遣山東路都總管，以兵十萬攻海州，公率衆合李寶軍大破之。金又遣五斤②太師發諸路二十餘萬，來攻海

① 據《宋史》卷三六八本傳改。
② 「五斤」，《四庫》作「烏錦」。

州。公擇捍士①三千餘騎，拒於石閶堰，鏖戰殺數千人，拒卻其圍城之兵，又大戰斬首不可勝計。轉閤門宣贊舍人，充山東路忠義軍都統制，兼鎮江路前軍統制，仍知海州。後被讒於督府，罷其職。既而知其誣，復之，仍遣還海州鎮撫，改忠州刺史。公在軍，未嘗一日懈弛，築城浚隍塞隘，恒如寇至。又自創如意戰車數百輛，炮車數十輛，乘戰輜重，行止禦敵，進退俱利。上其製於朝，詔諸軍遵其式造焉。

孝宗皇帝隆興二年，以議和撤海州戍，命公知楚州。時和議未決，金兵乘其懈，以舟載器甲糗糧，詐稱運糧往泗州，自清河口出，欲入淮。公覘知之，身率忠義士，拒於清河口，勝負未決。金徒單克寧②帥生兵至，公與之力戰。告急於都統制劉寶，寶不之救。公矢盡，謂士卒曰：「我當死此！」遂中矢，墜馬卒，年四十五。事聞，詔加贈謚，立廟祀之。又官其二子：郊，忠州刺史；昌，承信郎。

於乎！臣子負忠勇之氣，報君父之讎。不幸失援而罹死難若魏公者，人豈以死視之哉？將事之如長生焉。何也？以其負正氣、全正理於死生之際，雖死猶不死也。而其忠憤痛切之心，天理民彝之懿，是以感動後人，錫之廟祀，雖至於千萬世之遠，事之如一日，此人心之所以不

① 「士」，《四庫》本作「上」。
② 《四庫》本作「圖克坦寧」。

死也。於乎，其烈矣哉！

銘曰：

忠臣奮勇，創義興兵。敵王所愾，恢復邊城。遠近響應，赫赫厥聲。招降救難，莫之敢膺。屢敗厥寇，爲其背盟。戰不顧身，竭力推誠。屹爲保障，長城可名。議和中沮，猶力戰爭。不幸無援，死於忠貞。綱常正理，於此不傾。天經地義，金石是銘。贈謚立廟，世祀其靈。一時之死，萬古之生！

表忠祠　在金山，祀宋韓世忠、魏勝。

周濂溪祠　在府城南門外鶴林寺西，祀宋周敦頤。

楊文襄祠　在京口驛西，祀明楊一清。

靳文僖祠　在府治，祀明靳貴。

丁公祠　在府治白龍岡，祀明丁機。

沈公祠　在府城治安坊，祀明死倭寇難指揮沈宗玉。

羅公祠　在府治虎踞坊，祀明死事羅明昇。康熙四十四年，敕賜「奮勇致身」四字扁額。

唐公祠　在京口皇華亭右，祀明唐侃。

閔子祠　在丹徒太乙都。

林仁肇祠　在丹徒縣因勝寺。

范文正公祠　在丹徒縣學尊經閣。

二程夫子祠　在丹徒縣高橋。

尹和靖祠　在丹徒縣鶴林寺西。

朱子祠　在丹徒北固山，祀宋①文公。

文信國祠　在金山，祀宋文天祥。

宗忠簡祠　在丹徒縣學内，祀宋宗澤。

石校理祠　在丹陽縣治前，祀宋石延年。

陳少陽祠　在丹陽北門外，祀宋陳東。

附　宋劉宰記

建炎三年春，詔贈故太學生陳東承事郎，仍官有服親一人。夏四月幸金陵，道京口，詔曰："陳東嘗奏封事，出於忠義，大臣涉私力請誅戮。朕深悔之，已追贈京秩。今行經其鄉，未忘於

① 「宋」下疑脱「朱」字。

懷，可特賜錢五百貫文。」又謂宰臣曰：「張慤古之遺直，陳東誅死可念。二人皆葬郡境，已降親劄，令有司致祭，卿等更卹其家。」紹興四年冬，再貶南京用事之臣，詔曰：「朕建炎即位之初，昧於治體，聽用匪人，置陳東於極典，朕甚痛之。雖已贈官推恩，未足以稱悔往之意。可特贈朝奉郎、秘閣修撰，更與兩資恩澤，仍撥賜官田十頃。」

某伏讀聖詔，流涕太息而言曰：自古人主，激一時之忿，而輕用其威者有矣。未有事非己意，悔自己興，拳拳不釋如我高宗皇帝者也。自古臣子，不幸而死非其道者有矣，未有寵被九京，澤流後裔，赫奕光大如我修撰陳公者也。

公方被執時，索紙作書，辭其家人，雍容曲折如平時。末曰：「死生命也，切勿念東！」識者謂賢於范孟博臨終之言遠矣。故人四明李猷爲殯於所携棺，鄉人胡中行護視之，以達於家，時人高其義。

公死而事寖聞，言益驗。上追用其言，屏汪、黄於散地，引咎責躬，選賢於衆，用能盡屈群策，弘濟艱難。贈卹之典，殷勤懇惻，載在簡編。蓋惟恐天下後世之不聞，以自同於飾非拒諫者；顧諱晦其事，謂爲臣子之所當然，殆未知我高宗之所以聖也。

慶元中，三山陳君德一分教京口，謂古者鄉先生没而祭於社，又古者孔、顔、孟未奠位，學者必釋猷於其國之先師。若修撰陳公，非京口所謂先師鄉先生者歟？社非職所及，學非吾事歟？乃肖公像，祠之孔子廟西序。陳君代更，繼者屏去。今教授番陽許君溪，視事甫浹日，祠之如故。又慮廢興之不常，屬某爲之記。

某聞而歎曰：昔①人有言：「死之日是非乃定。」若修撰陳公之事，是非豈昧②昧然者？而祠宇興廢，猶反覆於百年之後。況當時縉紳③於朝廷之上者，其能公是公非歟？《詩》曰：「憂心悄悄，慍於群小」。於此益歎國是之難明，人心之難一，我高宗之聖不可及。故拜手稽首而爲之記。

陶貞白祠　在金壇縣陶村，祀梁陶弘景。

七君子祠　在金壇縣學宮旁，祀明死節鄧蕃錫、徐有聲、王明汲、馮厚敦、王榮圖、王汝紹、王明灝。

① 「昔」，《四庫》本作「古」。
② 「豈昧」，《四庫》本作「斷不」。
③ 「縉紳」，《四庫》本作「涉私」。

南北朝　宋

興寧陵　在府東三十五里雩山，武帝皇考陵也，趙、蕭二后祔焉。

熙寧陵　在府，文帝母胡太后所葬。

齊

永安陵　在丹陽縣東北三十里，齊高帝皇考妣所葬。

泰安陵　在丹陽縣北二十五里，齊高帝及昭皇后合葬此。

修安陵　在丹陽縣東北三十六里金山下，齊明帝皇考、妣合葬此。

景安陵　在丹陽縣東三十一里，齊武帝所葬。

興安陵　在丹陽縣東十四里，齊明帝及敬后所葬。《輿地志》：齊諸陵在故蘭陵東北金牛山，四時公卿行陵，乘舴艋自方山由陵口入蘭陵，升安車，軺傳驛置以至陵所。

梁

建陵　在丹陽縣東北二十五里東城村，武帝葬皇考文帝於此，獻后祔。梁大同元年，作石麒麟，自京口由曲阿至陵所。近陵二十餘步，忽如躍走狀，時以爲瑞。帝不悦，終有侯景之亂。大同十年，武帝謁建陵，有紫雲陰覆陵上，帝望陵流涕，所沾草皆變色。陵旁有枯泉，至是流水香潔。

修陵　在丹陽縣東二十一里皇業寺前，梁武帝及德后並葬此。大同十年，帝謁建陵畢，辛丑至修陵，詔曰：「朕違桑梓五十餘年，展敬園陵，但增感慟。園陵職司，供事勤勞，各賜一階，並加頒賚。」

莊陵　在丹陽縣西鍾離村白鶴山。

漢

荆王劉賈墓　在府治後圃。

孫鍾墓　在丹陽縣西鍾離村白鶴山。

董永墓　在丹陽縣延陵鎮南。

會稽太守左恢墓　在金壇縣北十八里。子忠墓，在縣南十八里。

溧陽侯史崇墓　在溧陽縣北三十里埭頭村。

溧陽侯陶謙墓　在溧陽縣西南大石山之陽。

三國　吴

高陵侯韋昭墓　在金壇縣西北六十里東溪。

魯肅墓　在府城東。

撫陵侯史嵩墓　在溧陽縣埭頭村。

晋

左思墓　在金壇縣。

東海王越墓　府城南二里。

刺史殷仲堪墓　在府城東。

郭璞墓　即石牌山江中三石峰也，水漲不能没，如浮玉然。

太尉郗鑒、司空郗愔墓　並在府城東。陳永定中，有人發愔冢，見愔尸如生，得古銅器十餘。有鄭康成所書《箴左氏膏盲》①，愔手注其後云：「得之廣固鄧伯道。」

中郎郗曇墓　在府城東。

① 「盲」，疑當作「肓」。

太傅褚裒墓　在府城南七里。
司徒蔡謨墓　在丹陽縣南四十里石城鄉。
尚書左丞董憲墓　在丹陽縣東南六十里楊西村。憲，永之子。
太守袁宏墓　在金壇縣西十五里。
僕射王舒墓　在溧陽縣治。

南北朝　宋

盧陵王義真墓　衡陽王義季墓　並在府城東。
刺史蕭思話墓　在府北京口。
司空徐羨之墓　在金壇縣西南二十五里。

梁

尚書范雲墓　在溧陽縣東北五十里甓橋。

唐

扶陽王桓彦範墓　在丹陽縣東下墅村。

處士張祐墓　在丹陽縣東北二十里。

御史儲光羲墓　在金壇縣莊城東村。

經略使戴叔倫墓　在金壇縣南三里，碑存。

開國侯史靜滋墓　在溧陽縣東北埭頭里。

又溧陽男史務滋墓，亦在埭頭里。

南唐

徐知諫墓　在府黄社村。

李從諫墓　在府南望城岡。

沈彬墓　在丹陽縣沈山。彬晚年手植一樹識葬處，後卒，掘地一石槨，舉棺就之，廣袤中度。

宋

轉運使蘇舜元墓　在府五老山，蔡襄《銘》。

長史蘇舜欽墓　在府石門村，歐陽修《銘》。

翰林學士蘇紳墓　在府峴山。

待制蘇携墓　在府長岡。

丞相蘇頌墓　在府五州山北阜，曾肇《銘》。
通判蘇京墓　在府長岡，游酢《銘》。
學士刁約墓　在府白兔山。
大中大夫陳汝奭墓　在府黄山。
朝散大夫俞希旦墓　在府釜鼎山。
朝散大夫俞康直墓　在府京峴山西。
丞相陳升之墓　在府五州山。
左丞王存墓　在府仙風里，曾肇《銘》。
祠部王介墓　在府黄社村。
學士王漢之墓　在馬鞍山。學士王漁之亦葬此。
光禄王罕墓　在府永安里。
郎中米芾墓　在府長山。
觀文殿學士宗澤墓　在府龜灣。
尚書左丞鄧潤墓　在府下濞塘。
秘書郎黄伯思墓　在府招隱山。
侍郎劉逵墓　在府汝山。

學士趙野墓　在府岡山之陽。

開府儀同三司詹文墓　在府白兔山。子度，學士，亦葬此。今其族居繙雲。

節度使趙文亮墓　在府朝陽門外轉水灣。死王事，敕葬。

知州陳廣墓　在府招隱寺東。死王事，敕葬。

學士邵必墓　在丹陽縣耿岡。

贈修撰陳東墓　在丹陽縣尚德鄉桐村。

都統制魏勝墓　在丹陽縣經山。隆興二年，戰死清河口，招魂葬此。

制置使汪立信墓　在丹陽縣。元兵南下，立信爲沿江制置使，拒守死之，部將金明營葬於此。

三孝女墓　在丹陽縣大泊西，嘗以裙裹土葬母。

學士張縝墓　在金壇縣方山。

侍郎張慤墓　在金壇縣上元鄉張原。

參政張綱墓　在金壇縣西希墟。

大學士湯鵬舉墓　在金壇縣東小墟。

孝子王康墓　在金壇縣王莊村。

丞相虞允文墓　在溧陽縣下菴村。

丞相陳康伯墓　在溧陽縣丁溪。

丞相馬廷鸞墓　在溧陽縣車門里。

行省副使狄英墓　在溧陽縣胥渚村。

元

翰林學士青陽夢炎墓　在府定波門外鳳凰山。

偰哈喇普花①墓　在溧陽縣北沙漲村。普花封高昌郡公，家於溧陽，後死王事，謚忠愍。其子雲中郡侯偰文質，裔孫吏部尚書偰篤哲，禮部尚書偰斯墓，並在沙漲村。

明

安遠大將軍繆大亨墓　在府城西永興寺側，尚書詹同奉敕表墓。

侍郎費闓墓　在府白兔山。

大學士靳貴墓　在府長山。

大學士楊一清墓　在府西大峴山。

閻玘墓　在丹陽縣觀音山，有碑。

① 「普花」，《四庫》本作「布哈」。下同。

尚書儲懋墓　在丹陽縣南千石墟。

尚書沈固墓　在丹陽縣東石羊子。

尚書姜寶墓　在丹陽縣西三十里。

按察使賀邦泰墓　在丹陽縣荆城港。

尚書賀世壽墓　在丹陽縣荆城港。

都御史虞謙墓　在金壇縣丹陽門外。

都御史于湛墓　在金壇縣官坊村西。

都御史王樵墓　在金壇縣南青岡墩。

國朝

大學士張玉書墓　在府南尤區村。

布政使于朋舉墓　在金壇縣。

知縣荆其惇墓　在金壇縣黄塘。

侍講馬世俊墓　在溧陽縣。

翰林史鶴齡墓　在溧陽縣。

江南通志卷四十

輿地志

壇廟 四 祠墓附

淮、揚、徐三府 太、海、通三州

淮安府

社稷壇 在府治西門外。

風雲雷雨山川壇 在府治南門外。

農壇 在府治東郊。置有耤田，歲以仲春亥日耕耤於此。

郡厲壇 在府治北門外。在縣曰邑厲。

里社、鄉厲二壇　在各鄉保。

關帝廟　在府城外。雍正五年，奉旨追封三代公爵，春、秋仝日祭於後殿。

蜡神廟　劉猛將軍廟　俱在府城。

龍王廟　在府治新城。

以上壇廟，所屬縣皆如制。

旗纛廟　在各營。

淮瀆廟　在府治新城北門外。

禹王廟　在府治西南八十里高堰湖堤。

漢高祖廟　在府治西四十五里。惠帝元年，令諸侯王立高廟，至今存焉。

英烈王廟　在府治朝宗門外，祀吴伍員。

東海恭王廟　祀東漢東海恭王彊，以始封於此也。

楚元王廟　在府治西南，漢劉交封於此。宋建炎中，賊李成以萬衆攻城，民禱於神，大敗之，由是廟祀益虔。舊以宋趙立、魏勝、應純之，元許維貞，爲木主附廟中。成化初，知府楊昶又以漢張敞、鄭弘、汲黯、尹翁歸、黄浮，三國關漢壽亭侯、張飛，晋王祥、王渾，唐宋璟，宋米芾，明范中、施禮、彭遠、(邱)〔丘〕陵，皆有功於淮人者，並附祀焉。

淮陰侯廟　在府城南市，祀漢韓信。

附　宋蘇軾《淮陰侯廟碑銘》

應龍之所以爲神者，以其善變化，而能屈伸也。夏則天飛，效其靈也。冬則泥蟠，避其害也。當嬴氏刑慘網密，毒流海内，銷鋒鏑，誅豪俊，將軍乃辱身污節，避世用晦，志在鵲起豹變，食全楚之租，故受饋於漂母。抱王霸之大略，蓄英雄之壯圖，志輕六合，氣蓋萬夫，故忍恥胯下。洎乎山鬼反璧，天亡秦族，遇知己之英主，陳不世之奇策，崛起蜀漢，席捲關輔，戰必勝，功必克，掃强楚，滅暴秦，平齊七十城，破趙二十萬。乞食受辱，惡足累大丈夫之功名哉？

然使水行未殞，火流猶潛，將軍則與草木同朽，麋鹿俱死，安能持太阿之柄，雲飛龍驤，起徒步而取侯王？噫！自古英偉之士，不逢機會，委身草澤，名湮滅而無稱者，可勝道哉？乃碑而銘之曰：

書軌新邦，英雄舊里。海霧朝翻，山烟暮起。宅臨舊楚，廟枕清淮。枯松折柏，廢井荒臺。我停單車，思人望古。淮陰少年，有目無睹。不知將軍，用之如虎。

漂母廟　在府治望雲門外。

趙康川廟　在府治東，祀宋趙師旦。

顯忠廟　在府城北市之西，祀宋開府趙立。

風神廟　在清河縣口，康熙五十四年建。雍正十年重建，奉旨欽定封號「清河宣惠風伯之神」。

大王廟　在清河縣東運河口。聖祖仁皇帝南巡時，御題「安瀾效祉」四字扁額。又勇南王殿，御賜「長源永義」四字扁額。

淮神廟　在清河縣東二里。明武宗南狩至徐州，神著靈異。

顯節侯廟　在安東縣東，祀唐御史王義方。

附　明楊谷《顯節侯廟記》

唐侍御史王公義方，舊有廟在漣水之震隅，郡乘莫詳所始。谷每讀《唐書》至公傳，未嘗不三復興歎，而重公之學，高公之誼，壯公之直，且惜公不大用於時，而幸吾淮得斯人之爲重也。

初公起家，道逢困餒，輒解所乘馬以遺之。聲名聳動當寧，太宗使宰相聽其議論。於其時，尚書郎獨孤悊以儒顯，許敬宗推與之談，公引物連類，出入百家，每挫悊，直出其上，輒至會罷。夫二子一時名儒也，而講究異同，屈下於公，此其學宜何如比？是蓋劉向之倫，而有西漢之風者也。

宰相魏徵奇異其才，欲妻以夫人之侄，公不可。既而徵卒，乃娶焉。人問其故，則曰：「始則不附當路，而今則感知己者也。」

初，公自雲陽丞擢侍御史，會李義府縱囚婦，迫殺大理丞。公欲劾之，意必得罪，問策於母。母曰：「吾聞王母伏劍，將以成陵之義。汝果盡忠，吾死且不恨矣！」夫貴姻勢縮，母子相煦，人之常態也。公於宰相既歿者而婚其家，權倖動一時者則直前擊之，視死如歸。母亦贊助其成，此其誼何如比？是蓋滂母之流，而有東都之節者也。

公之廷劾義府，其言有曰：「天子置公卿大夫，欲水火相濟、鹽梅相成，不欲獨是獨非也。今陛下撫有萬邦，蠻區夷落，罪無逃罰。而日月之下，姦臣肆虐，此生殺之柄，不自主出，而下移佞臣矣！」即具法冠對仗，叱義府跪聽彈劾。夫義府，「人貓」、「笑刀」，高宗親倖之臣也，一時雌雄，誰敢明白。而公奮然叱之，是其直言勁節，遠配朱雲，而攀檻請劍之氣，蓋異世而同符者也。

公生平友善張亮，亮死而厚遇其妻子。南行道逢濤霧，酹水誓祝，天爲開霽。貶官之後，遂不復仕進，聚徒而教授焉。既歿，門人員半千輩築室廬墓，三年乃去。

夫人以忠烈一節稱公，知公淺矣。學如是，誼如是，直如是，生有盛名，歿而感物，友道善終，誠信動天，可謂完德。是蓋有唐一代諸臣中之傑然者，非獨所謂鄉先生歿而可祀於社者也。

忠義祠　在學宫内。

節孝祠　在山陽縣治西。

二祠屬縣俱如制。

許譚二祠　在府西南八十里洪澤湖堤。

鍾離相公祠　在府治七十里，祀楚將鍾離昧。

范張祠　在府治市橋，祀范巨卿、張元伯。

節孝祠　在府治東，祀宋徐積。

安定先生祠　在府治西北，祀宋胡瑗。

威濟祠　在府城。宋紹興間，李寶自海道禦敵至石臼山，禱之，因風縱火焚敵，敵大敗。詔封祐順侯，廟祀之。

恭襄祠　在清江浦，祀明平江伯陳瑄。

督撫名臣祠　在郡治東南，祀總督、巡撫、都御史江夏王竑、汝陽滕昭等二十四人。

貞烈祠　在郡西北窑溝，正德四年爲烈女何氏立。

王太保祠　在鹽城縣西沙溝口，祀晋王祥。

陸丞相祠　在鹽城縣治南，祀宋陸秀夫。

附　明楊瑞雲《重修鹽城縣陸丞相祠記》

夫宋亡，死節之臣多矣，乃余則以陸丞相爲稱首云。蓋戎臣武將，率貔虎之士，鼓勇血戰，敗北而死，死於一時。封疆之臣，嬰城自守，食盡力殫，城未破而死，死於旬月。亦有舉家同死者，然高樓止水，猶在疆土中。乃陸丞相則自德祐元年，至祥興二年，歷時久矣。一念忠赤，直與宋室相爲存亡，心逾金石，氣貫日虹。諸臣相繼亡去，丞相獨不去。又召致陳宜中、張世傑，同赴國難。周旋不舍，今年走温州，明年走福州。更歷三主，間關播越，至於海上。迨厓山破，虜帝爲元人所得，貽宗廟社稷之辱，乃驅妻子先入海，於是負帝入海死。嗟乎！難莫難於從容就義，終始不渝；烈莫烈於舉家沉海，盡葬魚腹。故余談品宋亡死節之臣，以陸丞相爲稱首云。

余家厓山下，最悉丞相死事。每登厓山，俯海濤，倚風悲弔之。顧當其時，七日浮屍出，海上人得收葬之。故潮州有侍郎嶼，即丞相墓也。歲久，墓就平，後遂莫考。覽丞相葬處，傷哉！

萬(歷)〔曆〕己卯，余受命宰鹽城，則首謁陸丞相祠。又獲拜於所葬衣冠之墓，有厚幸焉。蓋丞相死所，乃余之鄉也；余所宰邑，則又丞相之鄉也，有異代之誼矣。其時祠宇荒圮，余亟修飭之。既落成，釃酒以告，而誦《九歌》、《九章》以爲迎神、送神之曲。肅乎見其儼然正笏之容，而英英乎若其神之颯然而來也。

則竊嗚唈太息曰：史稱丞相仗劍驅妻子時，夫人有難色，豈謂夫人難一死哉？夫人從丞相蕩析者數年，習聞忠義之言也，自分一死。所云「難色」者，蓋欲與丞相同死耳。以故丞相諭之曰：「爾先去，怕我不來！」遂與三子偕入海死。嗚呼！丞相忠魂烈氣，千載如生，載之汗青，日星並耀，著之祀典，俎豆生馨。並妻子亦烺烺炳炳，施聲來禩。丞相不死哉！

潘公祠　在鹽城縣，祀明潘季馴。

惠濟祠　在清河縣舊新莊閘口。明正德三年建，嘉靖間賜額。國朝雍正二年重修。

漢

楚王韓信母墓　在府西四十里，與漂母墓對。

漂母墓　在府西四十里。

枚臯墓　在舊淮陰縣，今失其處。

唐

盧國公程知節墓　在府治東南紫霄宫前。宋紹興十年，韓世忠築城掘地，得碑銘。按：知節陪葬昭陵事，見《唐史》。掘地得碑，始自宋王象之《輿地記勝》①，後人皆仍其誤耳。

宋

少卿張耒墓　在府城北七里。或云在城西舊淮陰縣。

教授徐積墓　在府東三里塘，有節孝祠。

高陽郡公韓渙墓　在府舊城西門外。

---

① 「輿地記勝」，今通作「輿地紀勝」。

刺史趙師旦墓　在府城東三里塘。
觀察使趙立墓　在山陽縣北辰鎮。
丞相陸秀夫墓　在鹽城縣西南。
史欽墓　在清河縣北金城鄉。

明

沭陽伯金濂墓　在府東門外十五里石塘。
尚書沈翼墓　在府南平河橋東岸。
侍郎楊理墓　在府西鉢池山。
太子太保葉淇墓　在府移風閘西岸。
侍郎葉贄墓　在府治西十里吏字鋪。
侍郎蔡昂墓　在府治南包家園。
侍郎胡璉墓　在府治西石塘。
都御史潘塤墓　在府平河橋。
都御史盧蕙墓　在府城西安樂鄉。
都御史楊靖墓　在府柳淮鄉。

國朝

提學僉事劉芳聲墓　在府城南楊家莊。

知縣劉昌言墓　在山陽縣城東三里塘。

揚州府

社稷壇　在府城西門外。

風雲雷雨山川壇　在府城南門外三里橋。

敕建先農壇　在府治東郊壇旁。有耤田，歲以仲春亥日耕耤於此。

郡厲壇　在北門外壽寧街。在縣曰邑厲。

里社、鄉厲二壇　在各鄉保。

關帝廟　在府治北門街。國朝雍正五年，奉旨追封三代公爵，春、秋仝日祭於後殿。

城隍廟　在府城西北。

〔蜡神廟〕①

① 據《四庫》本補。

劉猛將軍廟　在府城。

以上壇廟，所屬州縣皆如制。

旗纛廟　衛、所俱建。

怡賢親王祠　在府治三汊河，雍正十年奉旨敕建。

夏禹王廟　在府治浮山後。又一在高郵州臨澤鎮。

邗溝神廟　在府治邗溝傍。

旌忠廟　在府城東門内，祀宋死節臣魏全、王方明。

顯勇廟　在府治舊城内，祀宋死節臣吴從龍。

三將軍廟　在府城西，祀宋將軍元怡、梁宏、張昭。又一在儀徵縣焦家山。

英烈王廟　在儀徵縣胥浦橋，即伍員祠也。並祀漁丈人。

浣沙女廟　在縣治，祀女馮氏。子胥亡楚，囑其勿言，女遂投江以絶口。

恭愛廟　在縣陳公塘側，祀漢廣陵太守陳登，宋熙寧間建。

東嶽廟　在高郵州北新城小東門外，宋太平興國間建。

禹廟　在高郵州東北九十里臨澤鎮。

漢高帝廟　在高郵州沛城村。

康澤廟　在高郵湖中洲上。俗名耿七公廟，祀宋耿遇德。遇德，昭宗時人，天性忠實，死而爲神，禱之者舟行無没溺，旱暵有甘澍，屢封至靈應侯。

清水潭龍神廟　在高郵州城北二十里，宋嘉定間建。

英烈夫人廟　在高郵州。即毛惜惜死節處，詳見《列女》。

昭陽廟　在興化縣昭陽山，祀楚令尹昭陽。亦名山子廟。

三閭大夫廟　在興化縣滄浪里，祀屈原。

文孝廟　在泰州治西，宋紹興十三年建，祀梁昭明太子。

忠義祠　在學宫内。

節孝祠　在學傍。

二祠各州縣俱如制。

董子祠　在府治新興坊，祀漢董仲舒。舊在府城兩淮運司後堂内，有井曰董井，即董子宅也。明正德間，改建於此。康熙四十四年，御賜「正誼明道」額。

附　明喬宇《重遷董子祠記》

兩淮運司在揚州府治東，其地乃漢江都王相董仲舒故宅。宣德間，運司金華何君士英建祠祀董子。正統間，四明嚴君貞遷祠於廳事之後。弘治間，新城畢君亨復於運司西建正誼書院。正德辛未夏，高平畢君璽爲運使，涖任之日，見祠居廳後，惕然靡寧。以淮、揚當衝要之地，鹺司實會計之所，士大夫欲進謁者，恒以出入爲艱。惟書院弘敞向明，盍改圖焉？乃請於巡鹽監察御史朱君冠，以爲然。於是聿新其規制，塑董子像於中。爲堂者四楹，東曰祭器庫、宰牲堂，西曰圖書房、致齋，所楹之數各如之。儀門左右有石碑亭，巷之南北建棹楔二。又買田若干畝，以供春秋祭祀，羨餘則以食守祠者。祠之後作書院，堂曰資仕，東西齋曰博聞、曰起道，以收商竈子弟之俊秀者，擇明經士爲之師，以訓迪焉。丹堊咸備，教條具舉，誠一時之偉也。

既落成，畢君走書於余，求爲文，以志其顛末。宇惟聖人之道，自戰國以來不明於天下久矣。董子獨能抱遺經於坑焚之後，潛心正學，所以秦漢諸儒，鮮有及者。觀其論道之大原與義利、王霸，天人三策之對，皆有合孔門之大旨。先儒稱其淵源純粹，自學問涵養中來，不信然與？惜乎武帝好大喜功，所任用而親暱者，不過曲儒方士、詼俳辭賦之流。至若仲舒，乃弗能用，斥之以相藩國。然董子雖不得顯於當時，其遺言善行，有功於後學者，蔚乎其未泯也。逮至聖朝，文運天啓。高廟以仲舒從事闕庭，憲廟又追爵廣川伯。儒者之效，歷千餘年而益顯如此！

夫今江都又董子宦履之地，御史朱君、運司畢君，乃克崇重而作新之。凡章縫之士肄業於斯者，務相勉焉。以進修其實，一洗夫薄俗功利矯詐之陋，以副我列聖崇儒重道之盛心。庶兹祠之遷，有補於風化大矣，豈直潔豆籩、美輪奂而已哉！

畢君所至有政績。前知廣川時，亦嘗葺新董子書院。兹修舉國課之餘，又能稽古考德，以儀來學，皆不可不書也。

是爲記。

蔣忠烈祠　在府治南門外，祀漢秣陵尉蔣子文。

謝太傅祠　在府治子城上，祀晉謝安。又甘棠廟，在邵伯鎮，亦祀安。

卞忠貞祠　在府治南門内，祀晉卞壼。

廣陵五先生祠　在府治西門外，祀宋胡瑗、李衡、王居正，增祀李樹敏、沈洙。

韓忠獻祠　在府治雍熙巷，祀宋韓琦。又一在高郵州。

畢招撫祠　在府治夾城，祀宋畢再遇。

(邱)〔丘〕公祠　在府城内，祀宋(邱)〔丘〕岳。

崔守祠　在府城内，祀宋崔與之。

文丞相祠　在府治城南，祀宋文天祥。又一在儀徵東關河岸。

雙忠祠　在府城廣儲門外梅花嶺側，祀宋李庭芝、姜才。

張武定祠　在府城，祀元張弘綱。

曾襄愍祠　在府城，祀明兵部尚書曾銑。

雙忠祠　在府治西門内，祀明高邦佐、陳輔堯。

三英女祠　在府治瓜洲鎮，祀宋烈婦趙淮妾，明烈女殷氏、周氏。

江海潮神祠　在江都縣瓜洲鎮。

江水祠　在江都，漢宣帝詔祀江處。

龍祠　在瓜洲鎮。

附　明唐順之《重修瓜洲鎮龍祠記》

龍之祀不秩於三代之典記，《禮》者謂之「四靈」，蓋以爲鱗蟲之靈者耳。其祀始見於《封禪書》朝那龍湫。今天下大水之濱，無處不有龍祠。宋之儒者論大河之治，以爲不宜祀龍，曰：是天地之功也，龍何力之有？然余竊以爲未盡也。夫天地無爲，而百物之肖像於其間者，莫不各致其能，以效其功，而天地未嘗與之争功。然而百物之功，孰非天地之功也？至於昔人之制爲祀典也，凡有功德於天地之間者，不問細大，莫不群然秩而祀之，以致其報，而未嘗疑於與天地分功。然而所以報百物之功，亦孰非所以報天地之功也。

吾觀於蜡而見古人通乎鬼神之情，而悉於幽明之故矣。夫生成百穀以粒民，孰非天地之功？若是則古人爲之禋，爲之社，以報之可矣。至於大索鬼神而蜡焉者，何爲也？其蜡也，先農先嗇，庸與坊焉可矣，而至於迎貓、迎虎，而昆蟲亦登焉者，何爲也？惟天地生成百穀，雖一貓、虎、昆蟲，亦使之盡其能於食鼠、食豕之間，而無遺利焉。於此見天地之功爲甚大，人欲報天地之功而無由，則雖貓、虎之效一能於天地者，亦秩之祀而無遺靈焉。於此見人之所以報天地之功者爲甚深。

凡百物之靈，固莫不肖氣於陰陽五行。而龍得陰陽五行之氣之精，故其變化尤靈。貓、虎未嘗無功於田，而謂龍盡無功於水乎？祀貓、祀虎，未嘗疑於與天地分功，而獨疑於龍乎？

且夫天地之間，大者不自擅其大，而寄於小；小者各務致其小，以歸於大。其爲功也，大者常逸，而小者常勞。其功之成也，小者易以爲德，而其大者常不可名。故耕鑿之民，不知帝力之何有。而至於一社之長、一邑之令，則人煦煦然而嚮之，死則爲之尸祝而俎豆之。此豈可謂忘大君之功德，而顓顓於一社長、一邑令之爲報哉？又豈可謂一社長、一邑令之功德，而非大君之功德也哉？

然則龍何疑焉，而不祭於古也？曰：百物之祭古矣，又安知古之不祭龍耶？古有豢龍氏，豢龍氏之於龍，安知其非如伊耆氏之於蜡，實掌其祭者耶？所謂豢龍者，其無乃羞飲食以祀龍之謂，而好怪者遂以豢龍爲畜龍也歟？龍乎可畜，其亦非所以爲龍矣。

古今大水凡四，而河與江爲最。河移徙潰決不常，而江獨爲安流，意必有宰乎其間者。而龍之奔走以效其靈也，亦不可謂無。瓜洲據江之衝，則其建祠以祀龍亦宜。

祀不知所始，歲久圮壞。嘉靖癸卯，奉化王侯杏始爲揚州府同知，署府事。乃斥贖金之餘修之，而使道士某來請記。王侯儒者也，其爲是舉也，必有以通乎鬼神之情，而悉於幽明之故矣。予懼後之人泥於舊説，而以爲非經之祀也，爲之著論如此，使龍其安且食於此而無慚焉，且使讀者其亦無以余爲語怪也。

露筋祠　在甘泉縣邵伯鎮北三十里。康熙四十六年，御賜「節媛芳躅」匾額。

昭明太子祠　在儀徵縣城南，祀梁蕭統。

康令祠　在儀徵縣義城村。唐咸通間歲旱，六合康令以身禱雨，跨白馬入江死，雨足歲稔，邑人祀之。

三賢祠　在儀徵縣，祀元郝經、吴澄、張𤩽。

孝婦祠　在儀徵縣朴樹灣，祭農民周祥妻張氏。舊有坊，曰剖腹活姑。

三鉅公祠　在高郵界，祀張浚、韓世忠、岳飛。

林太守祠　在高郵州城内，祀宋林伯成。

范公祠　在興化縣太平里，祀宋范仲淹。仲淹曾爲興邑令。

附　明楊果《重建范文正公祠堂記》

有宋天聖改元，汝南范文正公來爲泰州西溪鹽官。時風潮泛溢，没田廬，壞亭竈，民以大病。公特爲請於朝，得調丁夫四萬，跡唐李承式捍海故堰，而修築之。用是海濱沮洳瀉滷之地，悉爲良田，而民獲奠居，其爲惠利甚大以博也。公没，而所在德之不忘，往往廟而俎豆之，水旱疾癘則禱焉。草堰、小海二場間，舊有公祠，既久而圮。地且湫隘，雜以淫鬼，妥靈、致虔，兩爲匪稱。

歲正德丁丑，國子生宗部、宗節，鄉校生唐宋、宗郲、朱軏、唐滿，相與捐資倡義，圖善地而遷之。力猶未逮，則以告於巡鹽侍御盧君楫，君慨然曰：「吾事也。」乃俾運使胡君軒續其費。運判聞人君韶、小海場大使王鐸督其成，鳩工增材，擇吉從事，門、坊、堂、廡，次第完好，無侈無陋。中肖公像，以快瞻拜。訖工，盧君記其事而馳書告果，俾文其麗牲之石。

方首事時，有語果以非政之急者，果曉之曰：夫是舉也，所謂義也。捍災禦患，秩在祀典，古之制也。崇正去淫，訓之善也，俗之所趨也。義以協制，制以彰訓，訓以成俗。侍御君之政，可謂知所先，而所以自期待之志，亦可占其概也。惟公以一代傑出之才，筮仕之初，即爲吾民禦災興利，垂之遠久，章章如是。而公之傳誌行狀，皆不序列，獨間見於《宋史·河渠志》，得非掩於其大而略之耶？於人爲大，於公爲小，則公生平之所樹立可知。其感吾民如此，其感動天下者又可知矣。歐文忠公謂其爲政，所至民多立祠畫像，則不待公之没與後世，其生固已神明之也。

於戲懿哉！果生長是鄉，衣被遺德，敢爲之記，俾鑱其石。而凡有事於是祠者，則備列之於石陰云。

崇德祠　在興化縣通利里，祀明大學士李春芳。康熙四十六年，御書賜「師儉堂」額。

韓公祠　在興化縣字橋里，祀明布衣理學韓貞。

宗公祠　在興化縣南百花洲，祀明宗臣。

李公祠　在興化南城内，祀明太常少卿李茂材。後增祀廣東和平殉節知縣李信，及從難二子泓遠、淑遠。

三貞祠　在興化縣南門内。初祀劉、仲二烈女，名雙貞祠，後益以李節孝，更名「三貞」。

雙烈祠　在寶應縣，祀漢臧洪、陳容。

董孝子祠　在泰州西溪鎮，祀漢董永。

三賢祠　在泰州，祀宋張綸、胡令儀、范仲淹，並以修捍海堰有功於民。

名賢祠　在泰州，祀宋富弼、范仲淹、胡瑗、王楊英、陳瓘、趙抃、孔道輔、曾肇、胡令儀、岳飛、文天祥。

胡安定祠　在泰州泰山之北，祀宋胡瑗。又一在安豐場。

附　明湛若水《胡安定祠堂記》

「諭人者，以其異域善，孰與以其鄉族善？」曰：「善鄉，鄉爲近。」「示人者以其言善，孰與以像善？」曰：「善像，像爲切。」近則人習服，切則人易知。人習服，故易從；人易知，故有親。

有親則感，易從則化，是故異域使人敬，鄉族使人信。言則入人耳，像則入人心。故先王之法，鄉大夫令術①司徒之教行，魏像立而治法昭。今夫號於人曰：「必若而鄉某君子乎，必若而鄉某義士乎。」則聞者莫不悦，相語曰：彼固非遠引。乃云：吾鄉某也、某也，誠義士、君子也。斯不亦以鄉而近，習服而易從乎？今夫斵木而像之，葺椽而屋之，肅乎若有著乎風神，儼乎若有見乎其容聲，則過者莫不敬畏，相語曰：彼乃吾鄉之義士也、君子也，吾等可自棄爲不義歟？爲小人歟？斯不亦以像而切，易知而親乎？

南昌王君公弼，以進士來守泰州，召士氓咸造於庭，曰：「吾守兹土，實兼教養。凡爾士庶，盍同於予善？爾弗我徵，盍稽於爾鄉之先哲，式追於前？文人若爾安定胡先生者，爾豈不知而慕之乎哉？與孫明復、石守道藏修泰山，其義行篤於躬，化於家，孚於而鄉，教授於蘇、湖。振歷代詞華之沉迷，復往古敦樸之實行，師教升於國學，聲實達於朝廷，式法播於天下。一時多士，靡然從之，爲之一變，不問可知其爲安定門人。若是者，爾之士庶，其亦有意乎？有，則吾爲爾祠而新之，以爲爾仰止之地，不亦可乎？」皆欣然曰：「諾。」

乃白於撫按，卜城東南之隙地，以州之贖金，撤官之閒屋，而顧鉞之義助半焉。凡三月而落成。爲堂者三楹，外爲大門，内爲寢室，視堂之數弗有殺焉。前臨大池，後館諸生，旁亭顔學。

① 「術」，湛若水《泉翁大全集》作「而」。

亭週之池水，使士講聖賢之學於其間。選胡氏子弟二人，寄學習禮，捐官田五十畝，共其祀事而復徭焉。是故東南，法長養也。前週池，昭澄心也。後學館，示步武也。亭顔學，示的也。是故巍焉肅焉，示像也。

於是士皆歡悦，過其祠者皆相語曰：「吾等兵防、水利、農算之學，有若安定治事齋之教乎？五經、異論、文藝、理勝之學，有若安定馴馴雅飭之化乎？」於是王君聞之曰：「安定之學，豈但若是已乎？」乃遣其門弟林春、王楝，之京問甘泉子。

甘泉子曰：「噫！善如王子之問也，善如王子之問也。安定之學之教，人失其真傳也，而貳於孔子久矣，豈直今也哉？夫孔門之教，同於求仁。仁，人心也，天理也。四科之列，惟顔、閔、雍、耕諸人得其宗，餘則因材成就者耳，而謂有四焉，豈聖人無類之教哉？若安定先生，當聲律浮華之弊已極，毅然而起，以變化士習爲己任，以開濂洛之傳，必其精神心術之微，有不言而信者行乎其間。觀其顔學之試，道德仁義之教，有足徵者。至於經義、治事之科條，乃其因材而成者耳。以爲先生之道盡在是矣，豈不惑哉？夫聖人之學，心學也。故經〔義〕①，所以明其心也；治事，所以明其心之用以達諸事者也。體用一原也，而可以貳乎哉？此或先生立教之本意，而人失其傳矣乎？若非人失其傳，則先生之學之教荒矣。予幸得於百世之下，故爲其鄉人

① 「經義」爲胡瑗蘇胡分齋教學法齋名，與「治事」相對成文，據以擬補。

士推言之，庶幾不終貳於先生之教焉。」王君曰：「命之矣，幸爲記諸石。」

三忠祠　在泰州城内，祀宋李庭芝、孫虎臣、姜才。

六太守祠　在泰州，祀宋守荆罕儒、周述、田錫、張綸、孔道輔、曾致堯。

四賢堂　在高郵州，祀宋孫覺、秦觀、喬執中、朱壽昌。

附　宋陳造《四賢堂記》

郡庠三賢堂，繪中丞孫公、給事喬公、龍圖秦公像尚矣。兼繪少卿朱公，則始於今太守陳公。公按圖有間，知彰孝名坊孝子朱公常居焉，曰：「是可以表俗。」乃求得其像繪於堂，扁曰四賢，而命客記之。

高郵至元祐，人材林立。是三鉅賢，又傑然其間，入而著論思之益，出而茂惠利之績。文章術業，國史記之，遺書粲然，足以師表天下，範模後世。況其里之人，瞻敬而取法焉，宜也。

而朱公幼失其母，棄官求之，備極艱楚，晚得之同州，若神物誘致之。一時名士，播之於聲詩，以美其事，東坡至有「今無古或聞」之語。三公信偉矣，而孝尤德之本，行之所宜先，朱公則優之。夫有生，孰無父母？有知，孰不可爲孝？人有性，孰不可誨而從，感而動？則四三公而像之，俾得之聞見誦説，其不興起者幾希。

昔吾夫子設爲德行、言語、政事、文學四科，曾子得聖傳，不後顔、冉，《孝經》一篇，特爲曾子設。則以其能盡孝於親，而得夫所謂德之本、行之先者。昔聖昔賢，其立教豈苟云乎？

昔王綸之爲豫章，圖陳蕃、華歆、謝鯤於郡堂，其政寬簡有由焉。此前人像三賢意。梁彦光在鄴，焦通悖戾，諭以伯俞念親泣杖之事，卒爲孝子。則儕朱公於三賢，誰其間然？

郡士民見諗曰：「使君惠我無窮，而能道其德心也，則惟子矣。願記之。」遂爲之記。

思賢堂　在泰州學内，祀宋韓琦、歐陽修、劉敞、吕公著、蘇軾。宋彭方重建，增祀陳瓘、任伯雨爲七賢堂。

附　宋范成大《思賢堂記》

吴郡治故有思賢亭，以祠韋、白、劉三太守。中更兵燼久之，遂作新堂，名曰三賢。其四年，當紹興辛巳，鄱陽洪公始益以唐王常侍、本朝范文正之像，復其舊之名亭者榜焉。

先是，公以歲五月來臨吾州。繇州南鄙，望洞庭，略具區，觀三江五湖之吐吞，濤波聒天，旁無邊垠。而石堤截然浮於巨浸之上，若有鬼神之扶傾，鯨鰲背負而涌以出也。暮夜，人語馬嘶，匈匈不絶。公固已語其人，思常侍之功矣。

周覽原田，而相其溝防。東南之播於江，東北之委於海者，脉絡釃通，堙蕪滌涂①，夏旱易以陂，潦水時至，不能齧渚涯以決污邪，荒寒化爲麥禾。起景祐迄兹，歲無大浸。於是公又曰：「非文正范公之勤其民者乎？」退而參石記竹書之傳，詳兩賢行事，尚什伯於此。韓退之名知言，碑王之墓隧，謂治蘇最天下。蓋遺册僅存於一隄，其變滅無考者，不知幾也。文正自郡召還，遂參永昭陵大政，德業光明，爲宋宗臣。通國之誦曰文正公，而不以姓氏行焉。王、范風烈如此，且有德於吴，宜俱三賢不没，以爲無窮之思。此堂之所爲得名者。

韋、白、劉之餘愛，邦人既已俎豆之，語在舊碑，尚矣。洪公，忠宣公之子，擢博學宏詞第一，名嘗謂士才高必自賢，位高或不屑其官，世通患也。

字滿四海，餘二十年，既入翰林爲學士，未幾，自列②去。甫及里門，制書以左魚來矣。邦人度公且上朝謁，莫能久私公也。然始至之日，咨民所疾苦，退然不自居其智能。亟從掌故吏，訪諸賢之舊圖畫，髣髴想見其平生。公既以道學文章名一世，顧有羨於五君子者。意將跡其惠澤，講千里之長利，以膏雨此民。彼憧憧往來，視桑蔭，趣舍人裝者，慮安肯出此。夫才高而不自賢，位高而滋共其官，盛德事也。斯堂法應得書，會公使來，屬筆紀歲月，成大樂。其州多賢守

① 「涂」，《文粹》作「除」。
② 「列」，《文粹》作「劾」。

令，文正公又吾東家某①焉。竊願記斯堂，以夸鄉邦，以爲邑子榮。乃不辭而承公命。

漢

廣陵王胥冢　在府城東武鄉甘泉山。《郡國志》云：歲旱，鳴鼓繞冢，輒致雲雨。

江都王建冢　在府境。

陳琳墓　在寶應縣射陽村。

袁術墓　在寶應縣治南三百步，墓門有碑。

南北朝　齊

褚澄墓　在城北三十五里陳源橋。澄用石十八片爲槨，上刻所著《修養方》，題曰《齊褚澄方》。後冢發，爲蕭廣得之，遺命其子淵復爲槨，用石一片，刻前書其上。

① 「某」，《吴郡志》卷六作「丘」。

陳

刺史杜僧明墓　在高郵州臨澤鎮。

隋

煬帝陵　在府城西北十五里雷塘。大業時葬於西院，唐武德中，奉詔改葬在此。

宮人冢　在府城西吴公臺下。一名玉鈎斜，亦名宮人斜。

五代　吴

楊行密冢　在儀徵縣西七十里。吴楊溥僭號，尊其父行密武皇帝，墓號興陵。

宋

侍讀吕文仲墓　在府東十里。

直秘閣陳良墓　樞密張康國墓　俱在府東興寧鄉。

轉運使蘇安世墓　在府東興寧鄉馬坊村，王安石撰《誌》。

司諫陳瓘墓　在府西山。

學士孫覺墓　在府善應鄉。
直秘閣王俊乂墓　在府善應鄉。
學士秦定墓　在府西山秦家莊，觀之諸父也。
光禄陳亞墓　在府同軌鄉。
屯田郎柳永墓　在儀徵縣西七里山下。新城王士(貞)〔禎〕《分甘餘話》以爲王安禮葬之於仙人掌，並有詩云：「江鄉春事最堪憐，寒食清明欲禁烟。殘月曉風仙掌路，何人爲弔柳屯田？」
侍郎楊汲墓　在儀徵縣西十里陳公塘。
侍郎王琪墓　在儀徵縣。
待制沈銖墓　在儀徵縣西十五里。弟兵部侍郎錫墓祔。
發運使許元墓　在儀徵縣甘露鄉蜀岡，歐陽修撰《誌》。
少宰吴敏墓　在儀徵縣北五里北山。
安撫使陳造墓　在高郵州華村。
學士孫正臣墓　在高郵州焦里村。
英烈夫人墓　在高郵城内。
直講胡瑗墓　在泰州東南一百五十里安定鄉。瑗葬烏程，子志正葬衣冠於此。

元

總管陳允忠墓　在府姚家沙大岸，舊有廟。

太師巴剌墓　在高郵州城西三十里，學士姚燧撰碑。

張萬益墓　在興化縣東南，學士危素撰《碑》。

户部尚書梁道祐墓　在寶應縣永明寺西三里溝。

明

鎮遠侯顧成墓　在府東南三里。

尚書高銓墓　在府西十里仙人掌，李東陽撰《墓表》。

尚書王軏墓　在府西北雷塘。

侍郎葉相墓　府北門外。

光禄卿安金墓　在府城西十里。

大學士李春芳墓　在府城西二十里弘恩寺側。

總制曾銑墓　在府西金匱山。

尚書史可法墓　廣儲門外梅花嶺，招魂葬衣冠於此。

鄭烈婦墓　在府城南新河口。

尚書單安仁墓　在儀徵縣舊江口。

靖南侯黄得功墓　在儀徵縣青山。

郭貞婦墓在儀徵縣西沙清水潭上，宋濂有詩。

都指揮王觀墓　在高郵州南車邏鎮，賜祭葬。

邵烈女墓　在高郵州小北門外。

尚書成瑾墓　在興化縣北畢家灣，後遷於城南。

大學士高穀墓　在興化縣北十五里。

侍郎楊果墓　在興化縣。

東海侯陳文墓　在寶應縣治東北一里松原莊。

府尹冀綺墓　在寶應縣北五里。

侍郎儲巏墓　在泰州。

侍郎徐蕃墓　在泰州。

國　朝

吏部尚書王永吉墓　在儀徵縣踟蹰寺。

知縣劉欽鄰墓　在儀徵縣青山。
都御史李柟墓　在儀徵縣帶子溝。
翰林侍講喬萊墓　在寶應縣箕山。
鴻臚寺卿劉國黻墓

徐州府

社稷壇　在府城外。
風雲雷雨山川壇　在府城外。
敕建先農壇　在府治東郊。壇旁有耤田，仲春亥日，耕耤於此。
郡厲壇　在府城北。在縣曰邑厲。
里社、鄉厲二壇　在各鄉保。
關帝廟　在府城東門内。國朝雍正五年，奉旨追封三代公爵，春、秋仝日祭於後殿。
城隍廟　在府治北。
敕建八蜡神廟　劉猛將軍廟　俱在府城。
以上壇廟，所屬州縣皆如制。
旗纛廟　在衛署後。

東嶽廟　在府城西南隅。

禹王廟　在府治吕梁上洪東岸。蕭縣亦有廟。

漢高祖廟　在府城南廣運倉東。

彭祖廟　在府治北門城闉。

元帝廟　在府治小河口。

吕梁洪神廟　在府治上洪。

忠烈廟　在府治，祀宋死節知州王復。

漢高原廟　在沛縣。又一在泗水。

漢梁孝王廟　在碭山縣，祀梁孝王武。

漢光武廟　在豐縣西北。

宋李文靖廟　在豐縣西，祀宋李沆。

司馬温公廟　在豐縣西，祀宋司馬光。

昭惠靈顯真君廟　在縣東北。陳繹曾《廟記》略云：鄉曰河亭，里曰歡城，前挹薛河，後帶漷水。新廟翼然，出榆枌蔭蔚間，曰靈顯真君祠，里人杜玲實作之，以爲鄉人祈禱水旱疾癘之所。

仲虺廟　《寰宇記》：沛縣有仲虺廟。

張良廟　留城中有張良廟。宋義熙十二年，高祖北伐，大軍次留城，令修張良廟。又邳州城西有張良廟。

龍王廟　在邳州皂河。雍正五年，敕賜重修。

郯子廟　在邳州治東北。

黄石公廟　在邳州治黄石社。

張良廟　在邳州城西①。

淵德公廟　在邳州治西六里，祀漢下邳令韓稜。

附　元焦景秋《韓稜祠堂記》

淵德公者，下邳令潁川韓稜也。邳在漢爲邑，公蒞之，俗美而政異。邳人追思立廟，在岠山之陽，左環武水，右跨清流，誠勝概也。凡邳境值水旱災厲，咸往禱而輒應。唐貞元九年，大構祠宇。宋因之，封以淵德公，詔立碑紀其事。元改軍爲州，故平章政事徐忠肅公監此郡，爲重葺之。歲久，棟椽毁墜，不可庇風雨。忠肅次子監歸德府，過家上冢，展謁祠前，仰觀周覽，愴然興慨。以爲先公之所建，明神之所棲，奚忍如是？遂言於州之僚佐，咸願捐俸共成之。

① 此條與前留城張良廟重複。

嘗考諸史傳，公字伯師。令下邳時，他邑有冰雹之災，邳獨不雹。大臣上其事，徵爲尚書，肅宗賜以寶劍，自署其名曰「韓稜楚龍淵」，以公淵深有謀故爾。宋之封，亦取是與？後事和帝，位至司空。故老相傳云，公平生不飲，一日侍上而醉，帝問故，公對曰：「今日爲臣生辰，邳人其或奠獻，所以致此。」遣使驗之，果然。夫古今爲守令者，俾民在位而嚮其化，解綬而慕其德，尚未多見也。況生而懷其惠鮮之澤，死而驗其禍福之靈，鼓舞一方，奔走承奉，殆絶無而僅有矣。

公名芬漢史，神馨邳土①，使人不疾病，歲不凶歉，雨暘時若，冰雹不至。去世千有餘歲，遺愛赫如，廟而祀之，誰曰不宜？

祠成，公命予紀於碑陰。

項王廟　在宿遷縣三元宫内。

魯肅廟　在宿遷縣東一里。

忠義祠　在學宫内。

節孝祠　在學宫西。

① 「土」，《四庫》本作「士」。

二祠所屬州縣皆如制。

閔子祠　在蕭縣閔子村。

三賢祠　在蕭縣白茅山，祀閔子、子張、顏傘。

亞聖祠　在蕭縣，祀孟子。舊在縣西南三十里孟鎮，元大德元年建。其後黄流衝没，翰林博士孟承光重建於縣東隅。

東坡祠　在府城南臺頭山。

恭襄侯祠　在府城，祀明平江伯陳瑄。瑄，有功漕運。

忠孝祠　在沛縣，祀明靖難時死節知縣顏瓌父子，及主簿唐子清、尉黄謙。

大德祠　在沛縣河東岸，祀吏部尚書吴鵬。嘉靖三十二年，淮徐大飢，公以刑部侍郎承上命，發淮徐倉粟四萬石餘、鹽銀五萬兩來賑，復矯詔發倉賑貸，沛民賴以全活，因立祠祀之。

劉綱祠　在邳州南一百步。舊云綱下邳人，祠前有皂樹，乃昇仙之所。

商

相仲虺墓　在沛縣南四十里虺城内。

微子啓墓　在沛縣微山。

周

先賢顓孫師墓　在蕭縣南三十里，春、秋致祭。

先賢閔子墓　在蕭縣。

中詳墓　在蕭縣崛坊村。

楚大夫宋玉墓　在蕭縣西南三十里。

秦

陳王勝墓　在碭山縣。勝至下城父，其御莊賈殺勝降秦。葬碭山，漢高祖爲置守冢人。

楚將范增墓　在府城南里許，一名亞父冢。

漢

丞相王陵母墓　在府城西南二里。楚項羽取陵母置軍中，招陵，母伏劍死，因葬此。

留侯張良墓　在府北七十里留城之南。

舞陽侯樊噲墓　在府城北九十里。

中壘都尉劉向墓　在府城西北二里。墓側舊有祠，以文學名。

光禄大夫龔勝墓　在府城東南三里。

絳侯周勃墓　在豐縣東北十二里。

丞相周亞夫墓　在絳侯墓左二里，勃次子。

什方侯雍齒墓　在豐縣北九里。

華陀墓　在府城南山川壇側，有墓碣。

三國　吴

孱陵侯吕蒙墓　在蕭縣西南六十里。

魏

記室陳琳墓　在邳州。

晋

太保王祥墓　在睢寧縣南二里。按祥，琅琊臨沂人，葬地未有確據。此地有墓者，蓋因祥封睢寧公故也。

唐

英公李勣墓　在睢寧縣黄山社。按勣墓在陜西醴泉縣，詳《辨訛》。

五代　梁

廣王朱全昱墓　在碭山縣北一里，梁太祖兄。

宋

太尉黨進墓　在碭山縣南三十里。進，馬邑人，爲太祖時名將，有碑記。

參政李若谷墓　在豐縣北五十里。

元

中丞曹甫墓　在碭山縣北三里。

侍御史曹伯啓墓　在碭山縣北三里。

贈上谷郡伯成克敬墓　在碭山縣城東二①里。

翰林學士袁遵道墓　在豐縣華山西北，墓碑趙孟頫書。遵道子丞相焕墓，與父墓近。

侍郎曹中墓　在豐縣城西。

總管錢光弼墓　在府九里山，有碑。

徵士秦英墓　在豐縣城東南三里許。

明

都督山雲墓　在留城。雲鎮廣西卒，正統四年敕葬於此，有神道碑。

學士權謹墓　在府城北團山之陽。

知縣顏瓌墓　在沛縣城南二里，永樂時父子死節。

太倉州

社稷壇　在州治蔣黄浦之北。

風雲雷雨山川壇　在南門外西偏。

① 「二」，《四庫》本作「一」。

勅建先農壇　在州治東郊。壇旁有耤田，歲以仲春亥日，耕耤於此。

州厲壇　在州治北門外。縣曰邑厲。

里社、鄉厲一壇　在各鄉保。

關帝廟　在州治張涇倉基。雍正五年，奉旨追封三代公爵，春、秋仝日祭於後殿。

城隍廟　在州治東南隅。

勅建八蜡神廟　劉猛將軍廟　俱在州城。

以上壇廟，所屬縣皆如制。

旗纛廟　在州治陳門橋之西南。

織女廟　在州南七里黄姑塘。

世忠廟　在州治雙鳳鎮，祀吴越王錢鏐，一門五王。

樊將軍廟　在嘉定縣西南，祀漢樊噲。

陳侯廟　在嘉定縣治，祀漢陳平。

紀王廟　在嘉定縣吴淞江南，祀漢紀信。

曹王廟　在嘉定縣治，祀魏曹植。

秦公廟　在嘉定縣東南，祀唐秦叔寶。

杜拾遺廟　在嘉定縣十五都，祀唐杜甫。

忠義祠　在州學内。

節孝祠　在州學傍。

二祠所屬縣俱如制。

二卿祠　在州學内，祀明巡撫周文襄忱、崔莊敏恭。

平江伯祠　在州治天妃宫之左，祀明陳瑄。

文學正祠　在州學東，祀明學正文祖堯。

李學正祠　在州學東，祀國朝學正李煜。

王文肅祠　在鎮洋縣雷應鋪，祀明王錫爵。

忠孝祠　在嘉定縣治東，祀宋忠臣孫察、姚舜，元孝子龔明之、沈輔、沈珵，復增祀明忠臣高鰲、孝子歸可正。嘉靖間建。

三賢祠　在嘉定縣治西，祀明知縣陳克宅、萬思謙、張守直。

孝友先生祠　在崇明縣東沙，祀元秦玉。

愍忠祠　在崇明縣治東，祀明知縣唐一岑。

晋

瞿硎先生墓　在太倉州直塘市。其地有廣安寺，浚塘得古冢磚，刻「瞿硎先生字鵲子，廣州人，隱居不仕，葬於東陵武安寺重岡之原」。武安蓋廣安之舊額也。按史稱瞿硎先生隱居宣城文脊山中，其墓不當在此。

宋

宋家墳　在州茜涇南一里。相傳宋高宗渡海，而妃卒葬此。至今封（邱）〔丘〕高起。

寺丞郟亶墓　在州大北門内，今呼爲大夫墳。

朝散大夫郟升卿墓　在州樊涇北官道東。今爲民居，神道柱石猶存。

楊將軍墓　在州六窑塘之北。相傳宋理宗時，有楊將軍戰死於此，藁葬焉。後人見其墓有光怪，因立廟。

宣撫使朱存仁墓　在嘉定縣十一都髮字圩。

邑令高衍孫墓　在嘉定縣夜字圩，裔孫刑部郎中高聰祔。

朝散郎孫察墓　在嘉定縣集仙宫旁。按：察奉命使金，候二帝起居，死於北土，此墓疑藏衣冠之所。

郎中龔宗元墓　在嘉定縣南峰。

元

孝子秦玉墓　在州西吴塘之原。

將軍蘇良墓　在嘉定縣横涇東岸。

總管張武墓　在嘉定縣大場鎮東。

明

教諭殷奎墓　在州大北門外鹽鐵塘之原。

太常陸釴墓　在州城北鹽鐵塘東南。

侍郎王倬墓　在州東鄉麇場涇北。

尚書毛澄墓　在州城北鹽鐵塘東南。

都御史王忬墓　在州楊林塘，子尚書世貞、少卿世懋祔。

孔氏始遷祖墓　在鎮洋縣吴涇之原。

庶吉士張溥墓　在太倉州。

都御史徐瑄墓　在嘉定縣合浦門外。

處士章黼墓　在嘉定縣項涇東。

尚書龔弘墓　在嘉定縣北浦華塘之原。

都御史張任墓　在嘉定縣廣福鎮南。

孝子沈輔墓　在嘉定縣六和橋。

都御史孫元化墓　在嘉定縣趙涇之東羅涇。

通政侯峒曾墓　在嘉定縣。

錢氏義冢　在嘉定縣大場鎮，武肅王鏐所建，方廣數畝。

附　明沈鍊《培封古墓記》

嘉靖乙未，實爲滇南雯峊李公視篆之明年。政平治成，百廢具舉，慨然有思古之懷。遍詢諸父老，考求境内古墓，乃封之樹之，而祭享之。於是於宋墓而得其八焉，於元墓而得其一焉，於國朝墓而得其十焉。

若當塗令孫嶽、朝議大夫孫偁墓，則得之合浦門外護國寺後。偁爲載之父，邑志皆誤以爲載墓。載之孫泰州司法墓，則得之邑治集仙宫西。閤門寄班祇侯洪公墓，則得之朝京門西北守信鄉。濠州定遠尉承節郎趙應龍墓，則得之縣東北二十里蕭涇之原。録判龔天定墓，則得之縣西北吕墅涇陽。護國忠惠侯楊鎡墓，則得之縣西十里外岡鎮西南。朝奉大夫譚公墓，則得之晏海門外三十六里月浦塘之北。皆宋墓也。

文學瞿梅巖先生墓，今在朝宗門外百步。許蘇將軍墓，今在儒學左畔横瀝之東。是則元墓也。

袁司訓銘墓，於社稷壇右楊涇之原得之。黄太守采墓，於邑治西廣儲庫右得之。鐵太守鉉墓，則於斜涇之陰得之。陸司訓墓，則於綀祁塘北得之。顧同知海墓，則得於城隍廟後。彭參政沓墓，則得於邑治南張馬街之墟。蘇醫士墓、邵知縣墓，皆得於朝京門外劍字圩。儒士金聲墓，則得於邑治東清鏡塘之原。章居士墓，則得於走馬塘南孫濱之南。是皆國朝墓也。

嗚呼！上下四百年間，諸墓之在兹土者，湮没於荒沙蔓草，供牛羊之踐履，爲樵牧之躑躅者，何可勝恨？今得李侯爲之增修培築，表其姓名。是蓋令名考德，固群公之懋昭；而封墓澤骨，則李公之仁政也。曠百世而相感，實所以永其傳者與。

鄉民楊喦董治斯事，具述其詳於余，故爲之記。

都御史顧達墓　在崇明縣西闢沙。

御史施一德墓　在崇明縣平洋沙青龍港東。

國朝

侍郎王原祁墓　在鎮洋縣五都。

大學士王掞墓

海州

社稷壇　在州治北。

風雲雷雨山川壇　在州治北。

敕建先農壇　在州治東郊。壇旁有耤田，歲以仲春亥日，耕耤於此。

州厲壇　在州治北。在縣曰邑厲。

里社、鄉厲二壇　在各鄉保。

關帝廟　在州治東。國朝雍正五年，奉旨追封三代公爵，春、秋仝日祭於後殿。

城隍廟　在州治東。

敕建八蜡神廟　劉猛將軍廟　並在州城。

以上壇廟，所屬縣皆如制。

旌忠廟　在州治，祀宋死節州判侯富。

忠義祠　在儒學内。

節孝祠　在大街北。

二祠所屬縣皆如制。

五賢祠　在州治，祀漢于定國、疏廣、疏受、蕭望之、匡衡。

由吾大夫祠　在州治巨平山南，祀隋由吾道榮。道榮精心妙道，學窮秘籙，文帝徵拜諫議大夫，卒葬於沭陽。

忠武祠　在州治，祀宋耿世安。

六勇祠　在州治，祀明禦倭陣亡陳升等六人。

漢

丞相于定國墓　在州東海舊縣。

孝婦墓　在州東海新縣北二里。

太傅嚴彭祖墓　在州境。

梁

刺史馬仙埤墓　在州治西南八里。

宋

參政胡松年墓　在贛榆縣西南一里。

通　州

社稷壇　在州西門外。

風雲雷雨山川壇　在州城南門外教場西。

敕建先農壇　在州治東門外。旁有耤田，歲以仲春亥日，耕耤於此。

州厲壇　在州治東門。在縣曰邑厲。

里社、鄉厲二壇　在各鄉保。

關帝廟　在州治西。雍正五年，奉旨追封三代公爵，春、秋仝日祭於後殿。

城隍廟　在州治東南隅。

敕建八蜡神廟　劉猛將軍廟　並在州城。

以上壇廟，所屬縣皆如制。

旗纛廟　在州治守禦千户所後。

東平王廟　在泰興縣太平鄉，祀漢東平王蒼。

岳王廟　在泰興縣口岸西，祀宋岳飛。

忠義祠　在學宫。

節孝祠　在州南街倉巷。

二祠屬縣皆如制。

江海神祠　在州治狼山上。

胡文定祠　在州南門外，祀宋胡瑗。又一祠，在如皋縣西南。

范文正祠　在州治鹽場便倉西，祀宋范仲淹。

四①賢祠　在州城西，祀宋范仲淹、胡瑗、岳飛、文天祥。

文丞相祠　在州東門外十五里觀音山，祀文天祥，判官史立模建。又一在石港鎮。

三賢祠　在州治，祀州人張次山，流寓陳瓘、任伯雨。

劉公祠　在如皋縣察院東，祀明劉景韶。

① 「四」，《四庫》本作「亞」。

（邱）〔丘〕公祠　在如皋縣察院東，祀明參將（邱）〔丘〕陞。陞死倭難。

貞烈祠　在如皋縣，祀節婦盧氏、顧氏、章氏、許氏、胡氏、許氏、石氏、許氏，烈女季氏。

茅公祠　在泰興縣善樂坊，祀明靖難死事茅誦。

三國　吴

大司馬呂岱墓　在如皋縣東南。

唐

臨海丞駱賓王墓　在通州東門黄泥口。

宋

兵馬都監金應墓　在西門雪窖，丞相文天祥《記》。國朝順治十六年，知州彭士賢移葬狼山之南。

待制王覿墓　在如皋縣。

妃子墓　在泰興縣。宋南渡時，有宫嬪從行，死者葬此。

孝子顧昕墓　在泰興縣黄橋。

明

尚書李敬墓　在通州西門外。
御史戈斌墓　在州永興鄉。
太常姚繼巖墓　在州狼山鄉。
都御史淩相墓　在州西門外天港南。
尚書馬坤墓　在州鐵綫河。
侍郎崔相墓　在州海門鄉。
尚書李儼墓　在泰興縣姜溪河。
侍郎張翺墓　在泰興縣東城外。
侍郎陳堯墓　在州西門外。
府尹錢藻墓　在如臯縣。

江南通志卷四十一

輿地志

壇廟　五　祠墓附

安、徽、寧、池、太五府

安慶府

社稷壇　在正觀門外嶺上。

風雲雷雨山川壇　在府城東。

敕建先農壇　在府城外東五里。遵置祠宇、耤田，歲以仲春亥日，行耕耤禮。

郡厲壇　在府北郊。縣曰邑厲。

里社、鄉厲二壇　在各鄉保。

關帝廟　在府治北。國朝雍正五年，奉旨追封三代公爵，春、秋仝日祭於後殿。

城隍廟　在府城盛唐門内。

縣城隍廟　在山口鎮。

敕建八蜡神廟　劉猛將軍廟　並在樅陽門外里許。

以上壇廟，所屬縣俱如制。

旗纛廟　在各衛所。

龍王廟　在府治康濟門。

東嶽廟　在府治樅陽門外。

棠梨廟　在太湖縣西，祀唐張巡。

文孝廟　在太湖縣治東北，祀梁昭明太子。

北神廟　在太湖縣南六十里，祀楚三閭大夫。

狄梁公廟　在太湖縣北三十里。又廟北二里有墓，狄公曾貶彭澤令，邑人爲置生祠。此地與彭澤近，固應有廟、墓。

五穀廟　在宿松縣西北三十里。

河西廟　在宿松縣治東，祀漢縣令張何丹。

天妃廟　在宿松縣小孤山。有二：一在岸，一在山。宋封助順安濟廣濟惠濟夫人，元加封顯靈，明加封天妃聖母碧霞元君，有司春、秋致祭。

景祐廟　在宿松縣東南三十八里竹墩，祀唐張巡。

忠潔王廟　在望江縣雷港鎮，祀楚屈原。

麴大夫廟　在望江縣北，祀唐縣令麴信陵。

忠義祠　在府學内。

節孝祠　在府治西門外。

二祠各縣俱如制。

學優祠　在府治内，祀宋儒游定夫、黃直卿。

韓忠臣祠　在府城内，祀元韓建。

附　明徐傑《舉祀奏議》

竊見元封豳國公、謚忠宣余闕之墓，坐落本郡城西郡治東，祠爲有司朔望謁拜、歲時致祭之所，而守臣韓建不與焉。

臣考闕所著《青陽文集》，内載《大節記》，有云宗正郎中韓建云云，所以揚建之懿美於無窮也。復考《元史》，并闕死節本末，一則曰守臣韓建一家被害，建方卧疾，駡賊不屈①，執之以去，不知所終。一則曰總管韓建舉家被殺，建病不能興，賊執之，建駡賊不輟，求死甚急，賊不殺，以户扇舁去，不知所終。

臣竊以爲韓建之在當時，力攻固守，其大節如彼。被執之際，病不可爲，猶且駡賊求死，其不屈如此。賊舁去，雖曰不知所終，必不肯屈節偷生以苟免也。

且建守於前，闕繼於後，實爲一體。闕已蒙表揚，得以賜祭。而守臣韓建，完城戰守、精忠大節，似與闕亦相頡頏。今乃落落無聞，誠爲缺典。伏望擴天地之量，廣一視之仁，乞敕禮部，許於本祠内添設建木主一位，庶歲時有事於闕，而建得與一爵之榮。使盡節於前代者，不泯其善，陰受夫國家之恩；守土於將來者，有所激勸，思奮其報功之義矣。

下禮部議：韓建禦寇之功，死國之義，與知府傑所言同。韓建宜侍於余闕，一體致祭，庶忠臣之懿美，垂於不朽；聖明之恩典，延於無窮矣。

制曰：「可。」

二忠祠　在府治北郭，祀宋通判孫知微、夏椅。歷久祠圮，今併入府學四忠祠並祀。

---

①「屈」，《四庫》本作「已」。

余忠宣祠　在府學東，祀元忠臣余闕，以韓建、李宗可配。推官黄突倫歹①以下二十有三人，皆從闕死節，祔祀之。

又正觀門外有祠，專祀余闕。闕與烈夫人墓即在後。

國朝靳輔《重修祠記》

從來忠義之氣，上貫日星，下鍾河嶽，非細故也。是以聿追大節者，必崇廟貌而禋祀之，豈僅曰報此孤臣哉？蓋秉彝之良，人所固有。苟以對越往哲，而於瞻拜肅將之下，輒多鼓動拔起，則禋祀之爾皇，正所以維人心，培風教也。

皖固古舒州地，自漢以來，名賢之涖節兹土者，未易更僕數。逮有元忠宣余公，以敦詩説禮之儒，膺鎖鑰折衝之寄。且當劇寇蜂起，勢若鼎沸，公乃嬰孤城，僅聯民兵數千，大小三百餘戰，每出其神智，以摧敵鋒，敵無不愕眙敗遁者。嗚呼，偉哉！

且儋儲枵然，庚癸罔諾，公又率凋疲之衆，耔獲荆棘中，即脱粟饗士，士無不敵愾、一當百者，尤戛戛稱難焉。及歷六閲載，江淮鱗雉皆解甲應賊，於是蟻附日益夥。城中餉盡，矢竭而

① 「黄突倫歹」，《元史》卷一四三作「黄秃倫歹」。

陷。公慷慨罵賊自刎，賊義而瘞之。嗚呼，烈矣哉！説者以公之奇略純忠，雖史乘不概見，謂惟睢陽張中丞可與頡頏者，旨哉言乎！

及公既自靖，而夫人蔣氏，復率其子女視死如歸。且一時麾下士，憤激自殺者，亦千餘人。則又踪追岳鄂，而氣軼田横矣。嗚呼，異哉！

予撫皖六載，每公餘按行公壁壘遺址，慨然想見其爲人，輒低徊留之不忍去。於是考公廟祀之典，實載於《皖志》。遡自元至正，以迄於今，歷三百餘年勿替。皖人士多悲歌感慨者，皆公遺澤也。

乃閲歷既久，虎觀榱桷，不無風雨飄揺者。予念公忠義之氣，既與日星河嶽同其莫麗，豈必以廟貌之輪奂，而後妥厥靈爽哉？惟是人心之觀感，實關俗尚之污隆。夫以公廟貌嵯峨，使肅將瞻拜者，咸激昂而知所勸，其有裨於風聲不大且遠耶？於是檄皖郡劉守，鳩工倡新之。而好義桴應，遂告竣於丁巳之季春。劉守拂貞珉，請予爲之記，因灑筆而書之有如此。

烈夫人祠　在府治青陽書院東，祀余闕妻及子德臣、女福童。

四忠祠　在府學東。因二忠祠圮，知府張楷即啓聖祠舊址立祠，祀宋通判孫知微、夏椅，明總兵程龍，參將潘可大，名四忠。又以宋統制范勝等，元都統制陳宗義等，明潛山知縣李印嘉等、參將王培基、遊擊張其威三十四人，皆捍禦城守、殉節於皖，因附祀焉。

烈女祠　在府治正觀門外。
朱司農祠　在桐城縣西，祀漢朱邑。
吴烈侯祠　在桐城縣西，祀唐張孚卿。
徐常侍祠　在桐城縣連城山，祀南唐徐鉉。嘗以直言貶舒州三年，後人立祠。
竇將軍祠　在桐城縣舊書院内，祀皖撫義卒竇成。

國朝姚文然記

皖撫標營竇公諱成，蜀人也，以勇烈聞。身長七尺，虬鬚若神。在將軍廖應登麾下，以死存桐邑，邑人德之，歲時伏臘，俎豆不絶。村氓小子，平生不識公作何名何狀，過必拜曰：「我竇公也！」及見公，或稱之以其髯，曰竇某將軍云。

初，逆賊張獻忠之掠江北也，應登承命皖撫，以兵三千防桐。一日，公從應登，將百餘人之廬州。道經舒城，方解鞍憩息，而賊游騎卒至，乘其無備，劫之去。賊挾應登抵桐，俾招降桐人。是時，皖之諸縣大率皆破，所存者唯懷寧及桐城而已。而皖撫玩寇，援師不出，城中無蓄積，軍民饑死者相枕。賊騎益增，四合如山，人無固志。賊謂應登曰：「汝卒中有爲我招降守兵者乎？」以公對。公謬許諾，一無難色，陽陽如平常。賊以公先，四賊左右夾之，曲刃鉤之，直兵推之。公俛首徐行，至城下，忽仰而大呼曰：「我竇成也，賊迫我招降汝，汝輩但努力固守，慎勿降！賊連日穴城，城山根活石，不可穴也。且火藥已盡。」言未卒，賊大怒，以刃碎其首，支解之。至死罵不絶口。

桐之守吏將聞之，曰：「竇成，小卒也，猶不爲不義屈，況在位食禄者乎？」乃並力禦守。時城守有林構者，縋城下，晝夜兼行數百里，乞師於鳳陽總鎮黄公得功，擲身於地，哭不絶聲。黄公義之，星馳赴援。賊敗走，大軍追之，獻忠馬蹶，幾獲焉。城所以全者，本公一死之力也。

賊既退，臬使張公亮至桐，泣祭建祠，立主於桐之西書院，曰竇公祠。癸巳歲秋，文學江君之漢爲之塑像、勒石焉。

甲午春，予至祠拜其像，其長老爲言之若此。嗚呼！公小卒也，而桐人皆公之，豈非孔融所謂「公者仁德之正①號，不必三事大夫」哉？然則聞公風，雖遠邈足以自振，況拜其像、觀其容貌者乎？乃爲之記。

黄公祠　在桐城縣西門内，祀明黄得功。明季援桐剿賊，桐人德之。

史公祠　在桐城縣治西，祀明史可法。

① 「正」，《四庫》本作「徽」。

張方伯祠　在桐城縣南門内，祀明張秉文。

方明善祠　在桐城縣東，祀明方學漸。

左公祠　在桐城縣東，祀明左光斗。

方斷事祠　在桐城縣東門内，祀明靖難死事方法。

皖山祠　在潛山縣北門内皖公山。神，周大夫皖伯之神也，漢立天柱山南。隋大業八年，懷寧令辛公義移皖水之陰吴陂堰側，里人號爲吴陂神。

周瑜祠　在潛山縣西北二十里。

吴陂祠　魏劉馥開吴陂溉田，吴吕蒙鑿不通水注稻田三百餘頃，功利及人。先未立廟，里人以潛山廟在吴陂之側，因指名以祀焉。唐開成五年，刺史鄭穀又於廟側别建祠。

忠節祠　在潛山縣治東門内，祀漢邴原。

大節祠　在太湖縣北門，祀元守臣韓建。

白雲祠　在宿松縣南涇江口，祀唐狄仁傑。

惠民祠　在宿松縣治北，祀明都御史彭韶、朱瑄。成化間，知縣孫衍白於巡撫彭韶，奏免糧三千餘石。弘治辛酉，知縣施溥請於巡撫朱瑄，免漁課餘積。民懷朱、彭之德，立巡撫惠民祠，以知縣孫衍、施溥祔焉。後又益以邑令邢旭、謝鑌。明季兵燬。國朝康熙己酉，知縣朱經高捐捧①重修，以明令熊廷棟入祠。二十二年，知縣朱卷又以總督于成龍並祀焉。

三孝祠　在望江縣東門，祀王祥、孟宗、徐仲源。

忠烈祠　在望江縣治，祀唐張巡、許遠、雷萬春。

忠節祠　在望江縣治西街，祀明王之慶。

上古

赫胥氏陵　在潛山縣天柱山朝陽峰左。

漢

大司農朱邑墓　在桐城縣西南二十里石井鋪。邑少爲桐鄉嗇夫，廉平有恩，後登列卿。病且死，屬其子曰：「我故爲桐鄉吏，其民愛我，必葬我桐鄉。後世子孫奉嘗我，不如桐鄉民。」子因葬於桐鄉西郊外，民果共爲起冢立祠，歲時祭祀不絕。

① 「捧」，疑爲「俸」之誤。

邑令張雲墓　在桐城縣北五里。雲祈雨龍眠山下，雨大作，没於水。其妻聞之，投崖死，溯流與雲合，遂葬於此。

太尉喬(元)〔玄〕墓　相傳在潛山彰法山廣教寺後。(元)〔玄〕梁國睢陽人。《後漢書》注：建安七年，曹公軍譙，遂至浚儀，遣使以太牢祀(元)〔玄〕，其祭文云「奉命東征，屯次鄉里，北望貴土，乃心陵墓」是也。

邑令張何丹墓　在宿松縣南西山下。

三國　吴

偏將軍周瑜墓　在宿松縣圭山。瑜卒於柴桑，移葬於此。

南北朝　齊

何昌寓墓　在潛山縣報恩寺後。

何思墓　在潛山縣王家坦。

唐

駙馬柴紹墓　相傳在潛山縣太平山。

畢諴墓　在灊山縣。

梁公狄仁傑墓　在太湖縣九村坂。

邑令麴信陵墓　在望江縣北隅之崇岡，有貞元題碑。

孝子徐仲源墓　在望江縣北十里。國朝康熙庚子，知府張楷爲立碑表其墓。

五代

西平王周本墓　在宿松縣西三十里。

宋

知舒州黄庭堅墓　在懷寧縣。

王祐墓　光禄王罕墓　並在灊山縣王家坦。

黄貞女墓　在灊山縣東門千金巷内。千金，其小字也。

處士向榮墓　在太湖縣龍山下。明萬（歷）〔曆〕中，山水衝決，得榮墓誌，知爲皖人。少通經史，結茅隱居，年九十卒。

進士潘琛墓　在宿松縣福昌嶺後。

石興宗墓　在宿松縣九衝塍。興宗嘗捨宅爲宫，以祀張巡。宗卒，即葬此。

學士吳栗墓　在望江縣西北五里。栗星變陳言，屢徵不仕。墓碑存，明正德間知縣周鏞、教諭馮善爲表之。

周必尹墓　在望江縣北四十里永恩寺前。

提舉龍仁夫墓　在望江縣北三十里懸頂山，有碑存。

元

右丞余闕墓　在府西門外二里。闕死難，賊義之，求屍葬此。國朝康熙己亥，知府張楷爲之甃石建礦，視舊加廣焉。雍正六年，安徽按察使劉柟復爲修建墓門、石垣。

附　國朝劉柟修墓門垣石紀事

高陽後學劉柟，以雍正六年戊申秋九月，恭膺簡命，視臬上江。其明年春，侍大中丞魏公勸農西郊，駐節覽古，共展謁忠宣公祠墓，喪哀故墟，荒落增慨。伏念忠烈如公，遺跡不振，甚非盛朝崇節褒賢、磨世礪俗之至意。爰承中丞公命，卜吉鳩工，麤具墓門，一石闌左右翼之，墓垣圍共一十有三丈，計費工銀五十三兩有奇。閱十有二日而竣，資皆公蠲，罔役民力。

祠墓既肅，瞻仰彌欽，廼敢親詣墓下，並率董役人員本司照磨、直隸通州劉成璠，簡發試用官、山東膠州高鳳翰，汶上縣趙本，虔祭告成，刊石紀事，永昭後來。

郡守韓建墓　在府康濟門外江濱。

李宗可墓　在余墓之左。

馬倅墓　在余墓之右。

皆與闕同死者。康熙庚子，郡守張楷並甃以石。

都統制陳宗義墓　在潛山縣九都坂，有碑記。

處士王幼學墓　在望江縣北二十里雄魚山。

方開宗墓　在望江縣北六十里赤城坂，歐陽(元)〔玄〕表其墓。

明

布政劉尚志墓　在府小龍山。

布政吴嶽秀墓　在府古角城。

汪道亨墓　在府治西門外。

義士汪鑾墓　在府北郭外。宸濠攻城，被執，不屈遇害。

中書顔素墓　在懷寧縣石牛山。

御史趙景初墓　在桐城縣北峽關。
舉人方法墓　在桐城縣北東龍眠。
方學漸墓　在桐城縣松門嶺。
少卿方大鎮墓　在桐城縣白鹿莊。
贈少保錢如京墓　在桐城縣城内。
孝子檀郁墓　在桐城縣投子山西。
尚書吴用先墓　在桐城縣會公山。
贈少保左光斗墓　在桐城縣北三十里。
巡撫方孔照墓　在桐城縣東合明寺下，妻吴氏祔。
孝子夏子孝墓　在桐城縣土地嶺，有碑。
布政張秉文墓　在桐城縣西薛家鋪，妻烈婦方氏祔。
知縣夏統春墓　在桐城縣北東龍眠。
尚寶丞金燕墓　在潛山縣北。
縣令趙宗普墓　在宿松縣。
將軍石良墓　在宿松縣豆溪興宗之後。
義勇墓　有二，俱在宿松縣：一東郭外，一西郭外半里，皆明季守城戰没者。

學博饒政墓　在望江縣北七里岡。

羅貞女墓　在望江縣井(邱)〔丘〕林。

知縣王之慶墓　在望江縣北。之慶爲尤溪令，李自成陷京師，投水死，以骸骨歸葬。國朝康熙丙寅，移於太湖縣之摇風嘴。

國朝

進士劉若宜墓　在府治北馬鞍山。

贈主簿趙焕文墓　在懷寧縣。

贈大學士張秉彝墓　在桐城縣北三十里倉基墩，奉旨諭葬。

尚書張秉貞墓　在桐城縣嵩山，奉旨諭葬。

尚書姚文然墓　在桐城縣西三里岡。

大學士張英墓　在桐城縣北西龍眠雙溪。康熙四十九年，奉旨諭葬。

少詹張廷瓚墓　在桐城縣北北峽關。

贊善姚士藟墓　在桐城縣東南會公山。

姚孫棐墓　在桐城縣東南九十里。

徽州府

社稷壇　在府城鎮安門外。

風雲雷雨山川壇　在府南門外。

敕建先農壇　在府城東門外，雍正四年遵建。

郡厲壇　在府城北郊。在縣曰邑厲。

里社、鄉厲一壇　在各鄉保。

關帝廟　在府治烏聊山。國朝雍正五年，奉旨追封三代公爵，春、秋仝日祭於後殿。

城隍廟　在府城南門内。

敕建八蜡神廟　劉猛將軍廟　並在府治東。

以上壇廟，所屬縣俱如制。

旗纛廟　在各衛所。

藺將軍廟　在府城潮水門外，祀隋將軍藺亮。亮鎮新安，有靖難功，故歙縣亦有祠祀之。

忠烈廟　在府治烏聊山，祀唐越國公汪華。又以漢將軍毛甘、唐神策將軍汪節附祀焉。

忠靖王廟　在歙縣北十里洪相山。王張姓，名卞，家於滑之白馬。唐天寶時，與張、許同死睢陽，史失其名。宋政和、乾道間，加封王爵。潭州廟有宋曾致堯撰碑。

禹王廟　在歙縣龍井山。

世忠廟　在歙縣西南黄墩，祀陳將軍程忠壯靈洗，公之故宅在焉。宋寶慶中，追封廣烈侯，賜廟額曰「世忠」。績溪亦有祠。

英烈廟　在歙縣乳溪，祀宋義男錢卲、錢𡙡。紹定三年，新安士民以其捍寇有功，陳乞褒表立祠，賜額曰「英烈」。

孫王廟　在休寧縣西，祀吴主孫權。

忠烈廟　在休寧縣治東山，祀越國公汪華，宋紹興中邑令吴敦仁建。

岳王廟　在祁門縣西，祀宋岳飛。紹興元年，飛提兵討楊么經此，後人因立廟祀之。

徽溪廟　在績溪縣西北，祀唐汪華第八子俊。

乳溪廟　在績溪縣北，祀汪華第九子獻。

張許廟　在績溪縣九里坑，祀張巡、許遠。

婺女廟　在婺源縣西北。以縣爲海寧縣地，嘗隸婺州，取上應婺女之義，故立廟焉。

朱文公闕里廟　在婺源縣南。每歲二、八月仲丁致祭。聖祖仁皇帝欽賜御書「學達性天」四字額。雍正二年，燬於火。十三年，上下兩江官紳商士等捐貲重建。

總督趙弘恩碑記

婺源之有朱子，猶鄒之有孟子、曲阜之有孔子也。自古至聖大賢，其風教所被，瞻嚮之誠，即窮海內外，日月霜露之所及，無有遐邇，如奉函丈，而尤必重其里居鄉邑。故孟子叙道統，而亦以近聖人之居爲幸。豈非以天地靈異所鍾，而神明所憑哉？

今天下於朱子仕宦、流寓、講學之地，無不崇廟貌，祀春秋。則婺源之廟，宜尤巍焕，異於他所。自雍正二年燬於火，於是兩江督撫大臣，胥用悚懼。而余以十一年冬，奉命來莅兹任，累檄所司，鳩工庀材，毋怠毋率。而布政使司李蘭、鹽運司尹會一，殫力經畫，斥羨帑，倡捐輸，委吏董役，虔肅將事。自雍正十一年工興，迄今歲三月告竣，請予爲文以紀①之。

世嘗謂三代而上，道統與治統合。自孔、孟後，道統寄於師儒，遂與治統分。余謂不然。道統之寄，不遇聖帝明王，亦無以别正宗而昭一是，是豈不繫乎其治哉？有宋周、程、張、朱五夫子，續千聖之道統於既墜，一洗漢唐以來淺儒俗學，其爲聖門功臣，當無所軒輊。其以公爲集諸儒之大成，雖昔賢有言之者，而歷朝典禮班於諸儒，於公未有所隆異。

我聖祖仁皇帝以天縱之姿，契執中之傳，編纂《全書》，冠以御製序文，特命從祀，進公位次

① 「紀」，《四庫》本作「祀」。

於十哲之後，以示褒崇。於是天下士大夫求聖賢之道者，知必由公之教，始無歧誤，如入室之户、涉川之舟楫也。蓋自公之生，迄今五百餘年，而其道始大著，是豈不繫乎其治哉？

余博觀諸儒之書，求聖人之道二十餘年，略有窺測。歎宋儒皆學孔子之學，而能具體孔子者，斷推公一人。蓋公之窮理致知，一孔子之博文也。主敬存誠，一孔子之約禮也。反躬實踐，一孔子之下學也。一生所註釋、考訂之書幾萬卷，而未嘗自爲一書，一孔子之述而不作也。微公則周、張、二程之學不著，即孔子之道，亦從而晦。噫嘻，盛矣！

宋熙寧、元豐間，聖學久蕪，學者溺於文詞，錮於功利。重以王氏之學，誣經叛道，簧惑其間。聞周、張、程子之説，信者十一，而詬毁詆諆者蜂起。迨南渡後，風流彌遠，非公爲之揚其風，而暢其義，後之人誰復知周、張、二程之書，而又何由知孔子之道哉？

夫孔子之道，不外六經、《四書》，此生人之命脉，國之治亂、人心之存亡係焉。不得其言，不明其道。自公研窮闡發，而後由孔子而上遡於堯、舜、禹、湯、文、武、周公；由孔子而下及於顔、曾、思、孟，靡不揭其心源，以詔示萬世，炳炳乎如日月之經天，江河之緯地。蓋其精神氣力，實足以肩荷古今宇宙之大業，而視若欿然。故河汾薛氏謂朱子之功不在孟子下也。堯舜之道，得孔子而益彰。周、張、二程之道，詎非得公而益彰也耶？

余以譾薄，遭逢聖主，累膺重任，恒隕越是懼。猶以讀公之書、竊公一二緒言，勉勉於立誠主敬，爲當官治躬之則，以冀倖寡過。使公生於今日，必得大用，以上佐聖天子唐虞之治。顧不幸而際宋季，與時齟齬，不得一行其志以老。每讀《宋史》，爲之慨然太息。然孔、孟之生，皆未得一遇，於公又何歎焉？而從此億千萬年，孔子之道悠久不息，公之教亦歷久而彌芳。公之教列於千秋，孔子之道愈光昌於萬古。余兹以公與孔、孟並舉，豈諛也哉！因志重修歲月，而敬述其私淑之誠，俾勒之石。

忠義祠　節孝祠　俱在學宫旁。二祠所屬縣皆如制。

尚賢祠　在府城南門外，祀晉程元譚，梁任昉，明陳彦回、孫遇、張正、彭澤、何歆、張芹、劉志淑、王繼禮，後增徐摛、陶承學、陳所學、洪有助。

吕司馬祠　在府城太平興國寺，祀唐司馬吕渭。

顯忠祠　在府城南街，祀明靖難知府陳彦回、參政鄭桓、長史程通。

節烈祠　舊在府城水洞口，祀歷代節烈。後圮，今改建於機巷口。

汪忠愍祠　在歙縣城東，祀明副使汪一中，嘉靖辛酉敕建。

朱韋齋祠　在歙縣紫陽山，祀朱松。

三夫子祠　在歙縣竭田，祀宋程顥、程頤、朱子。

先賢祠　在歙縣，祀宋周敦頤、程顥、程頤、張載、朱子。

朱文公祠　在歙縣紫陽山，祀宋朱子。

六逸祠　在歙縣巖鎮嶽廟中，祀宋潘洋發、方鶚，明唐子彰、宗修、趙汝弼、王瑗。

陸忠節祠　在歙縣漁梁，祀宋朝請大夫陸夢發。

孝子祠　在歙縣，祀歷代孝子。

孝女祠　在歙縣劉村，祀章氏二女。

陳定宇祠　在休寧縣陳村，祀元儒陳櫟。國朝有汪灝《記》：

蒼蒼者雲山耶？泱泱者江水耶？匹夫而峻節可師，猶足以壽山川而享百世祀，況毅然闡程、朱之秘，俾聖人之道，皎皎於日星河嶽，而功在萬世者哉？

定宇先生生吾邑之藤溪，後朱子文公五十有三載。當是時，學士分門立户，各逞奇附會，群起著述，朱子之説，日以失真。而先生獨慨然發憤，著《四書發明》、《書傳纂疏》、《禮記集義》諸書，餘數十萬言。句精字練，務求合於中正，以不失乎朱子之遺旨。而後朱子之書若月之翳於雲而復澈，若泉之溷於沙泥而復澄，若爐冶之鍛煉夫兼金而光芒更爍。此揭文安公所爲有豪傑士之目，而篁墩程學士且指爲文公世適也，豈虚譽哉？

先生故宅在藤溪山水間，爲里人所據。景泰中，族孫彦威率先生之五世孫曰洪，白諸當事，請釐正之，以爲祠祀先生。正德甲戌燬於盜，縣大夫王君復與其族興復之。然而積歲既久，滄桑變移，先賢讀書、講學之遺踪，又蕩爲(邱)〔丘〕墟，而不堪憑弔矣。

家京兆涵齋先生，以理學世其家。當其由詞林爲諫官也，首疏請復先賢祠宇，而先生之祠預焉。蒙俞旨，命所在地方官修葺。而先生後裔不欲重煩縣官帑，相與僇力鳩工，未期年而祠復成。

嗚呼！世之富貴薰灼，勳名赫奕，力足以使斯人爲之祠，以張其崇盛者，非不丹碧巍奐，礙日凌雲，乃未轉盼而荒烟蔓草，忽爲狐兔悲①嘯之宅。物换星移，渺無復有過而問焉者。先生以一布衣，未有所設施於時，而後之人謀所以尸祝之者，屢廢而屢興，遥遥數百年，迄於今弗替，何哉？楊、墨、佛、老之餘②，非我朱子，接踵周、程，以力爲表暴，則孔孟之道不明。而生朱子之後，非得先生羽翼其傳義，於雜學異説紛紜之日，則朱子之道亦不彰。固宜其生則榮，而没則思以與文公並不朽於天壤也，而又何疑於一祠！

余小子，麤解章句，即傾佩先生箋釋。既幸先生之近出吾鄉，兼喜其祠之復建，以有光於枌榆也，因泛舟藤溪，拜先生於新祠，而爲之記。

汪先生祠　在休寧縣錦堂山，祀汪慶。慶受學胡瑗，歸隱於此，凌待制唐佐、金尚書安節，皆其

① 「悲」，《四庫》本作「嗚」。
② 「餘」，《四庫》本作「僞」。

高弟。太守洪适立祠祀之。

程宗伯祠　在休寧縣車田，祀明尚書程敏政。

汪文毅祠　在休寧縣中街，祀明檢討汪偉暨其妻耿氏。

程襄毅祠　在休寧縣南山庵左，祀明尚書程信成。

經鋤祠　在婺源縣大田，祀漢儒倪寬等。

明經祠　在婺源縣考川，祀唐胡昌翼。

三賢祠　在婺源縣後，祀宋周敦頤、程顥、程頤。

附　明程敏政《重修二程夫子祠記》

走少於程氏譜中，得雲峰胡氏所爲《兩夫子祠記》讀之，讀既慨然有起法之志，而力未能也。成化壬寅春，既除先襄毅公之服，因發書以告巡按侍御上饒婁公，婁復書許之。然切懼空言，無補事實，乃考訂兩夫子家世、南北遷徙之詳，以授教諭莆田楊公元，俾與諸生吴超、孫兆輝等上之縣。安成歐陽君方受上命來爲令，諸務未遑，獨以爲興道善俗之首事，既上之府。府上之行臺，行臺遂以公移下郡縣修復之。

歐陽君之得請也，與走躬相地，於大成殿東得鄉賢祠遺址，稍斥之。廣五丈有奇，長如廣之數而倍其半。庀材召工，擇縣之殷實者四人，暨耆老蘇文玘、夏文雅，日監臨之。諸人者能嚮風承德，節縮浮費，畢力於公家。中爲兩夫子專祠四楹。又别爲遺愛堂，列祀宋丞相吕公大防。下又别爲鄉賢堂，列祀唐御史中丞程公澐而下，榜其門曰企德。像主之制，龕座之節，既堅既好，靡一不具。肇工六月十七日，訖工於冬十二月二十四日。歐陽君率僚屬暨師生，行釋菜禮告成。衣冠父老，遠近畢集，以爲希闊盛事，復見於今，咸舉手相慶。

走惟兩夫子倡明斯道於河洛之間，從遊之士，比隆①鄒魯然。獨龜山楊氏，以江南諸生，號稱高弟。兩夫子嘗送之歸，而有道南之歎。蓋龜山三傳，得文公朱子於吾郡之婺源，則兩夫子道學淵源之盛，在新安久矣。

據程氏譜，兩夫子之先，本梁將軍忠壯靈洗之裔，見於歐陽文忠公碑。至宋南渡，而伊川先生子孫悉居池州。一遷休寧陪郭之程互，嘗繼絶。馬光祖守建康，立明道書院，又擇於池州房，使奉明道之祀。當時録蔭之制牒，繼絶之公移，文公草廬，諸賢之書札、題識具存。則兩夫子流裔承傳之真，在新安亦久矣。

夫爲士者，誦遺書而不知其師，爲後者，奉墜緒而不知其師，是雖典籍滅裂於回禄之餘，人物銷鑠於兵革之後，而亦不考之故也。今廟貌有嚴，俎豆載興，仰焉臨之以宣聖之尊，俯焉重之以諸賢之侑，凡生於斯、學於斯、宦於斯者，可不以兩夫子之道敬自勉乎？敬勉之而有得焉，則

① 「隆」，《四庫》本作「於」。

庶幾新安之名，重有聞於天下，而此祠爲不徒立也已！

雖然，是舉也，非婁公心主於上，非歐陽君力任於下，則亦有不能相須而成者。是不可不記之，以告後來。婁公名謙，與走同舉丙戌進士，最有志於正學。奉上敕董學政於江南，所至以表章先哲爲心，足占①其所養。歐陽君名旦，辛丑進士，以《春秋》魁鄉試及禮闈，蓋通經學古之士，故爲政知所先務如此。

雙湖祠　在婺源縣東門，祀宋儒胡一桂。

忠勇祠　在婺源縣十都廬源，祀宋臣詹巨源、光國、芝瑞、彦達。後以光國祖必勝、子世勛俱歿於王事，并祔之。

雲峰祠　在婺源縣考川，祀元儒胡炳文。

雙烈祠　在婺源縣古坑，祀明指揮王、千户何二人。俱死流賊之難，失其名。

梅列侯祠　在祁門縣悟法寺左，祀漢梅鋗。

① 「占」，《四庫》本作「覘」。

附　汪克寬記

豪傑之士，生於其鄉，歷千百世，而鄉之人思之不忘，像而祀之，是必有其故矣。叔孫穆子有言曰：太上有立德，其次有立功，其次有立言。魯、鄒之祠孔、孟，以其德也。錢塘之祠錢鏐，以其功也。濟南之祠伏生，以其言也。

梅侯名鋗，世居新安之祁門。漢初，鄱君吴芮以侯爲將軍，俾率百粤之兵，從高祖伐秦，入函谷關。暨天下既定，以功封爲列侯，食邑十萬户。侯故城在邑西十里，所居在邑城之東，今爲洞元觀。墓在城南二里，今爲大悟法萬安寺。舊有梅祠，在寺之左。至正壬辰夏，燬於兵。明年，大梁趙君某來宰是邑，亟命重建，民驩趨之。爲屋四楹，貌侯其中。丹青黝堊，照耀炳焕，邑氓瞻仰，乃礱石而徵予記其概。

余謂吾郡有古(邱)〔丘〕墓三：唐初汪忠烈墓，在歙北之雲嵐山，距今七百餘年。陳初程忠壯墓，在歙西之黄墩，距今七百年。俱立廟墓道，尸而祝之。唯侯之墓，自漢迄今，千五百餘年，而鄉之人思之久而逾篤。稽諸漢史，吴芮始爲鄱陽，甚得江湖間民心。侯爲鄱君所信任，其得民心，諒矣。然則民之思之，不惟其功，而亦以其德乎？其繼自今治於是邑者，亦如侯之得民心，則安知他日，不以思侯者而祠之哉？

張王祠　在祁山之陽，祀唐東平王張巡。

吴長史祠　在祁門縣西，祀唐縣令吴仁歡，報始建邑也。

三賢祠　在祁門縣，祀唐吴仁歡、路旻、陳甘節。

胡公祠　在黟縣東南五里，祀梁太常卿胡明星。

薛公祠　在黟縣衙東，祀唐縣令薛稷。

褒忠祠　在黟縣，祀宋盧臣忠。

雙烈祠　在績溪縣大石門，祀唐南霽雲、雷萬春。

蘇文定祠　在績溪縣新西街，祀宋蘇轍。

仰山祠　在績溪縣東，祀宋待制胡舜陟。

表忠祠　在績溪縣南，祀明遼府左長史程通，萬（歷）〔曆〕間敕建。

漢

長沙王吴芮墓　在婺源縣游汀鄉鷄籠石。

列侯梅鋗墓　在祁門縣南二里悟法寺後。

晋

太守程元譚墓　在府城西泠水鋪。

太守黄積墓　在府西黄墩。積字元集，江夏人，卒於官，葬此，子孫因家焉。新安之黄自此始。

太守鮑弘墓　在歙縣富溪。

南北朝　宋

司馬汪叔舉墓　在績溪縣登源。

梁

太守徐摛墓　在歙縣昉溪。

陳

重安縣公程靈洗墓　在歙縣黄牢山。

隋

贊治詹黄隱墓　在婺源縣廬源。

唐

越國公汪華墓　在歙縣雲嵐山。唐末黄巢寇新安，欲發之，見蛇虺突出，乃止。歷宋、元、明以來，歲時祭祀不絶。

孝子黄芮墓　在歙縣向杲。

秘閣王希羽墓　在歙縣澤富汪村園。

御史吴少微墓　在休寧縣石舌山。

領軍程南節墓　在休寧縣東南壩裏。

觀察使范傳正墓　在休寧縣十八都下庄。

團練使汪濆墓　在婺源縣三十一都大田寺。

邑令吴仁歡墓　在祁門縣西二十里烏門。宋時有發其冢者，見二金鰍湧出，乃止，因名金鰍溝。

五代

刺史陶雅墓　在歙縣明德鄉。

南唐

團練使朱廷傑墓　在休寧縣蜈蚣嶺，即侍郎朱晞顔始祖。
尚書查文徽墓　在休寧縣五都黄江。
制置劉津墓　在婺源縣治後山。
長史吴仁徽墓　在婺源縣西烏門。
金吾將軍謝詮墓　在祁門縣南三十五里潘家村。

宋

丞相程元鳳墓　在歙縣古城關。
侍郎程元岳墓　在歙縣烔村。
諫議謝泌墓　在問政山。
少卿汪叔詹墓　在問政山。

直閣汪若海墓　在歙縣西漁梁山。

知鄂州羅願墓　在歙縣西峰寺左。

待制俞獻可墓　在歙縣海渡灘。

御史余林墓　在休寧縣五都貴源。

參知政事蘇易簡墓　在休寧縣溪口漁梁。

處士汪接墓　在休寧縣東門外金字園。接婺源人，文行超卓，從遊者衆。遊學休寧，遂家於邑之西門，爲西門汪氏始祖。

少師洪中孚墓　在休寧縣黄石。

待制淩唐佐墓　在休寧縣班政門外西園。

尚書金安節墓　在休寧縣葆真山左。

團練使程全墓　在休寧縣香釵琭璹塢。

處士范啓墓　在休寧縣博村，敕賜「風月處士」。

學士程珌墓　在休寧縣萬松山。

主簿程洙墓　在休寧縣二十四都，宋末以節死。

處士祝確墓　在婺源縣紫陽山。

朱子祖墓　在婺源縣。一在連桐，一在官坑嶺，一在王橋，一在鎮下，一在楊村，一在小港。紹興中，文公自崇安歸里，訪求諸塋，封識而去。

胡方平墓　在婺源縣太白長墩。

先儒滕珙墓　在婺源縣二十一都思溪。與兄璘俱從朱子遊。

郡守方岳墓　在祁門縣北荷嘉塢。

御史周繼忠墓　在祁門縣二十二都高塘周山。

轉運使孫抗墓　在黟縣上林村，王安石有誌銘。

樞密使汪勃墓　在黟縣二都北庄。

侍講汪義和墓　在黟縣十二都金雞原。弟大理寺丞義榮墓相近。

待制汪義端墓　在黟縣北二里厲壇旁。

運使汪繹墓　在黟縣三都黄依坦。

侍郎汪綱墓　在黟縣金雞原。

元

待制鄭玉墓　在歙縣師山。

先儒陳櫟墓　在休寧縣陳村。

先儒倪士毅墓　在休寧縣赤(邱)〔丘〕，改葬黟南黄坑。

先儒胡一桂墓　在婺源縣梅田庚師塢。

先儒胡炳文墓　在婺源縣二十一都考川。

明

侍郎朱同墓　在歙縣桃梅下田干。

尚書楊寧墓　在歙縣東牌頭鎮。

都御史陳富墓　在歙縣古城闕三里亭。

侍郎吴寧墓　〔在〕①歙縣龍澤溪。

尚書洪遠墓　〔在〕②歙縣覆鐘山。

都御史曹詳墓　在歙縣浦口。

尚書潘旦墓　在歙縣飛布山。

侍郎唐澤墓　在歙縣清流。

學士唐皋墓　在歙縣蘭江山。

賜光禄卿汪一中墓　在歙縣茆田鋪。

---

①②　據上下文體例擬補。

大學士許國墓　在歙縣豸山。
尚書鮑道明墓　在歙縣宋村鳳山。
尚書鮑象賢墓　在歙縣古關①。
尚書方弘静墓　在歙縣豐隆嶺。
尚書吴國仕墓　在歙縣藩村。
編修金聲墓　在歙縣十九都西兖山。
先儒趙汸墓　在休寧縣八都漁坑。
學士朱升墓　在休寧縣汊口，改葬詹田。
尚書程信墓　在休寧縣小南村。
侍郎程敏政墓　在休寧縣車田。
司直汪仲魯墓　在婺源縣洪村。
都御史汪舜民墓　在婺源縣七都鎮頭。
知州白謙墓　在婺源縣環村。
都御史汪奎墓　在婺源縣梅田。

① 「關」，《四庫》本作「闕」。

尚書潘潢墓　在婺源縣大安(坧)〔丘〕。
尚寶少卿潘士藻墓　在婺源縣三十六都。
尚書游應乾墓　在婺源縣六都。
尚書余懋學墓　在婺源縣吴家坑。
太僕卿胡用賓墓　在婺源縣湯村。
尚書汪應蛟墓　在婺源縣三十五都臨河。
尚書余懋衡墓　在婺源縣董家塢。
先儒汪克寬墓　在祁門縣九都金字牌盛村。
尚書胡富墓　在績溪縣十二都龍峰中坦之原。
尚書胡宗憲墓　在績溪縣十二都。

國　朝

祭酒吴蔚起墓　在歙縣。

寧國府

社稷壇　在府治西郊。

風雲雷雨山川壇　在府治南郊。

敕建先農壇　在府治東門外，雍正四年遵建。

郡厲壇　在府治北郊。在縣曰邑厲。

里社、鄉厲二壇　在各鄉保。

關帝廟　在府治北門。國朝雍正五年，奉旨追封三代公爵，春、秋仝日祭於後殿。

城隍廟　在府治西南。

敕建八蜡神廟　劉猛將軍廟　俱在府治陽坡山。

以上壇廟，所屬縣皆如制。

東嶽廟　在府治西北，祀泰山神。

三皇廟　在宣城學西。

楊四將軍廟　在府治北門外，祀江河之神。

項王廟　在府治嶧山下，項羽駐軍於此。

三聖廟　在府治天慶觀之左。宋建炎叛寇戚方圍城急，忽有神親見，爪指城南，長逾尺。知州事李光焚香祝之。賊炮，反擊，賊遂退。三聖長曰賀息，次曰游奕，三曰金甲。

敏應廟　在府治敬亭山麓，祀廣惠王之神。

魯府君廟　在府城東南錢村，祀隋梅知巖，以其有保障功。

英濟廟　在府治薰化門，祀火神。

東平廟　在府治，祀唐張巡。又涇縣集福廟，亦祀巡。

張守標紙廟　在府城北五里。宋建炎間，知宣州張果夢神語城將陷没，果抱籍入水死，民殮而奠之，標紙於此。

褒烈廟　在府治西門内，祀宋知宣州事李光。

章四相公廟　在寧國縣治東八十里，祀南唐宣歙鎮將章紹。

梅魯王廟　在寧國縣東北七十里，祀唐梅知巖。武德初，知巖封南魯王。

黎相公廟　在寧國縣治二十里。唐會昌中建，水旱禱之。神姓李，諱潁，睦州人，嘗爲建州刺史。立廟黎山，俗因號黎相公廟。

義烈方公廟　在寧國縣治西三十里，祀宋義士方致堯。

靈惠廟　在涇縣治西，祀晋内史桓彝。

蕭王廟　在涇縣治東，祀梁蕭統。

左王廟　在涇縣東北十五里柏山，祀隋左難當。

附 明張堯文《重建廟碑記》

涇川爲古猷州，自隋、唐稱雄鎮，蓋自有左戴國公始，故今鄉賢祠首公。予令涇，躬親祀事，恒顧瞻公如在。

按誌：公生七歲能文，長益神異。隋末天下多兵，民苦蹂躪，擁公爲總管，橐鞬殳矛之君子六十萬人，頤指帳下，號長城焉。輔公祏寇州城，旦暮岌岌。公堅營壁，歲餘節旄不出。公祏以孤軍深入匱乏，且自解，公分道擊之，斬數大酋。賊失險膽落，萑苻嘯聚之黨凡百萬計，一夕遁去。唐封公刺史，爲九州長。

公整旅返旆，從穰溪夜渡柏山。衆苦伏濘，公祝天，雪下尺餘，士皆可挾纊，棚①欄而居於原坂之間。公謀築雉堞以爲寧宇，屬寐且醒，忽有神告曰：「形勝已定，盍起視圖之？」公率麾下數十騎起行柏山，至潭下，有一白龜出石穴，從東南週圍西北。公曰：「是神所告我者。河山縈繞，如帶如屏，可亡虞保障矣。」遂築而城之，題曰白龜城。江以東安堵如故，公之力也。

後被命與李靖、尉遲敬德、趙郡王孝恭等，先後佩元帥綬，戰敗巨寇，削平僭逆。及征遼蠻，俘斬億萬。天子嘉之，賜封戴國公，食邑三千户。

① 「棚」，《四庫》本作「柵」。

武德六年，公薨，葬太平龍門鄉松子嶺。敕加王號，並建祠於歙州。諸邑民雨暘、疾病，禱輒應。

今石埭、太平，廟貌儼如也，獨柏山祠歲久傾圮，而其基漸没於豪併者。余雅重公，爲葺鄉賢祠，而以未復柏山祠爲歉。後代予者赤石陳先生，念公有大功，而廟祀不隆，慨然欲建。公之裔孫左維垣曰：「此吾左氏始祖也，何敢煩公費？」爰集族之賢且能者大用、一麐等捐資，清復舊基，至以其事争之郡縣監司，鼎建新祠。起自辛丑，至十二月而落成焉。請記於余。余雖去涇，未嘗一日忘涇，則未嘗一日忘公之有造於涇。即不獲親持斗酒豚蹄，以歲時伏臘走宇下，猶及以言藉公傳之貞珉，余心猶視公如在己。

公諱匡政，號難當。歷傳至今三十八代，代多以科第通籍，稱文獻世家。維垣則博習經史，而善岐黄術，因記公而併及之云。

汪王廟　在涇縣孤山高嶺，祀唐汪華。

西峰大聖廟　在涇縣治東南六十里。遇歲旱蝗，祈禱有應。

黄蜕龍王廟　在涇縣旗山頂之北。

丁仙廟　在涇縣丁溪，祀唐令丁令威。

承流府君廟　在涇縣治東南四十里，祀承流山之神。

香心廟　在涇縣治東六十里，祀節婦洪勝可妻梅氏。
兖州刺史廟　在旌德縣治東二十五里，祀漢蔣元卿。
俞將軍廟　在旌德縣治北五十里，祀晋俞縱。
威顯廟　在旌德縣東北隅，祀唐張巡。
周太保廟　在南陵縣北六十里，祀吴春穀長周泰。
甘相公廟　在南陵縣治北，祀晋甘卓。
廣惠廟　在南陵縣工山下，祀工山之神。
忠義祠　在郡學内。
節孝祠　在府治陽坡山。
二祠所屬縣皆如制。
五賢祠　在府治敬亭山。初祀南齊謝朓，唐李白、韓愈，宋晏殊、范仲淹，後增入龔鯤、姜垛、張慎言。
二仙祠　在府治後，祀南齊謝朓、唐李白。
昌黎祠　在府治舊州學内，祀唐韓愈。
張侯祠　在府治水陽南二里，祀里人張構。唐時構築隄，捍禦水災。
六先生祠　在府治，祀宋周敦頤、程顥、程頤、張載、朱熹、張栻。

義烈祠　在府治北關外，祀宋赤心隊將劉晏。建炎中，郡守李光招之赴援，與潰盜戚方戰死。

遺愛祠　在府治小東門内，祀宋知宣州事張果，明知府袁旭、沈性。

文丞相祠　在府北門外，祀宋文天祥。嘗知宣州。

附　明宋儀望記

萬(歷)〔曆〕二載，予奉命鎮撫南畿，以十有一月，行部宣州。宣守若令具言，宋丞相信國公文山先生，以咸淳五年差知宣郡。既下車，諸所罷舉，咸切民隱。春和省耕，作爲農謡，令歌之以勸。既得代，猶惓惓與父老子弟，陳説教化。百姓戴之，去之日，争醵錢立祠，以志不忘。今宋亡且三百年，父老子弟每言丞相事，輒泣下。

顧祠廟遺缺，無以慰邦人之思，守土之謂何？是用早夜經營，擇地於宛陵驛故址，諏日興工。棟宇維宣，寢堂既列，烝嘗咸備。越七月，祠乃告成。以不佞爲公鄉人，考先哲、舉廢祀、獎忠烈，又撫臣職也，守若令相率頓首，願有記，以示久遠。

予喟然歎曰：公之忠，大矣！海隅荒服，聞其名，猶知敬慕，況過化之區乎？孺子懦夫，一及當時事，怒髮竪指，涕洟沾襟，況冠裳之儒乎？按祀典，以勞定國，以死勤事。法施於民，捍大患，興大利，備此均者，宜莫如公。是宜饗有廟食，贈有爵秩，褒有號謚。兹舉也，於法爲崇報，於義爲勸忠。雖予之不文，將焉辭之？

嗟乎！自宋之季世，文武忠藎，謀度罔庸，奸黨儉邪，阻間輒售。二者相乘，竟至滅亡。予嘗考其終始，公自寶祐登第，即慨然以國家自任。宦者董宋臣用事，上書乞斬之。既又極言其罪，皆不報。賈似道當國，屢抑公不用，年未逮强，遂抗章致仕去。咸淳間，稍遷提刑，尋知贛州。當德祐之際，勢凛凛矣。公以羈旅孤臣，倡義起兵勤王，詔下，輒提師入援。夫以新合之衆，當乘勝之師，值危亡之運，爲扶危之計，不俟智者辨之矣。國存與存，國亡與亡，公之心，何心也！

既至臨安，即又上書乞斬呂師孟。尋陳言大計，分天下兵爲四鎮，置都督以統御之，使敵分而間，我乃可制。此其計明甚，執政陳宜中諸人猶扼公，所言不得用。既知平江，極力經營，軍聲稍振。會獨松關破，亟召公援臨安，三吴委城降。假令公不去吴，堅守大郡，以固籓籬，敵雖張，必恐我乘其後。乃又趣公以去。門庭不戒，堂室以危，天之所廢，誰能違之？嗚呼，悲矣！

論者謂公早年勇退，投間自放，有謝安石之達。慷慨上書，乞斬宋臣、師孟，有朱雲之勇。孤軍赴援，力謀社稷，真州之脱，空坑之敗，循州之執，艱危萬狀，誓死不悔，有顔魯公之節。燕京被留，從容義命，顧問殷懃，應對如禮，有箕子之貞。既趣柴市，南嚮再拜，臨刑自若，有比干之義。蓋公之志，可以塞宇宙；公之忠，可以貫日月。史臣謂公一死收宋室三百年養士之效，豈不然哉？

予因撰次公事，而述厥赫赫者，以昭示後來，亦宣人之志也。

郡守以下，咸書名左方，以見祠所由始云。

汪公祠　在府南郭，祀元尚書汪澤民。

附　明王恕記

生不違時，死能全節，此人之所難。是人也，雖死猶生，令名無窮焉。貪生畏死，不顧名節，此小人之所爲。是人也，未聞終不死，不善之名無窮焉。

公姓汪氏，諱澤民，字叔志。登元延祐戊午進士第，官至集賢直學士，以嘉議大夫、禮部尚書致仕。公既歸，築室宛水之濱，讀書自娱。

當紅巾餘黨寇宣州之日，公爲江東部使者，畫守城禦寇之策十餘事，寇再至，擊退。已而，長鎗叛帥鎖南班、程述等，挾兵渡江，欲犯宣城。或勸公去之，公曰：「昔江萬里寓鄱陽，大軍逼城，衆皆走散，猶坐守以爲民望。況宣民離合，視吾去留，夫何之？」後城陷，爲萬户丁堅使前鋒葛義執公，逼降不屈，遂遇害。將死，罵猶不絶口。鎖南班等雅服公名，爲具衣冠以葬之。事上於朝，贈資善大夫、江浙等處行中書省左丞、上護軍，追封譙國郡公，謚文節。

葬在寧國郡東南嶧山之麓。因歷年滋久，鞠爲茂草。土人平治之，藝麥其上。成化丙午，厥孫汪養能訟於官。同知劉誠覆實之，爲封其域。未幾，誠遷去。

通判天台陳紀，得公神道碑於宋太史景濂先生文集中，謀諸知府涂觀，欲爲治墳建祠，勒銘於石，慰答忠魂，以爲天下萬世臣子勸。遂具以請，余嘉其義而許之。紀乃經營作石，修塋域，壘墳墓，勒宋太史所爲碑銘，豎之神道，造石橋於其前。復於郡城南三里許，市地建祠。巡按御史江右孫弁，出公帑五十①金，以助成之。首事於癸卯春，訖工於是年冬。馳書請余爲記。

夫人臣之居其位、食其禄、任其事，一遇大變、臨大節，或心無所主，苟安一時之生，而忘厥大義者，往往有之。求其見道分明，視死如歸者，幾何人哉？公當謝事歸田之日，無職守，無責任，聞寇至而不去，以爲民望，復爲部使者畫策以禦之。及其被執逼降，至死不屈。此其所以難能也，宜其膺顯贈，獲美謚，流芳百世，使人敬之慕之，至於如此。使公當寇至之時，奉身以竄，被執之時，屈身以降，不過數年，亦歸於盡，人將唾罵之不暇，又何贈謚敬慕之有？

紀爲此舉，固可謂知所重。弁復助成其事，可謂與人爲善者矣。其所以爲天下國家推忠節、勵風俗者，不在斯乎？

因其請，姑摭此與之，俾刻石以示來者。夫公之文章、事業，與家世、履歷之詳，則有宋太史所爲碑銘在，兹不贅。

① 「十」，《四庫》本作「千」。

王文成祠　在府治正學書院，祀明王守仁。

俞公祠　在府治大東門内，祀明俞逢辰。

附　明陳俊《記略》

予按革除籍，見一時死事臣蹈湯火中，甘心潤鼎鑊，輒拊膺太息，淚淫淫下。暨見俞公周旋委曲，抗節不附，臻殲身以徇，輒又拊膺太息，淚淫淫下也。

或曰：俞公死，視①黄觀、方孝孺、練子寧云何？曰：黄、方諸公，非建文臣耶？日受簡迪，列員職奔奏，死何可辭？譬左右手然，一旦頭目腹心變，手足不搔衛捧掖，得乎？即文皇「彼食其禄，自盡其心」之語，亦諒之矣。至俞公，燕臣也，縱均之奉朝請，然所委質者燕耳。使俞公爲文皇地，亦胡病於忠哉？卒從一而終，不少詭徇。嗚呼！諸臣死建文易，俞公死建文難。諸臣眎建文戚、文皇疏，俞公眎建文疏、文皇戚。此成仁取義、難易親疏之辨之大較也，故曰：俞公死加諸公一等云。

然公與禮部尚書陳公迪俱宣人，黄公觀即又貴池人。方二三百里間，同時死事者居其三，

①「視」，《四庫》本作「親」。

歆艷千載，震耀寰區。豈崧嶽間氣、江海精英，緊獨一方鍾歟？

祠構城東孔道，前大門，繚之垣，中崇堂室，後即居群子孫。業儒者望之，枚枚栗栗；弔古者過之，欷以悲；感時者聞之，奮以激；逐臣放子聞之，愀然不欲生；頑夫鈍士聆之，低顔頳泚，車將近而轅爲之回也。

俞公名逢辰，字彦章，世居水陽西鎮里。由洪武戊午鄉試，辟燕府教授，尋遷伴讀云。時萬(歷)〔曆〕丁丑五月吉日。

七賢祠　在府治前，祀明知府方逢時、鄭繼之、蕭良譽、金勵、王公弼、周光夏，後增入管起鳳。

羅公祠　在府治景德寺，祀明知府羅汝芳。

陳尚書祠　在府學東，祀明陳迪。

附　明李默靖《獻祠記》

昔我高皇帝締造家邦，每以扶植綱常，培養士氣爲務。故雖勝國黨桀吠堯，猶必曲宥之，以示萬世人臣之義，固以奠安元元，非此道無由也。厥後懿文太子薨，高皇已有倦勤之意，永惟付託重計，深懷隱憂。左顧右却，賴有二三藎臣，爲之羽翼。既而靖難師興，鍾簴不移，市朝安堵，則文皇帝有再安宗社之力。然齊、黄諸人，自以身受國恩，不敢懷二，駢首就殲，宣城陳公迪與焉。予時讀公事狀，未嘗不掩卷而悲也。

按公以洪武乙卯舉京闈，辟本郡學訓導。嘗爲郡草《萬壽賀表》，上覽而異之，召拜翰林編修，累遷雲南左布政。後徵爲禮部尚書，同受顧命。時兵起，國勢鯢卼，公等力陳計畫，南北相持者五年。事既弗就，公益抗節不遜，遂並其子丹山等磔東市。臨刑，猶作《五噫》並詩，至今讀之，使人潸然淚下。豈其忠憤所感、思以頑民自待者也？子糾之難，忽死而仲請囚，人固各有志，不能以彼易此。文皇曰：「彼食其禄，自盡其心。」又曰：「使子寧尚在，朕當用之。」聖人所以扶植培養之者，寧有已時哉？

公死之日，子孫孑無噍類。百餘年來，宣人頗諱其事。成化間，郡守涂君觀稍祀公於故里。尋即湮廢，使英爽之氣，飄溘而無所依，予甚悼焉。

嘉靖壬辰，予以吏部郎謫判是邦，亟求其後。得公五世從孫太學生大林者，而問之故。乃謀諸前守餘姚邵君畢，具以狀白於巡按、督學兩御史，請復置祠，春秋薦享，如大司馬溧水齊公故事。二公嘉許。大林亦奉地來獻。地當郡學之東，公少讀書處也。予更旁購他地益之。中爲正堂，奉公像以居。又北爲浩然堂，各翼以兩廂。浩然北有方塘，塘畔爲水央亭，其東爲井。最前爲大門，門東十餘步爲宛陵大節坊。凡簴彝、庖湢、几榻，百物畢備，歲給掃除一人。維祠據高臨曠，宏麗瑰傑，繼今而往，庶幾其無速壞云爾。

祠成，郡中學者咸嘻吁慕嘆，相與致私愛於公，而謚之曰靖獻先生，遂因以名祠。會予有持憲廣東之命，乃大會郡僚、鄉大夫、群執事，以中牢詣祠寧神，而告成事。嗚呼！殷有三仁，其志不同，其心安也。不然，死者復生，生者愧矣。由是以觀諸公情事，夫又何疑乎？

是役也，肇於甲午冬十一月甲申，訖於明年夏六月辛亥。其費與力，並給於有司，不以煩民。而綜理出納，則悉委諸邑民貢汝舟、吴孟學，二人者恪勤靡懈。又使太平吴琪佐之。大林周旋其間，多所規畫。是用能集事以昭丕績，均可謂勞也已矣。

及守祠　在府治西，祀明知府及宦。

二烈清風祠　在府治西南，祀烈女胡氏、紀氏。

烈女祠　在府治迎春巷口，祀明烈女徐氏。

李翰林祠　在涇縣震山，祀唐李白。

懷德祠　在涇縣水西東，祀明郡守劉起宗、羅汝芳。

王公祠　在涇縣水西精舍，祀明王守仁。

忠臣祠　在太平縣富溪橋南，祀唐睢陽太守張巡。

名公祠　在太平縣治西，祀宋令孫覺，明知縣張瀚、劉元凱。

周公祠　在太平縣治西，祀明周怡。

節烈祠　在太平縣治南，祀羅、趙等烈女十餘人。

孝感祠　在南陵縣東十字街，祀晉孝子何琦。

安賢祠　在南陵縣開化寺，祀何琦、張巡、李白、杜牧之、李經、吴景。

忠義祠　在南陵縣籍山橋東，祀明吴景。

貞烈祠　在南陵縣城隍廟東，祀明貞女梅柏香、汪德香、何金妹。

漢

兖州刺史蔣詡墓　在旌德縣凫山。

晋

内史桓彝墓　在府城北五十里符裏鎮，今東門渡是。

將軍俞縱墓　在涇縣東南八十里藺石。

縣令陳焦墓　在涇縣五城山左。

唐

徵君蔣華墓　在宣城縣敬亭山下。唐李白詩：「敬亭山下墓，知是蔣徵君。」

白逸墓　在府城西。居易兄也，居易有《祭十五兄文》。

羅隱墓　在涇縣東七十里。

燕國公左難當墓　在太平縣西松子嶺。

宋

宣城王趙師祁墓　在府城東南千堆山。

尚書梅詢墓　在府城東嶧山。

太尉高瓊墓　在府湖北。

修撰吴柔勝墓　在府城南小勞山。

丞相吴潛墓　在府城隆演山南柿木鋪。

知州張果墓　在府城夏家渡叉路口。果以身殉水患，民哀之，表其墓，立祠祀焉。先在鐵冶沖，後改葬此。

太常李含章墓　在宣城縣敬亭山西麓。

都官梅堯臣墓　在宣城縣城南柏山。

參政魏良臣墓　在宣城縣白魚嶺。

學士虞光墓　在寧國縣治西獨山。

侍郎虞儔墓　在寧國縣北雙溪。
參政饒虎臣墓　在寧國縣澄河側。
學士淩策墓　在涇縣幙山。
祭酒汪澥墓　在涇縣溪西。
參政李回墓　在太平縣廣仁寺後。
文學劉逸墓　在太平縣。
元帥李誠墓　在太平縣絃歌鄉。
學士徐勣墓　在南陵縣西白石山。
學士董必墓　在南陵縣石岡山。
孝子李經墓　在南陵縣西工山。

元

尚書汪澤民墓　在府城南嶧山。
學士貢奎墓　在宣城縣東北石馬山。
待制貢師道墓　在宣城縣東北華蓋山。

明

知府陳灌墓　在府城東。灌，廬陵人，洪武初知寧國府。

尚書秦逵墓　〔在〕①府城西方山。

中丞詹沂墓　在府北關外。

通政徐説墓　在府城東土山渡。

贈光禄卿萬琛墓　在府城東十里四望山。

都御史張綸墓　在府城北豹山。

侍郎張守道墓　在府城北十里廟埠。

尚書陳迪墓　在宣城縣石塘沖。殉建文難，家人侯來保拾遺骨以葬。

尚書徐元太墓　在宣城縣東十里華谷村。

同知徐楠墓　在宣城縣禪峰山。

侍郎屠義英墓　在寧國縣南鳳山。

都御史董傑墓　在涇縣鳳山。

①　據上下文體例擬補。

都御史蕭彦墓　在涇縣北幞山。
通政使趙健墓　在涇縣永定都。
侍郎郭建邦墓　在旌德縣。
僉事吴景墓　在南陵縣東北，忠臣敕葬。

國朝

侍讀施閏章墓　在宣城縣南牛喜沖。
左都御史梅鋗墓　在宣城西黄泥岡。

池州府

社稷壇　在府城秀山門外。
風雲雷雨山川壇　在府城齊山旁。
敕建先農壇　在府治東門外，雍正四年遵建。
郡厲壇　在府治北里許。在縣曰邑厲。
里社、鄉厲二壇　在各鄉保。
關帝廟　在府城西街。國朝雍正五年，奉旨追封三代公爵，春、秋仝日祭於後殿。

城隍廟　在府治西北。

敕建八蜡神廟　劉猛將軍廟　並在府東門外。

以上壇廟，所屬縣皆如制。

旗纛廟　在城北小教場。各營俱如制。

漢逸民高獲廟　在府城北清風亭旁。

文孝廟　在府城西，祀梁蕭統。又一在石埭縣崇壽寺中。

孝娥廟　在府東北四十里，俗名仙姑廟。吴大帝時，孝娥父爲鐵官，冶鐵遇穢不流，娥憂父刑，投爐中，鐵乃鎔。時人號爲聖姑，因立廟祀。

靈祐王廟　在銅陵縣銅官山南。王姓張，名覺，晋潯陽太守，蕭齊時廟食兹土。唐中和間，陰有助戰功，屢封。至宋咸淳，始加王爵。

太真仙人廟　在銅陵縣葉山。廟中有明皇及太真像，廟皆以石爲之。

峰山廟　在建德縣玉山之麓。宋淳祐間，加封威佑昭應侯，附祀梁昭明太子。

東嶽廟　在建德縣南玉峰，有大藏經閣。

余司徒廟　在建德縣余村。神最靈，遠近祈禱有應。

忠義祠　在學宫内。

節孝祠　在學宫旁。

二祠所屬縣皆如制。

趙文節祠　在府城南五里，祀宋死節通判趙昂發。

清溪二生祠　在清溪江口。二生，宋人，從趙昂發死節者，失其名。

忠烈祠　舊在府城内北市隴，嘉靖初建，祀宋趙文節昂發妻雍氏、明黄忠烈觀妻翁氏暨二女，又烈婦唐貴梅、烈女康清姑爲雙忠六烈。隆慶間，移置毓秀門，補入清溪二生。後增尤氏、桂氏。

附　明畢鏘《新建褒忠祠記》

黄侍中先生舊附郡城雙忠祠，至今二百餘年，未特祀也。萬(歷)〔曆〕丙申，西蜀巡撫都御史趙公、巡按御史龔公，同涖畿南，振揚風紀，治具畢張，吏修其職，民安其業。乃於吾池，廉得侍中先生實事，於是會議具疏，請於朝曰：「先臣侍中觀與其妻、女，忠節萃於一門，宜建祠特祀。」詔下禮部，覆議以聞。先是，今上登極，頒有革除間諸臣褒表忠魂之詔，故撫、按遵奉具題云。

夫先生之甘赴羅汊，及夫人翁氏與其二女，相携以溺而死。蓋言之嗚咽，無容贅矣。獨念綱常在天地間，萬古勿毁，故忠孝必盡於臣子，貞節必矢於婦女，未之有改也。帝王之孳孳立人極，扶世教，以培植將來國祚於長久，亦恃有此道存焉爾。

昔在周武王時，夷齊叩馬以諫，仁孝數語，周家八百年之命脈，於此攸基。先生之志，與夷齊同。然先生膺夔、契之重任，夷齊爲海濱之漁父。是以或采薇以終身，或蹈江流而勿顧，所處不同，而同歸於忠也。當其時，武王能容夷齊之切直，而勿之罪，故國祚以長。先生與諸臣赴義激烈，而幸蒙皇上之褒恤。鑒忠鯁於生前，錫寵光於没後，則我鴻圖之享有千萬年而勿替者，不俟卜而可知矣。二公之請特祀也，所以表幽潛、樹臣紀，而勵風俗也。其有裨於國家甚大，豈但吾池之人士瞻仰、山川增色而已哉？

祠建於凌雲閣之旁。正堂五楹，後亦如之。奉夫人、二女於其中。門房、坊牌俱備。糾財度工，則適有澤水漂來大木，足資材用。蓋忠義感動，天人協贊如此。君子謂：斯舉也，見崇賢之道焉，見好德之公焉，見爲政之綱焉，見謀國之遠焉，一事而衆善具矣。

工始於六月，至九月落成。是舉也，備兵副使張君天德首倡之。督修者知府張君堯文，同知傅君國才，通判胡君嘉賓，推官王君紀也。

包何二太守祠　在府城毓秀門内，祀宋包拯、明何紹正。

黄侍中祠　在府治羅剎磯，祀明黄觀。又一在九華門外。

成仁祠　在府治城隍廟前，祀明給事中陳敬宗。

秦推官祠　在府城南門外，祀明推官秦懋義。

李太白祠　在青陽縣九華山東岩下。

范公祠　在青陽縣學内，祀宋范仲淹。

湛甘泉祠　在青陽縣九華山下，祀明湛若水。

王陽明祠　在青陽縣九華山化成寺西，祀明王守仁。

太白祠　在銅陵縣。有二，一在五松山，一在横港。

忠惠祠　一名查城廟，在石埭縣西五十里龍岩山東，祀唐刺史查嵒。

恭愍褒忠祠　在石埭縣四都，祀宋安撫制置使丁黼。

旌忠祠　在石埭縣治東，祀明瀘州知州蘇瓊。

陶靖節祠　舊在東流縣文廟戟門左，後移於縣西菊江亭。

許公祠　在東流縣治西，祀明許立。

商

彭祖墓　在石埭縣北飛渡橋西。

漢

逸民高獲墓　在貴池縣西北清風亭側。有廟。明正德間，知府何紹正重甃，書石表之。一云在城西南六十里新河。

晋

檀念之墓　在貴池縣檀村。

南北朝

檀珪墓　在檀村。

梁

昭明太子蕭統墓　在府城秀山。

唐

直學士胡楚賓墓　在貴池縣杉塢坑。

羅鄴墓　在梅根浦上流之岸。

進士康駢墓　在貴池縣黄老山之東。

進士費冠卿墓　在青陽縣旱麓山。

處士李昭象墓　在青陽縣南同山仙人峰下。

縣令周繇、處士周繁墓　在建德縣紙阬山。

學士殷文圭墓　在貴池縣殷村。

五　代

宋齊(邱)〔丘〕墓　在青陽縣。

宋

侍郎湯允恭墓　在府城南山川壇北。一云在九華黄匏城之麓。

學士楊輔臣墓　在貴池縣西南楊村紅硃嶺。

學士檀遠墓　在貴池縣興孝鄉檀村。

侍郎楊和武墓　在貴池縣西南楊村馬鞍山。

學士曹緯墓　在貴池縣丁口。

義士胡仲先墓　在貴池縣西溪牙坑山。

殿前司華岳墓　在貴池縣齊山之北石羅山。

待制滕宗諒墓　在青陽縣東金龜原，范仲淹誌銘。

安撫使程九萬墓　在青陽縣九華山福海寺旁。
處士陳巖墓　在青陽縣西雲鶴山麓。
知州鍾鏜墓　〔在〕①銅陵縣城山。
孝子丁阡墓　在石埭縣西。
侍講王鎡墓　在石埭縣西城子山。
制置使丁黼墓　在石埭縣金城山。
度支郎李植墓　在建德縣東陽烏山。
待制檀倬墓　在建德縣南步頭村鶖鵬坂，諭葬。
處士李茂信墓　在吴村。
通判趙昂發墓　在府城南七里碎石嶺，妻順義夫人雍氏祔，元丞相伯顔封「宰木盡連理」。

元

博士檀豫順墓　在貴池縣興孝鄉檀村。

① 據上下文體例補。

明

御史許濳墓　在府城西湖山南陂。

按察佘敬中墓　在府城東北玉几山。

鎮遠侯顧成祖墓　在貴池縣受二保。顧氏雖徙江都，子孫猶來此致祭，明三百年，樵牧無敢犯者，今故冢猶存。

給事陳敬宗墓　在貴池縣池口。

副使舒仲誠墓　在貴池縣齊山。

御史吴賜墓　在貴池縣西堯田。

侍郎孫仁墓　在貴池縣西南上溪留佳山。

御史張廷瑞墓　在貴池縣西南桂山。

員外周冕墓　在貴池縣東金坑。

員外李嘉祥墓　在貴池縣源頭玉峰山。

左布政李崧祥墓　在貴池縣源頭王師村。

貢生李呈祥墓　在貴池縣興孝鄉黄連坑。

巡撫柯相墓　在貴池縣黄屯坂。

通判丁旦墓　在貴池縣石都沖。
徵士劉城墓　在貴池縣下清溪。
國子生吴應箕墓　在貴池縣高田。
太僕徐謙墓　在青陽縣峽山南。
僉事陳輊墓　在青陽縣北五里。
侍郎汪珊墓　在青陽縣五溪西岸。
副使柯喬墓　在青陽縣。
府尹施篤臣墓　在青陽縣三井山。
府尹施堯臣墓　在青陽縣三井山。
都給事吴文梓墓　在青陽縣老田。
少卿羅尚忠墓　在青陽縣。
通政佘可才墓　郎中佘毅中墓　俱在銅陵縣礜山。
副都御史胡本惠墓　在銅陵縣銅精山①。
僉事陳孟晟墓　在銅陵縣羊山。

① 《四庫》本無「銅精山」之字。

左布政王一貞墓　在銅陵縣城山。
僉事張輝墓　在石埭縣西桂家坦。
郎中湯希閔墓　在石埭縣西金堂沖，畢鏘撰《神道碑》。
尚書畢鏘墓　在石埭縣陵陽山中峰頂，諭葬。
知州蘇瓊墓　在石埭縣。
訓導洪仲遵墓　在建德縣河西坂劉師塘。
按察使柯暹墓　在建德縣北雙河口靈華山。
參政鄭景曜墓　在建德縣南。
府丞檀凱墓　在建德縣西陽田山。
僉事陳謨墓　在建德縣北象山。
巡撫徐紳墓　在建德縣繞山鋪。
侍郎李一元墓　在建德縣陶山，諭葬。
大學士孔貞運墓　在建德縣。
尚書鄭三俊墓　知府鄭三謨墓　俱在建德縣四都。
副使徐廷宗墓　在建德縣。
左布政王應乾墓　在東流縣吉山。

國朝

總兵曹曰瑋墓　在貴池縣下湖西。

知縣岳申墓　〔在〕①貴池縣齊山北。申，沔縣人，康熙中令貴池。

提學蘇汝霖墓　在石埭縣。

太平府

社稷壇　在府治清源門外。

風雲雷雨山川壇　在府治南津橋南。

敕建先農壇　在府治東門外，雍正四年遵建。

郡厲壇　在府城北。在縣曰邑厲。

里社、鄉厲二壇　在各鄉保。

關帝廟　在府治演武場。雍正五年，奉旨追封三代公爵，春、秋仝日祭於後殿。

城隍廟　在府治東。

① 據《四庫》本補。

勑建八蜡神廟　劉猛將軍廟　俱在蕪湖縣北。

以上壇廟，所屬縣皆如制。

旗纛廟　在建陽衛北門内。

定江神廟　在府城外采石山。即水府廟，南唐時建。明封水府定江之神，每歲以八月十五日致祭。

湖神廟　在府城内。

馬神廟　在府治湖熟門外。

火神廟　在府城五條巷内。

武安王廟　在府治横山，宋大中祥符間建。

酇侯廟　在府公廨，祀漢蕭何。

登勇將軍廟　在府治南門内清德坊，祀宋馬進。

工山廟　在繁昌縣西十五里水口山亭旁，祀晉何琦。俗傳琦仙去，有丹井在山上。

侯王廟　在繁昌縣東四十里石硊伏龍山，祀唐許遠。

楊察廟　在繁昌縣東南三十里新林鋪大街。察，南唐御史，督師至此卒。

宗三廟　在繁昌縣荻港。明初鄱陽之戰，死者數十萬，師還，擲櫻纜於湖，遂爲殃，舟人多祭之。

江神廟　在繁昌縣三山鎮。

忠義祠　在府治。

節孝祠　在府治。

二祠所屬縣皆如制。

丁孝子祠　在府治慈姥磯上，祀漢丁蘭。

謝宣城祠　在府治青山，祀晉謝朓。

李太白祠　在府治青山麓，每歲清明前一日致祭。

虞忠肅祠　祀宋虞允文。嘉定九年建，在牛渚山廣濟寺側。後遷於寶積山之西，賜名英烈，歲久廢。明景泰中重建，後圮。國朝雍正八年，知府李暲擇於太白樓後，闢地新之。

附　明彭時《修祠記》

公諱允文，字彬甫，隆州仁壽人，登紹興二十三年進士。姿貌雄偉，慨慷磊落有大志。而言動有則，人望而知其爲任重之器。

三十一年辛巳，以中書舍人爲督府參謀軍事。時金主亮舉四十萬衆，南侵兩淮，兵將望風奔遁。淮西節度使王權，復棄和州，走采石。朝命李顯忠代權，且命公趣顯忠、權軍，並犒師采石。公至采石，權已去，顯忠未來，敵衆剋期渡江。公立馬指授諸將方略，列陣以待。分布戰艦於江中甫畢，金兵數百艘，已絶江而來，直薄宋軍，軍小卻。公撫將校時俊背曰：「汝膽略聞四方，立陣後，則兒女子耳！」俊即揮雙刀出殊死戰。中流，官軍亦以海鰌船衝敵舟，皆半沉。敵方遁，即命追射以勁弓，大敗之。明日，復大戰，焚其舟三百。亮氣沮，走瓜洲，爲其下所斃。

公還，過鎮江，制將劉錡執其手曰：「朝廷養兵三十年，一技莫施。而大功乃出一儒生，我輩愧死矣！」及入對，高宗嗟嘆，謂宰臣曰：「允文公忠出天性，朕之裴度也！」其見稱於當時如此。

公没四十餘年，常平使季道傳，始爲公立祠采石。又三十餘年，沿江制使吴淵，又爲修祠立碑。又數年，知太平州馬光祖，達士民之狀於尚書省，請廟額曰「英烈」。其爲人思慕又如此。元時廟燬，惟石刻存焉。國朝景泰壬申，太平知府李郁乃即故址重建之。歷歲既久，日益頽弊。今知府嘉興施侯奇，自即任以來，節縮公羨，屢欲改爲而未果。會御史臨江張君敦，按治至府，復以爲言。張君許焉，仍經畫以佐其費。廣德富民步祖一聞義，以銀百兩來助。遂購材興工，撤其舊而新之。堂廡、門牖，規制嚴正。肅公像於中，列將校時俊等於左右，又繪當時勝敵之狀於兩壁間。張君請於朝，令守臣每歲十一月一日，祀以少牢，文武吏士，陪班行禮。蓋采石，實公建功之地；十一月一日，又其建功之時也。自其建功之時，至今成化辛卯，已三百一十一年矣，而祀典始正，何其感人思慕之深如此哉？

方亮之臨江也，中外震動。采石敗軍，才萬八千人，皆星散無斗志。公立招諸將，勉以忠義，於是人心復合。或曰：「公受命犒師，不受命督戰。他人壞之，公任其咎乎！」公叱之曰：

「危及社稷，吾將安避？」嗚呼！斯言也，其出於忠君愛國之誠與！惟其應機合宜，臨敵不懼，忠義奮發，足以感激人心，用能以萬八千之散卒，破走四十餘萬之强敵，其事亦奇矣哉！挫强敵於既横，安國家於已危，扶社稷於將傾，謂非公之功不可也，宜乎後人思慕之不能忘歟！

范學士祠　在府治忠節坊，祀明知府范常。

明三忠祠　在府治西，祀許瑗、花雲、王鼎。

附　明祝鑾《考定三忠位次記》

忠臣祠舊在慶城橋之東，景泰間始遷於太平府治之西。乃我國初，敕祀本府知府許公、行樞密院判花公、王公者也。迄今許、王二公祠如初，而花公不預焉。

嘉靖癸未，郡守傅公鑰乃因其後之請，增公之像而祀之，位次尚未考定。明年，禮科右給事中底公蘊，握符來守是郡。謂國家之事，莫大於祀；人臣之義，莫先於忠；爰稽《郡志》及《皇明開國功臣録》、《宋學士景濂文集》諸書，得三公事蹟始末爲悉。乃定其位，以許公文臣，且地主也，宜居其中，花、王二公俱武將，而花之功爲最，宜居左，王宜居右，皆南面焉。於是祀典正，而神靈妥矣。

二守冷公宗元、邢公寰、向公正，通守林公希範、陳公淳，推官朱公在暘，邑侯丁公洪，聞而踵之。值鑾歸自浙，遂以記屬，辭弗獲，則受簡而次第之。

按許公諱瑗，字栗夫，饒之樂平人。元至正中，兩以《易經》舉於鄉，皆第一。歲戊戌冬，我太祖取婺州，公以儒士晋謁，首説以收攬英雄、掃除僭亂，以平定天下。太祖俞其言，授博士，留參謀帷幄中。尋命守太平，則勵士卒，修城池，撫黎庶，而民以安焉。

花公諱雲，懷遠人。元季兵亂，公仗劍謁太祖於臨濠，奇其才而用之。將兵略地，所向有功。丙申六月，立行樞密院於太平，以雲爲院判，階安遠將軍。

王公諱鼎，儀徵人，趙忠之養子也。忠從太祖渡江，征伐有功，授行樞密院判，鎮池州。趙普勝寇池州，忠死之。鼎襲其職，復姓王，俾守太平焉。

庚子閏五月丙辰，僞漢陳友諒率舟師圍太平，許公偕花、王二公，以兵三千拒戰。友諒攻城，三日不下。引巨舟泊城西南，士卒緣舟尾攀堞而登，城遂陷。三公被執不屈，死之。

後五年甲辰，追封許公太中大夫、高陽郡侯，花公安遠大將軍、安(邱)〔丘〕郡侯，王公昭毅大將軍、太原郡侯。立忠臣祠於太平，命有司歲時致祭。

嗚呼！太平，根本之地也，得太平而後天下響應焉。此有商之亳，四方之極也。惟我太祖知之，故委之股肱之臣，而托以保障之任。既而各以忠死，正所以報太祖國士之遇也，豈他覬耶？顧乃褒忠之典，即舉於戎馬倥偬之餘，首以爲天下人臣勸，非睿謨遠識、灼知先務，何以能此？由是天下文臣、武將，聞風激衷，各獻其能，效其藎，共成鴻業，復帝王所自立之地，其在兹乎？奈何歲久典訛，乃至遺花公位次，而弗之祀。豈當時别有廟耶，抑亦有他故耶？不可知已！頃者，傅公既增入其像，底公復考定其位，而諸公皆贊成之，例皆得書也。故既叙其事略，復繫以詩，俾刻於石，庶來者足徵云。

其辭曰：

於皇聖祖秉鉞東，駕風鞭霆乘飛龍，海寓豪俊蓊雲從。偉哉太守與將軍，展也允武復允文，控制上游净妖氛。長江浩浩天塹成，屹然萬里金爲城，仁綏義正僭亂平。僞漢匪茹揚帆來，鳴鉦擊鼓轟如雷，我軍視之維嬰孩。熊羆三千森若林，旌旗蔽空白晝陰，大戰三日同一心。鉤援躡蹀力弗支，執我不屈我死之，飄然上征叩玉墀。睢陽厲鬼兮若符，彭澤與帝爲先驅，舳艫焜燼賊乃俘。帝心追悼恩禮優，金書煌煌封列侯，爰始廟祀垂千秋。歲時將享潔牲牢，鼓我笙簧擊我鼗，神不來兮心忉忉。神之來兮駕虹霓，祥煙氤氳風清凄，江濤不起無鯨鯢。神之格兮儼冠裳，綰符帶劍頎而長，啜蘭羞兮飲瓊漿。神之去兮靡少停，流爲河海爛爲星，蹇余延竚瞻儀型。帝隆典禮維勸忠，匪忠匪臣曷以庸，於赫我公昭無窮。

陶學士祠　在當塗縣東街，祀明陶安。即安故宅。

梁文孝祠　在蕪湖縣昇平橋東，祀蕭統。

李衛公祠　在蕪湖縣赤鑄山，祀唐李靖。

忠臣祠　在蕪湖縣東南七十里，祀宋參軍陶居仁。

張狀元祠　在蕪湖縣長街巷内，祀宋張孝祥。

海忠介祠　在蕪湖縣城外，祀明海瑞。

陳通判祠　在蕪湖縣察院東，祀明死事縣丞陳一道。

烈女祠　在蕪湖縣儒學西，祀烈女詹氏。

鄧公祠　在繁昌縣東門外，祀明知縣鄧一儒。

王公祠　在繁昌縣東北，祀明知縣王柱。

貞女祠　在繁昌舊縣鎮，祀烈女張仙真。

烈婦祠　在繁昌縣朝陽門外，祀生員方鳴蛟妻洪氏。

三國　吴

景帝定陵　在府城東淩家山。景帝諱休，權第六子也。

南北朝　齊

和帝陵　在府城北黄山。和帝諱寶融，明帝第八子，禪位於梁。世傳嶽廟行宫基，即其陵也。

漢

班超妻鄧氏墓　在繁昌縣黑沙洲，有碑。

三國　吴

刺史陶基墓　在當塗縣横山麓。地名陶墓門，宋淳祐間墓碑猶在。

將軍黄蓋墓　在繁昌縣十八都，近墓號黄墓渡。

晋

刺史陶璜墓　在當塗縣東六十五里。

太守陶回墓　在當塗縣小朝山下。

陶如海墓　陶登墓　並在超域。有碑，其碑陰云：「父子相繼爲忠孝墓。」

大司馬桓温墓　在府城南十五里青山北。

蜀

太守毛璩墓　在府城南七里尼山圩。宋大明中，遣祭桓温、毛璩墓。

刺史楊亮墓　在府城東十五里泊山南。楊震七世孫，碑陰有故蜀將吏五百人名。

殷仲文墓　在縣南十五里。

唐

翰林李白墓　在府青山西北麓。

附　唐范傳正《新遷墓碑略》

公名白，字太白。其先隴西成紀人，凉武昭王九代孫也。父客不求禄仕，夫人夢長庚而生白。天寶初，召見於金鑾，恩遇無比，遂直翰林。既而上疏，請還舊山。晚歲渡牛渚磯，至姑孰，悦謝家青山，有終焉之志。盤桓利居，竟卒於此。

傳正早於人間得公遺篇逸句，吟詠在口。無何，叨蒙恩獎，廉問宣、池。按圖，得公之墳墓在當塗邑，因令禁樵採，備灑掃，訪公之子孫，欲申慰薦。凡三四年，乃獲孫女二人。召至郡庭，進退閒雅，應對詳諦，祖德如在，儒風宛然。云：「先祖志在青山，遺言宅兆。頃屬多故，殯於龍山東麓，地近而非本意。墳高三尺，日益摧圮，力且不及，無如之何。」聞之憫然，將遂其請。因令當塗令諸葛縱，躬相地形，卜新宅於青山之陽。以元和十二年正月二十三日，遷神於此，遂公之志也。西去舊墳六里，南抵驛路三百步。北倚謝公山，即青山也。

天寶十二載，敕改名焉。余作新墓銘，輒刻二石：一寘於泉扃，一表於道路。亦峴首漢川之義也。

李淳風墓　在蕪湖。

主簿賈島墓　在府城南二里省莊圩。唐鄭谷有詩云：「五字與八韻，俱爲時所先。幽魂應自慰，李白墓相連。」

宋

安撫使陳規墓　在府南姑孰鄉青山之北。

編修李之儀墓　在府東北十五里。

郡馬孫德昭墓　在當塗縣博望鄉丁葛村。

承直郎孫應成墓　在當塗縣甑山北。

太守石禹勤墓　在蕪湖縣丹陽鄉，黄庭堅題墓。

贈宣義郎石天麟墓　在蕪湖縣丹陽鄉，米芾題其墓曰：「宋故死節之士蕪湖石君墓。」

太常丞石待問墓　在蕪湖縣南二十里丹陽鄉，黄庭堅題其墓。

參軍陶居仁墓　在蕪湖縣東南二十里移風鄉，殉難歸葬於家。

隱士韋許墓　在蕪湖縣治前數十步。

元

張飛卿墓　在當塗縣翠螺山麓。飛卿鎮采石，殉難葬此。

完顔權墓　在當塗縣東南淩家山。

十女墓　在蕪湖縣東四十里德政鄉。丁月娥率諸女死難，合葬一冢。

附　元戴良記

月娥者，西域人也，軍職馬禄丁之女，蕪湖葛通用之妻。自幼貞懿婉柔，蒸蒸孝友。長益小心敬順，謹飭不怠。其歸葛氏，葛家之冢婦盧方掌内政，月娥事之如事姑，待諸姊從女皆有恩。盧大喜，日率諸婦諸女詣月娥，請曰：「某承姑緒言，命主中饋，佐蒸嘗，然懼無以爲陰教倡。敢以諸婦諸女屬之姊，惟朝夕諭誨，必有濟於是。」闔以内皆秩然由於禮，純然化於正，上詔下唯，號爲德門。

已而，南北兵起。盧謂郡有城郭可依，兵衛可恃，仍屬月娥攜諸婦諸女至郡。郡有儒士張綱中者，與葛有連，遂僦其屋以居。無何，沔寇奄至，城失守，月娥慨然曰：「吾簪纓家女，何忍見犬豕耶！」即抱所生女赴水死。諸婦諸女咸愕然，相顧曰：「母嘗導我以禮，閑我以正。今臨難背去，尚得在世稱人乎？」自長及幼及婢媵凡九人，皆争相入水，無敢後者。

事稍定，家人匍匐問狀，剛中爲物色得其屍。時大暑已七日，月娥顔貌如生，而手所抱女猶凛不可奪。餘亦相挽屍水中，久而不泛，見者以爲異。父老憐而語之曰：「十人死既同，葬不宜以異處。」遂擇故居之南黄池里，爲開大壙瘗之，題之爲十女墓。

明

孫富十墓　以行軍參謀，佐太祖取太平，卒於軍，詔賜城南周家山以葬。

學士陶安墓　在府城北五里神山。

都御史端廷赦墓　在府城東北八里張塘。

都御史喻智墓　在府城斗兒山。

都御史倪嵩墓　在府城東十里。

大學士何如龍墓　在府城東五十里歸善鄉。

都御史杜智墓　在蕪湖縣赭山。

副千户萬通墓　在蕪湖縣。

都御史嚴升墓　在繁昌縣延載鄉。

都御史吴琛墓　在繁昌縣春穀鄉。

都御史李蕙墓　在府西馬鞍山。

江南通志卷四十二

輿地志

壇廟　六　祠墓附

廬、鳳、潁三府　滁、和、廣、六、泗五州

廬州府

社稷壇　在府治西門外。

風雲雷雨山川壇　在府治南門外。

先農壇　在府治東郊，雍正四年遵建。

郡厲壇　在府治拱辰門。在縣曰邑厲。

里社、鄉厲二壇　在各鄉保。

關帝廟　在府治和平橋東。國朝雍正五年，奉旨追封三代公爵，春、秋仝日祭於後殿。

城隍廟　在府治東。

敕建八蜡神廟　劉猛將軍廟　俱在府余公廟橋東。

以上壇廟，所屬州縣皆如制。

旗纛廟　在武教場。

將軍廟　在府治水西門内城上，祀宋少保楊沂中。

姚李二公廟　在府治德勝門外，祀宋統制姚興、招撫使李顯忠。

巢湖聖妃廟　在合肥縣姥山，晋太康中建。相傳居巢縣地昔有一巫嫗，豫知未然，所説吉凶，咸有徵驗。居巢縣門有石龜，巫云：「若龜出血，此地當陷爲湖。」未幾，鄉邑祀祭，有人以猪血置龜口中，巫嫗見之南走，回顧其地，已陷爲湖。人多賴之，爲巫立廟，今湖中姥山廟是也。唐羅隱有詩。

廣惠廟　在廬江縣東南四十里礬山之陰，祀漢張渤，元至正間建。

靈澤廟　在無爲州蝪磯山，祀漢昭烈后孫氏，賜額曰靈澤。

附　明郭子章《蜀望臺記》

蕪江心有磯，磯不甚雄聳，顧獨嶙峋峭麗，兀突浮水上，與孤山、金山後先砥狂瀾，蓋蕪一大勝概云。磯上祠孫夫人。孫夫人者，漢先主牧荆州，内孫仲謀女弟而妻之者也。磯，夫人死所也。夫人業已妻劉，死不劉而孫，不蜀而吴，即吴不宫而磯。按志論者二曰，夫人還省母，過灤江，聞先主崩蜀，摧哭自沉。又曰，劉、孫有郤，夫人歸吴，舟艤磯側，不忍見仲謀，遂殈於磯。王義烏公作《螐磯記事》，語甚辨，具載《磯志》中，而卒罪陳壽銓叙之略。予謂略不在壽，在蜀。蜀有國，不設史官，故典率逸亡。考非然，某年夫人如吴，某年夫人在吴，某年夫人卒吴，例得書。而何竟涸涸若斯，起千載人疑哉？故夫人死事，可亡辨已。

夫人死今數千歲後，凛凛乎生氣，微獨燕中人靈威神明，即千艘萬航過磯者，誰不停橈而血饗之，至歔欷悲悼不忍去？非夫姱節貞心，英聲義魄，動天地，感鬼神，惡能以其抔土卷石，羈客子心，而下其無從之涕？故予謂夫人之死劉無疑也。歸吴者形，沉磯者骸，而其一念之靈明，猶若翱翔乎永安之左右，而絪緼野馬於三峽五屼之巔際，逐波錦江，隨雲玉壘。每風號吴天，月冷荆水，像響如在，精魂可悲，嗟乎哀矣！

余來視榷，逡巡故事，三日謁祠下，愴愴低回者久之。獨怪其土偶桃梗充斥宇階，若一叢祠，然而夫人所爲死者，不得並俎豆其間，非夫人意。爲左像玄德，右像夫人，築層臺居之，名曰望蜀臺。余往遊燕趙，過鄒魯墟，謁孟廟。既睹子輿石像跪伏母前，最後又祀其父若母。讀《楚書》，瀟湘皇英，廟貌九嶷，而僾然在位受二女果者，非大舜氏耶？合而祀之，庶幾乎義矣。

且也金陵故劉氏土，孫氏乘亂而竊據之。玄德飄泊蜀隅，生不能驅許昌、武昌二賊，一完祖宗舊物，白帝遺恨，死且不瞑。余爲招魂，俾與夫人世食茲山。嗟嗟！玄德其能無愉快也耶？臺高二丈六尺，廣八丈。中奉玄德、夫人，左祠關雲長、張翼德，右祠卧龍先生諸葛孔明。又所以擁衛神靈，且杜夫非鬼而祀於其中者。

汪越公廟　在無爲州，祀唐汪華。

巢湖神廟　在巢縣銀瓶山上。

姚王廟　在巢縣東山頂，祀宋統制姚興。

伏羲廟　在巢縣西北東山口浮槎山頂。

忠義祠　在學内。

節孝祠　在府治。

二祠所屬州縣俱如制。

包孝肅祠　在府治南濠内，祀宋包拯。

附　明黄金《孝肅書院記》

包孝肅公，宋之名臣也。其精忠直諫，可比漢之汲長孺而過之，視唐魏鄭公，出處尤正。其廉節冠一時，趙清獻而下不論也。其載諸《宋史》者，炳炳與日月争光。其傳與天地相爲悠久，卓乎不可尚已。

第公爲廬人，仕於廬者往往以簿書期會爲心，求能表章先賢，以風後進，則寥乎未之有聞。監察御史陽城宋君克明，來守是邦，未踰年，六事漸舉，百廢具興。謂公乃鄉賢，顧可漫不加之意乎？郡城有河，河之中有洲，舊爲浮屠氏所據，太守至是，撤而去之。因相其地，庀材陶瓦，鳩工事事。南面建屋五間，中坐公之像，東西翼以夾室。植竹木於四圍，而環之以牆。前建大門，其地峻，疊石爲梯，數十級登焉。題其額曰「包公書院」。新傑壯偉，過者爲之改觀。

擇庠俊張福輩十餘人，讀書其中，而公二十四世孫大章亦與焉。太守嘗於祭畢，謂諸生曰：「士學宜師聖賢，若公乃表表焉百世可師者也。吾欲爾曹居家行己，則師公之孝；立朝事君，則師公之忠。庶不負建新院之意。」福輩奉教惟謹，間以書來屬予記之。

嗚呼！爲政貴識大體，不務末節。嚴先生祠堂，范仲淹構之；韓昌黎潮州廟，王滌新之；以其所關者大也。孝肅之風，足以廉貪立懦，其有功於名教大矣。不此之重，而務其他，可乎？太守善敎，乃及於是，有以激人心，而觀風化，可謂得其大體與。況其所費，悉出自規畫，一無所取於民，其才之長，又有過人者。繼自今廬之士氣丕振，或以直諫顯，或以廉節著，忠臣孝子之門，上紹先賢之芳躅，未必不由此舉基之。是太守亦有大功於名教也，於是乎書。

余忠宣公祠　在府城東門外，祀元余闕。

附 明李東陽記

正德改元之歲，知廬州府馬金言：

元故淮南左丞余闕，當至正之亂，分守安慶，誓死血戰，爲江淮保障。及陳友諒、趙普勝諸軍合攻，陷其城，乃引刀自剄死，並其妻妾、子女，將佐、士卒，無一辱於賊者，其事甚偉。當其時，已贈行省平章事、豳國公，謚忠宣。國朝洪武初，始詔廟祀於死所。闕雖出蒙古，而所居合肥青陽山故宅亦有祠，久不治。惟漢紀信生於西充，死於滎澤；唐許遠生於新城，死於睢陽；文天祥生於廬陵，死於柴市；而今皆兩地並祀。若闕之精忠大烈，可方文、許，較諸紀氏，蓋百倍過之。而鍾靈毓秀之地，不得爲郡縣所祀、子弟所仰，其爲禮亦甚缺。請修葺舊祠，秩諸常祀，復其守者，比於安慶，以昭一代之盛。

詔曰：「可」。

於是重修廟寢堂室暨凡物所有事者，令縣正官以歲春秋再致祭焉。

於戲！綱常之道，根乎天性，具於人心，無時與地而或間。故居不必中國，世不必正統，忠臣義士，往往有之。漢、唐、宋之死節者，代有其人，而宋季尤甚，説者以爲忠厚養士之報。元之以大魁死者四人，其他崇名撫仕者，後先相望。忠宣以一郡之弱，二千人之寡，抗東南數萬之衆。戰至於七十之多，歲至於六七之久，而竟不失其正以死。又能使一門五節，闔郡之士從而死者千餘人，較功論烈，尤大且著者也。

我明祖高皇帝，綏猷惇典，著爲律令，以表古今之忠義。至其所驅逐、所勘定者，亦不以君廢其臣，而表章之。此可見綱常之道，雖出於天，而立教以治世者，固聖人事也。又以見忠義之激於中者，苟自盡於所事，皆可謂不失其正者也。抑聞高皇於虜敏裸將之士，雖包荒含垢，而實有宋太宗、范質之憾。充類至盡，無異於武王封比干、釋伯夷之義矣。而況爲其主而死於亂賊之手者，寧不表之，以爲天下教哉？然則忠宣之重表於今日者，亦豈非詒謀示法之大端也哉？

族祖希蘧先生，與忠宣同舉進士，分左右榜，而唱名謝恩，皆同班序，雅相厚。世所傳《青陽集》者，先生實序之，而以不得效死爲忠宣愧。

東陽仰窺聖祖之仁，復有感於先世之誼，因表其事，且以風天下之爲人臣者。若忠宣之族里行績，則見本朝所著《元史》及潛溪宋學士《傳》爲詳。博雅君子，尚有考焉。

周忠愍祠　在府治明教臺東，祀明周璽。

附　明葉逢春記

余讀《廬陽誌》，列忠節者，自漢周平孫而下，迄於我明曹瑞卿，屈指蓋三十一人。瑞卿跡其行事，宜列之。其剛直二十八人，皆以亂略之頃，激大義，抱忠憤，而爲敵所殲者。至以直言而斃，則惟我朝周忠愍、李崇德兩公焉。豈時當草昧，則人心易激忠義，慷慨之士多，而居常往往養位酣禄，緘默株守之士衆乎？不然，何死敵者餘什九，而以直諫死者不什一耶？

兩公者，以忤武宗，斃於杖下。崇德語在他傳中。若忠愍，則以忤逆瑾，故肥之兒童、婦女，無不嘖嘖。蓋公被拷掠，身無完膚矣，猶弗少屈，曰：「吾死不足惜，令忠義畏愞，可惜耳！」斯言也，豈古所稱君子人與？蘇明允云：使我獲知人之明，而天下受不可一朝居之禍，不忍也。充忠愍之意，使其成殺身之仁，而杜天下敢言之口，不忍也。爲宗社生靈計，而非爲一身後區區之名，詎不賢哉？

公祠碑記尚缺，公之孫、弟子員於德，因蓬萊浦君以請。蓋浦君以六安貳，署肥事也。

余按忠愍與瑾黨楊玉勘事，弗阿弗徇，瑾惡之，遂罹此慘。假令忠愍少假之辭色，縱不得其歡心，亦可免禍。而忠愍不以彼易此。里有富翁，群儂蓋日至摩踵以承之，其後至者，則摩其摩者之踵。一儂獨愕然而進，長揖而與之坐語，群儂皆愧而驚走。忠愍者，其不摩踵之流與！忠愍即死，而國家忠義之氣，藉是以扶持而不墜，其功豈小補哉？浦君爲此請者。

浦之先君，以忤世廟被杖，尋卒於獄。夫世廟之聖明，不世出者，於忠愍有抑鬱未伸，遽焉淪没之旨如此，而於浦公又如彼。豈日月之明，或蔽寸雲，而雷霆之威，偶摧直木者乎？君其有所感夫？有所悲夫？

蔡氏祠　在府治十字街東，祀明蔡悉。

屠公祠　在府治察院前，祀明太守屠仲律，今廢。

宣聖南祠　在廬江縣。宣聖五十八代孫孔思原徙廬江，建家廟，春、秋祭如學宮儀。

大忠祠　在廬江縣，祀明靖難死事陳植。

二賢祠　在舒城縣内，祀漢文翁、朱邑。

三劉祠　在舒城縣東，祀漢頡羹侯劉信、刺史劉馥、明知縣劉顯。

二狀元祠　在無爲州，祀州人宋元豐狀元焦蹈、明永樂甲辰狀元邢寬。

楚公祠　在無爲州，祀宋待制楚建中。

附　宋趙汝談記

郡故祠賢守三，曰王公蘧，陳公瓘，米公芾。王公，蘇黄門之婿，適之之兄也，爲吏健於才。紹聖初，爲郡人興三圩，開十二井，又築北嶺以捍水，至今蒙其利。陳公坐論蔡京，繇右司諫斥謫。尋起郡，復罷，其政猶未洽此土也。邦人以其天下士，而吾里乃幸辱焉，故誇以爲榮。而米公則翰墨妙當世，在郡所作樓觀，皆手自題其扁，民每瞻思之。余謂是三賢者，祠之當矣。然考諸圖志，則先是楚公建中嘗守此，其治一以清静不擾，去之日，有遺愛。而獨缺其祠，豈不忽諸？余反覆其説而得焉。西都所傳，循吏無惠文時人，豈惠文世無良吏哉？其故可思矣。嗚呼！國家慶（歷）〔曆〕、嘉祐間，天子垂衣裳，執大象，群有司奉法循禮，而海内宴安無事。田不盡利也，而食有餘於飽。井不盡甘也，而飲有餘於味。上下數十年間，其布政郡國者，大抵非博厚長者，即忠信善士也。故雖以楚公之才學，亦不刻厲湧發，以求自判於常人。而民所以懷公者，亦惟此心不祈表於外也。嗚呼，獨非盛德之至歟！

王公既繇功食，二公因復名饗，蓋其次第如此。而楚公遠矣，顧有輕重乎哉？今中興以淮爲邊，而無爲創前之敵難未遠也，衆懼莫敢即安。

淳熙末，公私始稍稍鳩聚，若欲自況内郡者，而開禧戎事動矣。汝談之來承乏此地，流宕者未返，瘡痍者未瘳，府無旬月之儲，而宿負新貸，符督交至。余熟視莫知其爲也，喟然嘆曰：「時安得復有楚公者，以爲爾民父母，其庶乎？而余劣，不足進此矣。」於是議追爲公之祠，以記公行事。而歷訪乃無一得，蓋公既不以名蹟遺後，故遺老亦無傳者，相距三甲子矣。嗟乎！以余之淺陋，曾何足知公。而區區企竦歆慕如將見之者，徒以文正范公所薦，而文、富、司馬諸公之所遊也。

公既老，以天章閣待制歸雒。世所傳《耆英圖》有公像，余因得取之。其出處大致在國史不論，第論世道本末，使知前無祠，於公不爲少，而今有祠，不能爲公多。使人知夫翹翹之名，察察之行，凡爲一世之所慕耀而争趨者，皆公之細焉爾。

賈公祠　在無爲州，祀宋賈易。

二賢祠　在巢縣萬家山麓，祀巢父、許由。

范亞父祠　在巢縣治内，祀范增。又一在縣東七里。

居巢子祠　在巢縣學内，祀劉知幾。

甯公祠　在巢縣北關内，祀明知縣甯承勳。

漢

頡虆侯劉信墓　在舒城縣北四十里。

五　代

伍喬墓　在廬江縣馬廠岡。

宋

學士劉筠墓　在府東水西門外。

太子少保馬亮墓　在府城西七里，晏殊銘。

侍郎包令儀墓　在府東七里。

參政包拯墓　在府東十五里。

附　宋林至記

至爲淮西從事之三月，始得再拜謁孝肅包公墓下。嗚呼！慶（歷）〔曆〕、嘉祐之間，何其盛也。仁宗皇帝以天地高厚之德，平治天下，而又延登耆雅，容納忠讜。維時孝肅公危言直論，排斥權倖，切劘治道，而扶持國本者，睹奏疏可考焉。至其臨政，明不可欺，剛不可撓，公不可干以私。今百餘年，所在士民，聞其風采，猶知起敬起畏。

合肥，公之鄉里也。中更兵火，子孫流離，故宅廢爲民居，獨廟祀存焉。今去城十五里，所謂東材原者，公之墓也。去皇考侍郎公墓七里。每歲春、秋，教授、縣令帥諸生，往修歲祀。然（邱）〔丘〕封半頹，冢木剪拔，擔夫牧豎，往來莫禁。甚者至蹊其墓田，欲奪而有之。嗚呼！以忠賢端士，而報施乃爾，豈天道耶？或兵革之後，未能遽復耶？

教授丁君端祖、縣令潘君友文，相與鳩工斂材，次第修治。會部使者王公補之來攝帥事，即以聞。公爲之惻然，不踰月，斥公帑助其役費。繚以周垣，方一百五十五步。菑剔棘蓬，植藝松檜。祭饗有堂，墓道有門。碣墓記藏雖不復存，立表署阡，往來其下者，皆知爲孝肅公之墓，瞿然加敬，風動一鄉。而又正其墓禁，直其田之訟，歸之包氏，使歲時奉烝嘗，所以竭虔妥靈者，厚矣。

嗚呼！仁人君子，固有不幸，而不能保其後也。世人不察，猥以天道報施之不常，以起爲善者之懼。而不知君子之澤，雖曰五世而斬，至於流風餘韵，聞者爲之興起。孰使之然哉？扶持風化，調護其子孫，此正吾人責也，可捨此而謂天道？是耶，非耶？

公之元孫邦直，朝廷蓋嘗命之官。今雖老不能仕，而州縣之間，經紀其存殁者，可獨爲包氏計耶？風化所係多矣！

至於連帥之命，告成於公墓，而且屬筆以記其事。公之勛德，載在國史，此不復論。姑序其本末，以爲後勸云。

御史李公麟墓　在舒城縣南五里。

魏國公王之道墓　在無爲州開城鄉相山。

樞密使王藺墓　在無爲州開城鄉軒車山。

侍郎賈易墓　在無爲州西三里。

郎中雙漸墓　在無爲州西門外三里。

狀元焦蹈墓　在無爲州西三里。

方孝子墓　在無爲州北三里。

元

學士葛聞孫墓　在合肥縣水西門外。

明

尚書蔚綬墓　在府城時雍門外花橋側。
都御史張淳墓　在府城南門外。
安陸侯吴復墓　在合肥縣北鄉。
都督僉事瞿通墓　在合肥縣土山。
指揮王瑛墓　在合肥縣店埠鎮。
知府孫鎮墓　在合肥縣西南。
參政程楷墓　在合肥縣西門外方家岡。
順天府丞周璽墓　在合肥縣西門外三里。
尚寶司蔡悉墓　在合肥縣城東八里岡。
布政使竇子偁墓　在合肥縣城西千字山。

太常少卿朱來遠①墓　在廬江縣南沙湖山麓。
御史盧謙墓　在廬江縣東二十里。
侍郎陳植墓　在廬江縣白石山麓。
少詹胡守恒墓　在舒城縣南椒子沖。
左長史祝富墓　在舒城縣西南打石山後。
侍郎鄭泰墓　在舒城縣東三里。
尚書鄭時墓　在舒城縣東四里。
尚書秦民悦墓　在舒城縣金雞墩。
侍郎吴光義墓　在無爲州葛公山。
參議吴廷翰墓　在無爲州南轎子灣。
尚書薛祥墓　在州西門外。
尚書薛遠墓　在祥墓右。
狀元邢寬墓　在州西三里。
參政朱昂墓　在州南十里。

① 「遠」，《四庫》本作「逵」。

參政李春墓　在州南十里。

巡撫劉崙墓　在無爲州南平頭松。

通政朱萬春墓　在巢縣城西。先葬無爲州，遷今處。

光禄寺卿曹琥墓　在巢縣河之南牛角山下[1]。

國朝

禮部尚書龔鼎孳墓　在合肥縣巢湖菴後。

通政司參議王剛墓　在合肥縣駱家廟。

大學士李天馥墓　〔在合肥縣威武門外。〕[2]

鳳陽府

社稷壇　在府城西門外。

風雲雷雨山川壇　在府城南門外。

① 《四庫》本無「下」字。

② 據嘉慶《合肥縣志》卷十四補。

敕建先農壇　在府治東郊五里，雍正四年遵建。

郡厲壇　在府城北。在縣曰邑厲。

里社、鄉厲二壇　在各鄉保。

關帝廟　在府治荆山麓。國朝雍正五年，奉旨追封三代公爵，春、秋仝日祭於後殿。

城隍廟　在府治西南。

敕建八蜡神廟　劉猛將軍廟　並在府治獨山門東五里。

以上壇廟，所屬州縣皆如制。

旗纛廟　在各衛所。

龍王廟　在府治獨山門東五里、定遠縣東北十五里泉塢。山北亦有此廟，禱雨輒應。

禹廟　在府治塗山頂。

附　明劉俊《重修廟記》

神禹氏功德，萬世永賴，不可泯者也。有廟祠之者，塗山有二，一在越之會稽山，一在淮西濠州鍾離縣西九十五里。《左傳》杜預註：「塗山在壽春東北，有禹會村。」《輿地記》載：「濠州，塗山氏之國。」蘇轍、王韶過濠州，俱有詩。蓋鍾離，濠州治也，即今之臨淮縣。壽春，即今之壽州。懷遠縣，乃鳳陽屬邑，而鄰於壽州。縣之南，距淮河三里許，有山，高聳特秀，上有禹廟，與杜預註、《輿地記》合焉。考於《書》與《輿地記》，徵於杜預註，與蘇、王之詩，則塗山之在懷遠縣者無疑矣。若會稽，則禹晚年巡狩，駐蹕兹山，東南諸侯亦來朝。則後之會諸侯爲會稽山，前之會諸侯爲塗山，夫何疑哉？今二州皆祠之者，會稽則以禹陵在縣，塗山則以其娶於斯，而治水始焉。要之，皆崇德報功也。

今廟在懷遠塗山者，前楹三間，中祠禹王，左右羽士所居。近益後楹三間，中祠真武。景泰改元，鳳陽太守仲公，承制命祭於神，見祠宇圮廢，命住持羽士許得智，募緣葺之。今年春，燬於回禄。仲公責其完復，得智殫厥心力，鳩工經營，焕然一新。太守以書來南京，請記之。

夫祀神治民，守之先務。仲公致意禹廟，而拳拳以文爲請，其事神誠敬何如哉？予故詳列經傳所紀，而明辨之，俾來者不惑於塗山之説。且知朝廷與鄉人所以享祀者，在於尊尚道德，不忘其功焉。

夏后啓廟　在府治荆山頂。漢高祖過此，命立廟。

相山廟　在宿州西北九十里相山之巔。晉太康五年，令諸侯祀界内山川，因建。自宋元豐至明洪武，凡五修。

女媧廟　在靈璧縣北門外。

文昌閣　在府治西南譙樓上。

忠義祠　在學宫内。

節孝祠　在學宫旁。

二祠所屬州縣俱如制。

名臣祠　在府學，祀明户部尚書年富。

楊公祠　在府治荆山巔，祀楊瞻。　明嘉靖間，改建於兩山書院。

彭祖祠　在臨淮縣雲母山。

三侯祠　在懷遠縣儒學，祀何立、陳邦翰、潘登貴。

貞烈祠　在懷遠縣治西南，祀花將軍妻郜氏諸人。

包公祠　在定遠縣治西，祀宋包拯，明永樂初建。

留犢祠　在壽州城内西南隅，祀漢令時苗。

謝公祠　在壽州北八公山，祀晉謝康樂。

董子祠　在壽州南正陽鎮，祀唐董邵南。

閔子祠　在宿州北七十里閔子鄉之騫山南，明成化間重建。

二忠祠　在宿州東月城，祀張巡、許遠。

三忠祠　在靈璧縣西，祀明殉流賊難知縣陳伯安、主簿蔣賢、壽州指揮錢美。

明舊陵　淳皇帝后，在鳳陽縣太平鄉。

夏

皋陶墓　據《漢書廣覽》云，在六安縣壽州界。

周

楚令尹孫叔敖墓　在懷遠縣塗山東。魏任城王元澄爲揚州刺史，鎮壽春，下車封孫叔敖之墓。

左史倚相墓　在壽州南五里。

趙將廉頗墓　在壽州八公山下。按《史記》，頗一爲楚將無功，卒死於壽春。今隸新分鳳臺縣界。

先賢宓不齊墓　在壽州東南鐵佛岡。據周《志》，相傳子賤爲魯使吴，卒葬此，未詳。

先賢閔損墓　在宿州北七十里閔子鄉騫山前，墓前有祠。按《家語》，閔子，魯人，卒葬歷城東五里。《明一統志》載，在蕭縣。今姑從舊志存之。

漢

少傅桓榮墓　在懷遠縣龍亢集北五里。

給事桓譚墓　在宿州沛地。元和中，肅宗東巡至沛，使使者祠譚冢，鄉里以爲榮。

唐

鄂國公尉遲恭墓　在定遠縣東八里石羊岡。

明

十王四妃墳　在鳳陽縣西北二十五里。壽春王、霍（邱）〔丘〕王、安豐王、蒙城王、下蔡王、六安王、寶應王、來安王、都梁王、英山王，壽春王妃劉氏，霍（邱）〔丘〕王妃翟氏，安豐王妃趙氏，蒙城王妃田氏。名白塔墳。

駙馬王琛墓　在白塔墳南。

尚書單安仁墓　在鳳陽縣西北長淮衛。

尚書顧佐墓　在鳳陽縣朝陽門北。

尚書郁新墓　在臨淮縣東古城。

安平侯李遠墓　在懷遠縣西山底村。

都御史周銓墓　在懷遠縣荆山南麓。

尚書年富墓　〔在〕①縣北清溝旁。

指揮常榮墓　在縣賈村。

東川侯胡海洋墓　在定遠縣東南四十五里。

崇信伯費瓛墓　在定遠縣北一里。

都督李勝墓　〔在〕縣西三十里。

都督趙清墓　〔在〕縣東四十五里。

都督高智墓　〔在〕縣東六十里。

都督朱崇墓　〔在〕縣西六十里。

尚書苗衷墓　在縣西十里清澄灣西岡之原。

徐王墳　在宿州北閔子鄉龜山左、豐山右，葬明高皇后父。洪武間立廟於塋域之南，設墳户九十三供灑掃。

衛國公鄧愈墓　在虹縣南二十里龍宿溝。

① 據上下文體例擬補。以下四條俱同。

知縣何誠墓　在虹縣永濟門外。
尚書陳翌墓　在虹縣東門外。
參政王楫墓　在虹縣東二十里。
侍郎劉繼文墓　在靈璧縣東關一佳山。

潁州府

社稷壇　在府治西。
風雲雷雨山川壇　在府城南門外。
敕建先農壇　在府治東門外，雍正四年遵建。
郡厲壇　在府治西。在縣曰邑厲。
里社、鄉厲二壇　在各鄉保。
關帝廟　在府治東門。國朝雍正五年，奉旨追封三代公爵，春、秋仝日祭於後殿。
城隍廟　在府城北。
敕建八蜡神廟　劉猛將軍廟　俱在府治。
旗纛廟　在府治衛所後。
岳武穆廟　在蒙城縣西北三十五里。

忠義祠　在學宫内。

節孝祠　在東關外。

二祠各州縣俱如制。

張龍公祠　在府城東三十里，祈雨輒應。

附　宋蘇軾記

昭靈侯南陽張公，諱路斯。隋之初，家於潁上縣百①社村。〔年〕②十六，中明經科。唐景龍中，爲宣城令，以才能稱。夫人石氏，生九子。

自宣城罷歸，常釣於焦氏臺之陰。一日，顧見釣處有宫室樓殿，遂入居之。自是夜出旦歸，歸輒體寒而濕。夫人驚問之，曰：「我龍也。蓼人鄭祥遠，亦龍也，與我争此居，明日當戰，使九子當助我。領有絳綃者我也，青綃者鄭也。」明日，九子以弓矢射青綃者，中之，忽而去。公亦逐之，所過爲谿谷，以達於淮。而青綃者投於合肥之西山以死，爲龍穴山。九子皆化爲龍，而石氏葬關洲。公之兄爲馬步使者，子孫散居潁上，其墓皆存焉。事見於唐布衣趙耕之文，而傳於潁

① 「百」，《四庫》本作「仁」。

② 據《四庫》本補。

間父老之口，載於歐陽文忠公之《集古録》云。

自景龍以來，潁人世祠之於焦氏臺。乾寧①中，刺史王敬蕘始大其廟。有宋乾德中，蔡州大旱，其刺史聞公之靈，築祠於蔡。既雨，翰林學士陶穀爲記其事。蓋自淮南至於陳、蔡、許、汝，皆奔走奉祀。

景德中，建議大夫張秉奉詔，益新潁上祠宇。而熙寧中，司封郎中張徽奏乞爵號，詔封昭靈侯，石氏柔應夫人。廟有穴五，往往見變異出雲雨。或投器穴中，則見於池。而近歲有得蜕骨於池者，金聲玉質，輕重不常，今藏廟中。

元祐六年秋，旱甚。郡守龍圖學士左朝奉郎蘇軾，迎致其骨於西湖之行祠，與吏民禱焉。其應如響，乃益治其廟，作碑而銘之。

歐陽公祠　在府學西，祀宋歐陽修。

劉侯祠　在府治東，祀宋劉琦。

報功祠　在府城中，祀宋將劉錡，配以陳規、汪若海，其副將趙樽、許清、曹成、閻充、耿訓、韓宣

① 「乾寧」，《四庫》本作「熙寧」。乾寧，唐昭宗年號，時當八九四至八九八年。熙寧，宋神宗年號，時當一〇六八至一〇七七年。作「乾寧」是。

祔享。

三忠祠　在府城東關，祀元忠臣李黼及兄冕子秉昭。

六貞祠　在府治東關，祀漢烈婦范滂母，明節婦陳海妻李氏、李深妻劉氏、周雨妻韓氏、時銓妻李氏、魏隆妻烈婦張氏。

附　明胡衮記

考於潁，得貞婦六焉。其一曰范母。子孟博也，慨然澄清，甘死如飴，而母能勉之以正，臨決數語，凛然不以考①壽易令名，可謂知所擇矣，夫是之謂貞。

次時銓妻李氏。方銓之殁，李甫年十四，四越月而生孤用，則紡績以撫。用既長而娶，生鯨，而用夫婦又相繼逝矣。七十二年，艱難百狀，卒撫鯨以永時祀。

次周雨妻韓氏，年十七歸雨，歸二年而雨卒。韓守志五十九年如一日，雖父母不能奪。

次張恭女，年十七適魏隆。甫四月，而逆七犯潁，被擄，劇駡不辱而死。夫是四者，皆貞也。

次曰劉氏，舍餘李深妻也。其寡之年視韓，其志與其壽視時李氏，加三齡焉。雖未亡，而墓

① 「考」，《四庫》本作「老」。

木拱矣，是亦貞也。

於是陳州之陳海妻李氏，潁州人也。夫卒，辛勤事病姑，以孝稱，教子，以禄養終焉。雖歿於陳州，而自出則潁也。夫《春秋》，魯史也。宋共姬、紀伯姬之賢，大書不一書，内女也，因著教焉。然則李氏之宜傳於潁無疑矣。

夫節義在天地間，如水行流地，未嘗一日息。潁六貞，據今日所見聞，乃得其五。遡元而上，僅一人而已。豈貞烈之婦，不必聞於時，或雖聞而無爲之傳者，世久人湮，與其聲而俱泯耶？嗣今不傳，則六貞者將久而泯泯如所云，亦未可知也。

修飭先生既祠三忠，妥神有日矣，三忠之南數十步有祠，不載祀典，則撤之而加新焉。其制如三忠，其工費可相彷，扁其坊曰「六貞」。祠成，郡人士咸喜風教之振，忠貞之氣將益昌矣，争礱石於祠，俾衮爲之記。衮既與有風教責，敢不詳志以示勸哉？

管鮑祠　在潁上縣，明知縣屠隆建。

三忠祠　在潁上縣，祀明僉事李天衢、兵備謝肇鉉、縣令廖維義，皆捍賊有功。

女忠祠　在霍(邱)〔丘〕縣治東，祀明殉義黄氏、李氏、陳氏。

湯陵祠　在亳州北渦河二里，以伊尹、仲虺配。建太甲祠于後，以伊涉、咎單配。

伯顔①祠　在亳州東義門鎮。元至正時，伯顔爲城父縣達魯花赤，捕賊至福寧鎮，爲賊所害，後人立祠祀之。

三烈女祠　在亳州城，祀魏曹淑妻令女、海秀妻李氏、毛繼妻宋氏。

萊公祠　在太和縣，祀宋寇準。

趙公祠　在太和縣，祀明趙夔，報始築邑城也。

莊子祠　在蒙城縣，祀莊周，宋縣令王兢建。

七節祠　在蒙城縣東南，祀謝氏等七節婦，共挽而死。

表貞祠　在蒙城縣，祀節婦盧、李、謝、丁、韓、王、韓、莊、田、牛、劉、許、周、許、蔡、劉、魏、李、劉、李、季，烈女韓、戴、時等二十四人。

商

湯陵　在亳州北。《皇覽》云：湯冢在濟陰亳縣東北郭，去縣三里。按《括地志》云：洛陽偃師縣東有湯冢，近桐宫。則是去州尚遠，未敢信其必在亳也。

---

① 「伯顔」，《四庫》本作「巴延」。本書下同。

周

齊相管夷吾墓　即潁上縣管仲墩，在北關大寺後。明屠隆有碑。

秦

上卿甘羅墓　在潁上縣城東五十里潁河北岸。

漢

山桑侯王常墓　在蒙城縣檀城内。

晋

吏部畢卓墓　在府治西二百一十里。

元

宰相張弘略墓　在亳州東十里渦河南。

平章貊高①墓　在太和縣東一里。

明

御史大夫安然墓　在府西關外。

尚書李敏墓　在府治西瓦店。

光禄張泌墓　在府治西楊橋集南。

參政韓璽墓　在府東門外郝家洼大教場。

參政郭昇墓　在府治東。

僉事李葵墓　在府治東七里岡。

僉事儲珊墓　在府西湖東南。

推官盧翰墓　在府河北岸。

御史張光祖墓　在府治西七里河東岸。

通判尚爵墓　在府治西里許。

給事王謨墓　在府留陵河東南。

① 「貊高」，《四庫》本作「摩該」。

布政王之屏墓　在府治東嶽廟東檀家湖東北。

布政王道增墓　在府治東嶽廟東。

同知白夏墓　在府治東南陵口東白家屯。

知府徐治民墓　在府城東三里灣。

布政劉光九墓　在府城東七里鋪。

尚書張鶴鳴墓　在府治西湖南。

副使張鶴騰墓　在府城西七里河東岸。

布政章順舉墓　在潁上縣。

孝子徐汝楫墓　在霍(邱)〔丘〕縣西二里。

烈婦吳氏墓　在霍(邱)〔丘〕縣。萬言妻吳氏同妹松花合葬處，名曰雙烈。

郎中薛蕙墓　在亳州城東南一里，文徵明撰墓碑。

布政李國士墓　在亳州城東南三里八角臺左。

尚書王質墓　在太和縣崇文門外。

滁　州

社稷壇　在州城北。

風雲雷雨山川壇　在州城北。
敕建先農壇　在州治東門外，雍正四年遵建。
州厲壇　在州城北。在縣曰邑厲。
里社、鄉厲二壇　在各鄉保。
關帝廟　在州西。雍正五年，奉旨追封三代公爵，春、秋仝日祭于後殿。
城隍廟在譙樓西
八蜡神廟　劉猛將軍廟　並在州城。
以上壇廟，所屬縣皆如制。
旗纛廟　在衛内。
表豐大王廟　在豐山頂，祀豐山神。宋宣和五年，禱雨應，賜額曰「表豐」。
漢高帝廟　在豐山側。唐意《高廟碑陰記》云：漢諸將追項羽，道經此山。至今土俗以五月十七日爲高帝生日，遠近畢集薦觴焉。
宋太祖原廟　在羅城外沙河岸東。皇祐初，通判滁州王靖言：「太祖擒皇甫暉於滁州，太宗下劉繼元於并州，真宗禦契丹於澶州，宜立原廟於三州，以昭遺烈。」於是命寫太祖御容，於滁起端明殿，兼立天慶觀以奉之。
柏子龍潭廟　在州城外。以六月六日祭，禱雨輒應。

附　明太祖《柏子潭神龍效靈碑》

昔元末帝紀至正十有四年，歲次甲午秋七月，朕率兵駐滁陽，正禾苗暢茂之時。值天久旱，農樹將槁。時所帥者衆，憂恐乏食，皇皇不已。於是詢於滁民之耆年者，曰：「滁陽郡在方册，其來遠矣，水陸英靈，孰民懷之？」語既，郡耆默然。中有志士楊文素者曰：「滁之西南有山曰豐山，陽谷有巒。巒側有淵，名曰柏子潭，淺深莫測，神龍出没，往來乎其間。前代雨愆期，凡官守於斯者，必懇禱於是，誠則輒應。於是每遇旱患，祈必豐稔。滁民懷澤，臨淵而建祠，先後人相繼，無不仰瞻。今天久不雨，必詣神祠，陳其所以，或者雨乎？」朕既聽是云，即策馬極所在，去將百步，稅騎而步趨，欽欽而臨淵，懇思之，洋洋乎在淵，躍躍乎遊雲。於是齋焉飯僧，臨祠而禱之。

初，土民有云：「凡禱之日，潭必有異。或魚尾於淵，或黿鼉浮於面，斯雨澤之先兆者。」朕亦欲是，至期無見。禱已畢矣，親躋巒側，立淵西崖，扳弧俯視，以矢入淵者三，祝謂神曰：「曩有禱於神者，謂神有異，今乃無。是朕與神約期三日：神若我答，無不神敬。設杳然，還可祠於淵乎？」視畢乃歸。

是日天朗。明日，萬里無雲。三日，其晴愈甚。漏當巳正之間，纖雲不飛。待至午漏將正，出視四天，滁之西南豐山之右，墨雲一點，昭示碧天，其巨如斗。噫！久旱不雨，今碧天萬里，所望之雲，不過如斗，量豈濟哉？果若不答，神必我較，將有他變歟？於是闋息於中堂。

頃視外澹影幽陰，即出仰視。嗚呼！欻然忽然，墨雲已遍太虛，雷轟天外，電掣九霄，霖雨大作。時朕冒烈風迅雷，即詣神祠謝神，如朕所約。邑中去潭多不三里餘，比至潭，所在山川滂沱盈溢，無不浩浩蕩蕩。神乃我答，不傷不溢，民獲豐稔。

朕自去此，三十年餘。若遇旱患，心目朝向是方，意欲詣祠而禱，斯慕神之切也。遂於洪武十八年冬十有二月十一日，特敕有司，建亭宇，刻堅石，著神效靈，樹當淵所，以昭示澤民之驗。

剛烈廟　在州治，祀宋滁州守劉位。金兵至，中流矢死，詔建廟，號「剛烈」。

滁陽王廟　在州治，祀明郭子興，洪武二年立廟。一在墓次，以鄰宥氏世爲奉祀守王墳。

漢王廟　在全椒縣西五十里。

蔡姥廟　在全椒縣南小湖旁。宋時滁水泛溢，因建是廟，以祈福佑。

漢高皇廟　在來安縣南五里。

忠義祠　節孝祠　俱在州學宫内。二祠各縣俱如制。

九賢祠　在州城内保豐堂後，祀唐刺史韋應物、李德裕、李幼卿、李紳、韓思復，宋郡守王禹偁、歐陽修、張方平、曾肇。

五賢祠　在州治，祀宋王禹偁、歐陽修、張方平、曾肇、蘇軾。

二賢祠　在州治醉翁亭後，祀歐陽修、蘇軾。

四賢祠　在州城西南豐山九賢祠左，祀明李一鵬、高倬、王聚奎、金光辰。

附　明淩義渠記

滁界江、淮間，賦役繁重，累歲不登，黎民半菽不飽，當事每廑蒿目憂。蓋以金精動宿，石鼓鳴山，塞上風烟，羽書旁午，縣官左右手晝。而大江以北，尤屬騷劇。歲辛巳，津撫忽檄召買改運，一時奉到洛移，滁人當三空四盡之餘，不啻燔溺逼矣。催檄再下，蒸民輾轉流離，不忍聞見。中丞金公，時司喉舌，《滁民山城不通水道》一疏，獲封入，准以麥抵解。淮重負雖釋强半，而外加未豁。廷尉李公以南冏賫覲，述所經歷及所耳目者上之，陳滁人力困不支之狀最悉。金公隨具《滁和寇荒已極》一疏，力請蠲豁。更及馬價忽增，南之九府四州，概爲蠲除。而北直、山東、河南荒殘處所，並荷恩免。皇仁所播，固不獨滁。於時滁之黄童白叟，無不舉手加額，以歌誦曰：「維休維吉，君子萬年！」

初，寇猖熾，飄忽楚、豫，烽燧尚未及滁。壬午夏，近在金斗，兵賊雜沓，滁且有震驚，恐剥膚凶也。先是，浙東馮公以滁陽爲金陵門户，牧伯駐轄，題設環山營兵，統以守備，屏蔽江干西蜀。高公繼至，慮徒手之卒，不能袒裼行間；枵腹之官，不能奮揚營壘；制械設俸，所以綢繆者畢至。闕中王公以謫丞佐，計曰：「固圉之所憑者神器，神器之所憑者硝黄。」爲之捐俸以倡義，勸助以裕資，勤教習，人知衝敵，人知規方，而滁賴保障矣。

夫兵之大計人心，不宿飽則立解，不羽衛則立耗。此夫子論政，兢兢於足食、足兵之爲先也。西蜀、關中，承小馮君之後，籌兵、籌食，實爲國家留心根本重地，而滁人獲邀鞏固。中丞、廷尉，綣念凋敝遺黎，脱彼燔溺之危於一時，迄今咸沐輕徭之樂，得遂畎畝之安，民信於此而立。所貽於滁人者，不更延之有永也哉？

四先生爲國家計長久，爲民生計安全，不獨爲滁人計也。而安全之澤，滁人實先受之。滁人食夫安全之澤，圖所以不忘夫澤者，相與卜築於豐山之側，俎豆於九賢之左，意與文昭、文定、京兆、贊皇諸公，後先晤語也。俾莅兹土者公餘覽勝，生兹土者暇日尋芳，顧兹山高水清，仰四先生之風，其有所興起也。

夫主其事者，則署州守孔君尚則，學博士沈君鍾秀也。監督視事，則州别駕夏君觀，署捕照磨王推己，及鄉縉紳、諸庠也。工竣，余乃推衆之意，執筆以識之曰，滁人之戴四公者如石。於是衆皆坐卧其下，而不能去。

四公：李名一鵬，號洧盤，浙江慈谿人，乙丑科進士，辛巳任南太僕寺鄉。高名倬，號枝樓，四川忠州人，乙丑科進士，壬午任南太僕寺卿。王名聚奎，號聯珠，陝西鄜縣人，戊辰科進士，壬午任南太僕寺寺丞。金名光辰，號天樞，一號雙巖，全椒縣人，戊辰科進士，壬午任都察院左僉都御史，前任通政司右通政。

王陽明祠　在州城内保豐堂右，祀明王守仁。全椒縣亦有祠。

胡莊肅祠　在州治上街，祀明胡松。

(未)〔朱〕①文公祠　在全椒縣。

劉公祠　在全椒縣城内，祀邑令劉平。

漢

阜陵王墓　在全椒縣東十五里。阜陵王，光武子延也，其冢高大，旁即阜陵城。

唐

給事張原佖墓　在州仁義鄉蓼湖東。

五代

常州刺史張訓墓　在州東南二十五里。

---

① 據《四庫》本改。

宋

光禄張昷之墓　在州昌城鄉安仁村。

提點張次元墓　在州昌城鄉安仁村。

運判吴革墓　在全椒縣南十五里。

提點王粹道墓　在全椒縣甫城岡南。

明

滁陽王郭子興墓　在州沙河之上，明初設守冢户。

學士范常墓　在州烏衣河北。

都督何文暉墓　在州城東北沙河上。

都督李茂墓　在州關山西北。

侍郎黄立恭墓　在州麻塘橋西南。

侍郎劉清墓　在州城北三里。

尚書胡松墓　在州東四十五里。

布政孫存墓　在州城南拗翁塘。

新寧伯譚忠墓　在州東秦皇塘左。
贈少保于澤墓　在州南孤山，謙之祖也。
御史周冕墓　在州東沙河沿。
郎中楊于庭墓　在州二郎口外里許。
中書吳國鼎墓　在州花山北小清流關。
都御史金光辰墓　在州花山羅家凹。
南河侯方瑛墓　在全椒縣西馬鞍山。
祭酒樂韶鳳墓　在全椒縣西沿村河。
太醫院判魯文質墓　在全椒縣西沿村河。
都督平安墓　在全椒縣高塘南二里。

國朝

郎中金拱敬墓　在重熙洞山。

和州

社稷壇　在州城印山門外。

風雲雷雨山川壇　在州城梁山門外。
敕建先農壇　在州治東郊，雍正四年遵建。
州厲壇　在州香泉門外。在縣曰邑厲。
里社、鄉厲二壇　在各鄉保。
關帝廟　在州城玄妙觀東。雍正五年，奉旨追封三代公爵，仝日祭于後殿。
城隍廟　在州治東南。
八蜡神廟　劉猛將軍廟　並在州城。
以上壇廟，所屬縣皆如制。
姥廟　在州西三十里麻湖之陽，祀歷陽神母。母有先哲，知歷陽將陷爲湖，後人以爲神，因立廟。
霸王廟　在州東北四十里烏江。
插花廟　在州東北七十里陰陵山，祀魯妃，即項王之虞姬。
灌將軍廟　在州治印山門内，祀漢灌嬰。
范增女廟　在州治内。范增女號東城九娘子。慶（歷）〔曆〕初，東寇王倫圍歷陽，恍見女守禦，遂潰散。封威顯夫人。
周侯廟　在州治南横江門内，祀宋周全。

忠烈廟　在州治姬家巷東，祀宋郡侯周虎。

附　**明戴重《修忠烈廟記》**

有宋開禧二年，北兵渡江圍和州，州守周公力戰却之。其三年，州人德公而祠焉。嘉定元年，祠成，知歷陽縣謝德與爲之記，記攻守狀甚詳。時公已移謫去。紹定二年，轉和州防禦使，會卒。淳祐七年，謚「忠惠」，賜廟額曰「忠烈」，仍生祠而爲之。其北堂則以祀公母感義郡太夫人，敕辭具於石。

廟在横江門内，故壯且麗。後二百餘年，蓋未有新之者。及我嘉靖之六年，知州易公鸞乃廢淫祠，於城西之麓，徙廟其地，而祠賢母於左壖。昇二巨碑立廟下，自書「忠烈廟」榜，筆力古勁。垂且百年，又告圮矣。

諸生王之節亟言於有司，召工取材，少易朽壞。而謂重曰：「和州南北之争地也，天下有亂，和必先之。若周公以孤城羸卒，抗忠致命，摧敵保邦，節與子顒仰師之，以勵我國人。工雖不克終，不可不記其事。嘗讀《宋史》，記開禧和州之圍，頗不載公却敵之績，惟《帝紀》中一署名耳。豈侂胄怒(邱)〔丘〕崇之斥己，因以抑公與？他日有事於《宋史·列傳》，慎無闕也！」

重韙其言，書之於版。並録祠記，永垂祀典云爾。

余忠宣廟　在州城西隅，祀元余闕。

旌忠廟　在含山縣西北，祀宋統制姚興。舊立廟戰所，元季燬於火，改立今處。

忠義祠　節孝祠　皆在學宫側。二祠各縣俱如制。

浣紗女祠　在州治馬神廟右，即古漁（邱）〔丘〕渡。伍員爲追兵所迫，於此取渡，道饑，浣紗女食員，慮其泄，戒以勿言，女因抱石自沈。後人高其義，爲立廟祀之。

烈女祠　在州城南隅，祀宋烈女、元孝婦、明節婦十八人。

賢母祠　在州治周侯廟左，祀周虎母何氏。

陸秀夫祠　在州西南二十里豐山旁。

三賢祠　在州儒學東廡側，祀唐司業張籍、太學生何蕃，宋學士張孝祥。

三老堂　在州治後，祀宋太守傅堯俞、范純仁、劉摯。三老相繼出守，皆入相，有德政，人稱之。宋元祐間建，明正德中復建，後改爲祠。

焦太史祠　在州治西北隅，祀明太史焦竑。

香烈祠　在州治之西北。明懷宗乙亥，流寇陷城，知州黎弘基及同知陳德姚、學正康正諫、教諭趙世選俱殉難，立祠祀之。

游定夫祠　在含山縣登科橋，祀宋游酢①。

功臣祠　在含山縣東街，祀明華高、仇成、李彬、楊文、紀清。

烈女祠　在含山縣南街。

宋

侍郎彭思永墓　在州城西南延慶寺西，封樹如初。

先儒游酢墓　在含山縣北十三都，有楊時墓誌銘碑石。

元

總管韓擒虎墓　在州小西門外大岡之上。擒虎爲元總管，與明太祖相抗不降，嘉其忠義，卒以禮葬。

① 《四庫》本缺「宋游酢」三字。

明

尚書班用吉墓　在州小西門外社稷壇之東北，有碑。

襄城伯李濬墓　在小西門外，有石坊並碑。

都督僉事陳亨墓　在州西北鳳凰山。

皖國公仇成墓　在州五都。

侍郎馬諒墓　在州城西北三里。

運使王璽墓　在州北郭亭之東北半里。

知府萬慶墓　在州小西門外襄城伯墓旁。

學士危素墓　在含山縣新東門外。

豐城侯李彬墓　在含山縣南一都。

廣德侯華高墓　在含山縣七都，宋濂撰神道碑。

駙馬都尉王富墓　在含山縣西城外。

都督紀清墓　在含山縣東七都。

都督楊文墓　在縣東七都。

知州張祐墓　在縣東城外。

國朝

訓導劉芳遠墓　在含山縣流塘堰。

奉政大夫李衷燦墓　在含山縣西。

佘烈婦墓　在含山縣運漕鎮。

鮑孀姑墓　在含山縣黄泥岡。

廣德州

社稷壇　在州城西門外。

風雲雷雨山川壇　在州城南門外。

敕建先農壇　在州治東門外，雍正四年遵建。

州厲壇　在州城北。在縣曰邑厲。

里社、鄉厲一壇　在各鄉保。

關帝廟　在州治東。國朝雍正五年，奉旨追封三代公爵，仝日祭於後殿。

城隍廟　在州治東。

敕建八蜡神廟　在建平縣善政坊。

劉猛將軍廟　在東門外。

以上壇廟，所屬縣皆如制。

顯濟龍王廟　在州治南七十里，禱雨多應。

石嶺真武廟　在州南二十五里。

東嶽廟　在州治東南。

祠山廟　在州治西五里，祀漢張渤。

伍子胥廟　在建平縣伍牙山上。

忠義祠　在州學内。

節孝祠　在學宫左。

二祠各縣俱如制。

四先生祠　在州治，祀范仲淹、真德秀、王叔英、周瑛，元判官秦德用建。

三忠祠　在州治，祀宋岳飛，明練子寧、王叔英。

吕祖祠　在州治東東亭湖南。

九烈祠　在州治，祀常績、王翼、潘璠、李庚俊、王儔、趙時踐、趙時晦、蔣夔、朱嗣孟。

六賢祠　在州治，祀明鄒守益、錢德洪、王畿、耿定向、沈沖、王艮。又有鄒東廓祠，特祀守益。

三惠祠　在州治，祀趙崇賢、王邦瑞、彭楝。

王修撰祠　在州治，祀王叔英。
陸公祠　在州治，祀陸長庚。
邵氏祠　在州治，祀邵圭。
趙公祠　在建平縣治東南，祀宋參軍趙時踐。

唐

尚書劉文静墓　在州治北三十里唐興寺側。

宋

提點吴應龍墓　在建平縣南二十里吴村山。
校書郎章汝鈞墓　在建平縣。
丞相鄭清之墓　在建平縣東北四十里。
參軍趙時踐墓　在建平縣溪岸，闔門死難。

明

元帥劉成墓　在州西七里岡。明初以戰殁，予守冢户加恤焉。

修撰王叔英墓　在州西祠山東麓。建文時殉難，少師楊士奇爲題其墓。

附　明周瑛記

去廣德城西五里許，王修撰墓在焉。修撰故台州人，姓王氏，名叔英，字原采。素有氣節，仕建文朝爲文字。官未幾，文皇帝南巡。原采募丁壯廣德，遂自經。將死，自爲贊曰：「生已久矣，未有補於當時。死亦徒然，庶無慚於後世。」又自爲詩曰：「人生穹壤間，忠孝貴克全。嗟予事君父，自省多過愆。有志未及竟，奇疾忽見纏。肥甘空在案，對之不能嚥。意者造化神，有命歸九泉。嘗念夷與齊，餓死首陽巔。周粟豈不嘉？所見良獨偏。高跡邈①難繼，偶爾無足傳。千載史官筆，慎勿稱希賢。」

尋有詔治姦黨，其二女赴井死，其妻繫獄死。人爲上其所賦詩，上曰：「彼食其禄，自盡其

① 「跡邈」，《四庫》本作「獨偏」。

心耳。」乃置不問。

初，原采將死，以書抵①祠山道士盛希年曰：「可葬我祠山之麓。」希年卒收葬之，蓋原采、希年同台州人，故托以後事。

正統中，少師楊公士奇始爲題其墓曰：「嗚呼！翰林修撰王原采之墓。」

烈女趙氏墓　在州北七十里。趙氏女未嫁，聞夫死殉節，遂合葬，而題其墓曰「雙玉」。

六安州

社稷壇　在州治北。

風雲雷雨山川壇　在州治南門外。

敕建先農壇　在州治東門外，雍正四年遵建。

州厲壇　在州治北門外。在縣曰邑厲。

里社、鄉厲二壇　在各鄉保。

① 「抵」，《四庫》本作「托」。

關帝廟　在州治東。雍正五年，奉旨追封三代公爵，〔春、秋〕①仝日祭於後殿。

城隍廟　在州治東。

敕建八蜡神廟　劉猛將軍廟　並在州治東門外。

以上壇廟，所屬縣皆如制。

旗纛廟　在州治西門。

忠義祠　節孝祠　俱在學宫西。二祠屬縣俱如制。

皋陶祠　在州治北門外塔西，明嘉靖間立。

大成祠　在皋陶祠左。明成化間，奉旨：「孔氏流寓，應建聖祠，以廣祀事。」

宋程知軍祠　在州城北龍津之上，祀宋程端中。

國朝張璨《重建祠記》

知軍祠昔在六安城北龍津之上，明尚書郎林子華謫倅六安，爲宋知軍程公建也。程公名端中，洛陽人，伊川先生冢嗣。初舉進士，靖康末南渡，居池州，知六安軍，兼營内勸農屯田事。金

① 據上下文體例擬補。

人率衆臨城，公殫力守禦，力盡而死。吏人感其忠勤，葬於霍之撞山，子孫世守其墓云。

康熙四十八年冬，余承乏守六，凡祠宇有關道義而傾圮，古蹟載傳記而湮没者，無不修舉。惟知軍一祠，因兵燹毁廢，而民人之家久星羅棊布於其地矣。《禮·祭法》曰：「法施於民則祀之。」故凡有善政，皆列名宦，以崇報也。若公爲斯民保障，捐軀捍患，且大節彪炳于乘志，而祠廢不舉，可乎？

癸巳秋，進縉紳暨程氏裔念祖輩議，爲重建。隨於舊址稍北，擇地而量度之，鳩工庀材，爲堂爲廡，以祀知軍。肇于甲午季夏，成于仲冬。區區舉廢之心，於是少慰矣。

時有明道先生宗子博士佳璠，聞余爲知軍建祠，遠來告余，請祀二程子於祠，而以知軍從祀，爲有合於歐陽所宗所因之義。余謂：「二程夫子，孟、韓而後，道統斯傳。四海之外，六合之内，莫不奉儀型而敬祀。以知軍從祀於祠，誠有合於歐陽之説。但州志所載，載知軍之勤事也。建祠以祀，祀知軍之忠節也。即今之重構，亦恐世遠時遐，知軍久虚禋祀，等於墜緒之茫茫耳。應仍以專祀知軍，以實州乘，以昭報功。堂後尚有隙地，俟歲稔，更建三楹，祀二夫子於内，庶名實符，而宗因之義亦備乎！」博士曰：「可。」遂書而記于石。

其襄助與奉祀諸姓名，另鐫一石以記。

汪學士祠　在州城西九十里，祀宋汪立信。明弘治二年，改石湖寺建立。

附　明潘楨記

汪公名立信，其先新安人也。曾大父智，愛六安山水，因居焉。公生長此地，登淳祐六年進士第。理宗見立信狀貌雄偉，顧侍臣曰：「此閫帥才也！」嘗充湖南安撫使、知潭州，至官，公仗之物，悉置官庫，所積錢連歲代納潭民夏税。興學校，士習爲之變。知江陵府，時襄陽被圍甚急，公上疏，請益六安屯兵，凡邊戍皆不宜抽減。移書似道，謂今日之計，其策有三。似道得書，大怒辱駡，以危法廢斥之。

咸淳十年，元兵大舉伐宋。似道督諸軍出次江上，以公爲端明殿學士、沿江制置使、江淮招討使，俾就建康府募軍，以援江上諸郡。公受詔不辭，即日上道。以妻託愛將金明，執其手曰：「我不負國家，爾亦必不負我。」遂行。與似道遇蕪湖，似道撫公背哭曰：「不用公言，以至於斯！」

既至建康，守兵悉潰，四面皆北軍。公知事不可成，歎曰：「吾生爲宋臣，死爲宋鬼，終爲國一死！」率所部數千人至高郵，欲控引淮漢，以爲後援。已而，聞似道師潰蕪湖，江漢守臣皆望風降遁，歎曰：「吾今日猶得死於宋地！」乃置酒，召賓佐與飲，爲表起居三宫，與從子書，屬以家事。夜分起步庭中，慷慨悲歌，揮拳撫膺者三，扼吭而卒。遺表聞，贈太傅。

金明以公之喪歸葬丹陽。厥子麟，内書寫機宜文字，在建康不肯從衆降，崎嶇走閩以死。

弘治己酉，廷議毁天下淫祠，而六安石湖寺亦在廢中。會大中丞仁和李公昂，適駐節兹土，乃進父老而問之故。因歎曰：「按《禮》，以勞定國、以死勤事，則祀之；能禦大災、能卹大患，則祀之。先生忠誠貫日月，使其策果行，宋之爲宋，未可知也，是豈可湮没也哉？」乃檄撤僧廬之座，而貌先生之像於中，額曰：「宋端明殿大學士汪公祠。」命有司歲時致祭焉。意表前哲，勵後人，厚俗之道也，是不可以不紀。

仇公祠　在六安州通濟門外。明正德壬申，都督仇鉞解六安圍，六人感之，肖像立祠。

歐陽文莊祠　在州城北門外，祀明知州歐陽德。

史相祠　在州東，祀明相國史可法。

二程夫子祠　在英山縣城隍廟後，祀宋程顥、程頤。

南嶽神祠　在霍山頂。

三蘇祠　在霍山縣治東，祀宋蘇洵、蘇軾、蘇轍。

宋

狀元焦焕墓　在州焦家莊南。

知六安軍程會墓　在霍山縣撞山下。

元

淮西總管潘通墓　在州西望江灣之南。

學士熊德旻墓　在霍山縣復覽山下。

明

御史潘岳墓　在州西望江灣南。

都御史汪霖墓　在州南寶塔岡。

光禄楊惇墓　在州南陡步河。

布政使潘貞墓　在州西望江灣南。

僉事潘鎧墓　在州西望江灣南。

參政彭辨之墓　在州南陡步河。

行人司潘鋭墓　在州東南蔣家灣。

參政潘子正墓　在州東南蔣家灣。

知府(邱)〔丘〕玳墓　在州南七里井。

都督僉事張澡墓　在州南五十里高廟。

副使徐必進墓　在州西烟墩集。

副使何慶元墓　在州東郭外東禪堂前。

贈太僕楊四知墓　在州南聖人山。

御史郝錦墓　在州北清水湖。

國朝

編修徐致寬墓　在州西徐家集。

知府駱士憤墓　在州西五里龍王砦。

泗州

社稷壇　在州治香華門西。

風雲雷雨山川壇　在州治西門外。

敕建先農壇　在州治東門外，雍正四年遵建。

州厲壇　在州治西。在縣曰邑厲。

里社、鄉厲二壇　在各鄉保。

關帝廟　在州治南門。國朝雍正五年，奉旨追封三代公爵，〔春、秋〕①仝日祭於後殿。
城隍廟　在州治西。
敕建八蜡神廟　劉猛將軍廟　並在州治東郊。
以上壇廟，所屬縣皆如制。
禹王廟　在州治桴橋口。
河神廟　在州治南。
淮瀆廟　在盱眙縣下龜山寺西南，世傳大禹鎮水怪處。
介之推廟　在天長縣浮山。
子胥廟　在天長縣東北十五里。
忠義祠　節孝祠　俱在學宫右。二祠屬縣俱如制。
馬邵二公祠　在州治南察院，祀明馬斯臧、邵陛，今圮。
顯忠祠　在州城内，祀明御史李紹賢，今圮。
義勇祠　在州治東岡，後移建龍窩驛東，祀明蘇旺兄弟，皆正德中死流寇之難。

① 據上下文體例擬補。

附　明桂祥記

正德壬申，大盜起郊甸，渡河踰宿，由靈、虹犯我雙溝。時義勇士蘇旺、蘇智、蘇旻兄弟，謂朱文玘曰：「賊勢雖盛，幸未猝至，先擊之，可挫其鋒。」乃挺身往戰，各手刃數賊。鎮之壯者，亦荷戈遥爲聲援。而老弱婦女，得以渡淮避之。賊大至，遂皆遇害。然賊亦阻懼西歸，雙溝以東不被兵者，皆其力也。

先時立祠於東岡，歲久頹弊，今移置於龍窩驛之東焉。知泗州事汝陽桂祥曰：「四子者，草莽賤臣也。爲臣死忠、爲子死孝之道，素無師友講明之功。一旦臨大難，挺身赴戰，死而不悔，卒使東南免於劫辱之禍，其功可謂偉矣。士大夫平居高談闊論，以綱常自許。一遇變故，輒辜恩負國，忘耻事讎，有市井人所不屑而爲之甘心者。自諸義勇視之，豈直狗彘而已耶？夫義以率戰，勇以定功，可以風臣道矣。」乃立義勇祠，祀草莽之豪傑，媿衣冠之賊也。

呂東萊祠　在盱眙縣，祀宋呂祖謙。祖謙六世孫伯宗，招撫盱眙，遂家於此。

范文正祠　在盱眙縣，祀宋范仲淹。

周濂溪祠　在盱眙縣，祀宋周敦頤。

雙貞祠　在盱眙縣東北陡山下，祀何氏二烈女，明隆慶間建。

包孝肅祠　在天長縣東門，祀宋包拯，以拯嘗爲天長令。

朱公祠　在天長縣勝因寺西南，祀宋朱壽昌。

沃公祠　在天長縣東門，祀明死倭寇難沃田。

附　明孫以仁《重修祠記》

將軍沃公諱田，家世山東登州衛指揮同知。公自幼賦性英敏，體貌魁梧，夙諳韜略。登嘉靖己丑武進士第，以浙江署都指揮僉事，守備儀徵。

嘉靖丁巳夏五月十日，倭寇犯廣陵，焚劫甚慘，乘勢欲寇天長。公奉檄提青州兵，爲是邦防禦計。乃營兵於崇家岡上待之，去縣治東六里許。寇聞有公截西路，疑遲不敢進十有五日。

繼聞廣陵追兵四集，遂由蘆龍直趨天長，公迎擊破之。諸寇氣甚沮，潛伏莽野。日暮，天霽氣爽，分①方戒嚴，與各部將籌以生擒諸寇。待②曰，黑霧障天，咫尺人不相辨。加以東風大作，寇乃併力突入，人馬潰亂，首尾不應。公獨躍馬前敵，手刃十數人餘寇，忽焉③蹈賊中，遂遇害焉。

---

① 「分」，嘉慶《備修天長縣志》作「公」。

② 「待」，嘉慶《備修天長縣志》作「迨」。

③ 嘉慶《備修天長縣志》相關部分作「手刃十數寇，忽馬陷澤中」。

嗚呼！寇非公之截殺，必逕入天長。天長素無城池，民素無備，不其岌岌哉？翌日，寇旋遁去，而殘毒不敢肆，諸士女命獲保全，皆公之敢戰懼之也。夫公不惜一人之身，一邑之民命皆賴以生，其功誠不細矣。時總制梅林胡公，以公狀上聞，敕贈鎮遠將軍、都督僉事，世襲指揮使。歲戊子，知縣黄泰然奉侍御張公命，爲公建祠於東門外龍行集中，春、秋祀之。而民爲公痛心戴德者，歲時復有私祠。當時同死事者，指揮岳君寵，百户劉君葵，例得同祀。

隆慶改元，余按兹土。過祠而惜其規制不①備也，爰命知縣楊子龍，增樹門廉，恢其卑隘，新其貌像，而氣象規模，視昔爲光日大矣。

夫先王之制祀禮，法施於民則祀之，以死勤事則祀之，以勞定國則祀之，以能禦大災、捍大患則祀之。公之死，豈惟禦災捍患而已哉？耿耿忠義，垂之千古而不磨。廟貌血食，當歷千古而弗諼也。司風紀者，不當揄揚以表忠魂，以勸臣子之精誠報國者哉？敬書此，以紀其歲月云。

雙忠祠　在五河縣治北二十里，祀唐張巡、許遠。

大忠祠　在五河縣北城臺，祀明耿再成。

---

①「不」，《四庫》本作「未」。

孫烈女祠　在五河縣天保宫後。女少失恃，父鑾繼娶李氏，李携前夫鄭子來歸，鄭屢欲污女，女以刀斷其頸，旋自刎死。嘉靖間，邑令高某爲之樹坊建祠，並置祀田數十畝。

附　明李穆記

孫烈女者，五河邑安定里人也，名老姐。父鑾，母朱氏。女生而聰穎，居家毅然寡嬉笑，里中人咸異之。自幼許聘張氏子舉，後不幸朱氏早亡，孑然與父居。父嘗欲歸諸張，以圖繼室也，適張卑猥，貧未能娶。鑾遂繼李氏，與女共家焉。

先是，有鄭州兒者，李前夫子也。李寡無依，携州兒以適於孫。州兒素恃母寵，待女無狀，女惟處之端。

嘉靖丙辰秋九月十有四日，州兒見室傍無人，即以淫心調女，女震恐喊之。越五日，州兒從工所至，值女俯几治麫。州兒自後摟女，以口吮其肩。意其爲犬彘心也，遂以麫刀反斫，不中，州兒獲走。女即仰天號哭，往訴其姊三姐及嬸舒氏曰：「吾不幸早喪吾母，父又常出，鄭賊時欲污我，我決刃之以自刎。不然，吾惟有死而已！」其嬸及姊曲爲解諭强歸，然其心忿忿，常不忘也。

丁巳春三月念九日，州兒以取薪給其母曰：「薪多吾力弗任，半委中途，盍取諸？」母信而往，擔薪以歸。視房户内掩，怪而强啓以進，見州兒卧南壁下，頸未斷者如綫。女倚北壁水缸，氣息垂絶，頸刃自左而右者，痕僅三寸，血流滿室，未幾亦絶焉。但其死所與奸賊去遠，毫髮弗溷，顔色服履，整整有生氣。

里人狀其事於邑令，邑令高君異之，拘鄰戚而博訪焉。其姊三姐、嬸舒氏，哭而訴曰：「此女此心，自去秋懷已決矣，今果然也！」因備述所云云。高君心未深然，及謀諸四鄰，四鄰曰：「然。」鞠①諸李母，母亦曰有之。採諸鄰近學宫多士，皆曰：「此衆所共聞也。」於是高君爲之備衾木，崇殯殮，一時士民往弔如市。

事聞當道，巡按侍御堯山吴公、穎谷馬公，相繼表其閭，而例奏請旌焉。高君嘉其節，欲識之不朽。廼於孫氏家後治塋，塋前樹石坊一座，置田數十畝，以贍時祀。復於城内隙地，築臺建堂，扁曰「烈女祠」。祠前仍立石碑。蓋厚典也。事竣，備其實以求予言。予亦嘉事之不偶，而歎其有關風教也，是爲記。

明

祖陵　在州北三十里。

① 「鞠」，《四庫》本作「詢」。

周

楚懷王墓　在盱眙縣治廳後，遺跡尚存。

宋

孝子朱壽昌墓　在天長縣東四十五里舊勝因寺西南，旁有祠。

明

尚書金純墓　在州應山集。

曹國長公主墓　在盱眙縣靈蹟鄉内。明太祖皇姊，配隴西王李貞合葬。

太原長公主墓　在盱眙縣太平鄉牧羊山西南。明太祖皇姊，配駙馬都尉汪清合葬。

尚書陳道墓　在盱眙縣官莊西南。

行人李紹賢墓　在盱眙縣下龜山。

僉事馮應京墓　在盱眙縣西南靈山岊。

僉事張昊墓　在天長縣六里墩之南。

御史胡士奇墓　在天長縣上白湖之北。

御史丁寧墓　在五河縣安定鄉。

節婦胡氏墓　在五河縣南七里黄楝莊。

烈女孫氏墓　在五河縣南安定鄉。

國朝

副使周永緒墓　在盱眙縣東山。

江南通志卷四十三

輿地志

寺觀 一

江寧一府

仙佛之宇，經始於江南者，天保爲報上之嘉名，崇元爲洞天之華構。其後金剎瑤宮，建勝幡而啓妙門者，往往標映江山，與翠樾丹霞，參差高下矣。朱子《萬杉寺》詩云：「願以清浄化，永作太平基。」又《齋居聞磬》詩云：「此時鄰磬發，聲合前山響。起對玉書文，誰知道機長。」是則朝香夜梵，風鐸霜鐘，起人天初覺之心，助聖朝清和之理，抑豈可少哉！

靈谷寺　在府鍾山東南。舊於獨龍阜建道林寺。梁武帝爲寶誌禪師建塔於玩珠峰前，名開善。宋改太平興國，後改蔣山。明洪武初，徙山之東偏，改名靈谷。自山門入，松徑五里乃至寺。大殿皆壘甓，空洞而成。後有浮圖，即梁寶誌禪師幻身，改葬於此。塔前有石、泉，石旁有古松偃幹，明高帝月夜掛衣處。國朝康熙四十六年，聖祖仁皇帝南巡臨幸，賜御書「靈谷禪林」四字扁額，御書「天香飄廣殿，山氣宿空廊」對聯，御書石刻《金剛經》一部，御書泥金《心經》一卷，御書白居易絕句金扇一柄：「烟滿秋堂月滿庭，香花漠漠磬鈴鈴。誰能來此尋真諦，白老新開一藏經。」御書木刻《藥師經》一部。

附　新城王貽上①遊記

遊雞籠、龍潭之明日，遂往鍾山。過青溪，拜侍中黄公祠，祠有夫人血影石。出通濟門，經天壇，壇已廢，彌望蔓草縈烟而已。沿鍾山行，屢有向背，峰崿蔽虧，雲日明晦，誦沈隱侯「千雲

① 「貽上」，《四庫》本作「士禎」。

非一狀」、蘇端明「峰多巧障日」之句，歎其極工。按江左時刺史還任，例種松千頭，山在六朝，故多林木。勝國爲陵園地，龍鱗虬鬣，彌遍山谷。上陵者寒濤天籟中，不復見山。今十九供樵爨矣。

寺燬於乙酉、丙戌間，惟無量殿、寶公塔存。上人於南靈隱豁堂師法嗣，爲言寺廢之由，乘願而來，欲以十年，重興初地。

午浴樓下。樓後面屏風嶺，風逢逢自絶壑下，林木颯然有聲。飯方丈畢，偕上人觀景陽鍾，禮寶公塔。予登焉，上人不能從。問《三絶碑》，亦燬於火。三絶者，張僧繇畫誌公像，李太白贊，顔魯公書也。寺舊有誌公法衣革履、吴道子畫折蘆渡江、烏巢佛印三教畫壁，皆不見。惟頽壁數版，丹青漫漶，如天吴紫鳳，顛倒裋褐而已。

稍東爲説法臺址，旁即八功德水，榛荆蒙茸，無復涓滴。南爲琵琶街，僧雛拊掌，隱若弦絲之音。殿前有巨鐵剪，鍥「大吴」字，上人訛爲赤烏時物。按明高帝初定建康，爲吴國公，八年爲吴王，此當是未改元時所作。然不識何所用之。上人云，相傳山有蛟，鑄此爲鎮云。

梅花庵在山門東，寒香數百樹，尚横斜山翠中。問周顒草堂、王安石定林舊址，皆不可詳。會日夕，遂與上人别。樵唱滿山，悲風騷屑，澗水潺湲，屢亂流而渡。昔人《登樂遊原》詩，若爲今咏之。

上人貽予《豁堂詩》，自蔣陵至青溪，遂盡其卷，湯休、帛道猷之流也。

棲霞寺　在府東北攝山，南齊明僧紹故宅。陳江總有碑，尚存。隋文帝琢白石爲塔，寘舍利。唐改功德寺，高宗製《明隱君碑》亦尚完。南唐改妙因寺，徐鉉書額。宋改普雲寺，仁宗賜金寶方碑。明洪武初，仍賜額「棲霞」，有王世貞記。僧寮倚山架壁，各擅其勝。白雲庵、紫峰閣，尤稱幽峻。明覺浪禪師開法於此，笑峰、竺菴繼起焉。

衡陽寺　在府東北四十里清風鄉，即古寶城寺。昔朗法師駐錫于此，有衡陽神女來聽講，因名寺。唐天祐三年，徐温重建。寺舊有保大七年齊己《重開衡陽寺古跡詩》石刻。

草堂寺　在府慈仁鄉唐家渡，濱大江。舊建鍾山西麓，本齊周顒捨宅。明洪武七年，徙寺于此。

嘉善寺　在府鐵石山。明正統中，僧法通建寺，賜額山椒。有石佛閣、蒼雲崖、一綫天，奇石綺錯，崖壑幽勝。焦竑爲《記》。

崇化寺　在府古高峰院，與嘉善寺相連。明正統間重建，賜額。崖下有泉沸起，水面若散花，名梅花水。

幕府寺　在府北幕府山。晋元帝渡江，王導嘗駐軍于此。梁天監中，武帝與寶誌禪師來遊，始建寺，因名「幕府」。山有達摩洞。

弘濟寺　在府北觀音門外燕子磯。明洪武初，即山建觀音閣。正統初，因閣建寺，賜名「弘濟」。殿閣皆緣崖構成，危石半空，以鐵繩穿石繫棟，俯臨大江，爲金陵絶景。

三塔寺　在府神策門外，明永樂間建。

香林寺　原名興善寺，在府太平門内，明時建。國朝康熙三十八年，聖祖仁皇帝南巡，改爲香林寺，方丈内御書「覺路」二字匾額。

佛國寺　在太平門外鍾山之西，古華嚴菴也。明景泰間建，賜額。

翼善寺　在府東南。相傳晋謝安高卧東山，及與張（元）〔玄〕圍棋賭墅，即其處。梁資福院，武帝建净名院，神僧寶誌説法于此。宋、元改净名寺。明正統間重建，賜今額。

定林寺　在府東方山，宋乾道間建。鍾山舊有上定林寺，寺廢，移其額于此。明弘治間重建。有昭明讀書臺、石龍池諸勝。

天寧寺　在府高橋門外祈澤寺北五里，青龍、彭城二山之間。山林幽迥，野泉散落，人跡罕到，宋治平間建。

附　明顧璘《遊天寧寺記》

正德丁丑春三月①，予兄東橋先生赴官台州，予出餞于祈澤寺。酒數行，東橋别去，予與諸

① 「三月」，《四庫》本無。

君共宿祈澤。舊聞鄰寺號天寧者，境絶幽敻。次早，邀諸君遊。從僧借小童導騎，緣寺前逕登山。歷墟墓數處，即平野曠然，兩旁皆童山環抱。縱轡行里餘，見山盡處如門闕狀。闕外諸山，濃淡晦明如畫。

方愛玩未已，覺山腹間隱隱有樓閣在空際，到即寺也。衆皆大喜，棄馬振衣，緣石逕而登。逕且半，聞陂陁下灌莽中，有聲洶洶如雷奔風怒。予謂諸君：「此當有異泉。」乃遣人踪跡之。

徐步入寺，寺僧多出乞食，獨老僧惠禧者，見客至似喜。延入室，焚香供茗甚肅。室亦雅潔，不類荒山。少憩，復出寺。

先所遣人來報，山下果得泉，但荒翳不可入。予奮然先行，藤梢竹刺，時絓冠袂，輒絶之以去。稍下，見泉珠零玉散，飛落石澗。中可十數處，不知所從來，亦莫能極其所止。澗闊尺餘，兩旁及底皆山石，自然所成，玲瓏崯岈，清泉如空碧下漬。予喜，呼酒飲，擇泉流平緩處，列坐泛觴，引滿數觥而出。

回及山半，得泉脉樹間，乃平地湧出，不甚瀰溢，不知何緣流衍之廣乃爾。既登，復觴寺外石上，數行，乃上馬歸。

莊嚴寺　在府治東高橋門外，晋永和四年謝尚捨宅建。宋大明中，路太后另建莊嚴寺于西欒園，改此爲謝鎮西寺。《金陵新志》云：謝尚莊嚴寺已改興嚴寺。考謝尚宅又在城中竹格渡，不知何年徙此。明永樂間，僧真常重建，仍前名。江總舊有寺碑。

祈澤寺　在高橋門外祈澤山。宋少帝景平元年建，名祈澤治平寺。梁即寺置龍堂，龍池在焉，會昌中廢。南唐昇元間復，宋改祈澤寺，爲祈禱雨澤之所。

本業寺　在府麒麟門外宣儀鄉，梁天監九年建。有唐乾德年寺碑。

慧居寺　在府治東六十里句容縣界寶華山。相傳爲梁寶誌公道場，故名寶華。久廢。明嘉靖間，僧普照建寶公庵。萬（歷）〔曆〕間，僧妙峰奉敕建銅殿，賜名「聖化隆昌寺」。國朝順治二年，僧見月建白石戒壇。康熙四十二年，聖祖南巡，敕賜「慧居寺」額，御書《心經》一卷，《金剛經》一卷。四十六年南巡，駕幸山中，賜飛白大書「蓮畛雲香」四字額懸于銅殿，「精持梵戒」四字額懸于戒壇。雍正十二年，總督趙弘恩奉旨重修。

雞鳴寺　在府城北雞籠山，與臺城相接。晋永康間倚山爲室，始建道場。明洪武二十年，改創雞鳴寺。置門三，曰秘密關、觀田所、出塵徑，皆賜額也。遷靈谷寺寶誌公法函瘞于山麓，建浮圖五級。國朝康熙四十四年，御書「鷄鳴古蹟」四字匾額。

同泰寺　在府北臺城内。梁大通元年，武帝幸寺捨身。宋爲法堂寺，明爲營衛地。

清涼寺　在府西北石城門内清涼山。吴順義中建爲興教寺，南唐爲文益禪師道場，後主嘗留宿寺中，有「未能歸去宿龍宫」之句。宋太平興國間，改清涼廣惠寺。蘇軾嘗捨彌陀佛像于寺中，有詩。明洪武初賜今額。左上爲清涼臺，俯視大江，即南唐翠微亭舊址，登覽最勝。西偏爲善慶菴，幽潔高爽，莫愁湖朗然在目。寺舊有董羽畫龍、李後主八分書、李霄遠草書，時人目爲「三絶」。

鐵塔寺　在府治西北冶城後岡。劉宋泰始中建，名延祚寺。唐有靈智禪師，生無目，能通曉經論，時人稱有天眼，爲建塔。今寺廢，獨塔存。

永慶寺　在府北門橋之西，與謝公墩相近，梁永慶公主建。又名白塔寺，明洪武中重建，賜今額。

吉祥寺　在府清涼山之北，宋治平二年賜額。後有古梅，虬枝鐵幹，扶疏數畝。

金陵寺　在府定淮門内馬鞍山，唐沙門貫休建。

静海寺　在府西北儀鳳門外盧龍山之麓。明永樂間，内監鄭和使西洋歸，因建寺賜額。

普緣寺　在府城西北隅，晋名耆闍寺。

大報恩寺　在府城南聚寶門外古長干里。吴赤烏間，康僧會致舍利，吴大帝建寺及塔。晋太元九年，劉薩訶于越王城望氣得舍利，于此建長干寺。梁武帝發塔下舍利及爪、髮，髮青紺色，帝命復修塔瘞之。南唐時，寺廢爲營廬久之，舍利數見感應。宋祥符中，釋可政表其狀，復建寺，賜塔號「聖感舍利寶塔」。天禧二年，改爲天禧寺。明永樂十年，敕建塔九級，賜額「大報恩寺」，御製《碑記》。塔高百餘尺，皆五色琉璃，頂冠黄金，照耀雲日，江山城郭，悉在憑眺中。篝燈百二十有八，居民點炷無虚夜，數十里風鐸相聞，星光的爍。明嘉靖間大殿燬，惟塔存。國朝康熙三年重修，二十三年聖祖南巡，駕嘗幸塔之最高頂，御書「不二法門」四字匾額，懸於大殿。御製《幸報恩寺》詩一首。恭紀首卷。又每級御書一額曰：「一乘慧業，二儀有象，三空勝地，四海無波，五律精嚴，六通真諦，七寶蓮花，八表同風，九有弘觀。」又賜金佛一尊，《金剛經》一部，供奉塔頂。御製《登報恩寺浮圖》詩一首。恭紀首卷。三十八年，塔燬，特頒帑金修建。御製《修報恩寺塔初畢登之》詩一首。恭紀首卷。

附　明盛時泰《塔賦》

出都門以游衍兮，經長干之故墟。瞻寶塔之崒嵂兮，心四顧而踟躕。始卜築於孫吴，既再興於晋馬。獲石内之三珠，得函中之半髮。光煜熠而亂輝，色青紺而騰發。惟金粟之自炯，出玉毫而普現。乃寶氣之燭幽，故慈光之上燀。歷塵劫而獨存，超人天以自展。

惟明祖之龍興兮，振大法於將隳。既離明之繼照兮，拓弘基而建之。念櫛沐之久劬兮，哀罔極之難報。證寶地以舒虔兮，仰提慈而洞照。發睿念於淵衷兮，沛綸音於天詔。遂乃近徵畿甸，遠募荒陲。盡①甄工之意巧，極目匠之伎奇。準宫闕以立極，擬路寢而築基。備百制之儲萃，焕五色之葳蕤。飾隨材而殊質，彩呈體而異施。

盤后土以奠方兮，浚重泉而作鎮。擁蓮趺以旋規兮，列朱楹而作蹬。映紺殿以孤褰兮，超

①「盡」，《四庫》本作「畫」。

㞟廊而直踬。出木末以高標兮，踰臺顛而獨峻。故遠而視之，則嶒崆嵣嵚，一何高也？崢嶸巘崿，又何麗也？巏嵲嶕嶢，誠可駭也！嶙峋熣燦，亦何異也！玲瓏烑烺，炫煇焮焮，若悔藏之湧生焉。巍巍嵯嵯，紛葩爛熳，若空界之幻成焉。

竦露盤於雲中兮，峙金相於天闕。開八户以翕施兮，盤九曲而巀嶪。剛風寥寥拂其上兮，灝氣汩汩旋其根。勢嶘嵷而直矗，俾喬嶽以失尊。掩映雲表，若隱若彰。憑陵昊昊，輝輝煌煌。心仰瞻而内悸兮，目摇摇以喪精。魂淫淫以自失兮，睫閃閃而若驚。

於是詳其制度，觀乎窈冥。崇基詭制，巨構殊形。高踰三八，數邁徑三，非尋丈也。鈎斗檐牙，坐計甲乙，非斲削也。闢以八維，虚實其四，順陰陽也。列牖設箒，婉轉洞徹，通明暗也。甃甋瓻以爲固兮，盤鉛錯以爲堅。懸鈴鐸以爲振兮，罥蚌蠣以爲緣。列巨靈以顯化兮，飾諸像以感緣。冠纓鎖胄悉其飾兮，耳目眉髮暨其全。虎豹犀象蹲其下兮，蓮曇蔓鉢嵌其巔。外侈極於弘麗，内縝緻於精微。上標極於峻迥，下盤固於無倪。

雕欄婉轉而逶迤兮，瑣闥軒翥而弘張。棼橑繽紛以相翳兮，斗栱奮起而翺翔。螭頭㘭崛以交結兮，豹尾奮緣而横當。懸楝峆岈而撑拄兮，綺阿露珮以飄颺。鎪鏤煒煌而熿炫兮，布置絡繹以縱横。飛粱偃蹇以翕翼兮，層櫨巊岋而昂藏。金除熚燭而赫起兮，皓壁螢液以韜光。

於是極目而矚，則長江渺渺其帶束①兮，群山隱隱而如垤。闤闠遠其稠依兮，城闉聳其密疊。廛市迥其千圍兮，衢衢委其四列。阡陌交其塍偃兮，原隰互其明滅。趨視若燭龍之下翔，佇瞻恍火齊之上騰。昕暮互其變態兮，風霾鬱其聿蒸。倏現彩於罔測兮，忽幻質於虛無。既作鎮於神京兮，又翹準於皇都。極寰海之净土兮，孰兹塔之可如。誠法界之偉觀兮，擬冥工之所鏤。匪近知其可詮兮，恍神鬼之自符。願照迷方於十地兮，續慧性於八區。庶普人智於罔極兮，注洪澤以沾濡。

天界寺　在聚寶門外善世橋南。舊在城中大市橋北，元名龍翔集慶寺，明初改天界寺，洪武戊辰災，徙建今所。寺中萬松菴、半峰亭最勝。

能仁寺　在聚寶門外天竺山。舊在古城西門，劉宋元嘉中文帝建，名能仁寺。楊吳太和中改報先院，南唐昇元中改興慈院，宋政和中改能仁禪寺。明洪武戊辰，移建今地。

碧峰寺　在聚寶門外，晉瑞相院。唐貞觀中，敕褚遂良重建，改翠靈寺。宋淳化中改妙果寺，元至元中改鐵索寺。明洪武中敕建，居異僧金碧峰，因名。

普德寺　在聚寶門外，明正統間創建。前後山蒼翠環繞，松林深茂，旁接雨花之勝。

① 「帶束」，《四庫》本作「束帶」。

高座寺　在雨花臺梅岡上。

永福寺　在天竺山前能仁寺東，本晉開福寺，後徙此。

永寧寺　在府梅岡。古名剎，昔高座。亦名永寧，今爲二寺。後有方孝孺、景清二祠。其地高敞，群峰環繞。上有木末亭，南對雨花，北眺鍾陵，據南岡之勝，永寧泉出其下。

安隱寺　在雨花臺，即古安隱院。明永樂初重建賜額。北接高座，南連寶光，東對永寧，岡隴相接，樓宇掩映，風景極勝。

寶光寺　在梅岡東南，舊名天王寺，劉宋大明中建。梁昭明太子果園，楊吳時又爲徐景通園，南唐保大間更建奉先禪院，後葬曇師起塔，遂名寶光塔院。元改爲寺，曰普光，明初復今額。

永興寺　在梅岡下，明成化初賜額。

普照寺　在永興寺旁，元至大間建。明成化間重修賜額。

惠應寺　在永興寺旁，明正德中建。

西天寺　在報恩寺後，虢國公墓右。明洪武中，西域僧班的達居此示寂，敕建賜額。

德恩寺　在西天寺東，晉普光寺基。明正統間重建，賜今額。

弘覺寺　在府南牛首山，梁天監間建，名佛窟。唐大(歷)〔曆〕元年，代宗因感夢敕修浮圖七級。宋太平興國二年，更名崇教寺。明正統間，改賜今額。兹山爲唐法融禪師開教處，入門有白雲梯，石磴百級，銀杏一株，蔭蔽天日。緣石徑而上，爲觀音閣，爲兜率崖。又上爲文殊洞，洞旁有含虛閣，繼鏧萬狀，踞牛首之勝。舊傳牛首山下有辟支佛窟，宋大明中移郊壇于山之東峰，執事者于西峰石窟見一僧趺坐，問之，忽不見，遺錫杖、香爐、瓶盂而已。梁徐度建寺，因名佛窟。舍利塔在文殊洞下，影入禪堂隙中，倒掛佛几，陰晴不改。西峰又有方塔，在文殊洞前。

花巖寺　在府南幽棲山陰，即古獻花巖。唐高僧懶融居此，有百鳥獻花，因名。明成化間建寺賜額。

幽棲寺　在府南三十里花巖山前，劉宋孝武時建。唐貞觀初，法融禪師居此，更名祖堂。楊吴太和中，改延壽院。宋治平中，復改今名。

慧光寺　在府西南新亭鄉，宋治平間建，名古光宅寺，雲光法師講經于此。明洪武初重建，賜今額。

寂照寺　在府慧光寺東蹊路，自樹杪而下，極幽邃。

静明寺　在府安德鄉寂照寺西，有玉華泉出山下。

崇因寺　在府城南十里石馬山之陰，新亭舊址也，有王、謝遺跡。劉宋時名曠野寺，唐開元中以懶融嘗居，改禪居院，宋改今額。

永泰寺　在府城南吉山，梁建。南唐葬净果禪師，亦名净果院。

祝禧寺　在府安德門外，明正德間建，賜額。

華嚴寺　在安德門外，古刹也，明永樂間重建。

天隆寺　在石子岡牛首山北，明宣德間建。

江心護國烈山寺　在府西南烈山上。

三山寺　在府西三山之麓，本古刹，明洪武十三年復建。

瓦官寺　在府城西南隅。晉興寧二年，移陶官于淮水北，遂以南岸陶所建寺，故名。瓦官內有獅子國所獻玉佛，戴安道手製佛像、顧長康維摩圖，世號「三絶」。南唐昇元中改爲昇元寺，並以名閣。明嘉靖中改爲古瓦官寺，建閣曰青蓮。

鳳遊寺　在府治西南鳳凰臺之右，即保寧禪寺也。吴大帝赤烏四年，爲西竺康僧會建，寺名建初。宋元嘉中，有鳳翔集此山，因建鳳凰臺於寺側，名寺曰祇園。昇明二年，得外國甎，爲白塔，名曰白塔寺。唐開元中改爲長慶寺，韓擇木書額。南唐保大中，爲先主造寺，因名奉先。宋高宗幸江寧，權以寺爲行宫。明嘉靖間，名爲上瓦官寺，焦竑易今名。

承恩寺　在府城中三山街東，明御用監王瑾故宅，景泰間改宅爲寺。

古鹿苑寺　在府城東南隅金陵驛，舊爲蕭帝寺，今石觀音院也。宋元絳《重建鹿苑寺記》云，殿有聖像，即山而成。寺後有周處臺，佛殿前有郄氏窟，舊傳郄后化蟒于此。今鷲峰、回光二寺，世云是鹿苑寺舊址，誤也。

鷲峰寺　在府城中鈔庫街南。齊爲東府城，梁爲江總宅。唐乾元中，刺史顔魯公置放生池，東接青溪，北通運瀆。宋淳熙間，待制史正志移于青溪之曲。明天順間，即其地建寺，賜額曰「鷲峰」。

回光寺　在府城中，去鷲峰寺半里，梁天監間創。明永樂間，有回光大士自西域至，重建，故名。

普惠寺　在府三山門外。明永樂間爲唱經樓，天順年重修賜額。

封崇寺　在府三山門内，一名卧佛寺。

國朝王貽上①《遊金陵城南諸刹記》

二十二日，自烏衣巷出聚寶門，遂造報恩寺。寺即古長干，明金陵八大寺之一也，龍象鉅麗甲諸刹。登九級塔四望，俯視金陵城闕，旭日飛甍，參差可見。西瞰大江，南望牛首、祖堂，如玉笏犀株。東面蔣山，紫雲丹巘，出没烟霧，鬱作龍蟠。近眺秦淮、青溪，三十六曲，才若一綫。艇子如驚蛺蝶，倐忽往來，大不盈尺。雲逢逢起腋下，烏俯其背。忽憶唐諸公詩，「塔勢如湧出，連山若波濤」，所謂「眼前有景道不得」也。

僧言順治戊戌，雷起塔中，塔震壞。有田姓兄弟四人、張姓者一人，不用一綷一木，數日而工成。於最高欄楯上步立，游龍飛鳥無以過，殆蒙莊所稱伯昏無人，臨百仞之淵，背逡巡，足二分垂在外，爲能外生死，至人者耶？

① 「貽上」，《四庫》本作「士禎」。

天界寺在報恩東南。人家沿溪居，多以略彴通出入。數折得寺門，松栝疏古，篁竹幽邃。後爲鳳山觀，轉輸藏。登毘盧閣，閣前叢竹中有姚恭靖公碑。又二碑，皆記明初賜田之數。

碧峰寺者，即唐褚遂良翠靈寺，以碧峰禪師易今名。師嘗自言，坐下當出三虎一彪，蓋桀公也。洪武中，師出使西洋，今十八沉香羅漢，猶是西域物。萬(歷)〔曆〕中，崇川顧氏竊其一以祈嗣，數見怪異，還之乃已。寺僧出正統十年賜藏經敕諭，墨澤如新。

遂迤邐登高座寺。秋草滿庭，闃無人跡。遐想王、謝、庾、卞之風，爲之慨然。

過梅將軍廟，廟祀晋豫章内使梅頤。頤字仲真，嘗進孔傳《尚書》者。

拜方、景二公祠。方祠舊在岡上古木末亭側，喬木數百章。國初邵某者來作令，盡伐之，亭與祠並圮。今亭、祠皆徙而北，雖松數株，殊失古意。

按景公，陝之真寧人，靖難時十二族並死，事最烈。從叔霽者，以耕釣寄真州，得不絶如綫。壁上陽羡朱君一詩頗奇，今記於此：「慷慨誓死心不移，欲死不死將何爲？欲揮豫讓橋下劍，欲操博浪沙中椎。衣緋如火如衣衰，懷刃如雪甘如飴。疾行犯駕氣何壯，千秋萬世當如斯。」誦之勃勃有生氣，可以廉頑立懦也。

考革除之際，以身殉國者，自勛戚大臣，下至樵夫門卒之流，凡數百人。人才之盛，古今無與爲比。雖功名如三楊，不免射鉤之恥，得與諸公杇骨抔土争千秋萬歲之名哉？

王稌者，方公之門人，負骸骨葬聚寶山。復輯公遺文爲《侯城集》傳於代，亦文氏之王鼎翁云。

崇明寺　在句容縣東北隅，晉咸熙中建，名義和，梁昭明太子書額。宋太平興國年改今額。寺有浮圖甚峻，鐘樓有趙孟頫手蹟。

興教寺　在句容縣治東北，晉咸寧間建。

金華寺　在句容縣治東南。晉咸康三年，尚書令李邈捨宅造靈曜寺，宋改今額。

開福寺　在溧水縣南門外萬壽橋西，唐開元間建，名天興寺。宋改今額。

上方寺　在溧水縣西二十五里。本古刹，舊傳爲孫鍾種瓜處。鍾富春人，吴大帝之祖也。早孤，事母孝。嘗于此種瓜，有三少年造鍾乞瓜，鍾事之惟謹，三少年指山下善地示之，行數百步即化鶴去。鍾如其言，後子孫果昌。至今其鄉曰思鶴鄉。

崇慶寺　在溧水縣東南八里。梁大通間，鴻鶴禪師在東廬山建道場，後至中山西建寺。宋改今額。建炎兵燬，餘枯檜一株。

華勝寺　在溧水縣南三里。舊在思鶴鄉佛子墩，宋乾道五年移寺額復興于此。

興教寺　在溧水縣大西門外，唐天復時創。

無想寺　在溧水縣南十八里杜城山麓，唐武德時建。宋時掘土得石觀音像，祀于後閣。寺門外有古柏二株，寺西有南唐韓熙載讀書臺。

廣巖寺　在溧水縣北四十里，唐天復三年創。

明覺寺　在溧水縣西四十里，唐咸通十年創。

興化寺　在溧水縣東北三十里。唐大中時建，名豐安寺，宋改今額。

妙果寺　在溧水縣東三十五里白鹿鄉。舊在安興鄉，唐時所建也，宋嘉祐三年移此。

興善寺　在溧水縣西四十里左山中，舊傳即黄初平牧羊處，唐大順中建。

般若寺　在溧水縣南四十五里儀鳳鄉，宋嘉熙三年建。

大通寺　在溧水縣東北十五里，梁大通九年建。

太安寺　在溧水縣東北三十里長壽鄉，唐天祐三年建。

永壽寺　在溧水縣西北，明萬(歷)〔曆〕三十六年建。

保聖寺　在高淳縣東五里，唐貞元中建，名龍城。宋祥符中改今額。

禪林寺　在高淳縣東二十里，唐咸通中建。

龍化寺　在高淳縣南五十里，唐咸通初建。

顯慈寺　在高淳縣西四十里，唐中和間建，名劉莊寺。宋紹興中改今額。

飛來寺　在高淳縣西南三里。相傳明天啓二年中秋夜，有銅像彌勒一尊，端坐太平圩之東角，因建寺，名曰飛來。

定山寺　在江浦縣東北三十里獅子峰下。有泉出殿中，亦名定山泉。

石佛寺　在江浦縣東北十八里，宋建炎中建。

東濟寺　在江浦縣西三十里，舊名湯泉院，宋元祐中重建。

接待寺　在江浦縣治西門外，明洪武初建。

長蘆寺　在六合縣南二十五里，宋天聖中建。

靈巖寺　在六合縣東十五里靈巖山上，唐咸通中建。

卧佛寺　在六合縣東北，南唐保大中建。

寶聖寺　在六合縣北四十里屏山之北，元至和元年建。有泉，亦名寶聖。

祇洹寺　在六合縣北五十里冶山，唐開元間建。

盧龍觀　在府西北盧龍山，與儀鳳門相接。明高帝克僞漢陳友諒，親樹旌麾，督戰于此山。及即位，改爲獅子山，環以城，建觀其上。

靈應觀　在府烏龍潭側，與石城門近，宋名恩隆祠，明正統間以禱雨有驗賜今額。

洞(元)〔玄〕觀　在府東方山之麓，葛仙公白日飛昇處。吴大帝赤烏二年建，唐貞觀間併入巖樓觀，明重建。洗藥池、鍊丹井猶存。

紫芝觀　在府鍾山下。

仙鶴觀　在府東北仙鶴門外，漢時建。

(元)〔玄〕真觀　在府中和橋北，明永樂十八年建。

玉虚觀　在府東上方門外，吴時創，唐保大間重建。

朝真觀　在府淳化鎮東，明正統間建。

清源觀　在府城南雨花臺側，宋建。

棲真觀　在府南安德鄉，明正統間建賜額。

佑聖觀　在府西江東門外，明成化二年建。

青元觀　在句容縣治西南隅，葛洪故宅，梁天監中建。

五雲觀　在句容縣華陽洞西五雲峰下，宋天聖中建。

聖祐觀　在句容縣大茅峰頂，創於漢，宋淳祐中賜額。

玉晨觀　在句容縣大茅峰下。舊傳高辛氏時，展上公于此得仙，後周有郭真人、巴陵侯，漢有杜廣平，東晉有楊真人、許長史，梁有陶弘景，唐有李元静，南唐有王貞素，俱在此得道。梁爲朱陽館，唐太宗時爲華陽觀，明皇時爲紫陽觀。宋祥符初改今額，世稱爲「茅山第一福地」。

崇壽觀　在句容縣大茅峰之下，華陽南洞側。晋任敦舊宅，劉宋元嘉十一年始建壇宇，齊建元初名崇元館，宋大中祥符七年敕賜今名。

附　元虞集《碑記》

大茅峰之下，當華陽南洞之便門，有崇壽觀者，本晉洞天館主任敦故宅。宋元嘉十一年，路太后始建壇宇。太始中，廬陵太守孔嗣之重立，以奉曲阿高士華文賢。齊建元二年，敕句容王文清仍立而主之，名崇元館，武帝以太子時至焉。唐貞觀初，敕改爲崇元觀。有太極元年所樹碑，石完而文泯，可識者「左拾遺孫處懸文，楊幽經書」數字而已。天寶七年，李元靜先生奉敕重修，復民百家備修葺。寶（歷）〔曆〕三年，主者有賀恩寶，則因器物銘識而考見者也。宋大中祥符七年，敕賜今名。

大元至治二年，句曲外史張君嗣真始來主之。顧瞻方臺，近對南面，左峰疊玉，右引大茅之支而回合焉。定録君授言：大茅山下有泉水，近水口處可立静舍。陶隱居云：近南大洞口，有好流水而多石，少出便平。比有王文清居之，則此觀是矣。乃歎曰：「山中館宇，自齊、梁、唐、宋至於今，代有增益，求諸晋人之舊，惟此與玉晨許長史宅耳。而吾所治，乃傾廢隘陋特甚，豈不在我耶？」

於是度材鳩工，更後堂爲太元殿，以復舊規。象三茅君於中，東爲任、華、王、李、賀五君祠，西爲陶隱居祠。充前殿基爲弘道壇，自製銘其上。壇東爲（元）〔玄〕武祠，西爲廣惠祠，後爲文賢講堂，而前〔爲〕①都門。門外浚古津池，盡受大茅南面諸原之水。循池西南，得昭明太子讀書臺。臺東有井，曰福鄉井。福鄉者，因昭明道館名也。出諸榛莽，著文刻石，覆之以亭。而巖洞泉石之勝，近在百步内者，皆按圖表之，可以觀覽。

泰定元年，上清四十五代宗師劉君大彬朝京師，授予始末，俾爲之次第焉。張君，吴郡人，名天雨，内名嗣真，字伯雨，别號真居。所著《外史山世集》三卷、《碧巖懸會録》二卷，又《尋山志》十五卷，考索極精博云。

崇福觀　在句容縣中茅峰西白雲峰下。初，華陽宫道士王景温退居結廬於此，宋紹興間詔即所居建觀。

乾元觀　在句容縣茅山大横山下。梁天監中，陶隱居創鬱罡齋，天聖間改賜今額。有《觀妙先生碑》。後閭希顔、李徹度皆修煉于此。

紫陽觀　在句容縣大茅峰下崇禧宫左。

太平觀　在句容縣茅山側，即陶隱居華陽館也。宋元符中改今額。

①「爲」，據《茅山志》卷二十七補。

抱元觀　在句容縣茅山柳谷泉。舊名柳谷菴，宋政和八年，因陳希徵修行于此，賜今額。

清真觀　在句容縣茅山大羅源中，宋政和中建。紹興間，每歲三月十八日，四方道人會此，時多鶴至，謂之鶴會。

香山觀　在溧水縣城東北隅，元時所建。明嘉靖間，學宫圮，縣令易觀址建學，移觀于縣治東。

尋仙觀　在溧水縣治東南仙壇鄉，梁建。

白石觀　在溧水縣治東南六十五里荆山中。舊傳卞和獲玉之地，有卞和塑像。李白詩云「白石分金井，丹砂布玉田」是也。井僅三四尺，投之以石，則水上沸如珠。

祠山觀　在高淳縣治南，元至元初建。

尋真觀　在高淳縣治北。

萬壽觀　在高淳縣寶陽門外，宋時建。

玉虚觀　在江浦縣浦子口。

(元)〔玄〕真觀　在六合縣治西高岡之上，宋隆興初建。

慈應菴　在府東麒麟門外龍潭大道，國朝康熙六年建。

古林菴　在府吉祥寺之左，明萬(歷)〔曆〕間律師古心創建。

水草菴　在府通濟門外，明萬(歷)〔曆〕間建。有放生池。

圓覺菴　在府南馴象門，明萬(歷)〔曆〕年建，律僧白齋燃指臂苦行拓修。

濟生菴　在府石城門内西隅烏龍潭南。

隱仙菴　在府城西北虎踞關側，相傳宋陶弘景隱居於此，故名。明初冷謙諸真人多遊此，王思任有碑記。

以上諸菴皆接衆之所。

龍華菴　在府城銀鼎橋西。康熙五十九年，按察司葛繼孔置地，延僧寶光募建。

孤舟菴　在江浦縣西門定山珠泉側，明萬(歷)〔曆〕丁酉年建。

朝天宫　在府城西石城門内，崇道橋北，即吳冶城也。晉爲西州城，劉宋爲國學。後廢，置總明觀以居儒士，尋以道者居之，仍舊觀名。楊吳建紫極宫，徐鉉作記云：「冶城峻址，西州舊宇，卞忠貞之遺壠，郭文舉之故臺。」宋、元屢改額，明洪武十七年重建易今名。

洞神宫　在府城淮清橋西，宋景定間建，元李孝光有記。

真武行宫　在府東南洪武門外。舊爲神樂觀，明初郊祀習樂之所。

天妃宫　在府獅子山下儀鳳門外。明文皇帝遣使海外，遇颶風，天妃現像護之，奉敕建此。有《御製碑》。

崇禧萬壽宫　在句容縣茅山華陽洞南門之東。唐王知遠師陶弘景，得其道法，見知於太宗，貞觀初置觀居之。元改今額，趙孟頫書《碑記》。

元符萬寧宫　在句容縣茅山積金峰下。宋嘉祐中，蜀人王略結廬煉丹於此。後道士劉混康居之，徽宗賜額。

祠宇宫　在句容縣中茅峰西，唐天寶中敕建。

紫竹林　在府城北耆闍山麓，明末顓愚禪師建。

祇陀林　在府城西南隅鳳凰街之南，明末建。徑山、雪嶠、天童、五峰，皆駐錫於此。

三官堂　在府城武定橋東，明洪武中建。

江南通志卷四十四

輿地志

寺觀 二

蘇州一府

蘇州府

報恩寺　在府城北。故稱北寺，吴赤烏初孫權爲乳母陳氏創。開元中，詔改開元。吴越錢氏移支硎山報恩寺額于此，故名。梁僧正慧造浮圖于中，凡十一成①。宋元豐間重建，蘇文忠軾捨銅龜

①「成」，《四庫》本作「層」，下一「成」字同。

以藏舍利。建炎四年罹兵燹，寺塔俱燼。紹興間，行者金大圓再創，止九成。國朝康熙三年，鄧尉剖石壁，禪僧來寺修塔，八年夏告成，以三元房爲方丈，名塔院。

承天寺　在報恩寺西南甘節坊内。梁衛尉卿陸僧瓚捨宅創，初名廣德重元寺，宋初改今名。元末張士誠據以爲宫，明洪武初復爲寺。正統八年燬，成化十年重建。康熙五十八年，聖祖仁皇帝欽賜「金葉祥光」四字匾額。

雍熙寺　在府周武狀元坊内。本周瑜故宅，梁爲陸襄太守宅，天監二年捨以爲寺，僧清閑開山，名法水寺。唐僧壁法重建，宋改今名，元燬。明洪武初，以其地爲城隍廟，僧廣宣乃即城隍廟左重建。

東華嚴寺　在周武狀元坊，孫吴時建，宋咸淳初賜額。

西華嚴寺　在府西北隅，元至元二十年報恩寺僧同覺開山，其徒元沖嗣建。

朱明寺　在府城隍廟。西晋朱明富而孝友，其弟聽婦言避兄離居，明以金穀盡與弟，唯留空室。一夕風雨，財悉飄還明宅，弟與婦媿而自縊，明遂捨宅爲寺。代遠漸爲民居，繼爲官署。至國朝順治十一年，巡撫周國佐因署中屢見神光，遂遷南城，發地得須菩提碑刻、五百羅漢，朱明字蹟在焉。副戎朱光照異之，重建娑羅閣。巡撫張中元捐造準提閣，漸成叢席。

海弘寺　在朱明寺南，宋至德間創自樓子和尚。

寶林寺　在府西北隅。元至正間僧圓明開山，明宣德二年燬，正統十一年重建，奏改今額。內有栟櫚徑、梧桐園、水竹亭、山茶塢、煮雪寮、停鵠館諸景。

定光寺　在府徐胡橋西，宋景定間建。明英宗召天下名僧講演經典，寺僧永琮應召稱旨，賜紫伽黎、敕額定光講寺。

開元寺　在府盤門内，吴大帝母捨宅建，永禪僧開山，名通(元)〔玄〕寺。寺有石佛，相傳晋建興二年，滬瀆海口漁者夜見神光，照水徹天，旦而視之，乃二石像浮水上。吴人朱膺等于海濱迎入城，置通(元)〔玄〕寺，光明七晝夜不絶。其後漁者復于此獲一青石鉢，遂併以供佛。唐東宫長史陸柬之書碑，延載元年則天遣使送珊瑚鏡一面，鉢一副，宣賜供養，兼改重雲寺。開元初，再改今額。舊在城北陲，後唐同光中錢氏遷置于此。宋紹興間，守臣洪邁作戒壇。明萬(歷)〔曆〕四十六年，僧如緣建閣，供奉欽賜《大藏》，純壘細甎，不用寸木，雄傑冠江南。

瑞光寺　在府盤門内開元寺南。吴赤烏四年，孫權爲報母建舍利塔十三級，僧性康居之，名普濟禪院。宋元豐二年，神宗命漕使李復主延圓炤宗本禪僧説法，時有白龜聽講法，鼓自鳴，翠竹合歡，寶塔放光，故堂名四瑞。宣和間，朱勔捐資，並建寶塔七級，復賜寺額「瑞光禪寺」。淳熙十三年，法林住持重葺，有白牛自來助役，工畢乃斃，今白牛冢尚存。舍利塔凡燃燈之夜，太湖漁人網捕無所獲，湖與塔相去三十里。康熙四十二年，聖祖仁皇帝賜「普度群黎」四字扁額。

報國寺　在府學西，元至元間建，賜額「報國寺」。明天順中重修。

泗州寺　在府杉瀆橋東南。本報恩寺子院，宋景定間，僧惟一感泗州大聖夢，移置南城，賜額

「泗州禪寺」。

龍興寺　在府治西南。范成大《志》云：梁置。《吴地記》云：則天后置，御書額。開元五年再興，刺史張廷珪摹勒御書于碑。然房琯所撰碑與此不同。明初廢。

西竺寺　在府平權坊内，即祥符寺。唐大中間，郡人司馬厚捨宅建，初名馬禪。宋大中祥符初易今名。

西禪寺　在府治西南，吴中四大禪寺之一也，唐貞觀間建。宋紹興間，信安郡王孟忠厚改建，爲隆祐太后薦嚴之所。明嘉靖間，郡守胡纘宗借正殿爲巡鹽公署。萬(歷)〔曆〕間改遊擊公署，尋廢。至國朝康熙十三年，侍講繆彤歸復。

永定寺　在府治西南。《吴地記》云：梁天監中，郡守郡人顧彦先捨宅建，唐乾符間賜今額，陸羽書。初，寺在閶門北，景福二年始遷于此。元僧九皋作海印堂牓，爲元泰不花①所書，雄偉可觀。

利濟寺　在府閶門外南濠，宋紹興間建。明洪武初爲叢林，成化六年燬。二十三年，寺僧弘毅、大心、净心重建。

寒山寺　在府閶門西十里楓橋下。相傳寒山拾得嘗止此，故名。

石佛寺　在府閶門外南濠。齊隱士何求嘗開講于此，宋嘉定間重建。明洪武間歸併利濟寺，成

① 「泰不花」，《四庫》本作「台哈布哈」。

化間又建，萬(歷)〔曆〕初又廢。天啓六年，郡紳毛堪、士人張世俊捐資興復。

慧慶寺　在府閶門外西五里，元延祐間建。至元間兵火廢，僅存退居於涇西。明成化、弘治間，僧達俊、如珪即退居修葺。

治平寺　在府上方山下。梁天監二年建，名楞伽寺，宋治平元年改今名。寺旁有石井，隋人刻字，蓋楊素移郡橫山時也。明嘉靖辛巳，寺僧智曉構石湖草堂于寺內，又有竹亭，西南房有五賢祠，置①唐寅、文徵明、王守、王寵、湯珍。

上方寺　在府楞伽山上，隋大業四年吴郡太守李顯建浮圖七級。

寶積寺　在府治平南紫薇村西，隋大業四年建。

廣福寺　在府吴山嶺上。晋天福間，吴越中軍節度使錢文奉建，爲其父廣陵王璙墓祀之所。本名壽聖院。宋天聖間建，僧惟久屢遷其址，治平中改賜今額。

薦福寺　在府薦福山下，或云亦錢氏建。

寶華寺　在府寶華山，梁天監間，酴醾尊者嘗卓錫于此，中有酴醾泉。宋祥符間，知府秦羲重建。

① 「置」，《四庫》本作「祀」。

寶雲寺　在府①堯峰山，舊②名壽聖寺。康熙四十二年，聖祖仁皇帝賜「寶雲寺」三字匾額。

附　明王鏊記

吴横山之西南，有峰名堯，莫知所始。或曰，堯時民於此避水也。唐末慧禪師始建精藍，曰免水院。宋改爲壽聖寺，有寶雲禪師居之。元涉國初，久苐不治。

弘治初，有雲谷菴禪師與其徒文通，披叢剔薈，始立山門，繚以石垣。觀音、龍王之殿，寶雲、碧玉之沼，東齋西隱，以次修復，而大殿未遽議也。雲谷示寂，文通卒矢先志，乞諸檀越，大雄之殿頓還舊觀矣。

予北歸造焉，峭壁梯空，側足而上。至巔，曠然平夷，樹林縈紆，泉石秀麗。却而望之，太湖萬頃，浩蕩在前，而吴興、雲間諸峰，隱隱可見，信地之高且勝者也。地雖勝，而其蕪也久，得人以居之，則蕪者治，頽者起。事之興廢，其不在人乎？

① 「府」，《四庫》本作「横山」。
② 「舊」，《四庫》本作「本」。

興福寺　在府下堯峰，宋咸淳中建。

法音寺　在府獅山，舊名思益寺，唐開元中建。宋高宗南渡，值壽聖公主薨，擇葬毬山，賜名思憶。國朝康熙四十四年，聖祖仁皇帝賜「法音寺」三字匾額。

資福寺　在何山下。

靈巖寺　在靈巖山，即吴故館娃宫，晋司空陸玩捨宅爲寺。梁天監二年重建，創寶塔，感智積菩薩之異，稱智積道場。宋改爲秀峰禪院。太平興國二年，藩臣孫承祐爲姊錢王妃資冥，建甎塔九成①。紹興中，詔賜韓蘄王薦先福，更號顯親崇報寺。明洪武中賜今名，永禁民間採石。國朝康熙二十八年，聖祖仁皇帝賜「嵐翠」二字額。三十二年，欽賜《彌勒偈》四句：「彌勒真彌勒，分身千百億。時時示時人，時人自不識。」

附　宋孫覿《靈巖記略》

梁天監中，重建靈巖寺成。有異僧負鉢囊以入，憇殿廡下。長身黧面，梵相奇古，其徒莫之省。夜半，索筆墨，自圖其像於殿之東北壁而去。黎明不知所在，衆始驚異之。居無幾，有胡僧

① 「成」，《四庫》本作「層」。

顧見其畫，惜曰：「此西土智積菩薩像也，何爲在此？」於是道俗犇走來觀，稽首皈依，如師出世。

唐宰相陸象先，吴人也，有弟得危疾。一日，有僧叩門問疾，象先引至卧内。僧索杯水噀之，一噀而病良已。象先驚謝，出金帛數牀。弗受，顧謂其弟曰：「我靈巖僧，它日還吴，來過我。」遂去，不復見。其年，象先弟觀察桂管，道吴中，趨靈巖問僧所舍，無有，遍從寺僧求之，亦非是。方悵然欲還，俄見壁間所畫像肖焉，驚喜亟拜，施錢五十萬，修供作佛事，徘徊數日而後去。其事載於吴越國沙門智賢之文，傳於山中父老之口，見於《大乘經》。《菩薩品》云：智積舊有殿，在院之東廡，庳迫破露，不足以稱四方祈向奉事之意。長老智訥飭其徒，募衆力大之。於是訥過余於晉陵，求文以爲記。

明月寺　在府木瀆靈巖山前，後唐清泰二年建。

觀音寺　在支硎山東麓，晉支道林建，唐景龍間賜額「報恩」。明洪武間，併白雲寺。

北峰寺　在支硎山，支道林建。

南峰寺　在支硎山南峰。舊名天峰院，亦支道林建，即古支硎寺。以後修建賜額，今圮，止存支公放鶴亭。

報恩寺　在支硎山西。本名寒山，明趙宧光凡夫宅，歿即葬焉，人稱其地曰趙墳。其後僧素潤得之爲禪院，内有雲根泉。

華山寺　在支硎山西蓮華峰東南，長松夾徑，寺境幽絶。國朝康熙二十八年，聖祖仁皇帝賜「遠清」二字額，御製《欲遊華山未往》詩一首。恭紀首卷。三十八年，欽賜「翠巖禪寺」四字額，又「香域」二字額。御製《華山》詩一首。恭紀首卷。又賜《閒起溪雲下》詩，《清山雨歸》對聯。三十九年，欽賜「斗室」二字額。

白雲寺　在天平山。唐寶（歷）〔曆〕二年建，名白雲菴，以山有白雲泉也。宋慶（歷）〔曆〕間，范仲淹以先墓所在，奏爲功德寺，賜今額。

普賢寺　在天平山之東牛頭峰塢内，宋景定間建。

金山寺　在金山下，元至正間建。

賀九寺　在鹿山之南嶺。歲久淹没，明正統間修復。崇（正）〔禎〕五年，郡紳文震孟建惟心閣于龍潭上。

西資寺　在吴山西，係古吴山寺。

穹窿寺　在穹窿山陽，相傳朱買臣故宅，梁天監二年建。明洪武初，姚廣孝爲僧嘗居此，奉敕改顯忠禪寺。嘉靖中粥爲民産，崇（正）〔禎〕十三年復建，名拈華①寺。康熙四十一年，聖祖仁皇帝賜

① 「華」，《四庫》本作「花」。

「拈花禪寺」四字匾額。

寧邦寺　在穹窿山陰寧邦塢。宋紹興十二年，韓蘄王世忠部將戰還，薙髪隱此學禪，賜額「寧邦禪院」。明萬（歷）〔曆〕間，僧雲川募衆鼎新。

白馬寺　在香山之麓。相傳蕭梁時因伐樹祀白馬之神，故名。晉支道林開山，宋景德四年重建。萬（歷）〔曆〕間，殿堂盡圮，地屬居民。崇（正）〔禎〕十七年，聖恩寺剖石壁，禪僧恢復基址。國朝順治三年，法嗣巨冶鳩工新建。山有泉，名「梅泉」。

天宫寺　在胥山南太湖濱，梁天監三年建，宋天聖中修，明洪武間爲叢林寺。

光福寺　在鄧尉山龜峰下。梁大同間，九真太守顧某捨山建，有舍利塔七成①。明隆萬間，烏程董份倡衆修建。

聖恩寺　在鄧尉山之右。唐天寶間建天壽禪寺，宋寶祐間又建聖恩禪菴。元季寺燬菴存。萬峰禪僧時蔚開山説法，又創天壽寺，尋燬。明正統八年，僧道立奏請賜今額。崇（正）〔禎〕元年，吴江知縣熊開元延三峰漢月法藏禪僧主席建大法堂，後金粟圓悟禪僧又移堂院左。今兩院並峙。法嗣剖石、弘璧，又建大悲堂、藏經閣，殿宇莊嚴，寮舍次第，爲叢席冠。國朝康熙二十八年，聖祖駐蹕於此，賜「松風水月」四字匾額。

① 「成」，《四庫》本作「層」。

天壽寺　在銅井山，宋紹興間建，元至正間廢，明洪武初復建。

昭明寺　在錦峰山，相傳梁昭明太子蕭統建。或謂山産文石，故名。唐會昌中廢。宋嘉泰中，白馬寺僧南重拓建，有理宗書賜鄭起潛「錦峰」二字藏寺中。明洪武初爲叢林，寺僧於此采石遞至南京，寺旁有石蕩，即采石處。

延慶寺　在府横金鎮，唐長慶三年建，吴越錢氏修，宋天聖間重建。

實相寺　在香山西太湖濱。舊有實相院，范成大《志》云：古廢寺，梁大同十年重興，宋大中祥符中賜今額。

寶壽寺　在八都黄蘆村，唐大中七年創，乾德二年吴越錢氏重建，宋嘉定間重修。

長山寺　在二十三都，梁大同間建。

晉慶寺　在皋峰山塢，晉支道林建。

秀峰寺　在府西華鄉，宋紹興間建。

姑蘇寺　在横山之錢莊，梁天監二年建。

清遠寺　在府蓮華峰東南。本名華山寺，明僧鹿亭結茅於此，後講僧一雨卓錫，法嗣汰如、蒼雪二僧相繼興建殿宇，檗菴、正志繼之。長松夾徑，寺門幽絶，有華山初地坊。

翠峰寺　在府東洞庭莫釐山東北，唐將軍席温捨宅建，宋初雪竇明覺顯禪僧住山説法。今寺有悟道泉，白樂天有詩。

靈源寺　在東洞庭碧螺峰下，寺有靈泉，故名。梁天監元年建。

能仁寺　在東洞庭長圻嶺東，梁天監二年建。内有泗州池，相傳見泗州塔影。

彌勒寺　在東洞庭飯石峰下，唐乾符間吴越王建。

興福寺　在東洞庭俞塢南。

法海寺　在東洞庭莫釐峰南，隋莫釐將軍捨宅建。

華嚴寺　在東洞庭翠峰東北楊家灣，梁天監二年建。

永福寺　在東洞庭武山之西、金山東北，梁天監二年建。

上方寺　在西洞庭山。唐會昌六年，僧道徹開山，名孤園寺。宋嘉泰間重建，始改今額。寺前跨澗有香花橋，橋旁古松偃覆於上，曰卧龍松。

包山寺　在西洞庭山，梁大同二年建，天監中再葺。宋靖康中，僧懷深居此，卓錫其地，泉即湧出，甃井置欄。

國朝朱彝尊記略

康熙甲申三月朔，暨同里沈秀才自林屋洞門，扶杖步至神景觀，坐笨車尋包山寺。將至，行新松林下，約千餘本，徑盡而寺門見。石梁覆澗，水流涓涓不絶。門左有唐會昌二年僧契元書碑，契元名不著於書史，而楷法端麗，在顔、柳之間。記成都雍博士陶有《送契上人南遊》詩，即其人也。

讀未畢，山僧出迎。乃齊入方丈，汲沙泉，烹野茗。良久出寺，載讀會昌碑，思以硬黄（搨）〔拓〕①之，不得也。

包山之寺，相傳建自梁大同年。兹碑立寺門，歲月已久。顧歐陽、趙、曾諸家，博搜金石文，未著於録。則以地僻在太湖中，故聞見有所不及。然自兹碑既立之後，祠部奏括天下寺四千六百，蘭若四萬，僧尼二十六萬五百，有詔山野招提先毁。五年七月，浙西東道止各留僧二十人。乃兹碑不踣，則亦以地僻存焉耳。獨怪王文恪輯《震澤編》，削而不載，後之修《具區志》者遂遺之，不可不補其闕焉。

偕遊六人：錢唐馮念祖，武陵胡期真，〔秀水〕②沈翼；導余遊者，吴縣徐上舍惇孝、惇復，及弟天秩也。

祇園寺　在西洞庭消夏灣西五峰嶺下，梁散騎常侍吴猛捨宅建。

資慶寺　在西洞庭涵村之湯塢，晋支道林開山，後唐清泰間重建。

① 據《四庫》本改。
② 據《四庫》本補。

水月寺　在西洞庭縹緲峰下，寺有無礙泉。

附　宋蘇舜欽記略

乙酉四月，余來居吴門，始維舟登靈巖，望太湖。俯視洞庭，巋然特起於滄波之中。欲乘風跨落景以翱翔乎其間，莫可得也。自爾平居，緬然思欲一到，惑於險，未果行。

是歲十月，遂浮輕舟，出横金口，水程泝洄七十里而遠。初宿社下，踰日乃入林屋洞，陟毛公壇，宿包山精舍。

又泛明月灣，南望一山，上摩蒼烟。舟人指云：所謂縹緲峰也。即岸步自松間，望峰下有佛寺號水月者，殿閣甚古，像設嚴焕。旁有澄泉，潔清甘凉，極旱不枯。梁大同四年，始建佛寺，至隋大業六年廢。唐光化中，有浮圖志勤者，歷遊四方，於舊址結廬誦經，後因而屋之。天祐四年，刺史曹珪以明月名其院。勤老且死，其徒嗣之。國朝大中祥符初，有詔又易今名。

予觀震澤，受三江，吞蟠四郡之封，其中有山七十二，唯洞庭稱雄。其間地占三鄉，户率三千，環四十里。民俗真朴，皆樹桑、梔、柑、柚爲常産。每秋高霜餘，丹苞朱實，與長松茂樹相差間於崖壑間，望之若圖繪。縹緲峰又居山之表，壤斷水接，人跡罕至。數僧晏坐，寂然於泉石之間，引而與語，殊無世俗氣韻，豈上世之遺民耶？

後二年，其徒惠源造予乞文，識其廢興，且序昔遊之勝焉。時慶（歷）〔曆〕七年十一月五日記。

西小湖天台寺　在西洞庭縹緲峰北二里。山上有一小湖名海眼，每太湖波濤起，此中波浪亦湧，蓋水脈相通云。梁大同間達沙門建。唐乾符間有沉香觀音像浮湖而來，諸寺院迎之不可得，西小湖寺僧迎得之。像上有水滴路，皆生旱蓮。至寺，有草少許繞像，棄之池中，即生重臺蓮花。嘉靖間廢，天啓三年重建。

東小湖寺　在西洞庭涵村東新安嶺。宋咸淳二年建，稱東湖菴。佛殿前亦有小池，與西小湖相望，故名。

福源寺　在西洞庭毛公壇南攢雲嶺。梁大同二年，吳縣令黃貞捨山園建。

華山寺　在西洞庭龍頭山西。宋元嘉二年，會稽内史張裕奏建于胥湖之北。隋大業三年廢。唐開成四年，重元寺僧契元請省符移置今處。

天王寺　在西洞庭馬税城之桃花塢。唐大中元年，鑿井得天王像，宣宗賜額爲天王院。宋宣和間改今額。

羅漢寺　在西洞庭消夏灣北三里，晉天福二年建。

法華寺　在西洞庭金鐸山嶺，梁大同間建。

實際寺　在西洞庭崦邊北二里，宋端平二年建。

長壽寺　在西洞庭甪頭鄭涇橋東。唐天祐二年，刺史曹珪奏建。

三峰寺　在太湖中三山，唐咸通十三年建。

中峰寺　在三山，唐咸通九年建。

北講寺　在府齊門内，晉戴顒宅也。唐司勳陸郎中居此，後以爲寺。寺有大通閣，有趙孟頫碑。

獅子林寺　在府城東北隅。元至正二年，僧維則建。則多聚奇石，狀類狻猊，故名。内有卧雲室、立雪堂、問梅閣、指柏軒、禪窩、竹谷諸景。明萬（歷）〔曆〕二十年重建，賜「聖恩寺」額。國朝康熙四十二年，聖祖仁皇帝賜「獅林寺」三字額，又賜「苔澗春泉滿，蘿軒夜月閒」對聯。

普福寺　在府東北婁門路，相傳創自晉朝，後廢。國朝順治十年重建。

寶光寺　在府城東北隅。本鬱林太守陸績宅，吴赤烏間賜今額。寺内有鬱林石，今遷至府學。

萬壽寺　在府治東北，晉義熙中建。唐僧貫休嘗居此，休號禪月大師，故寺有禪月閣。寺前周廣順中所立尊勝石幢猶存。嘉靖辛丑，巡按舒汀改爲長洲學，僧證果移佛像就寺之東，結茨覆之，仍稱萬壽菴。

天宫寺　在府城東北，創自晉末，後廢爲民居。唐景福五年，光禄大夫許台捨宅重建。國朝康熙三十五年，聖祖仁皇帝欽賜御書《金剛經》一卷。

廣化寺　在府城東北隅。後粱乾元三年，諸葛氏捨宅建，名崇吴禪院。宋大中祥符元年，改賜今額。景定間改爲長洲學，今爲文忠烈公天祥祠。

禪興寺　在乘鯉坊，梁天監二年刺史孫文創建。或云孫瑒故宅，孫瑒尚主，内有妙嚴公主墓。

積慶寺　在府善教橋北，宋開寶八年建。

寶積寺　在府黄土塔橋東，梁天監中建。相傳寺基爲要離宅，今爲寺中伽藍。

靈鷲寺　在府東北隅，梁天監中建。

大智寺　在府城東北隅。宋端平元年，萬户姚八郎捨宅爲寺。景定二年賜今額。

祥符寺　在府城東北隅，宋祥符元年建賜額。

東禪寺　在府萬壽寺東南。吴赤烏二年，陳丞相宅池中生瑞蓮，遂捨爲寺。宋異僧遇賢號林酒仙，嘗居之，今有祠。

雙塔寺　在府城東南隅，唐咸通中建，名般若院。宋雍熙間，王文罕建兩磚塔對峙，遂名雙塔。至道初，改壽寧萬壽禪院。

定慧寺　在雙塔寺西，本雙塔之子院也。天禧中賜今額。宋僧卓契順常①居此，即訪東坡于惠州者。

正覺寺　在府城東南隅，即竹堂寺。其先爲宋楊和王别墅，元爲陸志寧寓館，多植美竹，尋捨爲大林菴。明洪武中廢。永樂中，滇南僧弘宗再建，奏賜今額。寺壁有唐寅畫達摩像並書贊。

①　「常」，《四庫》本作「嘗」。

天王寺　在府城東南隅，唐大(歷)〔曆〕元年建。

南禪寺　在府城南，唐開成間建，有千佛堂、轉輪、經藏。白居易在郡，嘗書《長慶集》留千佛堂。《吴郡志》云：南禪寺，唐有之，今失所在。按今寺在郡學東，本名集雲，明洪武中寶曇和尚奏改爲南禪集雲寺。

虎(邱)〔丘〕雲巖寺　在府閶門西七里，晋王珣及弟珉别業也。咸和二年捨建，即劍池分爲東西二寺，今合爲一。宋至道中重建，後燬于兵。元至元四年又建，明永樂初重修。國朝康熙二十三年，聖祖南巡至蘇州，登虎(邱)〔丘〕山。越三載丁卯，蠲江蘇所屬未完錢糧，及明年應徵錢糧，因建萬歲樓于兹山之陽，勒石以昭恩德。四十六年，巡視河工，有司敬建行宫於山頂。三月，翠華臨幸，欽賜御書扁額一十有五，曰「虎阜禪寺」，曰「路接天閶」，曰「青雲境」，曰「天光雲影」，曰「仙境澄潭」，曰「曠宜樓」，曰「静觀齋」，曰「香界連雲」，曰「雲光臺」，曰「連雲」，曰「澹香樓」，曰「静遠」，曰「晴巒飛翠」，曰「含輝山館」，曰「水雲深處」。又欽賜對聯六，曰「波長先得月，山秀自生雲」，曰「徑轉披雲近，窗明挹翠深」，曰「花棹渾疑浮碧漢，寄①窗常似俯清流」，曰「烟霞長護林巒勝，臺榭高臨水石佳」，曰「松聲竹韻清琴榻，雲氣嵐光潤筆牀」，曰「山光茂苑來書几，柳色金閶入畫圖」。又建御書亭二，一亭勒聖祖御製《憶蘇州風俗》詩；一亭二碑，俱勒御製《題虎(邱)〔丘〕》詩。恭紀首卷。

① 「寄」，《四庫》本作「綺」。

普福寺　在府山塘，宋淳熙間建。

壽聖寺　在府九都綵雲里半塘。中有稚兒塔，晋道生誦《法華經》，童子死葬此。義熙十一年，商人謝本夜聞誦經聲，旦見墳生青蓮花。事聞，詔建塔，名法華院。宋治平間賜今額。

無量壽寺　在府齊門外，唐時建，宋敕重新。

楊安寺　在府閶門外楊安浜，元至正間建。

接待寺　在府婁門外，宋嘉定間建。國朝康熙間，進士蔣德埈捐貲重修。

大慈寺　在府陽山之右，元大德二年建。

大覺寺　在陽山南黄村，宋寶慶元年建。

蓮花寺　在陽山西太湖濱，一名青蓮寺。唐神龍二年，居民劉氏井中生青蓮花，因捨宅建寺。

甑山教寺　在陽山北竹青塘，五代天德間建。

澄照寺　在陽山東麓。唐會昌間，丁某移白馬礀宅建。吴越錢氏時，有泉出寺中，改仙泉院。宋大中祥符初賜今額。

陸香寺　在府三都，梁天監間建。

迎湖寺　在府六都，晋永寧間建。

白蓮寺　在府十五都陸塘，吴赤烏間建。

法華寺　在府葑門外斜塘，宋建。

靈瀫寺　在府蠡塘，梁天監二年建。

興國寺　在府十一都黄埭。唐大中二年，郡人葉氏夢僧求一錐地，遂捨宅爲寺。

覺林寺　在府十三都治長涇。唐廣明間，陳坦捨宅建，名義安寺。宋大觀四年，改賜今額。明少師道衍曾居兹寺。

崇福寺　在府三十一都尹山，故又稱尹山寺。梁天監二年建，寺有澹臺滅明書院。尹和靖慕其勝，曾僑寓焉。國朝康熙五十九年，紳士重建澹臺書院。

大覺寺　在府大姚山，梁天監間建。寺有東明子院，頗爲幽勝。

全福寺　在府周莊，宋元祐間建。中有古柏二株，極奇勝。

永壽寺　在席墟陳湖濱，唐大中間居民管洪捨宅建。

保聖教寺　在府甫里，唐大中間創建。

附　明歸有光記略

長洲東南五十里，地名甫里，天隨先生之故居在焉。今爲保聖教寺。而郡志又有白蓮講寺，然甫里無二寺，蓋白蓮即保聖之别院也。

志云，寺創於唐大中間。熙寧六年，僧惟吉重修白蓮者，僅在西廡。其後即爲天隨先生祠，區宇非廣，不當别稱爲寺也。

寺之西北有安隱堂。安隱者，僧住持寺事，已謝而退，故稱安隱云。寺之盛時，僧每房皆以堂爲別，凡爲堂如安隱比者，無慮數十房。主僧法慧懼，且盡廢故時安隱之房，分爲二派，乃與同堂之徒復爲合一，誓與共守之。請爲堂記，鑱之石。

白蓮寺　在甫里，即陸龜蒙別業，祠堂在焉。宋熙寧六年建。

積砂寺　在府陳湖之北，宋乾道間建。寺因濱湖，歲久頹廢。

景德寺　在昆山縣西南通德坊，俗稱西寺。晋王珉捨宅建，初名寶馬寺，宋景德二年賜今額。

資福寺　在昆山縣東南隅，俗稱東寺。唐天祐二年，吳越鎮遏使劉璠捨宅建，宋大中祥符元年敕改慧嚴禪院。尋賜今額，以奉成穆皇后香火。

華藏寺　在昆山縣馬鞍山頂，後有淩霄塔。舊在山之北麓，明洪武十三年移建于此，爲十①方賢首講寺，改今名。

淩霄塔　梁天監中創建。舊止五級，萬（歷）〔曆〕間重修，增級七。

慧聚寺　在馬鞍山下，梁天監十年沙門慧嚮建。相傳夜中喑嗚之聲聞數里外，遲明殿基成。延袤一十七丈，高丈有二尺，巨石矗然，其直如矢。事聞，武帝因命建寺，賜今額，敕張僧繇繪龍于四

① 「十」，《四庫》本作「上」。

柱。明洪武初，移建城隍殿于此。二十二年，僧曇倕重建佛殿于東偏。

報國寺　在昆山縣西南隅，元泰定甲子建，敕賜額。

報德寺　在昆山縣治西南，宋建炎間建。

新安尼寺　在昆山縣城東，梁天監二年建。

能仁寺　在昆山縣東南二十五里車塘。唐天祐二年，魏長者捨宅建，名羅漢寺。宋大中祥符元年改今額。

聖像寺　在昆山縣東南三十里滬瀆。晋建興二年，有迦葉、維衛二石佛，泛海逆水而來止此，數百人不能舉。衆迎像置郡城開元寺，里人趙罕捨所居建寺于此，迎像奉之。事聞，敕賜今額。梁貞明四年重修。宋寶慶中，寺焚，石佛仍徙開元寺。明洪武十七年重建。

延福寺　在昆山縣千墩浦秦柱山之陽，梁天監二年建，名般若寺。宋大中祥符元年，敕改今額。有浮圖七級。

無相寺　在昆山縣石浦鎮，梁天監十年建，名寶乘寺。宋大中祥符元年，改賜今額。

延祥寺　在昆山縣東南四十里雞鳴塘①北。梁天監中建，名紹法寺。宋大中祥符元年，改賜今額。

---

①「塘」，《四庫》本作「堂」。

興福寺　在昆山縣西南四十里趙靈山，唐大中十年建。

東靈寺　在常熟縣治西北隅，梁大同間建。舊在吴縣界，神龍元年移置於此，賜今額。有子院曰延福教院，即今城隍廟也。

慧日寺　在常熟縣治西北隅。梁天監間，僧慧嚮開山，今爲祝釐道場。

清涼禪寺　舊名三峰寺，在常熟縣。康熙二十八年，聖祖仁皇帝南巡，御書「清涼禪寺」四字匾額。

東塔寺　一名方塔，在常熟縣東北隅，宋建炎四年建。國朝康熙四十六年，御題「般若相」三字匾額。

破山寺　在常熟縣虞山北嶺下，齊始興五年建，名大慈。唐咸通九年，賜額「破山興福寺」。

附　元段天祐《空心亭記》

海虞山循常熟州治西北十里而近，曰破山。直破山之麓有寺，曰興福。澗流絶山而下，瀦爲深潭，潭之上有空心亭。山以崖斷石裂，得破山之名。亭以唐少府常建詩，得空心之名。孱巖峙其前，冷冽停其下。設置既宜，而稱謂也當。

亭之始不知爲誰。歲滋久，風雨弗支。至正五年，寺僧澂上人謀撤其故而更創焉。落成宏敞雅潔，十倍其舊。以天祐佐是州，而山若亭實所遊歷，致書屬爲記。

維摩寺　在常熟縣虞山上。宋隆興元年建，名石屋維摩菴，有石井名湧泉。明洪武中重建，改今額。

寶嚴寺　在常熟縣虞山西麓。梁天監間建，名延福禪院，宋天禧間改今額。内有浮屠七級，極莊嚴，相傳泗州僧伽塔第一，此爲第二。仁宗朝賜銅鑄東嶽聖像爲伽藍。

永慶寺　在常熟縣河陽山。梁大同二年，侍御陸孝本捨宅建。宋賜名大福寺，尋改今額。山頂有石井，水清而甘，大旱不竭，鄉人目爲聖井。

妙清寺　在常熟縣莫城，創自陳貞明二年，名妙清院。明洪武中重建，改爲寺。

大慈寺　在常熟縣福山鎮，梁太清元年建，名法水禪院。宋大中祥符元年改今額。

勝法寺　在常熟縣梅李鎮，唐元和中閻將軍捨宅建。乾元間置爲離火宅寺，宋大中祥符元年改今額。閻將軍今爲寺伽藍，頗著靈異，寺東即將軍墓也。

智林寺　在常熟縣李墓村。唐乾元元年建，名永安寺。宋大觀四年，避宣祖陵名，改賜今額。

練塘寺　在常熟縣練塘市，初名仁王院。宋開寶中，鄒知邈施地建。明洪武初重建，改今額。

明因寺　在常熟縣支塘市北。唐乾元中廢，咸通中復建，明永樂元年重修。

無礙寺　在吴江縣常樂坊西，故稱西寺。梁開平三年建，晋天福七年賜額「華嚴賢首教寺」，吴越忠獻王改今名。

華嚴寺　在吴江縣東門外，東晋明帝時衛尉卿陸僧瓚捨地建。宋元祐四年，邑人姚得瑄建方塔七級。今爲祝釐道場。

接待寺　在東門外南津口，俗稱南寺。宋紹興十二年建。

海雲寺　在吴江縣簡村，元至元年間建，天(歷)〔曆〕中賜額。

永福寺　在八斥，宋紹興二十一年建。

崇吴寺　在吴江縣充浦村，梁開平二年建。

永定寺　在充浦村，宋淳熙五年建。

雙林寺　在吴江縣倪林里，宋咸淳中建。

妙智寺　在吴江縣半涤村，宋開成中建。

寶覺寺　在吴江縣曹村，宋紹興十一年建。

普濟寺　在震澤縣震澤鎮，宋元豐元年建。

慈雲寺　在震澤鎮，宋咸淳中建，明天順中賜額。中有浮圖五級。

奉先寺　在吴江縣雙楊涇，唐咸亨中建。

永樂寺　在雙楊涇東，宋淳祐七年建。

應天寺　在吴江縣蠡澤村，唐大中七年建。

崇義寺　在吴江縣十九都掘城河南，宋乾道中建。

顯忠寺　在吴江縣梅堰，元大德元年建。

圓明寺　在吴江縣車溪傍，宋乾德中建。明正統初，移建盛澤鎮，俗呼白馬寺。

積慶寺　在吴江縣塘涇，宋建炎元年建。

羅漢寺　在吴江縣黎里，西晋永熙元年建。

殊勝寺　在平望鎮鶯脰湖濱。宋治平四年，僧如信開山，時蔡京趨朝過寺，適信徒法昇書華嚴經，僧以寺額爲請。京問書經至何品，云：「至殊勝功德品」。京笑曰：「當以殊勝爲額。」遂奏賜焉。

法喜寺　在吴江縣九里村。唐武德中建，初名崇福院。宋大中祥符元年賜今額。

報恩寺　在吴江縣庉村，唐大中二年顧文通捨宅建。

泗州寺　在吴江縣蘆墟，唐景龍二年建。

福濟觀　在府紅橋西北。宋淳熙間建，初名巖天道院，元至大間賜今額。

三茅觀　在中街路仁風坊，宋淳熙中建，元天(歷)〔曆〕間賜額。

朝真觀　在閶門外義慈巷，宋景定中建。

修和觀　在盤門外五里，唐進士畢瑊捨宅建。明季頹廢。

上真觀　在穹窿山三茅峰。相傳漢初平中建，祀三茅真君。歲久傾頹，興廢莫考，惟峰頂斷碑依稀見「上清司命三茅真君」字，及「宋延祐」年號而已。國朝順治七年，朝真觀道士施道淵興建，十五年賜今額。

丹霞觀　在吴山東麓，唐建。

希夷觀　在府靈崖山下，宋紹興十三年咸安郡王韓世忠建。

靈祐觀　在西洞庭林屋洞旁，即神景宮也。唐乾封二年建，宋天禧五年重建。

仙壇觀　在毛公壇側，唐至德二年里人葉超元捨宅建。

（元）〔玄〕妙觀　在府城東北隅。創自晋咸寧中，唐名開元宮，宋改天慶觀，建炎中燬于兵，紹興十六年重建，元至元元年改今額。殿中有吴道子老君像，唐（元）〔玄〕宗御贊、顔魯公書。東廡有通神菴，爲何真人所居。明洪武中清理道教，爲正一叢林，置道紀司於此。正統間，巡撫周忱、知府况鍾捐建彌羅寶閣，請賜《道藏經》。國朝康熙十二年，布政慕天顔修建。四十四年，聖祖仁皇帝南巡，賜御書「餐霞挹翠」四字匾額。其雷尊殿西爲育嬰堂，郡守高晫所設也。

清真觀　在（元）〔玄〕妙觀東。元皇慶元年，道士黄孤山賣藥吴城①，以所得藥資創建。初稱道院，至正間始賜今額。

白鶴觀　在府城鶴舞橋之東。相傳其地爲宋信安郡王藏春園，元平江路總管張世昌捨宅建，稱報恩道院，尋廢。道人張應元復建，有群鶴自東南來，一鶴結巢樹上，因名白鶴觀。

衛道觀　在府東北隅。宋季蜀人鄧道樞以教法顯于理、度兩朝，游吴中，得上官氏廢圃建，初名會道。明嘉靖辛丑，遷縣學于東城，以觀在學後，形家言此爲學之外衛，巡撫舒汀爲易今名。

①「城」，《四庫》本作「地」。

靈應觀　在府相城，宋咸淳間建。

清真觀　在昆山縣西北會仙橋東，即宋放生池也。乾道七年，道士翟守真創立真武殿。又適得民家樟木一段，鋸出儼具聖像，披髮握劍，遂裝繪供奉。淳熙元年敕賜額。明洪武二十四年清理道教，爲正一叢林。内有竹洲館，爲一觀之勝。

真如觀　在昆山縣南四十里石浦鎮，宋慶元間建。

致道觀　在常熟縣西門内虞山南嶺下。梁天監初，漢張道陵裔孫道裕居此，建招真治，並建寥陽殿、虚皇臺，手植七星檜。後道裕仙化，瘞劍于山之西麓。簡文時改名乾元宫。昭明嘗讀書于此，有讀書臺。宋治平中，道士李則正浚井得藏丹，化雙鴿飛入尚湖，有丹井存焉。政和七年，改致道觀。

附　梁昭明太子《招真治碑記》

海虞縣境有①虞山。《越絶書》云：巫咸之所出也。高巖鬱起，帶青雲而作峰。瀑布懸流，雜天河而俱會。吴門採藥之地，楚望槐椒之歌。陽反流沙之魂，錦飾汾陽之鼎，無以踰焉。其

① 「有」，《四庫》本作「在」。

峰則有石城石門，虛峗自然，不度勾吴之馬；神功挺起，豈似岡陵之畫。魏后冰成，夜陣權息。長安慈石，浴塔暫流。較跡比期，優劣斯遠。

沛郡張君，諱道裕，漢朝天師陵十二代孫。天監二年來止此岫，逌十有餘載，夜忽夢見其祖云：「峰下之地，面勢閴寂，宜立館宇，可以卜居。」裕即以其地爲治，故號招真。

高臺迴立，有類玉臺之山；長廊宛轉，還如步廊之岫。柱削芳桂，豈俟開陽木飛；才選海檀，無勞豫章神拔。黄庭司命之府，有類玲瓏；朱陵赤后之觀，同符洪敞。遠望仲雍，而高墳蕭瑟；旁臨齊女，則哀壟蒼茫。薜尋千仞之木，氣葉星晷；華飛五香之草，形圖宫室。帷葉綬花，卷舒溪逕；陽桃侯棗，榮落巖崖。樹息金烏，檐依銀鳥。鳳將九子，應吹能歌。崔生七歲，逐節成舞。旭日晨臨，同迎若華之色；夕陽斜影，俱成拂鏡之暉。玉礎微潤，應山雲於高墉；鳴籟徐響，引和風於空谷。

方當專氣致柔，入無爲之境；周行不殆，窮混成之致。茅子算歸，輟轡無已；魏姬宴罷，留駕不歸。何止持節變淮南之金，傳符蒔北鐘之稻。明月蛟龍之騎，驅之使鬭；四銖七子之鏡，引以成刀。散季齊之羽，起雄鳴之霧而已哉。

至和觀　在常熟縣治西，宋咸淳中建。

衍慶昭靈觀　在吴江縣東北隅。唐先天二年敕建，名曹王廟。王名明，太宗第十四子也，即昭靈侯。梁時淮寇圍蘇州，吴越王錢鏐自以兵弱不能支，禱于侯以求默佑，後果蒙庥，奏請得封。元大德三年，嗣天師奏改今額。明洪武三年，詔正城隍稱號，于是移去神像，更建城隍廟，觀額仍舊。

樂真觀　在吴江縣城東北隅，元至大三年建。

洞真觀　在吴江縣同里鎮，宋嘉定十三年建。

瑞雲觀　在吴江縣韓墅村，元泰定中建。

積善菴　在府城西北隅。元至正間僧文信建，俗稱北菴。國朝康熙四十二年，聖祖仁皇帝南巡，賜御書《般若心經》一卷，《金剛經》一卷，又賜「衍真諦」三字額。

吉祥菴　在府西北仁風坊，宋景定二年建。

集福菴　在府西北隅，宋嘉定間建，明宣德間重建。國朝順治中，僧證研買地復興。太傅金之俊建藏經閣，改名興福。中有鴛鴦殿、連環池、準提臺。

能仁菴　在府西北隅仰家橋西，元至治間建。

準提菴　在府西北隅桃花塢，即唐寅桃花菴。明萬(歷)〔曆〕十年，僧旭小構。天啓丙寅，楊大溁奉準提像於此，改今名。時浚池得唐寅《桃花菴歌》碑，又得祝允明菴額，今並存。

休休菴　在府西北，宋咸淳中創建，萬(歷)〔曆〕間大學士申時行重修。

寶月菴　在府西北梵門橋西，相傳古法會菴基也。創自宋高宗時，名寶誌。明萬(歷)〔曆〕初重建，以菴傍要離墓，有池清淺，夜月印渠，因改今名。

蓮花菴　在府西城，梁天監初建，爲治平寺子院。中時行感夢塑像，題額曰「水月禪林」。

梅隱菴　在府西南隅瑞光寺西，宋開禧間建。

幻住菴　在府閶門外雁蕩村，元大德四年中峰院僧明本建。初，本至吴，喜其地名與雁蕩山合，遂結草菴于此。

竹影菴　在閶門外。明洪武間，行僧西宗結茅于此，隱士葛可久建爲墓傍香火院。弘治中，郡紳楊循吉重修。

龍樹菴　在閶門外白蓮涇南，明萬(歷)〔曆〕間建。周忠介順昌以老樹拒門如龍，因名龍樹。

壽生菴　在閶門外望墅墩，元至正間建。

青松菴　在盤門外堰橋，南宋端平間建。

感德菴　在府雙橋下，元咸祐間建，後廢。明天啓四年重建。左有光明浜，至是浚爲放生河。

寂鑑菴　在府蓮華峰西。宋乾道間爲秘書監張廷傑別墅，造像立寺。元至正中重建，名天池寂鑑菴。

化城菴　在支硎山西。内有石壁峭立，水濺石上，日夜不絶聲，因稱千尺雪。

法螺菴　在府寒山。上有二楞堂，爲中峰下院，勢如旋螺，徑絶幽秀。

磐陀菴　在支硎山之西，晋支遁建，後廢。國朝康熙間復建。

文殊菴　在府金山東嶺。元至正間建，與獅山相對，取文殊坐獅之義，故名。

海雲菴　在穹窿山北麓，宋熙寧間建。

積翠菴　在穹窿山北，即皇駕菴。相傳明建文帝遜國，會税駕于此。萬（歴）〔曆〕間其名始顯，崇（正）〔禎〕末重建。

微笑菴　在穹窿山，明崇（正）〔禎〕間建。

雙松菴　在穹窿山，有宋時古松二株，元至正間建。

海會菴　在府皋峰山南塢，宋元祐間建。

興福菴　在府堯峰山西麓，宋咸淳二年建。

新菴　在府鄧尉山北，舊稱寶林禪院，宋末燬。明季復建，改今名，陳繼儒題衆香菴。

崇福菴　在府銅坑山，梁大同初建，宋嘉熙間復建。

奉慈菴　在鄧尉山，宋建中靖國元年建。菴分南、北、中三院，内有石鉢盂、玉茶花、牛欄泉、淩碧松諸古蹟。

真如菴　在府青芝山真如塢内，元至正間建。

清風菴　在府木瀆鎮西，宋治平間建。

金菴　在東洞庭西塢，洪武中建。内大士及羅漢像係雷潮裝塑，潮夫婦俱稱善手，一生止塑三處，此菴爲最。

天龍菴　在府利三圖。元至正己丑，僧惠慈建，爲北禪子院。明萬（歴）〔曆〕己酉重修。

崇慶菴　在府亭四圖，宋淳祐八年建。又稱百花菴。

盧師菴　在府仁三圖，明成化間韓雍創建。

慈航菴　一名青松菴，在府仁三圖，明天啓六年建。國朝雍正十一年重修。

壽星菴　在府城東南，宋名萬壽菴，屢經興替。

妙隱菴　在府城南，元延祐間建，旁即韓蘄王廟。

大雲菴　在府城東南，一名結草菴，南禪集雲之別院也。元至正間建，明嘉靖初重修。

附　明沈周紀遊

弘治十年八月十七日，余有役於城，來寓草菴。菴名大雲，前有吉草菴者居之，遂譌爲結草菴。菴近南城，竹樹叢邃，極類村落間。隔岸望之，地浸一水中。其水從葑溪而西，過長洲縣治，由支港稍南，折而東復南，衍①至菴左流入。環後如帶，滙前爲池。其勢縈互深曲，如行螺殼中。池廣十畝，名放生。中有兩石塔，一藏四大部經目，一藏寶曇和尚舍利。東西二小洲橢而方，浮泊塔下，猶筆硯相倚。

① 「衍」，康熙《蘇州府志》卷四十一作「行」。

東洲南次通一橋，過洲復接一木橋，人行側足慄股。徹橋若與世絶①。自此達主僧茂公房。房踞東偏，中有佛殿。後亘土岡，延四十丈，高逾三丈。上有古栝，喬然十尋。其枝骫骳深翠，數百年物也。山空水流，人境俱寂，宜爲修禪讀書之地。地理家謂其四獸俱全，風氣藏鬱。以是觀之，吴城諸蘭若莫之及矣。

王路菴　在府一都，相傳吴王夫差登山輂路也。晋爲正覺菴，支遁談經處。

覺海菴　在府中峰北，晋支遁建。

白椎菴　在府十三圖，晋僧道生放生處。元至正間僧慧觀創建。明洪武間，僧道衍駐錫其中，更今名。

蒲菴　在虎（邱）〔丘〕花園子内，明天啓間建。

佛慧菴　在虎（邱）〔丘〕寺東，宋紹興間建。徑樹幽僻，有鍾秀軒。

文殊菴　在府沈塘村，宋至道三年建。

石牛菴　在府通國橋西。宋咸淳六年建，名即山菴。明萬（歷）〔曆〕三年重建，因菴前有石牛，相傳唐時物，更今名。

① 「絶」，《四庫》本作「接」。

雲泉菴　在府西天平山范文正公祖墓旁，宋慶(歷)〔曆〕中僧遠建。內有沈周畫吳寬、張淵、史鑑、李某聯句圖刻於石。國朝康熙三十八年，聖祖仁皇帝賜御書「般若臺」「慧業寺」「利濟寺」三匾額，又賜「精舍」「清調」二匾額。四十二年，欽賜《維揚雨霽》詩綾一幅：「二十四橋夜雨收，蜀崗阜下水西流。禪心欲定沾泥絮，不爲繁華紫綺裘。」四十四年，欽賜詩綾一幅：「遠上寒山石徑斜，白雲深處有人家。停車坐愛楓林晚，霜葉紅于二月花。」

妙智菴　在府中十八都，梁天監間建。明姚廣孝爲僧時居此，後建祠于中，有敕賜碑文。

華嚴菴　在府竹青塘，宋建。

永慶菴　在府下雉瀆，後周廣順元年建。

超化菴　在昆山縣東南二里，宋淳熙中建。後改名和豐菴，每歲迎春于此。

崇寧菴　在昆山縣西北巴城湖之左，宋崇寧中建。

海潮菴　在昆山縣惠安鄉何村，明萬(歷)〔曆〕十五年建。

瑞石菴　在上方院之右，宋明道元年建。

白龍菴　在常熟縣頂山，梁天監元年建。

拂水菴　在虞山西嶺，明洪武三年建。

晏林菴　在虞山西，宋紹興六年建。

真武菴　在吳江縣三里橋北，俗稱北天門。

蘊空菴　在吴江縣黄溪東寨湖内。東吴赤烏三年，司馬盛斌結寨于此。明建文初，僧了然建菴。

普明菴　在吴江縣龐山湖濱，元至正中建。夜則懸燈于竿，以指行舟。

崇真宫　在府永豐倉東。宋政和八年，里人黄悟微捨宅創建。

東嶽行宫　在府虎山。

靈順宫　在東洞庭之楊灣，祀相國伍員，創自貞觀二年。宋高宗南渡時扈蹕，官軍分道經湖，風濤不可航，禱神立應，爲遣官齎金葺治，封員爲忠武英烈顯聖安福王。里人楊嗣興捐地若干畝，益恢其故。

上真宫　在西洞庭龍頭山西三里。梁大同四年，隱士葉道昌捨園宅建。

天妃宫　在北寺東，宋元祐間創。元泰定四年，海道都漕運萬户府奉旨敕建，明嘉靖二十二年又敕賜重建。按神姓林，宋時莆田都巡檢林愿之女，生而神異，能言人禍福，立廟祀之，祈禱輒應。

乾元宫　在虞山北，宋元祐中建。紹興丁卯，改築招真庵，取致道舊額名乾元宫。

附　宋康與之記

自姑蘇出齊門，沿而北望，山如巨鰲，蓋常熟縣之虞山也。邑去江不及程，陂湖畎澮之積，自南至者，傾馳會於江。江河既應，則迅瀾倒流，二水相制，移時而不能去。山無奇谷，惟荒墟白草，醜石散亂，坡陀迤邐。而西有修林横抹，隱見於兩山之間。其中爲招真菴。元祐中道人申氏泰陵，徐處士弟子也。松林森茂，庭宇簡寂，如隱君子之居。通州道士喻抱元增治之。舊名竹林，至是更以招真，請記於僕。乃歌《招真之詞》以系之曰：

白鶴巢兮丹井空，蓬山杳兮烟霞濛。陵谷變兮今古，木葉下兮秋風。飛仙去兮朝太微，黄冠野服兮以遊以嬉。飡霞卧月兮世不我違，與世滌映兮天門可馳。蒼龍嘷兮雲漫扉，石泉冽兮山芋肥。俯仰宇宙兮日月蔽虧，靈秀回薄兮野芳呈姿。山中之樂兮萬化莫移，仙①人不來兮隱者曷歸？

崇義院　在府西北隅，宋紹興間建。

净慧院　在府西北隅，宋景祐四年建。

白雲禪院　在閶門外。宋慶(歷)〔曆〕間，范仲淹奏即天平山白雲菴改功德寺，移菴于此。明萬(歷)〔曆〕二十年，郡紳徐元正重修。

貝葉禪院　一名雲泉菴，在府白蓮涇慧慶寺後。内有古井，名雲泉。元至治間創。明萬(歷)

① 「仙」，《四庫》本作「他」。

〔曆〕間，僧巢松葺垣得碣，有陸龜蒙「時翻貝葉添新藏，間插松枝護小泉」之句，更今名。

明因禪院　在府横山下，即薦福山感慈院。宋景祐間建。

妙音禪院　在府行春橋西茶磨山麓，宋淳祐堯山主開山，明洪武中重建。

中峰禪院　在支硎山寒泉上。本支公古刹也，不知廢于何年，地屬王氏。天啓中，鏊元孫永思施爲講僧一雨通潤静室。

天衣禪院　在翠峰寺右，悟道泉在焉。宋雪竇説法時，寺集千僧，有天衣懷禪僧願汲水供衆，忽折擔蹉跌而化，桶湧白蓮。

報忠院　在西洞庭包山，梁天監九年建。

戒幢律院　在府九都。舊爲太僕徐泰如西園，捨爲寺。崇（正）〔禎〕八年建。

甘露律院　在閶門西半塘，明建。國朝康熙九年，布政慕天顔復建殿閣，即菴前官河爲放生池。

僧净起復有退居，與院址相接，名香嚴菴。

佛華禪院　在府采雲里，明崇（正）〔禎〕十六年建。

元和道院　在府治後，宋端平間建。

清微道院　在府治西支家巷内，宋端平間建。

安隱道院　在府石巖橋南，宋嘉泰間建。

高真道院　在府織里橋南，宋嘉泰間建。

太初道院　在盤門内，宋寶慶間建。
太微道院　在閶門南城下，元至正八年建。
佑聖道院　在閶門南濠，元至元間建。
富春道院　在府木瀆鎮，宋治平間建。
全真道院　在府光福迂里。
靈應道院　舊名高真堂，在府東洞庭之梁家瀨。宋建，元季燬。明成化間重建，王鏊有記。嘉靖四年，移于本山之湖沙里，改今名。
冋真道院　在府城東北，宋咸淳間建。
靈隱道院　在府城烏鵲橋東南，宋嘉定元年敕建。
悟真道院　在齊門外，宋何蓑衣真人退修之所，有墓在院東。
沖和道院　在府上十四都蠡口，宋何真人賜塋之側，元末道士周鶴林退修之所。
善成道院　在婁門外官瀆，唐初建。
通明道院　在府甪直鎮之西張匯，宋祥符中建。
通神道院　在府陳墓鎮，元時建。
太微律院　在府澥墅關南。
蓮池院　在崑山縣西南五十里陳墓村。宋嘉泰中，孝宗妃陳氏葬此，因建。有蓮池八景。

西乾道院　在昆山縣馬鞍山陰，順治中邑人爲辟穀道人吕毖建。

頂山廣福院　在虞山北嶺下。梁大同十二年，石使君捨宅建，名頂山院。宋治平間，改頂山壽聖院，續改今額。寺有十景。

上方院　在頂山小嶺之外，夾兩山之間，白龍泉在焉。

大慈塔院　在虞山拂水巖東報恩寺。國朝玉林琇禪師自京師還山，世祖章皇帝敕賜帑金建塔院。

福城禪院　在常熟縣小東門外，蕭應宫建。萬（歷）〔曆〕戊申建塔三層，崇（正）〔禎〕甲戌續建四層。

資福院　在常熟縣南門外。明崇（正）〔禎〕十五年，王憲曾捨地①建。國朝康熙三年修建，闢放生池于山門外。

三峰清涼禪院　在常熟縣北門外數里，前臨烏目澗。萬（歷）〔曆〕四十一年，漢月藏禪師大興法席，邑紳士施飯僧田六頃有奇。

聖壽禪院　在吴江縣西北延壽坊，故稱北寺，吴赤烏中建。

靈真道院　在吴江縣仙里橋南，元至正十三年建。

---

① 「地」，《四庫》本作「宅」。

崇福道院　即圓壇廟，在吴江縣南六保長橋，宋淳熙二年建。

朗吟谷　在鄧尉山妙高峰僧菴内。國朝順治間，辟穀道人吕毖鑿石架木，構閣以供斗姥。又築桴菴，在靈巖山塘南。其村多植桃，名小桃源，毖修静于此。

元和山居　在府閶字四圖，明洪武時建。

祐聖山居　在府九都，明弘治甲子建。

真武閣　在吴江縣南門外，明嘉靖中建，今稱三天門。

江南通志卷四十五

輿地志

寺觀 三

松、常、鎮三府

松江府

普照寺　在府治西，唐乾元中建，宋大中祥符元年改今額。寺有陸將軍祠，世傳地本陸氏園亭，因以祠之。舊有石刻，載吴越王祭獻文。今爲寺伽藍神。寺爲祝釐道場，每歲正旦、冬至，郡縣習儀於此。内有海月堂、景蘇閣。

普照寺，陸士衡別業也。自孫氏歸晉，兄弟入洛，以文人膺事任，震動當時。倚伏相尋，曾未瞬息，已有華亭鶴唳之歎。而其臺榭化爲像設，研席化爲梵唄，乃至今存，何歟？寺北坐九峰，層巒疊嶂，相爲蔽虧。陰陽家謂風氣藏聚，可安千衆者也。唐乾元時，本號大明，寺僧良慧嘗創釋迦如來殿。逮宋祥符間，改賜今額，凡三度重建。淳祐戊申，厄於祝融，里人錢武翼首議興造，其事未竟，子大信繼之。咸淳甲戌，僧慧思與武翼舊念，不可廢前人功，亟勸率賙施以助，殿始完好。每歲州侯率其僚屬，於此建道場，申祝贊而禱水旱，禳風災者亦皆至焉。

興聖寺　在府東南穀市橋西。五代漢乾祐二年，邑人張司空子仁捨宅建，初名興國長壽，宋祥符中改今額。地縱廣踰三十畝，東有水陸池，南有浮圖，四面九級。有鐘樓，高及浮圖之半。明洪武三年，知府林慶以其地三之二作城隍廟。

南禪寺　在府學東。宋崇寧中，張頭陀卜築于此，鑿地得住世羅漢像，邑人異之，遂爲施水菴，請額于朝。紹興二十九年，賜名演教禪院，後改今額。爲在城諸禪之冠，僧綱司治焉。

北禪寺　在府東北城内，宋紹興間僧法寧建。寧先住沂州馬嵩山净居寺，航海至青龍，有章氏者迎止於此。發地得古碑，云「大唐禪寺」。又得金銅天王像，因建寺焉。又名馬嵩寺。

附　明陸樹聲《題北禪雙樹詩并序》

馬嶠古刹，歲久漸圮，地爲居民侵蝕者半，獨殿前雙樹屹立。度僧臘無算，兵後官司取材，議及焉，余護存之。他日過寺，寺僧引余讀舊碑，出雙樹下。顧余曰：「是木向微公，幾已化去。今清陰宛在，實仗公再來緣。願一言貽山門」。因題識廡壁，以戒芻牧。

歲遠香臺半劫灰，斷碑遺蹟掩蒿萊。回看雙樹聞僧語，此日清陰是再來。

延慶寺　在府城守禦千户所東。其地本施家瀼，宋隆興中建，乾道六年賜額。明嘉靖間廢，改爲鹽運司公署，即今新察院，佛像遷南關外，曰延慶移山。

龍門寺　在府城集仙門内橋東。宋僧如喜開山于黄土橋，淳祐元年賜額，元至正二十年遷于此。中有聽雪軒，左有龍淵，遇旱不竭，凡鄉貢舉子，必於此設祖而賓興之。

雲峰寺　在府城妙明橋西北，舊北道堂也。元至正末，趙道淵爲僧，改名本一禪院。康熙四十四年，賜「雲峰寺」三字額。

禪定寺　在雲峰寺東，俗呼小北菴，康熙四十二年賜今額。四十四年，御書「般若相」三字扁額。

積慶寺　在府東南，又名坐化菴。元至正辛巳，邑人陳源爲慶禪師捨宅建。慶坐化，肉身在焉，菴因以名。

東禪寺　在府東門外，初桃花菴也。宋紹興初，僧道因開山，六年賜額「寶勝禪院」。後爲寺，以居府東，遂名東禪焉。明洪武中，陞爲叢林，每歲有司迎春，於此駐節云。

妙嚴寺　在府城西東嶽行祠之東，宋咸淳間建。本三乘菴，元至正間重建，敕賜爲寺。

超果寺　在府西南瑁湖橋之右。本名長壽寺，唐咸通十五年建，至宋治平元年改今額。寺有鴛鴦殿、一覽樓、雨花堂、瑞光井、石假山、見遠亭、西來堂諸勝。國朝康熙四十四年，聖祖巡幸，御書「虹光勝蹟」四字懸大殿。

西禪寺　在府西白龍潭上。宋嘉定間建，端平間賜額「西禪興福寺」，又名龍潭寺。萬（歷）〔曆〕間，重建藏經閣、關帝殿、生生閣。國朝順治十六年，僧心一修萬佛閣。

西林寺　在府西慶雲橋北，宋咸淳間建，前有寶塔。明正統間，僧法瑞徙建于後，復建毘盧閣，因請額云「西林」。

大慈寺　在府西南十五里北錢市，元建。

報恩寺　在府西南四十里，元皇慶間僧道源建。

普門寺　在府東北盤龍塘，俗稱盤龍寺。唐大中十二年建，宋祥符元年賜額。寺有石天王，舊傳大水中漂至，人多禱之。

寶雲寺　在華亭縣亭林鎮。初名法雲，在市西北。唐大中十三年建，晉天福五年湖水壞寺，始遷今所。其地即梁顧野王故宅，寺之初成，有野王顯夢事，因祠爲伽藍神。有元牟巘記，趙孟頫書，今存。

七寶寺　在七寶鎮。初在陸寶山，本陸氏香火祠，俗呼陸寶菴。既徙吴淞之曲，請于吴越王，賜以金字《藏經》，曰此亦一寶也，遂改今名。後因松江潮壞，三徙於兹。宋初張澤捨宅爲寺。

太平寺　在胥浦南，宋紹興二年僧曇無竭建。元燬，至正甲申，僧潤玉隱建。浦北有松風閣。

明行寺　在奉賢縣南橋鎮。晋天福五年，里人蔣漢瑊捨宅建，宋太平興國八年賜額。

附　宋釋北碉居簡紀略

華亭圖牒，載春秋時夫差三女子墓田，曰王女岡。聲詩則播諸唐令尹詢，並荆公王介甫、都官梅聖俞。邇岡之刹曰安和。石晋天福五年，蔣漢瑊環堵中芬陀利花擢於陸，聚族而謀曰：「是八吉祥六殊勝處，盍施諸釋梵家？」遂基此刹。楨幹於是者曰：「本立，病潮齧岸址」。白漢瑊，議徙於此。改曰明行，用淮海王錢中令歸朝所請之額。堂宇樓殿，金碧焕粲，雲棲鴛瓴，月桁璇題，具如經説。凡所當行罔不具。

資福寺　在梁店，元至元初建。

福田寺　在泖濱，宋淳祐十五年修，武郎錢仲圭建，景定賜額。

化成永壽寺　其址古胥顧泖也，泖有六和神，靈甚。宋端平間，僧妙智苦節清修，並泖架一室奉神，神顯靈于人，凡禱祈者以所驗重輕，發土實泖。未幾，泖隆然，遂構精舍，曰化成菴。元泰定中賜今額。

法忍寺　在金山縣朱涇鎮，唐咸通十年建，即船子和尚覆舟處。寺有船子及夾山會禪師遺像。

東林寺　在法忍寺東，元至大初建。本觀音堂，皇慶初改額爲寺。

澄鑒寺　在泖橋，俗呼泖橋寺。唐天寶六年建。

興塔寺　在泖橋西，紹興四年賜額。

松隱寺　在松隱鎮，元至正間建。趙孟頫書「松隱」二字，遂以爲名。寺有塔，與興聖、西林禮塔相望。

海慧寺　在風涇白牛市，宋建隆初，里人姚廷睿捨宅建寺。有水波壁、留春亭、精進閣，並廢。

寶藏寺　在海慧寺西，宋熙寧初建，紹興五年賜額。

積善寺　在上海縣治西北。宋紹興間，里人李阡夢金人乞坐地，遂捨地爲精舍，度其孫師立主之。元至大間，有番賈航海南來，拜師立道上，自云慕師高德，以貨寶一巨艘施之，不通姓名而去。立遂大拓舊規，請額爲積善院。今寺爲本縣祝釐習儀之地，僧會司治焉。

觀音寺　在上海縣西，宋崇寧初建。淳熙三年，賜額「慈報禪院」，從錢參政良臣請也。元燬。明洪武十六年，僧性重建改今額，爲縣之首刹。

法華寺　在觀音寺東，宋開寶間僧慧建。

静安寺　在蘆浦。初在滬瀆，吴赤烏中建，號重圓寺，宋祥符初改今額。寺有江中浮來石像、石鉢。又有吴越王瑜珈道場，毘盧遮那像，五臟皆書錢氏妃嬪氏名。有赤烏碑、陳朝檜、講經臺、鰕子潭、湧泉、绿雲洞，與滬瀆壘、蘆子渡爲八景。

龍華寺　在黄浦西龍華村。相傳吴越忠懿王常夜泊浦上，風雨驟至，草莽間祥光燭天，鐘梵隱然。詢其地，古龍華寺基也，遂重建。其西北隅舊有白蓮教院，前有寶塔，時時放光，至今存焉。明萬（歷）〔曆〕間，詔頒佛藏於寺，又賜範金千葉、寶蓮毘盧佛一、鏤銅器五，敕賜大興國慈華禪寺。

大聖寺　在上海縣東南四十里，宋紹興間建，後廢。明初即普浄院榜今額。

明心寺　在上海縣西南六十里，梁開平初，都水使者錢綽建，宋治平二年賜額。寺有古檜一本，元豐時所植，至今存焉。

崇慶寺　在北蔡村，宋嘉定間建。

南浄土寺　在吴會，俗呼南王寺。宋淳祐中建，初名九品觀堂，元大德中改今額。

資壽寺　在吴會北，元至元末僧嚴肇建。俗呼北王寺。

寧國寺　在二十六保，宋隆興中建，乾道二年請額。殿前羅漢松四株，枝幹森矗，古色蒼然，蓋三四百年物也。

福基寺　在三十保，元至元間建。

永定寺　在南匯縣周浦鎮。宋淳熙間趙宫使建，名永定禪院，明洪武中改額。

慶寧寺　在二十二保南蹌村，宋建炎間建。

安國寺　在二十二保，宋咸淳間建。

南廣福寺　在二十一保。宋嘉泰間里人鄒運幹捨宅建，俗呼鄒家寺，僧宗印請額。

太平寺　在二十三保。因華亭太平寺在其西，俗呼此爲東太平。宋太平興國間建。

永寧寺　在新場鎮。元至元間建，名報恩懺院，明洪武中改額。元方回有記，趙孟頫書。

南積善寺　在十七保，宋紹興間建。

隆福寺　在青龍鎮，唐天寶間建。至長慶中始建寶塔，昇仙臺在其前。

隆平寺　在隆福寺北，故俗稱南寺、北寺。唐長慶元年建，明嘉靖後改爲新縣城隍廟。後移縣唐行鎮，欲遷不果，有寶塔亦廢。寺有宋馮翊、陳林記，襄陽米芾書。

普光寺　在青龍鎮，宋紹熙五年建。

頤浩寺　在金澤鎮。宋景定中，里人費輔之始創經堂，僧道崇主之。其徒如信開拓，遂成大刹。元元貞中賜今額。明萬（歷）〔曆〕五年，徐階以賜衮留鎮山門，乃於殿西北作樓二楹貯之，莫如忠題曰「有衮樓」。

慧日寺　初名普寧慧日院，在孔宅里，俗呼孔宅寺，寺有宣聖祠。元①景定中易今名。

① 「元」疑爲「宋」之誤。

宣妙寺　本佘山西菴，宋治平二年賜額。

普照寺　本佘山東菴。宋太平興國三年，聰道人開山，治平二年賜額「普照教院」。寺有道人塔，下有月軒，旁有虎樹亭。相傳道人在山時，有二虎隨侍，道人死，虎亦死，瘞之塔旁。踰年，生銀杏樹二，僧隱闢亭其間，以虎樹名。

昭慶寺　本佘山靈峰菴，宋紹興二年建。有塔。

壽安寺　在鍾賈山下，元元貞中建。

圓智寺　在于山。唐大中十三年建于邑西南二里，晉天福中壞于水，始遷於于山，其地晉陸士衡草堂遺址也。宋治平中賜額。有塔在山之半。明萬(歷)〔曆〕中，同卿林景暘重修。法堂左爲二俊祠，祀二陸。

布金寺　在四十七保大盈村，本法雲院。唐太和二年建，宋易今名。

崇壽寺　在吴淞北楊林，俗稱楊林寺。宋元祐間建。

福善寺　在内勳浦之陽，梁貞明六年僧智道建。時多虎患，道至，虎即遯去。宋大中祥符元年改今額。

澱山寺　在薛澱湖中山頂，宋建炎初建，紹興八年賜額「普光王寺」，明改今額。

仙鶴觀　在府南朝真橋東。始創在橋西，年月無考。宋紹興三十一年，道士葉太真復建，請于朝賜今名。明初以其地設太平南倉，道士陸允中始遷今地。爲府境琳宫第一，道紀司治焉。

通圓觀　在青龍鎮，宋景祐元年建。

示應菴　在白龍潭東北，宋淳祐間建。明萬(歷)〔曆〕間，僧明心即故址重建。

賜子定光菴　在白龍潭西。

喜見菴　在府東北七里，元至順間建。

永福菴　在府南十八里，元建。

清涼菴　在府西二十七里，宋咸淳間建。

施水菴　在莘莊鎮南，宋咸淳間建，有趙孟頫金書《法華經》。

蘆花菴　在泖口里中，曹氏建。狀其勝者，有「百二十里碧琉璃，三十六陂紅菡萏」之句。

樵隱菴　在金山縣三保。國朝康熙四十四年，聖祖南巡至松，召僧行瀾，賜「禪林宗宿」扁額，對聯、石刻經卷。四十八年，提督師懿德建御書樓。

定光菴　宋景定間建，與海慧寺相並。

潮音菴　在新場，元至元間建。

常寂菴　在新場，元大德十年建，順治間易名南山禪院。

東林菴　在十九保，元大德六年建。

福田菴　在三十保，元至正間建。

東隱菴　在五十保，元至正二十二年建。

西隱菴　在泰來橋市，宋乾道三年建。有趙孟頫《碑記》。

雲隱庵　在瀫湖西王巷村，南接石神廟。宋咸淳間建。

東濟菴　在四十六保，元至正間建。

德濟菴　在𡻕山，元大德三年邑人張謙建。僧穹開山，後有骨塔，有松上覆如偃蓋然。

錢明宮　在府東門外。

碧霞行宮　在府東門外，明嘉靖間建。舊名紫霞宮。

普門院　在古際留倉東，元至元間建。

廣化漏澤院　在府超果寺西北，宋崇寧中建，紹興三年賜額。

純陽禪院　在陶宅鎮，明餘姚謝遷讀書于此。

延壽院　在婁縣李塔匯，宋嘉定中建。院臨驛道，府人祖餞以此爲節云。國朝順治十六年，知府祖永勳捐俸重修。本名禮塔，今云李塔，疑以曹王明故也。

澄照禪院　在泖中。唐乾符間，老僧如海作井亭施湯茗，建塔五層，標燈爲往來之望。明嘉靖間，僧智明建大雄殿。其徒自正于隆慶六年築石隄以爲外護，建寶藏閣以奉《大藏經》。陸樹聲與弟樹德置常住田，太倉王世貞爲之記。隆慶三年，丈田均糧，僉事鄭元韶、知府衷貞吉以泖塔在湖中，渰没不常，遂得免科。萬(歷)〔曆〕元年復建，青浦泖以西俱屬焉，獨塔基因不起科，仍隸華亭，今屬婁。

積善院　在二十五保，宋慶元間千户徐名建。

寶月禪院　在青浦城内牛春橋西，元至正間建。佛像皆脱沙塑。

慧日院　佘山中菴也，宋太平興國三年建。舊云沐堂，治平二年賜額，明宫保陸樹聲書「雲崖風壑」四大字勒石，以朝衣一襲留鎮山門。太師徐階奉世廟賜蟒衣，付僧爲供。

昆山塔院　即今小昆山泗州塔院，宋乾道元年建。明時又建觀音殿、真武殿、西方藏殿、三聖閣。萬(歷)〔曆〕中建藏經閣。國朝順治五年，僧溯本源以山勢宜北，殿獨南向，經閣反踞其前，形家疑之，遂鳩工移易。法像不動，一時偕旋，觀者謂有神助云。康熙四十四年，御書「奎光燭泖」四字扁額。

蓬萊道院　在府東門内，元至正中建。東廡有梓潼神。舊祠于縣學，祠後有竹林，大比歲以筍迸室中卜薦士之多寡，近神坐則占前名，其驗如響。明成化六年，提學陳選以神道家者流，非學所當祀，道士李朝陽因請移祠于此，仍塑吕真人配之。

盟素道院　在府東南舊城隍廟側，元至正十二年建。

西湖道院　在府城演武場北，元至正元年建。其地舊西湖也，故名。今猶有小渠，自太平橋西流，折北而匯其前，爲城中幽勝處。

長春道院　在府南門内橋北，元大德十年建，爲境内全真教祖。

安于道院　在府北門内，宋咸淳間王蒲友捨宅建。舊傳安、于二公讀書于此，相繼發跡，故名。

谷水道院　在府城西谷水坊内。前志云在瑁湖北，曰谷水者，湖之故名也。宋寶慶二年，道士陸景微建。今湖已湮，院南悉爲民居。其外一水縈紆，不知爲湖矣。

太素道院　在府南郭外，元至正九年建。南瞰瓜涇，林木幽蔚，宛在人外。中有端坐全真之所，曰雲巢。

太清道院　在俞塘，明洪武元年建。

大興道院　在蕭塘鎮，元至正中建。

昇真道院　在法華橋，元至正間建。

(元)〔玄〕真道院　在張涇堰，元至正二年建。

朝元道院　在泖口，元大德間建。

正陽道院　在上海縣治東南，元至正十一年建。

平山道院　在十八保，明洪武七年建。按晋袁崧犒軍長人鄉，酒罄，聚瓶爲山，後人尚有于此地得瓶者，字宜從「瓶」。

朝真道院　在福泉縣，元至大二年建。

崇真道院　在細林山，元至正間建。爲細林八景之一。

朝真道院　在于山，元至正三年道士郭松溪建。

常州府

國安寺　在府榮橋，唐初建。

護國寺　在斜橋南，元大德間建。

正覺寺　在季子廟西。唐開元中建，名開元，爲李遵宅舊址，宋改今額。正德丁丑，知府王教以寺改忠義祠，遷寺于妙勝寺廢址。

妙勝寺　在雙桂坊，晋永和中李大夫捨宅建。明嘉靖撤廢，即其址建正覺寺。

崇法寺　在忠義祠東。舊傳陳司徒後圃，南唐保大中名大聖院，宋宣和七年賜名「崇法禪院」。

萬壽寺　在新城通吴門外，唐五祖法融尊者建。南唐保大中，建浮屠七級，龕僧伽所留國祥寺衲衣，號普照王塔。明宣德六年，都綱浄以寺爲祝釐之所，請于朝募建天王殿、金剛殿。兩廡合五十餘楹，危檐傑構，爲郡中叢林第一。

太平寺　在季子廟西，齊高祖創建。國朝康熙四十四年，御書「太平興國寺」額，又賜「現身民安」四字扁①額。

崇勝寺　舊在府治陳司徒西第，初名福業，宋太平興國中改賜今額。明嘉靖中，移置廣化門

① 「扁」，《四庫》本作「匾」。

橋東。

端明寺　在德安橋南。舊在武進縣東南三里，宋治平初胡樞副宿請建。元末兵廢。明永樂元年移建今地，即舊清涼寺基，故俗亦稱清涼寺。

永慶寺　在府夾城。舊傳陳司徒果園，後唐長興初建，名正勤。宋宣和中，詔爲神霄玉清萬壽宫。後宫廢，復爲寺。明嘉靖末，應城李幼滋來知府事，聚徒講學其中。士子翕然師尊之，因即寺南故城，構亭其上，名曰精微。國朝康熙四年，邑諸生趙申喬讀書寺旁，請於有司，捐貲重葺。

文明寺　在府南三十里三渦溪，俗名三渦寺。唐大中五年建，名緣果。太平興國中，改文明崇孝禪寺。寺有米芾留題云：「陳文老、劉巨濟、米元章，戊辰暮春同游。」刻石尚存，筆法遒勁可觀。

景德寺　在前黄，俗名前黄寺。唐咸通初建，名寶田。宋太平興國中改景德禪院。

永寧寺　在府東南三十五里。咸通四年建，名道成，宋改今額。

寶相寺　在府南六十里。宋大中祥符二年，改名瑞像。明洪武初重建，復舊額。

神駿寺　在寨前灣。唐貞觀初嘗徙置津里山隩，名靈山。里民杭惲捨基建，寺居重湖疊嶂間，最爲清絶。宋大中祥符，改祥符禪院。宣和四年，陞爲寺。國朝康熙三十八年，御書賜名「神駿寺」額，又御書「水月禪心」四字扁額。

興教寺　在府東三十里胡橋，唐大中初建，宋太平興國中賜額「興教禪院」。明洪武元年重建，二十四年改爲寺。

保寧寺　在橫林鎮北。宋太平興國間建，名接待院，慶元間改今額。

寶雲寺　在府東二十七里。隋名攝山，舊有斷刻，謂在橫山，一夕大雷電攝至斯地，故名。蘇軾詩云：「誰知白首長河路，還卧當時送客風。」

潛靈寺　俗名白龍菴，在橫山南麓，有龍井，祀嘉山白龍之母，旱禱輒應。宋紹興七年，州學正呂喆等請封，賜今額。

開福寺　在府北三十五里，唐大〔歷〕〔曆〕中建。舊號豐城，以豐城鄉得名，俗名南城寺。宋太平興國中，改開福禪院。明嘉靖初，因魏國莊田鄰寺，侵奪之，僧乃棄寺出遊。後過寺題詩云：「殘山剩水一荒基，古寺磨礱白塔低。燕子不知身是客，秋風還戀舊巢泥。」

開法寺　在府東北三十五里。隋開皇間建，名天光，宋太平興國五年賜今額。

顯慶寺　在周莊，唐顯慶中建。

觀音寺　在府北六十里。唐開元中建，名善業，宋改觀音禪寺。

智寶寺　在阜通鎮，又名萬歲寺。梁武帝舊第，天監七年捨爲院，名慧炬。宋太平興國中改智寶禪院。

能仁寺　在奔牛鎮西。齊黄門侍郎蕭惠開捨宅建，名禪鄉，宋政和間改今額。

寶林寺　今名石莊花寺，在府南三十里。周閔帝捨宅建，名法華，宋改今額。

圓明寺　在府西南六十餘里。唐貞觀中，鎮威將軍薛恬、武陵王記室薛世緒、徐州西曹從事薛法興捨宅共建。初名樂善，宋改圓明禪寺。

修善寺　在府北三十里，隋建。

崇安寺　在無錫縣治東三百步，晉哀帝興寧二年建，宋太平興國初賜今額。

北禪寺　在無錫縣治南中市橋西巷，唐武德中建，後廢。宋寶元中復置，賜名壽聖禪院，俗稱北禪寺。正殿署書釋迦寶殿，宋米芾筆，世所傳賞。

惠山寺　在無錫縣西五里，惠山第一峰之白石塢。宋司徒長史湛茂之別墅，名歷山草堂。景平初爲僧寮，曰華山精舍。梁大同三年，改建法雲禪院。康熙二十三年，恭遇聖祖仁皇帝南巡，臨幸惠山寺，酌泉於亭，遂禮佛於殿上。百姓瞻望踴躍，幸睹天顔，乃懸榜其上曰「聖敬式臨」，以志奇觀。寺門外有石幢二。左刻《楞嚴》諸咒，宋熙寧間立；右刻《尊勝》諸咒，唐乾符初立，白鹿山人李端行書。

華藏寺　在無錫縣西三十五里華藏山，亦名青山寺。宋紹興間，太師張俊敕葬於此，因建寺墓左，以奉歲祀，賜名華藏褒忠顯親禪寺，至今其地因以華藏名。

翠微寺　在無錫縣西安陽山。梁中書舍人陸舉故宅，太清初爲遠山寺，宋太平興國賜今額。

誌公寺　在無錫縣西北四十五里青城鄉，誌公禪師嘗居其地，故名。宋建炎二年僧曇顯建。

南禪寺　在無錫縣望湖門外，梁太清初建。

保安寺　在無錫縣城北五里景雲鄉，創建於梁大同初。宋紹興中重建，乾道中賜額爲「保安禪院」。

成性寺　在無錫縣西南開化鄉軍帳山。傍有龍湫，舊名龍祠菴，宋淳熙中建。

長泰寺　在無錫縣西南長泰山，梁大同元年建。

方湖寺　在無錫縣開化鄉，宋紹興初建。

祇陀寺　在無錫縣東梅里鄉。梁大同二年，邑人王建施宅爲寺。

膠山寺　在無錫縣東膠山之西，梁太清初①蕭侍郎施宅建。宋建炎間，李綱請奉先祀，改崇親報德禪院。

静教寺　在無錫縣東上舍，亦名上舍寺。陳至德元年建，初名善寂，宋太平興國五年賜今額。

香山寺　在無錫縣東六十五里香山，一名顧山，亦名顧山寺。梁大同中建。

嵩山寺　在無錫縣東嵩山，元至正中建，明宣德八年賜今額。

圓通寺　在無錫縣延祥鄉，唐乾元初建。本名乾元，宋景祐賜今額。

甘露寺　在無錫縣東七十里甘露市，唐乾符中建。

崇先寺　在無錫縣東泰伯鄉，宋紹興五年建。

泗州寺　在泰伯鄉，宋嘉定中建。

① 「初」，《四庫》本作「中」。

報福寺　在無錫縣垂慶鄉胡堰，宋建炎中建。

保寧寺　在無錫縣北興寧鄉，梁大同中建。

開利寺　在無錫縣北洛社鎮。梁太清初建，始名興福，宋景祐三年賜今額。

乾明廣福寺　在江陰縣。初本二院：一唐乾貞時邑人周奉思捨宅建，名崇聖，宋太平興國賜額乾明；一至和中邑人孫諫捨宅建，名華藏，治平中賜名「壽聖」，紹興中避高宗號改廣福。乾道九年，知軍嚴焕請於朝，始併爲一寺。殿閣崇嚴，爲諸山領袖。

報恩光孝寺　在江陰縣君山麓。唐天祐時知縣張可琮建，名永壽。宋紹興間，爲高宗追福之地，賜今額。

香山觀音寺　在江陰縣顧山麓，宋建炎初建爲顧山菴，元季廢。明洪武三年重建，天順三年賜今額。

迎福寺　在江陰縣南街，唐天祐中邑人陶静捨宅建。

太平興國寺　在江陰縣南街，宋太平興國中建，遂名之。

禪鄉寺　在江陰縣利城，宋黄門侍郎蕭惠開建。

太清寺　在江陰縣砂山麓，唐天祐中建。宋景德間賜額「景德院」，元至正間改太清寺。

祥符寺　在江陰縣治東北隅。本古永安院，晋庾冰宅也，宋祥符中改今名。

悟空寺　在江陰縣金鳳鄉，隋林王氏捨宅建。

報恩寺　在江陰縣後梅鎮，宋淳熙四年建。有塔。

永安寺　在江陰縣夏港市西，宋咸淳間徐統制捨地建。

永壽寺　在江陰縣楊舍，宋靖康元年建。

禮敬寺　在江陰縣寶池鄉，宋乾道間建，元季廢，明洪武元年重建。

法藏寺　在宜興縣西南隅。舊在縣西談村，蕭齊時建，名重居。唐上元二年，移建於縣南一里。宋大中祥符間賜今額。

善權寺　宋名廣教禪院，在宜興縣西南五十里永豐區。齊建元二年以祝英臺故宅創建，明改爲善權寺。寺有三生堂，乃唐司空李蠙、宋宰相李綱、學士李曾伯祠。柱聯云：「一姓轉身三宰相，三生造寺一因緣。」

大蘆寺　在宜興縣西南横山山亭區，唐咸通二年里人張氏捨宅建。舊在山麓，宋至和間徙今地。

李山寺　在宜興縣東北三十五里洞山鄉，梁普通二年建。

南嶽寺　在宜興縣西南十里南嶽山，齊永明二年建。唐天寶中，稠錫禪師道場，有洗腸池、卓錫泉、天然井，有吴越金書《法華經》二帙藏於寺。宋改勝果禪院，明洪武二十四年改今額。

福聖寺　在宜興縣東北二十五里開寶區。梁大同元年，交州刺史楊師利捨宅建。陳永定易名安國，明改今名。

利益寺　俗名鍾離寺，在宜興縣西五十里神安區，梁天監十年建。

復隆寺　在宜興縣西南五十里永豐區，齊永明二年建。

慧光寺　在宜興縣西五十里從善區。本臨津縣濟明寺，唐武德八年縣廢，寺亦燬，上元元年移建今地。天寶中更名圓照，明洪武二十四年改今名。

金明寺　在宜興縣北三十里萬二區。隋開皇十年建，名西域寺，宋大中祥符元年改今額。

芙蓉寺　在宜興縣西南四十里山亭區芙蓉山，唐乾元初建。寺有三到亭，昔大毓禪師駐錫於此，與龐居士問答。

金沙寺　在宜興縣東南四十里均山區，陸希聲讀書山房即此。

普門寺　在宜興縣西百里清西區洮湖中大坯山上，唐元和五年建。

慧明寺　在宜興縣西北九十里清溪區，臨洮湖。唐上元二年建，名净土，宋改今額。

保安寺　在宜興縣東北二十里開寶區保安山南麓，陳永定二年建。

顯德寺　在宜興縣西南六十里從三①區，唐上元二年建。

崇慶寺　在宜興縣北五十里萬二區。梁普通二年建，名養安，宋治平三年改今額。

法性寺　在宜興縣北五十里萬一區，梁普通二年建。

---

① 「三」，《四庫》本作「二」。

開勝寺　在宜興縣西南五十里從二區胥堂村，唐上元二年建。

大潮福源寺　在宜興縣東南五十里均山區。明永樂初，修撰吳成學不肯歸附，逃至宜興，沈榮留匿於家。後削髮爲僧，號雪菴，榮爲築室於山，名大潮菴。正統十二年，僧道性重建，奏請以廢寺福源舊額移入本菴，爲大潮福源禪寺，胡濙作記。

顯親追孝禪寺　舊在法藏寺東。宋建中靖國元年，蔣樞密之奇請爲墳刹，賜今額。明洪武初，僧成大移建今地。

静樂寺　在宜興縣西南三十里銅官山側，唐乾元初建。

碧雲寺　在宜興縣西南六十里金泉區烟山，宋嘉泰十四年建。

棲雲寺　在宜興縣西南六十里永豐區烟山，宋紹興間樞密王淵建。

衍慶寺　舊名邵塢菴，在宜興縣西南三十里從一區。宋乾道二年建，明天順二年賜寺額。

彰善寺　在宜興縣東北三十里周孝侯故居旁，宋樞密郭三益捨宅建。

海會寺　在荆溪縣均山區。國朝康熙十六年，敕建天隱修祖塔。

龍山寺　在荆溪縣。國朝康熙四十四年，敕賜「娱慧寺」額。

龍池寺　在荆溪縣。康熙四十六年，敕賜「澄光寺」額。康熙五十二年，御書「法門領袖」四字額。

磬山寺　在荆溪縣均山區。雍正三年，敕賜「弘闡法印」四字額。

崇聖寺　舊在靖江縣城西南十七里，宋淳熙二年建。明成化八年建縣，十年，令張汝華遂遷寺於縣城東門内，爲習儀祝釐之所。

東塔寺　在靖江縣東門外，明萬(歷)〔曆〕二十三年知縣朱邦憲建。

孤山寺　在靖江縣東北十里。靖未置縣時已有寺，未詳其所始。

玉隆觀　在玉隆觀巷内，宋嘉熙間尚書錢相建。

(元)〔玄〕妙觀　在府東南，晉永嘉初毛中尉捨宅建。淮南順義中築外子城，徙今地。

含輝觀　在府西北七十里。唐建，名景星觀，宋大中祥符二年改賜今額。

太和觀　在後餘，梁朝始創。按唐碑，又爲漢張真人道場，歲久廢。唐貞觀中於舊址北重建。

明陽觀　在無錫縣西七里，宋盧真人至柔建，謂即古洞陽觀地也。大觀元年賜今額。觀門之右有泉名洞酌，深不盈丈，而味亞二泉。

(元)〔玄〕妙觀　在江陰縣治南天慶門内，宋祥符二年詔建，額曰「天慶」。先是，元年正月三日，天書降詔天下建天慶觀。元元貞元年，改(元)〔玄〕妙。

天壽觀　在江陰縣南街南，宋末翰林陳錡故宅。

通真觀　在宜興縣東南隅。陳太建二年建，名宏道。宋大中祥符二年賜額「(元)〔玄〕通」，避國諱改今名。有北極閣，南唐保大中建，徐鍇爲記，兄鉉篆額。

沖寂觀　在宜興縣西五十里神安區官村。唐弘道元年，周選捨宅爲觀，名淩霞。宋祥符元年，改(元)〔玄〕寂。八年,避國諱改今名。初南唐時,有道士許堅來遊,題詩於壁,浴滆湖淩波而去。進士薛舉撰記。

洞靈觀　今名天中宫,在宜興縣南四十里均山區張公洞前。吴赤烏年間建,初爲佛寺。唐開元元年復爲觀,(元)〔玄〕宗御賜題額。許用晦《丁卯集》有《詠洞靈觀冬青樹》詩。

(元)〔玄〕真觀　即紫微宫。舊志云:赤烏元年建。

蓼莪菴　在王婆嶺南,相傳孝子王裒墓在焉。

棲雲菴　在檀溪灣,宋寶慶元年建。

全真菴　在新坊橋東南,明洪武二年知縣舒裕建,祀張平叔。一名紫陽觀。

東林菴　在無錫縣城東隅箬葉巷,元至正十年建。明洪武初,邑人朱子華施地以廣之。成化、萬(歷)〔曆〕相繼重修。初,宋楊時講學地,故名東林。邵寶嘗作書院於泰伯瀆之上,而或以此地爲是。於是知縣鄭普遂作文靖木主,祀之菴中,後始遷之崇正書院。及顧憲成、高攀龍創復東林,乃爲道南之祠以祀焉。今在菴之南。

聽松菴　在惠山寺左桃花塢下。明洪武七年,僧普真即繡嶺亭故地爲菴,而植萬松其中,因以爲名。有秋濤軒,王紱畫廬山景於其壁。秋聲小閣,以貯竹茶爐,皆爲時名蹟。

禪悦菴　在惠山寺右錫山之南,宋咸淳中建。

金鷲菴　在無錫縣靖海門外,梁大同中建。相傳上梁時,有金色烏來集,故名。宋寶慶間,僧法昌掘地得泉，以施行人，亦名施水院。去城九里，今又稱九里菴。

前湯菴　在無錫縣北天授鄉。前湯，其地名也。亦名普濟菴。宋德祐元年，元兵陷常州，邑人陳通判炤巷戰死之，以宅構菴。

崇慶菴　在無錫縣東北西高山，吴赤烏二年建。

飛錫菴　在江陰縣定山，唐貞觀中建，法響禪師駐錫處。虎跑泉在焉。

福泉菴　在宜興縣西南八十里永豐區鳳飛嶺，晋義興守劉超建爲墳刹。

般若菴　在宜興縣西二十里成任區亳村，吴赤烏間建。明時火燬，移建本村東南。

公文菴　在宜興縣西北十五里公文村湛瀆官河之内，宋咸淳二年建。明嘉靖間重修。武進唐順之與門人王升輩講學於此，因改公爲工，邑人萬士和記。

香界寺　在荆溪縣清泉區，舊名昌福菴。國朝康熙四十四年，敕賜「香界寺」三字額。

洞虚宫　在無錫縣治崇安寺之左。舊在膠山，梁大同二年建，始名青元宫。後廢，徙今地。宋大中祥符間，改賜今額。

圓元萬壽宫　在無錫縣第六箭河，元倪昭奎建。昭奎，高士瓚之兄，有詩名，去爲黄冠。初祀老子於此，名圓文館，元祐間賜今額，趙承旨孟頫書其碑。昭奎後賜名圓中文節貞白真人，晚自號圓中子。又嘗創清微精舍於錫山之陰，遏澗爲水簾，潺湲之聲，日夜不絶。

真武殿　在西高山，吴赤烏中建。

張公殿　在靖江縣蘇家港，水神也。邑東坍甚，丞孫京令民迎神於浙之蕭山縣，歸祀之。數月後，民見有神燈數百，蔽江而來，布滿於祠前。江口自此漸漲，年餘，得平沙十餘里。邑西之民謀曰：「神之靈如是哉？」因夜往迎神像而祀之於西。未幾，西亦漸漲，於是南北江口皆有張公殿。

總觀音殿　舊志云：赤烏年間建。

白雲禪院　在府治東南白雲渡口。

紅塔禪院　在府青山門外二里，山門題梁云：「大唐某年建。」字多漫滅。舊有浮屠，建炎間撤去，得斷碑云：「熙寧元年九月重建。」

薦福院　在府東南，楊吴時建。

廣福院　在府東南。唐天復中齊雲長老維亢建，名齊雲，南唐保大中改今名。

慈福院　今俗名大劉寺，在府東南三十里。唐咸通中建，名永安，宋時改今名。

拱真道院　今名北真武廟，在鼎新坊左。元至元戊寅，郡人朱文卿捨宅建。

雲居道院　今名仙人菴，在西村山中。舊傳葛洪丹室也。《太湖志》云：「洞庭有葛洪宅，嘗來此煉丹」。其丹井猶存。

興教禪院　在無錫縣東四十里。梁大同年建，名施陀，宋紹興初賜今額。

希夷道院　在無錫縣城東南隅弓河上，相傳陳摶過此，因名。

兜率院　舊爲白龍寺，在江陰縣白龍山上，有龍洞。唐乾符四年建，宋祥符二年改今額。

光嚴院　在江陰縣長壽鄉，陳天嘉二年于光捨宅建。

演教禪院　唐名感化院，在江陰縣軍城新津門東北，唐天祐十二年鎮遏使秦誠建。元季廢，明江陰侯吳良改建城隍廟。

能仁院　唐爲重光院，在江陰縣杜橋東，唐天祐中縣令張藴捨宅建，政和六年改今額。

聖感禪院　在宜興縣西北七十里亙亭區。蕭齊永明元年建，名香勝，宋太平興國五年改今額。

崇真道院　在宜興縣東北四十五里洞山區，唐開元二年建。

禹門興化禪院　在荆溪縣永豐區龍池山上，宋咸淳間建。有龍湫、雞冠石、捨身石、白雲巖。國朝康熙三十五年，御書「萬派朝宗」四字額。

放生池　在金匱縣景上區一都。康熙三十八年，御書「慈雲寺」三字額，又賜「蘭若」二字額。

放生池　在荆溪縣。康熙四十六年，敕賜「涵碧堂」三字額。

鎮江府

金山江天寺　在金山。晉時建，名澤心。宋時屢易名，自元以來通謂金山寺。山後有塔，絶頂爲妙高臺，臺下爲楞伽室，宋蘇軾嘗書《楞嚴經》於此。凡樓、閣、亭、軒及菴堂之屬四十有四。國朝康熙二十三年，聖祖仁皇帝南巡，御書匾額凡五，曰「敕建江天寺」，曰「江天一覽」，曰「動静萬古」，曰「禪棲」，曰「祇樹」。御製《金山江天寺碑》，恭紀首卷。《御製詩》。恭紀首卷。

焦山定慧禪寺　在焦山。創自漢興平間，名普濟寺。宋名普濟菴，元名焦山寺。殿西塔二，樓、臺、亭、閣、堂、菴三十有四。康熙二十三年，聖祖御書寺額三，曰「敕賜定慧禪寺」，曰「法雲慧日」，曰「香林」，《御製詩》。恭紀首卷。

甘露寺　在北固山，吴主皓所建，時改元甘露，因名。寺舊在山下，唐李德裕施州宅後地增拓之，宋祥符間移山上。康熙中，聖祖御書「敕賜超岸寺」及「甘露門」匾額。

鶴林寺　在府黄鶴山下。晉大興四年創，名竹林。宋高祖微時嘗遊焉，及即位改今名。康熙二十三年，御書「鶴林寺」額。

招隱寺　在府城南七里招隱山，宋景平元年創，即戴顒隱居之地。梁昭明太子嘗讀書於此。

竹林寺　在府城南六里。創自晉，久廢，明季重修。國朝康熙二十三年，聖祖南巡，御書「竹林寺」額及「巨竹」二字額，御製詩一首。恭紀首卷。

因勝寺　在府城西二十五里五州山。梁武帝嘗遊此，輦道尚存。宋熙寧中爲顯慈寺，元祐中爲因勝報親院，後廢。明萬(歷)〔曆〕間復建。

善禧寺　在府朝陽門外。隋開皇間建，名南山報恩寺，明景泰三年賜今額。

萬壽寺　在府汝山麓，宋趙安撫故宅。

勝果寺　在府虎踞門外，宋乾道中建。高宗成肅皇后功德寺也，后父母墓在焉。

登雲寺　在府城西登雲門外，亦名福因智果院，唐貞觀間建。

能仁寺　在府洪澤寺西，明洪武年間自城西闉東遷於此。

大覺寺　在府城南鴻鶴橋北，宋建炎間創建。

天王承慶寺　在府登雲門内陽彭山麓。初名感慈院，梁天監中建。

海會寺　在丹徒鎮。宋建炎三年創，舊名尊聖寺，後改今額。

永業寺　在登雲門外，原額「鮮雲寺」。又以祠吴季札，稱先儒寺。宋乾道間建。

洪山寺　在府東嶽廟西，又名永安寺。

法雲寺　在府平昌鄉，唐大中五年建。初名流水院，宋改今額。

羅漢寺　在府唐頹山下，唐天復中建。

玉山報恩寺　在府西津渡口，元至大三年建，即浮玉亭基。

普照寺　在府壽（邱）〔丘〕山巔，宋武帝故宅也。陳創寺，名慈和，宋號延慶。先是，泗州有僧伽塔，紹興中建塔於此山之上方，以奉僧伽像。

昭慶報慈寺　在府城西，吴順義三年置。初名延壽，宋改普慈，政和間賜今額。

長樂寺　在府澗壁，宋紹興中建。

普寧寺　在丹陽縣治南一里，晋王珣捨宅爲之，本名顯陽，唐改名朝陽。咸通中建僧伽塔，宋祥符中賜今額。

昌國寺　在丹陽縣南三十里延陵鎮西，晋太康間建。有開元時鐘。

崇教寺　在丹陽縣經山下，晉咸康間建。有雨花臺、金牛洞、晉時銀杏樹。

大同寺　在丹陽縣東北二十五里。舊名同林寺，一名大同菴。西晉時建，元改今額。寺有古井三，福安橋、爪髮塔、放生池。

祇林寺　在丹陽縣西北十五里，唐建。

梁寶寺　在丹陽縣南五十里丁橋西，梁大同間建。

廣教寺　在丹陽縣東北四十里，即沈山院，唐神龍間建。

祇園寺　在丹陽縣東南六十里東泊，唐乾寧六年建。

香嚴寺　在丹陽縣雲陽橋北，唐天祐九年建。

妙覺寺　在丹陽縣東仁聖坊，明洪武中自經山寺東移建。

定善寺　在雲陽橋南，宋淳祐間建。明萬（歷）〔曆〕間移建於尹公橋側，即海會菴。

妙果寺　在丹陽縣東南七里竹村，宋咸淳間創，元時拓爲巨刹。

嘉山寺　在丹陽縣嘉山龍池東，宋紹聖間建。

孝感寺　在丹陽縣東北耿岡，宋邵亢功德院也。

慈雲寺　在丹陽縣陵口鎮，宋淳祐間建。

慈雲寺　在金壇縣東北百步，梁大同初建，宋改今額。

西禪寺　在金壇縣西一里三洞鄉，宋淳熙間建。

延慶寺　在金壇縣西三十里諸禮村，宋紹興間建。

靈建寺　在金壇縣東十五里金山鄉，舊名靈塔院，後改今額。

東禪寺　在金壇縣東三里，唐光啓間爲新興禪院，宋改東禪寺。

報恩寺　舊在金壇縣西三洞鄉，梁大同初建。明天啓四年，于玉理捨宅爲寺，取舊額顔之。在縣治西南。

布金寺　在金壇縣方山之麓。舊名龍泉，在華陽市，唐太和五年移建於此。

普慈寺　在金壇縣禮智鄉，梁大同中建。

净土寺　在金壇縣南門外九里後岐村，國朝康熙三十四年建。

法慧寺　在溧陽縣北六十里，吴丞相萬彧捨宅建。梁名安静寺，宋賜今額。明洪武末歸併法興寺。

法會寺　在溧陽縣西南社渚，吴時建。唐名資善院，宋改今額。

勝因寺　在溧陽縣西北舊縣城側，晋義熙初建。唐名唐興寺，孟郊有《寺中觀薔薇花》詩，宋改今名。

白龍寺　在溧陽縣西七十里，亦晋寺也。舊有三塔，一名三塔寺。

雲泉寺　在溧陽縣東南五十里。唐名雲泉院，許堅詩所云「前朝恩賜雲泉額」也。

法興寺　在溧陽縣東北三十七里。唐名法常寺，宋改今額。

普門寺　在溧陽縣洮湖中大坯山上，唐元和五年建。

廣教寺　在溧陽縣東門外。唐金吾長史倪筠捨宅建，名資聖院，宋賜今名。

報恩寺　在溧陽縣東南一里，梁天監中建。宋宣和間爲神霄宫，後改寺，易今額。

(元)〔玄〕妙觀　在府石碰橋西北。俗呼東觀，即唐紫極宫老子祠，宋祥符中改曰天慶，元元貞元年改今額。

紫府觀　在府大慈鄉馬跡山，宋永初二年建。舊名福業，治平元年賜今額。有抱樸子丹井、白馬老君石跡，天下第四十九福地也。

明真觀　在府長樂鄉，舊名修懸。唐末僅存遺址，宋重建，元虞集題額。

華陽觀　在府十一都，唐貞觀中建，宋改今名。

崇福觀　在府城大市西南，元建。

報恩光孝觀　在丹徒縣治西南三里。舊名天寧萬壽，宋改今額。

仙臺觀　在丹陽縣西二里。舊謂黄堂道院，亦名雲陽觀。晋諶母於此修煉飛昇，宋改今名。觀有窑經墩、瘞劍函、煉丹井。

延昌觀　在丹陽縣南，梁大同中建。

凝禧觀　在丹陽縣東北四十里，梁大同中建。

大霄觀　在丹陽縣丁橋鎮西，唐垂拱間建。

歸真觀　在丹陽縣東南七十里。舊名東暘觀，漢焦光修煉之所。唐開元間名清虛，宋祥符中改今名。舊有丹井、丹池、飛昇臺、迎仙橋、望仙墩。

凝真觀　在丹陽縣土地橋東，宋時建。

仁靖觀　在丹陽縣九靈山，宋翟汝文功德院，乾道間建。

清微觀　在丹陽縣呂城鎮，元延祐間建，舊名崇壽院。

太虛觀　在金壇縣南壩之東，唐戴叔倫捨宅爲之。舊名延真觀，宋改今名。

元陽觀　在金壇縣大茅峰南茅洞之上，唐置，後廢。宋隆興初，吴興道人沈善智穴居五十年，韓蘄王妻梁氏經此，見黑虎從道人周旋起伏，因號爲伏虎真人，助貲建立殿宇。

洞虛觀　在金壇縣西陶村，即陶隱居故廬，石記猶存。

藏真觀　在金壇縣大茅叠玉峰下，静一劉宗師廬墓處。宋大觀初敕建。

崇壽觀　在金壇縣西七十里。

集仙觀　在金壇縣東金山鄉，梁大同初建。

玉虛觀　在金壇縣西四十里，唐長慶中建，額曰「靈寶」，宋改今名。

泰清觀　在溧陽縣治東南，宋淳熙中移溧水廢額建。

泰虛觀　在溧陽縣西南四十里，晋盤白真人道成之地，奉詔立觀，賜額曰「招仙」。宋改今額，賜銅天尊像一、真人像二。觀有九井，云是真人藏丹處。

幽棲觀　在溧陽縣北三十五里，梁隱士幽棲伯昇舉於此，觀即故宅也。有藏丹井、望仙橋、朝斗壇。

黄山觀　在溧陽縣西四十里，吴黄鶴真人飛昇地也。觀建於唐天寶間，宋周絳少爲道士於此。

乾元萬壽宫　在府治西瓶場巷，宋安撫使葉再遇故宅也。元大德五年改創。

崇禧宫　在金壇縣茅山丁公山之陽，即陶隱居華陽下館。唐貞觀時建太平觀，宋爲崇禧觀，元賜名宫。

廣福院　在丹陽縣東觀音山，晋太康中建。

江南通志卷四十六

輿地志

寺觀　四

淮、揚、徐三府　太、海、通三州

淮安府

報恩光孝寺　在府治東數十武，祥輝觀舊基也。宋虎岩伏禪師創建，崇寧六年賜「萬壽禪寺」額。

開元寺　在府治，唐開元五年賜額。寺內有枸杞井。

聞思寺　即舊大悲院，在府西湖嘴，宋建。國朝康熙四十四年，聖祖仁皇帝南巡，敕改今名。

湛真寺　即紹隆寺，在府西淮北里，康熙四十四年敕改今額。

龍興寺　在府治西北清風門内，晋大興二年創建。

觀音寺　在府治東百步，宋淳祐年建。

臺山寺　在府治北，宋崇寧四年建。

地藏寺　即平王堂，在府治西大聖橋西，唐咸平年建。

景慧寺　在府城西北二十餘里鉢池山，有古敕賜額。

千佛寺　舊名崇恩千佛寺，在府城西南隅。

開佛寺　在府治西南市橋内，宋延祐四年建。

水陸寺　在府治西北大軍倉西，宋嘉定五年建。

圓明寺　在府新城東北隅。

圓通觀音寺　又名接待寺，在府新城内，明宣德間重建。

普應寺　在府清江浦西北，去治西三十里。明平江伯陳瑄創建，奉敕賜額。

佑濟寺　在府城西北五里。背堤面湖，舊名湖心寺，亦曰十方禪院。康熙四十四年，聖祖仁皇帝南巡，敕改名「佑濟寺」。

觀音寺　在清江浦，有毘盧閣。

華嚴寺　原在府治東北十里淮河北岸，宋元豐年建，後遷淮河南劉伶臺前。

誕登寺　舊名洪福寺，在府治西北三十里，宋淳祐年建。康熙四十四年，聖祖仁皇帝南巡，賜額「誕登寺」。

廣福寺　在府新城西門外竹巷口。

永福寺　在府西湖中，明建。

通源寺　在府治西十里窑溝，舊爲大悲庵，宋時建。

净名寺　在府治北二十里，宋元豐年建。

壽安寺　在府馬邏鄉，去治六十里，宋宣和年間創建。

上生寺　在府治南七十里白馬湖，古刹也。明正統間重建。

覺津寺　舊名檀度寺，在府清江浦，明宋統殷有記。國朝康熙四十四年，聖祖仁皇帝南巡，敕改覺津寺。

永寧寺　在鹽城縣治北一百步，唐武德三年建。

彌陀寺　在鹽城縣治西十八里。

净居寺　在鹽城縣治西南八十里。

興國寺　在清河縣治東南半里許，元皇慶間建，賜名。

興國寺　在桃源縣治西半里許，宋時創建。

能仁寺　舊名承天寺，去安東縣治里許，宋祥符間賜寺曰能仁，塔曰妙通。

章化寺　在安東縣治東二里。

(元)〔玄〕妙觀　在府城西，唐白鶴舊址。

祥輝觀　在鹽城縣治西北半里。

祐聖觀　在鹽城縣伍祐場。

三茅觀　在鹽城縣岡門鎮北，去縣十八里。一井水甚甘，大旱不竭。

上真觀　在清河縣治東半里許，宋建。

上真觀　在安東縣治東北一里許，爲徐依稀修道之所。

三元宫　在運河北。

杯渡菴　在清江浦。

棲蘆菴　原名宅蘆菴，在清江浦運河南岸，康熙四十四年敕改今額。

兜率院　在鹽城縣，國朝康熙五年建，敕賜爲「兜率寺」。

揚州府

天寧寺　在新城拱辰門外，東晉時爲謝太傅安別墅。義熙十四年，有梵僧佛馱跋陁羅尊者譯《華嚴經》於此，時右衛將軍褚叔度特往建業，請於謝司空琰，求太傅別墅建寺焉，名謝司空寺。後名屢易，宋政和二年改今名。康熙二十三年以來，聖祖南巡，屢經臨幸，御書匾額五：一「蕭閒」、一「皓月禪心」、一「寄懷蘭竹」、一「般若妙源」、一「净因」。御賜「禪心澄水月，法鼓聚魚龍」、「珠林春日永，碧瀲好風多」二聯，詩四首。恭紀首卷。

梵行寺　在府東北邵伯鎮，晋寧康三年建，明初遷寺於本鎮惠政橋西。

法雲寺　在府大東門外兩淮運司治之南。晋鎮西將軍謝仁祖宅也，舊有雙檜。

旌忠寺　在府治東南，文選樓遺址也。陳大建間爲寂照院，宋咸淳間賜今名。

大明寺　在府西北五里，古栖靈寺也。寺枕蜀岡，舊有寶塔。康熙二十三年以來，聖祖南巡，御書匾額五：一「怡情」、一「澄曠」、一「平山堂」、一「賢守清風」、一「第五泉」。

救生寺　在府東五里第二港，隋大業四年建。

法華寺　在府東北邵伯鎮，一名來鶴寺，隋大業三年建。周世宗征淮南，駐蹕於此，置法華禪院，宋開寶中賜額爲寺。寺有銅鐘，重千餘斤，僧子惠募金所鑄，蘇軾有《鐘銘》。

禪智寺　即上方寺，在府北五里蜀岡，一名竹西寺。天朗氣清，南徐諸山蒼然在襟袖間。寺有石刻吴道子畫寶誌公像、李白作贊、顔真卿書，謂之「三絶碑」。又有蘇軾、李孝博詩石刻。寺側有蜀井。按劉長卿《懷演如上人詩序》云，寺即上人所建。明魏尚書驥碑又云，煬帝嘗夢夜遊兜率天宫，聽彌勤佛説法，既寤，遂以離宫施爲寺。二説不同，並存以俟參考。

山光寺　在府灣頭鎮，前臨漕河。隋煬帝以宫爲寺，名山光。宋天禧四年，改曰勝果寺，僧請「山光」舊額，更建於府東南第三港沙河岸側。

梵覺寺　舊名興教寺，在府城蕃釐觀之南，宋淳化間建。康熙三十八年，御書「西來法」三字額。四十四年，又賜「梵覺禪寺」額。

甘泉寺　在府西甘泉山。唐開成間移慧照舊額於此，一名慧照寺。

惠照寺　在府北三里大儀鄉，唐景龍間建。

寶勝寺　在府南楊子橋，唐貞觀間建。後爲江水坍没，遷於城東三里。

天王寺　太平寺　並在府南楊子橋，俱唐貞觀年建。

大聖寺　在府東北三十里，唐高宗時建。

開元寺　在府城東五十里，唐時建。國朝順治十八年，遷寺於傅李橋。

清涼講寺①　在府南三里善應鄉，唐大(歷)〔曆〕間建。

西方寺　在府西四望亭北，唐永貞間建。國朝康熙二十三年，御書「西方禪寺」額。

鐵佛寺　在府鎮淮門北。舊在堡城東，唐楊行密故宅也，本名光孝院，宋建隆間鑄鐵佛，因名。殿後有宋元雙檜。

建隆寺　在府城北壽寧街，舊在城西二十四里西華臺。宋太祖親征李重進，以御營建寺，所御之榻留焉。嘉熙三年更創於此，王禹偁有記。國朝康熙四十六年，御賜「閒雲任棲宿，密雨斷飃

① 自此條起，至後文香阜寺止，凡二十二寺，《四庫》本無。

零」對。

靜慧寺　在府南門外，宋時席氏園也。順治間僧照吉始建禪堂。康熙四十六年，御賜「靜慧寺」額及「靜慧院」「清溪書屋」兩額，又「大護法不見僧過，善知識能調物情」、「真成佛國香雲界，不數淮山桂樹叢」對聯二副。

投子寺　在府東宜陵鎮，宋開寶間建。

圓通寺　在府東北二里官河西岸，即北來寺，宋乾道間建。

北大同寺　在府大橋鎮南袁家灣，宋淳熙二年建。

嵩山寺　在瓜洲鎮，宋端平間建。

北興寺　在府西北，宋寶祐間建。有唐景雲三年揚州處置使杜佑題名八角石柱。

棘林寺　在瓜洲鎮新壩，宋咸淳間建。

壽安寺　在府治東南舊馬監巷，宋景定間建。

蓮性寺　在府西北三里善應鄉。舊名法海禪寺，元建。康熙四十四年，聖祖南巡臨幸，御賜「蓮性禪寺」額。

觀音山寺　在府西北大儀鄉，元至元間建。

觀音寺　一在府治西，一在江都縣東六十里歸仁鄉，並元大德間建。

寶輪寺　在府南門外三里，明萬(歷)〔曆〕間建。舊名善慶庵，康熙四十四年御賜今額，又詩一首。恭紀首卷。

文峰寺　在府城南二里官河東岸，明萬(歷)〔曆〕十年建。

福國寺　在府安江門外運河岸側，明季建。本名福緣菴，國初賜今名。雍正元年重修，增建萬佛樓。

萬壽寺　在府宜陵鎮東三十里。

高旻寺　在府安江門外十五里三汊河西岸。康熙四十年，淮商恭建行宫，聖祖駐蹕，御賜「高旻寺」及「雲表天風」兩額。又賜大内所供金佛一尊。四十二年，御書「禪悦」二字額。四十六年，御書「水月禪心」「雲川清適」「静怡齋」「萸灣勝覽」四額，又賜「蜀岡雲映山光近，江渚潮分水派清」「松梢香露滋瑶草，庭畔薰風和玉琴」「筆架書籤宜永日，波光林影共清機」「龍歸法座聽禪偈，鶴傍香風養道心」「殿灑楊枝水，爐焚柏子香」對聯五副。御製《寺碑記》恭紀首卷。

化城寺　在瓜洲鎮江岸。原名息浪菴，康熙四十二年敕改今額。又賜「息浪」二字額，並「泉聲咽危石，日色冷清松」「蒲團竹几通宵坐，掃地焚香白晝眠」對聯二副。

香阜寺　在府黄金壩南。舊名五臺菴，康熙三十八年御書改今額，又御書「名香清梵」四字額。

萬佛寺　在府仙女廟北。康熙三十八年，御書「雲門雪竇」四字額。

善覺寺　在府挹江門外官河南。舊名華藏菴，康熙三①十八年御賜今額。

南來觀音寺　在府通濟門内西南隅。

慈雲寺　在江都縣東鄉宜陵鎮，康熙三十八年敕賜「慈雲」二字額。

寶坊寺　在儀徵縣東門外運河邊，即五臺庵也。康熙四十二年，聖祖仁皇帝敕改今額，又御賜《金剛經》一卷，《藥師經》一卷。

天寧萬壽寺　在儀徵縣東南澄江橋西，唐景龍三年建。宋蘇子瞻嘗於此寫經。紹興中更今名。

乾明寺　唐爲大雲請雨寺，宋改今名。

資福寺　在儀徵縣東，宋大中祥符元年建，即儒學舊址。

崇因永慶寺　在儀徵縣北五里。宋靖康初爲功德院，明洪武間重建，名北山寺。

禪惠寺　在儀徵縣北二十里，漢廣陵太守陳登建。舊名鼉淙，宋治平中更今名。

梵天寺　在儀徵縣西方山上。梁天監中梵僧建，號興雲寺，宋治平中賜今額。

禪證寺　在儀徵縣横山，梁天監中建。世傳昭明讀書堂，唐咸通中僧神堅以堂爲太子院。

法雲寺　在儀徵縣胥浦之西。唐景雲間建，名慶雲寺，宋改今額。

水月寺　在儀徵縣蛾眉山。松柏萬株，地最幽勝。

---

①「三」，《四庫》本作「二」。

地藏寺　在儀徵縣新城汊河北，宋建炎間建。

山光寺　在儀徵縣東南十五里，宋淳祐間建。

隆覺寺　在儀徵縣東二十里樸樹灣運河北，宋淳祐間建。

天王寺　在高郵州治北新城迴觀橋東，宋淳熙間建。寺有吴道子觀音像，盗竊去，渡江病作，復送還。

承天大梵寺　在高郵州治北新城，元至元間建。

光福寺　在高郵州東三垛鎮，宋淳熙間建。

安樂寺　在高郵州東九十里臨澤鎮。

光孝寺　在高郵州舊城。有斷塔，爲唐舉直禪師所建。

華嚴寺　在高郵州南三里焦里村，宋淳熙間建。

永興寺　在高郵州北六十里界首鎮，宋建。

羅漢寺　在高郵州北九十里。

河院寺　在高郵州西南武安湖濱。舊傳湖旁常有光夜燭天，居民掘之，得一石，上鎸「河院寺」三字，自後不復有光，因醵金建寺焉。

悟空寺　在高郵州治西六十里新安村神居山，宋初建。

醴泉寺　在高郵州城西南。因有醴泉，故名。

定慈寺　在興化縣治西，唐開元間建。

東廣福寺　在興化縣治東北，唐元和間建。

西寶嚴寺　在興化縣治西，唐大順間建。

時思寺　在興化縣治東門外，宋慶(歷)〔曆〕間建。

木塔寺　在興化縣治東六十里，唐長慶間建。有古黄梅一株，以花之東西盛衰，兆上下河田豐歉。

地藏寺　在興化縣南門外。

崇福寺　在興化縣東七十里，唐太和間建。

乾明寺　在興化縣北，宋乾道間建。

羅漢寺　在興化縣東七十里，唐元和間建。

觀音寺　在興化縣東北八十里。

齊興寺　在寶應縣治西八十里，南唐保大四年建，宋乾德四年賜額。内有梁武帝讀書臺。

真如寺　在寶應縣南一百步。

觀音寺　在寶應縣治西二十里。

寧國寺　在寶應縣治東，唐貞觀十一年建。

唐興寺　在寧國寺西，唐元和五年建。

靈芝寺　在寶應縣孝義鄉，宋紹定間因産芝建。

北山寺　在泰州北門外。康熙三十八年，聖祖仁皇帝賜「法律禪」三字額。

三昧寺　在泰州何垛場。康熙四十二年，聖祖仁皇帝賜「慈濟禪寺」四字額，又「孤雲自往心同遠，皓月當空性本圓」對聯。

萬壽報恩光孝寺　在泰州治西，晉義熙間覺禪師建，宋紹興八年賜今名。

南山寺　在泰州治南，唐乾符年建，宋建炎元年名資福禪寺。

開化寺　在泰州城北二里，即今北山寺，唐大(歷)〔曆〕元年建。

西山報國寺　在泰州西南。舊名報國菴，誌師從天竺飛錫至此，改建爲寺。

東山寺　在泰州東門外。舊名東山常樂教寺，唐大中間建。

廣福教寺　在泰州東海安鎮，宋景定間建。

景德寺　在泰州北六十里茅山莊，宋景德間建。

岱嶽寺　在泰州姜堰鎮，宋至和年建。

净業禪寺　在姜堰鎮。舊名彌勒教院，晉義熙間建。

旌忠寺　在泰州北六十里，宋建炎間建。

羅漢寺　在泰州治北七十里，宋景德間建。

寶福寺　在泰州東北七十里，宋嘉定間建。

蕃釐觀　在府城大東門外。即古后土祠，漢成帝元延二年建，唐政和①間賜「蕃釐觀」額。舊有瓊花一株，一名瓊花觀，相傳世無此種。宋歐陽修守郡，建無雙亭。

(元)〔玄〕帝觀　在府小東門内，元皇慶間建。

明正觀　在府東南隅壽安寺東，元建。

祐聖觀　在府大東門外運司東圈門，明洪武八年建。

天寶觀　在郡南門外運河東，明萬(歷)〔曆〕十六年建。

儀真觀　在儀徵縣西十里小山之麓，宋時範四金像於此。

(元)〔玄〕妙觀　在高郵州南市橋東。

白鶴觀　在高郵州，即后土夫人廟。

開元觀　在興化縣署東，唐開元間建。

四聖觀　在興化縣治東大街。

玉虛觀　在興化縣治南門。

三清觀　在興化縣治西門外。

大隱觀　在泰州治譙樓西南，宋建炎間建。

① 「政和」，是宋代年號。

三祝菴　在府新城運司巷東圈門，明萬〔歷〕〔曆〕三十八年建。

九蓮菴　在府南門外古渡橋東，國朝順治初建，即古二分明月菴。

龍光菴　在甘泉縣北門外。康熙三十八年，御書匾額三：一曰「龍光寺」，一曰「存誠」，一曰「香臺」。

西來菴　在甘泉縣西門越城内。康熙四十四年，御書「慈雲」二字額。

天竺菴　在甘泉縣鈔關門外運河西。康熙三十八年，御書「雁堂」二字額。

觀音菴　在甘泉縣北門越城内。康熙二十二年，御賜「留雲」二字額。

般若菴　在興化縣北窑莊。

極樂菴　在興化縣西門外。

覺海寺　舊名普善菴，在泰州孫王莊。康熙四十四年，御賜「覺海寺」三字額。

斗姥宫　在府北門外紅橋東。康熙四十六年，御書「大智光」三字額。

天妃宫　在府驛河東。

國朝魏禧記

廣陵驛河之東有天妃元君廟，歙人程君有容所特建也。揚州古無祀天妃者，相傳明中葉閩估客泛海遇颶風，舟落大洋，衆饑渴欲死，仰見空際有神女見。知爲天妃也，群泣拜而跡之。至絶島，多奇花卉。有鳥卵五色，布散巖谷間，衆拾而吞之，得不死。客曰：「是必有故。」相追尋一里許，得像石巖中，與所見神女略同。衆相率拜謝，遂奉以登舟。像質沉香，脛拇骨節，運動如生人。像登舟風作，達故處。

後過廣陵，舟忽重，百人牽紼綷，許邪①助之，膠不進。乃以筳篿卜於神曰：「神其樂此乎？」許之，於是醵金造宫於邗水之上。嘉靖七年，宫改榷部署，移神像萬安宫樓側。揚之人不知有天妃者百六十餘年矣。

程君歙人，而僑家廣陵。娶婦十年始生子，輒以痘殤。其後二子痘復危，程君夢神女臨其家，侍衛都盛如王后，異香滿空，庭宇生光明。心意爲天妃也，夫婦叩首，泣乞活二兒。神命牽視之，歎曰：「不可活矣，我將爲汝定回闞丁，後當無恙，且多男子。」程君哭而醒，蓋天妃主江海，兼攝痘事及人祈子嗣，甚靈應。已二兒並殤。年三十三，更舉子凡七八人，皆長大如神言。程君念神大德無以報。

一日，過萬安宫，見故像如夢中，乃大驚。將卜宫後址祀天妃，其友閔君世璋曰：「不可。萬安宫祀火神，而天妃水神也。於生尅義不宜，宜水次。」程君於是卜廣陵驛之河東廢地，特建宫，下臨邗水，漕運鹽艖、百貨之舟，日夜過不絶。而門，而廡，而殿，而閣，煌煌翼翼，垣墉緻密，

① 「許邪」，通常作「邪許」。

庖湢潔清。故像既飾，復束木附塗爲冠裳，朝天之儀巍然高博，則皆程君所以報享於神者也。

按神閩之莆田人。《興化志》載：五代閩王時，都巡簡林公愿第六女歿而爲神，賜號天妃。而藁城倪中《天妃廟記》則云：神生宋元祐八年。一云太平興國四年。神生有靈異，幼通悟秘法，豫知休咎。比笄不字，能乘席渡海，御雲以遊島嶼，衆呼爲龍女。雍熙四年上昇，或云景德三年。或云：紹興乙丑八月六日，聞空中樂聲氤氲，有絳雲若乘，自天而下，神乘之上昇。是後常衣朱衣飛翻海上，里人祀之。數説者，未知孰是。然考宋世，神凡十四益封。明永樂、嘉靖間，屢著神異，晉封奉神。而夫人遊江海，及水旱疾疫，每祈輒應。若程君之事，不一而足，則其爲有功德於民，而可列諸祀典，無疑也。

揚邗江雖小，然去淮、海近。淮故有天妃閘，凡濱海之民，與享神功，揚之立廟固宜。程君克舉曠祀，功在不祧。獨神語所謂「回闌丁」者，終不可曉，世之博雅君子，必有能知者。

通真萬壽宫　在儀徵縣東南十五里，元大德間建。

仙源萬壽宫　在泰州東南。本樂真觀，梁大同元年以樂子長故宅爲觀，在樂真橋，唐大中間移建於此。

古木蘭禪院　在江都縣治西，即石塔禪寺，唐乾元中爲木蘭院。王播少孤貧，客揚州木蘭院，隨僧齋粥，僧厭苦之。後播登第，出鎮揚州，題詩寺壁，寺以此著名。

五百羅漢院　在高郵州南三里焦里村，宋建。一名華龍寺。
常住院　在高郵州東北九十里臨澤鎮，宋淳熙間建。
龍珠禪院　在興化縣東門外，明僧元宗建。
蘭亭院　在寶應縣東南八十里王野鄉，宋元祐中建。
蜆螆院　在寶應縣治東北四十里永寧鄉，唐太和八年建。有塔高二丈餘。
甫里院　在寶應縣西南七十里侯村鄉，唐天祐四年建。屹立湖中，望之如孤嶼，相傳水溢則寺浮。
龍竿院　在寶應縣東八十里三阿鄉。唐名文殊院，僧德觀建。大(歷)〔曆〕十年，有竹成龍形，改賜今額。

徐州府

卧佛寺　在府城東南隅，中有卧佛像。本古刹，明洪武間重建。
開元寺　在府城南里許。中有鐵佛像，亦名鐵佛寺。明洪武間重建。
興化寺　在府城南二里雲龍山陽，俗名石佛寺，明時建。
景福寺　在吕梁洪，金大定三年建。

五級寺　〔在〕①府城東北，齊時建。

清泉寺　在府四鄉，元至正三年建。

七佛寺　在府五鄉金陵集，元至正初建。

興明寺　在府七鄉，宋元祐元年建。

大雲寺　在府城北，明洪武間重建。

洞山寺　〔在〕府北桓山，明天順間建。

龍泉寺　在府三鄉，金大定三年建。

開化寺　〔在〕府北門外，康熙十四年重建。

興臺寺　在府五鄉，唐時建。

華嚴寺　在蕭縣東門外古城厲壇東，明正德十六年徙舊縣。萬（歷）〔曆〕初水没城遷，復建此。

騰雲寺　在蕭縣都仁鄉，唐大和元年建。

瑞雲寺　在蕭縣東南七十里黄桑谷，唐時建。

顯慶寺　在蕭縣里仁鄉，宋咸平元年建。

積善寺　在蕭縣紅亭鄉，宋景祐三年建。

① 據上下文體例擬補。下同。

壽聖寺　在蕭縣南二十五里，金大定間建。

天門寺　在蕭縣東南四十里山谷中，元至元間建。

龍泉寺　在蕭縣東南六十里。

白雲寺　在蕭縣孝義鄉，明洪武元年建。

龍泉寺　在沛縣運河東岸。舊在南門外，明萬(歷)〔曆〕間遷此。

興國寺　在沛縣北四十里，金大定間重建。

祥國寺　在沛縣東二十里，明成化時建。

汲冢寺　在沛縣西二十五里。

大安寺　在沛縣西三十五里。

隆興寺　在沛縣北二十里。

昭慶寺　在沛縣東北三十五里高村。

崇慶寺　在沛縣東北四十里夏鎮。

永寧寺　在沛縣東北三十五里歡城集。

興隆寺　在沛縣北四十里。

廣度寺　在沛縣夏鎮，明建。

興教寺　在豐縣東北隅，本古刹，明洪武間重建。

永寧寺　舊在豐縣治東北，漢盧綰故宅也。北齊曰白塔寺，隋曰道成寺，唐曰重光寺，宋大中祥符初曰永寧寺。建炎間遷縣東北隅。

重福寺　在豐縣田村保，金大定元年建。

華嚴寺　在豐縣司馬保，元至正元年建。

福勝寺　在豐縣苗成保，元至正元年建。

大聖寺　在豐縣北四十里，唐貞元間建。

春臺寺　在豐縣東南三十里。

丁蘭寺　在豐縣東北十二里。

石甕寺　在豐縣西南二十五里。

安國寺　〔在〕豐縣西北四十里。

鯖�寺　〔在〕豐縣西北三十里。

永慶寺　在碭山縣治西。明永樂七年，建萬佛琉璃塔於寺前。嘉靖十一年，建千佛閣於後，高與塔齊。

定國寺　在碭山縣馬昂社。

興國寺　在碭山縣渠城社，元至元間建。

南大覺寺　在碭山縣渠城社，元至正元年建。

壽聖寺　在碭山縣崇教坊，金大定四年建。

雲臺寺　在碭山縣使莊社，元至正二年建。

龍興寺　在邳州城東，明洪武十七年遷此。舊在沂河西。

白玉寺　在邳州石羊埠，元至正二年建。

崇善禪寺　〔在〕邳州治南一里。

洪福寺　〔在〕邳州城北小山。

壽聖寺　在宿遷縣舊治南，元大德四年創。

竹城寺　在宿遷縣舊治東二十里，明洪武二年建。

興國寺　在宿遷縣治東門内。

洪福寺　在宿遷縣治北瓦窰村一百里。

崇寧寺　在睢寧縣治北，明洪武十一年創建。

宗善寺　在睢寧縣羊山，明成化時建，賜名宗善。

普照寺　在睢寧縣東北三十里。

龍泉寺　在睢寧縣黄山社龍泉山。

鐵佛寺　在睢寧縣劉家莊社。

真武觀　在府城東南隅，明永樂初建。

白雲觀　在府治東。

白鶴觀　三清觀　並在府治南。

慶真觀　在府治東南。

八仙觀　在府治西南。

瑞雲觀　在府治西北。

玉虛觀　在蕭縣南五十里。

乾明觀　在蕭縣西南五十里。

真武觀　在蕭縣三仙臺南，明萬（歷）〔曆〕七年建。

真元觀　在沛縣西北一里。

長春觀　在沛縣西二里。

洞真觀　在豐縣城内，元至正六年建。即曲豆勝境，有碑記。

龍翔觀　在豐縣東北隅，明正統間重建。

長春觀　在豐縣南七里。

青華觀　在碭山縣使莊社。

金真觀　在碭山縣北一里。

昭惠觀　在邳州治東南十里，元至正間建。

玉虚觀　在宿遷縣北二里馬陵山，明正德十四年建。

元真觀　在睢寧縣北門内，明洪武間建。

斗姥宫　在府城内西北隅，康熙四十一年修建。

聚仙宫　在碭山縣市力寨，元延祐元年建。

洪福禪院　在府城北一百十五里，宋崇寧初建。

龍興禪院　在府寶峰山後，金大定間建。

功德禪院　在府西北九十里，元中統初建。

大士巖院　在府城南雲龍山之陰，康熙五十七年建。

法輪禪院　在蕭縣西北三十里。

福勝院　在沛縣西北四十里灌城村，唐時建。

廣福禪院　在沛縣東北十五里高村，有金大定五年碑。

釋迦院　在碭山縣東五十里，宋時建。

崇壽院　在碭山縣東，金大定間建。

大覺院　在碭山縣北四十五里。

太倉州

海寧寺　在州城西北武陵橋西。梁天監中，尼妙蓮建菴。宋建炎四年，里人郝承直捨宅重建寺。

隆福寺　在州城西隅長春橋北。舊在武陵橋，梁天監四年建，稱報恩院，宋大中祥符元年改今額。明洪武十三年，改爲鎮海衛。十四年復建寺。前有放生池。

普濟寺　在州大南門外一里，元至正間左丞朱清建。

淮雲寺　在州小北門外一里。元大德二年，浙江提舉顧信葬其父德，建寺墓旁，因先籍淮安，故名。

聖像寺　在州陸河市，吴僕射徐真捨宅建。晋建興二年，得泛海二石佛，因名。

法輪寺　在州北十六都雙鳳鎮。東晋咸和六年，支遁掘地得二石龜，化爲鳳，因建。初賜額雙鳳，宋祥符元年改今名。

崇恩寺　在州東二十里，梁天監二年建。

廣安寺　在州北鄉直塘市。唐乾元初建，名寶林寺，宋祥符元年改今額。紹興六年建塔，鑿地得甎，有「長安三年瞿像寶塔」字，乃知唐武后時嘗建塔於此。

廣孝寺　在州茜涇鎮。唐咸通十四年建，初名懷讓，宋大中祥符二年改今額。

南廣寺　在州南十里，宋紹興三年朝奉大夫杜革建。元至正間重修賜額。

興福寺　在州大西門外，元至元戊子建，後廢爲水次倉。明隆慶在東宫時，賜復舊額重建。舊有觀音像，元總管劉鸞塑。

靈寶長壽寺　在州東北沙頭鎮，唐乾元初建。

香林寺　在州西北古塘灣。國朝順治初年，僧永修即禪院舊址建大悲殿，繼請林野法嗣佛古行聞爲住持。又建大殿，名香雲寺。十七年，聞入都，憇隆安寺。值世祖章皇帝臨幸，注視久之，問住持山曉：「此僧住何處？」曉答以太倉香雲寺，上云：「香雲不若香林好。」至康熙十二年三月，知府甯雲鵬遵易今額。

崇應寺　在州茜涇鎮，宋景定間建。

華嚴大保安寺　在州茜涇鎮，元至正己丑建。

如意寺　在州南門外，元至元間建。

奉聖寺　在崇明縣東南隅東沙。唐(正)〔貞〕元間，僧道成鑿井得甘泉，因建。

慈濟寺　在崇明縣東南隅河泊所東，宋淳祐二年建。今遷新城學宫左，爲祝釐習儀之所。

興教寺　舊在崇明縣張成港北。唐光化二年，終南僧妙聟夢神告曰：「東海起沙，鄰逼吴楚，宜建道場。」因與徒數人遠來，不逾年而寺成。宋寶慶中，僧皎如見海逼，遷於平等村。明永樂中，徙道安鄉。萬(歷)〔曆〕中，徙南沙。今又遷新河鎮西。

壽安寺　在崇明縣東五里亨沙。宋淳祐間，有二僧簪枯栟於東仁鄉，栟復榮，因建寺。

寶慶寺　在崇明縣南十五里。原在舊縣治北，宋寶慶元年建。元至正二十三年，道士徐中理以觀址瀕海，遷置於此。有文天祥「海上瀛洲」遺篆。

圓通寺　在嘉定縣洪星坊，元至元間建。

附　元趙孟頫記

嘉定州在吴郡之東南百里，形勢平夷，早潮暮汐，今古鬱然。大報國圓通寺際州治之東北，相距咫尺。開山沙門明了手鋤菑翳，浩然有開拓之志。經營既殷，材力相稱，廣堂邃宇，宛若化城。大德己亥春杪，奉璽書賜「圓通」爲額。

至皇慶壬子，造物欲大其規制，一夕祝融卷入。無何，明年癸丑，奮志興修。首定向方，坿墁陶冶，百爾咸臻。延祐丙申復舉，奉旨加賜妙明圓悟普濟佛心大禪師之號。三閱寒暑，諸緣悉備。重門突兀，僧堂海湧，鐘樓經閣，飛跂雲端。庖湢廩庾之嚴整，廊廡寮舍之深靚，師資授受，甲乙相承。

復建大吉祥皇慶寺於州治之北，可二里。命净行沙門十六員，歲修《法華》，長期繩繩，觀室井井，禪龕魚鼓燈香，幻成净土。

又建大資福壽寧尼寺於州治之東南隅，六窗自虚，纖塵不到。兩寺顛末，具在別記。奚材力之可臻？必愿行而乃萃。曉磬鳴而龍象集，夜禪起而聲色空。真風扇有漏之塵，覺花開無影之樹。締構之功，什既八九。

延祐己未，建大佛寶閣九間於圓通寺後。金色光明，照心奪目。三寺瞻衆之士，厚薄悉書碑陰。遠持事狀，請記以文。

余聞佛書以道德爲圓通。寺之圓通，即道德所證之果也。繼繼於百世之下者，苟知道德之可從，則圓通未嘗不久且大矣，余何言哉！

資善寺　在嘉定縣城東隅，元至大四年建。

西隱寺　在嘉定縣西北隅清境塘，元泰定元年建。

積善寺　在嘉定縣晏海門内。舊在觀潮門外，明洪武十一年創，永樂十二年改建於此。

昭慶寺　在縣觀潮門内，宋昭慶間建，故名。

護國寺　在縣合浦門外，梁天監間建，宋天禧中賜額。

東林圓照寺　在嘉定縣東十八里楊涇東六都。

興聖寺　在嘉定縣月浦，宋紹興元年建，十八年賜額。

保安寺　在嘉定縣東四十五里沙浦。梁天監中，恒智禪師遊此，聞蘆葦中有猛獸，因趺坐經句。有老叟饋食，見二虎馴狎左右，里人建菴居之。宋嘉定中改爲寺。

留光寺 在嘉定縣澄江門外一里。舊在澄江門内，明正德間改爲書院，僧方珪重建寺於此。

集慶寺 在嘉定縣南三里，元至正四年建。

雲翔寺 在嘉定縣十二都，舊名南翔寺。國朝康熙三十九年，聖祖御書「雲翔寺」匾額。

附 明王世貞記

去嘉定縣之南二十里而遥，蓋有南翔寺云。寺所以稱南翔者，當梁天監間，有異僧德齊止錫其地，規爲阿蘭若，甫決筮而雙鶴依之。晨起放鶴，鶴往之方，必有客至，至則爲檀越，布德其地，委輸若神。不日而成上刹，以雄麗冠東南。德公化去亡幾，鶴亦望南而翔不復返。垂五百年而爲後唐之開成寺，且圮矣。復有異僧行齊者，止錫如德公，乃鶴復依之。行公感其事，爲一衆説法。而有莫少卿者，盡捐其橐緡而拓飾之，雄麗踰於舊觀。行公戲謂鶴：「吾事畢矣，恣汝所往。」鶴應聲盤舞，遂亦望南而翔不復返。其語留珠林中甚著。至宋紹聖中，天子知之，遂賜寺額曰「南翔」。及明正統中而大圮，司空周忱氏過而慨之，以邑賦之羡粟倡，而諸善知識和焉，其觀遂復故。

至萬(歷)〔曆〕初，則益大圮，勢且及像，像亦多損剥。寺僧彷徨歎曰：「乘軒者原原①生不乏，而不及一鶴耶？我則不德，不能若二齊公；誰慨然爲莫少卿哉？」於是稍有應者。而諸歙中獨有一善知識，爲任良佑氏，具資金五千，常泛大河而遇風，以舟免。歸德於河金龍之神，而捐千金之橐，新其廟矣。既而，嘆曰：「是神也，尚不能不賴如來之力，以脱大鳥喙。而我敢忘所自？」挺身出任其費，計可中金二千。曰：「我去橐之半，不至凍餒妻子也。」蓋不及歲，而大雄氏之宇，焕然一新。佛及菩薩阿羅漢、天王諸像，皆奕奕神采生動，瞻者肅然。

僧自重等不勝感稽首，來謁余，請爲次序其事矣。任氏者苟不住色而行布施，則固初祖之所許，而我大雄之深歎者也。余故筆之，以詔來者。

永壽寺　在嘉定縣東南三十六里葑村塘。舊在錢溪東北，宋咸淳中賜額，延祐二年移置於此。

保清寺　在嘉定縣東四十五里大場北，宋淳祐三年建。

净信寺　在嘉定縣東南三十六里月浦，宋寶慶間建。

萬安寺　在嘉定縣南二十六里萬壽寺西新華浦。

萬壽寺　在南翔寺東一里，元大德初建。

---

① 「原原」，《四庫》本作「源源」。

頓悟寺　在嘉定縣東南四十五里在瀘涇，元元貞元年建。

法界寺　在嘉定縣東南四十五里大場北，宋嘉定中建。

寶華寺　在嘉定縣東南四十八里大場鎮，宋咸淳間建。

真如寺　在嘉定縣東南五十里桃樹浦，宋嘉定中建。

保寧寺　在嘉定縣東南六十二里江灣石，晉天福三年建，後周廣順二年賜額。

法昌寺　在嘉定縣東南七十五里清浦舊鎮，宋淳熙十六年建。

崇福寺　在嘉定縣東南七十二里江灣鎮東，又名天樂寺，宋開寶八年建。

廣福普慧寺　在嘉定縣東南二十四里廣福鎮，元天(歷)〔曆〕元年建。

方泰寺　在嘉定縣西南十八里沙堽，梁天監二年建，唐大中三年賜額。後錢武肅王重建。

菩提寺　在嘉定縣西南二十五里安亭鎮，孫吴赤烏二年建，梁天監二年改建。後唐清泰間名唐興寺，宋開寶間改賜今額。

羅漢寺　在嘉定縣西南三十六里，宋建炎間建。

褒忠寺　在嘉定縣東北二十四里蕭涇，宋乾道中建。

吴興寺　在嘉定縣西十四里，梁天監十年建。

皇慶寺　在嘉定縣北三里，元至大四年建。

延禧萬壽觀　在州東北沙頭鎮登津橋，元延祐五年建。

真際菴　在嘉定縣西南隅，元泰定三年建。

永慶菴　在嘉定縣北二十四里雙塘，梁天監二年建。

普福宮　在州北雙鳳鎮，元至元乙酉建。内有仙官祠，産玉芝，一本四十二莖，改名玉芝祠。今廢。

天妃宫　在崇明縣西關外施翹河。宋元祐崇祀於閩，元漕運著靈，加封天妃神號，皇慶後，歲賫香幡，下漕司祭之。明洪武改封聖妃。永樂七年，復今號，寶幡諭祭，敕主水宫，春、秋崇祀。

集仙宫　在嘉定縣治二圖，宋嘉定十七年建。

龍王廟　在崇明縣西關外長沙。向建城中城隍廟右，以西海坍迫，康熙三年移建天妃宫北。

靈隱道院　在州城南隅，俗稱南道院，元大德三年建。

文昌道院　即梓潼廟，在州城儒學東，明宣德七年建。

延真道院　在州沙頭鎮。舊在塗松市，元至正丙子移今所。

靈真道院　在州北直塘市。

崇真道院　在崇明縣東北隅，宋寶慶三年建。延祐三年，山門産紫芝。

法華塔院　在嘉定縣登龍橋南，宋開禧中建，元至大元年重修。

三教堂　在嘉定縣城西北隅，元至順元年建。

海　州

大悲寺　在州治西街北，宋嘉祐三年創建。

興國寺　在州巨平山東北，唐元和二十年建。

佛陀寺　在州大伊山前，宋景定元年建。

古佛寺　在州大伊山後，宋皇祐二年建。

重光寺　在贛榆縣治南一里許，宋元祐五年建。

興國寺　在贛榆縣治北三十里。

洪祖寺　〔在〕縣治西南三十里。

聖福寺　在縣南二十里。

招德寺　在沭陽縣治東五里，元大德二年建。

洪福寺　去沭陽縣治八十里。

(元)〔玄〕妙觀　在州舊城西南，唐開化三年建。

祥雲觀　在州巨平山。常有白雲出其上，故名。

三仙觀　在州清風頂。

彩雲觀　在州南山紫竹菴東半里，明天啓元年建。

祐德觀　在贑榆縣治西一里。

紫陽觀　在沭陽縣治南半里許，宋時創建。

重光塔院　在贑榆縣治西南三里。

通　州

天寧寺　在州西北。唐咸通中建，名光孝，明天順改今名。

廣教寺　在州治南十八里，當狼山之陽，唐總章二年建。在江中山上，昔人有詩曰：「飛來靈鷲嶺，化作寶陀山。」山前後乃江海相接處，舟出三山間，水湍礙石，率多覆溺者。有僧率其徒操舟以護之，舟免觸石之患，故有慈航之名。近年江水南徙，山之前後皆爲陸田，後人有詩曰：「昔年航底浪，今日馬蹄沙。」皆紀實也。

興國寺　在州南門外東，俗呼東寺。宋乾道二年建。

興化寺　在州治南澄江門外，宋乾道間建。

廣惠寺　在州利河鎮。又一在西成鄉，俱唐咸通中建。

法寶寺　在州白蒲鎮，宋至和中建。

豐利寺　在州西北四十里，宋隆興中建。

千佛寺　在州東門，明萬(歷)〔曆〕中建。

廣福寺　在如皋縣治西北，唐貞觀中建。今爲祝釐之所。
中禪寺　在如皋縣治東北，唐大中間建。中有玉涓井。
定惠寺　在縣治東南，宋天禧中建。
海月寺　在縣西北。
廣福寺　在泰興縣治東，南唐光化三年建。
慶雲寺　在縣城南，宋咸平年建。
福惠寺　在泰興縣黄橋鎮，宋天聖四年建。
壽聖寺　在泰興縣口岸鎮，宋淳熙十年建。
來方寺　在泰興縣古溪，宋嘉祐二年建。
建安寺　在泰興縣，梁天監四年建。江水坍没，今遷大西門郭家莊南，改名靈雲菴。
佑聖觀　在州餘東鎮，明正統中建。
（元）〔玄〕妙觀　在州東南。宋寶慶二年建，名天慶觀，元至正壬子改今名。
籍仙觀　在州南門外教場西，周顯德間建。
靈威觀　在如皋縣西北。
延佑觀　在泰興縣東南，唐永徽五年建。
萬壽觀　在泰興縣東南，唐開元四年建。

放生菴　在泰興縣北門城外，明萬(歷)〔曆〕間建。

法輪菴　在泰興縣小西門外葫蘆巷，國朝順治六年建。

永福菴　在泰興縣官沙殿東，順治六年建。

竹隱菴　在泰興縣口岸鎮。

天妃宫　在州西南，明洪武間建，康熙三年附建育嬰堂。

普陀别院　在州軍山頂，明末建。

伏海院　在如皋縣治西北，明隆慶六年僧德葵建。

江南通志卷四十七

輿地志

寺觀　五

安、徽、寧、池四府

安慶府

雙蓮寺　在府城内阜民坊，宋范文虎捨宅爲之。内産雙青①蓮，因以名寺。國朝康熙五十八年，按察使朱作鼎重修。

①《四庫》本無「青」字。

萬壽寺　元建，在府城内，與雙蓮、天寧、太平、迎江爲五大寺。

天寧寺　有二：一在府城内，宋建，今縣學舊基，明正德間移建忠節坊。一在潛山縣舒臺，亦宋建。

三祖寺　在府城内朝天坊。原名菩提菴，隋開皇間璨祖卓錫於此，歷三祖遂改菴爲寺。明嘉靖間重修。

太平興國寺　〔在〕府西正觀門外萬松山，元建，明洪武間修。國朝康熙八年，拓舊制增建。

迎江寺　在府東樅陽門外，明隆慶間建。萬佛塔有光宗御書「護國永昌禪寺」，特建宸翰樓貯之。

三城寺

禪龕寺

宣團寺　俱六朝宋建。

古塘寺　元建，明重修。

以上懷寧淥水鄉。

延壽寺

雙城寺

四武寺　俱宋建。

法雨寺　梁建。

原浦寺　明建。

以上懷寧大豐鄉。

木榴寺　唐建。

文殊寺

普澤寺　今名煖水寺。

西畬寺　俱宋建。

以上懷寧受泉鄉。

平山寺

植福寺　俱宋建。

長櫟寺　元建

以上懷寧堯年鄉。

寶福寺
三聖寺
洪山寺
車軸寺
梅城寺
三鴉寺　俱宋建。
以上懷寧欽化鄉。
白龍寺
靈泉寺
净明寺　俱宋建。
紹聖寺
乾元寺
顯能寺　俱元建。

以上懷寧潛岳鄉，洪武間俱重修。

大寧寺　在桐城縣東城。宋建於縣西，明洪武間徙此。

法蕭寺　〔在〕縣東二十里，有昭明太子祠，唐宣宗書額。

桐溪寺　〔在〕縣東三十里雙河坂，明建。

華嚴寺　〔在〕縣東九十里，即浮山寺，宋遠録禪師道場，與歐陽修因棋説法處。

嶶山寺　〔在〕縣東百二十里，宋建。

柳子寺　〔在〕縣東柳峰山，明建。

白雲寺　宋白雲禪師道場。有青鳥來聽説法，在縣東九十里。

禪智寺　〔在〕縣東黄蘗嶺，明建。

石屋寺　在縣東百里，晋建，裴仙修煉在此。寺有十景，曰：玉洞長春、石屋勝蹟、白鱸化米、黑虎巡山、金雞啼月、獅子卧雲、石鼓轟雷、仙人棋局、烏鵲候客、石柱仙題。

四望寺　在縣東周家潭，宋建。

赤城寺　在縣東南楊樹灣，明建。

青山寺　在小龍山。

永利寺　在樅陽鎮，明初建。

五印寺　在縣南城外，明萬(歷)〔曆〕中建。

資福寺　在縣南三十里。

梅溪寺　〔在〕縣南九十里。

茂林寺　在縣南黄陂坂。俱宋建。此寺有飛來古鐘。

勝因寺　舊址在縣北二里投子山，唐大同禪師、宋義清禪師道場。明嘉靖年間廢，國朝雍正十二年奉旨重建。

谷林寺　在縣北魯缸山。舊名清泉寺，明建，國朝康熙四十六年敕賜今額。

龍門寺　在縣麻山，宋清遠禪師建。有十二景曰：駐馬坡、白龍潭、雨珠巖、日月巖、天方池、（元）〔玄〕武石、羅漢峰、獅子山、古藤洞、丹書峽、龍門瀑布。

以上桐城縣。

延壽寺　在潛山縣東二十里，宋建。

時思寺　〔在〕縣東四十里，元建。

大通寺　〔在〕縣東八十里，宋建。

清涼寺　〔在〕縣南五里。

永明寺　〔在〕縣南十五里。

俱宋建。

興化寺　縣西同安橋，宋建。

百丈寺　〔在〕縣西三十里，晋建。

太平寺　在縣北太平山，爲五祖演禪師、佛眼、佛鑑、佛果道場，晋咸和中建。

山谷寺　在縣北十五里。舊名乾元寺，梁僧寶誌卓錫之地。宋太宗時，有舒民柯萼，遇老僧住萬歲山，指古松下掘得石篆，乃誌公記聖祚綿遠之文。進之朝，名瑞石，遣使致謝，謚曰寶公，賜號道林真覺禪師。東北隅有第三祖璨大師塔，又有舍利塔，唐太宗賜號覺寂。至今莓苔不茁，鳥雀不棲，歲有龍來洗塔，雷電晦冥，則龍爪悉見。黄魯直愛此，以寺名自號。

天柱寺　在縣北清朝鄉。唐開元間崇慧禪師開山，乾元間敕賜天柱寺。上有漢武帝回龍橋、昭明太子閣、崇慧講經石、入定石、玉鏡池，又有瀑布聲如鐘，功德水能療人疾。

佛光寺　〔在〕縣北四十里，明萬(歷)〔曆〕中敕建，賜藏經。左有鸚歌菴，其石苔蘚皆緑色，形肖鸚鵡，俗呼爲鸚歌石。右有相見庵，相傳兩祖師相見處。

古佛寺　〔在〕縣北百二十里，即西峰寺，宋建。

彰法寺　〔在〕縣北七里，宋建。

以上潛山縣。

覺巖寺　在太湖縣東，唐牧菴祖師建。

四面寺　在縣東。四面皆山，唐法智禪師建。宣宗嘗遊此，其下有洞通龍山嵒。

海會寺　〔在〕縣東北白雲山麓，宋建，題額曰「淮西第三禪刹」。

石羊寺　〔在〕縣南三十里，宋建。

真乘寺　〔在〕縣西南，唐栲栳禪師建，今存塔。

南山寺　〔在〕縣西南十五里，宋伏虎禪師建。

彌陀寺　〔在〕縣西百九十里，唐建。

龍門寺　〔在〕縣西龍門山，宋佛眼禪師建。

二祖寺　〔在〕縣北百二十里，有二祖慧可遺蹟。

佛圖寺　〔在〕縣北四十里，佛圖澄建，有石塔。

以上太湖縣。

東禪寺　在宿松縣城内，唐天寶間建。相傳神秀禪師出家雙峰東山寺，爲五祖所器重，後至宿松，曰：「吾紹東山之禪。」開法於此，故名。

福昌寺　〔在〕縣東孚玉山，唐建。

柘林寺　〔在〕縣東八十里，唐建。

資福寺　〔在〕縣東十五里，即北山精舍，唐建。

寶相寺　〔在〕縣東臨白馬河，亦曰白馬寺。相傳三祖璨大師建。

月山寺　〔在〕縣東三十里，宋建。山形如月，寺旁皆蕺竹。

報恩寺　〔在〕縣東南十五里，宋建。

忠節寺　〔在〕縣東南五十里，晉遠公建。

南臺寺　〔在〕縣南三里，唐建。

祖堂寺　〔在〕縣西十五里，宋建。

燃燈寺　〔在〕縣西三十里，唐、金二祖師建，有金像飛來佛。

大梵寺　〔在〕縣西四十里，唐建。

龍山寺　〔在〕縣西北十三里，梁建。

龍王寺　在縣北，唐五祖大滿禪師建。初，五祖開法東山，有龍化爲童子，侍聽法音，因名龍王寺。

東林寺　在西源山，晉永和初建，唐貞觀間護法祖師重建。有古塔、石船、梅坪、蓮池、合掌石、虎溪橋、掛錫樹、飛翠巖諸勝。

西林寺　〔在〕縣北三十五里，晉永和九年祐祖禪師建。

法華寺　〔在〕縣北五十里，全舉禪師道場。有昭明太子分經臺、法華亭、獅子石、仙人跡、洗米池諸勝。

妙勝寺　〔在〕縣北二十里，宋建。

以上宿松縣。

青林寺　在望江縣治北，宋建。國朝康熙七年重修。

土岡寺　在望江縣北三十里，宋建。

張山寺　〔在〕縣北六十里，宋建。

武洲寺　〔在〕縣北三十五里，宋建。

龍山寺　〔在〕縣北七十里，唐建。

妙光寺　〔在〕縣北八十里，梁建。

十里寺　〔在〕縣西北十里。

永思寺　〔在〕縣西北四十里。

法華寺　〔在〕縣西北七十里。俱宋建。

南臺寺　〔在〕縣西五十里，宋建。有放生池。

褒隱寺　〔在〕縣西七十里。唐寶慶二年，爲漢隱士梅福建。

菩提寺　〔在〕縣東二十里，宋建。

大慈寺　〔在〕縣東北十五里，唐建。

崇慧寺　〔在〕縣翔鳳門外，明初建。

以上望江縣。

佑聖觀　〔在〕府城便民倉西。

真源觀 〔在〕懷寧景定坊，明建。

靈源觀 〔在〕懷寧縣受泉鄉。

（元）〔玄〕妙觀 〔在〕太湖縣治北，魏左慈建，明末寇焚。

靈泉觀 〔在〕宿松縣學西。梁天監二年，匡阜真人救民疫，插劍得泉，飲之立愈，遂以名觀。

靈佑觀 〔在〕宿松縣東荆橋。

（元）〔玄〕真觀 〔在〕縣東五十里。俱梁建。

紫雲觀 〔在〕宿松縣北三十里，明初建。

寶善菴 在府城輯睦坊，宋崇寧間建。明海瓚禪師緘關習静刺血書經之處。

清涼菴 〔在〕府北門外野螺橋。

水雲菴 在府樅陽門外，國朝順治壬辰重建。午日競渡，遊者集此。

回翔庵 在府集賢門外。灰心禪師留偈示寂葬此，其冢不壘自高。

止水菴 〔在〕府大龍灣止水，性源禪師住此。

墨雨菴 在府釋迦坂。初名普濟，元至正間從水浮香逆流至瀼河，士人刻作龍像奉之，改名墨雨。旱則禱雨輒應。

龍池菴 在懷寧縣受泉鄉嶺頭。銅像鐵瓦，有吼雲峰、薛蘿階、靈芝石、一松亭、躍龍池諸勝。

太霞宫 〔在〕桐城縣西城外。晋裴、阮、郭三仙遊此，邑人見彩霞燭天，因祀之，稱爲太霞福地。元至正五年建宫，明季燬。

真源宫 〔在〕潛山縣北山谷寺左。唐天寶間，明皇夢九天司命真君現于天柱山，乃置祠宇。有二白鹿現，號曰白鹿洞。洞東有香土色如金，號香泥洞，金殿基在洞之上。至宋爲靈仙觀，徽宗御書「萬壽宫」，後又名「真源萬壽宫」。

天祚宫 在真源宫右，宋開寶間建，崇寧中賜名天休觀，宣和改作宫。有九龍井、飛龍泉，瀑布、噴雪二亭，亭久圮。

龍山宫 〔在〕太湖縣北三里龍山，祀老子。

徽州府

天寧萬壽寺 在府城北。舊名護國天王院，一名報恩光孝院，唐政和①八年改今名。

太平興國寺 〔在〕府城練水西。唐至德二年建，名興唐寺，宋太平興國中改額。寺有戒壇。宋制，聖誕日開壇爲沙彌受三百六十戒，部給戒帖。別院二十有四，今存其十。中阜曰應夢羅漢院，唐僧貫休爲寺，僧清瀾畫十六梵像。後取入禁中，帝夢歙僧十五六輩求歸，因復送入院。西山之半曰

① 「政和」，是宋代年號。

五明院、曰福聖院，雪竇禪師出家處。又有曰經藏院，曰浄名、曰妙法、曰如意、曰等覺。山左曰長慶，前曰古塔七級院。

開化寺　在府西，唐天祐元年號十方院，宋大中祥符元年敕改名。

寶相寺　〔在〕府東問政山鐘樓峰下，唐光化間建。宋大中祥符間，賜額「昭應禪院」，後遷城内。明正德間，重建今處。

城陽寺　舊在隔溪，面城陽山，唐景福中建。宋宣和間燬，改建長壽鄉。

楊干寺　在府通德鄉豐樂里，宋丞相程元鳳建。

任公寺　在府寧泰鄉。有富資水，梁太守任昉愛之，因名。

傍溪寺　舊在府長樂鄉銅山里，宋大中祥符元年建，紹興中徙烏聊山。

資福寺　在府明德鄉，五代吴天祐七年建。

大中祥符寺　在黄山，唐開元間志滿禪師建，宋改今名。

松谷寺　在黄山。張真人居此，松谷其别號也，今爲寺額。

慈光寺　在黄山朱砂峰下。舊稱朱砂菴，明萬（歷）〔曆〕間賜今額。國朝康熙丙午重修。

翠微寺　在黄山翠微峰麓，唐中和二年建。

南源古寺　在府長陔，唐太和三年建，祀梁武帝暨寶誌。有古碑存。寺後五峰插天，前有山，三瀑布匯爲澤，名鉢盂津。有燕石崖，朱子讀書寺中，手書「新安大好山水」六字，鐫于石壁。

普滿禪寺　在休寧縣忠孝鄉。唐咸通六年建，名報國禪院，宋大中祥符元年改今名。

建初寺　在忠孝鄉。唐咸通九年建，名崇法寺，宋開寶九年敕賜今名。

萬安寺　在長汀里，唐建。

方興寺　在方溪里，唐貞觀間建，於孫祈咸通十四年徙此。

嘉祥寺　舊在忠孝鄉，唐光化間建，宋徙雲峰山。

月溪寺　在休寧二十七都，唐建。

普照寺　在三十三都，宋建。

陽山寺　在陽邨，五代吴天祐七年賜額。

千秋寺　在隆阜，唐建。

以上休寧縣。

萬壽寺　在婺源縣西。唐乾符間建，名智林禪院，元延祐年改今額。

普濟寺　在縣東，唐建。

高峰寺　在縣二十一都。

開化寺　在五都。

俱宋建。

黄連寺　在五都，唐建。

香巖寺　在閬山，宋建。

靈山寺　在三十四都。

山房寺　在四十三都。

俱唐建。

福山寺　在三十六都，宋熙寧間建。明湛若水與門人方純仁等講學其間。

資福寺　在五十都，唐太和間建。

以上婺源縣。

十王寺　在祁門縣城南，宋大中祥符中賜額曰「悟法寺」。有十二院，此其一也。

靈泉寺　在八都，唐乾寧四年建。寺前有水由石中出，春夏不盈，秋冬不涸，味甘而色潔，飲病者輒愈，因以名寺。

貴溪寺　在十二都。

西峰寺　在上元山。

俱唐建。

重興寺　在西山阿，五代吴天祐間建。

青蘿寺　在青蘿巖，唐大(歷)〔曆〕間建。

以上祁門縣。

廣安寺　在黟縣北。梁建，名永樂寺，宋大中祥符間改今名。

梓路寺　在順仁鄉，唐會昌三年建。

以上黟縣。

普照寺　在績溪縣石鏡山，宋治平元年建。

藥師寺　在新安鄉，唐天祐間建。

覺乘寺　舊名釋迦寺，明洪武初改今額。

太平寺　在縣南新合里。舊名華嚴院，明洪武初改今名。

清隱寺　在楊山鄉。舊名高峰寺，宋治平初改今名。

盧山寺　在楊山鄉。宋爲廣福院，明洪武初改今名。

廣福寺　在遵化鄉。舊名石門院，宋隆興中改今名。

大佛寺　在縣文峰右，有《藏經》全部。

靈鷲寺　在新榮鄉。舊名幽山院，宋治平元年改今名。

香蓋寺　在縣西八十里。

以上績溪縣。

天慶觀　在府西。宋大中祥符元年，以正月三日天書降辰爲天慶節，詔東京建玉清昭應宫，天下置天慶觀。

乾明觀　在府城，唐建，名檽星觀。宋太平興國六年，以誕聖日爲乾明節，敕改今名。理宗書「玉樞之府」四字于觀。

紫陽觀　在紫陽山。本許真君祠，宋天聖二年敕賜觀額。

興道觀　在問政山。唐建，號問政山房，宋天禧四年敕改今名。紹興中，詔以御書《黄庭經》、《内景經》，及臨魏、晋、六朝、唐人書凡十卷藏於山。

萬山觀　在府城東門，壁有洞賓遺像。

浮（邱）〔丘〕觀　在黄山浮（邱）〔丘〕峰下。唐煅，故址猶存，祈水旱多應。

仙都觀　在黄山仙都峰下。

崇壽觀　在休寧縣西。

紫虚觀　在婺源縣北。南唐保大間建，名棲真觀，宋政和四年改今名。明嘉靖間改建西門灣，國朝順治間重建。

天仙觀　在婺源縣西，宋建。

朝宗觀　在婺源天井山，元建。

洞元觀　在祁門縣祁山麓。相傳漢梅鋗故宅，唐大（歷）〔曆〕間建，初名龍潭，宋乾德間改今名。

龍興觀　在祁門縣不老山，宋乾道間賜額。

迎恩觀　在黟縣西。舊名真因道院，明成化間移建縣南横岡，改今名。

靈虛觀　在黟縣西南。舊名洞靈，宋崇寧四年敕改今名。元豐中，常有雲氣覆其上，得天尊像於石巖之側。

白鶴觀　在績溪縣北門，宋建。

紫極宫　舊在府城南，宋紹興元年移巖鎮。南山真人章夢符居此，凡禱輒應。

許仙宫　在府南山，許宣平修真處，即南山道院，宋建炎中改今名。

太素宫　在休寧齊雲岩，明嘉靖中賜額。

常清宫　在休寧縣江潭，宋淳祐間賜額。

擲鉢禪院　在府黄山鉢盂峰下，明萬(歷)〔曆〕間建。

壽聖院　在祁門五都。舊名珠溪資福院，宋大中祥符間敕改今名。

靄山院　在黟縣新政鄉明德里，唐大中三年建。宋宣和間，方寇至寺，策馬不前，遂引退。

延慶院　在黟縣新政鄉漁亭里。唐大中三年建，名皁口院，宋大中祥符間改今名。

寧國府

景德寺　在府北陵陽峰上。晋時名永安，唐初名大雲，開元中改額「開元」，宋景德中更今名。殿後有鐵佛一座，北面有多寶塔。

法雲寺　在府西行廊山。梁杯渡禪師建，舊名興雲，宋治平中改今額。山有杯渡巖，有梁武帝及師像。

三天寺　在府東南稽亭山，舊名妙顯，隋扶風禪師智琰栖息處。開皇間詔刺史楊榮建，敕近寺居民五十户充灑掃，鄭辨志爲碑銘。宋治平中賜額「壽昌」，紹興末改今額。寺左有三洞天。

寶覺寺　有二，俱在城北。東寶覺，隋仁壽中建，宋大中祥符間賜額。西寶覺，宋時建。

羅漢寺　有二：城東三十里曰上羅漢寺，唐貞觀間建。城東三十五里曰下羅漢寺，宋乾道中建。

乾明寺　在府東北，舊名福田。唐咸通中，刺史杜宣猷請額，崔龜從撰碑。

空相寺　在府北水陽鎮。舊名白龍院，相傳白龍見於幡竿，故名。

廣教寺　在府北敬亭山之南，唐刺史裴休建。殿前有千佛閣、慈氏寶閣，相傳其材皆蘿松，黄蘗禪師募之安南。寺後有金雞井，材從井出。宋太祖賜御書百二十卷。山門有浮屠雙峙，一名雙塔寺。

石盎寺　在敬亭山旁。

興國寺　在府北門外。舊名延慶，唐咸通中建，有木浮屠，因號木塔寺。

雲山寺　在湖北山。

勝果寺　在黄池鎮。

能仁寺　在府西四十里。

俱唐建。

永慶寺　在府東北。舊名保壽，唐刺史臺濛捨宅建，宋太平興國賜額。郡邑迎春於此。

廣法寺　在府城南，晉天福元年建。

大覺寺　有二：一在府城北九十里，南唐保大中建，舊名崇善，宋紹興中改今額。一在城北八十里，宋紹興中建。

城山寺　在府城南七十里。舊名嘉福院，宋開寶中僧可勛作庵曰卧雲，崇寧中改今額。

惠照寺　在府城東，隋膠禪師道場，宋治平中建。

治平寺　在府城東。

高山寺　府南。

俱宋治平中建。

延壽寺　在黄池鎮。

法華寺　在府北。

俱宋建。

柏山寺　在府南，宋建，國朝康熙二年修。

柏梘寺　在柏梘山，宋嘉熙中建。

天寧寺　在府西，明天啓元年建。掘得石小獅子二，小石碑一，上書「古天寧寺」四字，因仍其名。

峽石寺　在府城北，國朝順治三年重建。又古峽石寺，久廢。宋林逋有《游峽石寺》詩：「燈驚獨鳥回晴塢，鐘送遥帆落晚江。」邑人梅超中等尋求古蹟，因復其額。

興教寺　在寧國縣東七十里。舊名寧化院，宋治平中賜額。

行香寺　在縣東八十里，宋端平間賜額。

廣濟寺　在縣南四十里，唐天祐中爲平山院，南唐昇元中徙建聖龍山下。

崇因寺　〔在〕縣南四十里，梁開平初建，宋治平中賜額。

崇福寺　在縣南六十里，唐天祐中建。一名沿山寺。

信相寺　〔在〕縣南八十里，南唐保大中建，宋大中祥符間賜額。

宣梵寺　〔在〕縣南九十里。舊名谷林，宋元祐賜今額。

靈巖寺　〔在〕縣西三十里，唐貞元中建。

寶雲寺　在縣西四十里，唐會昌中建，宋治平中賜額。

彌勒寺　〔在〕縣西四十里，宋治平中賜額。山頂有井，號天井。

香蓋寺　〔在〕縣西八十里，唐建。

寶勝寺　〔在〕縣西八十里，宋開寶間賜額。

吉祥寺　在縣西九十里，宋治平中建。山前有羅漢潭，後有卧佛石像。

崇果寺　在縣西一百十里，唐貞觀中建。寺前有石鏡、羅漢竹一十八竿，每一笋生則一竿枯。竹下有龍潭。

教忠寺　在縣西北。宋寶祐間，敕賜參知政事饒虎臣爲功德寺。

延慶寺　在縣北三十里，宋治平初賜額。

以上寧國縣。

大安寺　在涇縣治北，晋建，明末重修。

報恩寺　〔在〕縣東六十里城山嶺，有十八景。唐至德間建，宋政和中造浮屠七級。

妙相寺　〔在〕縣東六十里。舊爲軒干寺，宋崇寧間更今名。

定業寺　〔在〕縣東南石鼓山。舊爲僧伽菴，宋靖康間改今名。

萬壽寺　〔在〕縣南五里，宋太平興國中建。

龍雲寺　〔在〕縣南七十里。舊名寶光菴，宋崇寧間更今名。

藍山寺　〔在〕縣西南六十里，舊名永安寺。

大寧寺　〔在〕縣西南四十里古猷州廢址。舊爲伏虎禪師道場，宋改今名。

妙明寺　〔在〕縣西南烏龍山，宋紹聖間建。

水西首寺　即西方院，與寶勝、崇慶並在水西，唐上元中建。寺後白雲泉，在半山間，有澗水出焉。又有東峰亭，亭前瞰賞溪，登覽最勝。唐乾寧二年爲白雲院。

寶勝寺　在縣西，舊名水西寺。宋太平興國中建，名五松院，賜御篆；元豐五年改名「寶勝」。

崇慶寺　在縣西南。齊永平元年建，名淩巖，唐上元初改天宮水西寺。大中時相國裴休重建，凡十四院，其最勝者曰華嚴院，横跨兩山，廊廡皆閣道，泉流其下。

黄蘗禪師住持。宋太平興國賜今名。

陵巖寺　在縣西七十五里，隋建。

巖巃寺　〔在〕縣北二十五里，宋開寶中建。

顯明寺　〔在〕縣東北三十里。舊名永安寺，宋大中祥符間改今額。

以上涇縣。

松山寺　在太平縣南二十里，宋紹興中賜額。

廣福寺　〔在〕縣西南四十五里西鄉。舊名羅漢寺，宋太平興國時額曰「聖壽」，乾道中改今名。

翠微寺　〔在〕縣西南六十里，唐中和二年爲麻衣禪師道場。

蘭若寺　〔在〕縣西二十五里東鄉。

真如寺　〔在〕縣西六十里長壽鄉。舊名陵陽院，宋太平興國五年敕改今額。

重興寺　在縣北。舊名碧雲菴，宋紹興賜額。

興國寺　在縣北。初爲泗洲堂，又名圓覺菴，宋紹興中賜額。

廣仁寺　在縣北龍門鄉。舊名安仁院，唐天祐中李鐸所施宅也。

以上太平縣。

護國寺　在旌德縣東門外，陳貞明元年建。

靈台瑜珈寺　縣東三十里，宋紹興中建。

資福寺　〔在〕縣東南梓山下，宋開寶中建，又名梓山瑜珈寺。

會勝寺　〔在〕縣北柳山鄉，宋太平興國建。

多寶寺　〔在〕縣西六十里，唐光化初建，宋治平中賜額。

延壽寺　深塢寺　俱在縣北四十里，唐咸通中建。

瑞蓮寺　〔在〕縣北二十五里。唐乾符中建，時産碧蓮，故名。

法華寺　〔在〕縣北太平鄉。

福田寺　〔在〕縣北十八里。

俱宋紹興中建。

以上旌德縣。

崇教寺　在南陵縣東，唐正源禪師建，今爲習儀所。

柏林寺　〔在〕縣東十五里，梁大通年建。

靈巖寺　〔在〕縣東五十里，唐貞觀二年金地藏建。

靈山寺　〔在〕縣西朗陵峰下，諸峰攢簇，泉溪縈繞。梁天監元年杯渡禪師建。

隱静寺　〔在〕縣西三十里，唐建。

静林寺　〔在〕縣西牧沖清規山，元時名清居院。

資福寺　〔在〕縣西六十里，舊名吉祥，明洪武年建。

郭城寺　〔在〕縣北五十里，舊名普化，唐乾符間建。

開化寺　〔在〕縣北，唐爲安賢寺。

以上南陵縣。

（元）〔玄〕妙觀　唐爲紫極宫，宋大中祥符中改名天慶。舊在城東南，紹興中徙建府西南鰲峰上，元大德中更今名。

沖妙觀　在府東麻姑山之西，相傳麻姑修煉處。初爲洞仙觀，宋重和元年改今額。

真符觀　在府北符裏鎮。

靈應觀　在敬亭山敏應廟西，宋重和元年賜額。

青華觀　顯真觀　俱在寧國縣，宋紹興中建。

宣陽觀　在涇縣東隅，宋隆興中建。

九龍觀　在太平縣西涇陽鄉。舊傳漢永平九年，地湧九泉，因穿九井。唐開平嘗爲僧舍，宋政和敕改今名。

崇貞觀　在旌德縣西門。

青華觀　〔在〕旌德縣棲真山，宋乾道中建。

承天觀　〔在〕南陵縣東南，宋淳熙四年建，國朝順治八年增修。

天齊觀　在南陵縣東南，明正統間建。

翠雲菴　〔在〕府北敬亭山。唐大中二年，裴休建廣教寺，因卜静室於此。

松隱菴　萬松菴　俱在府城東，宋咸淳中建。

清隱菴　〔在〕府城東六十里，元至正中建。

蓮池菴　〔在〕府城東雞足山，明萬（歷）〔曆〕中建。

清溪菴　在府響山潭。國朝康熙五年，郡守龔鯤同紳士及僧元隱捐資買河，禁絶漁釣，永爲放生池，菴僧歲輸河税。

覺慈禪院　在涇縣西昆山，宋治平中賜額。院前有龍潭，飛泉迸溢，每歲旱祈禱於此。

池州府

景德寺　舊在府治北。唐貞觀中建，名祝聖寺，宋景德中改今名。明隆慶間移置毓秀門内，以寺基立府學。

太平寺　舊在府治西街，即唐林泉寺地，宋太平興國中建。明嘉靖間徙建於景德寺右，湛若水有記。

乾明寺　在府城西笠山，唐建。一曰西禪院，宋改光孝寺。有鐵佛，高二丈餘，紹興二十一年鑄，又稱鐵佛禪院。

湖心寺　在府東相公墩，明萬(歷)〔曆〕中移乾明寺佛堂材建，國朝順治初重修。

齊山寺　在府城南齊山之陽蕉筆巖前，本宋延慶寺，紹興間移建山麓，名觀音寺。明天順中重修，易今名。

永明寺　在府城南新城山，宋淳熙間建。

雲光寺　悟真寺　俱在府城南，宋嘉祐間建。

棲真寺　在府西南檀村，唐建。

上雲寺　〔在〕府南九十里，宋理宗時之西峰殿院也，相傳西峰聖者挂錫於此。

興福寺　〔在〕府南八十里，宋乾道間建。

白雲寺　〔在〕府南百里，唐建，宋大觀間修。

植福寺　〔在〕府西南五十里，宋景定中建。

感鐘寺　〔在〕府西南大雄山。相傳宋雍熙中，有鐘飛至山巔，遂建此寺。國朝順治初重建。

嘉祐寺　在府西和龍山。唐爲妙定守訥禪師道場，名靈慶院，宋改爲嘉祐寺，有碑。

南泉寺　〔在〕府西南泉山。唐貞元十一年，普願禪師創寺於山，太和中賜額「南泉承恩寺」。普願塔尚存。

萬壽寺　〔在〕府西南魯祖山，爲魯祖禪師道場，宋乾道三年建。

寶勝寺　在柏巖山，唐建。

清泉寺　唐建。

常安寺　〔在〕府城東二十里，宋淳熙間建。

布金寺　慈蔭寺　俱在府楓林山，唐永泰間建。

化城寺　在青陽縣九華山。晉隆安五年，杯渡禪師創寺於此，名九華。唐至德中，金地藏自新羅至此，閔讓和捨地築寺居之。建中初，刺史張巖奏定寺名曰化城。國朝康熙四十四年重修，御書「九華聖境」匾額。

無相寺　在九華山頭陀嶺下，唐開元初建，王季友故宅也。宋治平中賜今額。

廣勝寺　在九華山觀音巖。即廣修院，宋移雪潭之側。寺前有壽字石。

崇聖寺　在靈鶴山前，南唐保大間建。光啓中改圓照寺，宋大中祥符中改今名。

九子寺　在蓮花峰之側，即廣化院。其麓有翠羽池，唐李照象書堂在焉。

福海寺　在碧雲峰側。舊名景福，唐建，宋治平初改賜今額。寺内有壽松，寺前卧牛石。寺西七布泉，瀑分七道注下。

廣福寺　在覆甌峰下。南唐名應天院，又改爲徽賢寺，宋改今名，移山上。

净信寺　在縣黄匏城下。即古碧雲菴，爲九華山東第一名勝。

淨居寺　在獅子峰之下。舊在雙石巖，宋大中祥符元年僧雲林啓建，治平中賜額曰「清流峭壁層巒幽窈」。

翠峰寺　在九華山滴翠峰下，即天柱庵，唐末從天柱峰徙此。宋乾道中余志源居此，自稱翠峰，因以名寺。

天臺寺　在天臺峰之下九十九峰最高處，頂刻「雲峽」二字。

延壽寺　〔在〕縣西四十里，唐貞觀間建，宋改今名。

崇壽寺　在黿山南，唐昇元間建。西有泉曰靈源，蔣之奇題。

聖泉寺　在縣魁山下，宋治平元年建，寶慶中賜額。泉在寺後石崖下，號無底泉，試之僅二丈，水極清駛，中産五色石。

圓寂寺　在縣拾寶巖，本甘贄故宅。梁天監二年建，爲伏虎禪師道場，宋太平興國五年賜額。

妙峰寺　〔在〕縣東靈巖山，唐乾符三年建，宋治平初賜額。

永留寺　〔在〕縣東聖子山，宋淳熙中建。

壽安寺　〔在〕縣東北石壁山，唐咸通五年建，宋治平中賜額。

妙音寺　〔在〕縣東北，宋太平興國中賜額。

戒香寺　在縣十八都，唐元和間建，宋大中祥符中賜額。

普光寺　在縣三都，南唐保泰中建賜額。

明因寺　在縣二十三都，唐開元中建，宋大中祥符中賜額。

興教寺　在縣龍池山，宋大中祥符間建。

以上青陽縣。

崇福寺　在銅陵縣西，即祝聖寺，宋杯渡禪師建。

梵天寺　在縣石洞耆，晉天福二年建，宋嘉祐中賜額。

寶雲寺　〔在〕縣南五里，宋淳熙間建。

興化寺　〔在〕縣南龍泉山，宋建。

東臺寺　在縣朱村耆，晉天福間建，宋嘉祐中賜額。　古塔遺址尚存。

常樂寺　在朱村耆，唐建，宋賜額。

禪定寺　在縣順安鎮，唐寶（歷）〔曆〕元年建，宋嘉祐中賜額。

勝因寺　在縣鐘鳴耆，宋咸平三年建，賜額。

真如寺　在縣般若山，宋開寶間建，嘉祐中賜額。

清涼寺　在縣獅子山，宋嘉定三年建。

護國寺　在縣陶邨耆，宋建，賜額。　今闢新址於寺右。

瑞相寺　在大通鎮，唐寶（歷）〔曆〕三年建。

以上銅陵縣。

崇壽寺　舊在石埭縣萬春山，宋太平興國五年建，皇祐中賜額。明嘉靖十四年，遷儒學於此，移寺於學基。

崇明寺　在縣南南安山，梁大同二年建，宋太平興國中賜額。明初以慧照寺并入，寺後有龍頭泉。

鎮國寺　在縣杉山頂，唐開元初建，即國清禪師義安道場。

開福寺　〔在〕縣西金城山，唐光化二年建，宋太平興國中賜額。

兜率寺　〔在〕縣西南上五都，唐光化初建。

明覺寺　〔在〕縣西一百二十里，宋治平中賜額。

饒益寺　在縣西一百五十里。舊名靈泉，宋治平中賜今額。

福慶寺　在縣西一百二十里，宋治平中賜額。

龍泉寺　舊在縣六都金竹山，以龍井得名，爲慧常禪師道場。今移建七都。

萬松寺　在縣北三里。畢恭、介鏘未第時讀書之地，後捨爲庵，栽松萬餘株。

以上石埭縣。

鷲臺寺　在建德縣西，明洪武三年建，國朝康熙九年重修。

雲峰寺　〔在〕縣西五里，宋紹興初建，高宗御書「雲峰古剎」額。

梅山寺　〔在〕縣西南十里梅山。爲宋智南禪師住錫處，朱文公過訪，作「普門嶺」三大字鐫之石。

石佛禪寺　在縣北二十五里，宋紹興二年建。國朝順治八年，增建地藏閣。

留山寺　在縣東三十里，宋建。

橫山寺　在縣東三十里，宋建。

醍醐寺　〔在〕縣東北列疊山。

隱山寺　在縣南七十里，梁建。

附　元吴師道《扁誌》

建德縣隱山寺，有昭明太子書榜「隱山之寺」四大字。昭明性愛山水，嘗至池，往往有遺跡。此書傳是其親作，餘八百年而宛然獨存，亦異矣。宋崇寧褒封，有「牌①墨獨存」之語。宣和二年，尉張昇摹本以刻於郡城西廟中。淳熙守袁説支又取真跡，龕置神殿側。其崇敬如此，其所傳信不誣矣。師道至元丙子秋，以視旱，抵寺訪尋，在東廡室隅，塵土翳蝕。出而拂拭，諦觀，歎其筆勢雄

① 「牌」，疑爲「碑」字之誤。

雅莊重。因語僧義寧曰：「此何惜一石，而不爲永久計耶？間稍剥落，俾模池廟石本，參訂刻之，庶幾完善。」

明年六月，寧來告曰：「前之日，寺旁溪水暴溢崩岸，出巨石，高七尺許，闊幾半。碑製具而無文，容字位置且有餘。殆神明之靈，有以相之？發端實始於公，願紀其概。」

因欣然爲書，使並刻於下方云。

永樂寺　在縣南，唐太和中建。

寶林寺　安仁寺　俱在東流縣南，宋淳熙間建。

以上建德縣。

香山寺　在縣南香山。

東溪寺　〔在〕縣北徐濠，唐建。

梵安寺　在縣東，宋嘉熙中建。

民化寺　在縣西，宋景定初創，明洪武間重建。

興安寺　在縣五都，宋治平初建。

以上東流縣。

天慶觀　在府城南，唐建。有徐鉉碑。

（元）〔玄〕妙觀　〔在〕府治北，南唐紫極觀地，宋大中祥符元年建。

延華觀　在青陽縣鳳凰嶺，唐乾寧中建。

保寧觀　在青陽縣白鶴臺，唐天成間建，白鶴真人煉丹處。

崇真觀　在青陽縣招隱山後，唐天成三年建。

集真觀　在銅陵縣東街，元季燬於兵，明洪武初重建。

（元）〔玄〕真觀　在銅陵縣天王山（元）〔玄〕帝廟前。

延祚觀　在建德縣北。

尋真觀　在建德縣歷山上。

福緣菴　在府（元）〔玄〕妙觀之東，即青蓮館故地，國朝順治八年重修。

仙寓菴　在府孝一保仙女山。相傳建德檀氏女，學道於此成仙，因名。又天童禪師白日化昇在此。

海獅菴　在石埭縣蓮花峰頂，五代時西峰祖師卓錫於此，有湧泉之異。宋元祐九年，始開山建庵。

仙壇宮　在石埭縣陵陽山，爲竇子明煉丹之所，有丹灶、丹井。山麓有黄鶴池，白鶴墩、黄鶴林，皆其遺跡。唐天寶中建。

保真院　在青陽縣九華山野螺峰，唐費冠卿舊隱處，即卧雲菴故址。南唐保泰①中，高僧圓證居此。宋治平中賜今額。

福安院　在九華山蓮花峰下。即蓮花菴，道濟禪師所居。

龍安院　在青陽縣西洪嶺北，南唐末閩僧立院。前有泒泒泉，嶺側有塔，名曰永安。

法樂院　在青陽縣雙石巖東漱玉灘，唐開元中建。

五臺明智院　在青陽縣曹山之西，今爲白雲菴。

開元院　在青陽縣雲門峰下三汲泉西，唐開元中建。

① 南唐無「保泰」年號，疑爲「保大」，因「太」「大」通用，「泰」「太」通用而誤。

江南通志卷四十八

輿地志

寺觀 六

太、廬、鳳、潁四府　滁、和、廣、六、泗五州

太平府

萬壽寺　在府城東門内。宋景德中，敕分化城爲萬壽寺。寶祐三年，濬放生池，造石梁於上，以通山門。

古化城寺　在府城内向化橋禮賢巷。吴大帝時，爲康里國僧會法師建道場三，此其一也，其址最廣。宋孝武南巡，駐蹕於此，增二十八院，院各有額。唐天寶間，造舍利塔、大戒壇，鑄銅鐘一，李

白銘。至宋，分其半爲設險之所，餘爲西菴。

廣濟寺　在府北采石山，吴赤烏二年建。宋天聖十年改廣濟院。

白雲寺　在府東南青山之東峰，六朝宋建。

福源寺　在府東龍泉山。六朝宋時，螺浮尊者開山於此。舊名龍泉，宋改福源院，明改今額。

澄心寺　在府東横山，齊陶弘景棲隱地。宋嘉祐中改澄心院，紹定中重建。

報恩光孝寺　在府城西南隅。唐名瑞竹寺，宋紹興間改今額。俗稱南寺。

古麓心寺　在府城北采石鎮寶積山之東南。一名寶積禪林。舊在楊墓山，唐武德四年建，宋紹興中移建今所。

彌勒寺　在府東南多福鄉，唐貞觀二年建。

均慶寺　府東南湖陽鄉，唐乾元二年建。

東承天寺　在府姑孰鄉上官莊，唐大中三年建。

廣教寺　〔在〕①府城東黄池鎮，唐大中三年華林覺禪師建，宋紹興中改今名。

大仁寺　在府北慈湖馬鞍山，唐天成元年建。

廣福禪寺　在府北黄山巔，宋嘉祐三年建，賜額「廣福院」。

① 據上下文體例擬補。下同。

藏雲寺　在府城東歸善鄉。舊名延壽院，又名雲際院，宋嘉祐中改今名。

無相寺　在府城外尚書塘。一名靈山寺，元皇慶二年建。

吉祥寺　在蕪湖縣西五里。舊名永壽，唐元和二年建。宋景祐中賜名「吉祥院」。

東能仁寺　在縣東，即南唐古城院也。宋大中祥符元年，改曰東承天院。政和中遷於城東，寺後爲夢日亭址。

普門寺　在縣西南丹陽鄉甸山，舊名普濟院。南唐順義五年建，明洪武中改今額。

普濟寺　在縣南。舊名水西，宋天聖改今額。

以上蕪湖縣。

廣善寺　在繁昌縣南十里八峰山下，寺始於東晉明寶月禪師卓錫於此。山多異蹟。

隱静禪寺　〔在〕縣東南二十里隱静山，一名五峰寺。六朝宋杯渡禪師建，宋大中祥符間，改晉慧禪寺。嘉祐三年建閣，藏三朝御書百一十軸。

龍泉寺　〔在〕縣西南二十里清隱山，唐乾符間建。

善利寺　在縣治南。先在舊縣，名善利院，宋太平興國間建，明天順元年遷縣，寺移今所。

靈山寺　〔在〕縣西北靈山墩，宋嘉祐間名戒香院，明改今額。

圓炤寺　在縣西十里銅山下。

化城寺　〔在〕縣東北三十里峨橋鎮，舊在靈塘，名松城寺。宋焦韶移此，嘉祐八年改今額。

幢山寺　〔在〕縣西三十里青山下，宋淳熙六年建。有甘泉、古井、碑。

龍華寺　〔在〕縣西十五里，宋紹興二年建。

以上繁昌縣。

〔元〕〔玄〕妙觀　舊名天慶，在城北。宋大中祥符間建，紹興二年徙建新城西門内。

希夷觀　〔在〕府城崇教坊。舊在城南，宋紹興元年建，名希夷堂。元元統六年遷建於此，改今額。

寧淵下觀　在蕪湖縣西四里。上觀舊在蟂磯山，因風濤不便祈禱，即佑聖祠增創。宋隆興中賜今額。

〔元〕〔玄〕帝觀　在繁昌縣西十五里紅花山頂，唐乾符間建。山腰有半山宫。

西延觀　在繁昌縣西五十里荻港鎮，舊名清華，宋改今名。相傳趙自然住此修煉。

神霄宫　在采石鎮唐賢坊内，有太白祠。宋嘉泰元年建。

禪那院　在府東南丹陽鎮，齊永明二年建。舊名禪定，又名宣善，宋淳祐中改今額。

净居院　在府多福鄉孳牧廠，梁大寶元年建。

太平興國院　〔在〕府東白苧山，宋紹興三年敕建。

廣濟院　在蕪湖縣北赭山南麓，唐乾寧中建。有塔，黄庭堅滴翠軒遺址在焉。

西能仁院　在蕪湖縣治後，即南唐古城羅漢院。宋政和元年與東能仁寺同賜額，真宗御書閣在焉。

常寂院　在繁昌縣東北雲居山，創於唐，名古城寺。宋嘉祐中改今額。

香雲院　在縣東北三山香爐峰，唐元和中建，宋嘉祐中改今額。

崇法院　〔在〕縣南二十里，唐建，名雲峰菴，宋嘉祐中改今額。

資聖院　在縣東南隱玉山，舊名浮（邱）〔丘〕寺，宋嘉祐中改今額。

清隱院　在縣西青山，一名青山寺。山下有翠麓亭、太極洞。

普照禪林　在蕪湖縣西北五里。

廬州府

壽龍寺　在府東南五十里，晉建。

浮槎寺　在府東浮山上，梁建。初名道林，又曰福嚴。先有梵僧過是山，曰：「此闍耆一峰也。」

萬壽寺　在時雍門内歲豐橋南，唐武德間建。

開福寺　〔在〕府西大蜀山。唐貞觀間慧滿禪師道場，有碑記。

明教寺　在大東門内教弩臺遺址。唐大（歷）〔曆〕中，裴緝奏爲明教寺。

三城寺　在府城東。

天王寺　在西平門内，唐建，明正統丁卯重建。有碑文。

地藏寺　在北城内，宋淳熙八年建。

五星寺　〔在〕府南嶽廟東，宋咸淳中建。

邑棠寺　〔在〕府東三十里，宋建。

羅漢寺　在明教寺後。

石佛寺　在三河鎮，宋建。

包城寺　在店埠鎮，元建。

寶福寺　在府小蜀山，元建。

演法寺　在府梁縣鄉。

金剛寺　在廬江縣東南紫芝坊，即楊行密故居。舊名光化，吴主建以居伏虎禪師。

妙光寺　在縣西南，元建。

治父寺　在縣東北二十里，唐伏虎禪師建。國朝順治四年重修。

大隆寺　在縣東南，元建。

金牛寺　在縣西南四十五里，宋僧安雅建。有塔。

竹林寺　在縣東六十里，宋慶元五年建。

甘泉寺　在縣東，元建，順治十一年重修。

以上廬江縣。

觀音寺　在舒城縣治西，唐建。

白水寺　在縣西鄉。

真如寺　〔在〕縣南十里。

千佛寺　〔在〕縣東二十里。

大聖寺　〔在〕縣東十里。俱宋建。

旌忠禪寺　在縣西。

香社寺　在縣桃城鎮。

伏虎寺　在縣城南三里。

净梵寺　在縣西周瑜城。俱元建。

西伏虎寺　在縣西梅嶺。內有錫杖泉、虎跑泉。以上舒城縣。

景福寺　在無爲州治西，唐貞觀中建，國朝順治十五年修。

羅漢寺　在州城東，唐永徽三年建。

延福寺　在州南，宋淳祐三年建。

寶林寺　在州西，有古塔。唐垂拱二年建。

南汰寺　在州汰水之南，宋咸平元年建。有古塔。

北汰寺　在州汰水之北，唐永徽二年建。

雙泉寺　在州北鄉，唐伏虎禪師建。

泗州寺　在州太平鄉，宋開寶五年建。

慈雲寺　在太平鄉，宋建，淳熙中敕賜「教忠禪院」。

巖臺寺　在州開城鄉，宋景德三年建。

報國寺　在州開城鄉，宋建，國朝順治五年修。

以上無爲州。

定林慈氏寺　在巢縣崇善坊，梁建，宋乾道中建塔。

西隱寺　在縣卧牛山下，梁建。宋景定、明宣德重修，見《寺碑》。

濡須寺　在縣龜山上。

金城寺　在縣西南。

圓通寺　〔在〕縣南二十里，宋建。

相山寺　在縣南山中，宋開寶四年建。高宗嘗幸其處，敕賜「教忠禪院」。

大甘泉寺　〔在〕縣南散兵鎮，宋淳熙間建。有泉清洌出石洞。

觀心寺　在縣鎮南橋，宋淳熙間建，俗呼銅煬寺。

法輪寺　在縣白露河，宋紹熙間建。有石柱、輪藏、古塔。

竹城寺　〔在〕縣西七十里，即寶林院，宋寶祐元年建。

大力寺　在縣王喬洞東北，宋景定間建。傍有大力泉，深不可測，味極佳，爲合境第一。

以上巢縣。

玉虛觀　在府城内，即子胥臺，一名中聖宫。

梓潼觀　在府玉虛觀東。

白鶴觀　在府東門，唐建。

沖（元）〔玄〕觀　〔在〕府城南三河鎮，元建。

玉虛觀　在廬江縣南關，一名南臺。相傳左慈所居，内有丹井遺址。

真武觀　〔在〕廬江縣西門外。

洞元觀　在舒城縣北門外，宋元祐中建。

崇德觀　在無爲州治東隅。舊名群仙觀，宋建。國朝順治十五年重修。

白鶴觀　在州襄安鎮墩上，唐建。墩形如印，高十餘丈，中有墨泉。

紫薇觀　舊在巢縣北十里金庭山下，世所稱第十八金庭洞天也。晉咸康四年創，宋寶祐二年敕建，有碑。湖山重複，巖谷幽閟，三峰峙於前，兩洞擁於後。今遺址猶存。宋末遷入於城，洪武二年再遷於縣治西北卧牛山。

聖妃神宫　在府東湖内姥山上，晋時敕建。

鳳陽府

龍興寺　在府東三里盛家山南。初名皇覺寺，明太祖微時潛踪之地，洪武初改今名。有太祖御書「第一山」三字，碑陰有御製文，又有神宗敕賜《藏經》。康熙十二年重修。

洪戒寺　在府治東。

栖巖寺　〔在〕府西白石山。有石室，宋高宗賜御書於此。

靈泉寺　〔在〕府東南武店中，有銀杏根盤數丈。元建。

大聖寺　〔在〕府西南，一名白塔寺。元建。

法華寺　在府西，内有七級浮圖。

竹林寺　〔在〕府南門外，明建。

開元寺　在臨淮縣聞賢門内，一名莊臺寺。唐開元二十六年，詔天下州郡各建一大寺，以紀年爲額。南唐主李（昇）〔昪〕微時嘗寓此。

鍾離寺　在縣東。

竹林寺　在縣曲陽門外。創自唐時，明洪武初復建。

净衆寺　〔在〕縣東北六十里，宋咸淳間創，弘治元年復建。

大聖寺　〔在〕縣東北七十里，宋咸淳間建。

真如寺　〔在〕縣東二十五里，元大德間建，明洪武間復建。

戒香寺　在縣南，明正統間重建，賜舊額。

以上臨淮縣。

大聖寺　在懷遠縣南一里，宋雍熙元年建，明洪武重建。

水月寺　在縣北一里。

華嚴寺　在縣西，元建。

崇寧寺　在縣龍亢集。

靈巖寺　在縣塗山東頂。

山香寺　〔在〕縣東北二十五里。

羅漢寺　在縣東二里。

以上懷遠縣。

禪窟寺　在定遠縣西北三十里，唐元和間建，明洪武八年重建。寺當山腰，有泉穿屋壁而出，聲泠然若絃奏。前有繫虎石，旁有茂林修竹，森映寺宇。國朝康熙十九年重修。

西禪寺　在縣治西，舊爲學宫。宋咸淳間建，明洪武間修。

能仁寺　在縣東北，宋建。

元封寺　在縣東六十里。

大聖寺　有三：一在縣東十五里，一在縣西三十五里，一在縣西南三十里。

大山頂寺　在縣東八十里。

包公寺　〔在〕縣南二十里。

南萬善寺　〔在〕縣南四十里。

永興寺　〔在〕縣南，一名九子寺。

南觀音寺　〔在〕縣西南四十里。

慈氏寺　在縣西九十里，宋紹興間建，明洪武間修。

槎枒寺　在縣西北七十里，明洪武十六年建，敕賜「圓通禪寺」。前有石塔二，石棋枰一。

以上定遠縣。

釋迦寺　在虹縣城東南隅，明洪武初建。

清涼寺　在縣東北朱山下。

潼城寺　〔在〕縣東北潼城河。

定林寺　今爲虹縣城隍廟，止存《碑記》。

祥蘭寺　在縣赤山。

以上虹縣。

棲賢寺　在壽州，六朝時古刹。

興福寺　在州西北茅仙洞。

駐駕寺　在州南，明成祖曾駐駕於此。

黄溪塔寺　在州南一百三十里。

以上壽州。

報恩寺　舊名東禪寺，在鳳臺縣治東北隅，有塔。宋天聖間建，明洪武中修，改今名。

以上鳳臺縣。

聖果寺　在宿州東北，宋治平丁未建，明洪武二年重建。

上元寺　〔在〕州故相城内，漢御史薛廣德授二龔《魯詩》處。

中元寺　在州泉山陽方汀，即元之福勝院，有碑。

大覺寺　在州西關。

以上宿州。

聖壽寺　在靈璧縣東三里，創於元時，明洪武間重修。

陽城寺　在縣齊眉山之東。明永樂初，車駕駐蹕於此。

興龍寺　在縣雙溝渠。

九灣寺　〔在〕縣南九十里。

魏橋寺　在縣治，一名普濟寺，有碑文。

以上靈壁縣。

會仙觀　在府東十五里，臨濠水。面奕壇，世傳有仙人會奕於此，故名。

翊真觀　俗稱前宫。

(元)〔玄〕妙宫　俗稱後宫，並在府東南。

通真觀　在臨淮縣昇仙坊，元至治間道士王永模創，明洪武中復建。内有石碑，刻藍采和像。《濠梁志》：「采和一日即市樓飲酒，有五色雲覆樓上，飲畢乘雲而去。」今觀即其地也。

(元)〔玄〕妙觀　在懷遠縣塗山，舊名天慶觀，元大德間改今名。

漆園觀　在定遠縣治東。《濠梁志》云：唐弘道三載敕建。

隱仙觀　在定遠縣東南六十里，宋宣和中建。

真武觀　在定遠縣東後街。

隱真觀　在虹縣東南隅，元泰定間建。

梓橦觀　在壽州北，學正黄奇士講學處。

(元)〔玄〕妙觀　在鳳臺縣西北，明正統間建。

天慶觀　即上真觀，在宿州北關。雍熙中，回道人訪觀主不遇，題詩於壁，以玉筯篆其字。往往爲人刮去，煎湯療病，字跡旋刮旋生。

南華觀　在靈璧縣治北潼山，舊傳莊子嘗居此。元至元間建。

插花塔　在宿州西南，宋至正間建。常燦五色毫光，鄉人異之。明永樂七年坍塌，得舍利子十一顆、佛牙一枝獻上，上令火之，金光燦爛。乃命收舍利，以佛牙給還佛會鎮塔。

潁州府

資福寺　在府治西南，宋建，明洪武十六年重修。貯《藏經》。

新渡寺　在府治，宋蘇軾於此餞歐陽叔弼，有詩。

善現寺　在府東。明太祖曾駐蹕於此，奉敕建。亦名北照寺。

香臺寺　在府沈（邱）〔丘〕浮香臺上，四面皆潁水繞之。

艾亭寺　在府南鄉古艾亭。

龍興寺　舊在潁上縣通津門内，元末改爲倉，明洪武六年重建於城外北關。

永寧寺　在縣東門外。

宿緣寺　〔在〕縣西南五十里古南趙寺，明洪武中建。

新興寺　〔在〕縣西南四十里。

靈臺寺　〔在〕縣西南五十里。

水月寺　〔在〕縣西正陽鎮。

以上潁上縣。

福昌寺　在霍(邱)〔丘〕縣治西，宋治平間建。

聖壽寺　〔在〕縣南開順鎮，宋建。

圓覺寺　在縣西北，明洪武二十五年敕建賜額。

華嚴寺　〔在〕縣北十里。

普濟寺　在縣大别山。

金華寺　〔在〕縣芙蓉山隈。

硃砂寺　〔在〕縣南，有浮屠。

蓮花寺　〔在〕縣南六十里。

走馬嵓寺　在縣開順鎮。

〔月峰寺　在縣西三里。〕①

七井寺　〔在〕縣長山中。

香山寺　〔在〕縣南百里。

① 據《四庫》本補。

龍泉寺　〔在〕縣東十五里。

以上霍（邱）〔丘〕縣。

咸平寺　在亳州城北門内，明洪武二十八年建。

鐵佛寺　有三：一在州南三十里，一在州南七十五里，一在州西北四十里。

北李村寺　在州東南。

大雲寺　在州東南，有石塔。又一在州東南一百六十里。

石佛寺　有二：一在州東南六十里，一在東北二十五里。

留鹿寺　在州東南，元時建。

楊村寺　在州東南，明弘治三年建。

海會寺　〔在〕州東南百二十五里。

華嚴寺　有二：一在州東南百四十里，一在州東百里。

晉菴寺　在州西西臺上，明成化七年建。

以上亳州。

興國寺　在太和縣東門内，明景泰間建。掘地得斷碣，有「興國」二字，故名。

運（邱）〔丘〕寺　在縣運（邱）〔丘〕，上有古檀樹，幹可十圍，葉蔭一畝。

倪（邱）〔丘〕寺　在縣倪（邱）〔丘〕東。有古銀杏，二株連理，大可數圍。

天宮寺　〔在〕縣東天保鄉。

金佛寺　〔在〕縣北六十里。

海眼寺　〔在〕縣北三十里。原有二塔，其一與寺俱廢；其一尚存，今人呼爲雙浮屠。

朱家淺寺　〔在〕縣西北七十里。

以上太和縣。

慈氏寺　在蒙城縣東南。有古浮圖一座，舊名慈氏院。元至正間因故址修建，明洪武十五年重修，改今名。

興化寺　在縣東，宋建。

福聖寺　在縣西，元延祐中建。

普照寺　〔在〕縣西鐵牛嶺。

太平寺　〔在〕縣西西陽集。

俱元建。

壽聖寺　〔在〕縣西蒙觀鎮之後，唐開元初建。

普濟寺　福建寺　俱在縣北，元泰定五年建。

以上蒙城縣。

迎祥觀　在府西北隅，元泰定二年建，明洪武中修。相傳張三丰修煉於此，遺有混元衣，至今猶存。

靈壇觀　府城内，有再生檜樹。

東華觀　〔在〕潁上縣城内，元建，明洪武十年重建。

九仙觀　在霍（邱）〔丘〕縣開順鎮。

三清觀　在霍（邱）〔丘〕縣西門外。

東來第一宫　在府西關，國朝康熙初建。

清華觀　在太和縣東三十里。

丹陽觀　在蒙城縣西南，金興定二年建，後廢爲預備倉，明改建於崇元觀側。

慶真觀　〔在〕蒙城縣東北，元至順元年建。

清源觀　〔在〕蒙城縣西街，明嘉靖間建。

寥陽萬壽宫　在亳州城内，元通真子劉志義建，編修汪禧撰《碑記》。今爲軍儲倉，又爲儒學。碑猶存。

天静宫　老子所妊之地，在州東福寧鎮。基址猶存，有元張起巖撰碑。

興國院　在城父之北楊團村。舊名大聖，元泰定二年改曰「興國」。

法相禪院　在亳州治，宋建。穆修作記。

滁州

龍興寺　在州城中。舊名興壽院，周顯德中改今名。明洪武十八年無爲禪師重建。

開化寺　〔在〕州南琅琊山，唐大（歷）〔曆〕中刺史李幼卿與僧法琛建，宋太平興國中賜今額。藏累朝御書。明洪武中，拓而廣之。今屬龍興寺。

光孝寺　〔在〕州西南二里。宋元豐間，有僧浄果創報恩光孝禪寺，熙寧三年賜額「壽聖」，政和七年改爲神霄玉清萬壽宫，宣和間復爲寺，紹興間始賜今額。今爲保豐堂。

龍蟠廣福寺　〔在〕城南十七里，僧慧江建。

黄悦廣福寺　〔在〕州東南四十五里，宋皇祐初建。熙寧中賜額「壽聖」，淳熙中改今額。

葛城廣福寺　〔在〕州東南五十五里。即莊嚴寺，明天順間改今額。

龍華寺　在州西豐山後。

新珠廣福寺　〔在〕州西四十里，明弘治中重修。

幽棲寺　在州西南。舊名黄草洼，明萬（歷）〔曆〕初建。有羅漢像五百尊。

黄山寺　〔在〕州西八十里。有石柱，刻「祥符元年造」。

法華寺　〔在〕州南蓼湖之西南，宋嘉定間建。

寶林寺　在全椒縣西南，唐貞觀七年建。

新興寺　〔在〕縣西南三十里，宋紹興間建。

永安寺　在縣東，宋建。

康豐寺　〔在〕縣南二十五里。

神山寺　〔在〕縣西北，唐建。

福山寺　〔在〕縣西北，有古井七。

石溪寺　〔在〕縣西七十里，元至正中建。

以上全椒縣。

吉祥寺　在來安縣治北，僧會司在焉，宋建。

延塘寺　〔在〕縣東南五十里。本真覺院，宋天聖三年建，治平中賜額「壽聖」，後改今名。

三城寺　〔在〕縣西南五十里，宋慶（歷）〔曆〕三年建。

孔雀寺　〔在〕縣西北練寺山。

獨山寺　〔在〕縣西北三十五里。

太平興國寺　〔在〕縣治西北八十步，唐淮南節度使劉長慶捨宅爲寺，宋太平興國中賜額。

龍泉寺　〔在〕縣東北三十里，元建。

寶積寺　〔在〕縣北石固山。

白塔寺　〔在〕縣北六十里。

新興寺　〔在〕縣北三十五里，元至正元年建。

普賢寺　〔在〕縣北三十里，宋元祐中建，明正德間修。

永興寺　〔在〕縣北長店橋，宋建。

以上來安縣。

梓橦觀　在州城内。即舊文昌宮，元泰定間建。

真武觀　在州東。即真武壇，宋咸淳中建。

白鶴觀　在全椒縣治西，唐垂拱初侍郎邢文偉建。

開元觀　舊在來安縣北，宋淳熙間移東門内，明重修。

附　明周之冕記

來安邑東有開元觀，或曰是唐開元時建，故名也。余考來安有縣，起于南唐，是廟乃能先縣而有。且縣設之後，遷廢靡定，而是廟巍然獨存，豈其未經兵燹耶？抑神靈呵護，雖兵燹而廟貌猶昔耶？是皆未之或知也。第所祀者爲真武神，帝之神遍海宇，今邑之祀帝也，吾誠莫測其來。其著響應于前朝也，吾亦不得詳其顛末。

惟我高皇，混一寰海。時東吴有士誠，西楚有友諒，二雄最稱勁敵。雖然，士誠猶自守虜耳。若友諒，奄有荆、漢，富强獨最。雖吾郡鄱湖之戰，殲厥渠魁，而子理奔武昌，阻險力守，未可一鼓而下。乃聖衷政爾猶豫，未決入楚之師，而帝儼然應之以夢，揖讓一堂，語爲指導。自稱「迎駕」，復許嘿助。且囑以草廬既毁，成業之後，欲聖祖鼎新其廟。則其靈爽赫著何如耶？

爰以江漢削平，我聖祖思酬神功，命有司于太和舊勝，置黄金殿，俎豆千秋，香火之盛，甲寰宇無兩。嗣後威靈赫著，遐邇傾慕，四方之民，梯航謁拜者，日不可隸首記。而神且區别善惡，立著報應，故其爲震悔自新者不少，則神之德著於民生盛又何如也？

以功若彼，以德若此，宜乎崇祀者遍海内。何獨太和，又何獨於來安？惟來安有廟最久，而湫隘特甚。帝嘗徵夢於别駕愚谷周君召，乃崇其棟宇，廣其址基，與諸父老共維新之。事成，屬余爲之記。

梓橦觀　在來安縣南。

真武觀　〔在〕來安縣南水口集。

寶公菴　〔在〕全椒縣西七十里。即龍山寺，梁武帝建。

雲隱菴　〔在〕全椒縣西北五十里，宋嘉熙間建。

全容宫　在州學宫東，明萬(歷)〔曆〕三年建。

玉皇殿　在州城西南琅琊山，梁柱皆以石爲之。

和州

百福寺　在州城内，唐貞觀二年建。初有五寺，因名以五華寺：一曰文殊，二曰泗州，三曰净土，四曰彌勒，五曰百福，元末俱燬於兵。吴元年，僧法珪重建百福寺。

香延寺　在州南。

廣勝寺　在東北烏江鎮。

俱唐建。

乾明寺　〔在〕州東南乘駟橋東，其西即宋學舊址。

普明寺　〔在〕州東南天門山後，元至正二年建。

極樂寺　〔在〕州南四十里。

梵行寺　〔在〕州南五十里，有古塔。

妙巖寺　在州南裕溪北。

清福寺　〔在〕州南二十里，晋建。

延慶寺　在州西長壽鄉，宋熙寧三年建。

莊嚴寺　宋太平興國中徙苦林村，有海棠洞、罩春亭。

開化寺　在州南六十里，宋元祐中建。

香社寺　在州北寺旁，有香泉，故名。有昭明書院，有塔。寺後有二松甚奇。

赭樂寺　〔在〕州北五十里，以土沙赤，故名。宋嘉定十年建。

馬鞍普明寺　〔在〕州北馬鞍山中，元無用禪師建。

六墳寺　〔在〕州北如方山下。相傳有僧六世修道此山，六墳在焉，故名。《釋迦方誌》：東晉隆安初，涼州沙門釋寶雲常遊天竺、大夏，解諸國音，詳譯經論，後自江表幽棲六合山以終。六合即今如方山，此寺所由創也。

孔夫寺　〔在〕州北孔夫山下，明嘉靖間重修。有《碑記》。

華嚴寺　〔在〕州東北三十里，宋建。

甘露寺　〔在〕州東北二十里，元至正三年建。

泉水寺　〔在〕州西北七十里，寺有泉甚奇。唐貞觀五年建。

安國寺　在含山縣城西南，唐貞觀中澄禪師建。

褒山寺　在縣北褒禪山，因唐貞觀惠褒禪師得名。宋元豐中，黄庭堅、王安石、王回皆有記，張孝祥書寶塔額。明永樂中，鄭和使西域還，建殿堂，制度甚工，無蛛絲鼠竄，云有辟塵珠所致，然不知所在。藏經楮小而古，蠹不敢蝕，云有異香所塗，住持世守。更有玉杵、銕杖、金磬、錦帨、玻璃盤、旃檀座等物，或侵或毁，無復遺者。

興教寺　在縣東關，舊名興教院。唐貞觀二年鐵船祖師創，明洪武十五年重建。有飲馬池、卓刀泉。

正覺寺　在縣運漕鎮，唐貞觀二年金禪師建。

大善寺　在縣南，唐鐵船祖師建。

三塔寺　在縣十四都。

永興寺　〔在〕縣十四都，有湯泉。

華陽寺　在縣十四都，寺後有華陽洞。

雲閣寺　〔在〕縣北三十里，唐鐵船禪師建。

普明寺　在縣太湖山，宋元豐二年無用禪師建。

佛慧寺　〔在〕縣西三十五里，元至正間建。

城山寺　〔在〕縣昭關山麓。　曲徑逶迤，幽静特甚。

圓通寺　〔在〕縣南黄稻山。

明山寺　〔在〕縣六都明山。

净戒寺　〔在〕縣南七十里，唐貞觀二年守密禪師建。　有彭祖煉丹井，併仙室在焉。

以上含山縣。

（元）〔玄〕妙觀　在州治西南，宋熙寧六年建。　舊名天慶觀，元改名。

淳熙觀　〔在〕州南四十里，葛仙翁嘗煉丹於此，有八卦池。　宋太祖駕幸觀，誕生太子，又名壽寧宫。

棲雲觀　〔在〕州西南三十里，即今棗林寺。

(元)〔玄〕真觀　〔在〕州治南。宋建，元燬，明洪武元年復建。

寶臺觀　在含山縣東街，宋張知觀建。

長真觀　在縣白石山，即彭祖仙室。一名白石觀。

麟川觀　〔在〕縣南六十里。

蒼山菴　〔在〕縣南十三都。菴有龍泉，禱雨輒應。

雲霧菴　〔在〕縣北二都。

三元宫　在縣運漕鎮。

大徹禪院　在縣太湖山西，鶴巖禪師建。有雷鳴泉、象鼻峰、洗心澗、疊玉屏諸勝。

廣德州

天壽寺　在州治東。一名開化寺，唐天祐間法苑禪師建，宋太平興國中賜額。

聖感寺　〔在〕州治東南隅，亦法苑禪師建，宋賜額。

天寧寺　〔在〕州城南，唐元和中歸宗禪師建。

定慧寺　〔在〕州南十五里。舊名竹山寺，唐咸通八年建，明太祖駐師廣德，更今名。

唐興寺　〔在〕州治北三十里，唐武德二年建。

海會寺　〔在〕州治西南五十里，晋義熙中建。

牧馬寺　〔在〕州治西南。

東泉寺　〔在〕州治東北四十里。

上辛豐寺　〔在〕州治西。

靈山寺　〔在〕州治南七十里。

崇法寺　〔在〕州治南。

雲門寺　〔在〕州北。

以上六寺俱唐建。

鎖山寺　〔在〕州北二十里，宋至道二年建。

上柳寺　〔在〕州北二十五里，宋淳熙中建。

明教寺　〔在〕州治西，宋崇寧二年建。

東山寺　〔在〕州南，宋元祐中建。

右辛豐寺　〔在〕州南，宋元祐建。

資福寺　在州西，宋大中祥符中建。

資聖寺　在州北，宋大中祥符中建。

保安寺　〔在〕州北六十里，南唐保大七年建。

石溪寺　〔在〕州治東南五十里，元延祐中建。

開法寺　在建平縣城内。

梵王寺　〔在〕縣東南二十五里。

寶光寺　〔在〕縣西南三十里。

寶林寺　〔在〕縣西南六十里。

興教寺　〔在〕縣南四十五里。

静覺寺　〔在〕縣南八十里。

静安寺　〔在〕縣東北二十五里。

龍會寺　〔在〕縣東北四十里。

壽昌寺　〔在〕縣北三十里，一名雙柏寺。

(元)〔玄〕妙觀　在州治東門外。舊在州南，初名天慶觀，唐貞元元年易今名。明嘉靖初移〔建〕①。

越城觀　在建平縣西北二十里。

① 「建」，據《四庫》本補。

陽春觀　〔在〕縣北二十里。

存真道院　在縣治東，明洪武中建。

六安州

觀音寺　在州城西南，唐建。有碑刻、吴道子畫大士像。

文殊寺　〔在〕州武定門外。

西安寺　〔在〕州通濟門。

俱宋建。

化城寺　在州溶河西北。

石佛寺　〔在〕州四十九都，宋建。

雲居寺　在州西北獨龍澗，水繞環其旁。唐建。

華巖寺　〔在〕州南響河口，與八仙巖相望。唐開寶間建，有碑。

黄蓮寺　〔在〕州西四十里。寺前有池，舊生蓮花，色如金。明嘉靖間重修得斷碑，載建炎年號。

隆興寺　〔在〕州西南九公山南，元建。

萬壽寺　在英山縣南，元建。

長石寺　在縣治西北。

萬峰寺　〔在〕縣西北。

俱宋建。

神峰寺　在縣西神峰山上。

以上英山縣。

灊臺寺　在霍山縣西灊臺山，元建。

會勝寺　在縣挹秀門外。有古佛、古爐，皆元時舊物。

復覽寺　〔在〕縣東二十里。有聖泉三，清馨異常。

雲峰寺　在縣西野雞嶺。

水口寺　在縣西三十五里仙人沖。山凡數折，奇削天成，諸峰環抱。

以上霍山縣。

佑聖觀　在州東北儒林岡左，宋建。

太乙觀　在英山縣治西，元建。

祐聖觀　在霍山縣西。

沖虛觀　〔在〕霍山縣南。

俱元建。

萬壽禪林　在州通濟門外。即大悲禪院，内建御書樓。

泗州

大聖寺　在州治西。唐普照王寺，中宗避太后諱，易曰普光王寺。屢燬，元再建，有趙孟頫記。明永樂中重修。

福慶寺　在州治西。即今觀音寺，宋淳熙中建，明萬(歷)〔曆〕間構藏經樓於内。

臨淮寺　〔在〕州東四十里，明建。

卧佛寺　〔在〕州西甓山上，明建。

恭覺寺　〔在〕州西北龍窩鎮，元延祐二年建。

鐵佛寺　〔在〕州西四十里，寺有古鐵佛。唐建。

上龜山寺　在盱眙縣西南，宋天禧二年建，明洪武初重修。有無梁殿，鐵羅漢一百二十尊。

下龜山寺　在縣東三十里。宋天禧間，京師歲旱，有浮屠人斷臂禱雨，官爲起寺於龜山，所謂金臂祖師。明洪武八年，僧永正重建，佛像皆鐵鑄。

大寶塔雲寺　在縣南一百二十里，唐建，明洪武五年修。

静明寺　〔在〕縣東紫陽山，宋建，明景泰中修。有古塔。

開化寺　〔在〕縣西七十里，宋皇祐間建，明洪武中修。

五塔寺　〔在〕縣西南。面臨淮水，寺後舊有五塔，下有石室三聯，即今之歸雲洞。

靈巖寺　在縣西浮山頂上。

以上盱眙縣。

真勝寺　在天長縣東，梁普通間達磨建，明洪武中修。

羅漢寺　在縣東，唐貞觀中建，明洪武間修。

地藏寺　在縣東北。

大悲寺　在縣西。

倶唐建。

寶定寺　〔在〕縣西南三十五里，明洪武中建。

勝因禪寺　〔在〕縣東南四十五里，宋建。

禪林寺　〔在〕縣東北城門鎮東，元至正五年建。

天官寺　〔在〕縣東横山，明洪武二十二年重建。

宣梵寺　〔在〕縣西四十五里，元文宗時建。明正統間浚古井，獲石佛三十有六。

以上天長縣。

壽聖寺　舊在五河縣北，宋德祐中建，明洪武十九年移建於縣西。

三清觀　在州治西，宋咸淳九年建，明洪武三十年修。

瑞巖觀　在盱眙縣玻璃泉南石巖上，宋時女冠朱妙真建，明永樂間修。

(元)①〔玄〕妙觀　在盱眙上龜山。

至道觀　在天長縣治，宋建。

(元)〔玄〕妙觀　在天長縣北，即真武祠。

天保宫　在五河縣東南，明嘉靖二十五年改建，四十年重修。爲祝慶之所。

觀音院　在州東門山，宋嘉祐間建，明洪武中修。

嘉祐院　在盱眙縣昭信集，宋建。

興教塔院　在天長縣銅城鎮，明洪武二年重建。

真武廟　在州北門城上。即今老君堂，明洪武初建。

靈瑞塔　在州城西，唐景龍中建，宋太平興國七年奉敕重建。塔高十三級，改名雍熙塔，後燬。元延祐二年改建甎塔，高一百五十尺，基廣二十一丈，有趙孟頫《碑記》。國朝順治九年重修。

① 「元」，《四庫》本作「真」。